국제 보건 실태의 재조명

Reimagining Global Health : An Introduction

국립중앙도서관 출판시도서목록(CIP)

국제 보건 실태의 재조명 / 지은이: 폴 파머, 김용, 아서 클레인먼, 매슈 바실리코 ;
옮긴이: 김아림. — 용인 : 생각과 사람들, 2014
   p. ; cm

원표제 : Reimagining global health : an introduction
원저자명 : Paul Farmer, Jim Yong Kim, Arthur Kleinman, Matthew Basilico
영어 원작을 한국어로 번역
ISBN 978-89-98739-25-6 03330 : ₩23000

국제 보건[國際保健]

517-KDC5
362.1-DDC21   CIP2014028285

국제
보건
실태의
재조명

Reimagining Global Health
: An Introduction

폴 파머·김 용·아서 클레인먼·매슈 바실리코 **지음** ㅣ 김아림 **옮김**

생각과 사람들

Contents. 차례

머리말

완성되기까지 몇 년의 세월이 걸린 이 책은 2008년 하버드대학교에서 '국제 보건 사례 연구 : 생물사회적 관점들'이라는 제목으로 처음 시행했던 강의에서 시작되었다. 같은 해 미국의 유명 신문에서는 요즘 학생들 사이에서 국제 보건이 인기를 끌고 있다고 여러 차례 기사화한 바 있다.[1] 실제로 국제 보건 강의가 새로 개설되었을 뿐만 아니라 열 곳이 넘는 미국의 대학교에서 국제 보건 전공 학부 과정까지 생겼다. 그중에는 급하게 만들어진 곳들도 있긴 했지만, 이런 프로그램들은 새로운 학제라 할 만한 것을 제공했다.

결과적으로 국제 보건은 그 조상 격인 '세계 보건(international health)'에 비해 장족의 발전을 거두었다. 사실 세계 보건은 하나의 학제라기보다는 여러 문제의 집합에 가까웠다. 그리고 이 책과 보조 교재에서 다루는 문제들의 집합—유행병(에이즈에서 소아마비, 비전염성 질환까지)과 새로운 기술(예방, 진단, 치료)의 발달, 가장 필요한 사람들에게 그 기술을 효과적으로 전달하는 방법에 이르기까지 다양한 범위를 포괄하는 문제—은 전부 평등이 중심 주제이자 임무였다.

그중 고통을 경감시키거나 방지하는 도구를 정의롭고 평등하게 분배하는 것은 그동안 국제 보건에서 해결되지 못한 문제였다. 평등 문제를 무시하는 사람은 없었지만, 충분한 고려 없이 인과관계와 그에 대한 반응을 정형화한 경우가 많았기 때문이다. 평등이란 우리가 보고도 모른 척하는 '방 안의 코끼리(뻔히 보이지만 공론화하기 힘든 문제를 뜻하는 서양 속담을 말한다. —역주)' 같은 사안이 아니라, 미로 같은 칸막이 속을 어슬렁거리며

---

1) 예컨대 다음을 보라. David Brown, "For a Global Generation, Public Health Is a Hot Field," *Washington Post*, September 19, 2008, www.washingtonpost.com/wp-dyn/content/article/2008/09/18/AR2008091804145.html (접속일 : 2012년 8월 19일) ; Deirdre Shesgreen, "Riding the Wave of Student Interest in Global Health," *Science Speaks : HIV and TB News*, July 10, 2009, http://sciencespeaksblog.org/2009/07/10/riding-the-wave-of-student-interest-in-global-health/ (접속일 : 2012년 11월 15일)

돌아다니며 공간을 큰 덩치로 여기저기 나누는 코끼리 같아서 프레임을 선정하는 작업이 중요하다.

하지만 현재 이런 근시안적인 상황은 바뀌고 있다. 사람들이 고개를 들어 방 전체와 그 안의 코끼리를 바라보기 시작한 것이다. 우리는 이 책의 3장에서 국제 보건의 뿌리를 탐색하고 평등이라는 개념의 역할이 극히 제한되었던 일련의 식민의학의 실천 사례를 살펴볼 예정이다. 그런 다음 전염병이 국경을 넘지 못하도록 통제하려 했던 19세기의 다양한 시도와 지난 세기 사람들의 관심을 끌었던 국제 보건의 전조인 세계 보건에 대해 알아볼 것이다. 20세기의 최근 몇 십 년 동안 정의와 평등에 대한 논의가 있었지만, 그것은 특정 지역에 국한된 일이었다. 그 결과 우리는 다음과 같은 결론에 이르렀다. 세계는 세 가지(제1세계, 제2세계, 제3세계)로 나뉘며 더 전형적으로는 국경으로 분리된 국민국가로 나뉘지만, 자원의 세관 통과를 아무리 막아도 병원균은 즉시 이동할 수 있다는 것이다.

인류학, 사회학, 역사학, 정치경제학, 그리고 다른 "재사회화하는 학제들"을 전염병학, 인구통계학, 임상시험, 분자생물학, 경제학과 통합함으로써 우리는 "국제 보건의 평등"[2]이라고 이름 붙일 만한 새로운 통합 분야를 수립했다. 그리고 이런 다학제적 접근을 통해 거시적인 규모에서 국지적인 규모로, 사회적인 규모에서 분자적인 규모로 논의를 이끌어 사람들이 생물사회적 문제들에 대한 생물사회적 접근을 올바르게 받아들이게 했다. 이것은 이 책의 중심 주제이며 또한 각 장에 도입되는 접근법이기도 하다.

. . .

만약 국제 보건이 현재의 문제들을 모은 집합에 지나지 않는다면, 이것을 새로운 분야로 거듭나게 하는 것은 무엇일까? 과학사학자들은 현대 화학, 물리학, 유전학, 분자생물학을 수립하는 데 어떤 투자가 필요했는지 알고 있다. 대개의 경우 수십 년에 걸쳐 기본적인 원리들이 증명되고, 실험실에 연구비가 지원되고, 연구소가 재조직되었다. 그렇다면 생물사회적으로 올바른 보건 관리에 대한 전달 체계의 과학을 수립하려면 무엇이 필

---

2) 예컨대 다음을 보라. William Foege, "Disease Prevention in the 21st Century," *Global Health Chronicles*, July 12, 2008, http://globalhealthchronicles.org/smallpox/record/view/pid:emory:16nmw (접속일 : 2012년 11월 15일); William H. Foege, *House on Fire: The Fight to Eliminate Smallpox* (Berkeley: University of California Press, 2011) ; Paul E. Farmer, Jennifer J. Furin, and Joel T. Katz, "Global Health Equity," *Lancet* 363, no. 9423 (2004) : 1832.

요할까? 전통적으로 생물학과 사회학은 서로 다른 학제로 운영되었기에, 이런 분야를 세우려면 다학제적 접근이 필요하다. 특히 이론적 이해를 넘어 보건 관리 전달의 생물학적·사회적 측면을 서로 이으려면 연구와 훈련 면에서 중대한 새 투자가 필요한데, 다행히도 이것은 오늘날 대학의 주된 관심사이기도 하다.[3]

윤리적·교육적 이유로 환자들(또는 환자가 될 확률이 높은 사람들)에게 보건 관리를 전달하지 않는다면 연구와 훈련을 시작할 수도 없다. 이런 현실 때문에 의사와 간호사들은 연구소나 교실, 도서관보다는 수련병원이나 클리닉에서 훈련하는 데 대부분의 시간을 보낸다. 오늘날 대부분의 연구대학에서는 표어와 선언에 그치는 것보다는 보건 관리 체계의 과학을 수립하는 일이 사실상 더 복잡한 도전이다.

그렇다면 우리는 어떻게 해서 가난한 곳에서든 풍요한 곳에서든 연구와 훈련, 서비스를 통합해 "국제 보건"으로 알려진 분야(비록 미성숙할지언정)를 쌓아 나가야 할까? 이 질문은 비정부기구(NGO)를 포함해 공적 혹은 사적인 다른 서비스 제공 기관에서도 거의 무시된다. 그 질문은 대학 안에서 적절히 배분되어 연구되는 경우가 드문데, 그 부분적인 이유에 대해 솔직하게 답변하자면 상당한 수준의 새 투자가 필요한 상황에서 같은 금액일지라도 빈곤의 정도가 심한 시기에는 부담스럽기 때문이다. 보건 불균형에 관한 연구는 부유한 국가에서도 어렵지만, 가난한 국가에서는 더더욱 어렵다. 아무리 이를 드러내고자 확고한 노력을 기울인다고 해도 마찬가지다. 실제로 국외에서 국제 보건을 연구하는 사례를 보면 대부분 가난한 지역보다는 여유롭거나 소득이 중간 정도 되는 지역에서 수행된다. 몇몇 예를 들면 부룬디(중앙아프리카의 공화국 —역주)보다는 남아프리카에서, 아이티보다는 브라질에서, 몰도바보다는 프랑스에서 수행되는 식이다. 하지만 이런 특성은 "국제 보건"이라는 말에 암시된 임무를 위반한 것이다.

그렇다고 해서 남아프리카, 브라질, 중국, 러시아, 프랑스, 또는 미국의 보건에 답해야 할 중요한 문제가 없는 것은 아니다. 오히려 더 많은 의문이 있다. 이런 국가들이 그 의문을 탐구함으로써 우리가 여러 번 논의했듯[4] 진정한 국제 보건에 대한 정보를 얻을 수 있다. 부의 불균형은 전염병과 마찬가지로 국경이나 다른 행정적 경계를 넘어 풍요한

---

3) Jim Yong kim, Paul Farmer, and Michael Porter, "Redefining Global Health-Care Delivery," *Lancet*, 20 May 2013.
4) 예컨대 다음을 참고하라. Barbara Rylko-Bauer and Paul Farmer, "Managed Care of Managed Inequality? A Call for Critiques of Market-Based Medicine," *Medical Anthropology Quarterly* 16, no. 4(December 2002) : 476~502.

환경과 빈곤한 환경 사이에 단절만 있는 것이 아니라 연결 고리도 있음을 알려 준다. 하지만 학생들 가운데 상당수가 국제 보건을 연구하기 위해 경제적인 기울기를 따라 지구촌에서 가장 가난하고 파괴된 지역으로 내려가고자 희망한다. 이들은 어떻게 하면 현대 의학과 공중 보건이 가장 필요한 지역에서 일할 수 있을지 알고 싶어 한다. 이렇듯 새로운 세대의 학생들이나 훈련생들은 평등의 중요성을 분명하게 얘기한다. 「랜싯(Lancet)」지의 편집인 리처드 호튼(Richard Horton)이 최근 이렇게 이야기했듯 말이다. "국제 보건은 하나의 태도이자 세상을 바라보는 하나의 방식이다. 이는 우리 인류가 처한 곤경의 보편적인 속성에 대한 것이며, 또한 자유와 평등의 근본적인 특성인 보건에 헌신한다는 성명이기도 하다."[5]

우리가 이 책을 쓴 이유는 이런 성명에 끌린 새로운 세대의 학생과 훈련자들을 위해서다. 이런 학생들은 국적·지역·종교·임상 특성·사회적 위치를 막론하고 어디든 존재한다. 하버드대학교 같은 미국의 여러 연구 대학들뿐 아니라 유럽이나 인도, 중국, 브라질을 비롯해 우리가 서비스를 제공하는 여러 지역(아이티, 부룬디, 르완다, 레소토, 나바호 인디언 보호구역 등)에도 있을 것이다. 이들은 실제로 하나의 국제적인 세대를 구성한다. 호튼이 이야기하듯, 평등이라는 가치에 헌신해 왔다.

하지만 국제 보건은 하나의 방식을 넘어 더 나아갈 필요가 있다. 이러한 방식을 대체하기 위해 우리가 먼저 해야 할 일은 새로운 학제를 세우는 것이다. 이 책에 도움을 준 이들과 저자들은 국제 보건이 "그저 취미 이상의 것"이라고 믿는다. 이 문구는 내가 「하버드 크림슨(Harvard Crimson)」에 쓴 사설의 제목인데, 국제 보건에 사용되는 자원은 대학의 주된 임무를 이행하기 위한 투자임을 대학 구성원들에게 확신시키기 위한 것이다. 이는 다른 연구 대학에서도 똑같이 적용되는 주장들이다.[6]

---

5) Richard Horton, 2012년 1월 29일 글쓴이와 나눈 개인적 교신.

6) Paul Farmer, "More than Just a Hobby: What Harvard Can Do to Advance Global Health," Harvard Crimson, May 26, 2011, www.thecrimson.com/article/2011/5/26/health-global-training-medical (접속일 : 2012년 11월 25일) 이 글의 제안은 연구 대학이나 수련병원 어느 곳이든 연관성이 있도록 의도했다.

이 서문을 쓰면서 나는 공공 보건 제공자들부터 비정부기구, 수련병원과 연구 대학에 이르기까지 관련 학술 분야의 협회를 최소한 대여섯 개 이상 언급했다. 누군가 간단하게 다룰 수도 있는 문제에 이처럼 복잡한 접근법을 택할 필요가 있을까? 국제 보건이 취급하는 주제들은 매우 다양하지만 기본적으로 이 책은 학부생, 의대와 간호대 학생, 공중보건 전공 학생, NGO 활동가와 지지자, 그 외에도 국제 보건 평등에 대해 이해하고자 하는 사람을 포함한 다양한 대중을 위한 책이다. 우리는 이 책에서 말하는 주제가 경영자와 정책 수립자를 비롯해 공동체와 클리닉, 병원의 보건 관리 전달을 개선하고자 하는 모든 이에게 중요하다고 믿는다. 그렇기에 이 책을 저술하면서 경험자를 포함한 실무자들에게 온라인에서 얻을 수 있는 보조 자료들과 더불어 국제적인 희망을 제공하는 "도구 상자(학생들이 우리 작업에 붙여 준 말이다.)"가 되도록 최선을 다했다.

보건 불균형 문제에 적극 뛰어들고자 하는 학부생들은 아직 갈 길이 멀다. 의사가 되려면 일반적으로 훈련 기관이 제시하는 전통적인 경로가 있다. 먼저 대학을 마친 다음 의학 전문대학원을 졸업하고, 인턴과 레지던트 과정을 거친 뒤 가끔은 펠로십도 마쳐야 한다. 아카데믹한 경로를 밟았다면 임상 훈련이 끝난 후 개업의 혹은 강사로 신분이 바뀐다. 수련생에서 강사로 승격하는 것이다. 훈련 과정은 여러 세대에 걸쳐 심장병 전문의, 전염성 질환 개업의, 종양학자, 정신의학자, 그리고 다른 여러 의학 전문가들이 만든 것으로 하버드대학교 학부 과정 강사라면 모두 어김없이 거친 길이다.

그렇다면 국제 보건 분야에 취직하고자 하는 학생들에게는 어떤 길이 펼쳐져 있는가? 불과 10년 전만 해도 이 분야에 대해 교육받을 기회는 거의 없었지만, 최근에는 그 과정이 만들어지고 있다. 이런 상황에서 이 책과 다른 자료의 저자들이 오래전에 행했어야 할 분만을 돕는 산파가 된 것 같아 뿌듯하다. 단, 문제들의 집합이 하나의 학제로 변하는 과정의 모든 단계에서 훈련과 신임이 더욱더 필요할 것이다.

앞에서도 말했듯 의사들은 필요 인력 중 극히 일부에 지나지 않는다. 간호사, 실험실 테크니션, 경영인들도 똑같이 필요하다. 물자가 부족한 환경에서 태어나 재능이 있어도 직업의 사다리에 오를 기회를 거의 박탈당하는 사람들이 그렇듯이 말이다. 예컨대 아이티와 르완다 농촌 지역에는 암 환자들이 많았지만, 종양학자는 물론 이들을 양성하는 프로그램은 전혀 없었다. 네팔의 언덕과 산맥 지대의 시골에서는 외상이 많이 일어나지만,

정형외과 의사는 아예 없거나 드물다. 만약 국제 보건이 "그저 취미 이상의 것"이 되려면 부유한 쪽과 가난한 쪽 양측에 교육의 기회를 균형 있게 주어야 한다. 하버드대학교에서 학생 한 명을 길러 내면 개발도상국에서는 적어도 열 명 이상이 그에 따른 수혜를 받는다. 지속 가능한 국제 보건의 모형이라면 철저하게 다른 환경에서(예컨대 케임브리지와 매사추세츠, 미르발레스와 아이티) 교육받을 기회를 간과하지 않을 것이다. 그런데도 자원이 풍부한 대학들 중 대부분은 이런 불편한 현실을 피하려고 한다. 설령 이들이 국제 보건의 필요성을 인식하고, 쌍방적인 교육 프로그램의 중요성을 알게 된다고 해도 넉넉한 지원금을 기대하기는 어렵다.[7]

포괄적인 관점을 취한다면 진정으로 국제적인 인재풀을 발견할 수 있다. 우리 학생들과 훈련생들은 환경과 수준에 상관없이 우리가 이 새로운 분야를 수립하기를 바란다. 교수들과 행정가들, 전 세계의 동료들과 환자들 역시 여기에 동의한다. 서비스를 연구하고 훈련과 연결하면 국제 보건을 학술적으로 인정받는 분야인, 이른바 유전학이나 시스템 생물학 같은 수준으로 끌어올릴 수 있을 것이다.

그렇다면 지금까지 국제 보건이 지지자들의 열망을 따라잡지 못한 이유가 무엇일까? 먼 훗날 역사학자들이 21세기를 되돌아본다면 이 책의 밑그림이 되는 의학에 대한 생물 사회적 관점을 발견할 수 있을 것이다. 가령 1977년에 전 세계적으로 천연두가 박멸되었다는 사실과 보편적인 1차 보건 관리의 전망과 실패("2000년에는 모두를 위한 보건을"), 공적 제공자와 사적 제공자가 혼합된 공공 보건 체계에서 공적 영역의 몰락과 사적 자금 조달("구조적 조정"), "신흥" 전염병들의 출현, 그중 가장 두드러진 에이즈와 항생제로 인한 내성 박테리아 및 바이러스, 기생충 감염, 새로운 전염병을 둘러싼(대개 맞춤 예방과 관리의 형태인) 20세기 후반의 논쟁에서 드러난 결핍의 사회화, 21세기에 들어서자마자 시작된 이런 전염병들과의 싸움과 급작스런 새로운 예산 투입, 그로 말미암은 성공

---

7) 이러한 쌍방적인 노력에 대한 전망은 마침내 변화해 더 평등주의적으로 바뀌고 있으며, 따라서 물자가 부족한 환경의 교육 기회에 더욱 초점을 맞추고 있다. 예를 들어 르완다의 보건 당국은 클린턴 재단 및 미국 대학 10여 곳과 제휴를 맺고 '보건을 위한 인간 자원'이라고 불리는 프로그램을 발표했다. 이 프로그램은 르완다의 경험 많은 의학, 간호학 교수들 20명 남짓으로 하여금 이른바 암, 비감염성 질환, 외상, 그리고 나열하기에는 너무 많은 복잡한 병리학을 다룰 수 있는 지역적인 능력을 함양하도록 의도된 교육 프로그램을 시작하게끔 했다. 다음을 보라. Clinton Health Access Initiative, "Human Resources for Health," www.clintonfoundation.org/main/our-work/by-initiative/clinton-health-access-initiative/programs/health-systems/human-resources-for-health.html (접속일 : 2012년 11월 18일)

(때로는 치료가 예방이라는 것을 보여 준), 그리고 이러한 투자(현명하게 사용될 때 "보건 체계의 강화"로 불리는 현상을 이끌어 내는) 덕분에 태어난 긍정적인 시너지 작용 등을 말이다.

마지막으로, 역사가들이 이제 막 생겨난 국제 보건이라는 학제에 공헌하고자 하는 대학과 비정부기구 조합원들의 역할에 주목하기를 바란다. 비록 속도는 느릴지라도 그들은 국제 보건의 평등에 대해 연구하고 교육 프로그램을 마련했다. 일반 대학생이나 의대생, 인턴, 레지던트, 하버드대학교의 젊은 교수들, 그리고 그들의 수련병원을 위한 프로그램을 수립하는 일은 결코 쉽지 않았다. 미국 정부는 의학 전문직 교육을 대폭 줄였고, 그 결과 국제적인 차원에서 진정한 보건 평등을 지향하는 이들은 그 재원을 활용할 수 없게 되었다. 즉, 미국에서 연구와 교육 의제는 지금껏 '에이즈 경감을 위한 대통령 긴급 계획'이나 '에이즈와 결핵, 말라리아와 싸우기 위한 국제 기금' 같은 프로그램을 따라잡지 못하고 있다는 뜻이다. 이는 역사상 가장 야심 찬 국제 보건 프로그램들이었다.

그렇지만 우리는 이를 반드시 따라잡아야 한다. 내가 1984년에 하버드대학교에서 의학 훈련을 시작했을 당시 국제 보건에 확실하게 관심을 보인 학생은 (150명이 참여하는 수업에서) 고작 3명이 전부였다. 하지만 25년이 지난 뒤 그 숫자는 50명으로 늘었다. 학생들 가운데 3분의 1은 작업 계획을 세우면서 물자가 부족한 환경의 보건 불균형에 대해 이야기한다. 그리고 절반 이상은 이 책에 정의된 국제 보건 평등에 관심을 갖고 있다. 사실 교육 프로그램이 이 수요를 따라가지 못하고 있다.

• • • •

단, 교육과 연구 프로그램은 국제 보건을 다시 '상상'하고 다시 구성하는 작업의 일부일 뿐이다. 보건 불균형을 직접적으로 다루는 데 따른 더 큰 문제는 질 높은 서비스를 한 번도 향유하지 못했던 이들에게 그것을 전달하는 것이다. 즉, 노동의 분화(서비스와 연구 그리고 교육 사이의)가 중요하고 실제로 필요하다는 뜻이다. 우리는 그런 개념적인 작업이 서비스, 연구, 교육에 정보를 제공할 수 있다고 믿는다. 교과서가 전할 수 있는 것도 이런 차원에서 국제 보건의 필요성이다.

학부 과목인 "사회적 의료 입문"(하버드 의과대학에서 필요로 하는)과 하버드대학교의 공중 보건 과정에서 개발된 국제 보건 전달 과정에 사용되는 교육 교재들은 우리가 국제 보건 분야의 정책 입안자 수준과 실무자 수준에서 중요하게 생각하는 이론적 구성물을 제공한다.[8] 우리가 이 책의 2장에서 다룰 푸코의 "생체 권력(biopower)"이나 버거와 루크만의 "지식의 사회적 구성", 머튼이 탐구한 "목적적 사회 작용의 의도치 않은 결과"와 같은 유용한 개념들은 국제 공중 보건에 관련된 문헌에는 대부분 빠져 있다. 이런 개념이 국제 보건의 평등을 달성하는 데 과연 필요한지, 또 그것들이 단순히 추상적이고 철학적이며 사변적이지는 않은지 등에 대해 누군가 정당한 질문을 던질 것이다. 우리는 이런 개념들이 다양한 환경 속의 복잡한 문제들을 이해하는 데 필요한 작용들에 대해 생물사회적 분석을 가할 수 있게끔 정보를 줄 수 있다고 주장한다. 또한 이런 개념들은 보건 불균형을 다루려는 노력을 정당화하는 프레임에 대한 정보도 줄 수 있다. 예컨대 보건을 인권으로, 공중 보건을 공익으로, 보건 서비스를 경제 개발상의 투자로 보는 것이다.

공익을 뒷받침할 방향을 정하고 의료를 시행하려는 욕구와 능력을 발휘하는 것은 물론 좋은 일이다. 하지만 그 일을 성취하는 데 실용적인 문제가 있다면 먼저 난점을 넓고 깊게 분석해 봐야 한다. 이를 보여 주는 한 가지 사례가 있다. 바로 비정부기구들과 국제 보건 전달 체계의 "실패 사이에 일어나는 상호작용이다. 가령 국제 보건 관련 비정부기구와 같이 일하는 의료 제공자들은 많은 사람에게 좋은 서비스를 전하는 가장 효율적인 방법이 공적인 시스템을 사적인 자선 서비스로 대체하는 것이라고 여길 수 있다. 기부자들이 이 책에 도움을 준 것도 아마 사람들에게 가장 친숙한 종류의 자선 서비스일 것이다. 그렇지만 사적인 주체들은 인간의 건강한 삶을 지지하는 동시에 시스템 속에 잘 짜여 존재하는 수요의 전부를 충족시킬 수 없고, 비정부기구 또한 그 수요자들에게 충족에 대한 권리를 부여할 수 없다. 비정부기구들은 기껏해야 어떤 하나의 국가가 부여하는 법적인 권리의 틀 안에서 제공자와 고객 사이의 관계를 맺어 줄 따름이다. 이 책은 신자유주의적인 정책이라 불리는 것과, 약화된 공공 부문 보건 체계 사이의 명백한 연결 고리를 찾고자 한다.

'국제 보건 실태의 재조명'이라는 제목의 이 강좌는 본래 의료를 수행하는 인류학자

---

8) 각 단계에서 우리는 교수 자료를 무상으로 공개해 케임브리지나 보스턴대학교뿐만 아니라 우리와 우리 학생들이 일하는 어떤 환경에서든 사용할 수 있게 했다. 현재 하버드 의과대학에서 제공하고 있는 국제 보건 전달 의학 석사(MMSc-GHD) 과정에서도 이 자료에 대한 설명을 얻을 수 있다. 다음 웹사이트를 보라. http://ghsm.hms.harvard.edu/. 우리는 전 세계적으로 물자가 부족한 환경에 보건 관리를 제공하는 갖가지 경험을 집결하는 온라인 프로그램 관리 지침 또한 개발했다. 다음을 보라. www.pih.org/pmg.

의 설계에서 비롯되었다. 강좌에 대한 소개 글 원문은 다음과 같다.

새로 개설한 이 학부 강좌는 국가와 다른 행정 경계를 넘나들며 빠르게 변화하는 사회구조에 깊이 뿌리를 둔 국제 보건 관련 문제들을 모아 살펴볼 것이다. 교수진들은 아시아, 아프리카, 미국에서 여러 임상 연구(에이즈, 결핵, 말라리아, 정신 질환을 비롯한 주제들)와 다양한 문헌(전염병학, 인류학, 역사학, 임상의학)을 섭렵한 현장 경험에 의존해 학생들을 가르칠 것이다. 이 강좌는 새롭게 부상하는 정의되지 않은 분야에서 주제들을 골라 소개하고, 광범위한 생물사회적 분석을 이용해서 가난한 사람들이 질병의 부담을 덜게끔 설계된 서비스의 전달성을 개선하는 데 초점을 맞춘다.

이 학부 강좌는 2008년부터 매년 개설되었다. 우리는 내용을 발전시키는 과정에서 하버드 의과대학과 수련병원의 동료들과 함께(일부는 중복되었다.) '사회의학개론'이라는 강좌를 다시 구성했는데, 의대 1학년 학생은 필수로 들어야 하는 강의였다.[9] 비슷한 생각을 하는 실무자들이 도움을 주었다. 이런 협력 작업들이 모두 그렇듯, 이 일 역시 특정 시·공간에서 함께 일하는 데 익숙한 사람들의 제한된 경험에 깊이 의존했다. 또한 우리는 하버드 비즈니스 스쿨, 브리검 여성병원, 하버드대학교 공중보건학과 동료들과의 작업을 통해 학생들이 넓게 정의된 보건 서비스의 전달성을 개선하는 데 자기들의 커리어

---

9) 이 강좌의 강의계획서는 다음 웹페이지에 공개되어 있다. http://ghsm.hms.harvard.edu/education/courses/#ghsm. 2011년의 강좌 소개 글은 다음과 같다.

사회·경제·정치적 권력은 환자들이 누구인지, 그들이 앓는 병이 무엇인지, 어떤 치료법이 가능한지, 그 치료법의 결과는 어떤지에 대해 강력한 영향을 미친다. 지난 50년 넘게 그것을 예방하는 수단이 알려져 왔는데도 심장병은 전 세계를 통틀어 주된 사망 요인이었던 다른 이유가 있는가? HIV 감염의 결과가 여러 국가에서 이처럼 다르며, 심지어 미국 안에서도 굉장히 다른 이유가 무엇인가? 모든 의사는 그들이 보스턴에서 일하든, 미국의 다른 곳에서 일하든, 아니면 더 먼 곳에서 일하든 간에 임상적 작업 과정에서 이런 질문과 맞닥뜨린다. 이러한 질문에 대한 답은 분자생물학이나 병리생리학 하나만을 배운다고 해서 얻을 수 없다. 의학 교육과 실습은 사회의학에 대한 이해에 기반을 두어야만 한다. 사회의학이란 질병과 의학을 분석하는 데 있어 사회과학과 인문학의 방법론을 사용하는 탐구 분야다. 이 강좌는 수강생들에게 사회의학의 이론과 실제를 개관한다. 또 그들이 어디서 일하든 이런 권력을 의식할 수 있도록 하며, 그 권력이 그들의 환자들에게 어떻게 영향을 미치는지 이해하며, 그에 대한 적절한 반응을 개발하도록 한다. 강의와 개별 지도를 통해 탐구하고자 하는 주제는 다음과 같다. (1)인구 집단과 시간에 따른 질병과 건강 불평등의 결정 인자들 (2)사회적 요인이 의학 지식과 보건 관리에 영향을 미치는 방식 (3)지역적·국가적·국제적 맥락에서 건강 불평등을 방지하고 그것과 맞서 싸우기 위해 해야만 하는 일들. 우리는 어떤 하나의 환경을 다른 많은 경우에 도입할 수 있는 경우가 많다는 데서 얻은 통찰을 보여 줌으로써 지역적인 것과 국제적인 것 사이의 연속성을 강조할 것이다.

를 집중할 수 있게끔 일련의 "사례들(예컨대 인류학 강좌에서 말할 때와는 상당히 다른 의미를 지닌다.)"을 개발했다. 그 결과 국제 보건 효율성이라는 프로그램은, 적어도 100야드 이상 물리적으로 떨어져 있는 하버드 의과대학과 공중보건학과 사이에 이루어진 협력 강의 중 하나다. 우리는 국제 보건에서 몹시 중요한 문제들을 규정하고 또 비판적으로 탐구하는 새로운 교육 자재를 개발했다. 이는 특정 유행병에서 새로운 기술의 개발 그리고 이런 도구들의 효과적인 전달에 이르는 다양한 범위를 포함한다.[10]

. . . .

2010년 1월, 거대한 지진이 아이티의 수도 포르토프랭스의 상당 부분을 파괴했다. 우리가 국제 보건의 불평등을 직접 살핌으로써 평등을 촉진하고자 노력했던 바로 그곳에서 (대부분이 아이티 사람이었던 수많은 동료와 일했던) 말이다. 지진은 아이티의 하나뿐인 대도시를 뒤덮었으며, 집계에 따르면 25만 명이 목숨을 잃었다.[11] 그 때문에 우리는 우리 강좌를 학부생과 의대생들에게 두 번째로 강의한 지 한 달도 안 되어, 아이티의 의료와 교육 기간 시설 붕괴에 대해 숙고해야 했다. 말 그대로 당장 눈앞에 긴급한 국제 보건 위기가 닥친 셈이었다. 대학이나 다른 동료들의 자원을 결집해 부상당한 사람들과 직접적인 부상을 당하지는 않았지만 필요한 의료 서비스에 접근하지 못하는 사람들의 고통을 어떻게 해야 누그러뜨릴 수 있을까?

간단히 말해 우리는 생명을 구하는 데만 집중했다. 지진이 일어나고 첫 1주를 되돌아보면 그 자체가 벅찬 훈련이었다.[12] 학술 분야를 연구하는 의학 센터 사람들도 꽤 여러 번 모습을 드러냈다. 지진이 났을 때 가장 큰 문제가 되는 것은 심각한 부상이다. 전 세계적으로 외과 의사들과 마취과 의사, 숙련된 외과 간호사들이 팀을 꾸려 아이티까지 와서 팔다리의 가벼운 부상을 치료해 주는가 하면, 심지어 생명까지 구해냈다. 또한 의학 센터와 비정부기구가 아이티 정부 당국에 합류했으며, 몸을 움직일 수 있는 시민들은 휴식처

---

10) 사례에 대한 다양한 연구는 다음 웹페이지에서 살필 수 있다. http://globalhealthdelivery.org/library/publications/case-studies/. 이런 다양한 노력과 그것을 지지하는 전략적 틀에 대해 개관하려면 이 책의 7장, 그리고 다음 글을 보라. Kim, Farmer, and Porter, "Redefining Global Health-Care Delivery."

11) 이 지진의 서로 다른 사상자 수에 대해서는 다음을 참고하라. Paul Farmer, *Haiti after the Earthquake* (New York : PublicAffairs, 2011).

12) 우리 가운데 몇몇은 다음 책에서 이때를 되새겼다. *Haiti after Earthquake* (New York: PublicAffairs, 2011).

를 제공했다. 멀리 떨어진 곳에서도 지원의 손길이 이어졌다. 추산에 따르면 미국 가정의 절반 이상이 지진 피해를 입은 사람들을 위해 구호 성금을 냈다고 한다.

첫 1주 동안 외과 팀은 수천 명의 생명을 살리고 현장 역량을 쌓았으며, 파괴되지 않은 쓸 만한 기간 시설에 시간과 재정적인 도움을 주었다. 하지만 이 최초의 방문 팀들 중 상당수는 일을 제대로 하기가 어렵다는 사실을 깨달았다. 2010년 1월 12일 이전까지 아이티의 보건 관리 시스템은 공적이든 사적이든 미약했고, 조직 면에서도 미비함은 물론 이에 비해 지나치게 많은 문제점을 안고 있었다. 지진이 나기 전에 아이티에서 일했던 수많은 비정부기구 중 지역적으로든 국가적으로든 아이티 정부 당국에 의해 조직되거나 감독을 받는 기구는 매우 적었으며, 심지어 기구들 간에도 통합이 제대로 이루어지지 않았다. 아이티 지진이 발발하고 첫 1주 동안 혼란 상황이었던 것이 비단 지진 하나 때문만은 아닌 셈이다.

포르토프랭스의 학교와 의료 시설의 붕괴를 본 사람들은 '다시 지을 방법'에 대해 이야기했다. 이 견해에 따르면 이번 지진은 도시와 공공시설(공원에서 학교, 의료 센터에 이르기까지)을 다시 세울 절호의 기회였다. 지진이라는 충격은 마치 계시와도 같이 20세기 후반의 소극적인 노력들을 지배했던 공중 보건에 대한 견해에 의문을 제기했고 또 가끔은 그것을 뒤집었다. 만약 이러한 관점이 앞에서 언급한 리처드 호튼의 주장처럼 세상을 바라보는 새로운 방식을 제공한다면, 지진 이후 아이티에서 제기된 보건 평등성에 어떤 공헌을 하게 될까?

우리 필자들은 수업을 들은 일부 학생들처럼 아이티에서 봉사한 경험이 있었다. 그런데 그때의 경험으로 인해 비관주의에 젖어 행동하지 않는 사람들, 희망을 갖고 대담하게 솔선수범하는 사람들로 갈라졌다. 보건 관리 시스템을 개선하여 접근성을 높이려는 야심찬 노력으로 신식 병원을 새로 지어 적절한 보건 체계를 수립하자는 계획이 등장했고, 새로운 훈련 프로그램을 만들려는 시도가 왕성해졌다. 하지만 전문가들의 집단 토론을 통해 의료 센터를 다시 지을 방안을 세우는 것과 자금을 모아 계획을 실제적으로 이행하는 것은 꽤 다른 문제다. 이 책이 출간되고, 지진이 발생한 지 3년이 넘게 흘렀어도 새로 세워진 병원은 손으로 꼽을 정도고, 파괴된 후 재건된 대학 시설은 하나도 없었다. 보건부는 하는 일 없이 그저 운영만 되고 있다. 이러한 상황에서도 거듭 고민을 거쳐 한 보건 관리 전달 시설이 다시 설계·건축되어 문을 열었다. 바로 미르발레스대학병원이 그곳이다.

다른 장에서도 이야기했듯이, 여기서는 가난한 사람을 위한 보건 서비스를 균등하게 전달하는 방법을 연구하고 또 이를 훈련할 방법을 찾을 것이다. 또한 비정부기구의 역동성과 사적 영역의 다른 부분들을 공적 영역에 대한 요구로 연결할 것이다. 이는 아름답고 현대적이며 훌륭하다.

슬프게도 세계화의 발흥과 쇠퇴는 아이티까지 영향을 미쳤다. 이를 있는 그대로 비평하자면, 서반구(지구의 서쪽 반으로. 아메리카 대륙과 태평양의 반쪽이 여기 속한다. —역주)에서 물 공급이 가장 불안정한 국가인 아이티는 지진이 일어나기 전에도 대규모의 콜레라가 창궐하기 일보직전이었다.[13] 콜레라에 대응하는 방법은 누구나 알지만, 정부는 제 역할을 못했고 회의실의 닫힌 문 뒤에는 무력함만 널리 퍼져 있었다.

100만 명도 넘는 사람들이 집을 잃고 캠프에서 생활하며, 휴대용 무료 급수의 배급을 끊겠다는 반복되는 통보를 견디는 동안(그것을 지속할 수가 없다든지, 비용 대비 효과적이지 않다든지, 물 조달업자들의 사업에 끼어들 수 없다든지 하는 이유로) **몇몇 공중 보건 전문가들은 아이티에서 콜레라가 "발생할 가능성이 적다"는 상식 이하의 예측을 내놓았다.[14]**

이 책에서 살펴보겠지만, 전염병에서 인과관계를 찾기란 어려운 일이다. 다만, 가능한 시나리오 중에 이 근접성의 정치·경제학을 포함하는 것이 있다.[15] 바로 유엔평화유지군 캠프 가운데 한 곳에서 나오는 하수가 아이티에서 가장 큰 강의 지류에 직접 흘러들었다는 것이다. 물론 의도치 않은 결과였겠지만, 완전히 예측할 수 없었던 일은 아니었다. 콜레라가 발생한 곳이 어디든 병원균은 수계를 통해 방출되어 지역 전체에 빠르게 퍼졌으며, 건기에 속도가 느려졌음에도 불구하고 결국 국경을 넘어 도미니카공화국과 그 너

---

13) 예를 들어 다음을 보라. *Woch nana Soley: The Denial of the Right to Water in Haiti.* 이것은 인권과 국제 정의 센터, 뉴욕대학교 법과대학의 국제 인권 클리닉, 건강의 동반자들(PIH), Zanmi Lasante, 로버트 F. 케네디 인권 메모리얼 센터의 2008년 보고서다. www.phi.org/page/-/reports/Haiti_Report_FINAL.pdf (접속일 : 2012년 11월 12일)

14) 질병 통제와 예방 센터, *Acute Watery Diarrhea and Cholera : Haiti Pre-Decision Brief for Public Health Action*, March 2, 2010. http://emergency.cdc.gov/disasters/earthquakes/haiti/waterydiarrhea_pre-decision_brief.asp (접속일 : 2012년 11월 19일)

15) 인과관계에 대한 이런 주장들에 대한 더 심화된 설명은 다음을 보라. Louise C. Ivers and David A. Walton, "The 'First' Case of cholera in Haiti: Lessons for Global Health," *American journal of Tropical Medicine and Hygiene* 86, no. 1 (2012): 36-38; 그리고 Jonathan Weigel and Paul Farmer, "Cholera and the Road to Modernity : Lessons from One Latin American Epidemic for Another," Americas Quarterly 6, no. 3 (Summer 2012), www.americasquarterly.org/cholera-and-the-road-to-modernity (접속일 : 2012년 11월 18일).

020 국제 보건 실태의 재조명

머까지 전파되었다.

아이티에 적절한 수도 위생 체계를 건설하거나 재건설하려면 아무리 최선의 경우를 생각해도 여러 해가 걸린다. 이를 감안하면 수만 명의 생명을 위험에 처하게 할 수 있는 때늦은 예방 정책만 사용하는 것보다는 빠른(단기간에 작용하는) 정책을 도입하는 편이 확실히 낫다. 즉, 손 씻기 단계에서 예방접종 단계까지 이행하는 것이 각 콜레라 환자를 확인해서 치료하는 일만큼이나 꼭 필요하다는 것이다. 이는 또한 상보적이기도 하다.[16]

이 책에서 20세기의 전염병을 다룰 때 등장하는, 예방이냐 등록 관리냐 하는 사이에서 비롯된 불화가 21세기 한복판에서 일어난 대규모 콜레라 창궐 과정에서도 발생한 것이다. 이 갈등은 빈곤한 환경의 보건 투자를 특징짓는 희소성에 대해, 또는 부유한 국가에 사는 빈곤층에 대해 동일한 사회화를 적용할 경우에 일어난다.[17]

이 책의 서문은 여러 가지 이유로 꽤나 개인적이다. 그 이유 중 한 가지는 이 책을 비롯해, 집필진이 지난 몇 년에 걸쳐 개발한 많은 양의 자료가 상당한 개인적 투자로 이루어졌기 때문이다. 또 다른 이유는 교수진들(그리고 많은 대학원생 조교들)이 자기들의 직업적 경력을 이런 노력에 쏟아부었기 때문이다. 그리고 마지막 이유는 아이티 지진과 그 여파가 강의실에서 편안하게 이야기하는 것보다 더 크게 내 강의 경험에 스며들었기 때문이다.

지진과 그 여파에도 불구하고 국제 보건을 다시 고민하는 노력이 중요하다는 나의 믿음은 흔들리지 않은 채 남아 있다. 오히려 아이티 같은 환경에서 겪은 직접적인 경험을 사회 이론에 연결하고자 더욱 노력하게 되었다. 사회 이론은 사회적 행동을 할 경우와 하지 않을 경우에 벌어질 수 있는 의도적·비의도적인 결과를 이해하는 데 목적이 있다.

만약 인류학, 역사학, 그리고 기타 재사회화 지식 분야들이 공통되는 분석의 목적을 공유했다면 결코 쉽지 않은 전체적인 관점을 잡을 수 있었을 것이다. 또한 고통 혹은 부상에 괴로워하는 인간 경험(그리고 괴로움을 없앨 방법을 찾는 개인이나 단체)에 대한 인식을 표현하는 것은 모형이나 이론을 추상화하는 것만큼이나 어렵다. 모든 설명은 불완

16) Louise Ivers, Paul Farmer and William J. Pape, "Oral Cholera Vaccine and Integrated Cholera Control in Haiti," *Lancet* 379 (2012) : 2027~2028.

17) Paul Farmer, et al., "Meeting Cholera's Challenge to Haiti and the World : A Joint Statement on Cholera Prevention and Care," PLos NTD 5, no. 5 (2011) : e1145.

전하기 마련이고 또 어떤 설명도 인간 경험의 복잡성을 포착해 낼 수 없다.[18] 따라서 이 책의 큰 단점은 모든 보고서나 사례, 장, 논평이 필연적이며 또 공공연히 불완전하다는 점이다. 이렇듯 불완전함을 인정하는 것은 인과관계에 대해 손쉽게 이야기하는 주장에 의문을 제기하게 한다. 이런 주장들은 머지않아 자만했거나 완전히 틀렸음이 드러날 것이다. 의학과 공중 보건의 역사는 우리의 실천과 가르침, 인과관계에 대한 모든 주장에 겸손히 스며들어야 한다는 점을 우리에게 반복적으로 가르친다. 하지만 그 겸손이 기능의 마비를 이끌어서는 안 된다. 우리는 무분별한 행동주의 또는 지식은 갖추었더라도 결과적으로 아무것도 못하는 회의주의에 독자들이 휘말리지 않기를 바란다.

우리는 오랜 경험을 통해 이것이 잘못된 이분법이며, 무엇보다 위험하다는 사실을 깨우쳐 주고자 한다. 행동하지 않는 것은 진정한 선택지가 아니지만, 그럼에도 불구하고 사람들은 높은 상아탑을 바라보거나 달아나는 식으로 쉽게 후퇴하여 자기들의 편견을 힘들게 고집하려 한다. 우리는 하나의 세계에서 살고 있는 것이지 셋으로 나뉜 세계에서 살고 있는 게 아니다. "국제 보건 실태의 재조명"은 이에 대한 우리의 이해를 재사회화 할 것이다. 우리는 이 책에 많은 것을 담고자 애썼다. 부디 독자 여러분도 우리의 초대에 응해 함께하길 바란다.

---

18) 다음 책은 모든 장에 걸쳐 이 점을 효과적으로 보여 준다. João Biehl and Adriana Petryna, *When People Come First : Critical Studies in Global Health* (Princeton, N.J.: Princeton University Press, 2013).

Introduction : A Biosocial Approach to Global Health

서문 : 국제 보건에 대한 생물사회적 접근

1장
서문 : 국제 보건에 대한 생물사회적 접근

폴 파머, 김용, 아서 클레인먼, 매슈 바실리코

현장으로부터의 관점

음파초는 몇 달째 기침 중이다. 기침 때문에 몸의 기력이 떨어지고 식욕도 없어서 한 주 한 주 체중이 줄고 있다. 그러다 피부가 축 늘어질 즈음, 친척들에게 조언을 구한 음파초는 2시간 거리의 보건 센터로 향했다. 그곳에서 그는 자기가 에이즈와 결핵에 걸렸음을 알게 되었다. 그가 사는 남아프리카의 내륙 국가인 말라위의 시골 농촌 마을은 두 질병으로 많은 피해를 입었는데, 음파초의 진단 예후 역시 매우 좋지 않았다.

사하라 이남 아프리카의 나라들 대부분이 그렇듯 말라위 역시 가난과 질병의 부담감, 제한된 보건 서비스 등 중첩된 문제로 공적 영역이 도전 과제에 직면한 상태였다. 하지만 음파초의 사례는 예외였다. 네노지구병원(말라위 남부 농촌 구역의 작은 마을에 있는 비정부기구들의 도움으로 지은 공립 병원)에 도착하자마자 그는 한 팀의 임상의들을 만날 수 있었다.

그날 오후 음파초는 두 가지 질병에 대한 진단을 받고 치료를 시작했다. 치료 과정에서 현기증이 날 정도로 많은 알약을 먹어야 했지만, 공동체에서 근무하는 보건 담당자가 매일 약을 배달해 주어 음파초가 치료적 식이요법을 지킬 수 있도록 도왔다. 이것으로 그의 수명은 수십 년 더 연장될 것이다.

음파초의 진료실을 지나 복도 아래쪽으로 더 내려가면 그의 이웃 중 한 사람이 산파 간호사의 도움을 받아 분만 중이다. 근처 다른 방에서는 임상 스태프들이 주의 깊게 지켜보는 가운데 여섯 명의 여성이 일하고 있는데, 이런 깨끗하고 현대적인 수술실이 몇 야드에 걸쳐 개설되어 있다. 이러한 점을 포함해 다른 여러 점에서 네노지구병원은 이 지역의

(그리고 사하라 이남 아프리카 다른 시골의) 다른 의료 시설들과는 다르다. 이 병원은 포괄하는 범위가 넓은 1차 의료 기관이며, 매일 수백 명의 환자에게 이동식 관리 시설을 제공한다. 이 시설에는 120개의 침상과 결핵 병동, 약재가 잘 구비된 약국, 전자 의료 기록 시스템이 있고 또 보건부와 '건강의 동반자들'에서 나온 의사와 간호사들이 환자들을 돌보고 있다. 말라위에서도 가장 가난하고 고립된 지역에 이처럼 튼튼한 지역 보건 체계가 마련되어 공중 보건을 위한 공익 목적으로 환자들에게 비용을 받지 않고 고품질의 관리 서비스를 전달하고 있는 것이다.

그렇다면 효과적인 의료 서비스가 거의 불가능한 "개발도상국"[아마도 "대다수의 세계(majority world : 아시아, 아프리카, 라틴아메리카의 제3세계를 의미한다. 세계 인구의 대부분을 차지하기 때문에 이렇게 부른다. ―역주)"라 표현하는 것이 더 좋겠지만]에 이런 포괄적인 보건 시스템이 어떻게 건설될 수 있었던 것일까? 음파초를 비롯해 국경 넘어 모잠비크에 사는 그의 이웃들과 같은 개인은 빈곤과 질병이라는 이중적 부담을 어떻게 경험하는가? 전 세계적으로 볼 때 역사학과 정치·경제학은 부와 질병이 비대칭적으로 분포하는 현상을 이해하는 데 어떤 도움을 주는가? 이런 질문이 바로 우리가 국제 보건의 평등에 대해 탐구하게 된 동기다.

생물사회적 분석

머리말에서 이야기했듯이 국제 보건은 하나의 학제가 아니라 문제들의 모음에 가깝다. 이 책의 필자들은 이 문제들을 엄밀하게 분석하고 그것을 해결하기 위해 작업했다. 우리는 국제 보건의 현장을 통합적인 학제로 변환하려면 다학제적 접근을 해야 한다고 믿는다. 음파초를 결핵(치료 가능한 감염 질환으로, 대부분 부유한 국가들에서는 역사책 속으로 추방되었다. 그럼에도 불구하고 전 세계적으로 매년 140만 명 정도의 목숨을 빼앗는 병)에 걸리게 만든 힘들을 기술하려면 본질적으로 생물사회적인 분석과 노력이 필요하다. 이전에 영국 식민지였으며 오랫동안 국제 경제의 변방에 있던, 네노 지구 시골의 보건 관리 인프라가 제한된 원인은 역사적으로 깊고 지리학적으로 넓다.

물론 우리는 전염병학자들이 저술한 대부분의 공중 보건 교과서에서 많은 것을 얻었으며, 임상의학이나 보건경제학 같은 공중 보건 학제들에서 의지할 만한 통찰을 얻었다. 하지만 하버드대학교에서 가르치는 강좌들은 우리 필자들이 속한 병원이나 하버드 의과대학에서 오랫동안 강의한 강좌들과 마찬가지로, 공중 보건 전문가들이 가르치는 것과는 다르다. 우리는 강좌를 개발하고 또 이 책을 편집하면서 임상의학이나 인류학, 정치·경제학을 두루 섭렵했다. 이에 따라 재사회화 분야들, 즉 인류학, 사회학, 역사학, 정치·경제학에서 했던 대로 널리 퍼져 있는 여러 국제 보건에 관한 담론을 비평할 것이다.[1] 우리가 어떤 접근을 하느냐는 2장에서 탐구될 사회 이론에 달렸으며, 그 목적은 국제 보건 문헌들에서 널리 이야기되는 인과관계에 관한 주장들에 의문을 제기하는 것이다.

의료 실무자로서 우리의 경험 또한 이 책의 접근 방식에 영향을 미쳤다. 6장에서 보여주겠지만, 기본적인 질문들(음파초는 어떻게, 왜 병들게 되었는가?)에 다학제적인 조사 방법론을 도입함으로써 우리는 실무에 직접적인 연관이 있는 정보를 얻었다. 이렇듯 탐구와 실제 이행을 밀접하게 짝짓는 것["실천(praxis)이 주는 활력"]이 우리 작업에서 매우 중요하다. 이론적 반성과 실용적 직무 사이를 넘나들어야만 국제 보건에 대한 정보의 핵심을 뽑아낼 수 있다. 특정 분야에서 일하는 팀들의 지식에는 한계가 있으므로, 이 책 역시 필연적으로 우리 필자들에게 친숙한 자료를 바탕으로 한다. 6장에서 초점을 맞출 '건강의 동반자들'에 대한 작업도 이런 경우에 포함된다.

건강 불평등에 대한 개관 : 질병 부담

먼저 국제적으로 분포되어 있는 불충분한 의료 시스템과 그것을 구조화한 요인들을 살피는 것이 좋을 듯하다. 2004년, 심장병은 전 세계적으로 사람들을 사망에 이르게 한 주요 원인이었다.(표 1.1을 보라.) 뇌혈관 질환과 만성 폐쇄성 폐 질환도 5위 안에 든다. 하지만 국민소득이 높은 나라와 낮은 나라를 비교해 보면 양상은 전혀 달라진다. 저소득 국가에서 사람들을 죽게 하는 5대 질병인 설사병, HIV/에이즈, 결핵, 신생아 감염, 말라

---

1) 다음을 보라. Paul Farmer, "An Anthropology of Structural Violence," *Current Anthropology* 45, no. 3 (2004) : 305~326.

[표 1.1] 2004년 국가를 국민소득으로 무리지어 살폈을 때의 사망률 순위

· 출처 : 세계보건기구, 「전 세계 질병 부담(The Global Burden of Disease)」, 2004년 개정판(제네바, 세계보건기구, 2008), 12, 표 2.
· 주 : 2004년 1인당 국민총소득에 따라 국가를 분류했다. 825달러 이하는 저소득, 1만 66달러 이상은 고소득에 해당한다. 소득에 따른 국가 분류 목록에 대해서는 다음을 참고하라. 세계보건기구, 「전 세계의 질병 부담(The Global Burden of Disease)」, 2004년 개정판, 부록 C, 표 C2.
· a : COPD=만성 폐쇄성 폐 질환.
· b : 이 범주 안에는 신생아에게 일어나는 기타 비감염성 증상들도 포함되는데, 이것들은 이 범주의 사망자 수에서 20퍼센트를 차지한다.

질병이나 상해	사망자 수 (백 만)	전체 사망자 수 대비 백분율	질병이나 상해	사망자 수 (백 만)	전체 사망자 수 대비 백분율
전 세계			저소득 국가		
1. 협심증	7.2	12.2	1. 하기도 감염	2.9	11.2
2. 뇌혈관 질환	5.7	9.7	2. 협심증	2.5	9.4
3. 하기도 감염	4.2	7.1	3. 설사병	1.8	6.9
4. COPD[a]	3.0	5.1	4. HIV/에이즈	1.5	5.7
5. 설사병	2.2	3.7	5. 뇌혈관 질환	1.5	5.6
6. HIV/에이즈	2.0	3.5	6. COPD[a]	0.9	3.6
7. 결핵	1.5	2.5	7. 결핵	0.9	3.5
8. 기도, 기관지, 폐암	1.3	2.2	8. 신생아 감염[b]	0.9	3.4
9. 도로 교통사고	1.3	2.2	9. 말라리아	0.9	3.3
10. 미숙아와 저체중아	1.2	2.0	10. 미숙아와 저체중아	0.8	3.2
중간 소득 국가			고소득 국가		
1. 뇌혈관 질환	3.5	14.2	1. 협심증	1.3	16.3
2. 협심증	3.4	13.9	2. 뇌혈관 질환	0.8	9.3
3. COPD[a]	1.8	7.4	3. 기관, 기관지, 폐암	0.5	5.9
4. 하기도 감염	0.9	3.8	4. 하기도 감염	0.3	3.8
5. 기도, 기관지, 폐암	0.7	2.9	5. COPD[a]	0.3	3.5
6. 도로 교통사고	0.7	2.8	6. 알츠하이머와 기타 치매	0.3	3.4
7. 고혈압성 심장병	0.6	2.5	7. 결장암과 직장암	0.3	3.3
8. 위암	0.5	2.2	8. 당뇨병	0.2	2.8
9. 결핵	0.5	2.2	9. 유방암	0.2	2.0
10. 당뇨병	0.5	2.1	10. 위암	0.1	1.8

리아는 치료 가능한 감염성 질환이라 고소득 국가의 사망률 순위에서는 발견되지 않는다. 그런데도 결핵과 말라리아, 콜레라는 매년 수백만 명의 목숨을 앗아가는데, 이는 대부분의 개발도상국에서 효과적인 치료법과 예방책이 불가능하기 때문이다. 에이즈 역시

1996년에 HIV의 효과적인 치료법이 개발되어 지금은 개발도상국에서도 이 질병 치료에 있어 1년에 100달러 이하가 들지만, 여전히 저소득 국가 젊은이들의 생명을 앗아가는 주된 감염성 질병으로 꼽힌다. 사실 에이즈 관련 사망의 72퍼센트가 사하라 이남의 아프리카라는 단일 지역에서 나타난다. 이곳은 세계에서 가장 궁핍한 지역이기도 하다. 설사병은 비용도 얼마 들지 않는 단순한 수분 보충법으로도 치료 가능한 경우가 많지만, 저소득 국가에서는 사망에 이르게 하는 질환 중 3위에 해당된다.

표 1.2도 비슷한 데이터를 보여 주지만 이번에는 그 질병에 걸려 생긴 장애자 수와 사망자 수를 같이 계산한 것이다. 이런 계측을 장애보정수명(disability-adjusted life year : DALY)이라고 하는데 건강 악화, 장애, 조기 사망 등으로 잃어버린 수명을 계량하는 방식이다. 여기에는 단점이 있는데, 그에 대해서는 8장에서 탐구할 예정이다. 장애보정수명 역시 고소득 국가와 저소득 국가 사이에서 비슷하게 나타나는 건강 불평등 양상을 보여 준다. 신생아 가사와 분만 외상 같은 비감염성 상태가 저소득 국가들에서 불균형하게 분포한다는 점 역시 확연하게 드러난다. 앞에서 기술한 치료 가능한 감염성 질환들과 마찬가지로 이런 형태의 이환율[2] 및 사망률은 현대적인 의학적 개입으로 예방할 수 있기 때문에 산업화된 나라의 부유한 지역에서는 훨씬 드물다. 지도 1.1은 건강 불평등을 또 다른 방식으로 명료하게 나타내는 자료다. 지난 20년 동안 꽤 나아졌음에도 불구하고 사하라 이남 아프리카의 저소득 및 중간 소득 국가에서 평균 기대 수명은 49.2세에 머물렀다. 이는 고소득 국가들의 평균 수명보다 30.2세나 낮은 수치다.

국내총생산(GDP)과 건강 사이의 상관관계는 국제 보건의 불평등을 조사하는 하나의 시작점이다. 그런데 국내총생산이나 국민총생산(GNP) 같은 국가적인 수준의 계량법을 사용하면 격차가 더 벌어진다. "국내"나 "국민" 수준의 데이터에서는 한 국가나 주, 구역, 도시, 여타 지방 행정 조직 안에서 보이는 지역적인 수준의 불평등이 자주(어쩌면 항상) 가려지기 때문이다. 그림 1.1은 세계보건기구의 '건강의 사회적 결정 요인 위원회'에서 집계한 자료로, 한 국가 안에서도 부유한 가구와 가난한 가구 사이에 보건적 결과가 상당한 차이를 보인다는 하나의 예다. 같은 보고서에서 가져온 그림 1.2는 국가 간의 사회적 지위에 대한 또 다른 기준을 강조한다. 이 경우는 어머니의 교육 수준이 신생아의

---

2) 일정 기간 안에 발생한 환자 수를 인구당 비율로 나타낸 것 -역주

[표 1.2] 2004년 국가를 국민 소득별로 무리지어 살폈을 때 질병 부담의 원인(장애보정수명) 순위

· 출처 : 세계보건기구, 「전 세계 질병 부담(The Global Burden of Disease)」, 2004년 개정판, (제네바, 세계보건기구, 2008), 44, 표 12.
· 주 : 2004년 1인당 국민총소득에 따라 국가를 분류했다. 825달러 이하는 저소득, 1만 66달러 이상은 고소득 국가에 해당한다. 소득에 따른 국가 분류 목록에 대해서는 다음을 참고하라. 세계보건기구, 「전 세계 질병 부담(The Global Burden of Disease)」, 2004년 개정판, 부록 C, 표 C₂.
· a : 이 범주에는 미숙, 저체중, 분만 외상, 신생아 가사 외에 신생아에게 일어나는 다른 비감염성 증상들 또한 포함한다. 이런 비감염성 증상들은 이 범주의 장애보정수명에서 약 20퍼센트를 차지한다.
· b : COPD=만성 폐쇄성 폐 질환.

질병이나 상해	장애보정수명(백만)	전체 장애보정수명 대비 백분율	질병이나 상해	장애보정수명(백만)	전체 장애보정수명 대비 백분율
전 세계			저소득 국가		
1. 하기도 감염	94.5	6.2	1. 하기도 감염	76.9	9.3
2. 설사병	72.8	4.8	2. 설사병	59.2	7.2
3. 단극성 우울 장애	65.5	4.3	3. HIV/에이즈	42.9	5.2
4. 협심증	62.6	4.1	4. 말라리아	32.8	4.0
5. HIV/에이즈	58.5	3.8	5. 미숙아와 저체중아	32.1	3.9
6. 뇌혈관 질환	46.6	3.1	6. 신생아 감염과 기타[a]	31.4	3.8
7. 미숙아와 저체중아	44.3	2.9	7. 신생아 가사와 분만 외상	29.8	3.6
8. 신생아 가사와 분만 외상	41.7	2.7	8. 단극성 우울 장애	26.5	3.2
9. 도로 교통사고	41.2	2.7	9. 협심증	26.0	3.1
10. 신생아 감염과 기타[a]	40.4	2.7	10. 결핵	22.4	2.7
중간 소득 국가			고소득 국가		
1. 단극성 우울 장애	29.0	5.1	1. 단극성 우울 장애	10.0	8.2
2. 협심증	28.9	5.0	2. 협심증	7.7	6.3
3. 뇌혈관 질환	27.5	4.8	3. 뇌혈관 질환	4.8	3.9
4. 도로 교통사고	21.4	3.7	4. 알츠하이머와 기타 치매	4.4	3.6
5. 하기도 감염	16.3	2.8	5. 알코올 사용 장애	4.2	3.4
6. COPD[b]	16.1	2.8	6. 성인이 되어 발생하는 청각 손실	4.2	3.4
7. HIV/에이즈	15.0	2.6	7. COPD[b]	3.7	3.0
8. 알코올 사용 장애	14.9	2.6	8. 당뇨병	3.6	3.0
9. 굴절이상	13.7	2.4	9. 기관, 기관지, 폐암	3.6	3.0
10. 당뇨병	13.1	2.3	10. 도로 교통사고	3.1	2.6

사망률 같은 보건적 결과와 상관관계가 있다는 것을 보여 준다. 이 책은 다른 사회적·정치적·경제적 요인들이 그러하듯, 사회적 계급이 건강에 영향을 미친다는 것을 전제로 한다. 우리는 2장의 구조적 폭력 이론에서 시작하여 이 책 전체에 걸쳐 이런 불평등의 여러

[지도 1.1] 세계보건기구(WHO)의 지역 구별과 2004년 소득에 따라 나눈 국가들의 평균 기대 수명

출처 : 세계보건기구, 「전 세계 질병 부담(The Global Burden of Disease)」, 2004년 개정판, (제네바, 세계보건기구, 2008), 5, 지도 1.

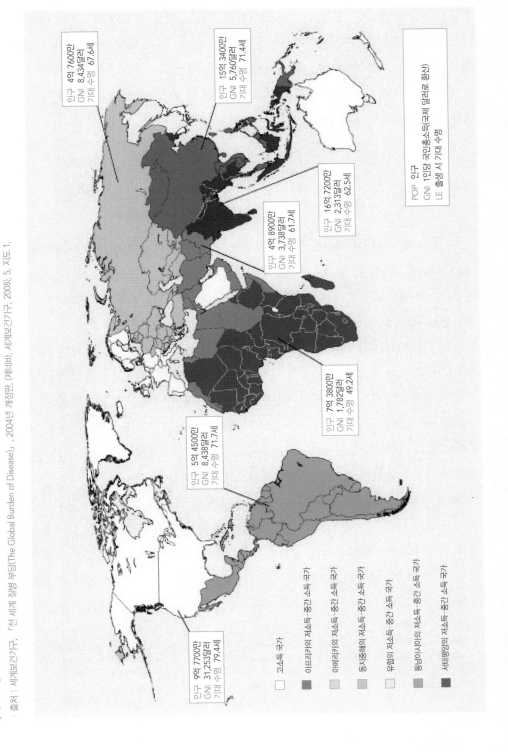

인구 4억 7600만
GNI 8,434달러
기대 수명 67.6세

인구 15억 3400만
GNI 5,760달러
기대 수명 71.4세

인구 16억 7200만
GNI 2,313달러
기대 수명 62.5세

인구 4억 8900만
GNI 3,738달러
기대 수명 61.7세

POP 인구
GNI 1인당 국민총소득(국제 달러로 환산)
LE 출생 시 기대 수명

인구 7억 3800만
GNI 1,782달러
기대 수명 49.2세

인구 5억 4500만
GNI 8,438달러
기대 수명 71.7세

인구 9억 7700만
GNI 31,253달러
기대 수명 79.4세

고소득 국가

아프리카의 저소득·중간 소득 국가

아메리카의 저소득·중간 소득 국가

동지중해의 저소득·중간 소득 국가

유럽의 저소득·중간 소득 국가

동남아시아의 저소득·중간 소득 국가

서태평양의 저소득·중간 소득 국가

층위를 파악할 것이다. 또 인과관계의 복잡성 그리고 건강 악화의 위험과 현대적 보건 서비스에 대한 접근을 모두 패턴화하는 구조들을 파헤쳐 보고자 한다. 그러다 보면 결과적으로는 국제 보건의 효과적인 개입과 비효과적인 개입을 탐구하게 될 테지만 말이다.

음파초는 말라위 농촌에서도 훌륭한 보건 관리를 받았던 반면, 비슷한 환경의 많은 사람들은 어째서 그렇지 못했을까?

용어 정의하기

이 분야에 대해 연구하다 보면 다음과 같은 질문이 나오기 마련이다. "공중 보건", "세계 보건", "국제 보건" 같은 주요 용어들은 무슨 뜻인가? "국제 보건 전달"은 무슨 의미인가? 더 근본적으로 들어가자면, 우리는 "건강(보건)"을 어떻게 정의해야 하는가? 세계보건기구(WHO)는 건강을 '신체적·정신적·사회적으로 양호한 상태'라고 정의한다. 하지만 이것이 음파초가 건강을 이해하는 방식인가? 전 세계에 걸쳐 각기 다른 환경을 아우르며 개인의 특정 질병 경험을 포착할 수 있는 건강에 대한 정의가 존재하는가?[3] 개개인의 직접적인 경험 너머에는, 누군가는 건강 악화의 위험을 감수할 수밖에 없는 상황으로 몰아가면서 또 다른 누군가는 그 위험을 면제받을 수 있는 사회적·정치적·경제적 권력이 있다. 이런 것을 구조적 폭력(structural violence)[4]이라 부르기도 한다. 이러한 사회적 권력들은 개인을 둘러싼 건강과 질병으로 구체화된다.

비록 인류의 건강을 개선한다는 목적을 공유하긴 하지만, "공중 보건"과 "의료"는 많은 점에서 구분된다. 공중 보건은 집단의 건강에 초점을 맞추는 반면 의료는 개개인의 건강에 집중한다. 이 때문에 양측 전문가들은 그 사이의 차이점을 구체화하는 과정에서 자신의 전문 분야에 매몰된 채 판단하게 된다. 문제는 이러한 시야결손 상태를 우리가 계속

---

3) 예를 들어 다음을 보라. Arthur Kleinman, Veena Das, and Margaret M. Lock, eds., *Social Suffering* (Berkeley : University of California Press, 1997) ; Arthur Kleinman, *The Illness Narratives : Suffering, Healing, and the Human Condition* (New York: Basic Books, 1998) ; João Biehl and Adriana Petryna, *When People Come First*.

4) Paul Farmer, "On Suffering and Structural Violence : A View from Below," in *Social Suffering*, ed. Arthur Kleinman, Veena Das, and Margaret Lock (Berkeley : University of California Press, 1997), 261~283; *Daedalus* 125, no. 1 (1997)에 처음 발표된 것.

[그림 1.1] 가정의 부유한 정도에 따른 5세 이하 아동의 사망률
· 출처 : 「세대 간 틈을 메우기 : 건강의 사회적 결정 요인에 대한 행동으로 이루는 건강 평등」, 건강의 사회적 결정 요인 위원회 최종 보고서 (제네바, 세계보건기구, 2008) 30, 그림 2-2.

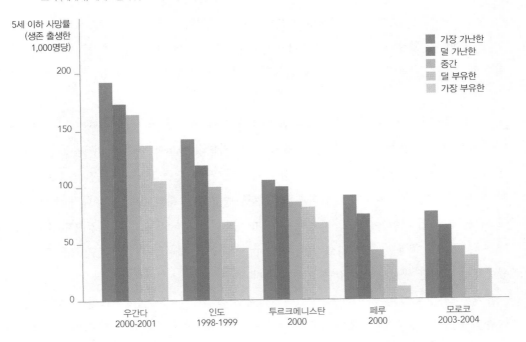

[그림 1.2] 어떤 국가 내부와 서로 다른 국가들 사이에서 어머니의 교육 수준에 따른 신생아 사망률의 불평등
· 굵은 실선은 여러 국가의 평균 신생아 사망률을 나타낸다. 수직 막대기의 끝점들은 각각의 국가에서 교육을 전혀 받지 않은 어머니가 낳은 신생아 사망률과 중등교육 이상의 학력을 지닌 어머니가 낳은 신생아 사망률을 가리킨다.
· 출처 : 「세대 간 틈을 메우기 : 건강의 사회적 결정 요인에 대한 행동으로 이루는 건강 평등」, 건강의 사회적 결정 요인 위원회 최종 보고서 (제네바, 세계보건기구, 2008) 29, 그림 2-1.

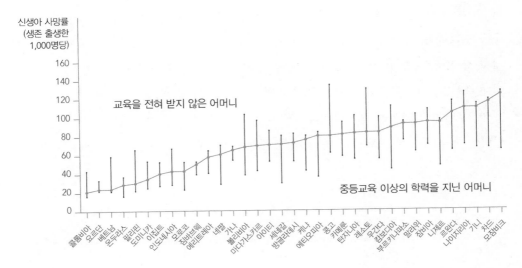

이어갈 위험이 있다는 것이다. 임상적인 통찰은 공중 보건의 실무에 대한 정보를 주며 공중 보건 분석은 의료 자원의 분포에 대한 정보를 제공한다. 그렇지만 우리는 임상 의료와 공중 보건 모두 국제 보건 문제들의 생물사회적 본성을 근본적으로 밝힐 수 있는 재사회화 분야들을 활용해야 한다고 믿는다. HIV와 결핵균 같은 미생물들을 분자적·임상적·실험적·집단적 수준으로 적절히 이해하려면 분자에서 사회까지 이어지는 분석이 반드시 필요하다.

의사이자 공중 보건 전문가인 조녀선 만(Jonathan M. Mann)은 이 점에 대해 다음과 같이 말했다. "통합적인 개념적 틀, 일관된 용어, 사회적 변화에 대한 합의, 공중 보건 관련 모임이 부재한 상태에서 경제학자, 정치 과학자, 사회 행동 과학자, 보건 시스템 분석가 등 여러 의학 실무자들이 용감하게도 다양한 종류의 학제적 관점을 융합하려 노력하고 있다."[5] 어떤 분야든 자기만의 좁은 시야가 있다. 각 분야의 제한된 시선으로 특정 국제 보건 문제를 조명할 수는 있겠지만, 정말 국제 보건을 제대로 수립하려면 모든 분야를 통합해서 완전한 생물사회적 접근을 해야 한다.

"국제 보건"과 그것에 앞서 등장했던 "세계 보건"이라는 용어는 비교의 기본 단위로 민족국가(nation-state)를 강조하며 은연중에 국가 간의 관계에 초점을 맞춰 왔다. 하지만 앞으로 국제 보건은 국제적 비정부기구, 사적인 자선가들, 공동체 기반의 조직 같은 비(非)국가적 기관들에 신중한 태도를 보이고 소중히 대해야 한다. 병원체는 국경과 무관하기 때문이다. 사회적인 것과 미생물적인 것이 뒤섞여서 국경으로 흘러들어 온다.[6] 더구나 우리는 국가 간의 격차뿐만 아니라 우리를 포함한 국가 내부에도 존재하는 건강 불평등을 고려해야 한다. 보스턴(케이프타운이나 상파울루, 방콕과 마찬가지로)에는 세계에서 가장 훌륭한 병원이 있지만, 동시에 질병 부담과 의료 관리 접근 측면에 많은 불평등이 존재한다. 지구촌의 다른 곳들 또한 마찬가지다.

이제 마지막 용어를 정의하겠다. "국제 보건 전달"이라는 보건적 개입에 대한 조항, 실험실 연구나 임상 시험을 통해 그러한 개입을 발견하거나 개발하는 것과는 구별되는

---

5) Jonathan M. Mann, "Medicine and Public Health, Ethics and Human Rights," *Hastings Center Report* 27, no. 3 (1997) : 8.

6) Paul Farmer, "Social Inequalities and Emerging Infections Diseases," *Emerging Infectious Diseases* 2, no. 4 (19996) : 259~269.

과정을 가리킨다. 국제 보건 전달은 다음과 같은 질문으로부터 시작되었다. "보건 시스템이 보건 서비스를 필요로 하는 모든 사람에게 그것을 효과적으로 제공하는 방법은 무엇인가?" 현재의 보건적 개입을 더욱 효율적이고 평등하게 전달할 수 있다면 매년 수천만 명의 목숨을 구하게 될 것이다. 하지만 국제 보건 전달 모형이 아무리 훌륭해도 그것 하나만으로 전 세계 모든 사람에게 적용 가능한 보건 관리의 기준을 수립할 수는 없다. 개인과 집단의 건강은 복잡한 사회적·구조적 힘의 영향을 받는다. 따라서 건강이 나빠진 (빈곤, 불평등, 환경 악화를 포함한) 원인을 밝히려면 사회적 변화에 대한 광범위한 안건이 필요하다.

이 책의 구성

'국제 보건 사례 연구 : 생물사회적 관점들'을 포함한 이 책의 각 장은 하버드대학교 학부 강좌의 담당 교수, 초빙 강사, 수업 조교들이 집필했다. 또 상당 부분에서 강의를 들었던 학생들의 도움을 받았다. 우리는 강좌 교수요목과 소개문을 만드는 과정에서 국제 보건 평등에 대한 연구가 많이 이루어지는데도 그것을 설명하는 개론서는 드물며, 생물사회적 관점을 도입하는 사례는 아예 존재하지 않는다는 사실을 알게 되었다. 여기에 학생들이 첫해 강의를 평가하면서 강사들이 대학교 강의실을 벗어난 수업 자료를 찾았으면 좋겠다고 부추긴 것 또한 한몫했다. 우리는 이 책에서 두 가지 목적을 달성하고자 한다. 우리의 수업 자료가 더 많은 독자에게 읽히는 것, 그리고 국제 보건에 대한 개론서를 만들어 빈틈을 채우는 것이다.

국제 보건에 대해 총망라하려면 책 한 권으로는 불가능하다. 이 책에서 우리의 목표는 국제 보건의 평등을 추구하기 위해 맞서야 할 주된 도전과 복잡성을 소개하는 것이다. 또한 우리의 이런 노력으로 성취하게 될 것들의 윤곽을 그리는데, 이는 의사이자 선생, 활동가로서 우리 경험에서 우러나온 경우가 대부분이었다. 이런 경험은 병원이나 강의실, 그리고 현장에서 나온다. 이런 이유로 「국제 보건 실태의 재조명」은 다양한 문헌을 포괄적으로 소개하기보다는 아이티, 르완다, 말라위, 중국, 페루, 중국, 미국과 다른 곳에서 얻은 우리의 현장 경험을 활용해 중요한 문제들을 제기한다. 아울러 이런 사례들을 다양한 학제의 주요 지식들, 더욱 넓은 범위의 환경과 연결한다. 또한 우리는 과거에 일어난 어떤 일로 말미암아 축적된 바를 받아들이고 우리와 친숙한 개념을 끌어들임으로써 미래의 도전거리들을 열심히 고민할 것이다.

이 책은 12개의 장으로 나뉜다. 2장에서는 국제 보건에서 무엇보다 중요한 질문들과 관련 있는 사회 이론들의 틀을 그려 볼 것이다. 우리는 이 이론들이 이 책에 등장하는 자료들뿐만 아니라 국제 보건의 현장에서 우리가 겪은 경험을 이해하는 데 도움이 되었다는 사실을 발견했다. 독자들이 사회 이론에 대한 배경지식을 갖출 것을 전제하는 것은 아니지만, 우리는 막스 베버와 미셸 푸코를 비롯한 지난 세기 위대한 이론가들의 작업과 함께 더욱 최근에 등장한 아서 클레인먼, 비나 다스, 마거릿 록의 '사회적 고통'의 개념 같은 보건에 초점을 맞춘 연구를 살필 예정이다. 이렇듯 보건에 초점을 맞춘 우리의 연구가 사회 이론에 대한 지식을 갖춘 독자들의 새로운 통찰과 함께 여타 이론적 틀로 이어지는 고려 사항이 촉발되기를 바란다.

3장, 4장, 5장에서는 오늘날의 국제 보건을 이해하는 데 몹시 중요한 세 개의 역사적 시기를 살피고 분석적 틀을 수립하는 작업을 계속한다. 3장에서는 식민의학과 그 유산에 대한 설명을 제공한다. 이 유산 가운데 하나는 세계보건기구 같은 주요 국제 보건 기관이 세워진 것이고, 또 하나는 개발도상국에 보건적 개입을 우선적으로 할당한다는 개념이 생긴 것이다. 우리는 부유한 국가들의 경제적·정치적 긴급 사안이 다른 집단에 대한 가정들과 그에 따른 개입 양상을 형성했던 방식을 추적한다. 이러한 흐름은 학술적인 탐구뿐만 아니라 식민지 너머까지 이어지는 보건적 개입을 조직화하는 데까지 이어졌다. 또한 우리는 최초의 항생제와 살충제 DDT의 개발과 같은 생물의학적 개입의 힘에 매혹되었던 국제적인 반응을 탐구할 예정이다. 이는 냉전 시기에 가장 중요했던 두 개의 국제 보건 캠페인의 맥락에서 이루어졌다. 바로 천연두와 말라리아 박멸 캠페인인데, 각기 두드러지게 다른 결과를 달성했다.

4장에서는 국제 공중 보건에서 가장 중요하면서도 소란스러웠던 두 시기, 즉 1970년대 중반과 1990년대 중반의 사안을 분석한다. 이 시기는 개발도상국의 보건 시스템에 뿌리 깊은 영향을 주었다. 또한 국제 보건 정책 입안자들 사이의 최근 담론이 구체화된 것도 이때의 일이다. 이 장은 1978년에 카자흐스탄 알마아타에서 열렸던 1차 보건관리에 관한 국제회의의 선례로 시작한다. "2000년까지 모두를 위한 보건을"이라는 목표를 위해 전 세계에서 대표를 파견했던 회의였다. 다음으로 우리는 1980년대에 영향력을 높여 가던 신자유주의와 선택적인 1차 보건관리로의 이행을 살핀다. 4장에서는 이러한 지리경제학적 이행이 세계은행의 부상을 이끌어 1990년대에 가장 영향력 높은 국제 보건 기관이 된 과정을 자세히 알아보고, 전 세계 가난한 사람들의 보건에 대한 세계은행의 접근법이 어떤 효과를 낳았는지 고찰한다.

5장에서는 국제 보건의 역사에서 가장 놀라운 사건인 에이즈 운동에 대해 알아본다. 전 세계적으로 보건 불평등의 격차가 크게 벌어진 궁핍과 체념의 시기가 지난 뒤, 부유한 국가들이 국제적인 에이즈 치료를 위한 새로운 재원에 수십억 달러를 들인 것은 어째서인가? 우리는 미국에서 '에이즈 경감을 위한 대통령 긴급 계획(PEPFAR)'이 부상하고 '에이즈, 결핵, 말라리아와 싸우기 위한 국제 기금'이 조성된 과정을 기술하면서 실무자, 환자, 정책 입안자, 지지 운동가, 연구자들이 폭넓게 연대해 국제 보건이 갖는 "가능성"의 외연을 넓혔다고 주장한다. 국제 정책과 자원의 흐름이 극적으로 바뀌면서, "제한된 자원" "적정 기술(appropriate technology)"이라는 가정의 융통성이 증명되자 국제 보건에서 활발한 사회운동의 힘을 강조하게 되었다는 것이다.

6장, 7장, 8장은 이전 장에서 정리한 역사적·이론적 틀을 증축하고, 음파초의 경험으로 제기된 문제를 시작으로 국제 보건의 주요 질문들 상당수에 답해 본다. 6장에서는 '보건의 동반자들' 단체의 경험에 초점을 맞추어 아이티와 르완다에서 이루어진 공적 영역 보건 시스템의 소생 과정을 탐구함으로써 역사적 흐름의 맥락과 함께 살핀다. 이는 이 단체의 전략 이면에 있는 원칙들과 맥락, 즉 특수한 보건 개입의 전달을 통해 생물사회적 접근을 실천적으로 살펴볼 기회가 될 것이다.

7장에서는 효과적인 국제 보건 전달을 위해 일반화된 틀을 그려 본다. 우리는 국제 보건 전달의 여러 원칙을 정의하는 것부터 시작해 물자가 부족한 환경의 보건 시스템을 강화하려는 최근의 노력을 분석하는 데까지 나아갈 것이다. 이 장에서 논의를 펼치기 위해서는 부유한 지역과 가난한 지역, 전 세계를 통틀어 보건 시스템의 성과를 개선할 수 있는 진정한 "국제 보건 전달의 과학"이 필요하다.[7]

8장에서는 정신 질환과 다중약물내성 결핵의 맥락에서 질병 범주와 보건 계량의 사회

---

7) Kim, Farmer, and Porter, "Redefining Global Health-Care Delivery."

적 구성을 탐구한다. 두 가지의 병리학은 국제 보건 실무자들에게 독특한 도전거리를 던진다. 이런 질병들의 역사와 정치·경제학은 이 책에서 다루는 많은 주제를 예증하며, 국제 보건의 몇몇 복잡성을 해명하는 생물사회적 분석의 역할을 강조한다. 우리는 이 장이 국제 보건의 여러 도전거리에 교훈을 제공하기를 바란다. 이 도전 과제들은 에이즈 사례와는 달리, 이러한 질환이 실제로 발병한 사람들은 미디어의 주의를 거의 끌지 못해 잘못 이해되는 경우가 많다.

9장에서는 전통적인 인권 운동을 포함한 국제 보건 업무의 도덕적 측면을 알아본다. 국제 보건 실무자들이 그들의 핵심 전제뿐만 아니라 적용 과정에 함의된 실제 의미를 찾으면서 불러일으킨 여러 도덕적 이론 틀의 계보를 추적할 것이다. 이 분야야말로 국제 보건에서 마땅히 맡아야 하는 일이라는 도덕적 직관에 따라 많은 사람이 이 분야에 발을 들인다. 우리는 여러 도덕적 틀에 대한 비판적인 논의가 생산적인 자기반성을 촉진할 뿐만 아니라 대중이 참여할 수 있도록 담론 공간을 확장한다고 믿는다.

마지막 3개 장(10~12장)에서는 오늘날 국제 보건의 지형도를 그린다. 10장에서는 보건과 개발을 위한 대외 원조가 이루어진 배경을 진단한다. 또한 "대외 원조가 도움이 되는가?"라는 질문에서 더 나아가 "그것은 어떻게 도움이 되는가?"라는 질문을 던질 것이다. 앞으로 다가올 수십 년 동안 대외 원조와 국제 보건을 개선하려면 지난 수십 년의 경험에서 무엇을 배워야 하는가?

11장에서는 앞으로 10년을 위한 국제 보건의 주요 긴급 사안들을 개략적으로 알아본다. 우리는 7장에서 소개한 보건 관리 전달 모형과 보건 시스템 강화 모형의 규모를 확대한다면, 이런 긴급 사안들을 더 원활하게 처리할 수 있게 되리라 확신한다. 이러한 노력은 보건의 사회적 결정 요인을 밝혀 질병 부담을 줄이고 장기간에 걸쳐 새로운 요청이 발생할 경우, 그것에 순응해 처리하는 관리 전달 능력을 수립하는 기반이 되기 때문이다. 하지만 이렇게 규모를 확대하고 국제 보건의 평등에 진보를 가져올 능력을 기르려면 광범위한 사회적 변화 없이는 불가능하다. 이것이 바로 「국제 보건 실태의 재조명」의 결론부인 12장의 주제다.

필자들이 여러 해에 걸쳐 연구와 협업을 하면서 공유한 경험이 독자들에게도 부디 유용하기를 바란다. 우리가 '모두를 위한 건강'이라는 잡히지 않는 목표를 추구하는 이들에게 계속해서 배우고 있듯이 말이다.

Unpacking Global Health : Theory and Critique

국제 보건 이해하기 : 이론과 비평

2

2장
국제 보건 이해하기 : 이론과 비평

브리짓 해나, 아서 클레인먼

이 장에서는 국제 보건 업무와 관련한 사회 이론(social theory)의 '도구 상자'를 소개한다. 이 사회 이론은 학생과 실무자들이 의학, 공공 보건상 개입의 본성과 효과 및 한계를 이해하는 데 반드시 도움이 될 것이다. 이 책에도 나와 있지만, 국제 보건 및 발전 프로젝트의 의도가 아무리 훌륭하더라도 때로는 의도하지 않거나 바람직하지 않은 결과를 낼 수도 있다. 단, 실무자들이 이런 결과를 일으키는 조건들을 조심스레 평가하여 비판적인 자기반성 습관을 함양하면 더 나은 프로그램을 설계할 수 있다. 이는 국제보건학과 전달(delivery) 체계가 발전하는 자산이 될 것이 분명하다.

국제 보건 실무자들은 대부분 행동에 일차적인 초점을 맞춘다. 이는 개인과 집단의 보건을 개선하는 방법을 찾고 도움을 주는 것이다. 공중 보건과 그것에 우선하는 위생 계획의 여러 선도자가 그랬듯이, 국제 보건 실무자들은 그들이 직면한 문제들에 적용되는 사회 이론을 접하거나 그것이 무엇인지 고민해 볼 인내의 시간을 가질 기회가 거의 없었다. 국제 보건 업무의 평가는 주로 프로그램의 효율성을 측정하는 데 집중된다. 학술 논문을 작성하는 학자들은 사회 이론을 사후 분석의 영역으로 분류해서, 때로는 그들의 통찰이 보건 전달 체계의 개선으로 이어지는 데 수년 혹은 수십 년이 걸리기도 한다.

이론과 실천이 분리된 데는 여러 역사적인 뿌리가 있다. 몇몇 학자들은 정치적 마르크스주의의 골치 아픈 유산을 원인으로 지목한다. 카를 마르크스(Karl Marx) 저작의 다양한 해석이 급진적이거나 때로는 공격적인 사회적 질서의 재구성을 위한 기초로 사용된다는 이유에서다. 더구나 식민주의의 폭력성을 가능케 하고 정당화하는 인류학자를 비롯한 사회과학자들의 개입과 이데올로기의 껍질을 쓴 채 제공되는 과학적 인종주의(3장에서 다룬다.)는 국제 보건과 인도주의적 사업에서 사회과학의 역할에 대한 심각한 반성을 이끌어 냈다. 이러한 역사는 지난 30년 동안 인류학이 몰두했던 해체론과 자기반성 같은 내부로의 전환이 이루어지는 풍부한 원인을 제공했다.

또한 이 기간에 의료인류학이라는 분야의 발흥 및 새로운 관점의 창발이 겹쳤다. 즉 의사-인류학자(physician-anthropologist)가 등장한 것이다. 이 책의 저자들인 의사-인류학자들은 의료인류학을 도구로 사용해서 보건 평등과 사회정의에 대한 시각을 날카롭게 겨눈다. 예컨대 보건 관련 비정부 기관의 회원들은 의료 서비스의 전달에 대한 접근 방식을 비판하고 개선하기 위해 사회 이론에 의지한다. 우리는 의료인류학이라는 새롭고 활발한 전통 안에서 국제 보건의 사회 이론에 대한 접근의 기반을 찾는다. 유능한 국제 보건 지도자가 되려면 복합적인 관점에서 문제를 다루어야 한다. 개입의 효과를 측정할 수 있어야 하고 다양한 행위자, 다양한 장소 그리고 다양한 순간에 작용하는 그러한 효과들의 의미를 설명할 수 있어야 한다.

20세기 초반의 독일 사회학자이자 현대 사회과학의 기초를 형성하는 막스 베버(Max Weber)는 사회학을 다음과 같이 정의했다. "사회적 활동의 의미를 해석하고, 이를 통해 그런 행동이 생겨나는 방식과 그것이 생산하는 효과에 대한 인과적인 설명을 제공하는 것을 연구 목적으로 삼는 과학."[1] 베버는 사회적 형태 사이의 특정한 인과관계를 해명할 수 있다는 의미에서 사회학을 과학이라고 생각했다. 하지만 그는 반(反)실증주의자였기에 이러한 관계가 자연과학자들의 연구처럼 "몰역사적이고, 불변하며, 일반화할"[2] 수 있는 것은 아니라고 여겼다. 그보다는 '개인'과 국가 관료제 기관 같은 '구조'를 연결하는 문화적 기준, 상징, 가치들의 의미를 해석하고자 했다.

오늘날 인류학과 사회적 분석의 다른 양식들은 여전히 "사회적 행동의 의미를 해석"하고자 한다. 이 장에서 윤곽을 그리는 사회 이론들은, 어떤 국제 보건 계획은 성공하고 왜 어떤 것은 실패하는지에 대해 설명하는 데 도움을 준다. 이 이론들은 보건에 대한 사회적 결정 요인을 해명한다. 빈곤과 불평등의 본질과 원인이 그런 요인이다. 여기서 논의하는 특정 사회 이론들은 그저 이론에서 그치지 않고 국제 보건 전달의 복잡성을 탐색하

---

1) Max Weber, "The Nature of Social Action"(1922), in Max Weber: Selections in Translation, ed. W.G. Runciman, trans. Eric Matthews(Cambridge: Cambridge University Press, 1978), 7(강조를 첨가함). 당시의 사회학은(다른 사회과학의 토대에 영향을 미친 분야) 오늘날의 사회학과 사회문화적 인류학 분야를 아우르는 포괄적인 용어였다.

2) David Ashley and David Michael Orenstein, Sociological Theory : Classical Statements, 6th ed. (Boston : Pearson Education, 2005), 241.

는 단계까지 나아간다.

생물사회적 분석과 지식사회학

의료 연구는 대다수 질병의 생물학적 원인들에만 초점을 맞춘다. 이에 비해 생물사회적 접근(biosocial approach)은 생물학적이고 임상적인 과정이 사회, 정치·경제, 역사, 문화의 영향을 받는다는 것에 주목한다. 따라서 생물학과 사회학의 상호작용으로 가장 잘 이해할 수 있다는 점을 가정한다. 그래서 국제 보건의 목표에 대한 생물사회적 분석은 학제를 분리하던 경계를 부수고 그 사이를 넘나든다. 예를 들어 경제학자들의 영역으로 간주되었던 자원 최적화 문제를 이해하려면 인류학자, 의료 실무자들의 통찰 또한 필요하다. 질병의 생물사회적 본성에 대한 주요 실례 가운데 하나는 질병에 걸릴 위험성과 빈곤 간의 상관관계다. 우리는 이 책에서 다양한 용어(구조적 폭력이나 사회적 고통 등)와 다양한 질병의 맥락(말라리아, 에이즈, 다중약물내성 결핵 등)을 통해 이 관계를 거듭 살필 것이다.

또 다른 구체적인 사례 가운데는 경제 불황과 심리적 우울증 사이의 연결 고리, 즉 실업률 증가와 연관이 있는 무기력증도 포함된다. 이와 비슷하게 경제적 지위, 교육 수준, 문화적 전통, 사회 기반에 대한 접근성 모두 심장병과 비만의 결정적 요소인 식이 습관에 영향을 미친다. 국제적으로 널리 퍼진 2형 당뇨병은 부분적으로 설탕 섭취의 증가에 기인한다. 여기에 정신 건강을 고려하면 문화와 식이 문제는 더욱 복잡해진다. 예컨대 앤 베커(Ann Becker)와 그의 동료들은 피지 섬에서 식이 연구를 수행한 결과 관광산업이 발전하고 기간산업이 발달함에 따라 원주민의 식단이 서구적으로 바뀌었음을 밝혔다. 텔레비전 시청이 대중화되어 기존의 문화 행사와 대규모 가족 식사를 대체하면서 거식증과 폭식증의 비율도 늘어났다.[3] 이런 현상들을 적절하게 다루려면 생물사회적 분석이 꼭 필요하다.

생물사회적 접근을 위해서는 지식의 다양한 뼈대를 서로 조화시키거나, 때로는 파괴

---

3) Anne E. Becker, Rebecca A. Burwell, David B. Herzog, Paul Hamburg, and Stephen E. Gilman, "Eating Behaviors and Attitudes following Prolonged Exposure to Television among Ethnic Fijian Adolescent Girls," *British Journal of Psychiatry* 180 (June 2002): 509~514.

해야 한다. 예를 들어 의학도들은 뇌 말라리아를 일으키는 원인이 원생동물 열대열 말라리아 원충(*Plasmodium falciparum*)이며, 이것을 치료하려면 퀴닌이나 아테미시닌을 바탕으로 한 다제 조합 요법을 써야 한다고 배울 것이다. 하지만 전염병학자나 공공 보건 입안자들은 숙주인 모기의 번식지에서 물을 빼내지 않은 것이 병의 원인이라 분석하고, 우선 웅덩이의 물을 뺀 다음 모기장을 지급하고 DDT를 살포하라고 권할 것이다. 한편 질병 지역의 거주자를 비롯해 그들과 이야기를 나눈 민족지학자들은 말라리아의 원인이 임차라는 지역적 시스템에 따른 땅의 불평등한 분배에 있으며, 환경에 미치는 효과 때문에 DDT의 사용을 받아들일 수 없다고 주장할지도 모른다.

국제 보건 실무자들은 이러한 복합적인 존재론적 주장들을 어떻게 탐색할 수 있을까? 이 경우, 증거의 다양한 범주들(이 경우에는 그 문제가 생물학적인지, 환경적인지, 경제학적인지 하는 것)에 구별되는 가치들을 할당함으로써 제안할 해결책과 그 궁극적인 효과를 구체화할 수 있다. 이것은 말라리아 사례에서 특히 명확하게 드러난다. 비록 1970년대에는 말라리아의 인과관계에 대해 생물학적인 관점이 지리학적이거나 사회학적인 관점을 압도했지만, 역사를 바탕으로 한 몇몇 분석에서는 말라리아를 박멸하려면 토지의 개발과 분포가 기술적인 개입만큼이나 중요하다고 주장했다.[4] 이런 복합적인 설명적 틀을 명확히 수립하기 위해, 우리는 생물사회적 관점들과 지식사회학을 도입한다.

1966년에 사회학자인 피터 버거(Peter Berger)와 토머스 루크만(Thomas Luckmann)이 출간한 저서 「실재의 사회적 구성(The Social Construction of Reality)」은 지식사회학을 "그것에 궁극적으로 가치가 있든 그렇지 않든(어떤 기준에 의해서든) 한 사회 속에서 '지식'으로 통하는 모든 것"[5]이라고 정의했다. 버거와 루크만은 사람들 스스로 공유하는 세상에 대한 정신적 개념을 어떻게 형성하는지 설명하는 데서 시작한다. 자기들이 함께한다는 것을 발견한 사람들의 집단은(황무지에서 어슬렁거리는 선원들이든, 의대 1학년 학생들이든, 월스트리트의 선물 거래인들이든) 언제나 그들의 관계를 지배하는 본보

---

4) 예를 들어 다음을 보라. Randall M. Packard, *The Making of a Tropical Disease : A Short History of Malaria* (Baltimore : Johns Hopkins University Press, 2007), 111~149. 다음 글도 참고하라. Peter J. Brown, "Microparasites and Macroparasites," *Cultural Anthropology* 2, no. 1 (February 1987) : 155~171.

5) Peter Berger and Thomas Luckmann, *The Social Construction of Reality : A Treatise in the Sociology of Knowledge* (New York: Irvington Publishers, 1966), 3. (한국어판 : 「실재의 사회적 구성-지식사회학 논고」, 하홍규 옮김, 문학과지성사, 2014)

기로 세운다. 세대를 거듭하면서 농담과 습관, 관례가 전해질수록 이들은 의미를 전달하고 내재적인 규칙의 지위를 가정하게 된다. 만약 이런 개개인이 아이를 낳거나 공동체에 누군가를 데려오면, 새로 온 사람은 시간이 흐르면서 이런 역사화된 습관을 자연적인 규칙으로 경험하게 될 것이다. 버거와 루크만은 이런 과정을 제도화(institutionalization)라고 불렀다. 이는 "다양한 종류의 행위자들에 의해 관습화된 행위의 상호적 상징"이 그 관습화된 행위를 제도로서 궁극적으로 대상화하게끔 이끄는 것을 말한다.[6] 역사화를 통해 가정과 사건들이 진리가 되고, 지식이 탄생한다.

버크와 루크만은 다음과 같이 말한다. "주어진 어떤 시점에서 사회적으로 구성된 사회의 상태 또는 시간에 따른 그것의 변화를 이해하려면, 정의 내리는 사람이 정의를 내릴 수 있도록 허락하는 사회적 조직에 대해 알아야 한다. 다소 직접적으로 말하자면, 역사적으로 가능한 실재의 개념화에 대한 질문의 초점을 추상적인 '무엇인가?'로부터 사회적으로 구체적인 '누가 말했나?'로 계속 바꿔 나가야 한다."[7] 이 과정을 통해 세계에 대한 사람들의 지식과 믿음, "궁극적으로 가치가 있든 없든 상관없이" 과학을 포함한 인간의 모든 지식이 사회 속에서 적법성을 얻으며 이때 세계는 "사회적으로 구성되었다."라고 말할 수 있다.

어떤 분야에서든 적법성의 메커니즘을 염두에 두면 유용하다. 국제 보건 분석에서 적법성은 관습들이 어떻게 제도화되는지 설명하는 데 유용하다. 적법화된 지식이 권위를 요청하는 기관들에 의해 뒷받침되는 정책들로 변환할 때, 개인들에게 사회적 통제를 행사하게 된다. 사람들은 이것이 인간 행위자에게서 점차 분리되어 적법화되고 제도화되었다는 이유로 강제적인 권력에 스며든 규칙과 관습을 따라야 할 때 압박을 느낀다. 예를 들어 개개인은 공중 보건의 본보기가 그런 행동을 추천한다는 이유로 운동을 하고 "건강한" 식단 따르기를 선택할 수 있다. 의사들은 아직 세계보건기구의 예비 자격(국제 보건적 개입을 승인했다는 표지)을 받지 못했다는 이유로 환자들에게 이미 입증된 백신을 주지 못할 수 있다. 즉, "인간은 그가 인간의 산물이 아닌 다른 무엇으로 경험한 세계를 창

---

6) 위의 책, 50. 버거와 루크만의 넓은 정의에 따르면 제도란 관습이 되는 모든 것이다. 단독으로 그렇게 되지는 않고 큰 제도적 기관들이 관여하지만 말이다.

7) 위의 책, 116.

조할 능력이 있다."[8] 시간이 지남에 따라 사회적 구성은 마치 그것들이 자연적 사물의 불변하는 부분인 것처럼 자연화된다.

　　의심의 여지없이 잘 확립되어 증명 가능한 과학적 원리라 하더라도 여전히 특정 질문과 실험들 그리고 대체 역사('실제 역사가 다르게 진행되었다면 어땠을까?'라는 가정으로 역사를 재구성하는 것 —역주)에서는 다른 질문을 하고 다른 실험을 수행했을 수도 있는, 인간 마음의 역사적 산물이라는 점에서 보면 '사회적인 구성물'이다. 정신 질환의 진단과 통계 편람(DSM)은 의학에서 지식이 어떻게 사회적으로 구성되는지에 대한 좋은 사례다. 이 편람은 미국에서 정신의학을 위한 실천과 치료 기준을 안내하는 권위 있는 텍스트로 설계되었고, 어느 정도 전 세계적으로 통용되므로 사람들은 이것이 문화적 변천을 겪지 않으리라 여길 수 있다. 하지만 1973년까지 DSM은 동성애를 정신의학적 질병이라고 주장했다.[9] 이는 사회적 편견이 의학적 진단을 만들어 내는 사례. 비슷한 사례로 DSM은 배우자나 아이의 죽음을 겪고 애도하는 누군가가 "정상"이라고 간주되는 데 필요한 시간을 축소하고 재정의해 왔다. 과거에는 그런 개인적인 비극이 일어난 뒤, 1년 동안 여전히 강한 슬픔 증상을 느껴도 그저 우울한 상태로 여기고는 했다. 하지만 최근에는 우울증을 겪는 사람에게 붙는 불명예가 줄었고, 향정신적 의약품이 더욱 널리 받아들여지게 되었다. 오늘날의 DSM에 따르면 그 또는 그녀가 사건 2주 뒤에도 슬픔을 느낄 경우, 임상적인 우울증으로 간주된다. 이런 개인적 경험이 질병으로 재정의되는 임의적인 과정을 의료화(medicalization)라고 한다. 이를테면 전쟁을 소재로 한 물건이나 작품에서 느끼는 트라우마가 외상 후 스트레스 장애가 되고, 심한 월경 전 증후군(PMS)이 월경 전 불쾌 장애가 된다. 이는 지식의 사회적 구성과 의학적 본보기의 제도화를 의미한다.[10]

　　우리가 의학 지식의 사회적 구성에 대해 파악할 때, 의료인류학에서 가져온 기술적 구

---

8) 위의 책, 61.

9) American Psychiatric Association, *Diagnostic and Statistical Manual of Mental Disorders : DSM-II* (Washington, D.C. : American Psychiatric Association, 1968), 44; American Psychiatric Association, *Diagnostic and Statistical Manual of Mental Disorders : DSM-III* (Washington, D.C. : American Psychiatric Association, 1980), 281~282. 다음 글도 참고하라. Richard Pillard, "From Disorder to Dystonia : DSM-II and DSM-III," *Journal of Gay and Lesbian Mental Health* 13, no. 2 (2009) : 82~86.

10) Allan Young, *The Harmony of Illusions : Inventing Post-Traumatic Stress Disorder* (Princeton, N.J. : Princeton University Press, 1995), 5~6, 89~118.

분이 유용할 수 있다. 일상적인 용법에서 "병(illness)", "질환(disease)", "질병(sickness)"은 서로 바꿔서 사용할 수 있지만, 의료인류학자들은 이 단어들을 구분한다. '병'은 비전문가와 그들의 공동체에 의한 증상의 개인적 경험으로 이해하는 것인 반면[11], '질환'은 의료 실무자들이 그 증상을 객관적인 범주로 재해석하는 것을 말한다. 그리고 '질병'이란 집단 수준의 병리학이다.[12] 학생과 실무자들은 지식과 정책 양쪽이 어떤 방식에 의해 사회적으로 구성되는지를 의식함으로써 국제 보건 전달에 대해 비판적이고 자기반성적인 접근법을 취할 수 있다.[13]

합목적적 행동의 예기치 못한 결과들

지식의 사회적 구성을 자각하면 비록 온전한 선의에서 그랬다고 해도, 자기도 모르는 사이 목숨과 자원을 희생시킬 수 있다. 그럼에도 불구하고 이는 드러나지 않는다. 합목적적인 사회적 행동의 예기치 못한 결과에 대한 로버트 머튼(Robert Merton)의 이론은 이러한 현상을 통찰한다. 머튼에 따르면 합목적적인 행동은 다양한 동기와 결과적인 여러 대안 사이의 선택을 포함한다. 여기에는 목적과 과정이 존재한다.[14] 하지만 이 행동을 해도 목표를 달성하지 못할 수 있으며 간혹 예기치 못한, 즉 바라지 않았던 안 좋은 결과를 불러일으키기도 한다. 합목적적 행동의 의도치 않은 결과들은 원인들만큼이나 다양하다. 그 잠재적인 원인 중 하나로 지식의 비대칭성을 들 수 있다. 예를 들어 어떤 의사가 환자의 언어나 문화적 전통을 오해해 진단을 잘못 내리고 그에 따라 그 환자를 잘못 대할 수 있다. 이렇듯 관련 정보가 모두 갖춰졌어도 사람은 언제나 실수를 저지를 수 있으며, 그의 궁극적 목적을 뒤엎는 행동을 할 수 있다.

---

11) Arthur Kleinman, Leon Eisenberg, and Byron Good, "Culture, Illness, and Care: Clinical Lessons from Anthropologic and Cross-Cultural Research," *Annals of Internal Medicine* 88, no. 2 (February 1978) : 251.

12) Leon Eisenberg, "Disease and Illness : Distinctions between Professional and Popular Ideas of Sickness," *Culture, Medicine, and Psychiatry* 1, no. 1 (1977) : 9~23.

13) Arthur Kleinman, *Patients and Healers in the Context of Culture: An Exploration of the Borderland between Anthropology, Medicine, and Psychiatry* (Berkeley : University of California Press, 1980), 25~44.

14) Robert K. Merton, "The Unanticipated Consequences of Purposive Social Action," *American Sociological Review* 1, no. 6 (December 1936) : 894~896.

[그림 2.1] 르완다 집단 학살로 난민이 된 르완다인 어머니와 두 아이가 깔개 덮인 피난처 앞에서 키붐바 난민 캠프를 내려다보고 있다. 콩고민주공화국 고마에서 북동쪽으로 20마일 떨어진 곳에서 1996년 2월 13일 촬영했다. 국제적 박애 기구들이 르완다와 콩고민주공화국의 국경을 따라 설립한 난민 캠프는 의도치 않게 후투족 의용군의 작전 기지가 되어 이 캠프와 그곳을 둘러싼 지역에서 투티족에 대한 체계적인 대학살을 지속하는 데 도움을 주었다. 연합통신(AP)/장-마크 보주의 허락을 받아 게재.

　　또한 머튼은 "습관의 완고함"이 개인이나 기관의 일부이며, "이해관계의 중대한 긴급성"을 예기치 않은 결과들의 잠재적인 원인이라고 보았다.[15] 예컨대 국제연합은 1994년, 르완다 집단 학살에서 도망친 난민들의 "중대한 긴급성"에 응하고자 이웃 국가인 콩고민주공화국에 난민 캠프를 세웠다.(그림 2.1을 보라.) 하지만 이 캠프는 집단 학살 가해자들의 작전 기지가 되어 오늘날까지 엄청난 폭력이 이어지는 의도치 않은 파괴적 결과를 낳았다.[16]

---

15) 위의 글, 901.

16) Fiona Terry, *Condemned to Repeat? The Paradox of Humanitarian Action* (Ithaca, N.Y. : Cornell University Press, 2002), 164~166; Johan Pottier, *Re-Imagining Rwanda: Conflict, Survival, and Disinformation in the Late Twentieth Century* (New York: Cambridge University Press, 2002); Gérard Prunier, *Africa's World War : Congo, the Rwandan Genocide, and the Making of a Continental Catastrophe* (Oxford : Oxford University Press, 2009); Jason Stearns, *Dancing in the Glory of Monsters: The Collapse of the Congo and the Great War of Africa* (New York : PublicAffairs, 2011).

제도적인 가치 역시 우리가 기대하는 결과에서 멀어지게끔 할 수 있다. 6장에서 논의하는 아이티의 펠리그레댐 사례가 그렇다. 댐 건축가들은 국제 개발 기구들이 상징하는 가치 때문에 이 프로젝트가 공동체 전체를 쫓아내 사람들을 가난과 무주택 상태로 내몰 수 있다는 가능성을 예측하지 못하고 지나쳤다. 댐에서 고속도로, 발전소 건설에 이르기까지 대규모 기간산업 프로젝트의 대부분은 의도한 결과뿐 아니라 의도치 않은 결과도 불러온다.

마지막으로, 머튼은 몇몇 사례에서 누군가의 의도를 표명하는 것만으로도 행동을 둘러싼 결과들을 바꿀 수 있음을 설명했다. 설사 변경 가능한 토대에 최선의 계획을 세웠다고 해도 말이다. 예를 들어, 훌륭한 보건 관리가 힘든 지역에서는 병원을 새로 짓겠다거나 구식 병원을 고쳐 짓겠다는 계획을 발표하는 것만으로도 새로운 시설이 준비되기 전부터 이 지역 환자들의 방문 횟수가 치솟을 수 있다. 그 때문에 현장 병원 스태프들은 매일 수백 명의 추가 환자들을 돌봐야만 했는데, 기존의 구식 시설에서는 매일 수십 명 정도를 처리하는 게 고작이었을 것이다. 하지만 이는 수많은 사례 가운데 하나일 뿐이다. 의도치 않은 결과들은 실제로 드러난 것과 잠재적인 것을 막론하고 셀 수 없이 많으며, 그것들의 위력은 국제 보건의 역사에 기나긴 그림자를 드리운다.

세계의 합리화

버거와 루크만은 사회적인 기관과 적법화된 지식이 개개인의 작용을 어떻게 구체화하는지 보여 주었다. 머튼은 합목적적인 사회적 행동이 그 의도한 결과를 달성하는 데 있어 어째서 종종 실패하는지를 물었다. 오늘날 개개인이 단독으로 행동하는 일은 드물다. 어떤 개입의 일차적인 관계자라고 해도 마찬가지다. 그 대신 기관과 조직들(정부·비정부 기구·기업·세계은행 같은 다국적 기관, 세계보건기구를 포함한 다양한 국제연합의 조직들)이 국제 보건의 실천과 정책을 수립하는 경우가 점점 늘어나고 있다.

기관들과 몇몇 개인의 활동에는 권력과 권위가(또는 이 책에서 기술하는 사례의 환자들 다수가 그렇듯 그것의 결핍이) 끼어든다. 막스 베버(그림 2.2의 사진)는 권위의 세 가

[그림 2.2] 막스 베버는 관료제 기관, 카리스마적 권위, 합리화 과정, 기타 사회적 현상들에 대한 우리의 이해를 형성한 영향력 있는 사회학 이론가다.

지 양식을 묘사했는데,[17] 가부장적·세습적·전제적 권력 같은 전통적 권위는 역사, 관습, 또는 (버거와 루크만의 용어로 하면) 제도화에서 비롯된다. 이것은 군주, 귀족, 마을의 수장, 마을 추장 등을 통해 세대에서 세대로 전해지는 권력이다.

카리스마적 권위는 어떤 사상이나 목표를 위해 많은 수의 사람을 동원할 수 있는 특출한 지도자들에게서 비롯된다. 이는 종교적인 지도자들(붓다, 예수, 크리슈나, 무함마드, 모세 등)에게서 비롯될 수도 있고, 정치적인 지도자들(넬슨 만델라, 또는 그와는 스펙트럼의 반대쪽에 있는 아돌프 히틀러 같은 인물 등), 도덕 운동의 지도자들(마하트마 간디, 테레사 수녀, 마틴 루터 킹 주니어 목사 등)에게서 비롯될 수도 있다. 카리스마적 권위와 전통적 권위는 크게 차이가 나는 경우가 많지만 서로 겹치기도 한다. 예를 들어 카리스마적인 지도자들이 고무한 종교적 전통은 그들의 주창자가 사망한 이후 관습에 기초한 전

---

17) 베버는 이런 권위의 "이상형"을 개략적으로 발전시켰다. 권위의 여러 종류가 "순수한" 형태로 존재한다고는 생각하지 않았다. 베버는 세상 속에서 실제 존재하는 권위는 여러 형태가 섞여 있지만, 이런 이상형을 만들어 냄으로써 세상이 어떻게 작동하는지에 대해 더욱 과학적이고 생산적으로 사고할 수 있다고 믿었다.

통적 권위를 수용한다. 상당수의 도덕 운동 또한 본질적으로는 정치적이다. 카리스마적 권위는 비록 수량화하기는 어려울지 몰라도, 성공적인 국제 보건 노력의 중요한 요소일 수 있다. 팀을 꾸리거나 내·외부적 지지를 이끄는 것은 프로젝트가 성숙하기 위한 필수적인 요소인데, 이는 수량화할 수 없는 지도자의 매력과 효율성에 의존하므로 특정 활동가 또는 지도자를 대체할 수 없다. 베버가 주장했듯이 이러한 리더십은 "한 개인, 그리고 (그에 의해) 드러나고 규정된 규범적인 패턴의 비범한 고결함, 영웅적 자질, 또는 모범적인 캐릭터에 대한 헌신"[18]에 의존한다.

지금 우리의 작업에서 제일 중요한 것은 베버의 세 번째 권력 유형이다. 그의 용어에 따르면 합리적·법적 권위로 현대적 법률, 국가, 법과 규칙으로부터 이끌려 나온 통치 당국의 조직화된 기관을 포함하는 범주다. 이러한 종류의 현대적 권위는 베버가 이름 붙인 관료제(표 2.1을 보라.)의 맥락과 일맥상통한다. 베버는 관료주의적 권력이 다른 유형의 권력과는 근본적으로 다르기 때문에 개인에게 귀속되는 경우가 많은 전통적·카리스마적인 권위 대신 기관들로부터 생겨난다고 주장한다. 관료제의 구성원인 관료들은 조직의 일부분이며, 이들은 대체가 가능하기 때문에 기관에 비해 수명이 짧은 경향이 있다. 베버가 예측했듯이, 관료들의 대체 가능성이 나타난 것은 특수 자격증과 학위를 수여하는 프로그램이 증가하고 직업이 점점 세분화되었기 때문이다. 관료주의는 종속적인 계급 구조를 나타낸다. 베버에 따르면 소질과 책임감이 명확하게 정의되고 또 그에 따라 보충되므로 그 안에서 개인은 "본질적으로 고정된 경로를 따라 끊임없이 움직이는 기계 장치의 톱니바퀴 하나"[19]에 지나지 않는다.

베버는 기관들이 가족이나 공동체를 넘어 사회에서 가장 강력한 구조가 되리라 예측했는데, 그 이유는 일반화와 수량화가 가능하기 때문이었다. 그는 이러한 발전 결과 일상 생활이 기술화되고 관료화·합리화될 것이라고 주장했다. 또한 "세계의 탈주술화"에 대해 기술하면서, 합리화가 어떻게 신비와 비의를 법률·규칙·규제로 변환하는지를 설명 (버거와 루크만의 제도화 과정과 비슷한 방식으로)했다. 규약, 기술적인 난삽한 용어, 신

---

18) Max Weber, *The Theory of Social and Economic Organization*, trans. A. M. Henderson and Talcott Parsons (New York : Free Press, 1947), 328.

19) Max Weber, "On Bureaucracy," in *From Max Weber : Essays in Sociology*, by Max Weber, trans. and ed. H. H. Gerth and C. Wright Mills (London : Routledge and Degan Paul, 1948), 228.

[표 2.1] 막스 베버 : 권위의 양식들

권위의 유형	권력의 원천
전통적 권위	세대를 거듭한 역사·관습·습관화로, "예전부터 항상 그래 왔다."는 이유로 수용되는 것들
카리스마적 권위	어떤 사상이나 목표로 사람들을 동원할 수 있는 특출한 지도자들
합리적·법적 권위	그 실행을 관료 체계에 의존하는 규칙과 법률 집합의 지속적인 적용으로써 다음과 같은 특징이 있다. • 형식적 규칙들에 의해 통치되는 고정된 공적 관할 구역 • 감시와 종속 시스템으로 구성된 권위의 위계 • 자료와 기록의 보존 • 사적인 생활과 구별되는 공적인 활동(사무실을 사무실 주인과 분리함) • 기술적으로 자격이 있는 직원들을 완벽하게 가동시킴 • 작업의 전문화와 노동의 분화

조어, 간소화, 표준화, 그리고 과학적 방법은 모두 합리화의 일부분이다. 베버는 현대 세계에는 합리화가 우세해질 것이고 그 결과, 전통적이고 카리스마적인 권력보다는 관료적 권력이 점점 정당화될 것으로 보았다. 예컨대 위험에 대한 상식과 일반화된 생각이 지금 어떻게 리스크 평가, 범주화, 관리, 예측, 보험, 예방을 포함하는 리스크 정의의 특정 아이디어들로 구체화되었는지를 생각해 보라.

베버는 합리화에 긍정적인 잠재력이 있으나, 동시에 그것이 몹시 위험할 수 있음을 인식했다. 합리화는 일반화와 수량화가 가능하며 다른 권력 유형에 비해 임시변통적인 측면이 덜하기 때문에 거대하고 복잡한 체계를 관리하는 도구로서는 더할 나위 없이 효율적이다. 비록 관료제 내부에 부패의 가능성이 항상 존재하기는 하지만, 그래도 전통적이거나 카리스마에 기반을 둔 체계보다 훨씬 평등주의적인 경우가 많다. 예컨대 세습적인 군주나 카리스마적인 종파 지도자들이 개인의 여행에 필요한 서류나 교육적 기회를 얻는 데 특정 친척 관계나 종교적인 믿음을 요구하는 반면, 관료제는 법적인(이데올로기적인 것보다는) 허가를 요구하는 경향이 있다.[20]

또한 베버는 현대 세계에서 보이는 합리화에 따른 특정 디스토피아적 함축을 예견했다. 때때로 관료제의 규칙들은 상식과 창조적인 혁신, 인간의 품위를 가로막는 "철창"처

---

20) 이런 권위 유형의 조합은 역사상 최악의 집단 학살로 이어지고는 했다. 예를 들어 홀로코스트나 르완다의 집단 학살은 소수 집단을 효과적인 목표로 활용하는 잘 조직된 관료제가 없었다면 불가능했을 것이다.

럼 작용한다. 관료제의 테두리 안에서 일하는 개개인은 규칙을 바꾸거나 개선하고자 하는 동기를 거의 느끼지 못하는데, 그들의 일이 그들에게 할당된 특정 작업에 대한 효율적인 수행(의심을 품어서는 안 된다.) 여부에만 의존하기 때문이다. 즉, 관료제는 일단 만들어지고 나면 다수의 개인이 그것의 보존성 또는 지속성과 이해관계를 갖게 되어 개혁하거나 파괴하기가 어렵다. 이런 점들을 비롯해 현대 세계에 대해 관찰한 베버는 합리성의 높은 파도가 "얼음같이 차가운 어둠이 깔린 북극의 밤"[21]을 이끌 것이라고 상상했다.

관료주의적 합리성이 주는 이점과 위험을 이해하면 국제 보건의 이론과 실제가 더욱 선명하게 보일 것이다. 국제 보건에 대한 다국적 노력을 통제하는 기관들[세계보건기구(WHO), 국제연합아동기금(UNICEF), 미국국제개발처(USAID)]을 살펴보면 관료적 조직이 주는 전략적 이점뿐 아니라, 규칙에 한정된 행동이 어떤 것을 개선된 결과(의도된 결과)에서 비효율적인 상태로, 더 나아가 심각한 실수로 이끄는 장면도 어렵지 않게 포착할 수 있다. 세계보건기구가 에이즈 유행에 대처할 정책을 수립하기 위해 '비용 대비 효율성 분석(cost effectiveness analysis)'을 채택했던 일이 바로 후자의 예다.

5장에서 살필 예정이지만, 비록 1990년대 중반부터 2000년대 초반까지는 에이즈에 효과적인 치료법이 존재했지만, 비용이 높아 가난한 사람들에게는 접근이 쉽지 않았다. 국제 보건 정책 입안자들도 소득이 낮은 환경의 다중약물내성 결핵(MDRTB), 당뇨병, 우울증 같은 만성질환 치료에 대해 비슷한 판단을 했다. 우리는 8장에서 수명에 따른 처치 비용이라는 좁은 폭에 초점을 맞추었는데, 이제 다중약물내성 결핵에 대한 국제적인 대응을 방해한 정황을 자세하게 살필 것이다. 이 책 전체를 통해 관료제에 대한 베버의 이론은 국제 보건 정책과 실행에 대한 우리 논의에 정보를 제공한다. 미셸 푸코의 훈육 권력에 대한 다음 절의 짧은 고찰 또한 베버의 영향을 받았다.

훈육과 생체 권력

사람들은 역사가 승자의 권력에 의해 결정된다고 말한다. 많은 사람이 좋아하는 이 경

---

21) Max Weber, "Politics as a Vocation," in *From Max Weber: Essays in Sociology*, 128.

구는 지식과 권력의 관계에 대해 이야기한다. 프랑스의 철학자이자 역사학자인 미셸 푸코(Michel Foucault)는 *생체 권력*(biopower)이라는 개념을 통해 현대 세계의 다양한 조직이 인구 집단을 어떻게 정의하고, 계량하고, 분류하고, (한마디로) 훈육하기 위해 생물학적이고 의학적인 데이터를 사용했는지를 설명하고자 했다. 이 생체 권력은 국제 보건에 대한 우리 이론적 도구 상자의 또 다른 중요한 부가물이다.

푸코는 다른 여러 요소와 함께 정신병원, 일반 병원, 교도소 같은 17~18세기의 문화적·정치적 기관들을 분석하고 이러한 기관들이 정상과 정신 이상, 합법과 불법, 건강과 질병을 나누는 규범을 구성한다고 주장한다. 또 그 구성 결과가 세대가 지남에 따라 대물림되어 자연적으로 수용되는 과정을 추적했다. 예컨대 누군가를 정신 이상으로 병원에 보내야 하는지, 또는 범죄자로 교도소에 보내야 하는지를 결정하는 기준은 제도적인 관습의 집합에서 규범으로 진화되었으며, 그 가운데 일부가 법률로 명시되었다.

이와 비슷하게, 시간이 지나면서 교도소가 징벌보다는 교화의 공간이라는 생각 또한 진화했다. 푸코의 책 「감시와 처벌」은 18세기 프랑스에서 벌어진 잊을 수 없는 고문의 묘사로 시작한다. 다미앵이라는 이름의 죄수는 처형대에서 "빨갛게 달군 집게로 가슴과 팔, 허벅지, 종아리에서 살점을 도려내는 형벌을 당한다. 존속 살인을 저지른 오른손에는 칼을 쥐게 한 채 황으로 태우고, 살점을 도려낸 자리마다 녹인 납과 끓는 기름, 뜨거운 송진, 밀랍, 황을 한데 녹여 들이붓는다. 그 다음, 네 마리의 말로 끌게 하여 몸을 네 조각으로 갈기갈기 찢은 뒤 사지와 몸통은 불에 태워 재로 만들고, 그 재는 바람에 날려 보내는"[22] 형벌을 가하는 장면이다.

푸코에 따르면 이런 무시무시한 형벌은 주로 상징적인 기능을 수행한다. 국가의 몸인 왕이 공격을 받았으므로 가해자의 몸도 그에 따라 공격을 받아야 하는데, 우선 반역 행위를 저질렀을 가해자의 손부터 시작한다. 푸코는 이런 강압적 힘을 공적으로 드러내는 것을 군주 권력(sovereign power)이라 부르면서 사람 목숨을 "죽이고 살릴 수 있는 권리"[23]라고 설명했다. 베버라면 이러한 권력의 양상을 전통적 권위로 분류했을 수도 있다. 이는

22) Michel Foucault, *Discipline and Punish: The Birth of the Prison*, trans. Alan Sheridan (London : Allen Lane, 1977), 1. (한국어판 : 「감시와 처벌-감옥의 역사」, 오생근 옮김, 나남출판, 2003)

23) Michel Foucault, The History of Sexuality, trans. Robert Hurley (New York: Pantheon Books, 1978), 136. (한국어판 : 「성의 역사-제1권 지식의 의지」, 이규현 옮김, 나남출판, 2010, 「성의 역사-제2권 쾌락의 활용」, 신은영·문경자 옮김, 나남출판, 2004, 「성의 역사-제3권 자기에의 배려」, 이영목 옮김, 나남출판, 2004)

전통에 의해 강화되고 종교에 의해 신성시되는 권력이기 때문이다.

푸코는 이런 형벌의 양식을 몇 십 년 뒤에 생기기 시작한 교도소의 체계와 비교한다. 교도소는 교정의 도구로 나타난 훈육 권력이다. 관찰하고 개선하며, 개조하고 분류하는 것이 교도소 안의 훈육 메커니즘이다. 일반 병원과 정신병원 같은 기관들과 국가의 관료제들 역시 18세기 후반과 19세기를 거쳐 이러한 갖가지 기술을 적용하기 시작했다. 예컨대 전염병이 창궐하는 동안 공중 보건 당국은 집단과 개인의 몸에 대한 정보를 관찰·수집하고, 이들을 감시·격리하기 위한 기간 시설을 발전시켰다. 전염병의 유행이 잦아들고 나서도 국가는 그들의 신민들을 파악하고 강압적 힘을 행사하는 데 이 기간 시설을 계속 활용했다. 푸코는 현대 세계에서 훈육 권력이 정부와 다른 강압적 기관들로 하여금 집단을 통제하게 하는 주요한 수단이라고 단정한다.[24]

1785년에 제러미 벤담(Jeremy Bentham)은 훈육 권력의 메커니즘을 설명하는 파놉티콘(panopticon)이라는 이론적인 감옥을 설계했다. 육각형의 감옥에 창문 달린 감방이 주위를 둘러싸고 중앙에는 어두운 감시탑이 있는 이 파놉티콘은 감시자들이 수감자들을 언제나 지켜볼 수 있는 반면, 수감자 스스로 감시당한다는 것을 알 수 없도록 설계되었다. 수감자들은 자신이 감시당하고 있을 가능성 때문에 자동으로 자신의 행동을 교정하게 된다. 파놉티콘에 의해 생성되는 강제적인 힘은(내부자들의 지속적인 자기 감시와 교정) 훈육 권력의 한 형태다. 푸코는 현대 사회의 조직들도 비슷한 권력을 휘두른다고 주장한다. 이들은 집단에 직접 강제력을 행사하지 않으면서 개개인을 훈육한다.

푸코의 훈육 개념은 생체 권력을 이해하는 데 도움이 된다. 다미앵이 살해하고자 했던 군주에게는 전통적인 권위가 있었지만, 그의 권력은 중요한 시점에서 제한적이었다. 예컨대 군주는 재산을 압류할 권리와 삶을 좌지우지할 권리가 있다. 즉 그는 신민의 노동력이나 수확량의 일부를 세금으로 요구하고, 반역자라는 이유로 사람을 사형시키며, 강제로 전쟁터에 내보내 죽음에 이르게 할 수 있다. 하지만 왕은 사람들의 가정, 침대, 감방, 또는 신체의 벽 안쪽에 어떤 일이 일어나는지 알지 못하며 또 알려고도 하지 않는다.

이러한 경향은 18세기에 합리주의를 지향하는 감옥 개혁가들이 나타나면서 상당 부

---

24) 이런 과정들이 정치적 수완과 사회적 기관으로 팽창하는 모습을 더 살펴보려면 다음 책을 참고하라. Ian Hacking, *The Taming of Chance : Ideas in Context* (Cambridge : Cambridge University Press, 1990). (한국어판 : 「우연을 길들이다」, 정혜경 옮김, 바다출판사, 2012)

분 개선되었다. 이들이 혁명을 일으킨 결과 관료제는 해부학 절개에서 분류, 인구조사 자료 수집, 통계 분석 개발에 이르기까지 삶의 상당 부분을 수량화하고 문서로 남기는 데 초점을 맞추게 되었다. 단, 이러한 시도는 주로 생명에 대한 권력을 공고히 하려는 목적으로 작용되었다. 프랑스에서 중앙집권화된 관료제는 집단의 건강과 사회적 복지를 계산하고 통제해 권력을 강화했다. 이로써 군주 권력에서 푸코가 이야기하는 통치성(governmentality)으로 발전되었다. 이런 활동들은 오늘날에도 그렇듯 다양한 이름과 목적 아래 행해진다. 예를 들어 몇몇 고용주들은 건강한 생활이 일꾼들을 효율적으로 만든다는 이유로 고용인들의 식습관을 기록으로 남기고, 국가는 집단 보건과 학생들 성적을 개선하기 위해 취학 전 아동들에게 예방접종을 요구한다. 이런 행동들은 국가 권력과 거버넌스(governance, 통치성이 닿는 영역)를 보통의 생명과 신체 그 자체로 옮겨 놓는다.

이때의 생체 권력은 생명을 다루는 통치성의 형식으로 볼 수 있다. 이것은 현대 자본주의 과정에서도 쉽게 발견할 수 있다. 생체 권력은 군주 권력과 달리 죽음이 아닌 생명에 통제력을 발휘하여 "생명과 그것의 메커니즘을 명시적인 계산의 영역으로 불러들이며 지식 및 권력을 인간의 삶을 변환하는 직접적인 원인으로 삼는다."[25]

푸코에 따르면 생체 권력은 두 개의 극으로부터 나온다. 첫 번째, 집단 수준에서 생물학적 과정에 대한 규제(번식, 건강, 장수, 사망률)다. 두 번째, 개인 수준의 훈육 기술(파놉티콘 같은)이다.(그림 2.3을 보라.)[26] 이러한 생체 권력은 집단을 정확하게 통제 혹은 포괄적으로 규제함으로써(예컨대 집단의 크기와 분포를 측정하거나 집단을 젠더, 연령, 인종, 직업, 생식력, 사망률 등에 따라 여러 범주로 나누어) 집단에 대한 지식을 더 늘리고 최적화된 상태로 관리하고자 노력하므로 본질적으로 생산적인 권력이다. 따라서 언제든지 삶을 수량화해서 각종 범주로 구분할 수 있다.

식민지 시기, 그리고 동시대의 다양한 사례는 이 권력 유형의 특징을 보여 준다. 인류학에서는 인체 계측법으로 두개골의 크기를 잰 뒤, 아프리카인을 밑바닥에 놓고 유럽인을 맨 위에 놓은 불쾌한 인종 진화의 사다리를 "과학"이라고 주장했던 역사가 있다. 식민지 시대에 형성된 민족적 집단 사이의 정형화되고 제도화된 구분은 오늘날까지 폭력과

25) Foucault, *History of Sexuality*, 143.
26) 위의 책, 139.

갈등의 원천으로 작용하고 있다. 예컨대 벨기에의 식민지 개척자들은 르완다에서 계급을 구별해서 소수인 군인과 왕족은 투치족으로, 시골 농부들은 후투족이라 불렀다. 이러한 구분은 민족적 갈등을 가속화해서 수십 년 뒤인 1994년에 집단 학살이 일어나는 요인이 되었다.[27] 이와 비슷한 사례로 인도의 신분제도인 카스트를 성문화한 영국 식민지의 유산을 들 수 있는데, 이는 오늘날까지 이어지는 폭력과 불평등의 원인이 되었다.[28] 단, 역사는 직선 구조가 드물고 여러 요소가 복잡하게 얽혀 있는 만큼, 이런 민족적 폭력이 사회 내부의 인과관계로 말미암아 발생했다고 주장하려면 신중하게 접근해야 한다. 그렇다고 식민지 정책으로 형성된 위계들이 오늘날의 포스트 식민지 사회에 별다른 영향을 미치지 않았다고 보는 것은 지나치게 순진한 관점이다.

또 생체 권력이 꼭 파괴적인 방향으로 발휘되는 것만은 아니다. 지난 세기의 악명 높은 2대 산업 재해였던, 1984년에 일어난 인도 보팔의 가스 누출과 1986년에 일어난 우크라이나 체르노빌의 원자력발전소 노심 융해는 재난과 관련한 질병이 새로운 주체성과 국가 정책을 어떻게 만들 수 있는지를 입증한다. 보팔에서는 국가 관료제가 장애 보상과 질병 범주의 의료적 관리에 가스 누출이 미칠 장기적 효과를 무시했을 뿐 아니라, 가난한 사람들은 접근하거나 작성할 수 없는 다양한 서류를 요구했다.[29] 몇몇 자료에 따르면 우크라이나에서는 이와 대조적으로 체르노빌의 재난에 영향을 받은 사람이 2,000명뿐인데도 인구 3분의 1을 체르노빌 보상 계획에 등록해 달라고 요구했으며, 실제로 이를 보장받았다. 비록 우크라이나가 소비에트 연방에서 떨어져 나온 뒤 국가 장애인 체계가 붕괴하면서 보건 서비스에서 적자가 났지만, 체르노빌의 생존자 관리를 위해 만든 시스템 덕분에 이를 부분적으로 개선했다. 아드리아나 페트리나(Adriana Petryna)는 이 현상을 "생물학적 시민권"이라고 불렀다. 그것은 "광범위하게 요구되지만, 선택적으로 접근 가능한 사회적 복지의 한 형태로 생물학적 부상에 대해 인식할 뿐 아니라 그것을 보상하는 의학

27) Mahmood Mamdani, *When Victims Become Killers : Colonialism, Nativism, and the Genocide in Rwanda* (Princeton, N.J. : Princeton University Press, 2001), 87~102. 다음 글도 참고하라. Stephen Kinzer, *A Thousand Hills : Rewanda's Rebirth and the Man Who Dreamed It* (Hoboken, N.J .: Wiley, 2008), 24~29.

28) Bernard S. Cohn, *Colonialism and Its Form of Knowledge : The British in India* (Princeton, N.J. : Princeton University Press, 1996), 1~20.

29) Veena Das, "Suffering, Legitimacy, and Healing : The Bhopal Case," in *Critical Events : Anthropological Perspective on Contemporary India*, by Veena Das (New Delhi : Oxford University Press, 1996), 136~174.

[그림 2.3] 미셸 푸코가 제안한 개념인 생체 권력은 개인 생물학의 수량화가 현대 생활의 규제와 신체 훈육에 어떻게 공헌하는지를 이해할 수 있게 해 준다.

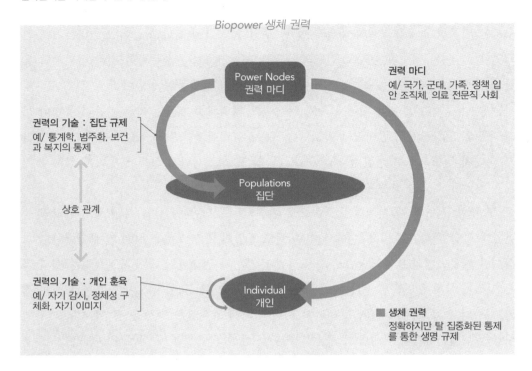

적·과학적·법적 기준에 기반을 둔다."[30] 따라서 우리 도구 상자의 중요한 요소는 국제 보건의 개입 속에 작동하며, 이러한 개입에 대한 우리 이해를 구체화하는 생체 권력의 다양한 과정을 비판적으로 검토하는 것이다.

사회적 고통과 구조적 폭력

국제 보건에 대한 연구는 단순히 특정 프로그램이나 개입에 대해 조사하는 것 이상이다. 오늘날 수백만 명의 개인과 그 가족들의 삶과 생계가 위험에 처해 있다. 비록 생체 권

---

30) Adriana Petryna, *Life Exposed : Biological Citizens after Chernobyl* (Princeton, N.J. : Princeton University Press, 2002), 6.

력이 지식의 한계와 조건들을 밝히는 데 도움이 되긴 하지만, 고통을 이해하는 데는 도움이 되지 않을 수 있다. 따라서 우리는 '가장 고통 받는 것이 누구인가?'와 '누구는 고통을 받고 누구는 받지 않는 이유가 무엇인가?' 하는 질문을 던져야 한다.

아서 클레인먼과 비나 다스, 마거릿 록은 사회적 고통(social suffering)이라는 용어를 개발해 불평들을 구성하는 사회적 폭력의 형식을 설명하고자 했다. 이들은 이렇게 얘기한다. "사회적 고통은 정치적·경제적·제도적 권력이 사람들에게 주는 의미, 그리고 이런 권력의 형식이 사람들로 하여금 사회적 문제들에 대응하는 데 미치는 영향에서 기인한다."[31] 바꿔 말하면, 기관과 관리들은 보건과 복지라는 이름으로 폭력을 저지를 수 있다는 것이다. 사회적 힘(경제학, 정치학, 사회적 기관, 사회적 관계, 문화를 포함한)은 개인에게 근심과 고통을 일으킬 수 있다.

가난한 환경에서 태어난 것, 피부색 때문에 차별을 겪는 것, 또는 학대하는 가정에서 생활하는 것 등은 전부 사회적 고통에 포함된다. 이 용어는 사람들 사이에서 고통을 겪은 경험, 만성적 질환 경험, 사회와 그 안의 조직들이 의도치 않게 사회적이고 보건적인 문제를 악화시키는 경우 또한 포괄한다. 사회적 고통이라는 개념은 의료적인 문제와 사회적인 문제 사이의 교차점을 나타내기도 한다. 예컨대 도심부에서 일어나는 폭력, 약물 남용, 우울증, 자살 문제에 연계해서 대응할 수 있는 사회적이면서 보건적인 정책 협조가 필요하다.

우리는 국제 보건 불평등의 뿌리를 보여 주는 연구 하나를 기술하며 끝맺으려 한다. 폴 파머는 아이티에서 가난과 나쁜 보건 상태의 결합이 사회적 고통의 한 형태로 간주되는 구조적 폭력이라는 개념을 발전시키는 것을 관찰했다. 파머에 따르면, "이러한 고통은 역사적으로 주어진(그리고 종종 경제학적으로 추동된) 과정과 힘의 공모(그것이 판에 박힌 이상이든, 관습이든, 아니면 더욱 빈번하게 나타나는 삶의 단단한 표면이든)에 의해 행위자를 속박하게끔 '구조화'된다. 내 환자들과 정보원들을 포함한 많은 사람이 크든 작든 인종주의, 성차별주의, 정치적 폭력, 그리고 고된 가난에 제한당하고 있다."[32]

---

31) Arthur Kleinman, Veena Das, and Margaret M. Lock, eds., *Social Suffering* (Berkeley : University of California Press, 1997), ix. (강조를 첨가함)

32) Paul Farmer, *Pathologies of Power : Health, Human Right, and the New War on the Poor* (Berkeley : University of California Press, 2003), 40.

파머는 아이티 시골 지역에서 에이즈에 걸린 여성들이 생활에 곤경을 겪는 모습을 기술한다. 이런 환경에서 작동하는 구조적 폭력의 형식을 이해하지 못한다면, 이처럼 젊은 여성들이 성적으로 난잡한 삶을 선택했기 때문에(그들을 자유로운 행위자로 보는 언어를 사용해서) 그 질병에 걸렸다고 가정할 수도 있다. 하지만 이런 결론은 두 가지 이유에서 옳지 않다. 첫째, 파머의 연구 당시 에이즈에 걸린 아이티 시골 여성과 그렇지 않은 사람들 사이에 가장 큰 차이점은 1차적인 성적 파트너의 직업이었다. 여성들은 스스로 돈을 벌 기회가 부족했기 때문에 더 많은 수입을 가져다 줄 기동성과 지위가 있는 운전사나 군인들과 짝을 맺었다. 하지만 이런 남성들은 다수의 여자 친구나 섹스 파트너를 동시에 만드는 경우가 많았고, 대부분 도시에 거주하므로 미국이나 다른 나라에서 온 섹스 관광객과 쉽게 접촉했다. 그렇기 때문에 이런 남성들의 파트너가 된 시골 여성들은 그 지역의 농부와 짝을 맺은 여성들보다 HIV 바이러스에 접촉될 위험성이 더 높았다. 이러한 경우, 어떤 여성 집단도 "성적으로 난잡하다"고 분류할 수 없다. 이렇듯 구조화된 폭력을 간과하면 행위자들을 과대평가하고, 제약들은 과소평가하게 된다. 파머는 다음과 같이 기술한다. "에이즈에 걸린 여성들의 인생 이야기를 주의 깊게 들어 보면, 그동안 에이즈 말고도 수많은 비극을 겪어 온 경우가 많다."[33]

구조적 폭력은 어째서 그렇게 많은 사람이 질병과 장애로 고통받는지를 여실히 보여 준다. 에이즈 같은 질병은 과거로부터 층층이 쌓여 온 고난에 하나 더 추가된 불운일 뿐이다. 이 이론은 거시적인 관점에서 보면 물질적 빈곤과 악화된 건강을 서로 연결하고 패턴화하는 정치적·경제적·역사적 힘을 강조한다.

결론

다양한 사회적 이론이 가득한 이 도구 상자는 절대 포괄적이지는 않지만, 초점을 맞추는 일차적인 영역(지식, 권력, 기관, 불평등)이 모두 국제 보건의 연구와 실천의 중심이

---

33) 구조화된 폭력에 대해 더 자세히 살펴보려면 다음 글을 참고하라. Paul Farmer, "An Anthropology of Structural Violence," *Current Anthropology* 45, no. 3. (2004) : 305~326.

된다. 사회적 이론은 국제 보건을 위한 조직적인 틀을 제공한다. 물론 여러 이론이 결핵을 치료하거나 아기를 안전하게 세상에 내보내거나 노인을 돌보지는 못한다. 하지만 사회적 행동을 통제하는 몇몇 관계를 조명하여 더 나은 프로그램을 설계하고, 보건의 도전 과제에 실천적인 해법을 제시하며, 실무자들이 중대한 자기반성의 습관을 기르도록 도울 수 있다.

더구나 이 교과서적인 책을 통해 생동하는 생물사회학적 틀에 의지함으로써 우리는 더욱 야심 찬 목표를 공유하게 되었다. 이 장에서는 국제 보건의 다양한 문제를 다룰 때 여러 가지 사회 이론이 어떤 이익을 주는지를 파헤치고자 했다. 사회 이론은 다양한 문제 그리고 이 문제에 반격하기 위해 시작된 온갖 개입 사이의 동적인 관계를 이해하는 데 도움이 된다. 이론이 중요한 것은 바로 이 때문이다. 또한 우리는 국제 보건을 구성하는 다양한 문제를 분류함으로써 국제 보건을 다학제적이고 학술적인 주제를 발전시키는 방향으로 개념화할 수 있다. 부디 이 점에 독자들이 확신을 가졌으면 한다.

더 읽을거리

°Bergerm Peter, and Thomas Luckmann, *The Social Construction of Reality : A Treatise in the Sociology of Knowledge*. New York : Irvington Publishers, 1966.

°Farmer, Paul. *Infections and Inequalities : The Modern Plagues*. Berkeley : University of California Press, 1999.

°Farmer, Paul, Margaret Connors, and Janie Simmons, eds. *Women, Poverty, and AIDS : Sex, Drugs, and Structural Violence*. Monroe, Maine: Common Courage Press, 1996.

°Farmer, Paul, Bruce Nizeyz, Sara Stulac, and Salmaan Keshavjee. "Structural Violence and Clinical Medicine." *PLoS Medicine* 3, no. 10(2006) : e449.

°Foucault, Michel. *Discipline and Punish : The Birth of the Prison*. Translated by Alan Sheridan. London : Allen Lane, 1977.

. *The History of Sexuality*. Translated by Robert Hurley. New York : Pantheon Books, 1978.

°Kleinman, Arthur. "Four Social Theories for Global Health." *Lancet* 375, no. 9725 (2010) : 1518~1519.

°Kleinman, Arthur, Veena Das, and Margaret M. Lock, eds. *Social Suffering*. Berkely : University of California Press, 1997.

°Lockhart, Chris. "The Life and Death of a Street Boy in East Africa : Everyday Violence in the Time of AIDS." *Medical Anthropology Quarterly* 22, no. 1 (March 2008) : 94~115.

°Merton, Robert K. "The Unanticipated Consequences of Purposive Social Action." *American Sociological Review* 1, no. 6 (December 1936) : 894~904.

°Morgan, D., and I. Wilkinson. "The Problem of Social Suffering and the Sociological Task of Theodicy." *European Journal of Social Theory* 4. no. 2 (2001) : 199~214.

°Petryna, Adiriana. *Life Exposed : Biological Citizens after Chernobyl*. Princeton, N.J. : Princeton University Press, 2002.

°scheper-Hughs, Nancy. *Death without weeping : The Violence of Everyday Life in Brazil*. Berkely : University of California Press, 1993.

°Weber, Max. "'Objectivity' in Social Science and Social Policy." In *The Methodology of the Social Sciences*, by Max Weber, translated and edited by Edward A. Shils and Henry A. Finch, 49~113. Glencoe : Free Press, 1949.

. "On Bureaucracy." In *From Max Weber : Essays in Sociology*, by Max Weber, translated and edited by H.H. Gerth and C. Wright Mills, 196~244. London : Routledge and Kegan Paul, 1948.

Colonial Medicine
and Its Legacies

식민의학과 그 유산

3

3장
식민의학과 그 유산

제러미 그린, 마거리트 소프 바실리코, 하이디 킴, 폴 파머

　지난 몇 년간 국제 보건 문제에 대한 관심이 고조되었지만 일반인들은 이 분야를 "신생" 분야로 여기는 경우가 많았다. 이 분야에 21세기 국제 보건을 특징짓는 새로운 특색들이 있는 것도 사실이다. 예컨대 에이즈 유행이 전 세계적으로 가시화된 것이나, 사스(SARS)와 신종 인플루엔자(H1N1)의 유행에 뒤이어 국제적 생물무기 감시를 다시 시작한 것 등이 그렇다. 의학이라는 무기고에 쌓여 있는 치료법들 중 상당수는 과거의 것보다 훨씬 낫다고 평가된다. 하지만 여러 질병을 추적해 치료하는 능력(일부는 생체 권력의 예일 수 있다.)이 이전에 기술된 바 없거나 완전히 새로운 병원균들을 다시 진단하는 것을 포함해 아무리 더 정교해지더라도 초국가적인 전염병들은 사실 새롭게 나타난 사례가 아니다.

　언제나 그렇듯이 새로운 것은 오래된 것에 기초한다. 그러므로 오늘날 진지한 생물사회적 국제 보건 연구를 하려면 역사를 파고들어야 한다. 이를 간과하면 불완전한 연구에 그칠 뿐이다. 비록 최근에 질병 부담과 생물의학적 치료에 대한 접근이 국제적으로 불평등한 양상을 띠며, 이에 대한 평가 역시 엉성하다는 주장이 제기되어 연구자들이 개선 의지를 밝힌 바 있다. 그러나 국제 보건 평등에 대한 연구는 과거 연구 프로그램의 잔해(가끔씩 보이는 영광스런 기념물과 함께)가 여기저기 버려진 풍경을 항해하며 이전의 문제점을 근본적으로 개선해야만 한다. 과거 사례 중 상당수가 결국 실패한 이유는(이 장에서 논의될 1950년대와 1960년대의 국제적 말라리아 박멸 캠페인 같은) 부분적으로 역사적 반성과 생물사회적 분석의 부재 때문일 것이다. 앞서 2장에서 살핀 다양한 사회 이론과 마찬가지로 역사학은 국제 보건 개입으로 벌어진, 의도하거나 의도치 않은 여러 결과

를 이해하는 데 도움이 된다.[1]

"국제 보건"이라는 용어는 선진국과 개발도상국 사이를 포함하여, 국가 경계를 넘어서는 다양한 보건 문제와 개입을 정의하기 위해 만들어졌다.[2] 1장에서 이미 언급했지만, 이 용어는 집단 보건을 개선할 목적으로 20세기 내내 초국가적으로 이루어졌던 노력을 가리키는 "세계 보건"과는 구분된다. 초국가적 노력은 대개 북쪽 선진국에서 남쪽 개발도상국으로 행해졌으며, 다양한(때로는 감춰진) 의제와 함께하는 개발 프로그램에 기초하는 경우가 많았다. 또한 국제 보건은 "식민의학"과도 구별된다. 식민의학이란 19세기 무렵, 제국의 규칙이 지배하던 식민지 시기의 의학을 기술하는 용어다.[3] 식민의학의 유산은 그 범위가 대단히 넓다. 세계 제국뿐 아니라 식민 의료 기관도 20세기 중반까지 거뜬히 존속했고, 어떤 면에서는 오늘날까지 존재한다고 볼 수 있다. 보건의 다양한 문제를 확인하고 분류하는 과정[과학사학자들은 이것을 문제 선택(problem choice)이라고 부른다.]에서도 과거 식민지 시대의 뿌리에서 비롯된 사회적 힘들이 국제 보건의 긴급 사안을 구체화했다는 점을 알 수 있다.

이 장에서 우리는 먼저 식민지 기관들이 보건적 지위와 관리를 심판함으로써 토착민 집단에 권력을 행사한 과정을 살펴보면서 국제 보건과 제국 사이의 관계를 대략적으로 추적한다. 두 번째로 우리는 국제 무역과 국가 간의 관계가 국제 보건을 곤란에 빠뜨린 과정을 기술하고, 공중 보건과 식민 의료를 관리하기 위해 세워진 전문 기술 관료 기관들과 오늘날 국제 공중 보건 당국의 전신인 기관들에 대해 살필 것이다. 마지막으로, 우리의 사회 이론적 틀에 의지해 국제 보건의 몇몇 주요 노력을 조사함으로써 식민의학

---

1) 식민의학과 세계 보건의 역사는 포스트 식민 연구에서 활발하게 다루는 영역이 되었다. 이 분야를 개관하려면 다음 글들을 살펴보라. David Arnold, "Introduction : Disease, Medicine, and Empire," in *Imperial Medicine and Indigenous Societies*, ed. David Arnold (Manchester, U.K. : Manchester University Press, 1988), 1~26; Michael Worboys, "Colonial Medicine," in *Medicine in the Twentieth Century*, ed. Roger Cooter and John Pickstone (Amsterdam : Harwood Academic, 2000), 67~80; Warwick Anderson, "Postcolonial Histories of Medicine," in *Locating Medical History : The Stories and Their meanings*, ed. John Harly Warner and Frank Huisman (Baltimore: Johns Hopkins University Press, 2004), 285~308; Anne-Emanuelle Birn, Yogun Pilly, and Timothy H. Holtz, "The Historical Origins of Modern International Health," in *Textbook of International Health : Global Health in a Dynamic World*, 3rd ed. (New York : Oxford University Press, 2009), 17~60.

2) "개발된", "개발 중인"이라는 최신 구별은 그 자체로 문제가 많은 역사를 불러온다. 이 점에 대해서는 다른 연구자들이 탐구하고 있다. 예를 들어 다음 책을 보라. James Ferguson, *Global Shadows : Africa in the Neoliberal World Order* (Durham, N.C. : Duke University Press, 2006).

3) 예컨대 다음을 보라. Theodore M. Brown, Marcos Cueto, and Elizabeth Fee, "The World Health Organization and the Transition from 'International' to 'Global' Public health," *American Journal of Public Health* 96, no. 1 (2006) : 62~72; 그리고 Worboys, "Colonial Medicine."

으로부터 이어진 연속성을 드러내고, 국제 보건의 인도주의적 신구(新舊) 모형의 한계를
각각 분석한다.

국제 보건과 세계 제국

국제 보건의 다양한 개념은 오랜 세월 제국주의적 야망과 국가 간의 관계, 그리고 국
제 교역에 영향을 미쳤다. 국제 보건이라는 한 가지 개념이 로마제국(성립된 시기에 로마
인들이 알던 세계의 대부분을 차지했던)의 위생 개혁가에게 동기를 부여해 수도관과 하
수도를 표준화하고, 제국의 여러 주에 걸쳐 발병하는 괴로운 질병들에 대한 관리법을 찾
게 한 것은 틀림없는 사실이다.[4]

로마제국이 몰락한 이후에도, 전 세계를 넘나들며 초지역적으로 보건을 개선하려는
노력이 수없이 이루어졌던 것 또한 의심의 여지가 없다. 여러 국가는 전염병을 막기 위해
해외 무역을 중단하기도 했다. 제국적 의료가 언제 시작되었는지는 정확히 알 수 없다.
나중에 아메리카라고 불릴 대륙에서 그랬듯, 아시아와 유럽에(그리고 그 사이의 육지에)
도 제국들이 있었다. 하지만 세계 보건(따라서 국제 보건)의 가장 직접적인 선조는 유럽
식민지 지배자들에게서 찾을 수 있다.

공중 보건과 과학 전문 분야로서 생물의학이 재정의된 시점이 유럽의 권력이 제국을
세우기 시작하던 시점과 겹친 것도 우연이 아니다. 대부분의 이론에서 유럽과 북아메리
카의 대도시에서 기원한 공중 보건과 의료적 진보가 나중에 세계 제국의 변방까지 퍼졌
다고 설명한다. 하지만 말라리아를 치료하기 위한 퀴닌의 발견에서 입증되듯, 몇몇 사례
에서는 지식의 동역학이 더욱 복잡하게 나타났다. 현대 의료와 공중 보건은 둘 다 19세기
중반에서 후반 사이에 과학과 무역, 그리고 정치가 세계화되면서 의도치 않게 성장한 것
이다. 식민의학의 역사는 제국이 점령한 장소들이 의료적 작전을 위한 실험 기지로 활용
되었고, 나중에는 식민지 피지배민이 사용했다는 사실을 보여 준다.

---

4) Dorothy Porter, Health, *Civilization, and the State : A History of Public Health from Ancient to Modern Times* (New
   York : Routledge, 1999), 19.

보건은 유럽 열강들이 신세계와 아프리카, 그리고 아시아 해상을 처음 탐험하기 시작할 때부터 유럽 제국주의 프로젝트에서 중심적인 고려 사항이었다.[5] 부분적인 이유는 '콜럼버스 교환(Columbian Exchange, 크리스토퍼 콜럼버스의 항해에 따라 동반구와 서반구 사이에서 의도했거나 의도치 않게 나타난 동·식물과 질병의 교환)'에서 나타난 비참할 정도의 사망률 때문이었다. 유럽인들은 새로운 병원균에 노출되었고, 또 반대로 상당수의 병원균을 새로 탐험한 땅으로 옮겼다. 이 시기에 나타난 유행병에 대한 민감성의 차이는 제국주의적 팽창의 병참학과 제국을 정당화하기 위해 사용된 인종주의 이데올로기를 보여 준다.

물질적인 면에서 볼 때 식민지 지배자들과 피지배민 사이에 나타난 질병에 대한 민감성의 차이는 번갈아 가며 제국주의적 팽창 계획을 돕거나 위협했다. 역사학자 앨프리드 크로스비(Alfred Crosby)는 탐험과 정복 활동으로 촉발된 유기체들의 교환을 기술하기 위해 "생태학적 제국주의"라는 용어를 사용했다.[6] 예컨대 1492년 스페인 함대가 도착하기 전, 아이티 히스파니올라 섬에는 수십만 명의 타이노 원주민들이 살았다. 하지만 19세기 후반에 이 섬을 프랑스와 스페인이 나눠 가질 무렵, 그들 중 단 한 명도 살아남지 못했다. 유럽인들의 정복과 그 과정에서 번진 홍역, 천연두, 결핵 같은 "처녀지 유행병" 때문이었다. 이러한 질병들은 우연히, 때로는 계획적으로 퍼져 나가 카리브해에서 대륙을 건너 그들을 잇는 지협에 이르기까지 수백만 명의 아메리카 원주민을 죽음에 이르게 했다. 이렇듯 확연하게 다른 사망률이 나타났지만, 식민지 지배자들은 이를 아주 심각하게 받아들이지는 않았다. 심지어 1763년 후반까지 영국 관리들은 일부러 천연두 병균을 묻힌 담요를 아메리카 원주민들에게 건넸을 정도였다. 유럽인 정착민들은 이런 질병들에 대해 면역을 완전히 갖고 있거나 적어도 부분적으로 갖고 있었다. 따라서 정복하고자 하는 토착민 집단에 그 질병을 어렵지 않게 퍼뜨릴 수 있었다.[7]

역사를 살펴보면 이렇게 식민지 프로젝트의 일환으로 토착민 집단의 건강을 약화시키려는 목적으로 시도한 사례가 많다는 사실을 알 수 있다. 20세기 초 동아프리카를 습

---

5) Nikolas Rose, "The Politics of Life Itself," *Theory, Culture, and Society* 18, no. 6 (December 2001) : 6.

6) Alfred W. Crosby, *Ecological Imperialism : The Biological Expansion of Europe*, 900~1900 (Cambridge : Cambridge University Press, 1993), 7.

7) David Shumway Jones, "Using Smallpox," in *Rationalizing Epidemics: Meanings and Uses of American Indian Mortality since 1600*, by David Shumway Jones (Cambridge, Mass. : Harvard University Press, 2004), 93~117.

격했던 수면병의 유행은 식민 통치 과정에서 사람과 가축이 상당히 멀리까지 이동했던 것과 관련이 있다.[8] 전염병은 제국 내부로 연결된 교통 체계를 따라 퍼지다가 새로운 경로로 접어들었는데, 바로 20세기 초 대영제국의 인도양 항로 등이 그것이다.[9] 인도와 중국 사이를 오가는 아편 무역에 영국이 뛰어들면서 식민지와 군대가 증가하자 개인과 집단에 유해한 영향이 미쳤다. 이것은 합목적적인 사회 행동(대영제국이 광대하게 펼쳐진 육지를 장악하는 것)의 의도치 않은 결과(중독, 해적 행위 증가, 표면적 갈등)의 또 다른 예다.[10]

뉴잉글랜드에서 파타고니아에 이르는 초기 식민지 지배자들은 전염병 사망률의 차이가 유럽의 제국주의적 프로젝트를 정당화하는 신의 계시이자, 유럽인의 신체에 비해 "야만인"들의 신체가 허약하다는 증거라고 해석했다.[11] 시간이 지남에 따라 관찰된 이 차이는 인종적 위계로 굳어졌다. 그 위계는 체화되어 바꿀 수 없어 보이는 생물학적 겉보기 특징에 기초했다.[12]

식민의학

하지만 유럽인들의 신체가 항상 더 튼튼했던 것은 아니다. 19세기 후반, 유럽 지도 제작자들은 모든 세계를 한 줌도 안 되는 제국들이 공유하는 것처럼 묘사하기 위해 "지도에 그려지지 않은" 영역을 삭제했다. 하지만 1800년대 초반만 해도 아프리카와 아시아의 여러 지역에 미치는 유럽의 영향은 요새화한 해안가 거주지와 교역 지대에 한정되었다. 서아프리카 황금 해안에 있는 "백인들의 묘지" 같은 열대지방의 경우 특히 그러했다. 이런 유감스러운 이름이 붙은 것은 정착한 첫해에 유럽인 1,000명당 무려 300에서 700명이 목숨을 잃는 엄청난 사망률을 기록했기 때문이다.[13] 탐험대는 여러 차례에 걸쳐 아프리카

---

8) Maryinez Lyons, *The Colonial Disease : A Social History of Sleeping Sickness in Northern Zaire, 1900~1940* (Cambridge : Cambridge University Press, 1992), 199~219.

9) Arnold, "Introduction: Disease, Medicine, and Empire," 5.

10) Mike Davis가 다음 책에서 주장한 바에 따르면, 많은 수의 기근이 이 범주에 들어간다. *Late Victorian Holocausts : El Niño, Famines, and the Making of the Third World* (London : Verso, 2001).

11) Jones, *Rationalizing Epidemics*, 36, 53.

12) Joyce Chaplin, *Subject Matter : Technology, the Body, and Science on the Anglo-American Frontier, 1500~1676* (Cambridge, Mass. : Harvard University Press, 2001), 8~9.

13) Philip D. Curtain, "The White Man's Grave: Image and Reality, 1780~1850," *Journal of British Studies* 1 (1961) : 95.

의 내부로 침투하려 했지만 번번이 실패했고, 대원들은 병으로 죽어 나갔다. 1841년에도 150명의 아프리카인과 150명의 유럽인으로 구성된 선교단이 내륙 사람들을 "교화"하고 자 니제르 강에 배를 띄웠다가 그중 42명의 유럽인이 말라리아로 쓰러졌다. 반면, 아프리 카인은 한 명도 병에 걸리지 않았다. 마침내 1854년, 윌리엄 베이키(William Baikie) 박사 가 유럽인 탐험대를 이끌고 니제르 강을 올라가는 데 성공했다. 그는 퀴닌을 사용해 열대 열을 치료했다.[14]

열대지방에서 유럽 군대의 점령을 가능케 했던 퀴닌의 역할은 다소 과장되기 쉽다. 여 기에 비해 "백인의 묘지" 같은 오래 전부터 전해지는 이야기는 적어도 두 가지 수준에서 시사하는 바가 있다.[15] 첫째, "백인의 묘지"는 식민의학과 제국주의 정복 사이의 고리를 드러낸다. 둘째, 그것은 "열대"를 의학 및 공중 보건 연구와 실천을 위한 실험실이자 시 험 대상의 원천으로 사용하는 예를 보여 준다.[16]

식민의학이 서아프리카에서 유럽인 정착지의 팽창을 촉진했던 방식에 대해 여러 학 자가 기술해 왔다.[17] 오늘날에도 특정 유형의 심각한 말라리아를 치료하기 위해 사용하 는 퀴닌이 유럽인의 열대지방 탐험을 돕고 있다. 탐험 시대의 산물 가운데 비교적 덜 알 려진 것을 꼽자면 아마도 기나나무(cinchona tree) 껍질(원래는 오늘날의 페루 지역에서 만 난다.)이 유럽 의사들의 약전(藥典)에 도입된 일일 것이다. 남아메리카 사람들은 오랫 동안 열병을 치료하는 데 기나나무 껍질을 썼는데, 나무가 무척 희귀했다. 유럽 열강들 은 이 기나나무의 확보가 역병이 도는 열대지방에서 군사적 성공을 거두는 열쇠라고 생 각했고, 결국 이 나무껍질이 격렬한 군사적 충돌을 일으키는 원인이 되었다.[18] 그런데 1820년에 프랑스의 화학자 피에르-조제프 펠티에(Pierre-Joseph Pelletier)와 조제프 비앵 에메 카방투(Joseph Bienaimé Caventou)가 기나나무 껍질에서 퀴닌을 분리해 그것이 열 대열에 대항하는 활성 성분이라는 것을 증명했다. 기나나무 껍질에서 퀴닌을 추출한 일

14) Daniel R. Headrick, *The Tools of Empire : Technology and European Imperialism in the Nineteenth Century* (New York : Oxford University Press, 1981), 74.

15) William B. Cohen, "Malaria and French Imperialism," *Journal of African History* 24 (1983) : 23.

16) 다음 글을 참고하라. Warwick Anderson, *Colonial Pathologies : American Tropical Medicine, Race, and Hygiene in the Philippines* (Durham, N.C. : Duke University Press, 2006).

17) Headrick, *Tools of Empire*, 68.

18) Leo B. Slater, *War and Disease : Biomedical Research on Malaria in the Twentieth Century* (New Brunswick, N.J. : Rutgers University Press, 2009), 17~18.

은 초기 생물의학 치료의 모범 사례가 되었다. 식물 자원에서 활성을 띠는 성분을 분리한 것이다.[19]

예방의학은 제국주의에 대한 방어가 모두 폐기된 지 한참 뒤에도 제국주의 사업의 미덕 가운데 하나로 종종 인용되었다. 예방의학의 대변자인 위베르 리요테(Hubert Lyautey)는 프랑스가 인도차이나와 마다가스카르 땅에 침공했을 당시 주요 전략가였으며, 프랑스가 모로코를 손에 넣었을 때 최초로 총 주재관 자리에 오르기도 했다. 다음은 그의 유명한 선언이다. "식민화에 대한 변명거리가 단 하나 있다면 바로 의학을 발전시킨 것이다."[20] 리요테는 식민지 프로젝트의 잔인함을 잘 알았음에도 불구하고 "식민 지배를 정당화하는 것이 하나 있다면 의사들의 활동"이라고 주장했다.[21] 또한 그는 식민지 행정가로서의 오랜 경력을 살려 1933년에 다음과 같이 기록했다. "만약 의사들이 자기 역할을 이해한다면 가장 효과적인 침투 요원이자 평화 사절이 될 수 있다."[22]

단, 식민의학 프로젝트가 단순히 현대 서구 의학의 기적을 식민지 피지배민에게 전달하는 프로메테우스적인 기능에만 종사한 것은 아니었다. 식민의학은 유럽 태생 행정가들과 민간인들이 식민지에 도착하기 전 군대를 지원하기 위해 시작되었으며, 따라서 그 서비스 체제는 항구와 주요 도시 중심부에 집중되었다. 이후 노동자 집단으로 확장되긴 했지만, 이는 어디까지나 그 지역의 노동력을 활용한다는 전제하에 이루어진 일이었다. 당시 식민지에서는 이익을 내기 위해 경제적 자원을 뽑아내는 각종 플랜테이션 농장과 광산을 돌릴 노동력이 필요했다.

예컨대 영국의 식민지 의료 서비스는 제국의 특정 지역에 병원을 세우고 직원을 채용하는 일을 맡아 본국에서 훈련받은 의사 가운데 식민지에서 일할 인력을 모집했다. 큰 병원이 있는 도시 중심부에서 이 서비스가 천천히 확장되면서 중앙 행정가들은 변두리 구

---

19) 하지만 퀴닌이 추출되었어도 효율적인 합성이 가능해진 것은 20세기 중반 무렵이었다. 그전까지는 퀴닌에 대한 접근권이 제국주의 경쟁 국가들 사이에서 심각한 분쟁거리였다. 실제로 1942년 일본의 인도네시아 점령은 퀴닌에 대한 연합군의 접근을 효과적으로 차단했고, 2차 세계대전 당시 합성 약물의 공급이 충분히 확보되기 전까지 열대 지역 전쟁터로 연합군이 배치되는 것을 막았다고 여겨진다. 위의 책, 109쪽을 참고하라.

20) Arnold, "Introduction : Desease, Medicine, and Empire," 3.

21) Jim Paul, "Medicine and Emperialism in Morocco," *Middle East Research and information Project [MERIP] Reports 60* (1977) : 7; Arnold,"Introduction : Desease, Medicine, and Empire, 3, 22에서 재인용.

22) Richard Keller, "Madness and Colonization : Psychiatry in the British and French Empires, 1800~1962," *Journal of Social History* 35, no. 2 (Winter 2001) : 297. Congrès des médécins alienistes et neurologistes de France et des pays de langue française, 37th session, Rabat (Paris, 1933) 공식 기록에서 인용. 73~74.

역에서 일할 의료 담당자들의 활동을 조정했다. 비록 의료 시설의 숙련도는 천차만별이었지만 치료적 의료를 제공했으며, 공중 보건 캠페인을 조직했고, 전염병이나 다른 보건 지표에 대한 데이터를 수집했다.(그림 3.1을 보라.) 의료 담당자들의 장부를 보면 포괄적인 서류 작업과 기록이 남아 있을 뿐 아니라 자기들의 수입을 보충하기 위해 공적 임무 이외에 "개인적 실무"도 필요했다고 기술되어 있다.[23] 이후 식민지 시대에 "개발하고 보호하기 위한" 임무가 더 확장되었지만, 식민지 의료 서비스는 특정 전염성 질환에 매우 집중하는 경향을 보였다.[24]

사실 국제 보건과 국제 안보의 연결은 일찍이 확립되어 있었다. 군대 주도의 겉모습 아래 식민의학이 발전한 결과, 국제 규모의 일관된 전염병학 조사가 최초로 가능해졌다. 이를 통해 전 세계 모든 대륙에 걸쳐 각 인종 사이의 건강한 신체와 병든 신체의 특징을 비교했으며, 이는 "열대의학"(다음 절에서 논의된다.)이라는 폭넓은 개념으로 이어졌다. 예를 들어 1835년에 대영제국은 전 세계에 걸쳐 주둔하는 유럽 출신 군인들의 사망률에 대한 통계 연구를 의뢰했는데, 그 결과 영국에 배치된 군인들은 사망률이 1,000명 가운데 11.5명이었던 데 반해 서아프리카에 주둔하는 군인들은 1,000명 가운데 거의 500명이 사망한 것으로 나타났다.(지도 3.1을 보라.) 아프리카 출신 군인들도 동일한 위도(예컨대 서아프리카에서 자메이카에 이르는)에 배치되었지만, 사망률은 영국에 배치된 군인들과 큰 차이가 없었다. 이 통계 결과가 표로 작성되어 널리 퍼지면서 뜨거운 기후에서 일하는 데는 백인의 몸보다 흑인의 몸이 더 적합하다는 믿음에 근거를 제공했다. 이 믿음은 대서양을 건너 노예무역이 이루어지는 것을 정당화했고, 그에 따라 1870년까지 약 1,140만 명에 이르는 아프리카인이 노예가 되었다.[25]

식민지 행정가들은 흑인의 몸이 열대 조건에서 더 튼튼하다고 간주했을 뿐만 아니라

23) Anna Crozier, *Practising Colonial Medicine : The Colonial Medical Service in British East Africa* (London : I. B. Tauris, 2007), 79~91.
24) Worboys, "Colonial Medicine," 75.
25) Philip D. Curtin, "Epidemiology and the Slave Trade," *Political Science Quarterly* 83, no 2 (1968) : 194.

[그림 3.1] 부루마 섬의 식민지 의료 담당자가 수면병을 앓는 한 환자로부터 혈액 샘플을 채취하고 있다.(1901년의 우간다 수면병 위원회) 런던 웰컴 도서관(Wellcome Library)의 허락을 받아 게재.

질병의 매개체라고도 기술했다.[26] 19세기 후반에서 20세기 초반 무렵 "제국주의 위생" 분야는 비(非)백인 거주민들의 "문명화되지 않고", "깨끗하지 않은" 관습에 초점을 맞추었다. 그런 "원시적인" 상태의 그들이 문명화된 세계에 위협이 된다고 보았다. 콜레라에 대한 인식은 차이를 탓하는 이런 수사학을 잘 보여 준다. 19세기를 지나는 동안 맹렬한 파도처럼 유행했던 이 질병은 인도 동쪽 해안의 인구가 밀집된 중심 지역에서 주기적으

---

26) "옷을 갖춰 입은 원주민"이 식민지 지배하에 전염병을 퍼뜨린 책임이 있다고 여겨진 데 대해서는 다음 글을 보라. Randall M. Packard, "The 'Healthy Reserve' and the 'Dressed Native' : Discourses on Black Health and the Language of Legitimation in South Africa," *American Ethnologist* 16, no. 4 (November 1989) : 686~703; 그리고 Randall M. Packard, *White Plague, Black Labor : Tuberculosis and the Political Economy of Health and Disease in South Africa* (Berkeley : University of California Press, 1989).

[지도 3.1] 1817~1838년 제국주의적으로 팽창하던 지역에서 유럽 통 군인들이 사망률. 의학적 진보에 따라 흔한 열대병 치료가 가능해지기 전까지 유럽 군인들은 감염성 질병으로 많은 수가 죽음을 맞이했다.

· 출처 : 필립 D. 커틴, 「이주에 의한 죽음 : 19세기 유럽이 열대 세계를 만나다(Death by Migration : Europe's Encounter with the Tropical World in the Nineteenth Century)」 (Cambridge : Cambridge University Press, 1989), 12.

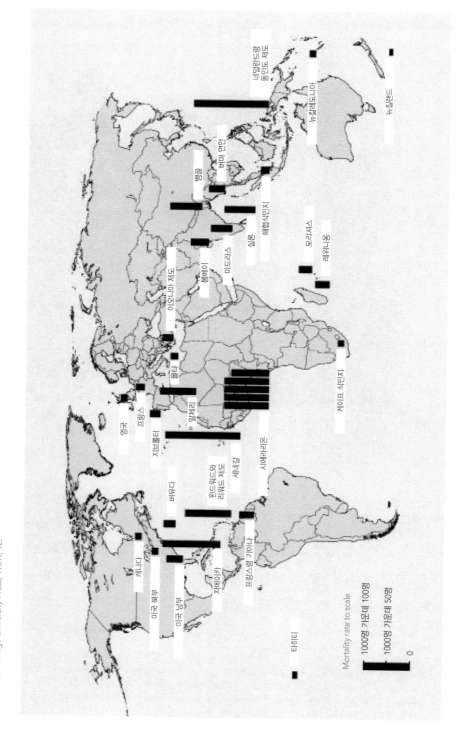

로 분출해 중앙아시아를 가로질러 유럽까지 이르렀다. 영국인 W. W. 헌터는 1872년에 자기가 관찰한 바를 다음과 같이 기록한다. "(인도의 동부 도시인 오리사의) 한 소굴은 자간나트 사람들이 북적이는 동시에 해충이 출몰한다. 이곳은 언제라도 질병의 근원지가 되어 제조업이 발달한 프랑스나 영국의 큰 도시로 퍼질 것이다." 인도 순교자들은 "삶이나 죽음에는 별로 신경을 쓰지 않으며……. 이런 무관심이 그들 자신보다 훨씬 가치 있는 생명들을 위태롭게 한다." 헌터는 계속 이야기한다.

> 인류의 가장 치명적인 적수는 오리사 구석의 외진 곳에 은신처를 두었다. 그들은 세상으로 뛰쳐나가 가정을 황폐하게 하고, 도시를 약탈하며, 세 개 대륙을 거쳐 널따란 검은 길을 따라 행진해 그 열을 흔적으로 남긴다. 자간나트에 사는 누더기를 걸친 지저분한 순교자 떼는 머리카락과 피부에 해충이 드나들며 세균에 잔뜩 감염되어 있어, 언젠가 우리 시대의 가장 재기 넘치고 아름다운 빈과 런던, 그리고 워싱턴 같은 수많은 장소를 엉망으로 만들 것이다.[27]

멀리 떨어진 부유한 지역과 질병이 퍼진 지역이 어떻게 연결되었는가에 대한 고려는 오늘날 국제적 생물 보안에 대한 사안을 구체화한다. 여기에는 조류독감이나 사스에 대해 여러 국가 간에 오가는 이야기도 포함된다.[28] 최근 아이티에서 콜레라가 폭발적으로 유행하고 있는데, 이러한 현상은 마치 과거의 흔적을 다시 밟는 듯하다. 콜레라 유행은 원산지인 남아시아에서부터 크리스토퍼 콜럼버스가 도착한 지 얼마 안 되어 토착민들이 죽어 나갔던 지역으로 퍼지고 있다. 지금 그곳에서 콜레라로 쓰러지고 있는 거주자들은 과거 열대열에 대한 저항성이 필요했던 그 토착민들의 자손이다.

열대의학의 탄생

식민의학의 전문화는 광대한 제국의 발달과 속도를 맞춰 일어났다. 세기가 끝날 무렵

---

27) David Arnold, *Colonizing the Body : State Medicine and Epidemic Disease in Nineteenth-Century India* (Berkeley : University of California Press, 1993), 189에서 재인용.

28) 미국 국립의학연구소(Institute of Medicine), *America's Vital Interest in Global Health : Protecting Our People, Enhancing Our Economy, and Advancing Our International Interests* (Washington, D.C. : National Academies Press, 1997).

유럽, 러시아, 일본 제국의 생태학적·경제적·영토적 제국주의 영향권 밖에 남아 있는 곳은 얼마 되지 않았다.[29] 이 과정을 가장 명확하게 드러내는 것은 유럽 열강이 자기들끼리 펜 몇 번 그어 "어둠의 대륙" 전체를 나눠 소유했던 1883년의 베를린회의였다.

식민지 보건 실천은 서구의 문화적 상상력 속에서 "열대지방"이라는 개념을 확립하고 인종적 차이에 대한 통일된 관념을 만들었다. 그뿐만 아니라 열대의학을 의학적 연구와 실천에서 별개의 분야로 구성하는 데에도 공헌했다. 19세기 후반에 루이 파스퇴르(Louis Pasteur)와 로베르트 코흐(Robert Koch)가 세세한 부분까지 설명한 세균 이론은, 질병의 원인을 재배치함으로써 질병 병인학의 개념을 바꾸었다. 그들은 여러 가지 "나쁜 체액"(다른 원인도 거론되었지만)이 질병을 일으키는 것이 아니라, 현미경으로 봐야 확인할 수 있을 만큼 작은 질병의 요인이 환자에게 감염되는 것이라고 보았다.[30] 콜레라 유행이 유럽의 북아프리카 무역을 위태롭게 했던 것은 코흐가 세균이 결핵을 일으킨다는 것을 발견한 지 얼마 안 되었을 때였다. 코흐는 콜레라 병원균을 찾기 위해 이집트와 인도 탐험대에 여러 번 합류했는데, 콜레라 환자의 내장 조직 조사와 콜레라 사망자들의 부검을 통해 결국 1883년에 콜레라균(*Vibrio cholerae*)을 분리하는 데 성공했다.[31]

세기가 바뀔 무렵, 패트릭 맨슨(Patrick Manson)을 비롯한 임상의들은 "열대의학"과 "세계주의적 의학"을 엄격하게 분리했다. 후자는 결핵 같은 질병이 세계 어디서나 발견될 수 있다고 여긴다.[32]

열대의학은 특정 위도와 지역에서 더 높은 확률로 일어나며, 상당수가 곤충 매개체의 전파나 기생 요인에 의해 일어난다. 영국에서 외과 의사로 훈련받고 인도 의료 서비스에서 일하던 로널드 로스(Ronald Ross) 같은 동료들은 맨슨의 이론을 재빠르게 받아들였다.

29) John Darwin, *After Tamerlane : The Global History of Empire since 1405* (New York : Bloomsbury Press, 2008).

30) 인과관계에 대한 경쟁적이고 상호 모순적인 다양한 주장은 그때나 지금이나 너무 많아 일일이 헤아리기 힘들 정도다. 하지만 파스퇴르와 코흐는 성장하고 있던 초국가적인 과학 공동체 안에서 혁명을 불러일으켰다. 다음을 참고하라. Thomas D. Brock, *Robert Koch : A Life in Medicine and Bacteriology* (Washington, D.C. : American Society for Microbiology, 1999). Nancy Tomes는 세기가 시작될 무렵 미국 중산층에서 병인학에 대한 널리 퍼진 개념에 세균 이론이 어떤 영향을 미쳤는지 기술했다. Nancy Tomes, *The Gospel of Germs : Men, Women, and the Microbe in American Life* (Cambridge, Mass. : Harvard University Press, 1998).

31) Brock, Robert Koch, 140~169. 다음 책도 참고하라. John Aberth, *Plagues in World History* (Plymouth, U.K. : Rowman and Littlefield, 2011), 101~110.

32) Michael Worboys, "The Emergence of Tropical Medicine," in *Perspectives on the Emergence of Scientific Disciplines*, ed. Gérard Lemaine, Roy MacLeod, Michael Mulkay, and Peter Weingart (London: Routledge, 1976), 82~85.

로스는 말라리아 기생충의 생활사에서 아노펠레스속(*Anopheles*) 모기의 역할을 밝혀 1902년에 노벨상을 받았다. 20세기가 지나자 열대의학 분야는 더욱 번성했고, 이는 더운 기후에서 생활하는 가난한 사람들을 감염시킨 수십 종의 병원균과 매개체를 발견하는 결과로 이어졌다. 하지만 많은 이가 지적했듯이 온도나 습도, 또는 위도가 전형적인 열대병 분포에서 단일한 결정자로 기능하는 경우는 몹시 드물었다.[33] 열대병의 역사는, 부유한 국가들이 "국제 보건"은 "다른 곳"에서 나타나는 질병과 관련이 있다고, 즉 어째서 "우리"가 아닌 타자인 "그들"의 문제라고 여기는지를 설명해 준다.

열대의학이라는 새로운 분야의 성공은 제국주의 통치성의 논리를 전환한 것과 직접적인 연관이 있다. 19세기가 끝날 무렵 영국의 식민지 장관이던 조지프 체임벌린(Joseph Chamberlain)은 광대한 "저개발 토지"를 "개발"하는 "건설적 제국주의"를 발전시켰는데, 이를 위해 토착민과 비토착민 노동자 그리고 영국인 정착민들의 보건 수요를 처리해야 했다. 이때 몇몇 연구자들이 열대의학이라는 새로운 과학을 이용하면 토착민 집단에 직접적인 치료 서비스를 제공하지 않고도, 비인간 매개체들(아노팔레스속 모기 같은)과 싸워 유행병의 위협적인 경제적 효과를 통제할 수 있다고 제안했다. 식민 의료 기관의 호응을 받은 이런 논리는 토착 피지배민들을 개인보다는 집단으로 바라보는 경향이 있었다. 맨슨은 식민성 의학 고문이라는 직함을 얻고 런던과 리버풀에 열대의학을 가르치는 학교를 세웠다.[34] 런던 열대의학학교의 첫 입학생들이 졸업하는 자리에서 맨슨은 유럽인들이 열대지방에서 계속 지낼 수 있게 한 열대의학의 귀중한 공헌에 대해 다음과 같이 요약했다. "나는 이제 백인종이 열대지방을 식민화할 수 있다고 굳게 믿습니다. …… 열기와 습기 자체는 주요 열대병의 직접적인 원인이 아닙니다. 이런 질병을 일으키는 직접적인 원인의 99퍼센트는 세균입니다. …… 세균을 죽이는 것은 지식을 얻고 그 지식을 단순히 적용하는 문제에 지나지 않습니다."[35]

병인학의 새로운 패러다임은(질병의 위치를 "병에 걸린 토착민"에서 미생물로 이전

---

33) Paul Farmer, *Infections and Inequalities, The Modern Plagues* (Berkeley : University of California Press, 1999), 37~58, 76~82.

34) John Farley, *Bilharzia : A History of Imperial Tropical Medicine* (Cambridge : Cambridge University Press, 1991), 20~26.

35) Patrick Manson, Harry Johnston, Jervoise Athelstane Baines, Robert Felkin, and J. W. Wells, "Acclimatization of Europeans in Tropical Lands: Discussion," *Geographical Journal* 12, no. 6 (1898) : 599~600.

함으로써) 감염성 질환을 둘러싼 담론에서 인종차별을 없앨 가능성을 제시했지만, 실제로는 그 반대의 경우(인도의 콜레라 유행에 대한 헌터의 기술에서 잘 드러나듯)가 더 많았다. 비록 세균 이론이 질병 통제를 위해 비인간 대상을 도입하는 데 성공했지만, 동시에 새로운 매개체("건강한 보균자")를 소개했던 것이다. 질병 통제에서 이에 대한 위생적 실천은 전통적인 수단만큼이나 중요했다. "건강한 보균자"의 원형은 "장티푸스 메리"라고도 불리는 메리 맬런(Mary Mallon)인데, 뉴욕에 사는 "아일랜드인" 요리사였던 그녀는 20세기 첫 20년 동안 최소한 53명에게 장티푸스를 감염시켰다. 비록 그녀 자신은 티푸스균(*Salmonella typhi*) 감염 증상을 전혀 보이지 않았지만, 사회적으로 위험 요소라는 낙인이 찍혀 나머지 32년의 인생을 뉴욕 주에서 감금된 채 보내야 했다.[36] 백인 집단에 병을 일으켰다고 비난받은(실제로 맞든 틀리든) 식민지 피지배민들은 이보다 더 나쁜 운명에 처했다.

워릭 앤더슨(Warwick Anderson)의 역사적 연구는 1898년에서 1912년까지 미국 군대가 필리핀을 점령하는 동안 억압적인 공중 보건 조치가 취해졌음을 밝혀냈다.[37] 미국인들은 오랫동안 필리핀인의 위생적이지 않은 행동이 시대에 뒤떨어진 도덕 때문이라고 여겼고, 미국-스페인 전쟁의 전체 사망자 수보다 더 많은 미국 군인을 사망하게 했던 파괴적인 콜레라 유행을 필리핀인의 탓으로 돌렸다. 1902년에 미국이 필리핀을 점령했을 당시 유행병으로 미국인 20만 명이 죽자, 미국 육군 공중보건부대는 "콜레라와의 전쟁"을 선포하고 마을을 파괴했다. 이들은 약(효과가 있든 없든, 거의 없었지만)을 강제로 투여하고, 격리 구역을 만들었으며, 감염된 사체를 빼앗아 불태웠다.[38] 이런 가혹함은 윌리엄 제임스(William James)나 마크 트웨인(Mark Twain) 같은 당대의 지성들이 미국의 제국주의에 등을 돌리는 계기가 되었다.

이런 맥락에서 앤더슨은 다음과 같이 주장한다. "콜레라균의 감염 증상이 없는 보균자는 열대기후의 체질적인 위험을 강조했다. 즉, 보균자는 기생균이 사는 환경인 필리핀인의 사체가 보이지 않는 미생물을 담고 있는 게 확실하다는 식으로 생물학적이고 사회

---

36) Judith Walzer Leavitt, *Typhoid Mary : Captive to the Public's Health* (Boston, Beacon Press, 1996).
37) Anderson, *Colonial Pathologies*, 44.
38) Warwick Anderson, "Immunities of Empire : Race, Disease, and the New Tropical Medicine, 1900~1920," *Bulletin of the History of Medicine* 70, no. 1 (1996) : 110.

적인 영역의 위험성을 재구성했다."[39] 이후 필리핀인들이 외국인에게 안 좋은 영향을 미치는 몇몇 질병에 면역이 있음이 발견되자, 필리핀인을 "미생물 반란자"('무장한 반란자'를 전염병학에 맞춰 바꾼 표현)라고 기술한 사례가 늘어났다. 그 결과, 필리핀인들은 존재 자체로 필리핀에 사는 미국인들의 건강을 위협하는 존재가 되었다.[40] 이를 가능케 했던 것은 열대의학이었다. 열대의학에 대한 과학은 "병에 걸린 토착민" 같은 인종차별적 언어를 제거하는 것과는 거리가 멀었다. 마닐라의 한 미국인 의료 담당자는 다음과 같이 기록했다. "질병이 들끓는 상태로 남아 있는 한 동양은 서양에 지속적인 위협이 될 수밖에 없다. 그리고 서양인들은 자기들이 작은 원 안에 들어가, 외부의 질병으로부터 격리되어야 건강을 지킬 수 있다는 생각을 고수한다." 또 다른 식민지 의료 담당자는 다음과 같이 비꼬기도 했다. "금색, 흑갈색 머리의 백인들은 이제 열대지방의 햇살에 노출되는 것보다 병에 걸린 다양한 토착 동물상과 접촉하는 것을 훨씬 두려워해야 한다."[41]

점령당한 필리핀의 콜레라 관리 모습은 세균 이론을 잇는 공중 보건의 냉정하고도 인종주의적 실천의 한 사례다. 그 실천은 적어도 콜레라균에는 아무런 효과가 없었다. 그럼에도 불구하고 명시적으로 군사적 접촉이 없던 곳에도 보건, 위생, 그리고 "문명화 과정"의 도덕적인 언어가 식민 담론을 만들어(예컨대 그림 3.2를 보라.) 20세기 상반기 내내 지속된 제국주의의 존재를 정당화했다. 신문이나 잡지 기사, 광고에서 비백인 식민지 피지배민들은 아이 같은 존재로 묘사되었으며, 더 심한 경우 백인들에게 위협이 되는 열대지방의 동·식물상처럼 그려졌다.[42] 의사, 사회과학자, 사회 이론가들(공공연한 우생학자와는 꽤 거리가 있는 사람들)이 여기에 가담했다. 예컨대, 프랑스의 인류학자인 뤼시앵 레비-브륄(Lucien Lévy-Bruhl)은 "원시적인" 마음과 "서구적인" 마음 사이에 구조적인 차이를 두는 "원시적인 정신 상태(primitive mentality)" 이론을 대중화했다.[43] 몇 년 뒤, 마르티니크 섬 태생의 프랑스-아프리카 혼혈 심리학자인 프란츠 파농(Frantz Fanon)은

---

39) Warwick Anderson, "'Where Every Prospect Pleases and Only Man Is Vile': Laboratory Medicine as Colonial Discourse," *Critical Inquiry*, 18, no. 3 (Spring 1992) : 508.

40) Anderson, *Colonial Pathologies*, 59.

41) 위의 책.

42) Alison Bashford, "'Is White Australia Possible?' Race, Colonialism, and Tropical Medicine in the Early Twentieth Century," *Ethnic and Racial Studies* 23, no. 2 (2000) : 256~257.

43) Jock McCulloch, *Colonial Psychiatry and "The African Mind"*(Cambridge : Cambridge University Press, 1995), 2.

The first step towards lightening

The White Man's Burden

is through teaching the virtues of cleanliness.

Pears' Soap

is a potent factor in brightening the dark corners of the earth as civili-
zation advances, while amongst the cultured of all nations it holds the
highest place—it is the ideal toilet soap.

[그림 3.2] 식민지 시대의 대중문화는 종종 식민지와 "질병에 걸린 토착민들"에 대한 이국적이고도 인종주의적인 관점을 내비쳤다. 이 피어스 비누(Pears' Soap) 광고도 마찬가지로 보건에 대한 도덕적인 언어와 "문명화 과정"을 전형적으로 보여준다. 1899년 9월 「하퍼스 위클리(Harper's Weekly)」지에 실린 광고다.['백인의 짐을 가볍게 하는 첫 번째 단계는 (피어스 비누를 통해) 청결함의 미덕을 가르치는 것이다.' 라는 카피가 적혀 있다. —역주]

식민의학 실천이 어떻게 식민지 사람들에게 열등감을 영속시켰는지의 사례로 레비-브륄의 비유를 예로 들었다.[44]

파농의 저술은 20세기 지성사와 정치사상사에서 반식민주의라는 중요한 계통에 영감을 주었고, 이 작업은 탈식민지화의 흐름에 뒤이어 포스트 식민 이론의 새로운 정전을 세우는 기초가 되었다. 그런데도 "원시적인 마음"이라는 개념 자체는 21세기까지 문제없이 이어졌다. 2001년 미국 내에서 개발도상국이라 불리는 곳에 개발 비용을 가장 많이 조달한 미국국제개발처의 수장은, 아프리카인들은 "서양의 시간을 모르기" 때문에 항레트로바이러스 치료법이 아프리카에서는 실패할 것이라고 선언했다. 아프리카 사람들은 약 복용 시간을 지킬 수 없을 텐데, "당신이 이것을 열 시에 먹으라고 하면, 그들은 '열 시가 무슨 뜻이죠?' 라고 되물을 것"[45]이기 때문이다. 그는 에이즈 치료법이 그 질병으로 가장 고통받는 대륙(5장에서 기술하겠지만)의 사람들에게는 "너무 어렵고" 또 "너무 복잡"

---

44) Frantz Fanon, "Medicine and Colonialism," in *A Dying Colonialism*, by Frantz Fanon (New York : Grove Press, 1967), 121~147.

45) Robin Wright, "USAID Director Keeps an Eye on Long-Term Recovery," *Washington Post*, January 6, 2005, A17.

하다며 편협한 주장을 했다. 특이한 점은 그런 생각들이 이 미국 관리의 말에만 그치는 것이 아니라, 세계 보건을 이끄는 인물들 사이에 널리 퍼져 있었다는 사실이다.

선교의학

식민지 사람들에 대한 유럽인들과 북아메리카인들의 인식에는 보통 도덕적인 묘사가 포함되었다. 무역과 식민지화를 통해 다양한 사람들이 살을 부대끼게 되면서 새로운 형태의 종교에 노출되었다. 본래 외국 땅에 기독교를 선교하는 일은 기독교 자체만큼이나 오랫동안 이루어져 왔는데, 제국주의의 팽창으로 타 종교인을 개종시킬 새로운 가능성이 열렸다. 의료 선교도 이러한 노력의 일부였으며, 결과적으로 국제 보건의 역사를 형성하는 데 일조했다. 마이클 워보이스(Michael Worboys)는 식민 국가들이 그들의 보건 노력을 도시 지역에 집중하고 유행병에 초점을 맞추는 동안, 선교사들은 지역 주민들과 더욱 직접적으로 관계를 맺었다고 지적했다.[46] 세계의 여러 지역 사람들에게 기독교 의료 선교단은 생물의학과 접촉할 수 있는 유일한 접점이었다. 이런 상호작용은 현대 국제 보건 정치학의 뿌리 가운데 일부를 선교의학의 도덕경제학으로 추적할 수 있음을 드러낸다.

역사학자 메건 본(Megan Vaughan)은, 아프리카 의료 선교단과 식민지 관료들이 목표 집단에서 다양성을 보였을 뿐 아니라 "질병에 걸린 토착민"에 접근하는 이데올로기도 서로 달랐다고 주장한다. 다수의 선교사는 식민 담론과 마찬가지로 토착 종교와 사회 체계가 뒤떨어지고, 비도덕적이며, 청결하지 않다고 믿었다. 선교사들은 서구 문명과 기독교가 질병 치료의 해법이자 구원의 통로라고 여기며 떠받들었다. 이와 대조적으로 당시 식민지 국가들에 설립된 의료 기관들(우리가 식민의학이라고 부르는)은 아프리카인들의 공동체가(특히 농촌 지역) 서구 문화와 생활 방식에 완전히 파괴되지 않도록 한 계선을 만들고자 노력했다.[47] 예를 들어, "탈 부족화(detribalization)" 또는 "문화 변용(acculturation)"이 정신 질환의 원인으로 자주 인용되었다. 본은 니아살랜드(오늘날의 말라위)의 의료 담당자 두 명이 "정신 이상의 주된 원인은 '문화 변용'이며, 그것은 주로

---

46) Worboys, "Colonial Medicine," 68.
47) 물론 Warwick Anderson이 *Colonial Pathologies*에서 논의하듯, 이런 흐름에도 눈에 띄는 예외는 있었다.

(서구적인) 교육에 의해 초래되었다."[48] 라고 주장했던 1935년의 보고서를 예로 든다.

식민의학이 집단에 초점을 맞춘 반면, 선교의학은 개인에 초점을 맞추는 경향이 있었다. 이런 차이를 보이기 위해 본은 미셸 푸코의 생체 권력 개념을 식민의학의 맥락에 적용하려 한다. 생체 권력(2장에서 논의되는)은 그들의 생물학적 자아에 대해 국가가 내린 정의를 내면화하고 재생산하는 능동적인 주체의 출현에 의존한다. 본에 따르면, 아프리카 식민지에서는 집단 수준의 통계학과 개인의 자아 개념 사이에 아무런 실제적인 연결이 형성되지 않았다. 식민 국가들은 식민화된 사람들을 생산적인 개인들이 아닌 집단적인 타자(他者, 대개는 부족들)로 취급한다.

> 푸코가 기술한 (유럽에서의) 발전과는 대조적으로, 식민지인 아프리카에서는 집단의 유형화가 개인화보다 훨씬 더 중요한 의미를 갖고 있었다. 실제로 아프리카인들이 자각하는 개인적 주체가 될 가능성을 부인하는 식민지 심리학자들의 강력한 이론적 흐름도 있음은 물론, 그만큼 이들은 집단적인 정체성에 사로잡힌 것처럼 보였다. 만약 현대적 권력이 "말하는 주체(speaking subject)"의 창조를 통해 작용한다면, 식민지 권력은 푸코가 기술하는 의미의 권력이 될 수 없었다.[49]

하지만 선교의학은 개인의 영혼과 신체의 개조에 사로잡혔다. 본에 따르면 선교병원의 임상 관리는 개인화하는 힘이었으며, 개인의 질병·위생·죄악에 초점을 맞췄다.[50] 따라서 선교의학은 그 식민지의 대응물보다는 생체 권력과 더욱 유사한 메커니즘으로 작용했다.

19세기 후반과 20세기 초반, 아프리카 의료 선교 사업의 확장을 주도한 것은 기독교였다. 그중에서도 가톨릭교회보다는 프로테스탄트교회의 비중이 컸다. 비록 가톨릭교회가 전 세계에 걸쳐 선교를 해 오긴 했지만, 프로테스탄트 선교사들은 꼭 목사일 필요가 없었으므로 인적자원 확보가 용이했다. 아마 이러한 특성이 선교사의 수를 늘리고 팽창

---

48) Megan Vaughan, *Curing Their Ills : Colonial Power and African Illness* (Stanford, Calif. : Stanford University Press, 1991), 108.
49) 위의 책, 11.
50) 위의 책, 57.

속도를 가속화하는 데 공헌했을 것이다. 역사학자인 데이비드 하디먼(David Hardiman)에 따르면, 교회가 수녀들의 의학 교육을 막음으로써 보건 서비스를 확충하려는 가톨릭 교회 선교사들의 능력이 저해되었다.[51]

초기의 의료 선교사들 모두 잘 훈련받은 의사였던 것은 아니다. 18세기 중반, 의학이 분야별로 전문화되기 전까지 선교사들이 받은 정식 훈련이라고는 임상 관리에 대한 약간의 강의를 들은 것이 전부였다. 하지만 세기가 끝날 무렵, 의료 선교사에 대한 기대는 약간의 의학 경험이 있는 신실한 사람이 아닌 신학에 친숙한 훈련을 받은 의사로 바뀌었다. 이러한 전문화는 세균 이론의 출현과 소독약, 마취법, 초기 백신을 포함한 의료 과학의 진보와 맞물렸다. 따라서 세기가 바뀔 무렵의 선교 의사들은 그들의 전임자에 비해 임상적 능력이 훨씬 좋았다.[52] 이런 "구조자"들의 자질은(필리핀에서 콜레라를 막기 위해 시행된 비효과적인 시도와는 대조적으로) 항생물질이 도래하기 이전부터 나아지기 시작했다.

질병이 토착민들의 뒤떨어진 도덕과 정확히 연계되는 것과 마찬가지로, 전통의학은 "이교적" 종교와 연결된 경우가 많았다. 한 선교사는 다음과 같이 기록했다. "야만 종족들은 모두 마법과 의학이 뒤섞여 있으며, 성직자와 의사도 하나다."[53] 따라서 임상은 그저 질병을 치료하는 일 이상으로 이해되고는 했다. 많은 선교사는 환자들을 기독교뿐만 아니라 그들의 현대적 개념으로 개종시키고자 노력했던 것이다. 한편 선교사들은 병원의 이성적인 질서와 생물의학적 프로젝트가 환자들로 하여금 전통적인 믿음을 떨치게 하리라 희망했다.[54] 다른 한편으로는 병원에 머무르는 기간이 길어진 것이 개종을 위한 최고의 기회로 보였고, 기도와 교회 미사는 입원 환자들이 갖는 경험의 중심이 되었다. 즉, 선교의학은 "순수하게 의료적 목적으로 행해졌다기보다는 기독교를 퍼뜨리기 위한 자선의 의미로 활용되었다."[55]

선교사들이 종종 유럽인들과 비서구인들 사이의 첫 번째 접촉 지점이 되었던 것과 마

51) David Hardiman, "Introduction," in Healing Bodies, *Saving Souls : Medical Missions in Asia and Africa*, ed. David Hardiman (New York : Editions Rodopi B.V., 2006), 24.

52) 위의 책, 15.

53) 위의 책, 14에서 재인용.

54) Terence O. Ranger, "Godly Medicine : The Ambiguities of Medical Mission in Southeast Tanzania, 1900-1045," *Social Science and Medicine* 15B (1981) : 261~277.

55) Hardiman, *Healing Bodies, Saving Souls*, 25.

A Congo Child's Appeal

Please Send us More
**MISSIONARY
DOCTORS!**
— *WE HAVE ONLY TWO.* —

Congo Boys & Girls are Dying

Because there is no one to
help them when they are ill.

Won't you send some more? Quickly!

[그림 3.3] "한 콩고 아동의 호소": 1909년 「의학 선교 저널(Medical Missionary Journal)」에 등장한 광고로, 선교병원을 짓기 위해 영국인들의 기부를 요청하고 있다. 옥스퍼드대학 보들리 도서관(Bodleian Library)의 허가를 받아 게재. 서가 번호 Per 133 d. 83.

찬가지로, 선교사들의 소식이나 기록은 본국으로 보내져 식민지에 대한 유럽의 주요 정보 원천이 되는 경우가 많았다.[56] 선교는 "고향 교회"에서 보내온 기금에 의존했으며, 병원에 침상을 놓아 준 후원자들은 선교사들이 고국으로 보내는 편지를 보고 후원 대상에 대한 소식을 들었다.(그림 3.3의 후원금 모금을 위한 호소의 한 사례를 보라.)[57] 의료 선교사들은 식민지에 대한 서구인들의 이해에서 상징적인 존재가 되었다. 예를 들어, 의사이자 탐험가인 데이비드 리빙스턴(David Livingstone)의 영웅적인 이미지는 "문명화 과정"이라는 아이디어와 그 과정에서 임상 의사의 역할을 대중화했다.[58] 데이비드 하디먼(David Hardiman)에 따르면, 다수의 젊은 의사는 리빙스턴이 누린 명예와 유명한 저술에 감명을 받아 의료 선교사가 되었다.[59]

---

56) Vaughan, *Curing Their Ills*, 56.

57) 위의 책, 61.

58) Charles M. Good, "Pioneer Medical Missions in Colonial Africa," *Social Science and Medicine* 32, no. 1 (1991): 1~10.

59) Hardiman, *Healing Bodies, Saving Souls*, 13.

개발도상국에서 서구 의사들의 우상화는 계속되었다. 국제 보건 운동에 친숙함을 느끼는 사람들의 존재가 바로 그 증거다. 메건 본은 식민지 선교사들의 영웅적인 초상을 오늘날 아프리카에서 일하는 유럽과 북아메리카 출신의 의사들과 이미지 면에서 비교한다.[60] 이 비교는 어려운 문제들을 제기한다. 한 개인이 자신의 안락함과 익숙함을 포기하고 멀리 떨어진 사람들의 삶을 개선하는 데 직업적 삶을 헌신하는 것은 대체 어떤 동기 때문일까? 이들 가운데 몇몇이 전임자들이 희망했던 훨씬 효과적인 도구(예방, 진단, 치료법)를 가졌다는 사실은 두 집단 사이에 얼마만큼의 차이를 야기하는가? 이런 식민지 유산 가운데 국제 보건 실무자들과 도움을 구하는 사람들에게 귀중한 것과 위험한 것은 각각 무엇인가? 이런 질문의 대답들은 현대 선교의 명시적인 목적인 보건 평등과 지역 보건 체계 강화와 차이가 있는가? 선교 의료 시설을 지으면 지역 보건 당국의 강화로 이어지는가? 그 둘 사이의 차이는 얼마나 중요한가? 국제 보건을 배우는 학생들과 실무자들은 매일 이런 질문들과 마주한다.

국제 보건, 국제 교역, 그리고 국제적 보건 기구의 기초

우리는 국제 보건의 역사를 개관하면서 특정 질병들과 밀접하게 연관된 여러 이야기를 접했다. 예컨대 수면병의 역사는 적도 지방인 아프리카의 허리를 가로지르는 넓은 띠인 "체체파리공화국"에 집중된다.[61] 하지만 그렇게 지리학적으로 한정된 질병 연구에서 끌어온 국제 보건에 대한 이해는 때때로 더욱 널리 분포하는 결핵, 말라리아, 유행성 독감 같은 유행병들의 역사에 대한 이해와 차이가 있다. 여기서 우리는 이처럼 널리 전파된 질병(콜레라)뿐만 아니라 지역 풍토병(황열병)을 살핌으로써 국제 보건, 국제 교역, 그리고 생물의학의 뒤얽힌 역사를 돌아볼 예정이다.

콜레라만큼 이런 뒤얽힘을 명확하게 입증하는 질병도 없을 것이다. 19세기 내내 닥쳤던 일련의 대형 콜레라 유행은 새로운 교역 경로를 따라 직접적으로 빠르게 전파되었

---

60) Vaughan, *Curing Their Ills*, 155.
61) Lyons, *The Colonial Disease*, 62.

다. 따라서 유행병의 발생은 국제 교역의 미래에 심각한 위협으로 작용했다. 이런 유행병의 전파와 그에 대한 대응은 21세기의 전 세계적인 특징인 새로운 교통과 통신 기술의 확산을 반영한다. 전보나 대서양 횡단 케이블 같은 새로운 통신 양식은 질병의 발생 소식을 다른 곳으로 전해 지역적 콜레라 유행을 경고했다. 예컨대 마드라스와 마르세유 사이의 통과 시간을 단축했던 수에즈 운하의 건설같이 기술상의 새로운 업적이 등장할수록 국제 교역은 점점 감염성 질환을 유행시키는 발 빠른 촉매가 되었다. 최초의 국제적 상근 보건 기구였던 국제공중위생처(The Office International d'Hygiène Publique, OIHP)는 콜레라와 국제무역의 골치 아픈 문제를 해결하고자 했던 여러 번의 국제위생회의에서 기원했다. 19세기 후반에서 20세기 초반까지 이어진 이 회의에서는 결국 거의 모든 안건의 초점을 콜레라에 맞췄다.[62]

회의에서는 해결책 마련보다 논쟁이 더 많이 벌어졌고, 콜레라의 병인학에 대해서는 합의된 바가 거의 없었다. "독기(miasma)" 이론(위생적이지 않은 환경에 노출되었을 때, 특히 독이 있는 안개나 증기로 가득 찬 "나쁜 공기"가 질병의 전파 원인이라는 것)이 이 시기의 전염성 질환에 대해 가장 널리 수용되었던 것이다. 유럽 도시에서는 독기 이론이 공동주택의 도시공학과 민감한 인구 집단들로부터 불쾌한 악취를 제거하도록 설계된 하수도 등의 공중 보건에 대한 초기의 위생적 접근의 상당수를 정당화했다. 열대지방 식민지에서는 독기 이론을 식민 정착지 내 사회적 계층화의 지리학으로 규정했다. 즉, 유럽 출신의 인구 집단은 신선한 바람이 건강한 환경을 만들어 내는 언덕 위 구역에 자리 잡은 반면, 토착민 출신의 집단은 열병과 질병이 발생하며 악취가 진동하는 낮은 늪지대로 밀려났다.[63]

마취학자이자 아마추어 전염병 학자였던 존 스노(John Snow)는 1854년에 런던에서 발생했던 유명한 콜레라에 대한 조사를 마치고 지역 보건 당국, 시의원, 구빈관과의 회의를 요청했다. 스노는 먼저 브로드가를 둘러싼 인근의 콜레라 유행에 대한 자신의 조사 결과를 보여 준 다음, 유행병의 진원지에 공용 펌프가 있었기 때문에 수돗물이 오염된 것이

62) Porter, *Health, Civilization, and the State*, 79~96.

63) 독기 이론은 위생, 사회적 개혁, 가난 대책을 포함한 공중 보건에 대한 광범위한 접근과 연관될 때가 많았다. 역설적으로, 적어도 초기의 세균 이론은 광범위한 공중 보건 계획을 약화시키는 세균에 대한 환원주의적 주목을 지지했다. 예를 들어 다음을 참고하라. Barbara Rosenkrantz, *Public Health and the State : Changing Views in Massachusetts* (Cambridge, Mass.: Harvard University Press, 1972).

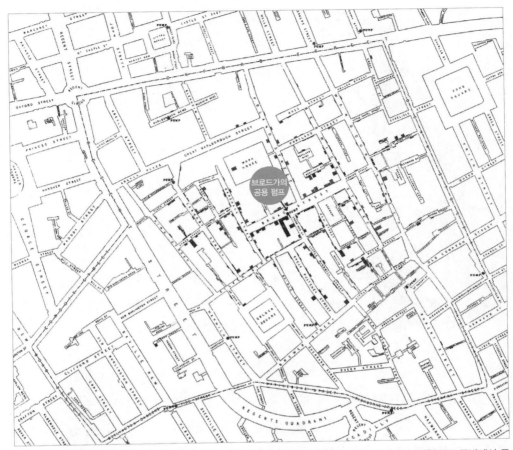

브로드가의
공용 펌프

[지도 3.2] 1854년 런던의 콜레라 유행에 대해 존 스노가 그린 지도다. 오염된 수원인 브로드가 공용 펌프 근방에서 콜레라 환자들이 발생했음을 보여 준다.(축척 : 1마일을 30인치로 나타냄) 출처 : 존 스노, "1855년 콜레라 전파의 양식에 대해" 로스앤젤레스, 캘리포니아대학 전염병학과 랠프 R. 프레리히스(Ralph R. Frerichs)의 허락을 받아 게재.

라고 주장했다. 콜레라 환자들은 펌프를 둘러싸며 무리지어 발생했고(지도 3.2, 스노의 그림을 보라.), 스노가 지도에 표시하지 않은 대부분의 가구 구성원들과 인터뷰한 결과, 물을 얻을 수 있는 가장 손쉬운 원천은 그 펌프였다.(그림 3.4를 보라.) 회의 참석자들은 브로드가 펌프의 손잡이를 제거하기로 결론을 내린 것에 동의를 했고, 이는 그 다음 날 바로 실시되었다.[64] 비록 처음의 유행이 이미 잦아들고 있었지만, 이 개입 덕분에 질병이

---

64) Peter Vinten-Johansen, Howard Brody, Nigel Paneth, Stephen Rachman, and Michael Rip, *Cholera, Chloroform, and the Science of Medicine : A Life of Jone Snow* (Oxford: Oxford University Press, 2003), 294

[그림 3.4] 1854년 런던의 콜레라 유행에서 브로드가 공용 펌프가 했던 역할과 그 위험성을 환기시키는 당시의 그림. 질병통제예방센터 이미지 도서관의 허락을 받아 게재.

추가로 발생하지 않도록 효과적인 예방이 이루어진 것이다. 그 당시 펌프 손잡이의 제거는 '증거에 기반을 둔 전염병학'을 지지하는 최초의 성공적인 정책으로 간주된다.[65]

하지만 논쟁이 끝나려면 아직 한참 멀었다. 인과관계에 대한 엇갈리는 주장들이 수십 년 동안 이어졌다. 1855년 3월 5일, 스노는 의회에서 자신의 조사 결과를 증언했다. 의회 구성원들은 "역겨운 냄새와 독성 연기를 내뿜는 사업"으로 정의되었을 뿐만 아니라 일각에서는 "모욕적인 사업"이라고 일관했던 뼈 끓이기와 소 지방 녹이기 등을 없애기 위해 논쟁하고 있었다.[66] "습지에서 올라오는 독기든, 인간 거주지 근처에서 썩어 가는 유기물에서 나오는 독성 증기든, 그것이 1831년 이후 영국에서 수만 명을 사망에 이르게 한 전염성 콜레라를 비롯한 질병의 주된 원인"[67]이라는 주장이 이런 위생 개혁 운동을 이끌었다. 하지만 스노는 독기 이론에 대해 별로 관심이 없었던 만큼 다음과 같이 말했다. "나는 전염성 질환, 특히 콜레라에 전적으로 주목해 왔고, 실제로 공중 보건 일반에 관심

---

65) 위의 책, 8~11을 보라.
66) 위의 책, 7.
67) 위의 책.

이 있다. 그 결과 나는 모욕적인 사업이라고 불리는 일들 중 상당수가 전염성 질환의 전파와 연관이 없으며, 따라서 공중 보건을 해치지 않는다는 결론에 이르렀다."[68]

의학 미생물학이라는 새로운 분야의 발전이 스노의 의심을 확증했다. 하지만 스노의 주장에도 정치적인 이해관계가 국제적인 콜레라 규제에 많은 영향을 미쳤다. 이렇듯 질병의 전파와 예방에 대한 건전한 과학적 증거보다는 국내 사업자들의 우선순위가 반영된 논의 탓에 국제위생회의(International Sanitary Conference)는 설립된 후 1851년부터 1892년까지 40년 동안 활동이 좌절되었다.

그로부터 수십 년이 지나 파나마 운하를 이용하는 교역과 보건 문제에 대해 국제적인 숙고가 이루어졌고, 이것은 공식 국제 보건 기관이 최초로 탄생하는 산파 노릇을 했다. 이것이 바로 범아메리카보건기구(Pan American Health Organization, PAHO)로 오늘날까지도 국제 보건 영역에서 중요한 기관이다. 대서양과 태평양을 연결하고자 했던 16세기의 꿈은 1855년에 파나마 철도가 완공되고 나서 실현되었다. 하지만 철도 하나로는 두 대양을 분리하는 좁은 지협을 통과하는 선박 통로를 만드는 것에 비해 효과가 미약했다. 프랑스는 확신과 야망을 갖고 파나마 운하를 건설하기 시작했지만 엄청난 대가가 따랐다. 프랑스가 개입한 1881년에서 1889년 사이 2만 1천 명 이상의 인부들이 사망했으며, 상당수의 사인이 황열병이나 말라리아였다.[69] 프로젝트는 침몰했고, 꿈은 유행병 앞에 일시적으로 무릎을 꿇었다.

파나마 운하 완공에 대한 의지는 20세기에 들어서며 다시 탄력을 받았다. 처음 운하를 건설할 때 관여했던 프랑스 주요 관리 가운데 한 사람이 미국 정부가 프로젝트를 계속하게끔 압력을 넣었다. 그는 대의명분을 위해 로비를 벌이고자, 유명한 미국 변호사인 윌리엄 넬슨 크롬웰(William Nelson Cromwell)을 고용했다. 당시 미국은 니카라과를 가로지르는 운하 건설을 고려하고 있었다. 크롬웰이 맡은 임무는, 니카라과는 운하가 통과하기에 위험한 곳이라는 것을 설명하며 의회 의원들을 설득하는 것이었다. 크롬웰은 니카라과의 오래된 휴화산이 분화하는 모습을 도장에 새긴 뒤 상원의원들에게 돌릴 정보성

---

68) 위의 책, 8.

69) Marcos Cueto, ed., *Missionaries of Science : The Rockefeller Foundation and Latin America* (Bloomington : Indiana University Press, 1994), 11.

리플릿에 찍어 우편으로 보내는 것으로 자기 임무를 완수하기로 했다.[70] 1902년, 상원의원들이 리플릿을 받고 사흘이 지난 후 미국은 파나마 운하의 완공 계획을 발표했다.[71]

이 프로젝트를 성공시키기 위해 미국인들은 프랑스인들이 하지 못한 일을 해내야 했다. 바로 인부들의 건강을 유지하는 것이었다.[72] 지독한 열병 때문에 운하를 건설하고자 파견된 수천 명의 노동자가 죽어 나갔고, 엔지니어와 정부 관리를 포함한 그들의 상사들도 예외는 아니었다.(그림 3.5) 흑인들의 몸이 열대열에 상대적으로 면역이 있다는 오래된 믿음 때문에 아프리카계 노동자들이 운하 구역에 광범위하게 재배치되었고, 백인 노동자 및 엔지니어들과 조심스레 격리되었다. 하지만 이들 역시 열병의 희생양이 되고 말았다.[73]

영국에서 패트릭 맨슨과 로널드 로스가 했던 일을 이탈리아에서는 조반니 바티스타 그라시(Giovanni Battista Grassi)가, 프랑스에서는 샤를 알퐁스 라브랑(Charles Alphonse Laveran)이 해냈다. 그 결과 운하 구역은 서반구의 열대의학 양식들이 배치되는 공적인 장이 되었다. 쿠바의 의사이자 과학자인 카를로스 핀라이(Carlos Finlay, 그림 3.6에 초상이 있다.)는 파스퇴르, 코흐 등이 전개한 아이디어를 발전시켜 아바나에서 오랫동안 유행했던 무시무시한 "옐로 잭(황열병)"을 일으키는 미생물과 매개체를 발견하고자 했다. 1891년, 핀라이는 모기가 질병을 옮기는 매개체라는 연구 결과를 발표했다. 쿠바에서 복무하던 미 육군 의사였던 월터 리드(Walter Reed)는 쿠바 캠프 러지어에서 수행한 명쾌한 여러 실험을 통해 그 이론을 입증했다. 그는 몇몇 자원봉사자들을 황열병 희생자들의 더러운 리넨 천과 이부자리에 노출시키는 반면 모기에게 뜯기지는 않게 했고, 위생적이며 환기가 잘 되는 환경에서 생활하게 조치했다. 이 자원봉사자들은 모기에 완전히 노출된 자원봉사자들과 비교했을 때 건강을 유지했다. 이런 새로운 증거로 무장한 윌리엄 고거스(William Gorgas) 장군은 모기 통제 프로그램을 통해 아바나에서 황열병을 몰아냈다.

---

70) 위의 책, 58~59.

71) Stephen Kinzer, *Overthrow : America's Century of Regime Change from Hawaii to Iraq* (New York : Henry Holt, 2006), 58~59.

72) 위의 책, 59.

73) David McBride, *Missions for Science : U.S. Technology and Medicine in America's African World* (New Brunswick, N.J. : Rutgers University Press, 2002), 48~58.

[그림 3.5] 파나마 안콘병원의 황열병 환자 칸막이. 파나마 운하를 건설하는 동안 황열병 환자들을 분리하는 데 사용했다.
· 출처 : 코르비스(CORBIS)

그리고 운하 구역에도 똑같이 할 것을 요청받았다.[74]

널리 영향을 미치던 황열병을 박멸하는 프로젝트를 수행하기 위해서는 여러 국가와 기관의 폭넓은 지원이 필요했다. 미국이 파나마 운하를 완성하겠다는 계획을 발표하고 얼마 안된 1902년 12월, 시어도어 루스벨트(Theodore Roosevelt) 대통령은 워싱턴 D.C.에서 1차 미국 공화국 일반 국제위생협의회를 열었다. 핀라이는 협의회의 조직 위원회로 지명된 4명 중 한 명이었다.[75] 논의의 초점은 국제 교역에서 질병이 미치는 일반 영향에 맞추었다. 이후 격리·예방·해운 규제가 포함되었으며, 이것이 훗날 PAHO가 될 국제위생

---

74) 미 육군 장교들은 황열병과 말라리아의 대인 전파를 영속화하는 모기들의 활동을 제한하게끔 개입하는 일차적인 방법으로 매개체 통제를 사용했다. 이 방식은 해당 기간 동안 두 곳의 경쟁 학교를 선정한 뒤 한 곳은 매개체인 모기를 직접 잡도록 장려하고, 다른 한 곳은 인간 숙주 내부에 있는 말라리아 기생충과 싸우도록 한다. 예방 대 관리 논쟁의 더욱 최근 사례는 이 책의 5장에 수록되어 있다.
75) 이 협의회는 지리학적 범위와 폭넓은 임무 때문에 일차적으로 콜레라와 페스트의 억제에만 초점을 맞췄던 유럽의 국제위생회의와는 구별된다.

[그림 3.6] 쿠바 출신 의사이자 과학자인 카를로스 핀라이. 핀라이의 연구는 황열병을 일으키는 미생물의 매개체가 모기임을 밝혔다. 미국 국립의학도서관의 허락을 받아 게재.

처(International Sanitary Bureau, ISB)의 탄생으로 이어졌다.[76]

1905년에 열린 2차 국제위생협의회에서는 미국 위원회의 구성원이었던 H.L.E. 존슨(H.L.E. Johnson)이 파나마 운하 프로젝트와 그를 잇는 범아메리카 공중 보건 정책에서 미국이 전략적인 상업적 이해관계에 이끌렸음을 명시적으로 인정했다. "나는 몇 달 또는 몇 년이 지나면 미국의 대통령이 달성해야 할 이상으로 일컬을 수도 있을 파나마 운하의 완공을 도중에서 가로막았던 그 질병이 박멸되리라 확신한다. 그러면 이 나라의 커다란 이익, 즉 보건, 풍요로움, 번성이 그로부터 흘러나올 것이다."[77] 루스벨트 대통령 또한 "파나마 지협 운하 구역에서 위생학자들의 작업에 대해 지대한 관심과 확신"[78]을 거듭 표명했다. 이런 예측과 염원은 미국 공중위생국장(Surgeon General)인 월터 와이먼

76) 제1차 미국 공화국 일반 국제위생협의회 회의록, 미국 공화국 국제연합 이사회의 후원으로 1902년 12월 2~4일까지 워싱턴 D.C.에서 열림(Washington, D.C. : Government Printing Office, 1903).

77) 제2차 미국 공화국 일반 국제위생협의회 회의록, 미국 공화국 국제연합 이사회의 후원으로 1905년 10월 9~14일까지 워싱턴 D.C.에서 열림(Washington, D.C. : Government Printing Office, 1903).

78) 위의 글, 30.

[그림 3.7] 파나마 운하의 건설 과정에서 타일 배수관을 놓고 있는 보건부 출신의 위생 엔지니어들. 미국 국립의학도서관 허락을 받아 게재.

(Walter Wyman)이 이끄는 ISB가 실제로 파나마에서 황열병을 가까스로 박멸해 낸 1905년에 실현되었다.[79] 1914년에 완공된 파나마 운하(그림 3.7을 보라.)의 마무리도 2년 만에 끝냈다.

운하 구역의 노동자들이 그들의 개인 사물함을 비우고 고국으로 (종종 강제로) 송환된 지 한참 뒤에, ISB는 서반구의 국가 간 보건 교섭을 이어갔다. 미국의 영향권을 인식한 먼로 독트린 모형에 뒤이어 이 기관은 1923년에 범아메리카위생처(PASB)로 이름을 바꾸

---

79) 비록 황열병이 이 지역에서 성공적으로 근절되었지만, 폐렴과 설사병 같은 다른 많은 질병에는 손대지 못한 채였다. 다음 자료를 참고하라. World Health Organization, *Fifty Years of the World Health Organization in the Western Pacific Region, 1948~1998*, Report of the Regional Director to the Regional Committee for the Western Pacific (Geneva : World Health Organization, 1998), 3~8. 그리고 Alexander Minna Stern and Howard Markel, "International Efforts to Control Infectious Diseases, 1851 to the Present," *Journal of the American Medical Association* 292, no. 12 (2004) : 1414~1479. 이 유산은 오늘날 "방치된 질병들(neglected diseases, 11장에서 이 주제에 대해 더 논의할 것이다.)"이라고 이름 붙인 질병이 아닌 '문제 선택 질병(problem choice diseases)' -역사적으로 연구자들, 자금 제공자들, 상업 시장에서 우선시 된 질병들-에 대한 자료로 오늘날까지 내려오고 있다.

[그림 3.8] 록펠러재단 소속의 한 현미경 연구자가 파나마 지역 주민들에게 십이지장충에 대한 정보를 제공하고 있다. 록펠러재단/내셔널지오그래픽 스톡의 허락을 받아 게재.

었다. 오늘날 이곳은 범아메리카보건기구(PAHO)로 불린다.[80] PAHO는 시간이 지남에 따라 업무 관계를 강화하고 담화적 도구와 언어를 공유했으며, 질병의 정의와 "초국가적 보건 증진과 정보 공유를 위한 모델"[81]로 기능하는 감시 방법을 표준화했다. 비록 공중 보건 문제에 대해 국제적으로 협력하고자 시도한 최초의 기구는 아니었지만 PAHO는 그러한 곳 가운데 아직 남아 있는 최초의 기관이고, 지금은 세계에서 제일 오래된 국제 공중 보건 기관이다.[82]

ISB의 탄생은 여러 가지 면에서 관료제가 현대 사회에서 영향력 있는 요인이 된다는 막스 베버의 예측이 실현된 것이다. PAHO와 함께 20세기 초에 나타난 초국가적 조직은 두 곳 더 있다. 앞에서 언급한 국제공중위생처(OIHP)와 국가연맹보건협의회다. 두 단체

80) Marcos Cueto, *The Value of Health : A History of the Pan American Health Organization* (Washington, D.C. : PAHO, 2007), 29.

81) Stern and Markel, "International Efforts," 1476.

82) PAHO는 WHO의 서반구 지부로 사용되고 있다. 이 기관은 국제 보건 정책의 배경 작업을 담당하며, 보건상의 특정 위협에 대한 공적·사적인 자본의 향방에 영향력이 있다.

모두 국제적인 전염병학 정보를 조직하고 진보한 과학을 보급하고자 노력한다. 하지만 이 조직들은 보편적인 적절성을 달성하지 못했으며, 국가연맹과 마찬가지로 여러 약점에 시달린다. 윌슨 식 국제주의의 특징이었던 국제적 민주주의에 대한 과도한 낙관주의도 그 약점의 일부다.

이런 프로젝트들은 공식적으로 미국 정부와 관계하는 대신 뉴욕에 기반을 둔 록펠러 재단의 기금을 받았다. 이곳은 20세기 첫 반세기 동안 국제 보건 분야에서 독보적으로 가장 많은 자금을 투입했다.[83] 록펠러 재단의 설립은 1909년까지 거슬러 올라가 미국에서 십이지장충을 박멸하는 캠페인인 '록펠러위생위원회'의 뒤를 이은 것이었다. 국가 간 보건에서 록펠러 재단이 감염성 질환의 박멸과 예방에 대한 염원에 초점을 맞추었다면(그림 3.8을 보라.), 록펠러 세계 보건 프로그램의 초기 지휘자들은 생물의학적 개입(십이지장충 치료를 위한 구충제 같은)을 더욱 굳건히 하고 비용 대비 효과가 높은 공중 보건 체계(위생적인 오물 제거 체계 구축과 깨끗한 물 공급 같은)를 구축하는 지렛대로 삼았다. 따라서 오늘날 국제 보건의 용어와 실천의 상당 부분은 그 뿌리가(예를 들어 보건 체계를 강화하기 위한 "수직적인" 또는 질병에 초점을 맞춘 개입) 사람들의 통상적인 인식보다 훨씬 오래되었다.

우리는 다시 막스 베버의 작업으로 돌아간다. 시간이 흐를수록 이런 공적이거나 사적인 기관들은 보건과 질병에 대한 지식을 생산할 수 있다고 간주되는 방법론을 확산함으로써 초지역적인 공중 보건 정책의 수립을 정상화했다. 이런 기술 관료 조직들은 국제 보건 지형에서 새로운 합리적·법적인 권위와 안정성이라는 두 감각적인 면을 만들어 냈다. 이런 안정성은 조직의 자산이 되어 시간이 지남에 따라 전해졌고, 또한 이전에 가능했던 것보다 더 광범위한 전문화를 가능하게 했다. 기술적 합리성의 발흥에 힘입어, 세계 보건이라는 신흥 분야가 지리학적인 범위와 의제에서 효율성을 높이고 범위를 더욱 넓혔다.

동시에 초기의 미성숙한 세계 보건 분야의 기관화는, 중앙화된 규칙과 과정이 지역적 실천보다 우월하다는 인식을 위협했다. 관료들은 개인 자격으로 과학적이라고 간주되는 사회적 과정들에 의해 형성된 조직적 지식의 구조에 도전하는 것에 점점 더 어려움을 느꼈다. 동시에 베버가 말하는 유명한 "철창"에 스스로 갇혀 있다고 느낄 때가 많았다.

---

83) Brown, Cueto, and Fee, "The World Health Organization," 64.

PAHO에서 록펠러 재단에 이르는 이런 조직들은 여러 사람에게 불가능했던 깊이와 폭에 도달할 기회를 제공했다. 하지만 이 조직들의 권력과 효율성은 그들의 의제와 관점으로 착색된 지식의 틀에 갇힌 가치들 때문에 제한적인 경우가 많았다. 공중 보건의 성공은 간혹 민첩하지도, 유관하지도 않은 "과정의 페티시화(fetishization)"를 이끌기도 했다. 예컨대 록펠러 재단은 멕시코에 십이지장충의 유행이 제한적이라는 증거가 있음에도 불구하고 그곳에서 십이지장충 박멸 캠페인을 시행했다. 십이지장충 프로그램에 착수한다는 선택은 록펠러 재단 관료제의 윗선에서 이루어졌는데, 라틴아메리카 전역에 일괄적인 예방 및 치료 기술을 적용하려는 것이었다.[84]

동시에 록펠러 재단의 십이지장충 박멸 캠페인은 관료제가 어떻게 효율성을 높일 수 있는지에 대한 사례를 제공했다. 필리핀에서 캠페인을 벌이는 동안(1913~1915년) 그 목표 집단은 "개입의 단위"별로 나뉘었다. 각 단위에 전문화된 대책 위원회가 할당되어 그 단위 안에 있는 감염된 모든 개인을 체계적으로 담당했다. 록펠러 재단은 캠페인의 진전 상황을 확인하기 위해 상세한 기록을 생성하고 중앙집권화가 된 데이터베이스에 저장하는 표준화 방법을 도입했다. 이런 관리 도구는 재단이 캠페인의 발전과 영향력을 추적하고, 이 효율적인 관리법이 아시아에서 라틴아메리카까지 지역별로 전달되도록 했다.[85]

하지만 효율성은 포괄성을 희생해야 얻을 수 있었다. 때때로 프로그램 설계의 지역적인 맥락에 주목함으로써 효율성을 확보하는 경우도 있었다. 1930년대 록펠러 재단의 기록을 보면 사무관들이 사회·경제적 조건들로 명백하게 설명할 수 있는 질병들에 대해 의도적으로 언급을 피한다는 점이 드러난다. 그런 예 가운데 하나가 결핵이다. 이 질병은 기관의 범위 밖에서만 판단이 가능했는데, 이는 가난과 다른 거시적 규모의 사회적 힘이 서로 연결되어 있기 때문이었다.[86] 1946년에 PAHO 주도로 개최된 범아메리카 위생협의회에서, 페루 대표는 토착민 집단에서 이를 박멸하려는 운동이 지역 주민들의 참여와 지역적인 맥락을 깊이 고려한 결과 성공적이었음을 설명했다. 하지만 이 통찰은 여러 해

---

84) Anne-Emanuelle Birn and Armando Solrzano, "Public Health Policy Paradoxes : Science and Politics in the Rockefeller Foundation's Hookworm Campaign in Mexico in the 1920s," *Social Science and Medicine* 49, no. 9 (1999) : 1197~1213.

85) Ilana Lowy and Patrick Zylberman, "Medicine as a Social Instrument : Rockefeller Foundation, 1913~1945," *Studies in History and Philosophy of Science, Part C*, 31, no. 3 (2000) : 365~369.

86) 위의 글, 369.

동안 공중 보건에서 주된 관심사가 되지 못했다.[87]

PAHO와 록펠러 재단이 당시 유럽 식민지에서 수행한 프로그램이 식민의학의 기관들 내부에서 만든 지식의 틀을 영속화하는 수단이었다는 점을 비판하는 기록이 다수 남아 있다. 20세기 초, 다른 의학적인 개발 기관들과 마찬가지로 록펠러 재단은 "전통적"이고 "뒤떨어진", "비서구적"인 문화를 현대화하고자 했다. 이곳은 매개체 통제 같은 기술적인 개입으로 고칠 수 있는 문제들(예컨대 십이지장충, 황열병, 말라리아 등)에 초점을 맞추고, 질병에 대항한 일련의 대규모 박멸 캠페인을 수행했다. 이런 노력은 얼마간 주목할 만한 성공을 거두었다. 하지만 이들은 세계 보건이 개인보다는 집단을 다루는 분야라고 간주하는 협소한 관점에 의존했고, 포괄적으로 양호한 건강 상태를 달성하는 것보다는 질병 자체에만 에너지를 쏟아부었다.[88] 존 스노가 임상적 실천(크게 보면 고통을 경감하는 것)과 전염병학적이고 공중 보건적인 노력(인구 집단을 보호하는 것) 사이를 쉽게 넘나들었는지 여부는 점점 알기 어려워지고 있다. 임상의학과 집단을 기반으로 한 보건 관리 노력 사이에 생긴 단단한 장벽은 쉽게 인식할 수 있고, 그것은 세계 보건을 지배하게 될(그리고 궁극적으로는 약화시킬) 것이다.

비록 20세기 초, 형식적 국제 보건 관료주의가 처음 생겨난 것이 표준화·효율성·초지역적 협동에 많은 영향을 주긴 했지만, 이런 다양한 발전은 공동체의 참여라든지 다른 특정 사회적·경제적 요인에 대해서는 크게 고려하지 않았다. 공중 보건 평등성의 개념과 언어들은 막 생겨나는 패러다임 속에서 현대성을 필요로 하는 "뒤떨어진" 사람들의 보건 문제를 기술하게끔 설계된, "비용 대비 효율적"이고 협소한 여러 개입에 의해 무색해졌다. 몇몇 박멸 캠페인은 강제적으로 시행되었으며, 상당수가 공동체의 참여 없이 이루어졌다. 이런 흐름은 20세기 중반 이후로 더욱 폭넓은 단체들이 도입되고, 대부분의 세계 제국이 쓰러졌음에도 불구하고 1950년대와 1960년대의 말라리아와 천연두 박멸 정책에서 유령처럼 계속 출몰했다.

---

87) Cueto, *The Value of Health*, 77~78.
88) 더구나 서구 과학을 도입하며 발전하리라고 믿은 지역을 제대로 준비시키기 위해, 그 기초는 라틴아메리카의 의학 학교에서 중요한 자원을 소모하며 표준화된 북반구의 커리큘럼을 옹호한다. 이는 질병의 지역적인 맥락과 질병을 일으키는 인과관계에 대한 지역의 믿음과 자원이 불충분한 보건 체계의 구조적 현실을 고려하는 데 실패한다. 다음을 보라. Cueto, *Missionaries of Science*, 126~144.

의료, 개발 그리고 식민주의의 유산

1차 세계대전은 유럽과 식민지 내부에서 거대한 격동을 일으켰다. 전쟁 시기에 원자재에 대한 수요가 치솟으면서 많은 식민지에서 수출이 급증했고, (비록 여전히 꽤 제한적이지만) 빠른 산업화 및 도시화가 이루어지며 정부 재원이 많이 늘었다.[89] 또한 연합국 열강들이 그들의 전쟁 동기를 설명하면서 민족 자결의 언어를 내세우는 가운데 이데올로기가 바뀌었다. 이런 새로운 민주주의적 이상으로 인해 식민주의 자체에 의문을 품게 되자 식민지 지배자들은 새로운 방식으로 자신들의 식민지 주둔을 정당화해야 했다.[90]

2차 세계대전이라는 대격동은(그리고 그 여파 이후 제기된 인권에 기반을 둔 굳건한 국제 공동체를 수립하자는 진지한 논의들은) 국제 공중 보건의 발전에 상당한 효과가 있었다. 이때 이루어진 대논쟁 가운데 몇 가지는 꽤 널리 알려졌다. 전쟁 초기에 발표된 대서양 헌장에는 미국이 영국을 지지한다는 합의가 담겼는데, 그 이면에는 전쟁이 끝나면 영국의 세계 제국도 종말을 맞이하리라는 루스벨트의 속내가 담겨 있다.[91]

전쟁이 끝난 이후, 특히 식민지들이 점차 독립한 이후 세계의 정치적 현실이 뚜렷하게 드러나면서 식민지의 불평등 문제에 뿌리를 둔 "개발"의 언어가 새롭게 나타났다. 그 영향으로 북반구와 남반구 사이의 정치적·군사적·경제적 권력이 재조직되면서 부국과 빈국, 다시 말해 식민지 지배자와 과거 식민지 사이의 관계를 통해 개발이 다시 정의되었다. 비록 전쟁 자체가 여러 중요한 문제를 제기했고(또한 부분적으로 아프리카, 아시아, 그리고 라틴아메리카에 독립운동의 물결을 유도했지만), 평등의 언어보다는 기술과 과학의 언어가 더욱 명시적으로 활용되었다. 이에 관해 아르투로 에소바르(Arturo Esobar)와 볼프강 삭스(Wolfgang Sachs) 등 개발 이론(development studies)을 연구하는 학자들은 해리 트루먼(Harry Truman) 대통령이 전후 세계의 "공평한 거래(fair deal, 공정 정책)"에 대한 자신의 시각을 밝힌 1949년, 대통령 취임식 연설에서 현대적 개발 이데올로기의 기

---

89) Michael Havinden and David Meredith, *Colonialism and Development : Britain and Its Tropical Colonies, 1850~1960* (London, Routledge, 1993), 209.

90) 다음을 보라. Martin Meredith, *The Fate of Africa : A History of Fifty Years of Independence* (New York : PublicAffairs, 2005); Frederick Cooper, *Africa since 1940 : The Past of the Present* (Cambridge: Cambridge University Press, 2002), 20, 36~37.

91) Meredith, *The Fate of Africa*, 9.

원을 추적했다.[92]

> 우리는 저개발 지역의 성장과 개선을 위해 이용 가능한 과학적인 진보와 산업적인
> 발전을 모두 이용하고, 거기서 이익을 거둘 수 있도록 대담하고 새로운 프로그램
> 에 착수해야 한다. …… 오래된 제국주의(외국의 이익을 착취하는 것)는 우리 계
> 획에서 있을 수 없는 일이다. 우리가 상상하는 것은 민주적인 공평한 거래 개념에
> 기반을 둔 개발 프로그램이다. …… 생산량 증가는 평화와 번영의 열쇠이며, 생산
> 량 증가의 열쇠는 현대 과학기술에 관한 지식을 더욱 폭넓고 더욱 활발하게 적용
> 하는 데 있다.[93]

예전 식민지들이 번영을 위해 노력했던 것은, 수출세와 수출 산업에 대한 국가적 통
제를 포함해 공적 국가 정책을 통해 재원을 조달했던 이 프로젝트와 연관이 있다. 하지만
이런 개발적 틀에서 진행된 프로젝트는 식민의학의 유산에 깊은 영향을 받을 수밖에 없
었다. 또 자원이 한정적이어서 개발 프로젝트의 관리자들은 즉각적인 서비스 공급과 기
간산업에 대한 장기적인 투자 사이에서 선택해야 할 때가 많았다. 그리하여 "결핍의 사
회화(빈곤 축소와 세계 보건 계획을 위한 자원들이 언제나 부족하리라는 가정)"는 정책
입안자들과 실무자들에게 인지되었든 그렇지 않든, 세계 보건의 지배적인 논리가 되었
다. 예를 들어 식민지 관리들과 영국 입법 기관 사이에 긴장 관계가 조성되었는데, 전자
는 보건과 교육 프로젝트 같은 사회적 서비스에 비용을 사용하고자 했고, 후자는 도로와
통신(미래에 계속적으로 지출이 필요하지는 않은 프로젝트들)의 중요성을 주장했기 때문
이었다.[94] 하지만 식민지 국가의 기관들은 해안가에 들어선 몇몇 중심 도시 너머로는 거
의 확장되지 않았기 때문에[95] 대부분의 개발이 그들의 필요와 예상보다 훨씬 뒤떨어졌

---

92) María Josefina Saldaña-Portill, *The Revolutionary Imagination in the Americas and the Age of Development* (Durham, N.C. : Duke University Press, 2003), 22; Arturo Escobar, *Encountering Development : The Making and Unmaking of the Third World* (Princeton, N.J. : Princeton University Press, 1995), 3~4; Wolfgang Sachs, ed. *The Development Dictionary : A Guide th Knowledge as Power* (Johannesburg : Witwatersrand University Press, 1992), 2~3.

93) Harry S. Truman, "Inaugural Address," delivered in Washington D.C. January 20, 1949, www.presidency.ucsb. edu/ws/index.php?pid=13282 (접속일 : 2012년 11월 21일)

94) Havinden and Meredith, *Colonialism and Development*, 253.

95) Jeffrey Herbst, *States and Power in Africa : Comparative Lessons in Authority and Control* (Princeton, N.J. : Princeton University Press, 2000), 16.

다. 더구나 식민지 중 상당수는 불완전한 기간산업만 남은 상태로 독립해서 국가 예산 자체가 아주 적었고, 그나마 곡물 수출에 기초한 것이라 재정 부담의 대부분을 국민에게 지웠다.[96]

1950~1960년대에 낙관주의가 팽배했던 갓 독립한 신생 국가 중 몇몇은 이전의 식민지 지배 권력이 운영했던 것과 비슷한 개발 프로젝트를 야심 차게 추진했다. 일반적으로 이런 국가는 세금 수익이 한두 가지의 수출 작물이나 원자재(예컨대 가나의 코코아, 나이지리아의 석유, 케냐의 차와 커피) 판매 수익으로 결정되었기에 프로젝트의 성공은 국제 원자재 가격에 달려 있었다. 그런 연유로 식민지에서 독립한 국가들은 각기 다른 시점에서 다양한 수준의 "개발"을 달성했으면서도 대부분 지속적이고 폭넓은 국가 보건 체계를 갖추지는 못했다. 특히 1970년대와 1980년대를 거치면서 보건 체계와 교육과 기간산업의 개발은 분쟁과 국가적 재난, 수출 가격의 인하와 융자에 대한 접근성의 감소, 날카로워진 정치적 압력, 혹독한 식민지 이후의 정책들(다음 장에서 논의할 예정이다.)로 말미암아 타격을 받았다.

국제적으로 새로운 개발의 틀을 도입하면서 2차 세계대전의 종식은 국제 협력의 새로운 시대를 이끌었다. 새로운 국제연합과 산하 기관들은 국제연맹이 실패한 지점부터 뒤를 잇고자 고군분투했다. 브라질과 중국이 제안한 국제연합의 초기 선언은 국제 보건 협력을 책임질 단일한 기관을 만들 것을 요청하는 내용이었다. 이에 PAHO, OIHP, 국제연맹 보건협의회, 그리고 기타 단체들은 통일된 국제 보건 단체를 구성하는 초안을 잡았다.[97] 1948년에는 세계보건기구(WHO)가 만들어졌고, 최초의 세계보건총회가 개최되어 거의 70여 국의 대표가 한자리에 모였다.

WHO는 처음부터 두 가지 기본 목표에서 이전의 기구들과 달랐다. 바로 전 세계적인 참여권과 분권화가 그것이다.[98] 이 기구는 국제연합의 구성원이 되기 전부터 여러 국가에서 적극적인 관심을 받아 2010년에는 193개국이 명단에 이름을 올렸다. 그리고 이전에 존재했던 PAHO와 OIHP, 유럽의 해당 기구, 그리고 PAHO의 힘을 유지하려는 미국의

96) Cooper, *Africa since 1940*, 91~132.

97) Stern and Markel, "International Efforts," 1477.

98) Javed Siddiqi, *World Health and World Politics : The World Health Organization and the U.N. System* (London : Hurst, 1995), 53.

압력에 많은 영향을 받아 분권화된 구조를 선택했다. 지역 사무소를 만들어 조직의 임무 대부분을 처리하게 하고, 제네바 본부에서 이들을 조율하는 식이었다. PAHO가 미국의 지역 사무소가 되었다면, OIHP는 제네바의 WHO 본부로 포함되었다. PAHO를 미국 WHO로 통합한 것은 국제적 초강대국이라는 새로운 입지를 다지는 데 중요한 역할을 했다.

WHO가 겪은 첫 번째 국제적 보건 위기는 1947년 이집트에서 발생한 콜레라였다. 이 기구는 외교적인 노력(WHO의 전염병학자들이 이웃 국가들의 불필요한 검역 규제 시행을 막았다.)과 기술적인 도움에 모두 발 벗고 나서 재수화(rehydration) 치료와 위생, 광범위한 예방접종을 제공했다.[99] 이 캠페인은 놀랄 만큼 성공을 거두었고, WHO는 국제적인 자문과 협력 기구로 정당성을 확보했지만, 일차적인 기금 제공자이자 세계 보건 프로그램 수립자로서의 역할은 1955년까지 제대로 규정되지 않았다. 그런데 1955년에 이르러 이 기구는 역사상 가장 야심 찬 목표를 발표하기에 이른다. 바로 말라리아의 국제적 근절이었다.

말라리아 박멸 프로그램

말라리아를 일으키는 기생충은 생활사가 복잡한 편인데, 취약한 지점이 두 곳 있다. 인간 숙주에 기생충 알을 낳을 때와 아노펠레스 모기의 몸속에 감염원으로 잠복해 있을 때다. 지금까지 효과를 냈던 말라리아 캠페인은 대부분 이 취약한 지점들을 전부 활용해 왔지만, 인간을 이 질병으로부터 보호하는 최선의 방법이 무엇인지에 대한 논쟁은 계속되고 있다. 또다시 '결핍의 사회화'가 이것 아니면 저것을 선택해야 하는 논쟁의 대상이 되었다. 매개체 통제를 옹호하는 사람들은 잠재적인 모기 산란지에서 물을 빼내고 가정이나 들판에서 살충제를 사용할 것, 또 살충제를 뿌린 침대 네트를 널리 배포할 것을 권장했다. 그리고 굳건한 보건 체계가 없는 지역에서도 많은 사람이 매개체를 통제할 수 있

---

99) 당시 콜레라 백신이 오늘날 사용되는 것보다 효과가 덜한 데다가 몹시 드물게 사용되었다는 점을 주목해야 한다. 다음 글을 보라. Aly Tewfik Shousha, "Cholera Epidemic in Egypt (1947) : A Preliminary Report," Report to the World Health Organization, *Bulletin of the World Health Organization* 1, no. 2 (1948) : 353~381, http://whqlibdoc.who.int/bulletin/1947~1948/Vol1-No2/bulletin_1948_1(2)_353~381.pdf (접속일 : 2012년 11월 21일). 다음 글도 참고하라. Louise C. Ivers, Paul Farmer, Charles Patrick Almazor, and Fernet L andre, "Five Complementary Interventions to Slow Cholera: Haiti," *Lancet* 376, no. 9758 (2010) : 2048~2051.

으므로 위험 집단 전체의 협력을 받을 필요까지는 없다고 주장했다. 이러한 접근 방식은 20세기 초 식민지 관리들에게도 선호되었다.

이와 대조적으로 기생충 통제는 말라리아의 예방과 치료라는 의학적 개입에 의존하며, 여기에 사용되는 약으로는 퀴닌(quinine) 혹은 최근에는 아르테미시닌(argemisinin)이 있다. 이런 전략의 옹호자들은 모기 산란지 전체를 배수하는 데 드는 비용이 엄두도 못 낼 정도로 어마어마하다는 점을 지적한다. 세 번째 관점은 의학 공동체 내부에서도 인기가 덜한데, 바로 가난하게 사는 농부들의 경지 임대 계약과 생활 조건의 변화를 촉구하는 것이다. 옹호자들은 근본적인 변화 없이는 말라리아를 효과적으로 절대 통제할 수 없다고 주장하며, 이에 따라 배수 같은 경지의 개선에는 덜 투자하는 경향이 있다.[100]

전쟁이 끝나고 사회적·정치적 환경이 급변하는 가운데 이러한 논쟁들이 벌어졌다. 적절한 생물사회적 접근은 이런 상황을 잘 보여 준다. 변화는 병원체, 매개체, 그리고 그것들과 싸우기 위한 도구들에도 일어났다. 2차 세계대전이 끝나고 몇 해 동안 식민지 시대가 종식하고 국제 협력이 증가했을 뿐 아니라 새로운 항생제와 DDT 같은 살충제가 개발되었다. 이처럼 강력한 합성 물질들은 과학뿐 아니라 의학에 대한 대중의 의견도 바꾸었다. 즉, 대규모 재앙과 맞서는 데 기술적인 도구가 효과적이라는 사실을 확인한 전 세계 사람들이 과학기술의 위력에 강한 믿음을 보이게 된 것이다.[101] 훗날 이런 기술적 해결책에 대한 회의주의가 떠오르긴 했지만, 어쨌든 전후 시대에는 기술에 대한 전반적인 믿음이 폭발하듯 커졌다.

이러한 상황에서 WHO의 말라리아 박멸 프로그램(Malaria Eradication Program, MEP)은 DDT와 매개체 통제법의 성공이 거둔 직접적인 결과일 뿐 아니라, 위에서 아래로(top-down)라는 보건에 대한 시혜자의 선호도를 반영한 협소한 접근 결과로 보였다. 실제로 DDT는 2차 세계대전 시기에 모기로부터 군인들을 보호했으며, 이후에는 유럽

---

100) 이 논쟁은 오늘날 정치계에서 재현되기도 했다. 빌 앤드 멜린다 게이츠 재단(Bill and Melinda Gates Foundation) 과 다른 동업자들은 최근 사적시장에서 항말라리아 약제에 보조금을 지급해 기생충 통제 옹호 진영으로부터 갈채를 받았지만 다른 전문가들은 이에 저항했다. 몇몇 전문가들은 훈련받은 임상의사의 감독 없이 약을 사용함으로써 약제 저항성이 생길 것을 우려하며, 사회·경제적인 조건의 변화를 지지하는 사람들은 이런 기술적 개입이 불충분해질 것이라고 여긴다.(이후 장들에서 자세히 살피겠지만, 이 논쟁은 에이즈와 결핵뿐만 아니라 자궁경부암 같은 암을 포함한 예방과 관리가 필요한 수많은 복잡한 질병에 대한 정책 논의에서 반복되어 왔다.)

101) Edmund Pellegrino, "The Sociocultural Impact of Twenties-Century Therapeutics," in *The Therapeutic Revolution : Essays in the Social History of American Medicine*, ed. Morris Vogel and Charles Rosenberg (Philadelphia : University of Pennsylvania Press, 1979), 261.

유랑민들 사이에서 질병을 통제하기 위해 사용되었다. DDT의 위력은 매개체 통제 대 기생충 통제라는, 벌어질 법한 논쟁마저 잠재웠다. 1955년, WTO는 그 폭넓은 믿음을 반영해 전 세계에서 말라리아를 완전히 근절하기 위한 프로그램을 조직하고 재정을 지원하겠다는 선언을 했다.[102] 파나마 운하 위생 계획을 포함한 작은 규모의 캠페인이 연이어 성공을 거둔 것이 매개체 통제에 대한 믿음을 강화했다. 말라리아를 통제하기 위해 더 폭넓은 농촌 개발 계획을 저지하자는 캠페인이 벌어진 건 냉전의 영향일 수도 있다. 당시 미국과 기타 서구 열강의 정치 지도자들은 농촌 대중을 조직하고, 그들에게 봉사하고자 하는 프로그램을 지지하는 다양한 이데올로기를 경계해 더욱 수직적이고 질병의 특이적인 관점을 선호하는 경향이 있었다.[103]

말라리아 박멸 프로그램에는 항말라리아제인 클로로퀴닌을 배포하는 방법이 포함되었지만, MEP는 가정 내부에도 DDT를 뿌려 주는 전술을 선호했다. 요컨대 말라리아가 도는 지역의 모든 가정에 이 병이 완전히 없어질 때까지 적어도 1년에 한 번 약을 살포한다는 것이었다. DDT의 효과가 아무리 상당하고 사용이 간편하다 해도 이는 무리한 일이었고, 그 탓에 프로그램은 터무니없는 짓이었다는 혹평을 받아야 했다. 실제로 전 세계의 살포 팀은 엄청난 장애물과 맞닥뜨렸는데, 우선 매우 멀리 떨어진 지역까지 가야 했고 또 거주민들의 협조를 구해야 했다. 또 살포를 끝낸 후에도 확실한 말라리아 박멸 프로그램이 없는 이웃 지역에서 기생충이 다시 도입될 가능성이 있었고, 치솟는 인건비와 보급품에 드는 비용도 지불해야 했다. 게다가 이 프로그램은 본질적인 속성상 위에서 아래로의 방식으로 움직였다. 지역적인 팀들은 WHO에서 내려온 지시를 받았고 그것을 지역의 사회적·지리적 조건에 따라 변형했는데, 그 과정에서 일어나는 지역 주민들과 살포 팀 사이의 불신이라든지 이전에 말라리아가 없었던 지역으로 노동력이 주기적으로 재도입되면서 생기는 이동 패턴 같은 문제에는 잘 대처하지 못했다. 구조적으로 유연성이 부족했기 때문이었다.[104] 다른 형태의 저항도 있었다. 1960년대 중반에 이르자 모기와 말라리

---

102) Randall M. Packard, *The Making of a Tropical Disease : A Short History of Malaria* (Baltimore: Johns Hopkins University Press, 2007), 156.

103) Socrates Litsios, "Malaria Control, the Cold War, and the Postwar Reorganization of International Assistance," *Medical Anthropology* 17, no. 3 (1997) : 255~278.

104) Albert F. Wessen, "Resurgent Malaria and the Social Sciences," *Social Science and Medicine* 22, no. 8 (1986) : 3~4.

아 기생충이 약제에 저항성(각기 DDT와 클로로퀴닌에)을 보이기 시작한 것이다. 이렇게 되면 말라리아 박멸이 완전히 불가능하지는 않다고 해도 엄청난 비용이 들 터였다.

이에 WHO는 1969년에 말라리아 박멸 프로그램을 포기하고 말라리아 통제라는 프로그램을 선택했지만, 이후에도 18개 국가가 박멸 프로그램에 가담했고, 그 후 몇 년간 8개 국가가 그 뒤를 따랐다. 역사학자인 랜달 패커드(Randall Packard)는 이런 국가들이 모두 선진국(미국이나 스페인같이)이거나 섬나라(카리브해 국가들 상당수), 아니면 사회주의 국가들(원래 동유럽에 속해 있었던)이었다는 점을 지적했다.[105] 패커드는 MEP가 실패한 일차적인 이유를, 물자 부족이나 DDT에 대한 모기의 저항성 때문이 아니라고 강조했다. 또한 DDT를 사용하지 말자는 환경주의자들의 요청 때문도 아니었다고 주장(실제로 WHO가 MEP를 포기하기 전까지는 그 위험성이 잘 알려지지 않았다.)한다. 패커드에 따르면 진짜 이유는, 기술적인 해결책에 대한 압도적인 믿음이었다. WHO의 박멸 캠페인은 말라리아가 농업적 전통(관개용 저수지의 사용을 포함한)이나 노동 이주 패턴과 같은 사회적인 요인에 깊이 연관된 질병이라는 생물사회적인 사실을 경시했다. 오늘날까지도 말라리아가 아이와 어른들의 주요 사망 원인으로 꼽히는 가난한 나라에서 MEP 같은 캠페인이 성공하려면 효과적인 진단과 예방, 치료 수단 등이 가능하도록 생활 조건의 변화를 이끌어 내야 한다.

매큐언 가설

의사이자 인구 통계학에 대한 역사학적 연구로 영향력을 미친 토머스 매큐언 (Thomas McKeown)은 의학적인 개입이 보건 성과의 개선에 기여하는 정도를 조사한 바 있다. 1950년대부터 1980년대까지 출간된 그의 연구 결과에 따르면, 매큐언은 감염성 질환의 통제에 공헌하는 변수들을 세 가지 범주로 분류했다. "의학적 수단(특정 요법과 면역화), 감염에 대한 노출 감소, 영양 개선"이 바로 그것이다. 그는 사망률이 줄어드는 주된 이유에 대해 생활 조건이 개선되어 병에 대한 노출

---

105) Packard, *The Making of a Tropical Disease*, 160.

[그림 3.9] 매큐언과 그의 동료들은 1848년에서 1971년 사이 잉글랜드와 웨일스에서 기관지염, 폐렴, 독감을 조사하여 주된 생물의학적 개입 이전에 극적인 사망률 감소가 일어났음을 자료(이 사망률은 1901년 인구의 나이와 성별 분포로 표준화한 것이다.)로 보여 주었다.

· 출처 : Thomas McKeown, R. G. Record, and R. D. Turner, "An Interpretation of the Decline of Mortality in England and Wales during the Twentieth Century," Population Studies 29, no. 3 (1975) : 391~422.

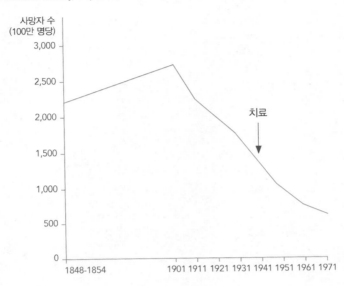

[그림 3.10] 매큐언과 그의 동료들은 1848년에서 1971년 사이 잉글랜드와 웨일스에서 발생한 호흡기 결핵의 사례를 통해 주된 생물의학적 개입이 일어나기 훨씬 전부터 사망률이 급격히 감소했음을 자료(이 사망률은 1901년 인구의 나이와 성별 분포로 표준화한 것이다.)로 보여 주었다.

· 출처 : Thomas McKeown, R. G. Record, and R. D. Turner, "An Interpretation of the Decline of Mortality in England and Wales during the Twentieth Century," Population Studies 29, no. 3 (1975) : 391~422.

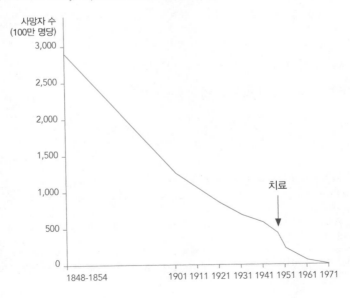

[그림 3.11] HIV의 사례는 매큐언의 가설에 대한 직접적인 도전으로 여겨질 수 있다. 미국에서 에이즈 사망률은 1995년 고활성 항레트로바이러스 요법(HAART)의 개발 이후 극적으로 감소했다.

· 출처 : 질병 통제 및 예방 센터, *HIV 사망률 : 흐름들(1987~2008년)*. "슬라이드 18 : 1987~2008년 미국에서 25~44세 사람들 사이에서 사망에 이르게 하는 9가지 주된 요인들에 의한 연간 사망률 흐름"
· www.ckc.gov/hiv/topics/surveillance/resources/slides/mortality/slides/mortality.pdf. 질병 통제 및 예방 센터의 허가를 받아 게재.

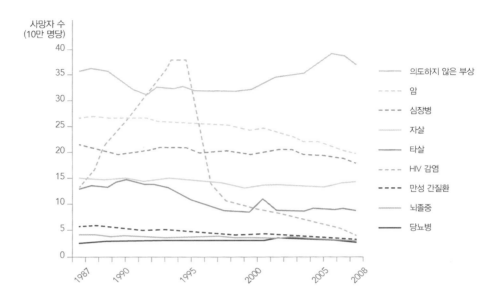

이 줄었고, 더 중요하게는 영양학적으로 진전이 생겼기 때문이라고 주장했다. 단, 매큐언은 의학의 진보가 인구 증가의 주요인이라는 널리 수용된 견해에는 반대했다. 의학적 수단은 보건 성과 개선에 영향을 미치는 부분적이고도 작은 요인일 뿐이라는 게 그의 주장이었다.(그림 3.9와 3.10을 보라. 여러 질병에 대항하는 의학적 수단이 도입되기 전에 사망률이 이미 급격히 감소하고 있다).[106]

그동안 매큐언의 명제와 방법론은 정치적 편견이 그의 주장에 영향을 주었을지도 모른다는 이유로 비판받아 왔다.[107] 매큐언이 수행한 연구에는 기술적인 단점들

---

106) 토머스 매큐언과 동료들의 작업에 대해서는 다음을 참고하라. Thomas McKeown, R. G. Record, and R.D. Turner, "An Introduction of the Decline of Mortality in England and Wales during the Twentieth Century," *Population Studies* 29, no. 3 (1975) : 391~422.

107) 매큐언의 작업에 대한 논평은 다음을 보라. John B. McKinlay and Sonja M. McKinlay, "The Questionable Contribution of Medical Measures to the Decline of Mortality in the United States in the Twentieth Century," *Milbank Memorial Fund Quarterly : Health and Society* 55, no. 3 (1977): 407~408. 다음 글도 참고하라. James Colgrove, "The McKeown Thesis : A Historical Controversy and Its Enduring Influence," *American Journal of Public Health* 92, no. 5 (2002) : 725~729.

이 분명히 있지만, 그럼에도 불구하고 그의 아이디어는 여전히 영향을 미치고 있다. 예를 들어 그는 의학적 개입에 지나치게 의존하는 방법의 한계점을 지적하여 우리가 간접적으로라도 해당 지역의 사회적·정치적·경제적 요인들을 고려하는 폭넓은 관점을 채택하도록 한다. 이런 관점에서 보면 말라리아 박멸 캠페인이나 질병의 영속성을 패턴화하는 중요한 차원들을 무시한 다른 캠페인들이 실패한 이유를 더욱 잘 이해할 수 있다. 그러나 매큐언의 작업은 에이즈 전염 과정에서 그의 주장과 상반되는 반응들(그림 3.11을 보라.)이 나오면서 중대한 도전 과제를 안게 되었다. 30년 동안 과학자들이 다양하고 폭넓은 맥락에서 에이즈 사망률을 직접적으로 눈에 띄게 감소시킨 예방 도구들, 진단법, 그리고 강력한 치료법을 개발했던 것이다.

천연두 박멸

모든 박멸 캠페인이 실패할 운명인 것은 아니다. WHO는 말라리아에 대항할 수단이 단계적으로 축소되던 1967년에 이르러 천연두 박멸 캠페인을 시작했다. 천연두 프로그램은 두 가지 주요 활동으로 이루어졌는데, 대규모 예방접종과 감시 및 봉쇄 정책이었다. 먼저 예방접종 캠페인은 전염병이 퍼지는 지역에서 80퍼센트의 주민을 대상으로 시행되었고, 지역 거주민들을 한곳의 접종 지점에 모으는 방법과 집집마다 접종 팀을 보내는 방법을 병행했다. 감시와 봉쇄 정책을 수행하려면, 지역 보건 관리자들이 아픈 거주민을 감지했을 때 바로 국가의 천연두 통제 프로그램에 알릴 강력한 보고 인프라가 필요했다.[108] 보건 관리자들의 역할은 감염 사례가 하나 발견되면 환자가 다른 사람들과 접촉해 전염시키지 못하도록 즉각 격리하고, 공동체 전체에 예방접종을 시행하며, 바이러스에 오염되었을 가능성이 있는 모든 물체의 표면을 소독하는 것이다.[109] 이 시스템에는 많은 수의 보건 관리자가 필요하지만, 그들이 모두 고급 훈련을 받은 전문가일 필요는 없다. 사

---

108) Frank Fenner, Donald Ainslie Henderson, Isao Arita, Zdeněk Ježek, and Ivan Danilovich Ladnyi, *Smallpox and Its Eradication* (Geneva : World Health Organization, 1988), 493.

109) Meredeth Turshen, *The Politics of Public Health* (New Brunswick, N.J. : Rutgers University Press, 1989), 153~154.

실 이 캠페인에 가담한 사람들 대다수는 짧게 훈련받았으며 보수도 아주 적었다.[110]

천연두 박멸은 현대 공중 보건 노력의 승리라고 칭송받는데, 부분적으로는 우월한 프로그램 설계와 운영 덕분이다. 단, 여기에는 중대한 장애물도 있었다. 병례가 보고되지 않는 경우가 많은 시골 지역에서 환자를 찾아내는 것과 같은 사례가 대표적이다. 이러한 환자들은 종종 증상이 발견되어도 치료를 받으려 하지 않았는데, 가장 큰 원인은 이 병에 대한 치료법이 없었기 때문(물론 천연두가 발생한 지역에서 현대적 생물의학 관리가 거의 제공되지 않기 때문이기도 했다.)이다. 또 말라리아가 그랬듯이, 인구 이동으로 이미 방역 작업이 끝난 지역에 병이 재발할 위험도 있었다. 개발도상국에 대대적으로 백신을 뿌리고, 훈련받은 보건 관리자들을 보내는 방법 역시 수송상의 문제가 있어 현실적으로 어려웠다. 이러한 상황에서 주목할 만한 프로그램 설계와 운영, 그리고 외부적인 여러 요인이 더해져 천연두 박멸에 성공한 것이다. 천연두는 쉽게 식별 가능하며, 증상도 빨리 나타나고, 전파 과정을 추적하는 것이 용이함은 물론 백신도 효과적이고 관리하기 쉽다는 이점이 있었다.(표 3.1을 보라.)[111] 결국 1977년에 이르러 천연두는 전 세계적으로 박멸되었음이 선언되었다.(지도 3.3을 보라.)

이렇듯 캠페인은 성공을 거두었지만, 논란의 여지는 여전히 남았다. 특히 천연두 박멸 선언을 한 국가 중 끝에서 세 번째 국가(인도, 방글라데시, 에티오피아)의 보건 관리자들은 지역 주민들에게 강한 반발을 샀다. 캠페인이 끝나는 시기에 남아시아 지역에서 백신 접종을 폭력적으로 강요한 사건이 빈번하게 일어났기 때문이다. 이는 캠페인에 협력해 달라는 WHO의 의뢰를 받은 해외 출신 보건 관리들의 원조 아래 일어난 일이었다. 이러한 강제적 예방접종은 인권에 대한 고려가 무색할 정도로 농촌 공동체에 깊은 앙금을 남겼다. 이는 장차 공중 보건을 확립하는 데 방해가 될 수 있는 요소다.[112]

그럼에도 불구하고 WHO는 천연두 박멸에 성공함으로써 말라리아 박멸 실패로 실추되었던 기관의 정치적인 지위를 회복할 수 있었다. 단 역사적으로 되돌아 봤을 때, 천연두 캠페인은 몇몇 사람들의 눈에는 불충분했다는 아쉬움이 있다. 이후의 대대적인 백신

---

110) Fenner, Henderson, et al., *Smallpox*, 485.

111) 위의 책, 494.

112) Paul Greenough, "Intimidation, Coercion, and Resistance in the Final Stages of the South Asian Smallpox Eradication Campaign, 1973-1975," *Social Science and Medicine* 41, no. 5 (1995) : 633, 644.

[표 3.1] 박멸 노력의 성공에 영향을 주는 요인들 : 말라리아 대 천연두

	말라리아	천연두
전파	매개체인 아노펠레스속 모기	직접적인 개인적 접촉
재발	환자들은 평생 여러 번 재발을 겪을 수 있음	재발 없음. 한 번의 감염이나 예방 접종으로 면역성을 얻음
잠복기	증상 없이도 수개월 동안 신체에 머무를 수 있음	증상이 10~14일 안에 나타남
발견된 병례	진단이 어려울 수 있음. 다른 질병들과 비슷함	신체 위의 독특하고 확실한 부스럼에 의해 감염이 확인됨
예방법	매개체 통제(침대 위 그물이나 DDT 살포) 또는 기생충 통제(화학적 예방 조치)	백신이 굉장히 효과적임

판매나 다른 공중 보건 노력에서 드러나듯, 이 캠페인은 많은 지역에서 장기적인 영향을 주는 기간 시설을 구축하는 데 실패했다. 그뿐만 아니라 위에서 아래로 향하는 접근 방식을 택해 지역적인 맥락과 폭넓은 기간 시설보다는 기술적인 해결책을 우선시했고, 때로는 개입 정책의 목표인 인구 집단과의 타협을 통해 이후 공동체의 1차 보건관리 옹호자들에게 비판을 받았다. 본래 천연두 캠페인은 질병에 걸린 토착민이라는 개념을 바탕에 두고 집단을 병리화하며, 기술적 수단에 대한 믿음을 촉구하는 등 어느 정도는 식민의학 담론을 계속 이어간 측면이 있다. 그런데도 이 모든 것은 끔찍한 재앙에서 이 세상을 구하기 위한 노력으로 여겨졌다. 프로그램 시행자들은 많은 비평가가 불가능하다고 믿었던 목표를 달성했으며, 각 단계에서 운송이나 정치 등 수많은 문제를 극복했다. 그리하여 20세기에 3~5억 명에 이르는 사람들을 사망에 이르게 했던 천연두는 마침내 1977년 10월 27일에 이르러 자연적으로 발생한 환자를 끝으로 막을 내렸다.[113] 많은 사람에게 천연두 박멸은 20세기 국제 보건 노력의 고수위 지점[114]으로 남아 있다.

---

113) 이 장은 Jeremy Green and Paul Farmer가 하버드대학 Societies of the World 25에서 행한 강연을 토대로 했다. 다음 글도 참고하라. Paul Farmer, Peter Drobac, and Zoe Agoos, "Colonial Roots of Global Health," *Harvard College Global Health Review*, September 2009.

114) 강물이 최고로 불어났을 때의 수위를 기록한 것 −역주

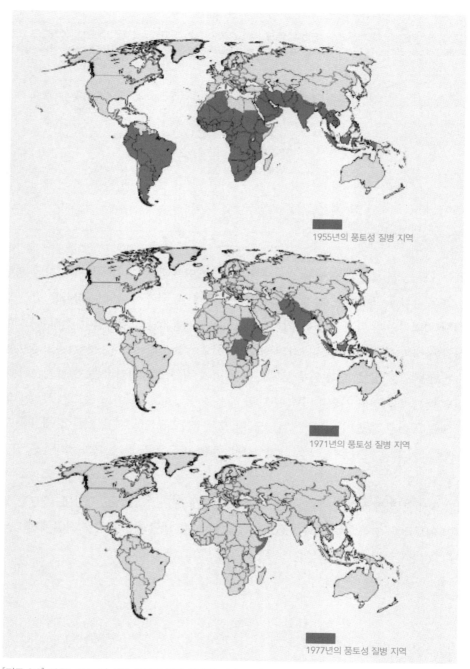

1955년의 풍토성 질병 지역

1971년의 풍토성 질병 지역

1977년의 풍토성 질병 지역

[지도 3.3] 1955~1977년 사이 천연두 박멸 캠페인 진전. 1955년에는 남반구 개발도상국의 상당수가 천연두 같은 질병의 부담을 안고 있었다. WHO의 박멸 캠페인은 1967년에 시작되었고, 1971년에 이르러 대다수 국가에서 이 질병은 사라졌다. 1977년 전 세계적인 천연두 박멸이 선언되기 전 최후의 발병 국가는 소말리아였다. 질병 통제 및 예방 센터 이미지 도서관의 허락을 받아 게재.

결론

오늘날 국제 보건의 실천에 식민지 보건 구조가 남아 있는지 알아보려면 과거에서 현재까지 공중 보건 실천의 연속성과 균열을 모두 추적하는 역사적인 분석이 필요하다. 그래서 우리는 이 책 전반에 걸쳐 학제들을 재사회화하는 것이야말로 국제 보건 실천을 이해하기 쉽게 밝히고 또 개선하는 방법이라고 주장한다. 역사는 중요하지만 자주 간과되는 비판적 사회 분석의 방법을 제공하는데, 이는 우리가 직면한 국제 보건 문제들의 정치적·경제적·문화적·지성적·물질적 특이성을 밝히는 역할을 한다. 특히 국제 보건의 식민지적 뿌리에 대한 역사적인 의식은 오늘날 모든 것을 초월하는 국제 보건이라는 분야를 구성하는 지식의 틀에 의문을 던지게 한다.

이 장을 통해 남길 만한 메시지가 하나 있다면, 현대 국제 보건 정책에 대해 역사가 많은 교훈을 준다는 것이다. 비판적 사회사에는 세 가지 목적이 있다. 그동안 다루지 않아 우리에게 익숙하지 않은 주제를 사회 비평에서 다루도록 하고, 최근의 국제 보건 노력과 과거의 식민지 규제 사이의 연속성(continuity)이 갖는 역할을 강조하며, 의미 있는 사회적 변화를 설명하는 불연속성과 균열을 설명하기 위해 노력하는 것이다.

식민지 시대부터 계속된 지식의 틀은 정책 결정과 그에 따른 국제 보건 의제들의 우선순위에 영향을 미쳐 왔다. 다음 장에서 논의하겠지만, 이런 틀은 질병 박멸 캠페인 같은 수직적인 프로그램에 많은 가치를 부여하기 때문에 보건 체계를 강화하려는 장기적인 정책은 소홀히 여긴다. 또 질병의 사회적·경제적인 뿌리나, 그것들을 다루고자 설계된 개입에 대한 사람들의 관심 역시 떨어질 수 있다.

4장에서는 1970년대에 생긴 일련의 위기들을 자세히 다룰 예정이다. 탈식민지 시대의 국제정치학적 변화와 말라리아 박멸 프로그램 같은 거시적 개입이 실패함에 따라 국제 보건과 국제 개발에서 지배적인 모형에 대한 의문이 제기되었다. 1970년대 국제 공중 보건의 우선순위가 재형성되면서 "수평적인" 보건 개입에 대한 국제적인 논의가 폭넓게 이루어졌고, 1차 보건관리운동이 탄생하기에 이르렀다.[115]

---

115) Fenner et al., *Smallpox and Its Eradication*, 321, 1349.

더 읽을거리

°Anderson, Warwick. *Colonial Pathologies : American Tropical Medicine, Race, and Hygiene in the Philippines*, Durham, N.C. : Duke University Press, 2006

　. "Post Histories of Medicine." In *Locating Medical History : The Stories and Their Meanings*, edited by John Harley Warner and Frank Huisman, 285~308. Baltimore : Johns Hopkins University Press, 2004.

°Armelagos, George, Peter Brown, and Bethany Turner. "Evolutionary, Historical, and Political Economic Perspectives on Health and Disease." *Social Science and Medicine* 61, no.4 (2005) : 755~765.

°Arnold, David. "Introduction: Disease, Medicine, and Empire." In *Imperial Medicine and Indigenous Societies*, edited by David Arnold, 1~26. Manchester, U.K. : Manchester University Press, 1988.

°Biehl, João, and Adriana Petryna. *When People Come First : Critical Studies in Global Health*. Princeton, N.J. : Princeton University Press, 2013.

°Birn, Anne-Emanuelle, Yogun Pillay, and Timothy H. Holtz. "The Historical Origins of Modern International Health." In *Textbook of International Health : Global Health in a Dynamic World*, 3rd ed., by Anne-Emmanuelle Birm, Yogun Pillay, and Timothy H. Holtz, 17~60. New York : Oxford University Press, 2009.

°Birn, Anne-Emmanuelle, and Armando Sol rzano. "Public Health Policy Paradoxes : Science and Politics in the Rockefeller Foundation's Hookworm Campaign in Mexico in the 1920s." *Social Science and Medicine* 49, no. 9 (1999) : 1197~1213.

°Colgrove, James. "The McKeown Thesis : A Historical Controversy and Its Enduring Influence." *American Journal of Public Health* 92, no. 5 (2002) : 725~729.

°Cueto, Marcos, ed. *Missionaries of Science : The Rockefeller Foundation and Latin America*. Bloomington: Indiana University Press, 1994.

　. *The Value of Health : A History of the Pan American Health Organization*. Washington, D.C. : PAHO, 2007.

°Escobar, Arturo. *Encountering Development : The Making and Unmaking of the Third World*. Princeton, N.J. : Princeton University Press, 1995.

°Fanon, Franz. "Medicine and Colonialism." In *A Dying Colonialism*, by Frantz Fanon, 121~147. New York : Grove Press, 1967.

°Gish, Oscar. "The Legacy of Colonial Medicine." In *Sickness and Wealth : The Corporate Assault of Global Health*, edited by Meredith P. Fort, Mary Anne Mercer, and Oscar Gish, 19~26. Cambridge, Mass. : South End Press, 2004.

°Greene, Jeremy A. *Prescribing by Numbers : Drugs and the Definition of Disease*. Baltimore : Johns Hopkins University Press, 2007.

°Greenough, Paul. "Intimidation, Coercion, and Resistance in the Final Stages of the South Asian Smallpox Eradication Campaign, 1973~1975." *Social Science and Medicine* 41, no. 5 (1995) : 633~645.

°Hardiman, David, ed. *Healing Bodies, Saving Souls : Medical Missions in Asia and Africa*. New York : Editions Rodopi B.V., 2006.

°Johns, David Shumway. *Rationalizing Epidemics : Meaning and Uses of American Indian Mortality since 1600*. Cambridge, Mass. : Harvard University Press, 2004.

°Packard, Randall M. *The Making of a Tropical Disease: A Short History of Malaria*. Baltimore : Johns Hopkins University Press, 2007.

. *White Plague, Black Labor : Tuberculosis and the Political Economy of Health and Disease in South Africa*. Berkeley : University of California Press, 1989.

°Starn, Orin. "Missing the Revolution : Anthropologists and the War in Peru." *Cultural Anthropology* 6, no. 1 (1991) : 63~91.

°Vaughan, Mega. *Curing Their Ills : Colonial Power and African Illness*. Stanford, Calif. : Stanford University Press, 1991.

°Worboys, Michael. "Colonial Medicine." In *Medicine in the Twentieth Century*, edited by Roger Cooter and John Pickstone, 67~80. Amsterdam : Harwood Academic, 2000.

Health for All? Competing
Theories and Geopolitics

모두를 위한 의료인가? : 경합하는 이론들과 지리정치학

4

4장
모두를 위한 의료인가? : 경합하는 이론들과 지리정치학

매슈 바실리코, 조너선 바이겔, 안잘리 모트기, 제이컵 보어, 샐먼 케샤브지

역사학자인 에릭 홉스봄(Eric Hobsbawm)의 말을 빌리자면, 20세기의 마지막 사반세기는 국제 보건에서 "극단의 시기"였다.[1] 모든 사람이 보건 관리에 접근할 권리가 있다는 생각은 1978년에 열린 카자흐스탄 알마-아타(Alma-Ata)의 국제협의회에서 상당한 지지를 얻었다. 하지만 이 관점은 얼마 지나지 않아 신자유주의의 그늘에 가렸다. 신자유주의란, 시장이 보건 관리 서비스를 효율적으로 전달한다고 믿는 또 다른 형태의 자유주의다. 이런 역사적 흐름이 오늘날 국제 보건의 지형을 형성했다. 1970년대와 1980년대 1차 보건관리 운동의 부침을 분석하면, 보건 체계 강화에 대한 최근의 논의를 알 수 있다. 1980년대 신자유주의의 부상은 세계보건기구(WHO), 국제연합아동기금(UNICEF), 국제통화기금(IMF), 세계은행 등을 포함한 주요 국제 보건 관료제 기구의 발전에 통찰력을 제공했다.

WHO의 2008년 보고서인 「1차 보건관리, 이제 한 걸음 더(Primary Health Care, Now More Than Ever)」는 30년 전 알마-아타에서 구체화된 "모두를 위한 의료"라는 관점에 새로운 활기를 불어넣었다.[2] 1차 보건관리에 대한 보편적인 접근 권한은 오늘날 대다수 국제 보건 분야 실무자들과 학생들의 주된 열망이다. 하지만 1970년대 중반에서 1990년대 중반까지 이 장에서 다룰 약 20년에 걸친 경제 이데올로기, 지리정치학, 그리고 기관 단체 의제의 상호작용은 국제 보건의 정책과 실천에 계속해서 영향을 미쳤다는 것이다. 여기서는 이 20년을 기술하면서 4개의 큰 주제를 자세히 다룰 것이다. 알마-아타와 1차

---

1) Eric Hobsbawm, *The Age of Extremes: A History of the World, 1914~1991* (New York : Pantheon Books, 1994).
2) 세계보건기구, *World Health Report 2008 : Primary Health Care, Now More than Ever* (Geneva : World Health Organization, 2008)

보건관리 운동, 구조 조정의 부상, UNISEF의 선택적 1차 보건관리 캠페인, 그리고 국제 보건에서 주된 행위자로 떠오른 세계은행이 바로 그것이다.

1차 보건관리와 선택적 1차 보건관리

1978년, 지구촌 방방곡곡에서 온 수천 명의 대표들이 보편적 1차 보건관리라는 목표 아래 한 회의에 참석했다. "2000년까지 모두를 위한 의료를"이 그날의 대담한 슬로건이 었다. 하지만 2000년이 오고 또 지나간 후에도 세계는 보편적 보건 관리라는 목표에 가까 이 다가서지 못했다. 심지어 1978년과 비교해도 큰 차이가 없는 수준이다. 전 세계에 걸 쳐 수십억 명에 달하는 사람들이 아직도 기본적인 의료 서비스에 접근하지 못하고 있지 만, 오늘날 국제 보건 담론은 "비용 대비 효율성"이나 "흡수 역량(absorptive capacity, 어 떤 조직이 외부의 기술을 흡수해 가치를 창출하는 능력 ―역주)" 같은 개념들의 지배를 받고 있다. 이런 상황에서 "모두를 위한 보건"은 꿈같은 얘기일 뿐이다. 1978년의 이상주 의에 어떤 일이 일어났는가? 이 절에서는 1차 보건관리 운동의 기원과 전개 과정, 그리고 평등과 건강권에 대한 이 운동의 전망을 살펴보겠다.

1차 보건관리 운동의 뿌리

1차 보건관리(primary health care, PHC) 운동은 소란스러웠지만, 희망적이었던 1970 년대의 산물이다. 냉전 시기 열강의 이해관계에 따라 다양하게 갈라져 나온 경제적·정치 적 다양한 이데올로기가 세계 보건의 담론에 영향을 미쳤다. 소비에트연방의 보건 관료 들은 국가 주도의 보건 프로그램을 선호한 반면, 미국의 정책 입안자들은 시장 주도적인 프로그램을 장려하는 경향이 있었다. 당시 탈식민지화가 진행되던 시대이기도 했다. 자 유를 쟁취하려는 제3세계의 투쟁은 풀뿌리 공동체 동원과 민족자결주의라는 거대한 사상 을 통해 기반을 마련했다. 단, 이러한 자극적인 분위기는 개발도상국이 전반적으로 현대 적 보건 서비스에 접근하지 못한다는 국제적 인식이 높아지면서 누그러졌다.

1960년대와 1970년대의 "수직적인"(질병―특이적인) 박멸 프로그램이 엇갈리는 결과 들을 낸 뒤에야 국제적인 1차 보건관리 캠페인을 진행할 추동력이 생겼다. 3장에서 살펴본 대로 WHO의 말라리아 박멸 프로그램(1955~1969년)은 목표 달성에 실패했지만, 그 뒤를 이은 천연두 박멸 캠페인(1967~1979년)은 현대 의학의 결실을 보여 주었다. 1979년 10월 26일, 소말리아에서 행해진 예방접종을 끝으로 천연두가 박멸된 것은 세계 보건의 엄청난 성취였다. 1회 분량으로 현장에서 접종 가능한 백신 덕분에 천연두는 유례없이 쉽게 박멸되었다. 하지만 가난한 나라에서 수없이 죽음과 고통을 야기하는 다른 많은 질병에는 이 "마법의 총알(magic bullet)" 같은 개입이 이루어지지 않았다. 게다가 굳건한 보건 체계가 수립되지 않은 상태에서 중대한 보건 전달을 시도하다가 상황이 더욱 복잡해지는 경우도 있었다. 말라리아 박멸이 바로 그런 사례였는데, 그 영향으로 전 세계의 수많은 보건 정책 입안자들은 빠른 치료법이 없는 골치 아픈 질병들에는 더욱 포괄적인(최근 용어를 사용하자면 "수평적인") 접근, 즉 1차 보건관리가 필요하다고 믿게 되었다.

보건 관련 학자들과 정책 입안자들은 개발도상국에서 1차 보건관리 전달의 모형을 찾기 시작했다. 예컨대 공중 보건 전문가인 케네스 뉴얼(Kenneth Newell)은 그 지방의 아유르베다 의술(식이 요법과 호흡 요법, 약재 사용을 조합한 힌두 전통 의술 −역주)과 생물의학 실천을 통합하고, 전달 및 관리에서 공동체 참여에 의지했다는 점을 들어 인도의 시골 의사들을 칭찬한다. 뉴얼에 따르면 이와 비슷한 "모두를 위한 의술"에 대한 접근은 다른 곳에도 도입되었다.[3] 예를 들어 중국의 협력적 의료 체계(Cooperative Medical System), 또는 "발 벗은 의사" 운동은 강화된 공동체 기반의 의료를 보여 준다.(그림 4.1을 보라.) 이러한 협력적 의료 체계는 거의 90퍼센트에 달하는 중국 마을에서 보건 관리자들의 네트워크를 형성해 예방접종과 위생 시설, 기본적 필요에 대한 관리 같은 공중 보건적 개입을 조절하게 한다.[4] 뉴얼이 칭송했던 인도의 시골 의사들과 마찬가지로, 발 벗은 의사들은 서구 의학과 지역적인 전통 의료(이 경우에는 중국의 침술과 약초를 사용하는 의료 실천)를 결합했다. 말라리아·림프사상충증·주혈흡충증 같은 기생병[5]을 통제하려는 이들의 노력은 놀랄 만한 결과를 낳았고, 1952년에서 1982년 사이에는 평균 기대

---

3) Kenneth W. Newell, ed., *Health by the People* (Geneva : World Health Organization, 1975), 70.

4) David Blumenthal and William Hsiao, "Privatization and Its Discontents: The Evolving Chinese Health Care System," *New England Journal of Medicine*, 353, no. 11 (2005) : 1165.

5) 하지만 지난 10여 년 동안, 주혈흡충증은 지앙시성 포양 호수 근방 등 중국의 몇몇 곳에서 다시 나타나는 것처럼 보인다. 다음 글을 보라. "Hello Again, God of Plague," Economist, June 18, 2009, www.economist.com/node/13871961?2tory_id=E1_TPRSTJGT (접속일 : 2012년 9월 21일)

[그림 4.1] 공동체 기반의 협력적 의료 체계의 일부인 "발 벗은 의사" 중국 북부의 임상의가 환자와 이야기하고 있다. WHO의 허가를 받아 게재(촬영 : D. Henrioud)

수명을 35세에서 68세까지 대폭 높이는 데 공헌했다.[6)]

　　몇몇 설명에 따르면 풀뿌리 참여에 의존하는 인도와 중국의 프로그램은, 같은 시기에 실시된 '위에서 아래로의 보건 정책'보다 비용이 덜 든다.[7)] 비록 수평적 개입의 지지자들이 이러한 공동체 기반 프로그램을 지나치게 낭만적으로 묘사한 경향이(때로 그 성공이 과장되기도 했다.) 있지만, 중국의 발 벗은 의사들과 인도의 시골 의사들은 공동체의 참여를 격려하고 서구 의료와 지역 의료 실천을 통합함으로써, 기본적인 보건 관리 서비스가 적은 비용으로도 가능하다는 사실을 보여 주었다.

---

6) Blumenthal and Hsiao, "Privatization," 1165. 협력적 의료 체계는 정책 입안자들이 말라리아 박멸 프로그램 같은 서구의 실패한 보건 프로그램의 대안이라고 본 농촌 보건 관리의 중요한 사례다. 사실, 발 벗은 의사들은 종종 탈정치화되어 문화 혁명의 맥락 밖에서 논의되고는 했다. 중화인민공화국에서 1980년대 중반 이전까지 가장 기본적인 보건 데이터도 수집하기 힘든 상황에서, 질병의 근절은 기대 수명의 변화를 불러일으킨 프로그램보다 더욱 중요했다. 하지만 그 정도에 상관없이, 기대 수명에서 긍정적인 변화가 있었다는 사실은 꽤 예외적이다. 2,500만~3,000만 명이 굶주림으로 사망했던 대약진과 100만~200만 명이 정치적 폭력 때문에 사망했던 문화혁명이라는 배경을 염두에 뒀을 때 이런 긍정적인 변화는 더욱 특기할 만하다.

7) 위의 책, Newell, *Health by the People*.

할프단 말러

1923년생인 할프단 말러(Halfdan Mahler)는 국제 보건의 역사상 매우 강력한 지도자 가운데 한 명이며, 1차 보건관리 운동의 창시자로 폭넓게 인정받는 인물이다. 덴마크에서 침례교 목사인 아버지 밑에서 자란 말러는(그림 4.2에 사진이 있다.) 한때 "사회 정의"를 "성스러운 말"로 여겼을 정도로 이를 지지하고 또한 보건 평등을 옹호해 왔다.[8] 이런 말러의 카리스마와 종교적인 신념은, 그가 1970년대 세계 보건 정책에 상당한 영향을 미칠 수 있었던 이유를 부분적으로 설명해 준다. 말러와 일했던 한 종교 활동가는 그와 만났던 소감을 이렇게 표현했다. "나는 마치 대주교 앞에 선 교회의 쥐인 것처럼 느껴졌다."[9]

1950년대에 말러는 에콰도르에서 적십자 결핵 통제 프로그램을 진행한 데 이어 인도의 국가 결핵 프로그램을 맡아 WHO 담당자를 지냈다. 1962년에 말러는 제네바에 있는 WHO 결핵 팀의 수장으로 임명되었고, 국내 보건 계획에 초점을 맞추는 WHO의 시스템 분석 프로젝트를 이끌었다. 1973년에는 WHO의 1대 총재로 당선되었으며, 1978년과 1983년에도 재당선되었다.

국가 주도의 소비에트연방 모델과 시장 주도의 미국 모델 사이에서 접점을 찾으려 노력했던 말러는 개발도상국에서 보건 시스템을 강화할 수 있는 공동체 기반의 정책을 추구했다. 1차 보건관리 운동의 슬로건인 "2000년까지 모두를 위한 의료를!"을 만든 것도 그였다. 말러는 지금도 1차 보건관리 시스템을 강화해야 한다고 소리 높여 주장하는 인물 중 하나다. 2008년 세계보건회의 연설에서 말러는 보건 소비자 산업의 "폭정"을 밝히고, 1차 보건관리의 가치를 새롭게 발견하는 새로운 관점을 요청했다.[10]

---

8) Marcos Cueto, "The Origins of Primary Health Card and Selective Primary Health Care," American Journal of Public Health 94, no. 11 (2004) : 1867~1868.

9) 위의 글.

10) "Address to the 61th World Health Assembly," WHO 전 총재 Halfdan Mahler 박사, World Health Organization, 2008, www.who.int/mediacentre/events/2008/wha61/hafdan_mahler_speech/en/index.html (접속일 : 2012년 11월 12일)

[그림 4.2] 1973년부터 1988년까지 WHO 총재를 지낸 할프단 말러(오른쪽). 1978년 알마-아타에서 찍은 사진으로 옆에는 미국 상원의원인 에드워드 케네디(Edward Kennedy)가 앉아 있다. 범아메리카보건기구(PAHO), 세계보건기구(WHO)의 허가를 받아 게재.

　　1차 보건관리 운동이 부상하게 된 데는 여러 이유가 있다. 1970년대 초반, 소비에트연방의 보건부 장관이었던 D. D. 베네디크토프(D.D. Venediktov)는 "국가 보건 서비스"를 논의하는 국제회의가 필요하다고 주장했다.[11] 이렇듯 소비에트연방은 공중 보건 서비스에 자신이 있었고, 그것을 대외적으로 과시하려 했다. 하지만 1973년부터 1988년까지 WHO 총재를 맡았던 할프단 말러는 1차 보건관리 관련 협의회를 여는 데 신중한 태도를 보였다. 요컨대 공동체 기반 보건 프로그램의 일인자였던 말러는 국가 주도 보건 시스템을 강조하는 베네디크토프의 의견에 동의하지 않았다. 그는 국제 보건 정책 논의가 냉전 이데올로기 투쟁의 장으로 변질되는 것을 막고자 했으나,[12] 중국 역시 1차 보건관리협의회를 제안하자 결국 양보했다. 그리하여 무대는 알마-아타에 준비되었다.

---

11) Socrates Litsios, "The Long and Difficult Road to Alma-Ata : A Personal Reflection," *International Journal of Health Service* 32, no. 4 (2002) : 713.

12) 위의 글, 718~720.

[그림 4.3] 1978년 9월 6~12일에 걸쳐 카자흐스탄 알마-아타에서 열렸던 알마-아타 국제 1차 보건관리 국제협의회. 범아메리카보건기구(PAHO), 세계보건기구(WHO)의 허가를 받아 게재.

알마-아타

1978년 9월 6일부터 12일까지 개최된 알마-아타 1차 보건관리 국제협의회는 국제 보건의 역사에 한 획을 그은 대대적인 사건이다.(그림 4.3을 보라.) 134개국 67개 국제단체에서 3,000명가량의 대표를 보내, 2000년까지 보편적 1차 보건관리를 달성하기 위해 노력할 것을 다짐했다.

역사학자인 마르코스 쿠에토(Marcos Cueto)는 이 협의회의 결과물인 알마-아타선언에 다음과 같은 세 가지의 주요 주제가 있다고 주장한다.[13] 첫째, 이 선언은 "적정 기술"이라는 개념을 도입해 물자가 부족한 환경에서 곧장 사용할 수 있는 의료적 공중 보건을 기술하는 도구로 사용했다. "적정 기술"은 농촌 거주자들(개발도상국에서는 대다수를 차

---

13) Marcos Cueto, "The Origins of Primary Health Care and Selective Primary Health Care," *American Journal of Public Health* 94, no. 11 (2004) : 1867~1868.

지하는 사람들)이 도시의 병원 안에 집중된 국제 보건 자원의 의료 관리에 접근하지 못한다는 것을 확실히 드러내기 위해 더 발전시킨 개념이다. 예를 들어 말러는 케냐 국민들 대부분이 초라한 보건 인프라와 질 낮은 관리를 받는 상황인데도 나이로비 케냐타병원이 대규모 투자를 한 점을 비판했다. 그리고는 농촌의 1차 보건관리 체계를 강화하기 위해 "적정 보건 기술"을 우선시할 것을 제안했다. 알마-아타선언에서 쿠에토가 찾은 두 번째 주제는 "의학 엘리트주의"에 대한 비판이다.[14] 이 선언은 도시에서(그리고 종종 서구에서) 고도로 훈련된 의사들이 이끄는 '위에서 아래로' 향하는 보건 정책을 맹공격하며, 보건 관리 전달에 대한 공동체 참여 증대와 서구 의료와 전통 의료 실천의 통합을 요청한다. 세 번째, 이 선언은 보건이야말로 사회적·경제적 발전이 나아갈 방향이라고 규정한다. 알마-아타에 참석한 대표들은 1차 보건관리 서비스에 대한 접근 증대가 교육과 영양 섭취를 개선하여 일터의 사기를 북돋아 줄 것이라고 주장했다. 이들은 보건이 그 자체로 목적일 뿐 아니라 발전의 도구로 보았다.

가장 주목할 만한 점은, 이 선언이 1차 보건관리에 다음과 같은 것들도 포함되도록 굉장히 포괄적으로 정의했다는 것이다. "널리 퍼진 보건 문제들과 그것을 예방하고 통제하는 방법에 대한 교육, 식량과 바람직한 영양 공급 촉진, 안전한 물과 기본적인 위생에 대한 적절한 공급, 산아제한을 포함한 어머니와 아동의 보건 관리, 주된 감염성 질병에 대한 예방접종, 지역적 풍토병에 대한 예방과 통제, 흔한 질병과 부상에 대한 적절한 치료, 그리고 필수 의약품의 보급."(알마-아타선언의 전문은 이 책의 부록에 게재되어 있다.)

보건 관리에 대한 이러한 폭넓은 해석은 그것을 받아들인 협의회와 알마-아타의 주요 참석자들을 만족시켰다. 베네디크토프는 전 세계의 보건 정책 입안자들이 소비에트 연방에 모였다는 것에 대해 만족감을 드러냈고, 말러는 각국 대표들에게 자신의 풀뿌리 보건 확대에 대한 생각을 전파한 것에 대해 만족스러워했다. 마침내 미국 대표도, 이 선언문이 예방과 기본적 보건 서비스에 대해 공중위생 국장인 줄리어스 리치먼드(Julius Richmond)가 새롭게 강조한 것과 일맥상통한다는 이유로 기꺼이 서명했다. 비록 소비에

---

14) "의학 엘리트주의"라는 용어는 다음과 같은 정의로 사용되었다. "전문가, 기술적으로 정교한 성취, 대도시적 양식의 의료 센터에 대한 매혹." 다음 글을 보라. Ernest W. Boyd, Thomas R. Konrad, and Conrad Seipp, "In and Out of the Mainstream : The Miners' Medical Program, 1946~1978," Journal of Public Health Policy 3, no. 4 (1982) : 432~444. "What Is Primary Care?" Journal of Public Health Policy 4, no. 2 (1983) : 129에서 재인용.

트연방이 국가주의적인 보건 관리를 강조한 것에 대해 이데올로기적으로 불만이 있기는 했지만 말이다.[15] 세계 보건 평등의 지지자들은 미국의 지지를 승리로 받아들였다. 선언문에서 보건 관리라는 개념을 인권이라고 재확인했던 것이 주된 이유였다.

이렇듯 알마-아타협의회는 전 세계 정책 입안자들 사이에서 1차 보건관리 운동에 대한 지지를 이끌었다. 하지만 대부분의 가난한 국가에서 의료 관리에 대한 접근이 불가능하다는 점만은 여전히 난제로 남았다. 1980년대 초기에 새로운 보건 센터를 짓고 농촌 보건을 위한 기간 시설을 개선해 나가기 시작한 것은 쿠바와 탄자니아를 포함한 얼마 안 되는 국가들의 정부뿐이었다.[16] 심지어 이런 몇 안 되는 사례 역시 알마-아타선언에서 지지한 공동체 참여 모델보다는 소비에트연방 식의 국가주의적 보건 개혁을 택한 경우가 대부분이었다. 알마-아타선언이 지향했던 목표의 향방은 국제 보건 역사의 불행한 운명을 요약해 보여 준다. 목표가 지나치게 크면 막상 계획을 행동에 옮길 때 실패하기 쉽다.

알마-아타선언의 대담한 목표가 좌초한 가장 큰 문제는 전 세계에 걸친 1차 보건관리 확대를 누가 실시하고 비용을 지불할지 지목하지 않았다는 점이다. 서명한 참가자들은 1차 보건관리라는 추상적인 원리를 지원하겠다고 맹세했지만, 막상 실천에 대한 내용은 없었다. 80쪽짜리 「1차 보건관리에 대한 국제협의회 보고서」에서 재정에 대해 논의한 대목은 오직 한 문단뿐이다. 그나마 실질적인 내용이 담긴 문장은 다음과 같다. "풍요로운 국가들은 개발도상국의 1차 보건관리를 위해 상당한 재원을 이전하는 것이 좋다."[17] 그러니 비평가들이 1차 보건관리 운동은 이상적이라고 비판한 것도 무리는 아니다.

더구나 1980년대 초기에 많은 개발도상국에 닥친 국가 부채의 위기 때문에 이들 국가는 폭넓은 사회적 서비스를 제공할 수 없게 되었고, 국제 발전 기금도 말라 버렸다. 자연히 "모두를 위한 의료"도 보류되어 2000년 이후까지 10년 이상 그 상태로 남아 있었다. 관에 마지막으로 못을 박은 것은 대안적인 세계 보건 의제였다. 선택적인 1차 보건관리가 등장한 것이다. 이것은 연거푸 타격을 받은 국제 경제 속에서 각국 보건 정책의 의사 결

15) U.S. Department of Health, Education, and Welfare, *Healthy People : The Surgeon General's Report on Health Promotion and Disease Prevention*, Public Health Service publication 79-55071 (Washington, D.C. : Government Printing Office, 1979), 124.

16) Lynn M. Morgan, *Community Participation in Health : The Politics of Primary Care in Costa Rica* (Cambridge University Press, 1993), 62.

17) World health organization, *Primary Health Care : Report on the International Conference on Primary Health Care*, Alma-Ata, USSR, September 6~12, 1978 (Geneva : World Health Organization, 1978), 78.

정권자들을 더 많이 지지해 주었고, 또 이데올로기적인 지형을 바꾸었다.

선택적 1차 보건관리 : 잠정적인 전략

알마-아타협의회가 끝난 지 고작 몇 개월 지났을 무렵, 부유한 여러 국가에서 온 정책 결정자들이 세계 보건의 미래를 논의하고자 이탈리아의 벨라지오 콘퍼런스 센터의 록펠러 재단에서 회의를 열었다.(그림 4.4를 보라.) 록펠러 재단이 이 회의를 연 것은 인구 성장이 보건에 미치는 영향을 집중 탐구하기 위해서였는데, 이 주제는 세계 발전 단체들의 관심거리였다.[18] 하지만 실제로 벨라지오협의회가 수립한 것은 전 세계의 보건을 개선하기 위한 새로운 계획안(명료한 활동 단계와 재정 지원처를 갖춘)이었다.

벨라지오 회의를 준비하는 과정에서 줄리아 월시(Julia Walsh)와 케네스 워런(Kenneth Warren)은 「선택적인 1차 의료관리 : 개발도상국에서 질병 통제를 위한 잠정적 전략」이라는 제목의 글을 발표했다. 이는 1차 보건관리 운동에 대한 주된 비평을 취합하고 새로운 접근을 제안하는 글이다. 월시와 워런은 알마-아타의 "포괄적인 1차 의료관리"라는 공약에 경의를 표했지만, "바로 그 포괄성 때문에 훈련받은 다수의 인재와 높은 비용이 요구되므로 현실적으로 실현 불가능"하다고 주장했다.[19] 이들은 특정 보건적 개입에 대해 비용과 이득을 산정함으로써(즉, 비용 대비 효율성 분석을 실시함으로써) 지출한 1달러당 더 많은 생명을 살릴 수 있는 보건 관리의 다양한 서비스 형태를 찾으려 했다. 그 예로 홍역 예방주사나 디프테리아와 백일해, 파상풍 예방주사(DPT), 열성 말라리아 치료, 설사병 걸린 아동을 위한 구강 재수화 요법과 모유 수유 홍보를 비용 대비 효율적인 개입에 포함했다. 단, 월시와 워런이 도입한 "선택적 1차 보건관리(SPHC)"는 국제 보건의 성배가 아니라, "자원이 점차 줄어드는 시대"의 "잠정적 전략"일 뿐이었다.[20]

이런 비용 대비 효율성이라는 틀은 벨라지오에 모인 사람들과 원조 국제 보건 사업의 사상적 지도자 다수에게 큰 호소력을 발휘했다. 시간이 지남에 따라 선택적 1차 보건관리의 개입 방법은 4가지로 압축되었으며, 각 방법의 앞 글자를 분리해 GOBI로 불리게 되

---

18) Cueto, "Origins of Primary Health Care," 1868. 다음 책도 참고하라. Paul Ehrlich, *The Population Bomb* (New York : Buccaneer Books, 1968).

19) Julia A. Walsh and Kenneth S. Warren, "Selective Primary Health Care : An Interim Strategy for Disease Control in Developing Countries," *New England Journal of Medicine* 301, no. 18 (1979) : 967.

20) 위의 글.

[그림 4.4] 1979년 선택적 1차 의료관리에 대한 협의회가 이탈리아 벨라지오에 있는 록펠러 재단의 콘퍼런스 센터에서 열렸다. '목가적인 사람들 연맹'의 허락을 받아 게재.

었다. GOBI의 내용은 다음과 같다.

- 성장에 대한 모니터링(Growth monitoring)
- 구강 재수화 요법(Oral rehydration therapy, 설사병을 치료하는 데 효과적인 소금이나 설탕 용액을 사용하는 것)
- 모유 수유(Breastfeeding)
- 예방접종(Immunization)

이론적으로 GOBI는 국제 보건에서 비용이 적게 들면서 더 많은 영향력을 발휘할 수 있는 발판을 제공한다. 또한 GOBI 개입은(이 장의 후반부에서 아주 자세히 논의할 것이다.) 모니터링과 계측이 간편해서 자기들이 지원한 돈의 효과를 평가할 방법을 걱정하는 기부자들을 끌어들인다.

비록 알마-아타선언을 보충하기 위한 잠정적인 전략으로 도입된 것이기는 하지만, SPHC는 국제 보건 분야에서 다른 것과 호환되지 않는 대안적인 비전을 제공한다. 단, 비평가들은 GOBI가 급성 호흡기 감염과 같은 가난한 국가들의 주된 사망 원인을 배제할 뿐만 아니라, 보건 체계의 결여라는 진정한 문제를 덮어 버린다고 주장한다.[21] 국제 보건의 주된 문제는 기본적인 보건 관리 서비스를 확충하거나, 많은 부분에서 전형적인 보건 체계를 벗어나는 비용 대비 효율적인 개입들을 한정적으로 묶어 전달함으로써 더 많은 고통과 죽음을 막을 수 있느냐는 것이다. 즉, 국제 보건의 역사에서 너무나 흔한 주제인, 수직적 방법 대 수평적 방법 사이의 논쟁이 계속되고 있는 것이다.

주요 국제 보건 기관들은 PHC와 SPHC의 논쟁 사이에서 어느 한 극의 근처에 몰려 있다. 1988년까지 말러가 이끌었던 WHO는 알마-아타선언을 계속 지지했다. 케네스 워런이 보건 프로그램을 지휘했던 록펠러 재단은 SPHC에 2,000만 달러를 쏟아부었다. 하지만 GOBI가 시작된 지 얼마 지나지 않아 UNICEF가 가장 큰 옹호자로 떠올랐다. 1995년부터 1980년까지 UNICEF의 사무총장이었던 제임스 그랜트(James Grant)는 선택적 1차 보건관리 운동이 국제적 명성을 얻도록 이끌었다. 중국에서 의료 선교사로 활동하던 부모 밑에서 자라 변호사가 된 그랜트는 할프단 말러처럼 카리스마 있는 지도자였지만, 국제 보건 개혁을 바라보는 관점은 정반대였다. 말러가 공동체 기반의 1차 보건관리 접근을 선호했다면, 그랜트는 한정된 자원 아래서 특정 질병에 해당하는 기술적 수단을 추구했다. 그랜트가 "아이 살리기 혁명"을 위해 싸운 결과, 개발도상국에서 아동의 예방접종률은 80퍼센트까지 올라갔고 또 이에 따라 사망률은 반으로 줄었다. 1990년 9월에 열린 아동을 위한 정상회의에서 UNICEF는 예방접종률 80퍼센트를 달성했다고 선언했다.[22]

선택적 1차 보건관리의 지지자들은 1968년부터 그랜트의 평생 친구인 로버트 맥나마라(Robert McNamara)가 총재로 있던 재건과 개발을 위한 국제은행(세계은행)의 지원을 받게 되었다. 이로써 10년 전 은행의 정책에서 단절점이 생겼다. 1970년대에 이르자 이 은행은 교육과 보건 같은 사회적 서비스에 개발 원조 정책의 초점을 맞추었다.[23] 1975년

21) Cueto, "Origins of Primary Care," 1870~1972.

22) Peter Adamson, "The Mad American," in *Jim Grant : UNICEF Visionary, ed. Richard Jolly* (Florence, Italy : UNICEF, 2001), 32.

23) Howard Stein, *Beyond the World Bank Agenda : An Institutional Approach to Development* (Chicago : University of Chicago Press, 2008), 209~213.

의 「보건 부문 정책 보고서」는 시장 실패로 사적 부문에 상당한 투자를 요청하게 되면서 소득이 낮은 환경에서 보건 관리의 질이 낮아졌다고 설명한다.[24] 또 다른 세계은행의 정책 보고서는 "일반적으로 보건 관리를 할당하는 데 가격과 시장을 활용하는 것은 바람직하지 않다." 라고 주장했다.[25] 1980년에 나온 「세계 개발 보고서」는 사회적 부문의 경비를 늘릴 것을 제안했으며, 알마-아타에서 주장한 것과 상당한 차이가 있는 보건 및 보건 관리의 개혁 개념을 수용했다.[26]

하지만 불황이 계속되면서 세계은행은 공공 부문의 지출에 신중해졌고, 정해진 한도 내에서 개입하는 협소한 접근에 주로 투자하게 되었다. 이러한 상황이 지속되면서 1981년에는 경제학자인 데이비드 데 페란티(David de Ferranti)가 세계은행의 보건·영양·인구 분과에서 주도적 역할을 하게 되면서, 보건 정책이 신고전주의 경제학 원리를 중심으로 바뀌기 시작했다. 1985년에 데 페란티의 연구 보고서인 「개발도상국에서 보건 서비스 비용 지불하기 : 개관」이 출간되자,[27] 결국 세계은행은 정책 방향을 정반대로 뒤집었다. 이 보고서의 제목 자체가 시사하는 바가 크다. "보건 서비스 비용을 지불"한다는 것이다. 새로운 패러다임은 보건 관리의 질과 평등에 집중하는 대신 정부의 비용 낭비 및 억제 문제로 논쟁의 방향을 틀었는데, 이는 시장 시스템이 가장 잘 처리할 수 있는 문제였다.[28] SPHC의 비용 대비 효율성 문제와 최적화 담론은 세계은행의 경제학적인 기반에 호소했다. 맥나마라는 그랜트에게 쉽게 시작하고 쉽게 측정할 수 있는 전략을 만들 것을 요청했다. 이렇듯 UNICEF는 GOBI에 동의한 이후로 국제 보건 정책을 둘러싼 논쟁에서 세계은행을 강력한 동맹군으로 여겼다.[29]

1982년에 멕시코가 채무 불이행 상태에 빠지면서 개발도상국 사이에는 부채 위기가

---

24) World Bank, *Health Sector Policy Report* (Washington, D.C. : World Bank, 1975).

25) Frederick Golladay and Bernhard Liese, "Health Problems and Policies in the Developing Countries," World Bank Staff Working Paper no. 412 (Washington, D.C. : International Bank for Reconstruction and Development, 1980); Stein, *Beyond the World Bank Agenda*, 212에서 재인용.

26) 다음을 보라. Paul Isenman, Nicholas Hope, Timothy King, Peter Knight, Akbar Noman, Rupert Pennant-Rea, and Adrian Wood, eds., *World Development Report 1980 : Part I, Adjustment and Growth in the 19890s; Part II : Poverty and Human Development* (New York : Oxford University Press, 1980).

27) David de Ferranti, "Paying for Health Service in Developing Countries : An Overview," World Bank Staff Working Paper no. 721 (Washington, D.C. : World Bank, 1985).

28) Stein, *Beyond the World Bank Agenda*, 216.

29) June Goodfield, *A Chance to Live* (New York : Macmillan, 1991), 38.

촉발되었고, 그에 따라 모든 정책이 선택적 1차 보건관리의 승리를 뒷받침하는 방향으로 바뀌었다. 기부 국가들은 가난한 나라들의 문제가 많은 대차대조표를 보고는 엄청난 낭비가 될 개발 원조 프로그램을 두려워한 나머지 국제 공중 보건을 위한 재원을 감축했다. 보건부 장관들은 GOBI를 경제적 여건이 개선되기 전까지의 "잠정적 전략"으로 받아들였다.[30] 그러는 동안 부채 위기는 새로운 이데올로기를 부추겼고, 얼마 지나지 않아 1차 보건관리 운동 전체를 밀어냈다.

신자유주의의 부상

이렇게 되자 알마-아타의 1차 보건관리 운동의 지지자들은 그들이 국제 보건 분야에서 합의하더라도 국제 정치의 흐름이 조약문의 반대 방향으로 몰아가리라는 사실을 깨달았다. 1978년까지 수백 명의 정책 입안자에게 지지를 받았던 "모두를 위한 보건"이라는 비전은 1980년에 이르러 거의 터무니없는 것으로 격하되었다.

구조 조정의 선행 조건

1979년 영국에서 국무총리에 당선된 마가렛 대처(Margaret Thatcher)와 1980년 미국에서 대통령에 당선된 로널드 레이건(Ronald Reagan)은(그림 4.5를 보라.) 서구에서 보수적 정치의 새로운 시대를 이끌었다. 보수주의의 한 요소였던 "신자유주의"의 이론적 틀은 노벨 경제학상 수상자인 프리드리히 폰 하이에크(Friedrich von Hayek)와 밀턴 프리드먼(Milton Friedman)의 이론에서 비롯된 것이다.(그림 4.6을 보라.) 이들은 자유 시장이 어떤 사회의 자원을 최적화된 방식으로 분배한다고 주장했으며, 정부의 개입은 대부분 효율성이 의심스럽다고 지적했다. 이러한 틀은 당시 지배적이었던 경제 이론[존 메이너

---

30) 전 세계 정책 입안자들이 공중 보건 시스템 재원의 축소를 지지하는 것이 경제적 문제에 맞닥뜨린 상황에서 신중한 행동인지는 논란이 진행 중이다. 1990년대에 이르러 멕시코가 더 심화된 재정적 고통을 겪는 동안, 보건부 장관인 훌리오 프렝크(Julio Frenk)는 경제의 허약성을 효과적인 보건 지출에 대한 장벽이 아닌 기회라고 보았다. 오늘날에도 프렝크는 위기의 순간이 인구 집단의 취약성을 노출하며, 따라서 정부 측에서 보건에 대한 헌신도를 높이게끔 보증한다고 계속 주장한다. 프렝크의 아이디어와 멕시코 보건부 장관으로서의 행보는 7장과 8장에서 다시 살펴볼 것이다. 미국을 포함한 여러 국가에서 수집한 최근 데이터의 평가에 대해서는 다음을 참고하라. David Stucker and Sanjay Basu, *The Body Economic : Why Austerity Kills* (New York : Basic Books, 2013).

[그림 4.5] 영국의 수상인 마가렛 대처와 미국의 대통령인 로널드 레이건의 모습. 이들의 정권은 1980년대 서구에서 신자유주의의 지배를 확립했다. 코르비스/베트맨 컬렉션의 허가를 받아 게재.

드 케인스(John Maynard Keynes)의 영향을 받은]과 정반대였다. 기존의 이론은 거시경제학적 안정화와 시장 실패, 사회적 복지에서 국가가 더 큰 역할을 해야 한다고 보았다.

이후 "시장 근본주의"라는 별칭이 붙은 신자유주의적 관점으로 무장한 레이건과 대처 행정부의 경제 고문들은 공적 부문의 보건 관리와 교육을 포함한 사회적 안전망의 상당 부분이 시장의 효율적인 사회적 균형 달성을 방해한다고 주장했다.[31] 그리고 그에 따라 1981년 말까지 세계은행과 국제통화기금에 신자유주의를 지향하는 정책 입안자들을 임명했다. 이후 수십 년간 이 두 기관은 시장 논리를 기반으로 개발과 보건 개혁에 접근했으며, 이것은 개발도상국의 보건 관리에 구조적으로 지대한 영향을 미쳤다. 또한 신자유주의 사상은 보건과 보건 서비스에 대한 정책 입안자들의 사고방식을 바꾸었다. 이 경제 이론에 따르면 보건은 알마-아타에서 선포한 것처럼 모든 사람이 누려야 할 권리가 아니

---

31) John Gershman and Alec Irwin, "Getting a Grip on the Global Economy," in *Dying for Growth : Global Inequality and the Health of the Poor*, ed. Jim Yong Kim, Joyce V. Millen, Alec Irwin, and John Gershman (Monroe, Maine : Common Courage Press, 2000), 23.

[그림 4.6] 오스트리아의 경제학자인 프리드리히 폰 하이에크(왼쪽)와 시카고대학의 경제학자인 밀턴 프리드먼(오른쪽)은 모두 노벨 경제학상 수상자이자 신자유주의의 지적 기반을 다지는 데 중요한 역할을 했다. 하이에크의 사진은 헐튼-도이치 컬렉션/코르비스. 프리드먼의 사진은 시카고대학의 허락을 받아 게재.

라, 시장의 맥락에서 전달되는 상품이었다.

앞에서 살핀 것처럼 1970년대 후반과 1980년대 전반은 세계경제에서 격동의 시기였다. 1970년대 중반에는 유가 폭등에 이어 금리가 치솟자 선진국들의 경기가 전반적으로 위축되었고, 이는 개발도상국에서 수입하는 상품의 수요가 떨어지는 결과로 이어졌다. 이 때문에 국민을 비민주적인 방식으로 착취하면서 그들을 책임지지 않았던 많은 개발도상국 정부는 가변 이자율로 상당한 빚을 졌다. 그 결과 지금까지도 한편으로는 채무 상환, 다른 한편으로는 수출 수요의 감소에 시달리고 있다. 당시의 사례들을 살펴보면 초인플레이션으로 상황이 점점 악화되었으며, 초기의 혼란을 잠재우려고 펼친 확장적인 통화 정책 때문에 더욱 심화되었다는 것을 알 수 있다. 결국 1982년 8월 18일, 멕시코 정부가 채무 불이행을 선언하면서 멕시코 채권자들은 많은 손해를 입었으며, 이후 둑이 무너지듯 개발도상국 전반에 걸쳐 체계적인 채무 문제가 있음이 밝혀졌다.[32] 몇 개월 지나지 않아 수많은 개발도상국, 특히 라틴아메리카 국가들이 채무 불이행에 근접한 상황까지

---

32) 앞의 책, 20~26; William Easterly, *The Elusive Quest for Growth : Economist's Adventures and Misadventures in the Tropics* (Cambridge, Mass. : MIT Press, 2001), 101.

이르렀다. 혼란에 빠진 상업 대출 기관들은 개발도상국에서 상당한 양의 자본을 빼냈으며, 서구 정부들에게도 채무 상환율을 늘리도록 개입에 나설 것을 촉구했다.

"워싱턴 컨센서스"

레이건과 대처 행정부는 IMF와 세계은행에 채무 위기에 강력하게 대응할 것을 요구했다. 1981년에 발간된 「버그 보고서(Berg Report)」를 보면 당시 세계은행이 신자유주의로 이행하고 있었음이 드러난다.[33] 이처럼 많은 논란에 휩싸인 연구는 정부의 지나친 개입이 사하라 이남 아프리카의 경제 불황을 낳았으므로 개발 정책의 초석이 되는 전략으로 공공 지출에 명확한 한계를 두어야 한다고 주장했다. 실제로 1982년까지 대부분의 개발도상국이 경제 정책 논의에서 이러한 처방을 택했다.[34] IMF는 거시경제적 안정성을 증진하고 2차 대공황을 막고자 1944년에 설립된 기관으로, 1980년대 초반까지 개발도상국 정부들을 상대로 대출 프로그램을 확장해 왔다.[35] 세계은행과 마찬가지로 IMF 역시 특정 조건을 만족해야 대출을 해 주었다. 그래서 채무 대상 국가들은 정부의 시장 개입을 상당히 제한하는 개혁에 동의해야 했다. 여기에는 공공 적자를 축소하고, 경제를 자유무역에 개방하며, 거시경제적 정책을 위해 단단한 기준점을 수립하는 것이 포함되었다. 즉 "안정화, 자유화, 민영화"로 압축되는 "워싱턴 컨센서스"가 IMF와 세계은행 정책의 주문이 되었다.[36]

이러한 "구조 조정(structural adjustment)" 대출(IMF가 그것을 부르는 이름)의 조건을 만족시킨 전 세계 개발도상국들은 일반적으로 정부 지출을 축소했다. 여기에는 사회적 서비스에 대한 경비도 포함되었다. 여러 국가가 새로운 대출 조건에 맞게끔 적자를 감축하기 위해 보건 부문의 재원을 줄였다. 이렇게 해서 얻어낸 대출의 규모는 엄청났다. 1980년대에 이르러 IMF나 세계은행은 사하라 이남 아프리카의 6개국, 라틴아메리카 5개

---

33) Eliot Berg, *Accelerated Development in Sub-Saharan Africa : An Agenda for Reform* (Washington, D.C. : World Bank, 1981).

34) Brook G. Schoepf, Claude Schoepf, and Joyce V. Millen, "Theoretical Therapies, Remote Remedies : SAPs and the Political Ecology of Poverty and Health in Africa," in Kim, Millen, et al., *Dying for Growth*, 99~101.

35) Easterly, *Elusive Quest for Growth*, 102.

36) Dani Rodrik, "Goodbye Washington Consensus, Hello Washington Confusion? A Review of the World Bank's Economic Growth in the 1990s : Learning from a Decade of Reform," *Journal of Economic Literature* 44, no. 4 (December 2006) : 973.

국, 아시아 4개국에 구조 조정 대출을 해 주었다.[37] 구조 조정 대출의 영향에 더해, IMF와 세계은행(강력한 서구 국가들의 대표들이 지배하는)은 다른 개발 원조 거래에도 "부드러운 힘"을 행사했다. 원조 기관들과 공식적 채권자들은 조건부 대출을 할 때 이 두 기관의 지휘를 받았다.[38]

구조 조정 정책은 IMF와 세계은행이 수립되기 전의 대출 관행과는 급진적으로 달라졌다. 예컨대 IMF는 국제경제를 위한 마지막 의지처인 대출 기관으로 인가를 받았지만, 통화위기에 대한 감시로 비난받았다. 세계은행은 가난한 나라들에 대출해 주는 전통이 있었지만, 이것은 대개 개별적인 프로젝트를 위해서였다. 대출의 용도 역시 기간 시설 개발에 한정된 경우가 많았다. 하지만 워싱턴 컨센서스가 전 세계적인 지배력을 발휘하면서 양쪽 기관 모두 유례없을 정도로 많은 돈을 개발도상국에 직접 반복적으로 대출해 주기 시작했다.[39] 그리고 그 대가로 국가주권과 자발적 결정의 양대 축인 정부 지출과 경제정책에 대한 규정을 확실하게 지킬 것을 주문했다. 당시 대출 가능한 기관은 오직 IMF와 세계은행뿐이어서 대출받은 국가로서는 최초의 대출과 이들이 요구한 개혁으로 경제적 성장을 일으키는 데 실패해도, 다시 추가적인 자금을 빌리는 것 외에는 선택의 여지가 없었다. 하지만 결과적으로 이 기관들은 대출 부담을 가중시키고 경제를 약화시킬 뿐이었다. 즉, 대출 위기는 징벌적인 조건을 요구함으로써 대출과 채무의 악순환을 가속화했다.

보건의 상품화

워싱턴 컨센서스는 시장 중심적인 정책 개혁을 강조해서 국가의 직접적인 서비스 제공자 역할을 약화시켰다. 세계은행은 이러한 처방의 연장선상에서 보건 개혁의 새로운 비전을 촉진했다. 보건 관리 역시 상품이므로 시장에 의해 효율적으로 할당될 수 있다는 것이었다. 1993년에 발간된 세계은행의 보고서는 다음과 같이 밝히고 있다. "임상 서비스 전달에서 사적 부문에 대한 의존도가 커질수록, 핵심 기관에서 일하는 국가 공무원과 사적 부문에서 자유롭게 일하는 사람들 모두 효율성을 높이는 데 도움을 받을 수 있

---

37) Easterly, *Elusive Quest for Growth*, 102.
38) 앞의 책; Gershman and Irwin, "Getting a Grip," 32.
39) Gershman and Irwin, "Getting a Grip," 18~22; Easterly, *Elusive Quest for Growth*, 101~103.

다."[40] 세계은행은 또한 공공 보건 서비스의 민영화를 촉진했다.

> 가난한 사람들이 가정환경을 개선하도록 돕기 위해, 정부는 효과적이고 책임 있
> 는 공급자들(사적 부문일 때가 많다.) 안에서 정기적으로 행정적인 틀을 제공할
> 수 있다. 이에 따라 공급자들은 각 가정에 필요하며 그들이 기꺼이 비용을 지불할
> 수돗물, 위생, 쓰레기 수거 등의 서비스를 제공할 동기를 갖는다. …… 정부는 위
> 생 실천에 대한 정보를 전파할 중대한 역할을 맡는다. 또한 중산층에 혜택을 줄
> 물과 위생에 대한 널리 퍼진 보조금을 철폐함으로써 공적 자원의 활용을 개선할
> 수 있다.[41]

신자유주의적인 정책이 개발도상국의 보건 관리 전달에 상당한 영향을 미쳤으리라는
점은 충분히 예측 가능하다. 탈공산화 국가의 결핵 통제에 IMF가 미친 영향을 분석한 데
이비드 스터클러(David Stuckler)와 그의 동료들은 IMF의 구조 조정 프로그램에 참여함
으로써 국내총생산에서 정부 지출이 8퍼센트 낮아졌고, 1인당 의사 수가 7퍼센트 감소했
으며, 결핵 통제를 위해 직접적으로 관찰된 치료를 받은 인구가 42퍼센트 감소했음을 발
견했다. 이런 수치는 경제성장, 경제적 발전 수준, 감시 인프라, 이전의 결핵 발생 추세,
그리고 다양한 설명을 감안해 계산한 결과였다.[42]

보건 부문을 민영화하려는 세계은행의 시도에서 한 축을 이루는 것이 바로 사용료였
다. 환자들에게 보건 서비스를 이용하는 대가를 치르게 하는 것이다. 세계은행이 1987년
에 발표한 보고서인 「개발도상국에서 보건 서비스 자금 조달에 대해」에 따르면, 사용료
를 요구하는 것에는 세 가지의 목표가 있었다. 보건 서비스를 위한 정부 수익을 창출하는
것, 환자들의 "과잉 소비"를 줄이고 비싼 병원 대신 저렴한 1차 의료 시설을 찾게 함으로
써 보건 서비스의 효율성을 증진하는 것, 도시 사람들에게 사용료를 걷어 농촌의 보건 서

---

40) World Bank, *World Development Report 1993: Investing in Health* (Oxford : Oxford University Press, 1993), 12.

41) 앞의 책, 9.

42) David Stuckler, Lawrence King, and Sanjay Basu, "International Monetary Fund Programs and Tuberculosis Outcomes in Post-Communist Countries," *Plos Medicine* 5, no. 7 (2008) : 1085; David Stuckler and Karen Siegel, eds., *Sick Societies : Responding to the Global Challenge of Chronic Disease* (New York : Oxford University Press, 2011), 50.

비스 비용을 충당하는 것이다.[43] 1987년에 아프리카의 여러 보건부 장관들이 주도한 바마코 정책(Bamako Initiative)은 세계은행의 주장을 수용해, 환자들에게 사용료를 걷어 가구와 공동체 기반의 재원을 확충하고자 했다. 그렇게 해서 부유한 국가와 가난한 국가의 보건 자원에 대한 차이를 좁히는 것이 정책의 목적이었다. 바마코 정책의 참여자들은 1차 보건관리에 보편적으로 접근할 수 있게 하려면 "세계 여러 곳에서 보건 결정의 주체가 탈집중화"되어야 하며, 지속 가능한 관리를 위해 "공동체에서 통제해 사용자들에게 비용을 걷는 것"이 필요하다고 주장했다.[44] 그렇게 해서 1990년대까지 30개국 이상의 아프리카 국가들이 보건소에 사용료를 도입했다.[45]

사용료를 도입한 결과는 국가마다 상이하지만, 상당수의 국가에서는 세계은행과 바마코 정책에서 사용료를 정당화하기 위해 내놓은 주장들이 적용되지 않았다. 그 이유는 다음과 같다. 첫째로, 사용료 책정은 사람들이 보건 서비스를 덜 사용하게 만들었다. 아무리 명목상의 요금이라 해도 사람들은 서비스에 부담을 느꼈다.[46] 보건 관리에 들이는 비용이 적거나 거의 없는, 이른바 찢어지게 가난한 사람들은 보건 관리를 받지 않거나 대안적 치료사를 찾았다.[47] 보고서에 따르면 남아프리카공화국, 우간다, 잠비아에서 사용료를 폐지한 결과 보건소 방문이 증가했다고 한다. 우간다에서는 가난한 정도가 마지막 5분위수에 드는 사람들은 사용료가 올랐을 때 오히려 혜택을 받았다. 또한 사용료 철폐는 대개 무료였던 수직적 보건 프로그램에 대한 접근을 향상시키는 확실한 효과를 나타냈다. 예컨대, DPT 예방접종률(이 서비스를 사용할 수 있는 적격 인구에 대한 백분율)은 사용료가 폐지된 지 5년 뒤인 2001년까지 48퍼센트에서 89퍼센트로 올라 거의 두 배가 되었

43) Rob Yates, "Universal Health Care and the Removal of User Fees," *Lancet* 373, no. 9680 (2009) : 2078; John S. Akin, Nancy Birdsall, and David M. de Ferranti, *Financing Health Service in Developing Countries*, 1987 World Bank Policy Study (Washington, D.C. : World Bank, 1987).

44) 1987년 바마코 정책에 대한 WHO의 지침은 다음 글에서 인용한 것이다. Barbara McPake, Kara Hanson, and Anne Mills, "Community Financing of Health Care in Africa : An Evaluation of the Bamako Initiative," *Social Science and Medicine* 36, no. 11 (1993) : 1383.

45) Gershman and Irwin, "Getting a Grip," 30.

46) Meredeth Turshen, *Privatizing Health Services in Africa* (New Brunswick, N.J. : Rutgers University Press, 1999), 33~50.

47) Barbara McPake, "User Charges for Health Services in Developing Countries : A Review of the Economic Literature," *Social Science and Medicine* 36, no. 11 (1993) : 1404.

다.[48] 케냐의 한 연구에 따르면, 임산부에게 살충제 처리한 침대 그물의 사용료로 0.75달러를 징수하자, 고작 그 정도 돈에 75퍼센트 가까이 수요가 급감하기도 했다.[49]

둘째로, 사용료를 받으면 15~20퍼센트의 운영비를 감당할 수 있을 것이라던 세계은행의 예측[50]과는 달리 실제로는 사용료를 도입해도 정부 수익이 크게 늘어나지 않아, 평균적으로 전체 보건 비용의 5퍼센트 정도였다.[51] 사실 잠비아 같은 몇몇 나라에서는 사용료 정책을 운용하는 데 드는 비용이 정부가 벌어들인 수익을 초과했다. 이 결과를 보면 오히려 사용료를 없애는 것이 보건 관리에 사용할 수 있는 재원을 늘리는 길이었다.[52] 하지만 사용료 도입의 이면에 깔린 목적은 원가 회수가 아닌 민영화였다. 사용료에 찬성하는 사람들은 정부의 관리 비용을 인상함으로써, 더 많은 개인 공급자들이 보건 관리 시장에 진입하기를 바랐다. 세계은행의 한 보고서에 따르면, "사용료는 자기금융[53]을 위한 필수적 선행조건이며, 그것을 보태지 않으면 공공 부문에서는 정부가 비용을 적게 들여 보건 관리를 수행하는 것이 불가능하다. 따라서 사적 보건 관리 시장에 참여할 동기가 부족해질 것이다."[54] 하지만 사용료는 물자가 부족한 환경에 처해 있는 가난한 사람의 상당수가 어떤 보건 서비스에도 접근하지 못하게 했다.

어떤 면에서 보면 사용료가 누군가에게는, 특히 농촌 사람들에게는 너무 비싸다는 사실을 세계은행은 이미 예측했다. 그래서 너무 가난해서 돈을 낼 수 없는 환자들에게는 사용료를 면제하는 방안을 추천했지만, 케냐 같은 나라에서 행한 조사에 따르면 가난한 환자들은 소득 높은 환자들보다 비용을 면제받으려는 경향이 강하지 않았다.[55] 사용료를

48) Rob Yates, "International Experience in Removing User Fees for Health Services-Implications for Mozambique," 보건자원센터 국제개발부 보고서, London, June 2006, 3~13.

49) Jessica Cohen and Pascaline Dupas, "Free Distribution or Cost-Sharing? Evidence from a Randomized Malaria Prevention Experiment," *Quarterly Journal of Economics* 125, no. 1 (2010), www.povertyactionlab.org/publication/free-distribution-or-cost-sharing-evidence-malaria-prevention-experiment-kenya-qje (접속일 : 2012년 8월 24일)

50) Akin, Birdsall, and de Ferranti, *Financing Health Services in Developing Countries*, 4.

51) Lucy Gilson, Steven Russell, and Kent Buse, "The Political Economy of User Fees with Targeting : Developing Equitable Health Financing Policy," *Journal of International Development* 7, no. 3 (1995) : 385.

52) Yates, "International Experiences in Removing User Fees," 15.

53) 기업이 내부에서 자금을 조달하는 것. ─역주

54) World Bank, "Cost Sharing: Towards Sustainable Health Care in Sub Saharan Africa," World Bank Group Findings, Africa Region, no. 63, May 1996.

55) Yates, "International Experiences in Removing User Fees," 7.

도입하는 데 다양한 이론적 근거가 있더라도, 행정력이 제한된 국가들이 그것을 시행하기란 어렵다는 점 또한 증명되었다.

1980년대 후반에는, 전 세계에 걸쳐 보건에 미치는 구조 조정 프로그램의 의도치 않은(때로는 왜곡된) 효과에 주목할 것을 요청하는 목소리가 높아지기 시작했다. 1987년에 이르러 UNICEF는 「인간의 얼굴을 한 조정(Adjustment with a Human Face)」이라는 제목의 중요한 보고서를 출간하여 이러한 흐름을 지원했다. 여기에는 IMF와 세계은행의 정책이 전 세계 개발도상국의 보건 시스템에 해로운 결과를 가져왔다는 내용이 수록되어 있었다.[56] 또한 성공적인 정책적 조정(IMF가 제시한 조건에 따라)이라 생각했던 것이 보건을 악화시킨 여러 사례를 수록해 주의를 끌었다. 프랜시스 스튜어트(Frances Stewart)는 세계은행에서 대출을 받은 국가들이 1980년에서 1987년 사이에 지급한 이자가 증가했음을 발견했다. 라틴아메리카에서는 예산의 평균 9퍼센트에서 19.3퍼센트, 아프리카에서는 7.7퍼센트에서 12.5퍼센트까지 증가했던 것이다. 이러한 지급 이자의 증가 때문에 1980년에서 1985년 사이에 아프리카에서는 보건과 교육에 대한 1인당 지출이 평균 26퍼센트, 라틴아메리카에서는 평균 18퍼센트 감소했다.[57] 비록 기존에 존재하던 경제적·정치적 조건과 비교해서 그 영향을 평가하기가 어렵기는 해도 구조 조정은 분명 사회적 서비스의 재원이 감소한 데 책임이 있다. 또한 세계은행의 "안정화, 자유화, 민영화" 공약은 공공 전달이나 사회적 서비스의 접근성을 강화하는 데 거의 아무런 소용이 없었다.

워싱턴 컨센서스에 대한 불만은 보건 영역 밖에서도 생겼다. 1990년에는 유엔개발계획(UNDP)이 「인간 개발 보고서」라는 제목의 연간 보고서를 발간하기 시작했다. 이 보고서는 가난 퇴치 정책의 인간적 현실에 신자유주의 이론을 적용하는 데 대한 논쟁에 다시 초점을 맞추었다. 즉, 이 보고서는 개발 정도를 측정하기 위해 1인당 국내총생산(GDP)에만 주목하기보다는 보건과 교육의(정부 서비스가 가난의 효과를 완화하는 데 도움을 줄 수 있는 부문들) 지표들을 강조했다.

이렇게 구조 조정의 해로운 결과를 입증하는 증거가 늘어나는 와중에도 그 대출 서비스는 1990년대까지 계속되었다. 사실 워싱턴 컨센서스에 대한 지원 중 가장 잘 알려진 것

---

56) Giovanni Andrea Cornia, Richard Jolly, and Frances Stewart, eds., *Adjustment with a Human Face : Protecting the Vulnerable and Promoting Growth-A Study by UNICEF* (Oxford : Clarendon Press, 1987).

57) Frances Stewart, "The Many Faces of Adjustment," *World Development* 19, no. 12 (1991) : 1851.

은 1989년 베를린 장벽이 무너진 이후에 나타났다. 당시 서구 경제 전문가들은 "충격 요법"을 추천했는데, 이것은 자본주의로 이행하고 있는 과거 소비에트 국가들이 구조 조정 프로그램에서 사용되는 강경한 자유 시장 노선의 개혁을 지지하도록 유도하는 공격적인 접근법이었다.

역사적으로 보면 신자유주의의 부상은 1차 보건관리 운동의 마지막 조종(弔鐘)을 울렸다. 1차 보건관리 시스템을 확장하자는 요청은 정부 예산을 감축하는 IMF와 세계은행의 정책에 정면으로 맞서는 것이었다. 여러 분야의 지도자들은 "보건 예외론"을 주장하기 시작했는데, 구조 조정 개혁의 속박에서 보건 서비스의 확장만은 예외로 하자는 것이 요지였다. 1990년에 "워싱턴 컨센서스"라는 말을 만든 세계은행의 경제학자 존 윌리엄슨(John Williamson)은 다음과 같이 이야기했다. "다른 분야와 달리, 교육과 보건은 정부가 지출할 만한 적절한 분야다."[58] 하지만 이런 제안도 시장 근본주의에 가려 빛을 잃었다.[59] 오직 선택적 1차 보건관리 지지자들이 추천한 것처럼 "비용 대비 효율적인" 제한적 개입만이 국제정치의 무대에서 견인력을 발휘했다.

이제는 구조 조정 정책이 성장을 달성하거나 빈곤을 줄이고 보건을 개선하는 데 거의 도움이 되지 않았음이 널리 인정되고 있다. 1980년대에서 1990년대까지 공격적인 경제 성장 정책은 사하라 이남 아프리카, 라틴아메리카, 동유럽, 중동, 북아프리카에서 부정적인 결과를 낳았다.[60] 이 20년에 걸친 불황의 이유에 대해 많은 주장이 논쟁을 벌이고 있지만, 대부분 원인을 지나치게 단순화했다. 그중 몇몇은 성장의 부재를 들어 구조 조정을 비난하지만, 다른 몇몇은 이런 접근이 그 밑에 깔린 구조적 약점을 충분히 파고들지 못했다고 주장한다. 그리고 일각에서는 개발도상국의 지도자들이 아직도 구조 조정으로 말미암은 제약을 피하면서 산업들을 예전 모습으로 되돌리고 있다고 주장한다.[61]

---

58) John Williamson, "What Washington Means by Policy Reform," in *Latin American Adjustment : How Much Has Happened?* ed. John Williamson (Washington, D.C. : Instirute for International Economics, 1990), 11.

59) 보통 워싱턴 컨센서스에서 유래했다고 알려졌던 정책들이 본래의 내용(빈곤 퇴치에 대한 내용을 포함해) 상당수를 잃었다는 점, 그리고 그 경제 정책들이 더욱 신자유주의적인 실천으로 이행했다는 점에 대해서는 윌리엄슨 자신도 인정한다. 다음을 보라. John Williamson, "What Should the World Bank Think about the Washington Consensus?" *World Bank Research Observer* 15, no. 2 (2000) : 252.

60) Easterly, *Elusive Quest for Growth*, 103.

61) Nicholas van der Walle, *African Economies and the Politics of Permanent Crisis, 1979~1999* (New York : Cambridge University Press, 2001).

IMF의 지원을 받은 라틴아메리카와 동남아시아 국가들은 반복해서 위기를 겪었는데, 이는 구조 조정 대출 과정에서 요구받은 혹독한 조건과 연관이 있는 듯하다. 어떤 학자들은 구조 조정의 틀에서 자본시장의 규제를 완화한 것이 1998년에 이르러 동아시아의 금융 위기를 촉발했다고 믿는다. 실제로, 이 시기에 IMF 및 세계은행과 독립된 경제 개혁을 추진한 몇몇 국가들은 상당히 훌륭한 성과를 보였다. 그중에서 가장 눈에 띄는 것이 중국과 인도다. 물론 최근 이 두 나라의 경제가 성장한 데는 복잡한 역사적·정치적·경제적 이유들이 있지만, 이를 감안해도 한 가지 이상의 지표를 통해 단순한 결론을 낼 수 있다. 바로 구조 조정은 많은 개발도상국에서 보건 서비스의 공공 재원을 침식했다는 것이다.[62]

요컨대, 구조 조정은 본래 해결하고자 했던 시스템적인 다양한 문제(비효율적이고 부적절한 자원 할당, 점점 증가하는 정부의 적자와 직권 남용, 패거리주의)를 푸는 데 대부분 실패했다. 1980년대와 1990년대는 느린 경제 성장과 보건 시스템의 악화로 특징지을 수 있다. 특히 사하라 이남 아프리카가 이 두 가지 현상을 심각하게 겪었다. 낮은 경제성장률과 HIV의 확산 때문에 보건 예산이 삭감될수록 보건 서비스의 필요성이 상당히 늘어났던 것이다. 예컨대 1990년대 후반의 잠비아같이 에이즈가 심하게 퍼진 나라에서는 간호사와 교사를 양성하는 속도와 그들이 에이즈로 사망하는 속도가 거의 같을 지경이었다.[63]

마침내 이런 흐름에 대한 평가가 정책 입안자들에게도 전해지면서, 2005년에는 선도적인 개발 경제학자 한 사람이 "이제는 아무도 워싱턴 컨센서스를 진정으로 믿지 않는다."라고 밝히기에 이르렀다.[64] 2000년대 초반에는 세계은행조차도 아프리카에서 에이즈 프로그램의 지원에 나섰고, 두 개의 이론[지리학적인 가난의 덫과 비시장 기구 (nonmarket institution)의 중요성]이 개발도상국의 낮은 성장을 설명하는 데 사용되었다. 비록 몇몇 주요 개발 경제학자들이 정부와 친개발 경제정책의 복잡한 관계(구조 조정 정

---

62) David Stuckler, Sanjay Basu, Anna Gilmore, Rajaie Batniji, Gorik Ooms, Akanksha A. Marphatia, Rachel Hammonds, and martin McKee, "An Evaluation of the International Monetary Fund's Claims about Public Health," *International Journal of Health Services* 40, no. 2 (2010) : 328; Schoepf, Schoepf, and Millen, "Theoretical Therapies, Remote Remedies," 109.

63) Roy Carr-Hill, Kamugisha Joviter Katabaro, Anne Ruhweza Katahoire, Dramane Oula, "The impact of HIV/ AIDS on education and institutionalizing preventive education," report to International Institute for Educational Planning/UNESCO (Paris, 2002), 42. 다음 사이트에서 찾아볼 수 있다. http://unesdoc.unesco.org/ images/0012/001293/129353e.pdf (접속일 : 2013년 5월 28일).

64) Rodrik, "Goodbye Washington Consensus," 974.

책과 아주 다른 처방을 내리게 하는)[65]를 재인식했지만, 다른 학자들과 정책 입안자들은 여전히 워싱턴 컨센서스의 관점을 변형해 잘 실행하는 것이 개발도상국에서 장기간의 성장을 이끄는 최선의 방법이라는 생각을 고수했다. 10장에서 살펴보겠지만, 이 논쟁은 지금도 계속되고 있다.[66]

"모두를 위한 의료"와 "안정화, 자유화, 민영화"는 서로 동떨어진 개념이다. 그렇다면 "컨센서스"는 어떻게 1978년의 1차 보건관리 운동이 내세운 다양한 원리에서 1982년의 신자유주의로 급격히 변화했는가? 한 가지 방법은 피터 버거와 토머스 루크만이 설명한 '제도화 이론(2장에서 소개된)'에 의지하는 것이다. 급격한 변화는 1982년의 부채 위기 같은 위기의 순간 뒤에 찾아오기 마련이다. 그리고 그러한 위기의 뿌리는 국제경제의 힘(높은 유가, 개발도상국에서의 수출 수요 감소)과 연관이 있다. 이에 경제학자들이 그 문제를 "고치기" 위해 개입했다. 무엇이 잘못되었고, 변화를 위해 무엇이 필요한지를 평가하기 위해 새로운 습관과 규범이 결정됨에 따라, 경제적 지식(금리, 공공 지출, 인플레이션)이 다른 형태의 낡은 지식(정치적, 의학적, 생태학적, 지역적)을 대신했다. 레이건과 대처 행정부(세계에서 가장 큰 두 경제를 이끄는)의 보수주의가 굳건해지면서 이런 경제학적 사고가 부상하는 것을 뒷받침했다. 밀턴 프리드만 같은 학자들이 명성을 얻은 반면 몇몇 사람들(할프단 말러나 많은 대출을 받은 국가의 지도자들, 그리고 지역 보건소의 폐쇄에 영향을 받은 사람들)은 국제 발전 정책 논의에서 잊힌 존재가 되었다.

국제정치는 복잡한 사회적 세계 속에서 상상되고 발전되며 실행된다. 새로운 규범이 제도화되면 그것과 "관련 있는" 지식들이 개편되어 그 효과가 널리 퍼지는데, 이는 예측이 불가능하다. 구조 조정 프로그램과 그것이 가난한 사람들의 보건에 미친 악영향 또한 로버트 머튼이 사회적 행동에 내재되어 있다고 주장한 '의도치 않은 결과들'이다. 의사 결정이 개인들의 생생한 경험과 동떨어질수록 이런 효과는 점점 높아질 수 있다. 비록 의도치 않은 결과들을 제거하는 방법은 없지만, 아서 클레인먼에 따르면 국제 보건 관계자들은 "비판적인 자기반성"의 습관을 도입함으로써 유해한 결과들에 더 재빠르게 대응하

---

65) 다음을 참고하라. Daron Acemoglu and James Robinson, *Why Nations Fail : The Origins of Power, Prosperity, and Poverty* (New York : Crown, 2012).

66) Anne O. Krueger, "Meant Well, Tried Little, Failed Much : Policy Reforms in Emerging Market Economies." (2004년 3월 23일 뉴욕대학교 Economic Honors Society의 Roundtable Lecture에서 발표된 논문)

여 나쁜 효과들을 경감할 수 있다. 우리는 9장에서 이에 대해 살필 것이다.

선택적 1차 보건관리와 UNICEF의 등장

1978년 알마−아타선언이 발표되고, "2000년까지 모두를 위한 의료를"이라는 목표를 도입함에 따라 1차 보건관리 운동은 국제 보건 정책의 틀에서 특정 질병의 박멸을 추구하는 캠페인을 펼쳐 나갔다. 하지만 자원이나 명료한 행동 계획이 없었기 때문에, 알마−아타에서 윤곽을 그린 다양한 원리는 실현하지 못했다. 이후 1980년대 초반에 신자유주의와 구조 조정 프로그램이 국제 보건을 지배하면서 공공 부문의 예산이 줄었고, 전 세계적으로 공중 보건을 실현한다는 야망도 수그러들었다.

비록 UNICEF가 구조 조정을 소리 높여 비판하긴 했지만, '선택적 1차 보건관리'라는 UNICEF의 전략은 능률과 비용 대비 효율성을 우선시했던 세계은행 및 IMF의 접근과 통하는 바가 있었다. 결국 구조 조정 정책이 개발도상국에서 보건적 성과를 내는 데 실패하자, 정책 입안자들 중 상당수는 선택적 1차 보건관리에 희망을 걸었다. 다수의 경제학자 또한 훌륭한 보건 시스템이 경제 발전을 위한 전제 조건이라는 데 동의하고 보건 개입을 국가적 수준의 발전 프로그램에서 중요한 측면으로 간주했다.

이 절에서는 선택적 1차 보건관리 운동에서 가장 눈에 띄는 캠페인이었던 GOBI-FFF와 함께 1980년대 국제 보건의 주된 참가자였던 UNICEF의 부상에 대해 살펴볼 것이다.

UNICEF가 솔선수범하다

1980년대 초반, 개발도상국에서는 5세 이하 어린이들이 해마다 약 1,500만 명이나 목숨을 잃었다. 1982년부터 시작된 UNICEF의 GOBI-FFF 프로그램은 이 사망률을 반으로 줄이겠다는 야심 찬 목표를 세웠다. UNICEF는 아동과 신생아의 사망률 감소와 모성 보건의 개선을 가장 우선 사항으로 여겼다. 이 프로그램은 먼저 앞 글자 GOBI로 묶이는 네 가지의 개입에 집중했다. 즉 성장 모니터링(growth monitoring), 구강 재수화 요법(oral rehydration therapy, ORT. 그림 4.7을 보라.), 모유 수유 홍보(promotion of breastfeeding), 그리고 아동 예방접종의 보편화(universal childhood immunization)다. 이

[그림 4.7] 한 여성이 유아에게 숟가락으로 구강 재수화 요법을 실시하고 있다. 이 캠페인은 UNICEF GOBI-FFF의 주요 부분이다.

· 출처 : UNICEF/NYHQ2007-1583/Oliver Asselin.

네 가지의 개입은 아동 한 명당 드는 비용이 10달러 미만으로 추정될 정도로 비용 대비 효율성이 매우 높았다.

1983년에는 모성 보건을 개선하기 위해 이 캠페인에 FFF라 불리는 다음과 같은 개입 세 가지가 추가되었다.

· 산아제한과 출산 간격 두기(Family planning and birth spacing)
· 여성 문맹 퇴치 캠페인(Female literacy campaigns)
· 식량 공급(Food supplementation)

관찰자들은 이런 개입이 "보편적으로 타당성이 있고 서로 연관되어 상승작용을 한다. 또한 …… 가치나 우선순위가 상당히 변화하더라도 이에 영향을 받지 않는다."[67]고 말 했다. 이 프로그램의 설계자들은 다른 여러 대안도 고려해 보았지만(대개 말라리아나 로

---

67) Richard Cash, *Child Health and Survival : The UNICEF GOBI-FFF Program*, ed. Richard Cash, Gerald T. Keusch, and Joel La,stein (Wolfeboro, N.H. : Croom Helm, 1987), ix. 서문.

타바이러스, 비타민 D 결핍의 통제를 목표로 삼는 개입이나 급성 호흡기 장애에 대한 치료), GOBI-FFF 프로그램이 개인과 가정 그리고 공동체 면에서 "사망률의 큰 감소"를 가져올 가능성이 가장 높다고 보았다.[68] 가장 중요한 것은 GOBI-FFF 개입이 최소한의 보건 관리 인프라만을 요구하며, 구강으로 투여할 수 있는 ORT나 사빈 폴리오 백신같이 비용 대비 효율적인 의료 기술의 진보를 활용하여 저온 유통 체계가 필요 없다는 점이다.[69]

GOBI-FFF 캠페인은 광범위한 이해 당사자(정책 입안자로부터 보건 서비스를 찾는 가족에 이르기까지)에게 호소해 프로그램의 이행을 서둘렀다. 리처드 캐시(Richard Cash)와 그의 동료들에 따르면, 공중 보건 전문가들은 SPHC 프로그램을 이상적으로 시행하려면 어떤 개입을 포함해야 할지 끊임없이 토론했지만, 그것이 개별 개입을 일괄적으로 적용하는 프로그램이라는 개념에는 논란의 여지가 없었다. 이들에 따르면, "개입 프로그램의 메뉴를 선택하는 것은 신생아나 아동 사망률 '발생 요인'의 여러 단계를 알아내는 것에 비해 중요하지 않았다."[70]

UNICEF의 큰 도전 중 하나는 1977년 세계보건회의에서 설정된 보편적 아동 예방접종이라는 목표를 위해 지원을 끌어올리는 것이었다. 하지만 1980년대 초반까지도 거의 진전이 없었다. 개발도상국 가운데 예방접종률이 20퍼센트를 넘는 곳은 얼마 안 되었기 때문이다. 이에 1984년에는 UNICEF, 록펠러 재단, WHO, UNDP, 세계은행이 모여 벨라지오 회의를 열었다. 여기서 발족된 '아동을 살리기 위한 대책위원회'가 GOBI-FFF 캠페인의 일곱 가지 주요 개입과 선택적 1차 보건의료 운동에 대한 전반적인 면역 요법을 선언했다.

제임스 P. 그랜트

제임스 그랜트(1922~1995년, 그림 4.8에 사진이 있다.)는 베이징에서 태어나 어린

---

68) Gerald T. Keusch, Carla Wilson, and Richard Cash, "Is There Synergy among the Interventions in the GOBI-FFF Programme?" in Cash, Keusch, and Lamstein, *Child Health and Survival*, 109.

69) "저온 유통 체계(cold chain)"는 특정 보건 기술, 식료품, 상품 등을 냉장된 상태로 연이어 운송하거나 저장하는 체계의 필요성과 관련이 있다.

70) Keusch, Wilson, and Cash, "Is There Synergy among the Interventions in the GOBI-FFF Programme?" 116.

시절을 중국에서 보낸 덕에 표준 중국어를 유창하게 구사했다. 그의 아버지 존 그랜트는 록펠러 재단에서 선교 의사로 일했는데, 그랜트는 그런 아버지를 가까이서 보고 자랐다.

존 그랜트는 공중 보건 분야의 선구자로 여러 해 동안 중국의 농촌 마을에서 일하면서 그들에게 기본적인 의술 훈련을 시켰다. 제임스의 할아버지 역시 의료 선교사였다. 따라서 제임스 또한 자연스럽게 아버지와 할아버지의 발자취를 따랐다.

제임스 그랜트가 공중 보건 분야를 앞서 이끌게 된 것은 오랜 세월 국제적인 인도주의 사업에 몸담은 결과였다. 그는 버클리에 있는 캘리포니아대학교 학부를 졸업하고, 하버드대학교에서 법학 학위를 받은 뒤 1940년대에 중국에 있는 국제연합 구제부흥 기관에서 일을 시작했다. 나중에는 동남아시아와 터키에서 미국 국무부의 원조 임무를 이끌었다. 1960년대에는 미국국제개발처의 간사가 되었고, 1969년에는 국제개발처를 떠나 싱크탱크인 해외개발협의회에서 근무했다. 그랜트는 거의 10년 동안 이곳의 대표이자 최고 경영자였다.

1980년에 이르러 미국의 지미 카터 대통령은 그랜트를 UNICEF의 사무총장으로 임명할 것을 국제연합에 강력히 권고했고, 결국 그랜트는 1995년에 사망할 때까지 이 자리에서 일했다.

그의 지지자들은 그랜트가 정치적으로 현실주의자면서도 인기에 연연하지 않고 정책 결정을 내리는 점을 칭송했다. WHO, 국제연합, 그리고 UNICEF 안에서도 GOBI-FFF 정책에 회의적인 비판가들이 많았지만, 그랜트는 결코 굴하지 않았다. 그의 열정과 끈질긴 홍보 노력은 캠페인이 성공하는 데 큰 역할을 했다. 그랜트는 UNICEF에서 자신이 이룬 가장 큰 업적이 1990년에 아동을 위한 세계정상회담에서 한 발표라고 생각한다. 그 발표란 바로 UNICEF가 세계 아동 80퍼센트에 예방 접종을 하겠다는 목표를 이루었다는 내용이었다.

1994년에 클린턴 대통령은 그랜트에게 대통령 자유 훈장을 수여했다. "전 세계 아동을 위한 개혁 운동에서 그가 보여 준 연민과 용기"를 기리기 위해서였다.[71]

---

71) 그랜트의 삶과 직업적 경력에 대해서는 다음 글을 참고하라. Barbara Crosette, "James P. Grant, UNICEF Chief and Aid Expert, Is Dead at 72," New York Times, January 30, 1995, www.nytimes.com/1995/01/30/obituaries/james-p-grant-unicef-chief-and-aid-expert-is-dead-at-72.html (접속일 : 2012년 11월 12일).

[그림 4.8] 1980년부터 1995년까지 UNICEF 사무총장을 지낸 제임스 그랜트.
· 출처 : UNICEF/NYHQ1994-0093/Giacomo Pirozzi.

　　제임스 그랜트와 국제연합의 다른 사무관들은 여러 국가의 수장들에게 "국가적 예방 접종의 날"을 만들어 신생아와 아동 다수에게 소아마비 등 예방 가능한 질병에 대해 예방 접종을 하라고 촉구했다. 국가 예방접종일에는 의원이나 보건 관리 제공자들이 기본적인 예방접종(천연두, 소아마비, 홍역 주사가 많다.)을 무료로 실시한다. UNICEF나 WHO 에서 나온 지원 팀이 돕는 경우도 많다. 초기에 예방접종의 날을 실시한 국가는 컬럼비 아, 부르키나파소, 세네갈, 인도 일부, 나이지리아였다. 그중에서 가장 큰 성공을 거둔 나 라는 터키였다.

　　터키가 국가적 예방접종의 날을 처음으로 실시한 것은 1985년이었다. UNICEF에서 4만 5천 곳의 간이 접종 장소를 준비했고, 1만 2천 명의 훈련받은 보건 인력과 6만 5천 명의 보조 인력을 동원해 5백만 명에 달하는 아이들의 부모가 참여하도록 설득했다. 이 캠페인은 예방접종의 날을 "진정한 국가적 행사"로 만들기 위해 "사회 각층과 방방곡곡 의 여론 형성자들"의 지원을 받으려고 노력했다.[72] 라디오와 텔레비전 네트워크는 예방

---

72) UNICEF, *1946~2006 : Sixty Years for Children* (New York : United Nations Children's Fund, 2006), 18.

접종의 날이 언제고, 간이 접종 장소가 어디인지 계속 알렸다. 또 20만 명의 학교 교사들과 5만 4천 명의 이맘[73], 4만 명의 마을 지도자들, 그리고 수많은 의사·약사·보건 노동자들이 캠페인 참여를 독려했다. 국제연합에서 일하는 역사학자 매기 블랙(Maggie Black)은 「아이들이 먼저다 : UNICEF의 과거와 현재」라는 책에서 당시 "백신을 동네 상점과 구멍가게의 냉동고에 보관했다가 자동차, 트럭, 말에 실어 운반하거나 직접 걸어서 옮기기도 했다."[74]고 기록했다. 이 캠페인이 시작되고 2개월이 지난 뒤, UNICEF와 터키 정부는 표적 집단의 84퍼센트에게 예방접종을 실시했다고 보고했다.

터키가 국가적으로 시행한 예방접종의 날이 유명해지자 인근의 다른 국가들도 고무되어 비슷한 제도를 시행했다. 이로써 국제 공동체는 보편적 아동 예방접종이 실현 가능한 목표임을 확신했다. 또한 이 캠페인은 목표로 하는 인구 집단을 동원해 진행하는 서비스 전달의 효율성을 보여 줌으로써, 서아시아와 북아프리카의 다른 국가들에게도 UNICEF의 대규모 개입에 대한 정보를 전달했다. 국가적 예방접종일은 아동에게 소아마비 접종을 하는 데 일차적으로 활용되다가 나중에는 비타민 A 보충제를 나누어 주는 데도 사용되었다. 특히 짐바브웨 같은 국가에서는 아동의 말라리아 감염을 줄이기 위해 살충제를 뿌린 침대 그물을 배급하기도 했다. 단기간에 예방접종을 널리 실시하기 위해 자원봉사 단체의 도움을 얻고, 임시 예방접종 장소를 설치하는 전략은 오늘날에도 전 세계에 걸쳐 널리 활용되고 있다.

아동 살리기 혁명은 1990년대에 열린 아동을 위한 정상회의에서 절정에 이르렀다. UNICEF는 개발도상국의 아동 80퍼센트에 예방접종을 실시하겠다는 초기의 목표를 달성했다고 자랑스럽게 발표(80퍼센트가 중요한 문턱인 이유는, 이 수치 이상이어야 어떤 인구 집단 안에서 전파되는 질병에 대해 "집단 수준의 면역"을 이루었다고 간주할 수 있기 때문이다.)했다. UNICEF가 지원한 이 세계정상회의에는 71명의 국가 수장들, 그리고 아동과 신생아 사망률 감소에 지속적으로 공헌해 온 88명의 선임 관리자들이 추가로 참석했다. UNICEF 직원들은 아메리카 대륙에도 소아마비 예방접종을 폭넓게 실시했고 그 결과, 이 지역에서 소아마비의 박멸을 가속화(공식적으로는 1994년에 박멸이 선언되

---

73) 이슬람 사회의 지도자 -역주
74) Maggie Black, *Children First : The Story of UNICEF Past and Present* (Oxford : Oxford University Press, 1996), 45.

었다.)했다.

뿐만 아니라, GOBI-FFF 캠페인은 전 세계에 걸쳐 구강 재수화 요법과 영양제 보충 요법 확산에 대해 인정받고 있다.[75] UNICEF는 여러 국가에 구강 재수화 요법에 대한 접근도(지역 병원과 약국을 통해)를 높일 것을 요청했다. 이 요법은 1970년대부터 개발도 상국에서 4천만 명 이상의 어린 생명을 살려 왔다. WHO 보고서에 따르면 구강 재수화 요법을 사용한 이후로 설사병으로 말미암은 사망률이 거의 36퍼센트 줄었다고 한다.[76] 요컨대 구강 재수화 요법(20세기 공중 보건의 가장 중요한 진보)을 널리 소개해야만 개발 도상국에서 신생아의 주된 사망 요인인 설사병을 경감할 수 있다는 말이다.

GOBI-FFF의 성공은 국제 보건의 리더십과 정치적 옹호 활동에 대해 중요한 교훈을 준다. 아동과 어머니를 한 명이라도 더 살리기 위해 UNICEF는 거대한 정치적 의지를 끌어모아야만 했다. GOBI-FFF 캠페인은 일찍이 정치적 의지를 모으는 데 따르는 이해 관계를 파악했고 그 결과 성공할 수 있었다. 당시 이미 여러 국가의 이해 당사자들이 신 생아의 높은 사망률에 관심을 갖고 있었다. 1980년대에 UNICEF는 그랜트의 감독 아래 「세계 아동 실태」라는 연간 보고서를 발간해 UNICEF의 활동을 기록하고, 아동들의 권 리를 대변하는 플랫폼을 만들고자 했다. 이 보고서는 아동의 생존 지표에 따라 각 국가의 순위를 매김으로써 여러 국가 간의 건설적인 경쟁을 유도하여 GOBI-FFF 의제를 위한 정치적인 의지를 불러일으켰다. 보고서는 여러 국가에서 GOBI-FFF의 목표 달성에 한 걸음 더 나아가는 것을 경제적이고 정치적인 발전으로 간주할 수 있음을 암시했다.

그랜트의 카리스마적인 리더십이 UNICEF의 부상과 GOBI-FFF의 성취에 도움이 된 것은 분명하다. 그랜트는 "부추기고 설득하며 우쭐하게 하고, 면박을 주다가도 칭찬을 했다." 이런 방식으로 결국 UNICEF 내부에서도 가능하리라 믿지 않았던, 아동 생존율 혁명을 위한 정치적 자본을 형성했다.[77] 1985년까지 그랜트는 아동과 신생아 사망률의 "조용한 응급 상황"에 대해 논의하기 위해 거의 40명에 달하는 국가 수장들과 국가 주요 지도자들을 개인적으로 만났고, 구강 재수화 요법을 비롯한 GOBI-FFF 개입을 널리 받

75) Andrea Gerlin, "A Simple Solution," *Time*, October 8, 2006, 40~47.

76) World Health Organization, *World Health Report 2002 : Reducing Risks, Promoting Healthy Life* (Geneva : World Health Organization, 2002), 113.

77) Adamson, "The Mad American," 23.

아들일 것을 촉구했다. 그는 구강 재수화에 사용하는 염 꾸러미를(육체적·정신적 지체를 일으킬 위험이 있는 요오드 결핍을 낮추기 위해 만들어진 요오드 처리된 염을 포함한) 들고 공적인 연회에 참석해 옆에 앉은 사람들에게 그것의 장점을 설파했다. 그뿐만 아니라, 오드리 헵번(Audrey Hepburn)을 포함한 여러 배우에게 캠페인의 "친선 대사"가 되어 달라고 설득했다.[78]

그랜트의 또 다른 전략은 GOBI-FFF의 일곱 가지 개입의 장점이 서로 상승작용을 일으켜 확장되게끔 프로그램의 성공을 위한 동력을 만드는 것이었다. 1995년에 발표된 「국가들의 진보」라는 보고서에서 UNICEF의 전 부사무총장이었던 리처드 졸리는 다음과 같이 기술했다. "제임스 그랜트는 이 특정 목표를 달성하고 준비하는 것이 인류의 상태를 개선하는 역사적인 투쟁의 일부라고 믿는다. 희망과 낙관주의를 공격하는 모든 나쁜 소식에 마주할 때마다 그랜트는 우리가 그날그날의 신문 헤드라인에서 눈을 돌려 역사의 지평선을 내다봐야 한다고 주장했다."[79] 물론 GOBI-FFF 캠페인의 성공이 오로지 그랜트 혼자만의 성과는 아니지만, 활기를 불러일으켰던 그 존재감과 UNICEF의 목표를 위한 끈질긴 추구는 국제적 시야에서 보건 정책을 지지하는 정치적인 의지를 모으는 하나의 모델이 되었다.

1985년 엘살바도르의 "평온한 날"

몇몇 국가들에서는 보편적 아동 예방접종이라는 목표가 현실성이 없어 보였다. 1985년 엘살바도르에서는 군부와 좌익 민병대 연합인 파라분도 마르티(Farabundo Martí) 국가 해방 전선 사이에 심한 내전이 벌어지고 있었다. 내전은 1980년에 시작되어 12년을 끌었고, 그 과정에서 7만 5천여 명이 사망했다. 많은 개인 병원이 문을 닫았고, 보건 서비스(예방접종을 포함한)를 전달하는 정부 시설들이 심하게

---

78) GOBI-FFF 캠페인에서 오드리 헵번의 참여는 특히, HIV/에이즈가 유행할 때와 같이 공중 보건의 문제에 대항해 싸우는 투사가 된 많은 유명인의 선례가 되었다.

79) Richard Jolly, "Introduction : Social Goals and Economic Reality," in *The Progress of Nations* 1995, UNICEF 편찬. www.unicef.org/pon95/intr0001.html (접속일 : 2013년 2월 15일)

파괴되었다.

그런데 제임스 그랜트는 1985년에 엘살바도르의 대통령인 호세 나폴레옹 두아르테(José Napoleón Duarte)와 국제연합 사무총장인 하비에르 페레스 데 케야르(Javier Pérez de Cuéllar)와의 회담에서, 그 시점까지 매년 사망한 살바도르 어린이 가운데 대다수가 전쟁보다는 홍역이나 백신으로 예방 가능한 다른 질병으로 사망했음을 지적했다. 그리고는 두아르테에게 일요일마다 전국의 어린이들이 이 질병들에 대한 예방접종을 하는 "평온한 날"을 만들면 어떻겠냐고 제안했다.[80] 국제연합의 촉구에 따라 양측은 세 번에 걸쳐 전쟁을 중단하고 엘살바도르 전국의 어린이 25만 명에게 예방접종을 실시했다. 엘살바도르에서 "평온한 날"이 거둔 성공은 아무리 불안한 정치적 환경에서도 단순한 보건적 개입이 수행될 수 있으며, 전쟁이 벌어지는 상황에서도 아동 보건의 필요에 따라 "평화 구역"을 만들 수 있음을 보여 준다.

"평온한 날"은 GOBI-FFF 프로그램보다도 오래 지속되었다. 1985년 이래 국제연합은 아동의 예방접종을 위해 내전 중인 파벌들에게 무기를 내려놓을 것을 계속 요청하고 있다. 레바논, 수단, 우간다, 유고슬라비아, 콩고민주공화국에서도 국제연합은 아동 예방접종을 시행하기 위해 전쟁을 일시적으로 중단하도록 교섭하여, 결국 "평화의 회랑지대"를 마련하는 데 성공했다.[81] 1999년에는 '타밀 호랑이'라고 알려진 반란 집단이 UNICEF의 요구에 따라 4일 동안 "평온한 날"을 지키기 위해 스리랑카 정부에 대한 무장투쟁을 멈추었다. 또 2002년에는 아이들에게 소아마비와 홍역 예방접종을 실시하고, 비타민 A 보충제를 배급하기 위해 부룬디 내전이 중단되었다.[82] 2004년에는 시에라리온 내전의 전투 부대가, 국제연합의 사무관들이 반란군이 점령한 지역과 분쟁 중이라 접근하기 힘든 구역에 사는 어린이들에게 예방접종을 하도록 허락하기도 했다.

80) UNICEF, *1946~2006 : Sixty Years for Children* (New York : United Nations Children's Fund, 2006), 19.

81) 앞의 책.

82) UNICEF News Note, "UN Urges 'Days of Tranquility' in Burundi for Vaccination Campaign," June 12, 2002, www.unicef.org/media/media_21527.html (접속일 : 2013년 1월 8일); UNICEF News Note, "Nationwide Measles and Polio Vaccination Campaign Launched in Burundi," June 19, 2002, www.unicef.org/media/newsnotes/02nn20measles.htm (접속일 : 2012년 8월 24일)

국제연합의 시에라리온 대표들은 이 어린이들에게 접근했던 일에 대해 다음과 같이 이야기한다. "우리는 정부 지역에 있던 반란군에게 전갈하기 위해 반란군의 친척들과 여성 집단을 이용했고, 아이들의 권리를 옹호했습니다."[83] 2006년 11월 26일, 전쟁으로 상처 입은 수단에서는 평온의 날 하루에 4만 4천 명 이상의 아이들이 예방접종을 받았다.

GOBI-FFF의 한계

록펠러 재단의 지원을 많이 받았던 GOBI-FFF 캠페인은 당초 목표로 삼았던 아동 생존율을 달성했다. 캠페인이 시작된 첫 두 해 동안 개발도상국의 평균 예방접종률이 20퍼센트에서 40퍼센트로 증가했고, 구강 재수화 요법의 활용률 또한 전체 가구의 1퍼센트 미만에서 20퍼센트 가까이 높아졌다.[84] 그런데 GOBI-FFF의 목표는(별개로 구별된 개입의 묶음을 선택하는 선택적 1차 보건관리) 강점도 있었지만 단점도 있었다. 바로 이 프로그램이 보건 체계에 미치는 영향은 아주 적었다는 것이다. GOBI-FFF는 공중 보건 인프라와 노동력·공급망·1차 관리 서비스의 공급량을 확충하지도 못했고, 보건 시스템을 강화하거나 신생아 사망률 외의 보건 지표를 개선하지도 못했다. 다시 말해, 이 캠페인이 비록 성공하기는 했지만 지속 가능한 프로그램은 아니었다는 것이다.

더구나 UNICEF가 구강 재수화 요법과 예방접종을 우선시했기 때문에, GOBI-FFF의 다른 개입은 그다지 폭넓게 이루어지지 않았다. 예컨대 산모 사망률과 기타 보건적 우선 사항들도 지체되었다. 1990년에 열린 협의회 이후 UNICEF는 전 세계적인 예방접종의 동력을 유지하고자 힘썼다. 여러 국가에서 예방접종률이 80퍼센트 이하로 다시 낮아졌기 때문이다. 2010년에는 행정 구역에 거주하는 80퍼센트의 아이들에게 DPT 예방접종을 실시한 개발도상국이 절반에 지나지 않았다. 또한 개발도상국의 53퍼센트가 5세 이하 어린이들에게 비타민 A를 지급하지 않는 것으로 보고되었다. 그리고 개발도상국 중 20개

83) Thierry Delvigne-Jean, "Pan-African Forum : Immunization as a Way of Building Peace," *UNICEF : Young Child Survival and Development*, October 19, 2004, www.unicef.org/childsurvival/index_23709.html (November 12, 2012)

84) UNICEF, *1946~2006 : Sixty Years for Children*, 21.

국이 2000년에서 2011년 사이에 신생아와 산모에게 유행한 파상풍을 박멸했음에도 불구하고, 38개국은 여전히 이 예방 가능한 질병에 이환율을 보이고 있다.[85] 1995년에 제임스 그랜트가 사망한 이후 UNICEF가 그의 업적을 유지하지 못했다는 것은 막스 베버가 기술한 바 있는 제도화된 카리스마의 위험성을 드러낸다. 카리스마 있는 지도자에게 의존하는 어떤 조직이나 사업은 그 지도자가 떠난 뒤에는 장기간 유지하지 못하는 경우가 많다.(2장을 보라.)

2000년, 스위스 다보스에서 열린 세계경제포럼에서는 빌과 멜린다 게이츠 재단의 지원을 받아 백신과 예방접종을 위한 국제연맹(GAVI)을 발족했다. 이 연맹이 아동 생존율 높이기 캠페인에 부분적으로나마 다시 활력을 불어넣었다. GAVI는 예방접종으로 예방할 수 있는 질병으로 매년 죽어가는 개발도상국의 어린이 수백만 명을 목표로 삼고, UNICEF를 비롯한 동업자들과 힘을 모았다. 이는 1990년에 달성했던 예방접종률이 유지되었다면 불필요했을 계획이었다.

UNICEF의 보고서인 「세계 아동 실태 2008」에 따르면 죽음에 이를 수 있는 설사병을 구강 재수화 요법으로 고치려는 노력 또한 흐름을 잃었다. 설사병은 여전히 개발도상국에서 신생아 사망률의 두 번째 요인으로 꼽히며, 5세 이하 어린이의 17퍼센트 이상이 이 증상으로 목숨을 잃었다. GOBI가 시작되면서 UNICEF는 1989년까지 설사병 환자의 50퍼센트에 구강 재수화 요법을 활용할 수 있으리라는 희망을 품었다. 1990년까지 전 세계에 걸쳐 61퍼센트의 인구가 지역 병원과 약국을 통해 구강 재수화 요법 세트를 얻었지만, 이들 가운데 실제로 그 세트를 활용해서 설사병을 고친 것은 겨우 32퍼센트에 불과했다. 물론 아주 효과가 없었던 것은 아니기 때문에 약 100만 명의 어린이들이 구강 재수화 요법의 혜택을 보았지만, 그랜트는 더 나은 목표를 추구했다. 「세계 아동 실태 2008」에 따르면 개발도상국에서는 매일 5세 이하 아동 2만 6천 명이 목숨을 잃는다. 보고서는 이렇게 결론을 내린다. "오늘날 신생아 사망률 문제는 25년 전 '아동 생존율 혁명'이 처음 시작했을 때와 다를 바 없이 심각하다."[86]

---

85) World Health Organization and UNICEF, *Progress Towards Global Immunization Goals : Summary Presentation of Key Indicators*, August 2011, www.who.int/immunization_monitoring/data/SlidersGlobalImmunization.pdf (접속일 : 2012년 3월 25일)

86) UNICEF, *State of the World's Children 2008* (New York : United Nations Children's Fund, 2007), 1.

요컨대 수직적으로 개입한 옹호자들이 이 "혁명"을 승리라고 내세우는 동안 그 장점이 장기적으로 보잘것없는 결과를 가져올 뿐이라는 사실이 증명된 셈이다. 보건 체계의 발전을 생각하면 특히 더 그렇다. 예컨대 구강 재수화 요법은 단기적으로는 효과가 있었지만, 가난한 사람들이 사는 곳에 깨끗한 물과 현대적인 위생 시설을 짓지 않는 한 단지 미봉책일 뿐이었다. 즉, 이 캠페인은 20세기 초반에 이루어졌던 특정 질병에 대한 박멸 캠페인이 준 교훈을 되풀이했다. 2006년에는 UNICEF에서도 GOBI-FFF를 "1950년대의 대중적 질병 대항 캠페인으로 되돌아갔을 뿐"[87]이라고 자체적으로 평가했다. GOBI-FFF가 예방접종을 강조한 것은 수직적 접근을 상징했다. 이렇듯 국제 보건에서는 보건 체계에 대한 강화가 아닌 기술적인 해결책이 가장 신중한 투자라고 여겼다.

할프단 말러는 국제 공중 보건의 기초를 다지는 대신 손쉬운 수단을 홍보한다며 GOBI 캠페인을 비판했다. 1983년에는 세계보건총회가 알마-아타에서 제시한 것과는 달리 "체계적으로 노력하는 인내심이 없다."고 비난했다. 그리고 선택적 1차 보건관리 계획을 "1차 보건관리 요소가 고립된 몇몇 개발도상국의 사정을 모르는 외부인들의 선택"[88]이라고 표현했다. 말러의 비평은 날카로웠다. 비록 GOBI-FFF 캠페인이 국가 수준에서 다양한 실천 전략을 제공했지만, 그 목표와 방법론은 UN 기관이 발전시킨 것이지 대상 수혜자가 한 것은 아니었다. 개발도상국에서는 선택적 1차 보건관리에 대한 지지를 얻기 위해 "공동체의 참여"라는 수사를 사용했지만, 실제로 이런 참여는 프로그램 수행에 적극 반영되지 않았다.[89]

또한 선택적 1차 보건관리의 지배는 신자유주의 이데올로기의 통치를 강화했다. 예컨대 UNICEF의 1987년 보고서인 「인간의 얼굴을 한 조정」은 세계은행과 IMF 구조 조정 프로그램을 획기적으로 비평했지만, 그 밑에 깔린 구조 조정 시대를 이끌었던 신자유주의 경제적 사고에 뿌리박힌 여러 가치에 도전하지는 않았다. 예를 들어, 구조 조정의 해로운 사회적 영향을 줄일 수 있는 보건이나 다양한 교육 프로젝트(개발도상국들이 사회 부문의 지출을 삭감하는)를 옹호하면서 인권이나 보건 체계의 강화를 궁극적인 목표로

---

87) UNICEF, *1946~2006 : Sixty Years for Children*, 17.

88) Jean-Pierre Unger and James R. Killingsworth, "Selective Primary Health Care : A Critical Review of Methods and Results," *Social Science and Medicine* 22, no. 10 (1986) : 1003.

89) Morgan, *Community Participation in Health*, 62.

삼는 보건의 새로운 패러다임을 제안하지는 않는 식이었다. 더구나 UNICEF는 국제 보건의 과제들을 계속 '비용 억제(cost-containment)'의 관점에서 바라보며, 프로그램 설계에서 비용 대비 효율성 분석을 수용한다. 어떤 면에서 선택적 1차 보건관리는 세계은행이 1993년에 발행한 「세계 개발 보고서」의 기초가 되었다고 할 수 있다. 이 보고서는 비용 대비 효율성을 국제 보건의 우선순위를 세우는 주요 수단으로 내세웠다.

무엇보다도 선택적 1차 보건관리는 보건적 개입을 경제 성장을 달성하는 목적이 아닌 유용한 수단으로 삼는 개발 패러다임을 지속시켰다. UNICEF 보고서에 따르면 GOBI-FFF 캠페인은 "상식과 반대된다. 이전에는 신생아와 유아 사망률이 한 국가가 얼마나 개발되었는지 보여 주는 지표였다. 이제 UNICEF는 신생아와 유아 사망률에 대한 직접적인 공격이 개발의 수단이 될 수도 있다고 제안한다."[90] 단, 이러한 개발은 프로그램의 궁극적인 목표가 도전되지 않은 채 남았다는 것을 핵심 전제로 했다. 아동을 위한 정상회담이 개최되고 10년이 흐른 2000년, 「국가의 진보」라는 제목의 보고서에서 그랜트의 UNICEF 사무총장 자리를 물려받은 캐롤 벨러미(Carol Bellamy)는 다음과 같이 기술했다. "아동에 대한 효과적인 초기 관리야말로 인간 개발의 핵심이다. 경제 논리에 설득되는 대부분의 사람들은 초기에 행해졌던 서비스 투자와 아동들에 대한 지원의 수익률을 7대 1 정도까지 보았다."[91] 이러한 '비용 대비 효율성' 수사는 아동들의 인권과 보건 논의에서도 이어졌다. 아동은 양도할 수 없는 인권을 가진 개인이 아닌, "미래의 경제적이고 사회적인 변화의 주체"[92]로 간주되었다. 그 때문에 인권적 측면에서의 평등, 사회적 정의, 보건에 대한 논의는 1990년대 후반에 이르러 전 세계적으로 에이즈가 유행하면서 공공의 관심이 쏠리기 전까지는 보건 정책 논쟁에서 지렛대 역할을 하지 못했다.

WHO는 2008년 알마-아타선언의 30주년을 맞아 「세계 보건 보고서」로 「1차 의료 관리, 이제 한 걸음 더」를 연간 발행했다. 서문에서 WHO 사무총장인 마거릿 챈(Margaret Chan)은 알마-아타가 "보건 관리와 그 가치를 전달하는 데 집단적으로 실패했음"을 인정했다. 또 뒤이어 이렇게 기술했다. "그 다음 30년 동안 보건 분야에서 더욱 발

90) UNICEF, *1946~2006 : Sixty Years for Children*, 17.

91) Carol Bellamy, "The Time to Sow," in *The Progress of Nations 2000*, UNICEF 편찬, 11. www.unicef.org/pon00/pon00_3.pdf (접속일 : 2013년 2월 15일)

92) UNICEF, *General Progress Report of the Executive Director* (E/ICEF/608) (New York : United Nations Children's Fund, 1971), 1.

전을 거두기 위해서는, 우리의 열망과 이어지는 실제 성과를 내는 능력에 투자할 필요가 있다."[93] 1차 보건관리 운동은 이제 가난한 국가의 보건 서비스를 기초부터 강화하기 위해 목적을 더 명료하게 표현하고 또 단계들을 구체적으로 규정해 나가고 있다. 1979년에 월시와 워런이 이야기했듯이 알마-아타의 목표 자체는 비난받을 만한 문제가 없으며, 그동안 확실한 실행 계획과 재원이 없었다는 점도 고려해야 한다.[94] 오늘날에는 선택적 1차 보건의료 관리의 성쇠에서 교훈을 얻어, "모두를 위한 의료"라는 약속을 현실화하기 위해 새로운 가능성이 제시되고 있다.

보건 분야에서 세계은행의 역할 증대 : 비용 대비 효율성과 보건 부문 개혁

1980년대의 지정학적·이데올로기적 변화는 국제 보건에 1차 보건관리 대 선택적 1차 보건관리의 논쟁이나 UNICEF의 GOBI-FFF 캠페인의 성공을 뛰어넘을 정도로 많은 영향을 미쳤다. 이 새로운 이데올로기적 환경은 세계 보건 기관들의 구조에 전환점을 가져왔고, 이로 말미암아 전 세계의 정책과 자원 할당에 지속적인 효과를 가져왔다. 그중 가장 중요하고 오래 갔던 효과가 세계은행을 국제 보건에서 영향력 있는 행위자로 등장시킨 것이다.

이 절에서는 1990년대에 가장 중요한 국제 보건 발행물인 1993년의 「세계 개발 보고서」에 중점을 두어 1990년대 세계은행의 정책과 프로그램을 살펴볼 예정이다.

앞에서 기술한 것처럼 세계은행은 1980년대에 구조 조정을 조건으로 하는 대출을 촉진했고, 상당수의 가난한 국가에 교육과 보건에 들이는 공적 부문의 지출을 삭감하라고 권고했다.[95] UNICEF 보고서에 따르면, 이러한 세계은행과 IMF의 의제는 개발도상국

---

93) World Health Organization, *World Health Report 2008*, 3.

94) Walsh and Warren, "Selective Primary Health Care," 967; Theodore M. Brown, Marcos Cueto, and Elizabeth Fee, "The World Health Organization and the Transition from 'International' to 'Global' Public Health," *American Journal of Public Health 96*, no. 1 (2006) : 62~72.

95) Gershman and Irwin, "Getting a Grip," 32.

에서 "지배적인 수준까지는 아니더라도 엄청난 영향력을 행사했다."[96] 1988년까지 59개 국이 세계은행의 조정 대출을 받아들였다.[97] 1990년대에 들어서며 세계은행은 개발도상국의 보건 관리 프로그램을 주도하는 정책 입안자이자 대출 기관, 자금 제공자로서 국제 보건 분야에서 더 직접적인 역할을 수행했다. 세계은행은 HIV 예방과 가족계획, 영양 프로그램뿐 아니라 빈곤 경감을 위한 소액 금융에 기금을 조성했다. 동시에 보건 부문에서 우선순위를 세우기 위한 방편으로 비용 대비 효율성을 보급하기도 했다.

세계은행의 영향력이 커질수록 WHO의 영향력은 줄어들었다. WHO는 1980년대 내내 "모두를 위한 의료"라는 의제를 계속 추구하면서 전 세계 보건부에 영향을 미쳤으나, 구조 조정으로 보건부의 예산은 줄어들었다. 결국 WHO는 내부의 재정 기반을 재구축하는 과정에서 가난한 국가들에 대한 책임을 일부 줄였다. WHO의 이사회인 세계보건회의의 대의권은 "1국가당 1표"였다. 하지만 1980년대에 부유한 국가들은 WHO에서 일반적으로 운용하는 예산을 지원하기보다는 특정 계획에만 제한적인 기부금을 냈고, 이러한 상황이 지속되자 결국 그들이 지원한 프로그램도 기금 부족으로 한계에 부딪혔다. 이런 재정적인 구조는 가난한 국가들에 대한 WHO 프로그램의 책임성뿐만 아니라 "모두를 위한 의료"라는 의제 또한 약화시켰다.

1980년대 후반이 되자, 소득이 낮은 국가들의 보건 시스템이 악화되었다는 이유로 세계은행과 IMF에 대한 비판이 쏟아졌다. 그 정점을 찍었던 것이 앞서 기술했던 UNICEF의 1987년 보고서인 「인간의 얼굴을 한 조정」이었다. 결국 세계은행이 "아무리 잘 설계된 조정 프로그램이라도 몇몇 집단에는 해를 끼쳤을 수도 있음"을 인정했지만,[98] 시장 옹호자들 몇몇은 마거릿 대처의 말을 빌려 "대안이 없다."며 자기들의 입장을 고수했다. 그들은 GOBI-FFF 같은 개입을 효율적으로 사용해서 구조 조정이 보건에 불러일으킨 의도치 않은 효과를 완화하는 것이 최선이라고 여겼다. 이러한 상황에서 보건은 여전히 전 세계 정책 입안자들의 고려 사항에서 뒤로 물러나 있었다.

---

96) Richard Jolly, "Adjustment with a Human Face : A UNICEF Record and Perspective on the 1980s," *World Development* 19, no. 12 (1991) : 1809.
97) 앞의 글.
98) 앞의 글, 1819.

무역자유화와 식량

신자유주의 개혁의 효과는 복합적이었다. 예컨대 무역자유화는 미국 같은 국가에서 보조금을 받은 대규모 생산자들이 값싼 식품(옥수수 가루, 옥수수 시럽, 옥수수기름 등)을 널리 수출할 수 있도록 도왔다. 전 세계의 영세한 농부들은 이런 수입 식품의 낮은 가격과 경쟁할 방법이 없었고, 결국 이들 중 상당수가 생계 수단을 잃었다.

이는 전 세계적인 이주와 도시화의 주된 "유인 요인"이 되었다. 자생 작물들은 수입품이나 유전자가 변형된 다수확 작물로 대체되었고, 이로써 비료나 씨앗을 수입해 올 필요가 생겼다. 더구나 가난한 국가들로 외국 작물이 들어오면서, 종래의 식단이 고염분, 고당분, 고지방의 서구식 식단에 자리를 내주어 심장병이나 뇌졸중, 2형 당뇨병이 폭발적으로 늘었다.[99]

한편으로는 돈을 적게 들여 칼로리를 얻을 수 있다는 점이 현금 수입자들의 영양 불량을 줄이기도 했다. 이러한 외국 작물에 대한 의존은 가난한 국가들이 국제 시장의 요동에 더욱 취약해지게 만들었다.

예컨대 2008년 4월, 세계적으로 식량 가격이 치솟자 아이티는 특히 심한 타격을 받았다. 무역자유화가 되기 전이라면 심각성이 덜 했겠지만, 이미 자국의 주요 산물인 쌀 분야에서 수출국이 아닌 수입국이 되었던 탓에 여파가 컸던 것이다.[100]

1993년 세계 개발 보고서와 비용 대비 효율성

1990년대에 세계은행은 보건에 더욱 많은 투자를 하도록 소리 높여 촉구하기 시작했다. 1993년 「세계 개발 보고서 : 보건에 대한 투자」에 따르면 세계은행은 비용 대비 효

---

99) Adam Drewnowski and Barry M. Popkin, "The Nutrition Transition : New Trends in the Global Diet," *Nutrition Reviews* 55, no. 2 (1997) : 31.

100) Pedro Conceição and Ronald U. Mendoza, "Anatomy of the Global Food Crisis," *Third World Quarterly* 30, no. 6 (2009) : 1162.

율적인 전략 및 효율성과 평등의 원리에 기초한 개혁에 따라 보건 재정을 운용하는 지도를 그렸다.

　이「세계 개발 보고서」는 두 가지 주요 주제를 제시했다. 첫째, 세계은행은 공공 기금의 상당액이 비용이 많이 드는 3차 관리에 소모되며, 그것을 특히 도시 엘리트가 점유하고 있음을 비판했다. 그리고 기본적인 예방을 달성하기 위해 자원의 재할당과 모든 사람을 위한 임상 관리를 시행해야 한다고 주장했다. 공공 부문 보건 체계의 상당 부분이 명목상 "무료"로 제공되고 있음에도 불구하고, 보건 서비스는 도시 지역에만 집중될 뿐 농촌의 가난한 사람들을 배제하는 경우가 많았다. 예를 들어 1990년에 인도네시아에서는 가장 부유한 10퍼센트의 인구가 가장 가난한 10퍼센트에 비해 정부 보조금을 거의 3배나 더 받았다.[101] 이와 비슷한 사례로 케냐에서는 수도 나이로비의 케냐타 병원 한 곳이 정부 보건 예산의 50퍼센트 이상을 받기도 했다. 보고서에 따르면 보건 부문에서 우선순위 설정이 합리화되고 자원이 효율적이고 평등하게 할당되어야만 '모두를 위한 의료'라는 목표를 달성할 수 있다.

　둘째, 1993년「세계 개발 보고서」는 비용 대비 효율성을 우선순위 설정을 위한 적절한 수단으로 제안했다. 보고서에 따르면 정책 입안자들은 비용 대비 효율성 분석을 활용할 경우, 적은 자원으로도 집단 보건을 최대한 개선할 수 있다. 우선순위를 설정하는 데 한 가지 장애물이 있다면, 서로 다른 질병 통제 노력이 보건에서 얼마나 이득을 거두었는지 비교할 수 있는 단일한 계량법이 없다는 것이었다. 보고서는 이를 해결할 방법으로 '국제 질병 부담 프로젝트'를 제안했다. 이는 WHO와 합작해서 새로운 계량법, 즉 장애보정수명(DALY)을 사용해 여러 질병의 부담과 위험 요인을 계산하는 것이었다. 장애보정수명은 특정 인구 집단에서 특정 질병의 부담을 추산할 때 조기 사망과 장애를 안고 살아가는 시간을 제외하여 단일 데이터로 계량하는 것이다. 이는 정책 입안자들이 여러 질병 부담과 서로 다른 개입의 비용 대비 효율성을 비교할 수 있게 해 준다.(8장에서 이 계량법과 그 활용에 대해 더욱 자세히 설명할 것이다.)

　1993년「세계 개발 보고서」는 소득이 낮은 국가의 정부들이 기본적 공중 보건 프로그램의 묶음과 임상 서비스에 투자하면 1년에 1인당 12달러를 들여 질병 부담을 3분의 1로

---

101) World Bank, *World Development Report*, 1993, 4.

줄일 수 있다고 계산했다.[102] 이 묶음에는 다음 요소들이 들어간다.

- 예방접종
- 학교에서 구충제와 미량 영양소 공급하기
- 가족계획, 영양, 가정 위생에 대한 캠페인 홍보하기
- 알코올과 담배를 줄이는 프로그램
- HIV-예방 프로그램
- 가족계획과 모성 관리, 결핵 치료, 성적으로 전파되는 질병 통제, 말라리아와 호흡기 감염, 설사병같이 아동에게 흔한 질병 관리 등의 임상 서비스[103]

이 보고서에 따르면 비용 대비 효율적인 치료를 위해 자원을 재할당한다는 것은 조산아를 집중 관리하는 것이나 심장 수술, HIV/에이즈에 대한 항바이러스 치료 등은 기본적인 공공 재정 정책에서 제외함을 뜻했다.[104] 몇몇 국가의 정부에서 1인당 보건에 들이는 비용이 1년에 6달러 정도라는 점을 생각하면, 세계은행은 정부와 기부자들에게 상당히 높은 비용을 요구한 셈이었다. 또한 세계은행은 개인과 가구, 공동체의 비용 분담을 주장했다. 이 주장은 과거의 정책에서 괄목할 만큼 벗어난 것이었다. 무엇보다도 세계은행은 소득이 낮은 국가들의 정부에 기본적인 필수 서비스의 묶음을 제공하기 위해 보건에 비용을 투자할 것을 요청했다. 또한 보건적 필요와 구조 조정을 통한 장기적 성장의 비전 사이에 균형을 이루어야 한다는 더욱 섬세한 관점을 표출했다. "장기적인 보건적 이득을 위해 이러한 조정이 필요하다는 점은 명확하다. 하지만 이행기 동안에는, 특히 조정 프로그램의 가장 초기에는 불황과 공적 지출의 삭감이 보건의 개선을 늦춘다."[105]

1993년 「세계 개발 보고서」는 세계은행이 국제 보건의 기금을 제공하고 기준을 설정하는 데 점점 더 많은 영향력을 발휘하고 있음을 암시했다. 세계은행의 보건, 영양, 인구

---

102) 소득이 낮은 국가들의 보건에 대한 정부 지출은 1인당 6달러이며, 보건에 대한 지출을 모두 합쳐도 1인당 14달러다. 세계은행은 자원의 재할당뿐만 아니라, 기부자들과 정부에서 나오는 재원을 늘릴 것 또한 요청했다.

103) World Bank, *World Development Report 1993*, 10.

104) 앞의 글, 10.

105) 앞의 글, 8.

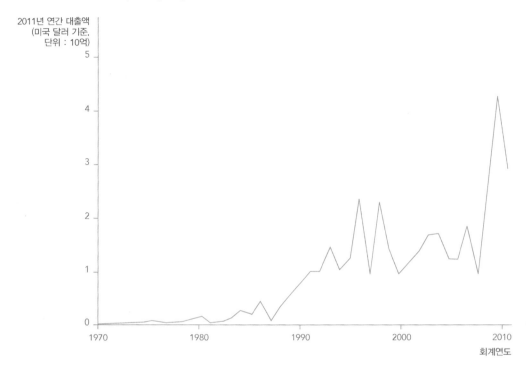

[그림 4.9] 1970~2011년 사이 세계은행의 보건·영양·인구 부서가 제공한 연간 대출액. 자료는 세계은행 보건·영양·인구 부서의 허가를 받아 게재함. 그래프는 다음 글에서 수록. Joy A. de Beyer, Alexander S. Preker, and Richard G.A. Feachem, "The Role of the World Bank in International Health : Renewed Commitment and Partnership," *Social Science and Medicine* 50, no. 2 (2000) : 169~176.

부서가 제공하는 대출은 1978년 1억 달러 미만에서 1990년대 중반 10억 달러 이상으로 늘었다.(그림 4.9를 보라.) 이 보고서는 국제 보건 정책의 입안과 프로그램 설계에서 경제학의 중요성이 점점 커지고 있음을 분명히 보였다. 정책의 우선순위를 설정할 때 비용 대비 효율성을 활용하는 다양한 주장은, 보건에 할당될 자원이 희소하다는 가정에 기대고 있었다. 그러나 다음 장에서 기술하겠지만, 이후 20년이 지나자 이 주장의 유효성은 도전을 받아 흔들리게 되었다.

결론

이 장에서 살핀 1970년대 중반에서 1990년대 중반까지의 20년은 국제 보건 정책의 실천으로 극적인 이행을 보였던 기간이다. 비록 알마-아타협의회에서 정치적 의지의 통합이 이루어졌지만, 개발도상국이 대출 위기를 맞고 미국과 영국이 정치적으로 변화를 시작하자 이는 금세 허약성을 드러냈다. 신자유주의가 지배적인 이론으로 떠오르면서 1차 보건관리 체계의 구축(또는 강화)에 대한 지지는 말라붙었다. 그 대신, 목표가 한정적인 보건 개입(선택적 1차 보건관리)의 지지자들이 정치적 견인력을 발휘했다.

국제적 재정 기관들의 영향력은 1980년대 들어 높아졌고, 국제 보건 정책을 만들어 내는 데 활용하는 자원 할당 방식과 용어들이 바로 바뀌었다. 시장에 기반을 둔 전략과 비용 대비 효율성 분석은 많은 보건 개혁가와 정책 입안자에게 표준적인 실천 기법이 되었다. 이런 흐름은 보건 평등을 촉진하는 데 많은 공헌을 했다. UNICEF의 아동 생존율 혁명은 목숨을 살리는 예방접종에 대한 접근을 굉장히 늘렸고, 비용 대비 효율성 분석은 여러 개발도상국이 도시 중심지의 3차 관리에만 과도하게 집중하지 않도록 이끌었다.

하지만 이 기간에 시작된 관점('모두를 위한 1차 보건관리')은 보류되거나 어떤 점에서는 뒤집혔다. 보건 프로그램에 대한 공적 투자가 줄어들고(대출 위기와 구조 조정으로 촉발된), 사용료를 폭넓게 도입하면서 몹시 가난한 국가들은 이미 한정적인 보건 서비스 접근권이 더욱 약화되었다. 알마-아타선언의 입안자들은 그들의 관점을 위한 청사진이나 재정 전략을 설계 또는 수행하는 데 실패했다. 하지만 "모두를 위한 의료"가 완전히 무산된 것이 아니다. 오늘날에도 국제 보건 평등을 옹호하는 사람들은 1978년 알마-아타에서 내세운 소중한 원리들을 되새기고는 한다.

다음 장에서는 전 세계의 많은 보건 전문가와 과학자, 활동가, 정책 입안자가 어떻게 해서 불가능할 것 같은 연합을 형성해 단 몇 년 만에 전 세계적 에이즈에 대한 미국 정부의 재원을 10배로 늘렸는지를 살펴볼 것이다. 이것은 "모두를 위한 보건"으로 나아가는, 역사적으로 가장 중요한 발자취였다.

더 읽을거리

°Acemoglu, Daron, and James Robinson. *Why Nations Fail : The Origins of Power, Prosperity, and Poverty*. New York : Crown Press, 2012.

°Adamson, Peter. "The Mad American." In *Jim Grant : UNICEF Visionary*, edited by Richard Jolly, 19~38. Florence, Italy : UNICEF. 2001.

°Brown, Theodore M., Marcos Cueto, and Elizabeth Fee. "The World Health Organization and the Transition from 'International' to 'Global' Public Health." *American Journal of Public Health* 96, no. 1 (2006) : 62~72.

°Cornia, Giovanni Andrea, Richard Jolly, and Frances Stewart, eds. *Adjustment with a Human Face : Protecting the Vulnerable and Promoting Growth-A Study by UNICEF.* Oxford : Clarendon Press, 1987.

°Cueto, Marcos. "The Origins of Primary Health Care and Selective Primary Health Care." *American Journal of Public Health* 94, no. 11 (2004) : 1864~1874.

°de Beyer, Joy A., Alexander S. Preker, and Richard G.A. Feachem. "The Role of the World Bank in International Health : Renewed Commitment and Partnership." *Social Science and Medicine* 50, no. 2 (2000) : 169~176.

°de Quadros, Ciro A. "The Whole Is Greater : How Polio Was Eradicated from the Wastern Hemisphere." In The *Practice of International Health : A Case-Based Orientation*, edited by Daniel Perlman and Ananya Roy, 54~70. London : Oxford University Press, 2009.

°Easterly, William. *The Elusive Quest for Growth : Economists' Adventures and Misadventures in the Tropics.* Cambridge, Mass. : MIT Press, 2001.

°Ferguson, James. *Global Shadows : Africa in the Neoliberal World Order.* Durham, N.C. : Duke University Press, 2006.

°Kim, Jim Yong, Joyce V. Millen, Alec Irwin, and John Gershman, eds. *Dying for Growth : Global Inequality and the Health of the Poor.* Monroe, Maine : Common Courage Press, 2000.

°Litsios, Socrates. "The Long and Difficult Road to Alma-Ata : A Personal Reflection." *International Journal of Health Services* 32, no. 4 (2002) : 709~732.

°Morgan, Lynn M. "The Primary Health Care Movement and the Political Ideology of Participation in Health." In *Community Participation in Health : The Politics of*

Primary Care in Costa Rica, by Lynn M. Morgan, 62~82. Cambridge : Cambridge University Press, 1993.

°Paluzzi, Joan. "Primary Health Care since Alma Ata : Lost in the Bretton Woods?" In *Unhealthy Health Policy : A Critical Anthropological Examination*, edited by Arachu Castro and Merrill Singer. Walnut Creek, Calif. : Altamira Press, 2004.

°Pavignani, Enrico. "Can the World Bank Be an Effective Leader in International Health?" *Social Science and Medicine* 50, no. 2 (2000) : 181~182.

°Rodrik, Dani. "Goodbye Washington Consensus, Hello Washington Confusion? A Review of the World Bank's Economic Growth in the 1990s : Learning from a Decade of Reform." *Journal of Economic Literature* 44, no. 4 (December 2006) : 973~987.

°Rowden, Rick. *The Deadly Ideas of Neoliberalism : How the IMF HAs Undermined Public Health and the Fight against AIDS*. London : Zed Books, 2009.

°Sachs, Jeffrey. *The End of Poverty : Economic Possibilities for Our Time*. New York : Penguin Press, 2005. (한국어판 : 「빈곤의 종말」, 김현구 옮김, 21세기 북스, 2006)

°Stein, Howard. *Beyond the World Bank Agenda : An Institutional Approach to Development*. Chicago : University of Chicago Press, 2008.

°Stiglitz, Joseph E. *Globalization and Its Discontents*. New York : Norton, 2002. (한국어판 : 「세계화와 그 불만」, 송철복 옮김, 세종연구원, 2002)

°Stuckler, David, and karen Siegel, eds. *Sick Societies : Responding to the Global Challenge of Chronic Disease*. New York : Oxford University Press, 2011,

°Walsh, Julia A., and Kenneth S. Warren. "Selective Primary Health Care : An Interim Strategy for Disease Control in Developing Countries." *New England Journal of Medicine* 301, no. 18 (1979) : 967~974.

°Williamson, John. "What Washington Means by Policy Reform." In *Latin American Adjustment : How Much Has Happened?* edited by John Williamson, 7~39. Washington, D.C. : Institute for International Economics, 1990.

Redefining the Possible :
The Global AIDS Response

가능한 것을 다시 정의하기 : 국제적 에이즈 대응

5

5장
가능한 것을 다시 정의하기 : 국제적 에이즈 대응

루크 메삭, 크리슈나 프라부

국제 보건의 황금시대

에이즈에 대한 전 세계적인 대응처럼, 의학과 국제 보건의 전망을 잘 보여 준 질병 투쟁의 사례는 과거에 없었다. 이전까지 의학은 "가장 젊은 과학"으로 여겨졌고, 의학에서 가장 훌륭한 도구(진단, 예방, 치료법)들은 20세기 후반의 혁신이었다. 그러다가 에이즈가 나타나자, 이후 30여 년간 과학자들은 이 사형선고를 관리 가능한 만성질환으로 바꾸기 위해 병원체를 찾고 필요한 도구를 개발했다. 이는 분명히 현대 의학이 최선을 다한 사례였다. 그뿐만 아니라 보건 평등을 고려하는 계획도 세웠다. '에이즈 경감을 위한 대통령 긴급 계획(PEPFAR)', '에이즈, 결핵, 말라리아와 싸우는 국제 기금', '빌과 멜린다 게이츠 재단' 등의 주도 아래 전 세계의 가난한 사람들이 이 현대 의학의 결실에 접근할 수 있도록 보장하는 큰 진보가 이루어졌다.

2011년 11월, 미국 국무장관인 힐러리 클린턴(Hillary Clinton)은 "에이즈로부터 자유로운 세대"를 언급하기까지 했다.[1] 이러한 대담한 예측이 앞으로 10년 안에 이루어질까? 국제 보건 실무자들과 정책 입안자들은 21세기의 첫 10년 동안 이루어진 진보를 어떻게 유지하고 강화할까? 이 장에서는 이 질문과 다른 비슷한 다양한 질문에 답하기 위해, 국제 보건의 황금시대를 뒷받침했던 몇몇 주요 힘에 대해 살펴볼 것이다.

21세기 초반에는 국제 보건을 향한 공공의 관심과 재정 지원 모두 유례없이 높았다.

---

1) Hillary Rodham Clinton, "Remarks on 'Creating an AIDS-Free Generation,'" November 8, 2011, www.state.gov/secretary/rm/2011/11/176810.htm (접속일 : 2012년 2월 9일)

[그림 5.1] 1990~2007년 사이 공적 기관과 사적 기관에서 출연한 보건 개발 원조액

· 출처 : Nirmala Ravishankar, Paul Gubbins, Rebecca J. Cooley, Katherine Leach-Kemon, Catherine M. Michaud, Dean T. Jamison, and Christopher J.L. Murray, "Financing of Global Health : Tracking Development Assistance for Health from 1990 to 2007," *Lancet* 373, no. 9681 (2009) : 2113~2124.

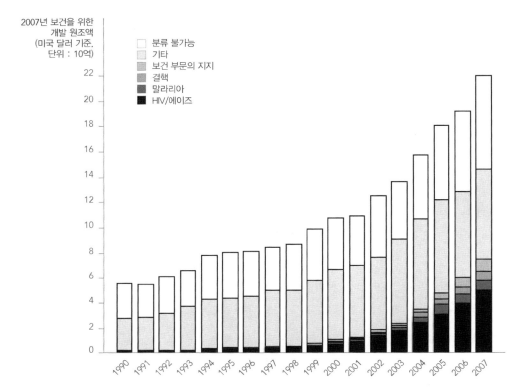

보건 연구자인 니르말라 라비샨카르(Nirmala Ravishankar)와 그의 동료들은 공적 기관과 사적 기관에서 보건을 위한 개발 원조액이 1998년 86억 5천만 달러에서 2007년에는 217억 9천만 달러로 늘었다고(그림 5.1을 보라.) 추산했다.[2] 회계연도인 2000년에서 2006년 사이 미국 정부는 국제적인 에이즈 예방과 치료를 위한 재원을 10배 이상 늘렸다.[3] 개인 자선가들 역시 연구와 서비스 프로그램에 더 많은 액수를 기부했다. 국제 보건을 둘러싼

---

2) "보건을 위한 개발 원조"란 "저소득 국가와 중간 소득 국가에 개발 원조를 제공하는 것이 1차 목적인 공적·사적 기관들에서 비롯한 보건을 위한 모든 흐름"으로 정의된다. (Nirmala Ravishankar, Paul Gubbins, Rebecca J. Cooley, Katherine Leach-Kemon, Catherine M. Michaud, Dean T. Jamison, and Christopher J.L. Murray, "Financing of Global Health : Tracking Development Assistance for Health from 1990 to 2007," *Lancet* 373, no. 9681 [2009] : 2116)

3) Tiaji Salaam-Blyther, *Trends in U.S. Global AIDS Spending : FY 2000-2008* (Washington, D.C. : Congressional Research Service, 2008), 13.

공공의 행동주의가 급성장한 것은 HIV와 말라리아 같은 골칫거리가 치유 가능한 질병이라는 인식이 커졌다는 증거였다. 국제기관들은 국가적이거나 비국가적인 행위자들을 조직하고 활기를 불어넣는 새로운 계획을 시작했다. 새로운 재정, 초국가적인 행동주의, 전 세계적인 보건 관리 전달의 조직 구조 개편은 국제 보건의 역사상 평등을 향한 가장 큰 진전을 불러일으켰다.

21세기에 접어들면서 미국 정부는 개발도상국의 에이즈 환자들에 대해 예상 밖의 지지를 보냈다. 다수의 의회 지도자와 새로 취임한 대통령 조지 W 부시(George W. Bush)는 대외 원조에 냉담한 태도를 보여 왔기에 더욱 의외였다.[4] 본래 몇몇 보수주의자들은 공화당원들이 상하원 양원에서 과반수를 차지했던 1994년의 "공화당 혁명" 때 그랬던 것처럼, 대외 원조를 낭비라고 비난했다. 1995년부터 2001년까지 상원의 국제관계위원회 회장을 역임한 상원의원인 제스 헬름스(Jesse Helms, R-N.C.)는 "대외 무상 원조를 지지하는 표를 절대 던지지 않겠다."고 공언했다.[5] 이런 상황이었기에 국제 에이즈 기금이 마련될 가망성은 무척 낮아 보였다. 1980년대에서 1990년대까지 미국 국내에서도 영향력 있는 기독교 보수주의자 지도자들이 에이즈 치료와 연구를 위한 연방 재원에 반대한 역사가 있었기 때문이다. 1983년, 레버렌드 제리 폴월(Reverend Jerry Falwall)은 에이즈가 동성애와 난잡한 성생활에 대한 "신의 징벌"이라고 주장했다.[6] 이렇듯 대외 원조에 대한 공화당 내부의 회의주의 그리고 에이즈와 결부된 낙인 및 비난 때문에, 미국 정부가 전 세계 에이즈와 싸우기 위해 수십억 달러를 들여 역사상 가장 규모가 크고 성공적인 국제 보건 프로그램('에이즈 경감을 위한 대통령 긴급 계획')을 시작하리라 예견한 사람은 얼마 되지 않았다.

하지만 국제적 에이즈 예방·관리·치료 프로그램에 대한 연방 재정 책정액이 회계연도인 2000년에 약 3억 달러에서 2006년에 34억 달러 이상으로 증가한 시기는 공화당이

4) Carol Lancaster, *Transforming Foreign Aid : United States Assistance in the 21st Century* (Washington, D.C. : Institute for International Economics, 2000), 46.
5) Steven Radelet, "Bush and Foreign Aid," *Foreign Affairs* 82, no. 5 (2003) : 107.
6) Greg Behrman, *The Invisible People : How the U.S. Has Slept through the Global AIDS Pandemic, the Greatest Humanitarian Catastrophe of Our Time* (New York : Free Press, 2004), 27.

미국의 행정과 입법 분야를 통제하고 있던 시절이었다.[7] 이러한 자금의 유입은 질병이 퍼져 있는 여러 개발도상국에서 보건 서비스에 대한 접근도를 극적으로 높였다. 2000년, 미국은 전 세계에 걸쳐 최소한 환자 수백 명의 목숨을 살린 항바이러스 요법(ART)에 재정을 지원했다. 2009년 9월 말, 미국 국무부는 PEPFAR이 24개국에서 250만 명의 치료를 지원했고(전체적으로든 부분적으로든),[8] 에이즈 양성인 여성 50만 9,800명의 HIV 모자 수직감염을 막았다고[9] 밝혔다. PEPFAR이 수백만 명의 목숨을 구했다고 해도 과언이 아니다.[10]

개인 재단들 역시 공통의 구상을 현실로 옮겨 놓는 데 도움을 주었다. 1994년에 설립된 빌과 멜린다 게이츠 재단은 국제 보건 연구와 실행 분야에서 가장 큰 개인 자금 지원자였다. 2009년까지 게이츠 재단은[이곳의 자산은 투자가 워런 버핏(Warren Buffett) 재산의 거의 2배에 달한다.] 국제 보건에 100억 달러 이상을 지출했다.[11] 이 재단의 국제 보건 프로그램은 문제의 발견, 보건 관리 전달, 정책 홍보 순으로 우선순위를 정하고 재정을 지원한다. 게이츠 재단에서 지원하는 사안들로는 설사병과 위장 질환, HIV/에이즈,

---

7) 의회 제정법으로부터 이 수치를 어떻게 얻었는지에 대한 자세한 설명은 다음 글을 참고했다. Salaam-Blyther, *Trends in U.S. Global AIDS Spending.*

8) 미국 국제 에이즈 조정자 사무소, "Treatment Results," in *Sixth Annual Report to Congress on PEPFAR Program Results* (2010) (Washington, D.C. : Government Printing Office, 2010), www.pepfar.gov/press/sixth_annual_report/137133.htm (접속일 : 2012년 12월 1일) 비록 2010년 보고서 속의 수치들에 의문이 제기되지는 않았지만, PEPFAR 치료상의 수치는 예전부터 논쟁의 대상이었다. 2005년 1월, PEPFAR은 자기들이 보츠와나에서 3만 2천 명이 넘는 사람들에게 항레트로바이러스 치료를 지원하고 있다고 주장했다. 하지만 보츠와나 보건 공무원들은 미국이 전에 약속한 250만 달러를 아직 달성하지 못했다며 이 주장을 논박했다. 부시 행정부는 앞의 수치를 2만 명으로 고쳐 보츠와나에서 벌어지는 치료에 대한 주장을 수정했지만, 이 수치의 정확도에 대해서도 논쟁이 지속되었다. 다음을 보라. UN Office for the Coordination of Humanitarian Affairs, "Lazarus Drug : ARVs in the Treatment Era, IRIN Web Special, September 2005, www.irinnews.org/pdf/in-depth/ARV-era.pdf (접속일 : 2012년 9월 2일)"

9) 미국 국제 에이즈 조정자 사무소, *Sixth Annual Report to Congress on PEPFAR Program Results* (2010) HIV 양성인 임산부를 위한 치료에 더해, 세 종류의 항레트로바이러스 약제 투여와 출산 시 제왕절개, 모유보다는 분유 사용 권장을 포함한다면 어머니로부터 신생아에게 HIV 바이러스가 수직감염되는 비율을 40퍼센트에서 1퍼센트 미만으로 줄일 수 있다.

10) 다음 자료를 보라. Evan Bendavid, Charles B. Holmes, Jay Bhattacharya, and Grant Miller, "HIV Development Assistance and Adult Mortality in Africa," *Journal of the American Medical Association* 307, no. 19 (2012) : 2060~2067. Bendavid와 동료들은 이중차분(difference-in-difference) 통계 분석을 사용해서 PEPFAR이 초점을 맞춘 국가들의 연령별 사망률이 비슷하게 에이즈에 영향을 받는 국가이지만, PEPFAR의 초점이 아니었던 국가들보다 낮다는 사실을 알아냈다. 저자들은 PEPFAR의 초점이 된 국가들이 그렇지 않은 국가들보다 성인 사망률의 요인 모두 줄어들었음을 알아냈지만, PEPFAR이 HIV 아닌 다른 관련 질환의 사망률에도 영향을 주었는지는 밝힐 수 없었다.

11) Bill and Melinda Gates Foundation, "Global Health Program Fact Sheet," 2009, http://docs.gatesfoundation.org/global-health/documents/global-health-fact-sheet-english-version.pdf (접속일 : 2013년 2월 15일)

말라리아, 폐렴, 결핵, 방치된 질병(neglected diseases), 가족계획, 영양, 모성과 신생아, 아동 보건, 담배 규제, 백신으로 예방할 수 있는 질병 등이 있다.

이뿐만 아니라 국제조직들도 결정적인 역할을 했다. 에이즈, 결핵, 말라리아와 싸우는 국제기금(2002년 설립된 다국적 독립 조직)은 전 세계인을 죽음으로 이끄는 3대 감염성 질환과 싸우기 위한 협력 전략을 세우고, 공적이거나 사적인 기부금을 받아 여러 국가에 할당해 왔다. 2011년 12월, 이 국제기금은 150개국에서 받은 수천 건의 기부금으로 226억 달러를 모았다.[12] 또한 세계은행과 IMF는 1996년부터 부채가 많은 가난한 국가들을 대상으로 부채 탕감을 시작하여, 2011년까지 760억 달러 이상 줄여 주었다. 그 결과 가난한 국가들의 정부가 공중 보건에 할애할 수 있는 예산이 늘어났다.[13]

새로운 국제 보건 정책 계획 또한 개발도상국에서 HIV/에이즈 치료를 위한 기금을 유례없이 증가시킨 기폭제가 되었다. 그 예로 2003년에 WHO가 시작한 "3·5(3 by 5)" 계획과 국제연합의 에이즈 계획(UNAIDS)은 2005년 말까지 소득이 낮거나 중간 정도인 여러 국가에 사는 300만 명의 에이즈 환자들에게 항바이러스 치료를 확장하자는 목표를 세웠다. WHO는 이 야심 찬 목표를 달성하기 위해 항바이러스 치료에 대한 접근 방법을 전 세계적으로 재조직하여 국제 보건에서 기준을 세우는 주요 조직이라는 독특한 위치로 발돋움했다. 물론 이 계획을 비판하는 사람들도 있었다. ART가 개발도상국에 대규모로, 또 효과적으로 전달될 수 있을지 많은 사람이 확신하지 못했다. 2003년 말, 사하라 이남 아프리카에서는 치료가 필요한 이들 중 겨우 2퍼센트인 10만 명만이 치료를 받고 있었다.[14] 그럼에도 불구하고, 이런 명료한 목표는 규모가 커진 ART를 둘러싼 다양한 집단의 행위자들(전 세계의 다자적이고 쌍방적인 기부 단체들, 보건 실무자, 국제 정책 입안자, 에이즈가 퍼진 국가의 정부, 에이즈 환자와 그들의 지지자들)을 연합하는 데 도움을 주었다. 3·5 캠페인은 단지 돈만 기부하는 것이 아니라 실제로 많은 사람을 치료하는 데 성공함으로써 기부자들에게 책임감을 불러일으켰다. 2005년 말에는 사하라 이남 아프

12) The Global Fund for AIDS, Tuberculosis and Malaria, "The Global Fund's 2011 Results at a Glance," video, www.youtube.com/watch?v=B20PMp6q3qg (접속일 : 2012년 12월 1일)

13) International Monatery Fund, "Debt Relief under the Heavily Indebted Poor Countries (HIPC) Initiatives," Factsheet, September 30, 2012, www.imf.org/external/np/exr/facts/hips.htm (접속일 : 2013년 1월 8일)

14) World Health Organization, *Progress on Global Access to HIV Antiretroviral theraphy : A Report on "3 by 5" and Beyond*, March 2006 (Geneva : World Health Organization, 2006), 7.

리카에서 항레트로바이러스 치료를 받은 사람들의 수가 8배로 늘어 치료가 필요한 인구의 17퍼센트를 감당하게 되었다.[15] 비록 치료 목표를 달성한 것은 2005년이 아닌 2007년이었지만, 3·5 계획은 국제 에이즈 근절 노력에 활기를 불어넣었다. 초기에 WHO가 보여 준 리더십은 여러 후속 정책의 모범이 되어 그 방향을 제시했다. 2011년 말까지 UNAIDS가 항레트로바이러스 요법을 실시한 환자의 수는 대략 660만 명에 이른다.[16]

라비샨카르와 그의 동료들이 2009년 6월 「랜싯(The Lancet)」지에 기고한 바에 따르면, 1990년대에 증가한 보건 개발 원조액은(1990년 56억 달러에서 1999년 98억 달러로) 2000년대 들어 더욱더 치솟았다. 2007년 국제 보건에 지출한 액수는 218억 달러였다.[17] 가용 자원이 이렇게 몰려든 것은 어떤 요인 때문일까? 에이즈(전 세계적으로 죽음과 장애를 이끄는 주요 원인들 가운데서도 비싸고 복잡한 치료적 식이요법을 필요로 하는 만성질환)가 부분적으로 이러한 급등을 촉발한 것일까? 국제 보건의 황금시대를 설명하려면 지리적으로 심도 있고 역사적으로 폭넓은 생물사회적 분석이 필요하다.

국제 보건의 평등에 대한 대담한 비전이 어떻게 해서 공적인 상상의 영역에 들어오게 된 것일까? 어떻게 10년 만에 가능한 것의 개념이 그토록 극적으로 바뀌었는가? 이런 질문에 대답하는 한 가지 방법은 사회학자인 피터 버거와 토머스 루크만이 설명했던 것처럼(2장을 참고하라.) '제도화' 개념에 의지하는 것이다. 2000년대 이전에는 국제 보건에 대한 기대가 낮아서 보잘것없는 재정이 주어지는 경우가 대부분이었다. 그 결과 시간이 갈수록 정책 입안자들과 기부자들, 보건 전문가들은 빈약한 재원에 익숙해졌다. 파이의 크기를 키우고 재조직하기보다는 작은 파이를 최적화해서 사용하는 것에 집중하게 된 것이다. 또 기부자들이 국제 보건 프로그램에 소량의 지원을 하는 데 익숙해진 만큼, 가난한 국가의 보건 제공자들도 공중 보건에서 "낮게 달려 쉽게 따먹을 수 있는 과실[예를 들자면 예방접종, 손 씻기, 침대 그물, 콘돔, GOBI 개입(4장에서 논의했던)]" 등의 익숙한 목표만 추구하게 되었다. 실제로 그런지 심각하게 고려해 보지도 않고, 항레트로바이러스 요법이나 중간 가격의 결핵 치료법 등 생명을 구하는 개입에는 당연히 높은 비용이 들

15) 위의 글.

16) Joint United Nations Programme on HIV/AIDS, *2011 UNAIDS World AIDS Day Report : Getting to Zero* (Geneva: UNAIDS, 2011), 5.

17) Ravishankar, Gubbins, et al., "Financing of Global Health," 2115.

어간다고 여겼다. 바꾸어 말하면 제도화로 인한 제약이 국제 보건의 현 상태가 되었다.

이는 국제 보건 분야에서 기본적인 의료 관리가 필요한 가난한 사람들을 포함해 "이해 당사자들"의 사고에 지대한 영향을 미쳤다. 버거와 루크만에 따르면, "습관화는 선택의 폭을 좁게 만드는 중요한 심리학적 결과를 불러온다."[18] 여러 해 동안 국제 보건에서 가능했던 유일한 접근은 낮게 달린 과실을 따는 것이었다. 높은 의약품 가격과 형편없는 재정 및 낮은 기대는 대규모 사회적 변화에 취약한 구조물(제도화된 습관들)을 만들어 냈다. 따라서 앞으로 다가올 10년 안에 빗장은 올라가고, 그동안 어렵다고 여겨졌던 일이 가능해질 것이다.

사형선고에서 만성질환이 되기까지 : 항레트로바이러스 요법 시대의 에이즈

1980년대와 1990년대 초반까지 HIV 진단을 받는다는 것은 때 이른 죽음 선고와 마찬가지였다. 질병이 유행하던 초기에는 부유한 곳이든 가난한 곳이든, 의사들이 바이러스를 억제하고 임상적 증상이 나타나지 않도록 예방하는 치료 수단을 보유하고 있지 않았다. 폐렴이나 헤르페스같이 HIV에 수반하는 기회감염을 치료하는 것이 의사들이 할 수 있는 최선이었다. 아지도티미딘(AZT)은 인체에 안전한 선에서 HIV의 복제를 늦춘 최초의 약으로서 1987년 미국 식품의약국(FDA)에서 에이즈에 대항한 약제로 승인을 받았다.[19] 1991년, 디다노신(didanosine)이 도입되기 전까지 AZT 단독 투여(monotherapy)는 유일한 치료적 대안이었다. 하지만 이 치료법에 접근할 수 있는 건 1년에 8천 달러를 감당할 수 있는 환자들뿐이었다.[20] 더구나 AZT가 한동안 바이러스를 억제하기는 해도

18) Peter Berger and Thomas Luckmann, *The Social Construction of Reality : A Treatise in the Sociology of Knowledge* (New York : Irvington Publishers, 1966), 53.

19) José M. Zuniga and Amin Ghaziani, "A World Ravaged by a Disease without HAART," in *A Decade of HAART : The Development and Global Impact of Highly Active Antiretroviral Therapy*, ed. José M. Zuniga, Alan Whiteside, Amin Ghaziani, and John G. Bartlett (New York : Oxford University Press, 2008), 19.

20) Gina Kolata, "Strong Evidence Discovered that AZT Holds Off AIDS," *New York Times*, August 4, 1989, www.nytimes.com/1989/08/04/us/strong-evidence-discovered-that-azt-holds-off-aids.html?src=pm (접속일 : 2013년 2월 15일); "AZT's Inhuman Cost," *New York Times*, August 28, 1989, www.nytimes.com/1989/08/28/opinion/azt-s-inhuman-cost.html (접속일 : 2013년 1월 31일)

AZT에 내성을 가진 균주가 곧 등장해 HIV 복제가 일어날 가능성이 높았다.[21] 즉 HIV 감염에 있어 에이즈가 완전히 진행되는 것을 멈출 수 있는 요법이 없는 상태에서, 1987년에서 1995년 사이 미국에서 이 질병의 사망률은 꾸준히 늘어났다.[22]

같은 시기, 개발도상국에서는 더욱더 많은 희생자가 나왔다. 하지만 부유한 국가들의 정책 입안자들과 활동가들은 대부분 국제적인 차원에서 에이즈를 다루는 일을 중요한 의제로 생각하지 않았다. 1980년대에서 2000년대 초반까지 에이즈 유행의 역사를 다룬 연대기인 「보이지 않는 사람들(The Invisible People)」에서 그렉 버먼(Greg Behman)은 미국의 에이즈 활동가들 가운데 국제적 에이즈 유행의 규모를 제대로 아는 사람은 드물다고 주장했다. 미국 국경을 넘어 캠페인을 확장하려는 사람들은 그보다 더 드물었다.[23] 이 시기에 뉴욕시에서는 수천 명이 AZT 단독 투여에 대한 접근을 높이고 연구비를 늘리며 새로운 요법에 대한 FDA의 승인을 더 빠르게 하고, 직장에서 차별을 금지하고, 주택 보조금과 콘돔을 지급하고, 기타 관리·예방·치료 수단을 강구하라며 인간 바리케이드를 치고 워싱턴 D.C. 연방 건물 밖에서 항의 시위를 벌였다. 하지만 개발도상국에서는 이제 막 에이즈 보균자와 감염자를 위한 보건 개입이 시작되었다.[24] 활동가 집단인 '힘을 불러일으키는 에이즈 연합(ACT-UP)'의 공동 설립자인 에릭 소여(Eric Sawyer)에 따르면, 1990년대 후반까지도 미국 내 보건 활동가 공동체 가운데 고작 10퍼센트만이 전 세계적인 에이즈 유행에 관심을 보였다.[25]

1996년은 에이즈에 대항하는 효과적인 치료법 연구에 전환점이 된 역사적인 해다. 1995년, FDA는 프로테아제 억제제라고 불리는 새로운 종류의 항레트로바이러스제인 사퀴나비르(saquinavir)를 승인했다. 1996년에는 비 뉴클레오시드 역전사효소 억제제

---

21) AZT 단일 요법에 한계가 있다는 점에서 미국 활동가들은(상당수 자신이 HIV 양성이었던) 새로운 항레트로바이러스 약제 승인 과정을 간소화할 것을 미국 식품의약국에 촉구했다. 다음을 보라. Steven Epstein, *Impure Science : AIDS, Activism, and the Politics of Knowledge* (Berkeley : University of California Press, 1996), 270.

22) Centers for Disease Control and Prevention, *AIDS Surveillance : Trends(1985-2010)*, "Slide 3 : AIDS Diagnoses and Deaths of Adults and Adolescents with AIDS, 1985~2009, United States and 6 U.S. Dependent Areas," www.cdc.gov/hiv/topics/surveillance/resources/slides/trends/slides/2010AIDStrends.pdf (접속일 : 2012년 12월 1일)

23) Behrman, *The Invisible People*, 125.

24) 미국의 에이즈 활동가들의 운동에 대해서는 다음 책에서 자세히 논의되고 있다. Patricia D. Siplon, *AIDS and the Policy Struggle in the United States* (Washington, D.C. : Georgetown University Press, 2002)

25) Behrman, *The Invisible People*, 123.

[그림 5.2] 1987~2008년 미국에서 HIV/에이즈로 인한 사망자 수(2000년 미국 인구의 연령 분포로부터 추산함)

· 출처 : 미국 질병통제예방센터. *HIV Mortality : Trends (1987~2008)*, "Slide 5 : Trends in Annual Age-Adjusted Rate of Death Due to
　HIV Disease : United States, 1987~2008,"
· www.cdc.gov/hiv/pdf/statistics_surveillance_statistics_slides_HIV_mortality_pdf. 질병통제예방센터의 허락을 받아 게재.

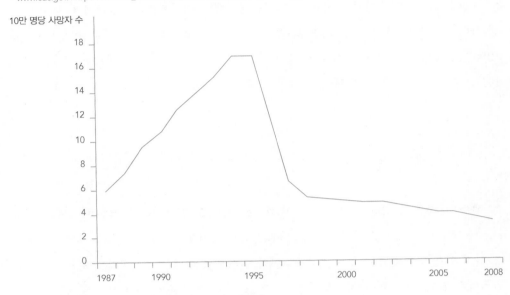

(NNRTIs)로 알려진 새로운 종류의 항레트로바이러스제인 네비라핀(nevirapine)이 FDA
승인을 받았다. 같은 해 하반기에는 '에이즈를 위한 11차 국제총회'가 열려 이러한 새로
운 치료법들의 전망을 긍정적으로 평가했다. 밴쿠버에서 열린 이 회의에서 뉴욕 소재 에
런 다이아몬드 에이즈연구센터의 과학 자문이자 최고 경영자인 데이비드 호(David Ho)
는, 서로 다른 항바이러스제를 적어도 두 부류 이상 포함한 항레트로바이러스제 3가지
를 사용하는 요법이 일정 기간 바이러스를 억제하고 환자의 면역계를 회복시켰다는 연
구 결과를 발표했다.[26] 이 요법은 고활성 항레트로바이러스 요법, 또는 앞 글자를 취해
HAART라고 알려졌다.

　이후 몇 달 동안 수많은 과학 연구에 대한 보고가 연이어 출간되어 HAART의 효과를

---

26) 데이비드 호는 1996년 「타임」지 "올해의 인물"로 선정되기도 했다. 다음을 보라. Christine Gorman, Alice Park,
and Dick Thompson, "Dr. David Ho: The Disease Detective," *Time*, December 30, 1996. HAART와 그 발전
과정에서 호의 역할에 대한 더 많은 정보에 대해서는 2006년 William Cran과 Greg Barker가 감독한 다큐멘터리
시리즈 *Frontline* 가운데, *The Age of AIDS*에 실린 호의 심층 인터뷰를 참고하라. www.pbs.org/wgbh/pages/
frontline/aids/interview/ho.html (접속일 : 2013년 2월 15일)

반복해서 입증했다.[27] 약에 접근할 수 있는 사람들에게 이 결과는 에이즈가 죽음의 병이 아닌, 관리 가능한 만성질환이 되었다는 뜻이나 다름없었다. 미국 질병통제예방센터(CDC)에 따르면 미국에서 에이즈 유관 질환에 대한 연령 보정 사망률은 1995년과 1996년 사이 28퍼센트 줄었고, 1996년과 1997년 사이에 46퍼센트, 1997년과 1998년 사이에 18퍼센트 줄었다.[28] 1998년에는 미국에서 에이즈 유관 요인으로 사망하는 사람의 수가 1991년에 비해 굉장히 많이 줄어들었다.(그림 5.2를 보라.)

하나의 세계는 하나의 희망을 갖는가? 소득의 차이가 지출의 차이가 된다.

밴쿠버 총회의 테마는 "하나의 세계, 하나의 희망"이었다. 하지만 참석자들은 HAART의 전망 보고를 듣고 나서도 낙관주의에 빠지지 않았다. 초기에 제약 회사들이 세 가지 약을 칵테일처럼 혼합한 항레트로바이러스 치료 비용으로 환자 1명당 1년에 1만 달러에서 1만 5천 달러를 책정했기 때문이다. 이는 개발도상국의 에이즈 환자들 대다수에게 터무니없는 가격이었다. 밴쿠버 총회에서 에릭 소여는 다음과 같이 주장했다. "제약 회사들은 이중가격 체계를 고려할 필요가 있다. …… 전 세계 어디서나 가난한 사람들

---

27) 예를 들어 다음을 보라. Roy M. Gulick, John W. Mellors, Diane Havlir, Joseph J. Eron, Charles Gonzalez, Deborah McMahon, Douglas D. Richman, Fred T. Valentine, Leslie Jonas, Anne Meibohm, Emilio A. Emini, Jeffrey A. Chodakewitz, Paul Deutsch, Daniel Holder, William A. Schlief, and Jon H. Condra, "Treatment with Indinavir, Zidovudin, and Lamivudine in Adults with Human Immunodeficiency Virus Infection and Prior Antiretrociral Therapy," *New England Journal of Medicine* 337, no. 11 (1997) : 734~739; Scott M. Hammer, Kathleen E. Squires, Michael D. Hughs, Janet M. Grimes, Lisa M. Dementer, Judith S. Currier, Joseph J. Eron Jr., Judith E. Feinberg, Henry H. Balfour Jr. Lawrence R. Deyton, Jeffrey A. Chodakewitz, Margaret A. Fischl, John P. Phair, Louise Pedneault, Bach-Yen Nguyen, and Jon C. Cook, "A Controlled Trial of Two Nucleoside Analogues plus Indinavir in Persons with Human Immunodeficiency Virus Infection and CD4 Cell Counts of 200 per Cubic Millimeter or Less," *New England Journal of Medicine* 337, no. 11 (1997) : 725-733; Stefano Vella, "Clinical Experience with Saquinavir," *AIDS*, supple. 2 (1995) : S21~S25; Julio S. G. Montaner, Peter Reiss, David Cooper, Stefano Vella, Marianne Harris, Brian Conway, Mark A. Wainberg, D. Smith, Patrick Robinson, David Hall, Maureen Myers, and Joep M. A. Lange, "A Randomized Double-Blinded, Comparative Trial of the Effects of Zidocudine, Didanosine, and Nevirapine Combinations in Antiviral-Naive, AIDS-Free, HIV-Infected Patients with CD4 Cell Counts 200-600/mm^3," Abstract no. B294, Program and Abstracts of the Eleventh International Conference on AIDS (Vancouver, B.C. July 7~12, 1996)

28) Centers for Disease Control and Prevention, *HIV Mortality: Trends (1987~2008)*, "Slide 5 : Trends in Annual Age-Adjusted Rate of Death Due to" HIV Disease : United States, 1987~2008, presentation notes, www.cdc.gov/hiv/topics/surveillance/resources/slides/mortality/slides/mortality.pdf (접속일 : 2013년 1월 8일)

이 원가, 또는 최소한의 이윤만 남긴 가격으로 에이즈 치료를 받을 수 있어야 한다."[29]

이러한 상황에서 효과적인 약물 요법의 발견은 몇몇 미국 에이즈 활동가들이 개발도상국의 시민 단체에 합류하는 계기가 되었다.[30] 하지만 환자 개인을 위한 치료 요법이 발전하고 공공 서비스가 개선되면서 HIV 감염은 지금까지 활동가들이 얘기했던 것처럼 더 이상 치명적인 위기가 아닌 것이 되었다. 그에 따라 개발도상국에서 싸우는 활동가들의 열의와 숫자도 줄어들었다. 가령 ACT-UP이 1992년에 정점을 찍었을 때 미국과 유럽 전역에 70개 지부가 있었고, 활동가도 수천 명이었다. 하지만 1990년대 후반이 되자 이 지부들 중 상당수가 문을 닫았고, 남아 있는 지부 가운데 그나마 큰 곳들(뉴욕시, 필라델피아, 샌프란시스코, 워싱턴 D.C.)도 주간 회의에 모인 회원이 급감했다.[31]

그 사이 국제 개발과 공중 보건에서는 가난한 국가의 에이즈 치료를 반대하는 목소리가 드높아졌다. 2002년 저명한 의학 잡지인 「랜싯」에 수록된 두 편의 글에 따르면, HAART는 가난한 국가들에서 비용 대비 효율적이지 않다는 평가를 받았다. 필자인 엘리엇 마르세유(Elliot Marseille)와 그의 동료들은 다음과 같이 결론을 내렸다. "사하라 이남 아프리카에서 HIV 예방과 HAART의 비용 대비 효율성에 대한 수치를 비교하면, HAART에 비해 HIV 예방의 비용 대비 효율성이 적어도 28배 높다."[32] 앤드루 크리스와 동료들 역시 비슷한 결론에 도달했다. "비용 대비 효율성이 가장 높은 개입은 HIV/에이즈를 예방하고 결핵을 치료하는 것이다. 성인에게 HAART를 실시하거나 보건 시설에서 준비한 가정 관리를 받게 하는 것은 효율성이 가장 낮다."[33] 두 편의 글 모두 예방과 치료를 상호 배타적인 활동으로 여기고 있으며, 가난한 국가에 보건 관리를 전달할 자원이 부족하다는 것을 전제한다. 이 설명에 따르면 에이즈에 대한 예방보다 치료에 투자하

29) Eric Sawyer, "Remarks at the Opening Ceremony" (11차 에이즈 국제협의회 연설문, 캐나다 브리티시컬럼비아 주 밴쿠버, 1996년 7월 7~12일)

30) Behrman, *The Invisible People*, 134.

31) 1999년 ACT-UP 뉴욕 지부 모임에 참석한 구성원은 "수십 명"에 그쳤다. 1988년만 해도 이 지부는 더 넓은 장소에서 350명 이상을 끌어모아 모임을 진행한 바 있었다.(Thomas Morgan, "Mainstream Strategy for AIDS Group," *New York Times*, July 22, 1988, BI; Chris Bull, "Still Angry After All These Years," *Advocate*, August 17, 1999)

32) Elliot Marseille, Paul B. Hofmann, and James G. Kahn, "HIV Prevention before HAART in Sub-Saharan Africa," *Lancet* 359, no. 9320 (2002) : 1851.

33) Andrew Creese, Katherine Floyd, Anita Alban, and Lorna Guinness, "Cost Effectiveness of HIV/AIDS Intervention in Africa : A Systematic Review of the Evidence," *Lancet* 359, no. 9318 (2002) : 1635~1642.

는 것이 오히려 많은 이의 생명을 위험하게 할 수도 있다. 이러한 주장은 당시 대외 원조 담당 공무원들 사이에 널리 퍼져 있었다. 1998년에 미국 USAID의 HIV/에이즈 부서장은 다음과 같이 말했다. "만약 우리가 미국에서 사용하는 것과 동일한 치료법으로 항바이러스 약제를 사용한다면, 개발도상국에서 감염 환자들을 치료하는 데 연간 350억 달러가 들 것으로 추정된다. 우리는 1년에 5천 달러에서 1만 달러가 필요한 의료 요법을 다루고 있고, 꼼꼼하게 일하는 보건 제공자와 실험실 인프라가 필요하다. …… 이런 놀라운 통계 수치 앞에서 우리가 보건 관리에 어떻게 관여할 수 있겠는가?"[34]

HAART가 너무 복잡한 탓에 물자가 부족한 환경에서는 잘 전달될 수 없다고 주장하는 사람들도 있다. 2001년 6월, 국제 관계에 대한 하원위원회 증언에서 USAID의 수장인 앤드루 나치오스(Andrew Natsios)는 가능한 국제 기금을 위한 UN 사무총장 코피 아난(Kofi Annan)의 예산 청원에 대해 다음과 같이 말했다.

코피 아난이 승인한 예산 내역에서 가장 큰 문제는, 전체의 절반을 항레트로바이러스제에 사용했다는 것이다. 지금 이렇게 해봤자 약품을 분배하는 것부터 불가능하다. 의사는 물론 도로도 부족한 데다 저온 유통 체계가 없어 프로그램을 관리할 수 없기 때문이다. 어떤 이들은 이것이 사소한 문제라고 생각하거나 아예 딴 세상 얘기 같다고 여길 것이다. 하지만 아프리카 농촌에 여행해 본 적 있는 사람이라면 이것이 비난이 아니라는 사실을 안다. 그곳 사람들은 손목시계가 뭔지 탁상시계가 뭔지도 모른다. 그들은 시간을 나타내는 서구적인 방법을 사용하지도 않는다.[35]

손목시계와 "시간을 나타내는 서구적인 방법"에 대한 나치오의 이야기는 아프리카 사람들이 투약 시간을 지킬 수 없다는 것을 비방한 것이다. 항레트로바이러스제 요법을 쓰려면 평생 엄격하게 시간을 지켜 약을 복용해야 한다. 한 달에 몇 번만 약을 걸러도 내성

---

34) U.S. House Committee on International Relations, *The Spread of AIDs in the Developing World : Hearing before the Committee on International Relations*, 105th Cong., 2nd sess., September 16, 1998 (Washington, D.C. : Government Printing Office, 1998). 4 : 74.

35) Andrew Natsios, 미국 하원 국제관계위원회에서 행한 증언, *Hearing : The United States' War on AIDS*, 107th Cong., 1st sess. Washington, D.C. June 7, 2001, http://commdocs.house.gov/committees/intlrel/hfa72978.000/hfa72978_0.HTM (접속일 : 2012년 8월 10일)

균주가 나타날 위험이 증가하며, 가장 중요한 1차(first-line) 치료가 효과를 잃는다. 내성 균주에 대한 2차와 3차 치료 요법으로 넘어가면 돈이 많이 든다. 이런 치료법이 효과적으로 전달되지 않으리라 확신했던 나치오는 코피 아난과 다른 사람들이 유행병에 대응해 지지했던 포괄적이고 재조정된 정책을 반대했다. 나치오와 여러 공중 보건 "전문가"는 지구촌의 부유한 곳에서 이 질병의 사망률이 아무리 떨어졌다 해도, 개발도상국에서는 예방과 완화책만 실시해야 한다고 주장했다. 그리하여 유행병이 폭발적으로 퍼져도 개발도상국에서는 그 치료법에 접근할 수 없는 것이 일상적인 일이 되었다.[36]

치료가 가능한데도 그것을 제한적으로 활용하자는 이런 뻔뻔한 주장들이 정책 입안자들과 매체를 통해 발표되는 와중에도 물자가 부족한 환경에서 에이즈 치료가 실현 가능하다는(그리고 효과적이라는) 증거는 쌓여 가고 있었다. 2001년에 발간된 「세계보건기구 회보」에는 아이티 농촌의 중앙 고원지대에 사는 환자 150명에 대한 '건강의 동반자들'의 연구 결과가 게재되었다. 이 연구 결과는, 이런 환경에 있는 환자들은 치료법을 준수할 수 없다는 나치오의 주장과는 달리, 오히려 이 지역 환자들이 미국 여러 지역의 환자들보다 치료법 준수율이 높다는 것을 보여 주었다.[37] 국경없는 의사회가 2001년에 카엘리챠 타운십(남아프리카공화국 케이프타운 외곽 인근의 가난한 도시 지역)의 성인 288명에게 HAART를 실시한 공동체 기반의 프로그램에 따르면, 동시 출생 집단(cohort)의 환자 대다수에서 면역계 회복, 바이러스 양 억제, 투약법에 대한 준수율이 높게 나타났다.[38] 무엇보다 이 연구는 기존에 가정했던 예방과 치료라는 이분법에 문제를 제기했다. HAART를 활용할 수 있게 되자, 더 많은 사람이 자발적인 상담과 실험에 참여한 것이다. 이는 HIV 예방의 중추적인 역할을 했다. 다시 말해, 치료받을 가능성이 생기자 사람들은 스스로 자신의 상태를 알아보고자 했다. 이런 연구 결과는 투약법 준수율을 비롯해 치료와 예방이 갈등 관계라는 조심성 없는 주장과 상반되었다.

---

36) 예컨대 다음을 보라. 2001년 8월 24일 아이티 캉주에서 Nerlande Lahens가 발표한 캉주 선언. www.pih.org/publications/entry/the-declaration-of-cange-world-aids-day-2001 (접속일 : 2012년 12월 1일)

37) Paul Farmer, Fernet L ander, Joia Mukherjee, Fajesh Gupta, Laura Tarter, and Jim Yong Kim, "Community-Based Treatment of Advanced HIV Disease : Introducing DOT-HAART (Directly Observed Therapy with Highly Active Antiretroviral Therapy)," *Bulletin of the World Health Organization* 79, no. 12 (2001) : 1145~1151.

38) World Health Organization, Antiretroviral Therapy in Primary Health Care : Experience of the Khayelitsha Programme in South Africa [Case Study], *Perspectives and Practice in Antiretroviral Treatment* (Geneva : World Health Organization, 2003), 5.

부유한 국가와 가난한 국가의 얼마 안 되는 보건 제공자, 정책 입안자, 행동가, 학자들은 연합을 이루어 빈곤한 환경에서 HAART가 성공적으로 전달된 사례로 무장한 채 세계 어디서나 HAART에 접근하는 것이 가능하지만 그에 대한 지원이 부족하다고 성토했다. 2001년, 하버드대학교 교수 133명은 "소득이 낮은 국가에서 HIV 치료를 포기하는 것은 설득력이 부족하며 …… 폭넓은 치료가 가능하다는 강한 근거들이 있음"을 선언하는 "가난한 국가들에게 에이즈 항레트로바이러스 치료를 실시하는 데 대한 컨센서스 성명"[39]에 서명했다. 이 성명은 정책 입안자들이 국제 보건에서 가능한 것들을 다시 상상하도록 도왔다. 만약 아이티와 남아프리카공화국에서 HAART(만성질환에 대한 장기적 관리)의 전달이 가능하다면, 그것을 세계적인 수준으로 확장할 수도 있지 않을까? 전 세계적인 보건 시스템을 강화하는 더욱 야심 찬 의제를 추진하기 위해 HAART를 활용할 수도 있지 않을까?

하버드 컨센서스 성명은 HAART에 대한 접근을 확장할 때 부딪히는 두 가지의 주요 장벽에 대해 기술했다. 항레트로바이러스제의 가격이 높다는 점, 그리고 요법을 실시하는 데 필요한 재정 지원이 충분치 않다는 점이었다. 이런 장애물에 대해서는 에이즈 활동가들도 잘 알고 있었다. 2000년대 초반 필라델피아의 ACT-UP 같은 미국의 에이즈 운동 단체의 활동가들은 소득이 낮은 HIV 양성인 아프리카계 미국인들로, 목숨이 경각에 달렸음에도 불구하고 치료 비용을 지불할 능력이 있는지 여부로 환자들을 분류하는 보건 체계를 직접 경험했다. 이들은 이것을 "의학적 아파르트헤이트"[40]라고 부르면서 항레트로바이러스제에 대한 접근 권한을 확장하기 위한 투쟁을 벌였다. 여기에는 가난한 사람들을 위한 정부 보험인 펜실베이니아 의료부조(Pennsylvania Medicaid)를 얻어 항레트로바이러스 약품 가격을 충당했던 성공적인 캠페인도 포함되었다. 이 단체들은 의료 접근 권한을 요구하는 캠페인을 통해 부유한 세계와 가난한 세계 사이의 치료적 간극을 좁히는 작업을 벌였다. 또 개발도상국의 에이즈 활동가들과 초국가적인 연합을 형성하기도

---

39) "Consensus Statement on Antiretroviral Treatment for AIDS in Poor Countries, by Individual Members of the Faculty of Harvard University," March 2001, www.cid.harvard.edu/cidinthenews/pr/consensus_aids_therapy.pdf (접속일 : 2012년 8월 8일)

40) Harriet Washington, *Medical Apartheid : The Dark History of Medical Experimentation on Black Americans from Colonial Times to the Present* (New York : Doubleday, 2006). 다음 글도 참고하라. Philippe Bourgois and Jeff Schonberg, "Intimate Apartheid: Ethnic Dimensions of Habitus among Homeless Heroin Injectors," *Ethnography* 8, no. 1 (2007) : 7~31.

[그림 5.3] 2000년 남아프리카공화국 더반에서 열린 국제에이즈 총회에서 '치료 행동 캠페인'이 조직한 시위 현장. 기드온 멘델/코르비스의 허가를 받아 게재.

했다.[41] 예를 들어 보건 국제 활동 프로젝트(Health GAP)와 ACT-UP은 HIV/에이즈를 앓는 가난한 사람들로 구성된 남아프리카공화국의 시민 단체와 힘을 합쳐 '치료 행동 캠페인'(그림 5.3을 보라.)을 시작했다. 이렇게 여러 조직이 가난한 국가에서 항레트로바이러스 약제의 가격을 낮추고자 전 세계적인 캠페인을 이끌었다.

에이즈 치료의 "비용" 분석하기 : 지적재산권과 시민사회

항레트로바이러스제에 대한 접근 권한을 넓히려는 최초의 초국가적 투쟁의 중심에는 지적재산권이 있었다. 1990년대 중반, 브라질의 국립연구소와 사기업에서는 특허를 받

---

41) Raymond A. Smith and Patricia D. Siplon, *Drugs into Bodies : Global AIDS Treatment Activism* (London : Praeger, 2006), 59.

은 항레트로바이러스 약제(ARV)의 제네릭 상품(특허 기간이 만료된 이후 원래 의약품을 복제해서 만든 상품 −역주)을 생산하기 시작했다. 브라질 정부는 인도의 공급자들로부터 제네릭 항레트로바이러스제를 수입하기도 했다. 이런 흐름에 따라 2001년까지 브라질 내에서 HAART의 가격이 70퍼센트까지 떨어졌다.[42] 그러자 몇몇 국가들도 브라질의 전략을 따라 특허를 받은 특정 약제를 제네릭 상품으로 생산하는 데 필요한 법적 절차를 뛰어넘으려 시도했다.[43] 그 예로 1997년 말, 남아프리카공화국 의회는 국가적인 보건 응급 상황이 닥칠 경우 정부가 강제적으로 허가를 내고(특허를 받은 항레트로바이러스 약제에 대해 특허권자의 허가 없이도, 적절한 로열티를 지급한 상태로 제네릭 상품을 생산하는 것) 유사품 수입도(이런 약품을 낮은 가격에 판매하는 국가들로부터 약품을 수입해 오는 것) 할 수 있다고 명시한 의료법을 승인했다. 이런 조치의 목적은 남아프리카공화국에서 낮은 가격에 항레트로바이러스 치료를 받을 수 있도록 하는 것이었다. 이 나라에서는 1997년에 법이 개정되었는데도 2000년까지 상황이 나아지지 않아 항레트로바이러스 치료가 필요한 50만 명 가운데 고작 1퍼센트 정도만이 그 치료를 받았을 뿐이다.[44]

그러자 39곳의 제약회사가 자기들의 특허가 보장하는 독점 판매권을 빼앗길지도 모른다는 전망에 두려움을 느끼고, 1998년에 이 의료법을 뒤집기 위해 남아프리카공화국 법정에 소송을 제기했다. 제약회사들은 이 법이 지적재산권의 개념을 훼손하고 있으며, 그에 따라 혁신의 유인이 약화되고 약학 연구·개발의 재원이 줄어들고 있다는 주장을 했다. 그러나 미국과 남아프리카공화국의 에이즈 활동가들을 포함한 이 법의 지지자들은, 미국에서 유명 상표의 제약회사들이 소득이 낮거나 중간인 국가들로부터 거두는 수익은 겨우 5~7퍼센트임을 지적했다.[45] 또한 이들은 유명 상표가 붙은 항레트로바이러스제의

---

42) Anne-Christine d'Adesky, *Moving Mountains : The Race to Treat Global AIDS* (London : Verso, 2004), 28~30. 다음 책도 참고하라. João Biehl, *Will to Live : AIDS Therapies and the Politics of Survival* (Princeton, N.J. : Princeton University Press, 2007)

43) 이러한 강제 실시권(compulsory licensing)은 2001년 세계무역기구의 도하선언을 통해 승인되었다. 특정 약품에 대한 강제 실시권은 이전에 그 약품의 특허를 가진 단일 회사에 의해 독점되던 시장에 경쟁을 도입했다. 다음을 보라. World Trade Organization, "Declaration on the TRIPs Agreement and Public Health," 2001년 11월 14일 4차 세계무역기구 각료회의에서 채택됨. www.wto.org/english/thewto_e/minist_e/min01_e/mindecl_trips_e.htm (접속일 : 2012년 12월 1일)

44) Amy Kapczynski, Samantha Chaifetz, Zachary Katz, and Yochai Benkler, "Addressing Global Health Inequities : An Open Licensing Approach for University Innovations," *Berkely Technology Law Journal* 20, no. 2 (2005) : 1034.

45) 위의 글. 1038 n. 33.

가격이 그것의 생산과 연구·개발에 드는 비용을 훨씬 초과하며, 제약회사들이 이윤을 많이 남기기 위해 약품 가격을 높게 책정하고 있다고 주장했다.

클린턴 행정부는 처음에 제약회사의 편을 들었다. 남아프리카공화국 부통령인 타보 음베키(Thabo Mbeki)와 함께 남아프리카공화국의 '민주주의를 증진하는 쌍무위원회' 공동 의장을 맡았던 미국 부통령 앨 고어(Al Gore)는, 이 토론회를 의료법에 반대하는 미국 정부의 입장을 표현하는 장으로 활용했다. 남아프리카공화국 대통령인 넬슨 만델라(Nelson Mandela)와 사법부가 움직이지 않자 1999년 3월, 클린턴 정부 무역 대표부 대표였던 찰린 바셰프스키(Charlene Barshefsky)는 남아프리카공화국을 "우선 감시 대상국(무역 제재의 외교적 전 단계)"으로 지정했다. 주된 위반 사항은 역시 남아프리카공화국의 의료법이었다. 바셰프스키는, 의료법 통과는 "특허권 자체를 없앨"[46] 수도 있는 사안이므로 이런 조치를 받을 만하다고 주장했다.

그러자 미국의 에이즈 활동가들과 의회 내 흑인회 구성원들은 남아프리카공화국의 의료법 폐지를 압박하는 정책을 멈추도록 클린턴 행정부에 요구했다. 나중에 보건 국제 활동 프로젝트(Health GAP)를 펼친 활동가들은 고어의 대통령 선거 유세장을 목표로 삼았다.(그림 5.4를 보라.) 1999년 6월 16일, 테네시 주 카시지에서 조심스럽게 연출된 행사를 통해 고어가 대통령 입후보를 선언하자 활동가들은 호루라기와 현수막으로 연설을 방해하면서 "고어의 탐욕스런 살인! 아프리카에 에이즈 약을!"[47]이라고 연호했다. 이후로도 다른 유세장에서 비슷한 항의가 계속되자, 미국 언론에서는 양측을 대변하는 논쟁이 벌어졌다.

이 항의가 있은 후 얼마 지나지 않아, 정치적 바람의 방향이 제약 업계의 로비에 불리한 쪽으로 바뀌었다. 1999년 9월, 카시지에서 시위가 벌어진 지 겨우 3달 만에 바셰프스키는 클린턴 행정부가 남아프리카공화국의 의료법을 지지한다고 발표했다. 그리고 그해 12월, 클린턴은 미국이 사하라 이남 아프리카 국가들로 하여금 유명 상표의 에이즈 약을 구매하지 못하도록 압력을 넣지 않을 것이며, 이들 국가가 약의 가격을 낮추기 위해 유사

---

46) Office of the United States Trade Representative, "USTR Announces Results of Special 301 Annual Review," 대 언론 공식 발표, Aril 30, 1999, http://keionline.org/ustr/1999special301 (접속일 : 2013년 2월 15일)

47) Smith and Siplon, *Drugs into Bodies*, 66.

[그림 5.4] 활동가들은 2000년 대선에 앞선 1999년. 미국 부통령 앨 고어의 대통령 유세를 세 번이나 방해했다. 1년 안에 빌 클린턴 대통령은 대통령령을 내려, 생명을 구하는 약품에 대한 남아프리카공화국의 제네릭 상품 허가 정책을 미국이 방해하지 말아야 한다는 활동가들의 요구를 들어 주었다. 루크 프라자/AFP/게티 이미지의 허락을 받아 게재.

약제를 수입하거나 제네릭 약품을 생산하는 것을 지지할 것이라고 발표했다.[48]

의료 접근권을 위한 대학생의 투쟁 : 예일대학교와 d4t[49]

1999년에 클린턴 대통령이 남아프리카공화국의 의료법을 공개적으로 지지함에 따라 비록 정치적인 지지를 잃기는 했지만, 제약회사 39곳은 남아프리카공화국 정부를 상대로 소송을 계속했다. 의료법을 뒤집고 자신들의 독점 특허권을 되찾기 위해서였다.

---

48) Behrman, *The Invisible People*, 158.
49) 2'3'-didehydro-2'3'-dideoxythymidine을 줄여 d4t, 또는 d4T라고 표기한다. -역주

더번 국제에이즈 총회에서 막 돌아온 예일대학교 법대 1학년생인 에이미 카프친스키(Amy Kapczynski)는 이에 대항하고자, 예일대학교의 지적재산권 연구 팀에 영향력을 행사해, 치료 접근권을 개선하는 캠페인을 발족하게끔 도왔다.[50]

1980년대 중반, 예일대학교의 윌리엄 프루소프(William Prusoff)가 이끄는 연구 팀은 HIV에 대항하는 항레트로바이러스 약제로 스타부딘(stavudine)이라고도 불리던 d4t의 잠재력을 알아챘다. 1988년에 예일대학교는 브리스톨-마이어 스퀴브(BMS)사에 d4t의 생산과 판매에 대한 독점 특허권을 주었다. 1999년에 예일대학교는 이 특허권 하나만으로 전체 로열티 수입 4,612만 달러 가운데 약 4천만 달러를 벌어들였다. d4t는 HAART 1차 요법의 중추적인 역할을 하게 되면서, 2000년에는 BMS사에 5억 7,800달러의 판매 수익을 안겼다. 2001년에는 남아프리카공화국에서 1인당 1년에 드는 d4t['제리트(Zerit)'라는 상품명으로 BMS사에서 판매되었다.] 값은 1,600달러에 이르렀다. 당시 이 나라의 1인당 국내총생산은 약 3천 달러였다. 남아프리카공화국 의료법에 소송을 제기한 회사 가운데 한 곳인 BMS사는 남아프리카가 d4t의 제네릭 약품을 생산하거나 수입하는 것을 강력하게 반대했다.[51]

그러자 2001년에는 국경없는 의사회(MSF)에서 일하던 에이미 카프친스키와 학생들이 예일대학교에 BMS사와 d4t에 대한 특허권을 재협상할 것을 요구했으며, 또 "남아프리카공화국으로 하여금 스타부딘의 제네릭 약품을 수입하고 사용할 수

---

50) 이 약품 개발의 초기 단계는 특히 기초과학 연구에서 대개 연방 정부의 재정 지원을 받으며, 공익 증진을 위한 지식 개발과 산출이 표면적인 임무인 학술 연구 기관에서 수행될 때가 많다. 미국의 많은 학술 연구 기관은 특허를 갖고 있거나, 국제 보건에 중요한 치료적 개입의 개발에 참여한다. 예컨대 미네소타대학교[아바카비르(abacavir), ARV], 에모리대학교(3TC, ARV), 듀크대학교(t20, ARV), 워싱턴대학교(B형 간염 백신), 미시건주립대학교[시스플라틴(cisplatin)과 카보플라틴(carboplatin), 이 두 가지 약 모두 여러 항암 화학 요법에서 중심 역할을 한다.]가 그렇다. 예일대학교의 경험은 다른 대학교에서도 특허 지급에서 학생 주도의 활동(대부분은 '필수 의약품을 위한 대학 연합'의 지원 아래 수행된)이 생겨나도록 도움을 주었다. 다음 글을 보라. Amit Khera, "The Role of Universities," 필수 의약품을 위한 대학 연합 제공. www.essentialmedicine.org/uploads/AmitKgeraRoleOfUniversities.ppt (접속일 : 2013년 2월 15일); Dave A. Chokshi, "Improving Access to Medicines in Poor Countries : The Role of Universities," *PLoS Medicine* 3, no. 6 (2006) : e136, www.plosmedicine.org/article/info:doi/10.1371/journal.pmed.0030136 (접속일 : 2012년 2월 9일)

51) Rahul Rajkumar, "The Role of Universities in Addressing the Access and Research Gaps," UAEM National Conference, September 2007, http://essentialmedicine.org/sites/default/files/archive/uaemconference2007-day-1-role-of-universities.pdf (접속일 : 2012년 9월 24일)

있게 허락하는 자발적인 허가를 내달라고"[52] 요청했다. 처음에는 예일대학교도 BMS사가 독점 판매권을 받았으니, 오직 BMS사만이 특허권을 재조정할 수 있다는 이유로 이 요청을 거부했다.[53] 이에 대해 국경없는 의사회는 제리트의 높은 가격을 감당할 수 없는 가난한 환자들이 d4t를 얻을 수 있도록 예일대학교가 계약을 파기해야 한다고 대응했다. 학생들은 항의하며 청원서에 사람들의 서명을 받는 과정에서 언론의 주목을 받았다.

프루소프 또한 여기에 영향을 받아 「뉴욕 타임스」의 외부 필자 칼럼 란에 "d4t는 사하라 이남 아프리카에서 가격을 저렴하게 낮추거나 무상 지급돼야 한다."[54]는 주장을 펼쳤다. 국경없는 의사회가 처음 요청한 지 약 한 달 만에 예일대학교와 BMS사는 남아프리카공화국에서 d4t 제네릭 약품의 판매를 허락한다고 발표했다.[55] 2001년 6월, BMS사는 남아프리카공화국의 제네릭 약품 생산자인 아스펜 파머케어를 상대로 "소송하지 않겠다는 동의서"에 서명했다. 그로써 남아프리카공화국에서 d4t의 가격은 96퍼센트까지 떨어졌다.[56]

2001년 4월, 제약회사 39곳이 모두 소송을 철회했다.[57] 그해 말, 세계무역기구(WTO) 각료급 회의에서는 도하선언(Doha Declaration)이 채택되어 TRIPs라고 알려진 지적재산권 보호에 대한 1995년의 국제조약을 재확인했다. "공중 보건을 지키기 위해 구성 국가가 취하는 조치를 막을 수는 없으며, 막아서도 안 된다."는 것이 그 주요 내용이었다. 이 조약은 WTO 구성원 각각 "강제적 면허와 그런 면허를 부여할 근거를 결정할

52) A.J. Stevens and A.E. Effort, "Using Academic License Agreements to Promote Global Responsibility," *Les Nouvelles : Journal of the Licensing Executives Society International* 43 (June 2008) : 87.

53) Daryl Lindseay, "Amy and Goliath," *Salon.com*, May 1, 2001, www.salon.com/2001/05/01/aids_8/ (접속일 : 2012년 12월 1일)

54) Donald McNeil Jr. "Yale Pressed to Help Cut Drug Costs in Africa," *New York Times*, March 12, 2001, www.nytimes.com/2001/03/12/world/yale-pressed-to-help-cut-drug-costs-in-africa.html (접속일 : 2013년 2월 15일); William Prusoff, "The Scientist's Story," *New York Times*, March 19, 2001, www.nytimes.com/2001/03/19/opinion/19PRUS.html (접속일 : 2013년 2월 15일)

55) Bristol-Myers Squibb Announces Accelerated Program to Fight HIV/AIDS in Africa, 대 언론 공식 발표, www.prnewswire.co.uk/cgi/news/release?id=64424 (접속일 : 2013년 2월 15일).

56) Chokshi, "Improving Access to Medicines in Poor Countries."

57) Behrman, *The Invisible People*, 158.

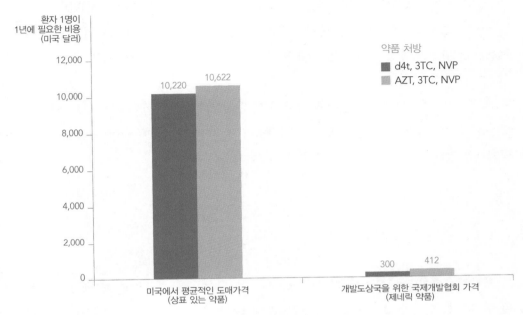

[그림 5.5] 2002년 HIV/에이즈를 치료하는 가장 중요한 처방 약품들의 가격. 상표 있는 약품과 제네릭 약품을 비교
· 출처 : 건강의 동반자들 내부 데이터와 국경없는 의사회.

자유를 누릴"[58] 권리가 있음을 인정했다. 이는 다른 말로 하면 세계에서 가장 강력한 국가 대다수가 적어도 일시적으로는, 몇몇 사례에서 의약품에 대한 접근권이 특허권을 앞선다는 데 동의한 것이었다.

　이런 국제적인 정치적·법적 컨센서스의 초기 형태는 가난한 국가들을 위해 특허 있는 HIV 약품의 제네릭 상품을 생산하는 것으로 포문을 열었다. 이 기회를 실현하기 위해 윌리엄 J. 클린턴 재단(2001년 클린턴 대통령이 백악관을 떠나면서 설립한 재단)과 기타 기관들은 치료 비용을 급격히 낮출 방안을 찾았다. 2002년에 시작한 클린턴 재단의 HIV/에이즈 계획은 개발도상국 정부들이 대량의 항레트로바이러스제 제네릭 상품을 특정 가격에 판매하도록 요구 사항을 전달하는 것이었다. 이에 따라 인도와 남아프리카공화국의 제네릭 상품 생산자들은 그들의 사업 모델을 변경해 1알당 이윤을 줄이는 대신 다량 생산과 생산 과정의 개선으로 단가를 줄이는 데 동의했다. 항레트로바이러스제 제네릭 약품 생산자들은 새로 발견한 규모의 경제를 활용하여 더 높은 수익을 올렸고(일시적으로

---

58) World Trade Organization, "Declaration on the TRIPs Agreement and Public Health."

예상된 손해에 시달린 이후에), 소비자 가격은 상당히 떨어졌다.[59] 개발도상국에서 가장 흔하고 중요한 HAART 약제에 대한 환자 1명당 연간 비용의 최소치는 1990년대 후반 1만 달러~1만 5천 달러, 2002년에는 300달러로, 2007년에는 87달러로 떨어졌다. 그림 5.5에는 2002년 미국에서 팔린 유명 상표의 약품 가격과 개발도상국에서 팔린 제네릭 약품의 가격을 비교했다.[60]

약품 값이 급격하게 떨어짐에 따라 에이즈 치료 프로그램을 전 세계적으로 확장할 수 있는 새로운 기회가 열렸다. 그럼에도 불구하고 또 다른 장애물이 남아 있었다. 가난한 국가에는 정책 수행을 위한 재정 지원 정책이 부재했던 것이다.

재정 지원 투쟁의 뜻밖의 관계자

항레트로바이러스 요법이 가난한 국가도 감당할 수 있는 비용에 효과적으로 전달될 수 있다는 합의가 널리 체결되자, 에이즈 활동가들은 국제적인 에이즈 치료 프로그램을 위한 재정을 확충해야 한다고 지속적으로 주장했다. 경제학자인 제프리 삭스(Jeffrey Sachs)가 대표를 맡고 있던 WHO의 '거시경제학 및 보건위원회'는 2001년, 보건적 성과를 개선하면 경제적 성장을 이끌 수 있다는 증거가 담긴 보고서를 출간(개발 정책을 표현하는 데 사용하는 계량법으로는 보건 프로그램의 경제학적 효과를 포착하기가 어렵다.)했다. 또 이 보고서는 기부자들이 낸 돈이 가난한 국가들의 경제 성장과 보건 개선의 선순환을 이끌어 내는 중요한 역할을 할 것이라고 예견했다.[61]

2001년 초반에 삭스와 하버드대학교의 동료인 아미르 아타란(Amir Attaran)은 「랜싯」

---

59) Jonathan Rauch, "This Is Not Charity : How Bill Clinton, Ira Magaziner, and a Team of Management Consultants Are Creating New Markets, Reinventing Philanthropy-and Trying to Save the World," *The Atlantic*, October 2007, www.theatlantic.com/magazine/archive/2007/10/-ldqui-this-is-not-charity-rdquo/6197/ (접속일 : 2012년 8월 10일)

60) Médicins Sans Frontières, "A Matter of Life and Death : The Role of Patents in Access to Essential Medicines," 2001년 11월 9~14일 카타르 도하에서 열린 4차 세계무역기구 각료회의에서 국경없는 의사회의 발표 내용.

61) *Mactoeconomics and Health : Investing in Health for Economic Development*, 거시경제학과 보건위원회 보고서, 의장 Jeffrey D. Sachs가 2001년 12월 20일 세계무역기구 사무총장인 Gro Harlem Brundtland에게 제출함 (Geneva : World Health Organization, 2001), http://whqlibdoc.who.int/publication/2001/924154550x.pdf (접속일 : 2012년 12월 1일)

지에 글을 기고해, 이런 발견을 실용적으로 적용할 방법을 제안했다. 새로운 발견이 지구의 역사상 가장 강력한 살인자인 감염병을 통제하는 데 사용될 수 있다는 것이었다. 부유한 국가들이 대외 원조 기금을 늘리면, 대출이 아닌 보조금을 개발도상국에 지급해 보건 프로젝트를 진행하는 경쟁적이고도 투명한 과정에 사용할 수 있다. 즉 "감염국 스스로 원하고 제안한 프로젝트에 재정을 직접 지원하고, 독립적인 과학 전문가 집단이 유행병에 대한 전염병학적인 이점을 통해 판단하는"[62] 형태의 보조금이었다.

국제연합 사무총장인 코피 아난은 이 계획을 소리 높여 지지했으며, 개발도상국의 지도자들은 2001년에 이탈리아 제노바에서 열린 G8 정상회담 자리에서 '에이즈와 결핵, 말라리아와 싸우는 국제기금'을 발족했다. 2002년에 이 기금은 최초의 지출을 결의했다.[63]

부유한 국가들의 국제 보건에 대한 정치적 자본은 2000년대 초반에 이르러 많이 늘었다. 2001년에는 하버드대학교 학부 캠퍼스와 케네디 행정대학원 학생들이 연합해 활동가 집단인 '학생 국제 에이즈 캠페인'을 시작했고, 2004년에는 전 세계 칼리지와 대학에 걸쳐 80곳 넘게 지부를 확장했다.[64] 곧 워싱턴에 국제적 활동가 단체들이 여럿 설립되었는데, 그 가운데는 보건 국제 접근권 프로젝트(1999년 6월), 국제에이즈연맹(2001년 3월), 희망을 위한 처방전(2002년), DATA[Debt(대출), AIDS(에이즈), Trade(무역), Africa(아프리카)의 첫 글자를 취한 것, 2002년]가 포함되었다. 이렇게 다양한 단체가 탄생하자, 에이즈 관련 청원 운동을 하는 사람들(보수주의적인 복음주의 기독교도, 대학생, 동성애 인권 활동가, 아프리카계 미국인, 에이즈 환자로 이루어진)은 연방 예산 책정 과정에 큰 압력을 행사하기 시작했다.

에이즈 운동은 여론 주도자들을 비롯해 유명인들로부터 상당한 지지를 얻었다. 기독교 자선 단체인 '사마리아인의 지갑' 설립자이자, 유명한 복음주의자인 빌리 그레이엄(Billy Graham)의 아들인 프랭클린 그레이엄(Franklin Graham)은 상원의원인 제스 헬름스에게 그가 비도덕적이라고 판단한 동성애자들만큼이나 "죄 없는 사람들"도 에이즈로

---

62) Jeffrey Sachs and Amir Attaran, "Defining and Refining International Donor Support for Comating the AIDS Pandemic," *Lancet* 357, no. 9249 (2001) : 57.

63) Sarah Ramsa, "Global Fund Makes Historic First Round of Payments," *Lancet* 359, no. 9317 (2002) : 1581~1582.

64) 학생 국제 에이즈 캠페인에 대한 정보는 2007년 7월 23일 워싱턴 D.C.에서 Luke Messac이 캠페인의 공동 설립자인 Adam Taylor에게 실시한 인터뷰를 토대로 했다.

고통을 받고 있다는 사실을 깨우쳐 주었다.[65] 이후 국제관계 상원위원회의 위원장이던 헬름스는 성적으로 전파되는 이 질병에 "무고한 희생자들(어머니에 의해 수직감염되었거나 부모의 죽음으로 고아가 된 수백만 명의 어린이들)"이 있다는 사실을 자신에게 설명해 준 사람은 그레이엄뿐이었다고 밝혔다.[66] 아일랜드 록밴드인 U2의 리드싱어 보노는 이미 주빌리 2000(Jubilee 2000) 캠페인에서 가난한 국가들의 부채 탕감을 요구하는 운동을 이끌어 전 세계적인 에이즈 운동의 기수로 떠올랐다. 보노는 헬름스와 만난 자리에서, 성경에서 가난에 대해 언급한 문장이 2,103개나 되지만 성적인 행동에 대해서는 고작 몇 번밖에 언급되지 않았음을 지적했다.[67] 헬름스는 이 이야기를 기자 회담에서 똑같이 따라 했고, 이내 자기가 과거에 에이즈 관리와 치료를 지지하지 않았던 점을 공식 사과했다.[68] 2001년 후반이 되자 헬름스는, 가난한 국가에서 HIV의 모자 수직감염을 예방하는 데 5억 달러를 지원하는 계획(헬름스 레거시 수정안이라고 알려진)을 추진하던 자신의 동료인 윌리엄 프리스트(William Frist, 테네시 주 의원)의 행보에 동참했다.

국제 보건의 역사상 가장 중요한 개종은 가장 있을 법하지 않은 방식으로 일어났다. 미국 대통령 조지 W. 부시가 바로 그 예다. 부시가 텍사스 주지사를 지내던 시절 그의 선임 보건 고문은 "부시가 정말로 다루기 불편해 했던 게 있다면 에이즈"였다며, 그것은 "(보수적인 매체에서도 많이 논의되었지만) 질병과 동성애, 성적인 문란을 한꺼번에 연결하는 질병이기 때문"이라고 밝혔다.[69] 2000년에 대통령 유세장에서 부시는 언론인 짐 레러(Jim Lehrer)에게 아프리카는 "미국의 전략적 국익에 들어맞지 않는다." 따라서 자신의 외교 정책 의제에서 명시적으로 다루지 않는다고 말했다.[70]

하지만 2003년 1월, 부시는 국제적 에이즈 경감 운동의 선구자로 변신했다. 그해 연

65) Jesse Helms, *Here's Where I Stand : A Memoir* (New York : Random House, 2005), 145.

66) U.S. Senate Committee on Foreign Relations, "Helms Praises Frist AIDS Bill," July 26, 2000, http://lobby.la.psu.edu/020_Compulsory_Licensing/Congressional_Statements/Senate/S_Helms_072600.htm (접속일 : 2012년 2월 9일)

67) 보노의 인터뷰 대본은 Frontline 다큐멘터리 시리즈인 *The Age of AIDS*의 일부이며, 다음 웹페이지에서 볼 수 있다. www.pbs.org/wgbh/pages/froneline/adis/interview/bono.html (접속일 : 2012년 8월 5일)

68) Jesse Helms, "Opinion : We Cannot Turn Away," *Washington Post*, March 24, 2002, B07.

69) Behrman, *The Invisible People*, 246.

70) "Newsmaker : George W. Bush," Jim Lehrer의 인터뷰, *MacNeil/Lehrer NewsHourm* PBS, 2000년 2월 16일. 대본과 음성은 다음 웹페이지에 있다. www.pbs.org/newshour/bb/politics/jan-june00/bush_02-16.html (접속일 : 2012년 9월 2일)

[그림 5.6] 우간다 출신 의사이자 에이즈 전문가인 피터 무기에니(Peter Mugyenyi)가 조지 W. 부시 대통령의 2003년 연두교서 연설장에 영부인 로라 부시(Laura Bush)의 특별 초대 손님으로 참석했다. 무기에니가 우간다의 합동 임상연구 센터에서 에이즈 치료와 예방 서비스를 위해 기울인 노력은 부시 대통령이 PEPFAR을 시작하도록 확신을 주었다. 조지 W. 부시 대통령 도서관의 허가를 받아 게재.

두교서에서(그림 5.6을 보라.) 부시는 완전히 새로운 국제 에이즈 계획을 제안했다.

에이즈는 예방할 수 있습니다. 항레트로바이러스 약제는 사람들의 생명을 여러 해 연장할 수 있습니다. …… 역사상 이렇게 많은 사람에게, 이렇게 많은 기회가 주어진 적은 없습니다. …… 오늘밤 저는 해외의 심각하고 긴급한 위기에 대응하기 위해, 에이즈를 경감할 긴급 계획을 제안하고자 합니다. 바로 현재, 아프리카 사람들을 지원하는 모든 국제적 노력을 뛰어넘는 자선사업을 벌이는 것입니다. …… 저는 앞으로 5년 동안 150억 달러를 출연하고, 그 가운데 100억 달러를 신규 차입 자금으로 지원하는 방안을 의회에 제출할 것입니다. 이렇게 함으로써 에이즈로 고통받고 있는 아프리카와 카리브해 인근 국가들의 투쟁 흐름이 바뀌기를 바랍니다.[71]

---

71) George W. Bush, "State of the Union Address," January 28, 2003, 다음 웹페이지에서 확인할 수 있다. www. washingtonpost.com/wp-srv/onpolitics/transcripts/bushtext_012803.html (접속일 : 2012년 12월 1일)

그때까지 의회의 그 누구도(민주당원이든 공화당원이든) 국제적 에이즈 프로그램에 연간 30억 달러를 쏟아붓자고 공식적으로 제안한 적은 없었다. 부시의 강력한 제안에 자극을 받은 상하원은 2003년 5월, '에이즈 경감을 위한 미국 대통령 긴급 계획'에 150억 달러를 인가하는 법령을 통과시켰다.[72]

이러한 흐름(저렴해진 약품 가격, 가난한 환경에서도 효율적인 치료가 가능하다는 증거들, 풀뿌리 행동주의, 엘리트들의 지지)을 타고 다른 부유한 국가들 역시 국제적 에이즈 프로그램에 대한 재정 지원을 늘렸다. 2005년에 스코틀랜드 글렌이글스에서 열린 G8 정상회담에서 부유한 국가의 지도자들은 2010년까지 아프리카에 대한 원조를 두 배로 늘리고, "에이즈 치료에 대한 보편적 접근에 가능한 한 가까이 다가갈" 것을 다짐했다.[73] 미국국제개발처는 개발도상국의 HIV/에이즈 예방과 관리, 치료 프로그램을 위한 G8과 유럽 공동체의 지출이 2002년 12억 달러에서 2009년 76억 달러로 늘었다고 보고(비록 2010년에는 이 수치가 69억 달러로 떨어졌지만)했다. 2010년 국제 에이즈 프로그램의 공적 기부국 가운데는 미국(37억 달러), 영국(9억 달러), 네덜란드와 독일 그리고 프랑스(각각 4억 달러)가 액수에서 수위를 달렸다.[74]

몇몇 사례에서 에이즈에 관한 재정 지원은 다른 국제 보건 우선 과제를 위한 새로운 자원의 교두보임이 점점 더 드러났다. 예를 들어 WHO는 말라리아를 위한 국제적 재정 지원이 2004년에 2억 4,900만 달러에서 2008년에는 12억 5,000만 달러로 늘었다고 추산했다.[75] 2008년 중반, 미국 정부가 인가한 PEPFAR의 2차 5개년 계획은 에이즈 예방 및 치료에 더해 보건 인프라를 강화하는, 예컨대 2013년까지 동반 국가들로부터 14만 명의

---

72) 법률 인가 과정과 역사에 대해서는 다음 글을 참고하라. H.R. 1298, *United States Leadership against HIV/AIDS, Tuberculosis, and Malaria Act of 2003*, 108th Cong., 1st sess. www.govtrack.us/congress/bills/108/hr1298 (접속일 : 2012년 9월 2일)

73) "Gleneagles 2005 : Chairman's Summary," July 8, 2005, http://webarchive.nationalarchives.gov.uk/+/http://www.number10.gov.uk/Page7883 (접속일 : 2012년 12월 1일)

74) Jennifer Kates, Adam Wexler, Eric Lief, Carlos Avila, and Benjamin Gobet, "Financing the Response to AIDS in Low- and Middle-Income Countries : International Assistance from Donor Governments in 2010," Kaiser Family Foundation/UNAIDS Report, July/Augument 2011, www.kff.org/hivaids/upload/7347-07.pdf (접속일 : 2012년 2월 9일)

75) 다음을 참고하라. World health organization, *World Malaria Report 2008* (Geneva : World Health Organization, 2008), http://whqlibdoc.who.int/publications/2008/9789241563697_eng.pdf (접속일 : 2012년 12월 1일); Roll Back Malaria Partnership (RBM), *The Global Malaria Action Plan : For a Malaria-Free World*, 2008, www.rbm.who.int/gmap.toc.pdf (접속일 : 2012년 12월 1일)

보건 관리 전문가와 준전문가를 모집·양성하며, 재훈련하는 새로운 목표를 수립했다.[76]

미국 심장부에서 벌어지는 국제적 에이즈 재정 지원의 정치학

초기의 국제 에이즈 관련 로비 활동은, 2004년 미국의회 위원회의 예산 결정을 뒤집어 에이즈 재원을 줄일 수 있음을 확신시키면서 그 영향력을 증명했다. 2004년 4월, 의회가 2005년 회계연도의 예산 결의안을 검토하는 과정에서 당시 의회 예산위원회 위원장이었던 짐 너슬(Jim Nussle, 인디애나 주 의원)은 국제 관계 관련 예산으로 상원 예산위원회나 대통령이 제안한 것보다 36억 달러 적은 금액을 제안했다.[77]

에이즈 프로그램 예산의 대부분이 여기서 나오기 때문에 에이즈 활동가들은 너슬의 제안이 국제적 에이즈 예방과 치료에 대한 미국의 공헌이 낮아질까 봐 우려했다. 그래서 루터 칼리지(너슬의 모교)의 국제 에이즈 캠페인 학생 구성원들은 너슬이 받을 예정이었던 공공 서비스 상을 취소하라고 총장에게 청원하는 한편, 너슬이 참석한 시민회관 행사에서 항의를 했다.

그러는 동안 DATA나 국제에이즈연맹 등 활동가 단체들은 너슬이 의원으로 있는 지구의 동정적인 종교 지도자들이 이 예산 결정의 단점을 공적으로 비판하도록 했다. 이들 중 루터교회 주교인 필립 호건(Phillip Hougen)은 그의 신도들이 탄자니아와 유대를 맺고 있음을 강조하며, 「롤 콜」지의 기자에게 이렇게 말했다. "아이오와 주 사람들은 생각보다 더 크게 국제적으로 깨어 있습니다."[78]

선거철이 다가오면서 정치적인 압박이 커지자, 너슬은 결국 자신의 견해를 굽혔

---

76) 다음을 보라. H.R. 5501, *Tom Lantos and Henry J. Hyde United States Global Leadership against HIV/AIDS, Tuberculosis, and Malaria Reauthorization Act of 2008*, 110th Cong. www.govtrack.us/congress/bills/110/hr5501 (접속일 : 2012년 9월 2일)

77) Emily Pierce, "Nussle Feeling Heat from Locals," *Roll Call*, April 22, 2004, www.rollcall.com/issues/49_112/-5274-1.html (접속일 : 2013년 2월 15일)

78) 앞의 글.

다.[79] 5월 말이 되어 양원협의회에서 예산 결의안을 교섭할 때가 오자, 너슬은 국제 관계 재정을 위해 28억 달러를 추가로 요청하겠다고 발표했다. 너슬의 대변인인 션 스파이서(Sean Spicer)는 유권자들의 에이즈 관련 활동이 영향을 미쳤음을 인정했다. "너슬은 실제로 자신이 에이즈 활동을 지지하고 있다는 사실을 유권자들이 알아주기를 바랍니다."[80] 이로써 국제 에이즈 운동은 다시금 이데올로기적인 스펙트럼 아래 사람들을 결집시키는 정치적 의제로 떠올랐다.

황금시대 이후

21세기의 첫 10년은 국제 보건의 새로운 장을 연 기간이었다. 가난한 국가에도 효과적인 보건 관리 전달이 가능하다는 증거가 쌓이고, 국제 보건 평등의 대담한 비전이 형성되면서, 오랫동안 정체된 상태였던 국제 보건에 대한 빈곤한 상상이 무너져 내렸다. 비록 몇몇 공중 보건 "전문가"들이 항레트로바이러스 치료 같은 생명을 살리는 개입 정책이 가난한 국가가 감당하기에는 너무 복잡하거나 비싸다고 선언했지만, 선구적으로 이루어진 프로그램들의 결과는 정반대였다. 초국가적인 행동주의와 혁신적인 시장 협조가 제네릭 약품의 생산뿐 아니라 재정과 조달의 새로운 전략에 대한 포문을 연 이후로 다양한 예방책, 치료법, 진단에 드는 비용이 획기적으로 낮아졌다. 동시에 국제 보건을 위한 재정 지원이 유례없는 수준으로 높아졌다. 이로써 오랫동안 부족한 재정에 익숙했던 전 세계 보건 실무자와 정책 입안자들은 국제 보건의 평등을 새로이 상상할 수 있게 되었다. 2010년에는 10년 전만 해도 누구도 상상하지 못했던 수준으로 의약품 가격이 낮아지고, 국제적인 재정 지원도 늘어났다.

그럼에도 불구하고 "모두를 위한 보건"에 이르기까지는 아직도 갈 길이 멀었다. 물론 6,600만 명이 항레트로바이러스제 치료를 받을 수 있게 된 것은 국제 보건과 현대 의학의

---

79) Emily Pierce, "Nussle Heeds Calls, Boosts AIDS Funds," *Roll Call*, June 1, 2004, www.rollcall.com/issues/49_130/-5700-1.html (접속일 : 2013년 2월 15일)

80) 앞의 글. 양원협의회는 상하원 양원에서 대표를 뽑아 사후에 구성한 협의회로, 법안이 최종 통과하기 전 동일 법안의 상이한 판본들 간 차이를 해소하기 위해 소집된다.

전망을 밝게 해 주는 공적임이 틀림없다. 하지만 이런 진보는 지속 가능하고 또 더욱 확장되어야 한다. 전 세계를 통틀어 수백만 명에 이르는 사람들이 아직 항레트로바이러스 치료를 더 필요로 한다. 2008년, 전 세계적인 경기 침체가 시작되자 미국을 포함한 많은 국가의 해외 원조도 주춤했다.[81] 그 때문에 전 세계 개발도상국의 병원과 진료소에서는 새로 오는 에이즈 환자들을 내보낼 수밖에 없었다.

이러한 둔화가 특별히 가슴 아픈 이유는 에이즈 치료와 예방이 가능하다는 획기적인 증거가 나온 이후에 나타난 현상이기 때문이다. 2011년 5월, 미국 국립보건원(National Institute of Health)의 지원을 받아 수행한 한 연구에 따르면, 항레트로바이러스 치료는 에이즈 전파율을 96퍼센트까지 낮췄다.[82] 즉, 치료가 바로 예방이었던 셈이다. 30년 만에 처음으로 "에이즈의 종말"을 상상하는 것이 가능해졌다. 전 세계적으로 HIV 통제 계획에 들이는 재정을 다시 2배 늘린다면 질병의 유행을 늦추거나 어쩌면 멈출 수도 있을 것이다. 이렇게 하려면 재정 지원을 늘리는 것뿐만 아니라 활용 가능한 재원을 더 잘 사용해야 한다. PEPFAR 재정의 상당 부분은 하청업자들에게 분배되었는데, 그 가운데는 PEPFAR 프로그램을 수행했던 대학과 비정부기구도 포함되었다. 2008년에 언론인 로리 개릿(Laurie Garrett)은 비록 PEPFAR이 하청업자들에게 "간접비"의 세부 내역까지(즉, 재정에서 비정부기구의 인건비라든지 치료와 예방, 교육 이외에 사무실에서 드는 비용) 제공하지는 못했지만, 보고서에 따르면 간접비의 비중은 30~60퍼센트 정도가 일반적이라고 밝혔다.[83] 가난한 환자들에게 도달하기까지의 과정에서 기금이 더 적게 새어 나갈수록 더 많은 사람이 생명을 살리는 치료에 접근할 수 있을 것이다.

국제 보건의 황금시대는 에이즈를 넘어 이제 전 세계의 다른 주요 질병과 신생아 사망에 대항하는 중요한 진보를 향해 나아가고 있다. 보건 제공자들 중 일부는 "수직적인"

---

81) 2011년 11월, 이러한 재정 지원상의 단점 때문에 국제기금은 11차 보조금 적용을 취소했다. 이 취소 이후로 국제기금은 적용 절차를 회차 기반이 아닌 반복 과정으로 변경했다. 다음 글을 참고하라. Kaiser Daily Global health Policy Report, "Global Fund Cancels Round 11 Grants, Approves New Strategy and Organization Plan," November 29, 2011, http://globalhealth.kff.org/Daily-Report/2011/November/29/GH-112911-Global-Fund-Round-11.aspx (접속일 : 2013년 1월 8일)

82) Myron Cohen, Ying Q. Chen, et al., "Prevention of HIV-1 Infection with Early Antiretroviral Therapy," *New England Journal of Medicine* 365, no. 6 (2011) : 493.

83) Garrett, Laurie. "Update from the Global Health Program of the Council on Foreign Relations," July 2, 2008. Council on Foreign Relations. http://www.cfr.org/content/thinktank/GlobalHealth/GHU_FoodCrisis_Jul208.pdf.

에이즈 프로그램을 활용하는 데서 벗어나 서서히 "수평적인" 1차 보건관리 서비스를 제공하고, 보건 시스템을 강화하는 법을 배우고 있다. 에이즈 같은 복잡한 만성질환에 전달 서비스를 시행하려면 전일제로 근무하고 보수를 받는 직원과 현대적 설비, 급여를 받는 훈련받은 공동체 보건 노동자, 든든한 위탁 네트워크가 필요하다. 따라서 다른 보건 우선 과제에도 강력한 유출 효과(spillover effect)를 줄 수 있다. HIV 통제에 초점을 맞춘 공동체 보건 노동자 등의 보건 실무자들은 가난과 연관된 다른 병리적 문제 또한 다룰 수 있다. 결핵에 감염된 HIV 환자들, 폐렴이나 설사병에 걸린 어린이들, 충분한 식량이나 깨끗한 물을 얻을 수 없는 가족들이 대표적인 예다. 다시 말해, 우리는 에이즈 치료를 보건 시스템 강화를 위한 지렛대로 활용할 수 있다.[84] 다음 장에서는 이런 관점에 바탕을 둔 하나의 모델을 살펴볼 것이다.

더 읽을거리와 다른 매체들

°Behrman, Greg. *The Invisible People: How the U.S. Has Slept through the Global AIDS Pandemic, the Greatest Humanitarian Catastrophe of Our Time.* New York : Free Press, 2004.

°"Consensus Statement on Antiretroviral Treatment for AIDS in Poor Countries, by Individual Members of the Faculty of Harvard University." March 2001. www.cid.harvard.edu/cidinthenews/pr/consensus_aids_theraphy.pdf.

°d'Adsky, Anne-Christine. *Moving Mountains : The Race to Treat Global AIDS.* London : Verso, 2004.

°Epstein, Steven. *Impure Science : AIDS, Activism, and the Politics of Knowledge.* Berkeley : University of California Press, 1996.

°Farmer, Paul, Fernet Léandre, Joia Mukherjee, Rajesh Gupta, Laura Tarter, and Jim

---

84) David A. Walton, Paul E. Farmer, Wesler Lambert, Fernet L andre, Serena P. Koenig, and Joia S. Mukherjee, "Integrated HIV Prevention and Care Strengthens Primary Health Care : Lessons from Rural Haiti," *Journal of Public Health Policy* 25, no. 2 (2004) : 137~158.

Yong Kim. "Community-Based Treatment of Advanced HIV Disease : Introducing DOT-HAART (Directly Observed Therapy with Highly Active Antiretroviral Therapy)." *Bulletin of the World Health Organization* 79, no. 12 (2001) : 1145~1151.

°Gupta, Rajesh, Jim Y. Kim, Marcos A. Espinal, Jean-Michel Caudron, Bernard Pecoul, Paul E. Farmer, and Mario C. Raviglione. "Responding to Market Failures in Tuberculosis Control." *Science* 293, no. 5532 (2001) : 1049~1051.

°Kapczynski, Amy, Samantha Chaifetz, Zachary Katz, and Yochai Benkler. "Addressing Global Health Inequities : An Open Licensing Approach for University Innovations." *Berkeley Technology Law Journal* 20, no. 2 (2005) : 1031~1114.

°PBS. *The Age of AIDS*. Frontline documentary series directed by William Cran and Greg Barker. 2006. www.pbs.org/wgbh/pages/frontline/aids/

°Public Square Films. *How to Survive a Plague*. Documentary directed by David France, 2012.

°Siplon, Patricia D. *AIDS and the Policy Struggle in the United States*. Washington, D.C. : Georgetown University Press, 2002.

°Smith, Raymond A., and Patricia D. Siplon, *Drugs into Bodies : Global AIDS Treatment Activism*. London : Praeger, 2006.

Building an Effective Rural Health Delivery Model in Haiti and Rwanda

효과적인 농촌 의료 전달 체계 모형 수립하기 : 아이티와 르완다

6

6장
효과적인 농촌 의료 전달 체계 모형 수립하기 : 아이티와 르완다

피터 드로백, 매슈 바실리코, 루크 메삭, 데이비드 월튼, 폴 파머

지금까지 이 책이 초점을 맞춘 것은 우리가 지금껏 국제 보건을 이해하는 데 유용하다고 생각했던 많은 이론과 용어, 그리고 이전 패러다임의 역사였다. 이러한 반성은 대부분 가난과 모든 종류의 사회적 격차가 수백만 명의 운명을 결정한다는 자각에서 비롯된다. 하지만 그러한 조건에서 생활하는 사람들을 보살피는 데 가난 또는 정치적 폭력 같은 거시적인 사회적 힘들이 어떤 의미가 있는가? 또 보건 서비스의 전달을 개선하는 데 사회이론과 역사는 어떤 정보를 제공하는가? 이 장에서는 개발도상국에서도 가장 개발이 덜된 농촌 구역에 보건 시스템을 강화하고자 노력하는 단체인 '건강의 동반자들(PIH)'의 경험을 살펴볼 것이다.

PIH는 환자 개인에게 고품질의 보건 관리를 연결해 줄 목적으로 접근하며, 여기에는 다음과 같은 것들의 개선이 포함된다. 실직, 식량과 깨끗한 물에 대한 부족한 접근, 질 나쁜(또는 부재하는) 보건 인프라, 높은 교통비, 나쁜 주거 환경 등의 항목들은 일부에 불과하다. 목표는 가난한 사람들에게 보건 관리를 제공하고, 이를 가능하게 하는 공공의 능력을 끌어올리는 것이다. 우리가 비슷한 목표와 접근법을 시도하는 다른 단체들이 있는데도 굳이 PIH에 초점을 맞춘 이유는, 이 단체가 일을 잘하기 때문이다. 이 모든 단체는 관리 전달을 학습하고, 이를 다른 단체에 훈련시켜 관리·전달하는 법을 향상시키고자 노력한다. 아이티의 GHESKIO, 케냐의 AMPATH, 잠비아의 CIDRZ, 그리고 여러 나라에 걸쳐 일하는 국제보건연맹 같은 단체들은 PIH와 마찬가지로 대학과 연계하고 있다.[1]

PIH가 하는 일을 살펴보려면 이들의 탄생 배경부터 알아야 한다. 이 단체는 본래 1980

---

1) 이 장의 일부(아이티 중부의 결핵 관리에 대한 리뷰)는 이전에 출간된 작품에서 인용한 것이다. Paul Farmer, *Infections and Inequalities : The Modern Plagues* (Berkeley : University of California Press, 1999), 213~223.이 단체들에 대한 더 자세한 설명은 각 단체들의 웹사이트를 참고하라. www.doctorswithoutborders.org, www.villagehealthwork.org, www.tiyatienhealth.org, www.nyayahealth.org (접속일 : 2012년 9월 10일).

년대에 아이티의 농촌에서 시작되었다. 이 장에서 자세히 기술하겠지만, PIH를 비롯한 그 자매단체들이 빈곤과 부패한 환경에서 관리 전달을 가능케 하는 효과적인 보건 시스템을 설계(또는 재설계)한 바탕에는 지역적 맥락(단순히 질병에 대한 부담뿐만 아니라 역사, 정치·경제학, 민족지학에 대한 이해를 이끄는)에 대한 이해가 있었다. 단, 이러한 성공은 충족되지 않은 엄청난 욕구가 존재하는 특정 환경에 이론을 그대로 적용하여 얻어낸 결과가 아니다. 애초에 그런 작업은 매끄럽게 진행되지도 않는다. PIH 역시 설립된 첫해에 시행착오를 겪고 느린 수정 과정을 거쳐 오늘날에 이른 것이다. 그렇지만 이러한 떠들썩한 시기가 있었던 덕분에 우리가 도움을 주려는 사람들로부터 교훈을 얻고, 보건 전달에 대해 공부해야 할 중요성을 알 수 있었다. 이 시기의 성공과 실패는 해당 공동체와 동반자 관계를 맺는 것이야말로 우리가 앞으로 나아가야 할 길이라는 명확한 근거를 보여 준다. 또한 보건 평등은 열망할 만한 가치가 있는 일이며, 보건 서비스를 개선하고 때때로 보건 과정 전체를 바꾸려면 시작할 때부터 연구와 훈련을 해야 한다는 사실을 알려 준다.

최초의 PIH 동료들은 중앙 아이티에서 쫓겨난 시골뜨기 농부 집단이었으며, 오늘날 PIH 업무 과정의 일부를 수립했다. 이 장에서는 아이티 시골에 보건 전달 모형을 수립하려는 PIH의 여정을 살피기 전에, 이 지역에 대해 간략히 살피는 것부터 시작하겠다. 이 장의 두 번째 부분에서는 르완다 시골에서 펼쳐진 PIH의 작업에 대해 논의할 것이다. 앞으로 살펴보겠지만, 이 두 국가는 공통점이 많다. 폭력적이고 경쟁적인 역사, 1,000만 명에 달하는 인구, 주로 농업으로 이루어진 경제, 낮은 평균 소득, 그리고 보건 서비스에 대한 제한적인 접근이 그것이다. 두 국가는 그 자체로도 얻을 교훈이 많지만, 서로서로 배울 부분도 많다.

이 장의 마지막 부분에서는 아이티의 보건 시스템에 중대한 위협이 된 사건과 지난 수십 년간 이룬 보건 발전에 대해 다룰 것이다. 그 사건이란 바로 2010년의 아이티 대지진이다. 공중 보건 전문가와 의료 실무자, 재난 대비 전문가, 인도주의자를 포함한 그 누구도 그해 1월 12일 포르토프랭스의 상당 부분을 무너뜨린 엄청난 지진에 대비하지 못했다. 지진은 이 나라의 신경중추를(또 허약한 보건 시스템을) 강타했다. 그 결과 수십만 명의 목숨을 앗아가고, 셀 수도 없이 많은 이들이 부상당했다. 또한 큰 병원들이 손상을 입거나 무너졌고, 국립간호학교 역시 완전히 붕괴되었다. 만약 우리가 천재(天災)든 인재(人災)든 여러 재난에 대한 대응이 우리가 의도한 결과를 이끌지 못할 수 있다는 이유로 국제 보건을 '다시 상상' 하려 한다면, 2010년 1월에 발생했던 아이티 대지진의 교훈을 이해해야 한다. 이 재난과 그에 대한 대응 결과, 식민지 실천과 그에 따른 패러다임을 시행하는 새로운 분야가 나타났기 때문이다.

아이티

간략한 역사

아이티 중앙 고원의 보건 상태가 나빠진 원인을 찾으려면 1919년으로 거슬러 올라가야 한다. 이때 보건 서비스 제공을 담당하는 정부 부처인 공중 보건과 인구부가 설립되었다. 아이티의 역사를 특징짓는 요소는 국경을 넘나드는 내전과 동란이다. 아이티의 원주민인 타이노족은 15세기에 인구 수십만에서 수백만 명에 달했지만, 1492년에 크리스토퍼 콜럼버스가 히스파니올라 섬에 상륙한 이후 정복과 감염성 질환 때문에 겨우 1세기 만에 자취를 감추었다. 수익성이 좋은 설탕이나 커피 플랜테이션에 노예 노동을 시킬 수 없을 정도로 타이노족의 인구가 줄어들자, 스페인 식민지 지배자들은 아프리카 노예를 들여오기 시작했다. 1697년에 섬의 서쪽 3분의 1은 이미 프랑스의 손에 넘어갔고, 아이티는 신대륙에서도 가장 수익이 높은 유럽 식민지로 변모했다. 18세기 후반까지 세계에서 가장 큰 설탕과 커피의 공급처가 되었던 것이다. 1791년 혁명이 일어나기 전날, 노예들은 9대 1로 유럽인 인구보다 수적으로 앞선 상태였다.[2]

이런 잔인한 노동 시스템은 역사상 가장 큰 노예 혁명으로 무너졌다. 비록 나폴레옹이 아이티를 되찾기 위해 처남을 가장 큰 함대에 태워 유럽에서 아메리카 대륙으로 보내긴 했지만, 결국 프랑스는 패배해 쫓겨났다. 이렇게 해서 1804년에는 서반구에서 두 번째 공화국이 탄생했다. 흑인들이 세운 공화국으로는 세계 최초였다.

하지만 나라가 독립했다고 해서 외세 침입자와 약탈을 자행하는 지역 엘리트들로부터 보호받을 수 있는 것은 아니었다. 강제 노동을 거부하고 저항하는 정신은 혁명을 이끌었

---

2) Laurent Dubois, *Avengers of the New World : The Story of the Haitian Revolution* (Cambridge, Mass. : Harvard University Press, 2004), 21, 19.

을 뿐 아니라, 수출 기반의 플랜테이션 농업 시스템을 재조직하려는 초기 지도자들의 노력을 좌절시켰다. 이 시스템은 다량으로 축적된 값싼 노동력에 의존해 사탕수수를 자르는 작업 같은 고된 일을 했는데, 그 노동력을 더 이상 확보할 수 없었던 것이다. 그때까지만 해도 전직 노예들 중 상당수는 다른 사람의 땅에서 일했지만, 19세기 후반이 되자 아이티는 남아메리카 지역의 그 어떤 나라보다 소규모의 땅 주인이 많은 나라가 되었다. 아무리 중앙 고원의 산간 지대 같은 멀리 떨어진 곳에 재배치된다 하더라도, 아이티인 대부분은 독립적인 농경(어떤 역사가는 이것을 "역－플랜테이션 시스템"[3]이라고 불렀다.)을 택했다. 인류학자인 미셸－롤프 트루이요(Michel-Rolph Trouillot)는 이 상황을 다음과 같이 기술한다. "새로 발견한 자유를 의식하고, 자기들의 권리를 굳세게 움켜쥔 이 소작농들은 돈의 유혹에 응하지 않았다. 자기들이 노동 과정을 직접 통제하는 것과 높은 소득 사이에서 선택해야 했을 때 그들은 전자를 택했다."[4]

이렇게 사유지 농경으로 재조직하는 방안은 실행 가능한 선택지에서 배제하자, 농촌의 땅 주인들 대다수가 농지 구획을 줄이고 생산성을 낮추는 방안을 선택할 수밖에 없었다. 결국 그들은 점차 정치적·경제적 영향력을 잃어갔다. 몇몇의 소유지를 팔고 더 윤택한 상인 계급에 합류했다. 20세기에 접어들면서 국가와 대외무역을 좌지우지하는 얼마 안 되는 아이티의 엘리트들은 포르토프랭스를 비롯해 그보다 규모가 작은 몇몇 해안 도시에 밀집했다. 1881년에는 무역에 붙는 세금이 국가 수입의 98퍼센트 이상을 차지했다.[5] 하지만 인구의 대다수는 자본의 권력 구조에서 배제된 채 농촌의 소규모 자작농으로 남았다. 문제는 이 나라의 주된 생산자가 바로 이 소규모 자작농이었다는 것이다.

국제적인 압력과 지역의 실정은 농촌의 경제 발전을 마비시켰다. 대부분의 유럽 국가들과 미국은 19세기 후반까지 아이티를 인정하지 않았으며, 자신들의 뜻대로 하기 위해 종종 무력 외교를 벌었다.[6] 1825년에 프랑스 해군 대표단은 혁명 동안 프랑스 플랜테이션 당사자들이 감내했던 "손실(토지, 자본, 노예의 몸 자체)"의 대가로 아이티에 1억 5천

---

3) Laurent Dubois, *Haiti : The Aftershocks of History* (New York : Metropolitan Books, 2011), 47.

4) Michel-Rolph Trouillot, *Haiti, State against Nation : The Origins and Legacy of Duvalierism* (New York : Monthly Review Press, 1990), 74.

5) Dubois, *Haiti : The Aftershocks of History,* 118.

6) Rod Prince, *Haiti : Family Business* (London: Latin America Bureau, 1985), 17~20; Paul Farmer, *The Uses of Haiti* (Monroe, Maine : Common Courage Press, 1994), 71~74.

만 프랑의 배상금을 요구했다. 아이티는 이 끔찍한 빚을(오늘날 가치로 환산하면 210억 달러에 해당하는) 1922년에야 모두 청산했다.[7] 그러나 20세기에 이르러서도 외국의 간섭은 전혀 끝나지 않았다. 카리브해에 대한 영향력과 아이티 세관에 대한 통제력을 원했던 미국 해병대는, 1915년에 아이티를 침공해 1934년까지 이 국가를 무력으로 점령했다. 이로써 서반구에서 가장 오래된 두 공화국 사이의 지배와 피지배 관계가 굳어졌다. 미국의 지도자들은 외국인의 토지 소유를 허락하고, 포르토프랭스에 권력을 집중시키고 있는 미국 투자가들에게 시장을 더 개방하도록 아이티 헌법을 개정했다. 현대적 군대인 아이티 육군 또한 이 시기 미국 의회가 통과시킨 법률에 의해 설립되었다.

이 시기에는 개발을 위한 새로운 자원이나 가난한 사람들을 위한 사회적 서비스를 개발하는 데 걸림돌이 될 만한 것이 없었지만, 지배층은 이를 제공할 생각이 없었다. 그들은 이 섬에서 수익을 창출한다고 기록으로 입증된 경제적 활동 한 가지를 되살리고자 애를 썼지만 별다른 성공을 거두지는 못했다. 바로 농작물 수출이었다. 이렇게 되자, 다시 한 번 국가 수익(얼마 되지는 않았지만)의 상당 부분을 시골 소작농들이 감당하게 되었다. 이들은 힘들게 일하면서도 정작 대부분의 서비스와 이윤에 차단당한 채 살아갔다.[8] 아이티에서 일어난 이 같은 착취로 말미암아 농촌을 개발할 능력과 자원이 바닥나고 말았다. 교육이나 보건 관리의 부재는 말할 것도 없었다.

2차 세계대전 전후의 탈식민지화와 개발 계획의 "빅 푸시(big push, 가난한 국가에 경제 성장이 시작되도록 투자가 몰리는 것을 말한다.)"가 전환점이 될 수도 있었으나,[9] 실제로는 그렇게 되지 못했다. 꼭 필요한 인적 자본에 투자하지 않는 것보다 인프라에 빈틈을 만드는 일도 달리 없을 것이다. 실제로 아이티에는 1804년부터 20세기 중반까지, 외국에 점령되었던 시기를 제외하면 고등학교나 병원, 도로가 거의 건설되지 않았다. 게다가 1956년에 펠리그레댐을 완성했음에도 불구하고 전기가 들어오지 않는 곳이 많았다. 결정적인 계기는 "파파 독(Papa Doc)"이라 불리던 프랑수아 뒤발리에(François Duvalier)가 1957년에 대통령에 취임하면서 찾아왔다. 뒤발리에는 1971년에 사망하기 전까지 자신

---

7) Prince, *Haiti : Family Business,* 17.

8) Trouillot, *Haiti, State against Nation,* 66~69, 83~88.

9) 위의 책, 140~141, 144~148. 경제 개발에 대한 "빅 푸시" 모델에 대해서는 다음 글을 참고하라. Kevin M. Murphy, Andrei Shleifer, and Robert W. Vishny, "Industrialization and the Big Push," *Journal of Political Economy* 97, no. 5 (October 1989) : 1003~1026.

의 불법 무장 병력인 통통 마쿠트(tonton macoutes)의 힘을 빌려 반대파를 침묵시키는 등 정치적 통제력을 행사했다.[10] 뒤발리에의 통치는 수도에 부와 권력을 집중함으로써 더욱 강화되었다. 통치가 끝날 무렵에는 정부 예산의 무려 80퍼센트가 아이티 전체 인구의 20 퍼센트 미만이 살았던 포르토프랭스에서 사용되었다.[11] 전기뿐만 아니라 보건 관리와 고등교육 역시 아이티 사람들이 "그 도시"라 불렀던 곳에 심하게 집중되었다.

뒤발리에는 이데올로기에 초점을 덜 맞추는 대신 철권통치로 기울어 국가와 가난한 사람 사이의 틈새를 넓히고, 국민들에게 서비스를 제공하는 정부의 능력(또는 의지)을 더욱더 약화시켰다. 그뿐만 아니라 그동안 허약하고 비효율적으로 돌아갔던 공무원 조직에 눈길을 돌려, 공적인 의무는 등한시한 채 잔인한 공포정치로 직권 남용에 따른 부정 이득과 낙하산 인사로 돌아가는 정치적 체계를 구축했다.[12] 이렇게 되자, 아이티 전역에서 그나마 존재하던 빈약한 보건 및 교육 인프라도 흔적 없이 사라졌다. 반쯤 짓다 만 콘크리트 골조와 무성의한 투자의 결과물이 도시 경관에 여기저기 흩어져 있긴 했지만, 서비스는 거의 제공하지 않았다. 이러한 상태는 "파파독"의 아들인 장클로드 뒤발리에(Jean-Claude Duvalier, 그림 6.1 뒤발리에 부자의 사진을 보라.)가 1986년 아이티에서 도망칠 때까지 유지되었다.[13] 뒤발리에 부자의 이런 잔악성에도 몇몇 국가들, 특히 미국은 이런 가족 독재를 "공산주의에 대항하는 방어벽"으로 여긴 나머지 지속적으로 자원을 조달해 주어 그 통치 체제를 뒷받침했다. 자원 조달은 냉전이 끝날 때까지 점점 양을 늘렸다. 이러한 원조는 간접적일지라도, 독재자의 개인적인 부와 국가가 지원하는 공포정치에 공헌했다.[14]

점점 커진 생태학적 위기(삼림 벌채 결과 빗물에 의한 침식이 늘었고 작물 생산량이 줄었다.)에 직면한 아이티는 자국의 쌀 생산을 황폐화하고 또 설탕에 대한 순수입국(해당 품목에 대해 수출보다 수입이 많은 나라를 뜻한다. -역주)으로 만든 이런 불공정한 무역의 결과, 아이티인들은 더욱더 굶주림으로 내몰렸다. 미국과 국제적 무역 체제를 수용한 아이티는 자국의 농업을 보호할 방법이 거의 없었다. 20세기 후반에는 상당한 보조금을

---

10) James Ferguson, *Papa Doc, Baby Doc : Haiti and the Duvaliers* (Oxford: Basil Blackwell, 1987), 40~52.

11) Trouillot, *Haiti, State against Nation,* 183.

12) 위의 책, 173~177.

13) 위의 책, 181~183; Peter Hallward, *Damning the Flood : Haiti and the Politics of Containment* (London : Verso, 2010), xi.

14) Farmer, *The Uses of Haiti,* 102~107.

[그림 6.1] 프랑수아 뒤발리에와 장클로드 뒤발리에. 스톤-프랑스/
게티 이미지의 허가를 받아 게재.

받은 미국 상품들이 아이티 시장으로 밀려들었다.[15] 그 결과 1985년에는 굶주림에 지친
국민들이 폭동을 일으켰고, 그로부터 몇 달 지나지 않아 장클로드 뒤발리에는 정부 통솔
권을 아이티 군대의 손에 넘긴 채 도망쳤다. 미국 점령 시기에 설립된 현대적 군대는 외
국인의 적이었던 순간이 한 번도 없었다.

쿠데타와 동요의 나날이 지나고, 1990년에 이르러 아이티에도 희망이 찾아왔다. 아이
티 역사상 처음으로 자유롭고 공정한 선거가 치러져, 농민과 도시 빈민들에게 광범위한
지원을 하는 자유주의 신학자 장베르트랑 아리스티드(Jean-Bertrand Aristide)가 대통령으
로 선출되었다.[16] 하지만 이런 희망은 곧 좌절되었다. 군사 쿠데타가 일어나 아리스티드
를 고작 9개월 만에 집무실에서 내쫓았던 것이다. 아리스티드는 이후 여러 해에 걸쳐 국
제적인 교섭을 하고 나서야 미국과 국제연합의 도움을 얻어 복직할 수 있었다. 하지만,
이는 구조 조정 정책에 따라 아이티 경제를 더욱 "개혁"할 것을 포함한 조건이 달린 거래

---

15) 9장에서 자세히 기술하듯, 2010년 3월에 미국 전 대통령 빌 클린턴은 미국의 식량 수출이 아이티의 쌀 농업에
파괴적 영향을 주었던 데 대해 상원 국제관계위원회에서 사과했다. 클린턴의 증언 영상은 다음을 보라. U.S. Senate
Committee on Foreign Relations, *Hearing : Building on Success : New Directions in Global Health,* March 10, 2010,
www.foreign.senate.gov/hearings/building-on-success-new-directions-in-global-health (접속일 : 2012년 9월 3일)

16) Paul Farmer, "The Power of the Poor in Haiti," *America* 164, no. 9 (1992) : 260~267; Amy Wilentz, *The Rainy
Season : Haiti since Duvalier* (New York : Simon and Schuster, 1990).

였다.[17] 4장에서 다루었지만, 이러한 약정은 아이티 정부가 사회 부문에 지출하지 못하게 가로막았고, 공중 보건과 교육 시스템은 지원이 부족한 상태로 남았다. 또한 약속과는 반대로 아리스티드의 뒤를 이은 르네 프레발(René Préval)의 임기 동안 공적 부문 서비스에 대한 대외 원조 또한 변변치 않았다.[18] 2001년 대선 결과 아리스티드가 다시 대통령이 되었다. 프레발은 아이티공화국 200년 역사상 최초로 민주주의적으로 선출되어, 집무실에서 임기를 완전히 마치고 대통령직을 넘겨 준 대통령이 되었다. 아리스티드 행정부가 아이티 군대를 해산시키고, 성별이 고루 분포한 경찰대를 조직하기 시작한 것은 절대 우연이 아니었다.

아리스티드는 국민투표에서 쉽게 이길 수도 있었다. 하지만 그는 당시 아이티, 쿠바, 베네수엘라에 대한 미국의 대외 정책에서 보편적인 지지를 받지 못했다. 뒤발리에의 독재 시절 내내 상당한 원조를 쏟아부었던 워싱턴의 정치가들은 프랑스, 캐나다와 함께 2001년 선거 당시 6개 소구역의 의석이 불일치한다는 것을 빌미로 아이티 정부에 대한 원조의 금수 조치를 조용히 내렸다.[19] 이런 외교적인 조치는 아리스티드의 정책에 대한 불만의 신호였는데, 여기에는 아이티의 정치적·행정적 기구를 민주화하고 다수의 빈민들에게 혜택을 주도록 설계된 서비스가 포함되었다. 이 때문에 몇몇 부문의 아이티 엘리트들이 공개적 적대 행위를 보였고, 이웃 나라인 도미니카공화국에 기반을 두었던 전직 군인과 육군 장교들도 공격적 행위를 보였다. 2004년에 아리스티드는 쿠데타(그 기원과 자금줄에 대해서는 여전히 논쟁 중이다.)에 의해 또다시 집무실에서 쫓겨나 본의 아니게 미국행 비행기에 몸을 싣고 망명길에 올랐다.[20]

뒤를 이은 정부는 내각 구성원을 임시변통으로 모으든, 선출하든 간에 단단한 토대를 마련해야 한다는 힘겨운 도전 과제를 안아야만 했다. 연이어 몰려온 파괴적인 허리케인은 말할 것도 없고, 정치적 불안정성과 국제적인 경제적 영향력에 뒤흔들려 정부도 고투를 벌였지만 아이티 빈민들의 사회적 조건은 여전히 비참한 상태였다. 아이티 역사상 상

---

17) Farmer, *The Uses of Haiti,* 149~157; Irwin P. Stotzky, *Silencing the Guns in Haiti : The Promise of Deliberative Democracy* (Chicago : University of Chicago Press, 1997), 30~48.

18) Farmer, *The uses of Haiti,* 360.

19) 위의 책, 354~375; Paul Farmer, Mary C. Smith Fawzi, and Patrice Nevil, "Unjust Embargo of Aid for Haiti," *Lancet* 261, no. 9355 (2003) : 420.

20) Paul Farmer, "Who Removed Aristide?" *London Review of Books* 26, no. 8 (2004) : 28~31.

대적으로 최근에 해당하는 1980년대 중반에서 새천년의 첫 10년까지…….

다음 절에서 기술할 기관인, 건강의 동반자들과 잔미 라산트(Zanmi Lasante)가 그들의 작업을 수행하고 보건 관리 전달의 모델을 개발하기 시작한 직접적인 배경이다. 하지만 기관에서 일하는 노동자들도 점차 알게 되었듯, 아이티는 과거에 식민지였다는 깊은 역사적 뿌리에서 멀어질 수 없었다.

아이티의 보건 관리

아이티 정부의 수백 년에 걸친 실정과 외세의 간섭을 보면, 아이티가 서반구 국가들 가운데서도 최악의 보건 지표를 오랫동안 유지했다는 점도 놀랄 만한 일이 아니다.[21] 아이티 식민지는 프랑스 경제에 무척 중요했지만, 정작 보건 관리 인프라에 대한 프랑스의 투자는 미비했다. 1791년 혁명 전날 밤, 운영 중인 육군 병원은 불과 몇 곳뿐이었다. 소수인 백인들은 환자가 생기면 집에서 치료를 받은 반면, 다수인 흑인들은 치료를 받을 수 있다고 해도 플랜테이션 농장의 의무실이 고작이었다. 한 플랜테이션의 기록에 따르면, 새로 노예 신분이 된 인구의 3분의 1이 "1년이나 2년" 안에 사망했다.[22]

10년이 지나 독립을 쟁취하기 위한 전쟁이 끝난 뒤에도 상황은 결코 나아지지 않았다. 아이티의 공중 보건에 대한 연대기를 기록한 애리 보데스(Ary Bordes)에 따르면, 외과 의사와 기타 의사들은 모조리 국외로 도망쳤다. 병원과 다른 기관들도 대부분 파괴되었고, 포르토프랭스와 카프아이시앵의 육군 병원만이 남았다. 마을은 하수도나 변소 하나 없이 아수라장이 되었다. 병원 잡역부나 산파, 약재상, 접골사들을 통한 보건 관리 역시 거의 이루어지지 않았다. 보데스는 다음과 같이 기록한다. "기술적으로 준비되지 않은 보건 노동자들이 노예에서 막 해방된 사람들을 맡게 되었는데, 이들은 대부분 수돗물도 변소도 없는 원시적인 헛간에서 지내며 전염병으로부터 거의 보호받지 못해 취약한 상태에서 떼죽음을 당했다. 이것은 수익에만 목말라 토착민들의 보건과 생활 조건에 거의 관심이 없었던 식민지 지배자들의 억압적인 유산이다."[23]

---

21) 이 절의 첫 세 문단은 Farmer, *Infections and Inequalities,* 213~215에서 인용했다.

22) Bernard Foubert, "L'habitation Lemmens à Saint-Domingue au début de la révolution," Revue de la Société Haitienne d'Histoire et de Géographie 45, no. 154 (1987) : 3.

23) Ary Bordes, Évolution des sciences de la santé et de l'hygiène publique en Haïti (Port-au-Prince : Centre d'Hygiène Familiale, 1980), 1:16-17; 번역 Paul Farmer.

이 억압적인 유산은 아이티 농촌에 무척 생생하게 남았다. 당시 아이티는 농촌의 1인당 소득이 1년에 300달러 이하로 오랫동안 기근 위기 직전의 상태였고, 사람들은 만성적인 영양실조 때문에 각종 보건 문제에 시달리고 있었다. 적절한 주거와 위생 체계 역시 드물어서 지진이 일어나기 직전인 2009년, 세계은행은 아이티 농촌 인구 가운데 개선된 수도에 접근할 수 있는 사람이 51퍼센트이고 개량된 위생 시설에 접근할 수 있는 사람은 겨우 10퍼센트라고 추산했다.[24] 아이티 국민의 절반 이상이 하루에 1.25달러 미만으로 살아가며, 58퍼센트의 아이들이 영양실조 상태였다. 또 전체 학령기 아동의 절반 이상이 학교에 다니지 않았다.[25]

2010년 1월 지진이 발생하기 전 아이티의 건강 수명은 61세에 머물렀고, 5세 이하 아이들의 사망률은 1,000명당 72명에 육박했다.[26] 또한 설사병이 전 연령대의 아동에서 사망자를 내고 있었다. 이 질병은 영양실조 상태였던 취학 전 아동들의 주된 사망 원인으로, 운 좋게 학교에 다니게 된 아동들마저 학교를 거르게 만들었다.[27] 심지어 근처 섬나라들에서는 이미 박멸된 말라리아마저 아이티에서는 지속적으로 발병하고 있었다. 2006년에는 아이티의 인구 10만 명당 의사 수는 25명에 그쳤다.[28] (미국에서는 10만 명당 256명이다.[29])

이런 도전 과제 가운데서도 제일 힘들었던 것은, 1970년대 여행객들이 아이티에 도입한 것으로 추측되는 새로운 병원균에 의한 질병이었다.[30] 이 질병은 에이즈라고 명명되었으며, 1983년에는 HIV에 의해 일어난다는 것이 밝혀졌다. 아이티의 도시 지역은 미국으로 유입되는 질병의 근원지 가운데 하나였기에 GHESKIO의 도움으로 질병에 대한 초

24) World Bank, *World DataBank World Development Indicators (WDI) and Global Development Finance (GDF)*, 2009, http://databank.worldbank.org/ddp/home.do?Step=3&id=4 (접속일 : 2012년 9월 26일)

25) 국제연합, 공동체 기반 의료와 아이티로부터 얻은 교훈에 대한 사무총장 특별 고문 사무실, "Key Statistics : Facts and Figures about the 2010 Earthquake in Haiti," www.lessonsfromhaiti.org/lessons-from-haiti/key-statistics/ (접속일 : 2013년 3월 5일)

26) UNICEF, "At a Glance: Haiti," www.unicef.org/infobycountry/haiti_statistics.html (접속일 : 2012년 9월 10일)

27) Farmer, *Infections and Inequalities*, 215.

28) 미국 의회 도서관, 연방 연구 분과, "Country Profile : Haiti," May 2006, lcweb2.loc.gov/frd/cs/profiles/Haiti.pdf (접속일 : 2012년 9월 2일)

29) Association of American Medical Colleges, Center for Workforce Studies, *2011 State Physician Workforce Data Release, March 2011* (Washington, D.C. : AAMC, 2011), http://www.aamc.org/download/181238/data/state_databook_update.pdf (접속일 : 2012년 9월 26일)

30) Paul Farmer, *Partners to the Poor : A Paul Farmer Reader*, ed. Haun Saussy (Berkeley : University of California Press, 2010), 100.

기 배경지식이 구축되어 지역적·국제적으로 공유되었다. 1990년대 중반까지 이 바이러스는 포르토프랭스의 빈민가에 사는 주변화된 인구에 머무르며 농촌 공동체로 퍼져 나갔고, 전 국가적으로 유병률이 5.6퍼센트까지 올라갔다.[31]

이 장에서는 아이티 농촌에서 에이즈에 대항하고자 했던 노력을 되짚어 보겠다. 그 과정에서 다음과 같은 PIH의 사명을 충실히 고수할 것이다. "세계 유수의 의학적·학술적 기관들의 자원뿐만 아니라 세계에서 제일 가난하고 병든 공동체들의 생생한 경험에 의존하는 것!"[32] 이 사명문은 아이티를 비롯한 여러 곳에서 에이즈의 유행을 막으려면 통합된 예방과 관리 노력이 필요하다고 주장한다.

캉주

건강의 동반자들(PIH)과 그 자매기관인 잔미 라산트는 1980년대 중반에 아이티의 중앙 고원(지도 6.1을 보라.)에서 발족되었다. 출발점은 캉주의 한 작은 진료소였다. 캉주는 비옥한 계곡이 있던 자리에 대규모 댐과 저수지가 건설되는 바람에 땅과 터전은 물론 생계를 잃어버리고 난민이 된 시골 농부들이 불법 점유한 정착지였다.(그림 6.2를 보라.) 1956년에 펠리그레 댐(그림 6.3)이 완공되었을 때, 이 댐은 서반구에서 가장 높은 부벽댐(buttress dam, 비스듬하게 기울어진 버팀벽으로 지탱해 물을 막는 댐 −역주)이었다. 열광적인 "빅 푸시" 개발이 최고조에 다다랐을 때 설계된 것이다. 미국 회사인 브라운 앤드 루트(나중에 핼리버튼과 합병된)가 건축한 이 댐은, 멀리 떨어진 포르토프랭스까지도 전기를 공급할 수 있었다. 하지만 그 중간에 있는 농촌 마을이나 수도인 포르토프랭스의 빈

---

31) Joint United Nations Programme on HIV/AIDS (UNAIDS), *2004 Report on the Global AIDS Epidemic : 4th Global Report* (Geneva : UNAIDS, 2004), annex, www.globalhivmeinfo.org/DigitalLibrary/Digital%20Library/UNAIDSGlobalReport2004_en/pdf (접속일 : 2012년 9월 3일)

32) 사명문의 전체는 다음과 같다.

우리의 임무는 보건 관리 분야에서 가난한 사람들을 위해 우선적 선택을 하는 것이다. 빈곤 지역에 기반을 둔 자매기관과 오랜 기간에 걸친 협력 관계를 구축함으로써, 건강의 동반자들은 두 가지의 매우 중요한 목표를 달성하고자 노력한다. 현대 의료 과학의 혜택을 그것이 가장 필요한 사람들에게 전하고, 절망에 대한 해독제 역할을 하는 것이다. 우리는 전 세계 선구적인 의료 학술 기관과 가장 가난하고 질병이 심하게 퍼진 공동체의 생생한 경험으로부터 자원을 이끌어 낸다. 우리의 임무는 그 뿌리부터 의료적인 동시에 도덕적이다. 그것은 자선 행위 단 하나가 아닌 연대와의 결속에 기초한다. 병든 사람들이 관리에 대한 접근권이 없다면 보건 전문가, 학자, 활동가로 구성된 우리 팀은 그들을 낫게 하기 위해 팀원들 자신이나 가족이 아플 때와 마찬가지로, 가능한 모든 일을 할 것이다.

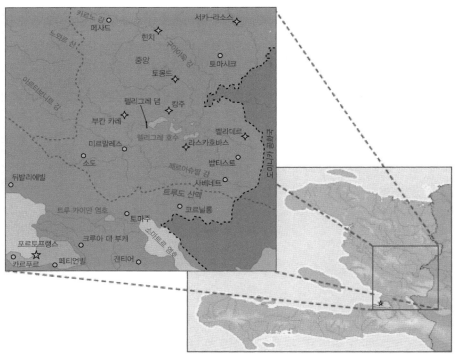

바탕 지도 출처 : Moustyk/123RF.com

[지도 6.1] 포르토프랭스 북부에 위치한 아이티 중앙 고원. 잔미 라산트/건강의 동반자들의 시설이 있는 캉주, 라스카호바스, 미르발레스 등지를 포함한다.

· 출처 : Thomas McIntyre, Christopher D. Hughes, Thierry Pauyo, Stephen R. Sullivan, Selwym O. Rogers, Maxi Raymonville, and John G. Meara. "Emergency Surgical Care Delivery in Post-Earthquake Haiti: Partners In Health and Zanmi Lasante Experience." *World Journal of Surgery* 35, co. 4 [2011] : 745~750.

민 지구는 제외시켰다.(47년 뒤 아리스티드 대통령은 캉주에도 전기가 들어오게 했다.)[33]

공적인 문서에 따르면 댐을 건축한 사람들은 지역 사람들에게, 지역이 곧 물에 잠길 것이라고 경고했다는 것이다. 하지만 여러 난민과 인터뷰한 결과, 일부 지역의 경우 댐이 완공되어 물이 차오르고 농가와 농지가 잠길 때까지 소식을 듣지 못했다. 캉주에서 지내는 이 "댐 난민"들 대다수가 정부나 공사에 관여한 회사로부터 보상금을 전혀 받지 못했다고 불평했다.[34]

---

33) 다음을 보라. Tracy Kidder, *Mountains Beyond Mountains* (New York : Random House, 2003), 300.

34) Paul Farmer, *AIDS and Accusation : Haiti and the Geography of Blame* (Berkeley : University of California Press, 1992), 22~27.

[그림 6.2] 1985년 경 캉주 일대 풍경. 건강의 동반자들의 허가를 받아 게재.

[그림 6.3] 1956년에 조성된 펠리그레 댐. 아르준 수리(Arjum Suri)의 허가를 받아 게재.

댐 뒤편의 저지대에 사는 사람들의 생활을 바라볼 때, 그들이 조절할 수 있는 범위를 벗어난 대규모의 사회적 힘에 의해 파괴되었다는 점은 두말할 나위도 없다. 이들의 생활 환경을 파괴한 또 다른 원인으로는 대규모 인프라 프로젝트에 대한 정부의 과도한 열정과, 그러한 프로젝트를 추진하기 위해 만들어진 개발 관련 기관, 그리고 미국 군대의 점령 이후 부상한 전 독재 정권을 들 수 있다. 이후 뒤발리에 정권이 그 자리를 대체하기 전까지 독재 정권은 아이티를 지배했다. 또 아이티 농촌 지역의 주민들이 교육을 받지 못한 데다 부동산 등기 작업도 잘 이루어지지 않았다는 점, 그래서 현재의 취약함이 어디서 비롯되었는지 이해하지 못했다는 점도 원인이 될 수 있다. 이러한 문제 때문에 당시 아이티는 노예 식민지였던 시절로 되돌아갈 위험에 처해 있었다. 어쨌든 이 지역의 소작농 다수가 아르티보니트 강물에 그들의 작은 땅뙈기를 잃었듯 경제적·정치적인 개발에 휩쓸렸다는 점만은 확실하다.

이 문제 많은 불법 점유 정착지에서 살아가려 애쓰는 개인과 가족들에게 개발은 어떤 의미일까? "댐 난민들"과 그 후손들의 신체에 드러난 아이티의 역사와 정치·경제의 병증은 어떤 것인가? 보건 관리를 전달하는 사람들이 이런 힘들을 이해할 필요가 있는가? 만약 그렇다면, 그런 이해가 얼마나 중요한가? 이해함으로써 필요한 노력을 "잘 구성하여" 가난이나 질병이 야기한 고통을 예방 혹은 경감할 수 있는가? 우리가 아이티 중부의 불법 점유 정착지에서 나타난 에이즈나 결핵의 대항 사례를 살피는 것은 이러한 질문에 답하기 위해서다. 또한 가난과 질병 양쪽에 대항해 싸우는 환자들에게 보건 관리를 전달할 수 있는 체계와 질병, 특히 만성질환을 다루고자 했던 노력에 대해 알아볼 것이다.

아세피의 이야기

아세피 조제프(Acéphie Joseph)는 강물에 잠기는 바람에 집과 농지를 잃은 한 부부의 딸이다. 아세피와 쌍둥이 남동생이 다니는 초등학교는 바나나나무 껍질로 지붕을 이은 야외 대피처에 만들어졌다. 이곳에서 아이들과 젊은 성인들에게 읽고 쓰기의 기초를 가르친다. 아세피의 급우 한 명은 이렇게 회상했다. "아세피는 조제프 가문 자매들 가운데 성격이 제일 좋았어요. 그리고 얼굴도 예뻤죠."

1984년에 아세피의 운명을 일찍이 결정지은 것은 그녀의 아름다움(키가 크고 이목구비가 아름다웠으며, 크고 검은 눈이 도드라졌다.)과 취약성이었을 것이다. 초등학교에 다니고 있기는 했지만 아세피는 이미 19살이었다. 점점 더 깊은 가난의 수렁으로 빠져드는 가족에게 돈을 벌어다 보태 줘야 할 나이였다.

아세피는 금요일 아침마다 농산물을 동네 시장으로 배달하기 시작했다. 걷거나 당나귀를 타면 시장까지 한 시간 반 넘게 걸렸는데, 그 길은 댐과 군용 막사가 있는 펠리그레까지 곧장 통하는 지름길이기도 했다. 군인들은 금요일 아침마다 여성들의 행렬을 구경했다. 그들은 가끔 여성들에게 말 그대로 세금을 걷거나 무턱대고 벌금을 물리기도 했으며, 가끔은 추파 섞인 농담을 던지는 것으로 통행료를 대신하기도 했다. 이런 추파는 적어도 공개적으로는 거부당하는 일이 없었다. 가난이 깊게 자리 잡은 아이티 농촌에서는 유일하게 월급을 받는 군인이 매력적인 존재였다.

조제프 가족에게 굶주림은 일상이었다. 1985년은 계곡에 물이 들이닥친 직후와 다를 바 없이 상황이 안 좋았던 해였다. 그랬던 만큼 아세피의 뛰어난 외모가 벨라데르 토박이이자 전에는 포르토프랭스에서 주둔했던 자크 오노레 대위의 눈에 들었을 때, 아세피는 그의 눈길에 보답해야 했다. 물론 그에게 아내와 자식이 있다는 것을 알았다. 지역 사람들 모두 그 사실을 알고 있었다. 정기적인 파트너가 여러 명이라는 소문도 있었다. 하지만 아세피는 그의 집요함에 넘어갔고, 오노레는 아세피의 부모에게 그들의 관계를 이야기하러 갔다. 하지만 이 장기간에 걸친 간통에는 처음부터 심각하게 고려해야 할 문제가 있었다.

어떻게 해야 했을까요? 내가 보기에 늙은 부모님은 걱정하고 염려했지만 딱 잘라 안 된다고는 하지 않았어요. 그와 만나지 말라고는 말씀하시지 않았던 거죠. 나는 그렇게 말해 줬으면 했지만, 그분들이 속사정을 어떻게 알았겠어요? …… 나는 당시에도 이게 별로 좋은 행동이 아니라는 걸 얼핏 알았지만, 왜 그런지는 몰랐죠. 그가 내게 나쁜 병을 옮기리라고는 꿈에도 생각하지 못했어요! 나는 주변을 둘러봤고, 우리 모두 얼마나 찢어지게 가난한지, 부모님이 어떻게 무너졌는지 살펴보고 어쩔 수 없다고 생각했죠. …… 어떻게 해야 했을까요? 그때는 그와 만나는 것만이 유일한 탈출구 같았어요.

아세피에 따르면 오노레와 성적 파트너로 지낸 시기는 아주 잠깐으로 한 달도 채 안 되었다고 한다. 그로부터 얼마 지나지 않아 오노레는 정체 모를 열병을 앓더니 펠리그레에 있는 아내에게 돌아갔다. 아세피는 오노레를 잊으려고 다른 "마운 프렝시팔(moun prensipal, 보호자 역할을 할 남자 연인)"을 찾고자 했다. 그런데 오노레와 헤어지고 몇 달 지나지 않아 그가 죽었다는 소식을 듣고 그녀는 충격을 받았다.

아세피는 인생에서 중요한 전환점을 맞았다. 학교로 돌아가는 것은 불가능했다. 이리 저리 궁리한 끝에 아세피는 가장 가까운 도시인 미르발레스로 가서 그녀가 완곡하게 "요리학교"라 부르는 곳에 다니기 시작했다.

이 학교는 사실상 야심이 있는 여성들이 머무는 안마당 정도였으며, 아세피 같은 가난한 젊은 여성들이 도시에서 어쩔 수 없이 하녀 생활을 하기 위해 준비하는 곳이었다. 아이티에서 하녀 직은 빠르게 발전하는 드문 성장 직군 가운데 하나였다. 자존심 강한 아세피의 어머니는 자기 딸이 하녀로 추락하는 것을 너무나 싫어했지만, 별다른 대안을 내놓지 못했다.

그렇게 22살이 된 아세피는 포르토프랭스로 떠나, 미국 대사관에서 일하며 중산층으로 보이는 어느 아이티 여성의 집에서 가정부 일을 시작했다. 아세피의 외모와 태도는 아이티 출신 하인의 전통적인 모습에서 벗어난 것이었다. 그녀는 청소뿐 아니라 방문하는 손님도 맞고 전화에도 응대했다. 비록 보수는 좋지 않았지만(매달 30달러를 받았다.) 고향 마을에서 굶주림에 시달리며 부모 형제, 특히 월급 받는 일자리를 구하지 못한 남동생을 위해 한 푼이라도 아껴야 했던 시절을 떠올리며 참아 냈다.

그곳에서도 계속 마운 프렝시팔을 찾던 아세피는, 그녀와 출신이 비슷한 블랑코 네레트라는 젊은이와 교제하기 시작했다. 블랑코의 부모 역시 "댐 난민"이었음은 물론 두 사람은 캉주의 교구학교에 같이 다닌 터라 안면이 있었다. 블랑코는 고향 기준으로 자수성가한 편이었다. 그는 수도와 중앙 고원 사이를 운행하는 작은 버스회사에서 기사로 일했다. 실업률이 60퍼센트가 넘는 환경에서 이 정도면 상당히 부러움을 살 만했다. 그는 아세피에게 관심을 보였고, 나중에 아세피가 떠올린 바에 따르면 그들은 결혼할 계획을 세우고 자금을 모으기 시작했다.

아세피는 임신했음을 알게 되었을 때까지 대사관에 다니는 여성의 집에서 3년 이상 계속 일했다. 블랑코에게 이 사실을 말하자, 그는 초조해 했고 아세피의 고용주 역시 기뻐하지 않았다. 임신한 하녀를 두는 것을 남 보기 흉하다고 여겼기 때문이었다.

그래서 아세피는 캉주로 돌아가 힘든 임산부 시절을 보냈다. 블랑코는 한두 번 그녀를 보러 왔지만, 한 번 크게 다툰 이후로는 그의 소식을 듣지 못했다. 딸이 태어난 이후 아세피는 반복적인 기회감염에 시달렸다. 진료소에 주기적으로 드나들던 그녀는 얼마 지나지 않아 에이즈 진단을 받았다.

딸이 태어난 지 몇 개월 지나지 않아 아세피는 기진맥진해졌다. 밤마다 식은땀이 흘러 잠을 못 이루었고, 아이를 돌보려 할 때마다 설사에 시달렸기 때문이었다. "우리는 이제 둘 다 기저귀가 필요해요." 쓸쓸히 이야기하는 그녀는 이미 삶의 마지막을 향해 치닫고 있었다. 정치적인 소요 때문에 의사가 진료소를 열지 못할 즈음, 아세피는 매일 설사뿐 아니라 만성피로에 시달렸다. 그녀가 점점 수척해지자 마을 사람 중 몇몇은 아세피가 주술의 희생양이라고 이야기했다.

진료소 의사들은 파종성 결핵이라는 진단을 내렸다. 군인과의 간통과 도시에서 했던 하녀 생활이 원인이라고 지적하는 사람도 있었다. 보건 제공자들은 이 두 가지야말로 당시 아이티에서 가장 흔한 기회감염 질환이었던 결핵과 에이즈의 위험 인자라고 여겼다. 아세피도 질병의 원인이 하녀 생활이라고 치부하기는 했어도 본인이 에이즈에 걸렸다는 것을 알고는 있었다. "그렇게 다림질을 하고 냉장고를 열어 댔기 때문이죠." 아세피는 가족과 간병인이 속수무책으로 지켜보는 가운데 냉장고를 비롯한 다른 편의시설과 멀리 떨어진 곳에서 죽음을 맞이했다. 하지만 여기서 끝이 아니다. 이 이야기의 주인공은 아세피와 그녀의 딸뿐만 아니라 마구 퍼지는 바이러스이기도 하다.

자크 오노레에게는 첫 번째 부인이 있었는데, 그녀 또한 해가 갈수록 야위었다. 오노레가 죽은 이후 그녀는 배고픈 아이 다섯 명을 먹여 살릴 방법이 없어 절망적인 상황에 처해 있었다. 심지어 아이 두 명에게도 질병이 있었다. 부인은 다른 군인과 재혼했다. 또 오노레에게는 적어도 두 명의 다른 파트너가 있었는데, 두 명 모두 중앙 고원의 가난한 농촌의 여인들이었다.

그중 한 명은 HIV 양성으로 병약한 두 아이의 어머니였다. 그뿐만 아니라 미르발레스와 포르토프랭스 사이를 오가며 생활했던, 겉으로는 건강해 보이던 아세피의 연인 블랑코도 빼놓을 수 없다. 그 역시 바이러스에 감염되었을 확률이 높다. 게다가 운전 기사였던 만큼 블랑코에게는 여러 명의 여자 친구가 있었다. 그 여자 친구들에도 병이 퍼졌을지 모른다.

이 비극적인 이야기가 비단 HIV에 감염된 사람들에만 그치는 것도 아니다. 아세피의 어머니와 쌍둥이 남동생이 겪었던 고통 역시 두말할 나위 없이 컸다. 하지만 아버지의 비통함을 이해한 사람은 얼마 되지 않았다. 아세피가 죽은 뒤 얼마 되지 않아 그는 밧줄로 목을 매달아 스스로 목숨을 끊었다.[35)]

. . .

타인의 결정에 의해 삶이 좌우되는 캉주의 "댐 난민"들은 보건 관리 재정과 전달에 대한 지배 모형이 땅 없는 가난한 사람들에게는 좋지 않은 결과를 가져온다는 사실을 알려주는 좋은 사례(이런 모형들은 비용 대비 효율성과 선택적 1차 보건관리라는 거친 개념들에 기반을 둔다.)다. 댐 난민들과 그 후손들은 평등과 구제책을 요구했다. 이들은 PIH에게 좋은 사례를 제공했고, 어떻게 보면 교훈을 주는 선생 역할을 했다. 다른 몇몇 모형은 땅이 없다는 것과 가난이(이 책을 비롯한 다른 글에서[36)] "구조적인 폭력"이라고 기술되었던) 난민들을 구속하여 도시의 빈민가로 이주하는 원인이 되었다는 점을 설명한다. 아이티 농촌의 불법 점유 정착지에서 시작해 여러 관련 사례를 살펴보면 의학적이고 교육적인 서비스를 설계하는 법을 알 수 있다. 이는 비용 대비 효율성이 아니라 사회적·경제적 기본 권리들을 증진하여 근본적으로 회복에 도움이 된다.

PIH는 캉주의 사례를 통해 구조적 폭력의 효과에 대응하려면 어떤 개입을 설계해야 하는지 깨달았다. 예컨대 결핵 또는 영양실조 환자의 진단과 치료라든지, 가난과 젠더 불평등 때문에 개인의 선택이 완전히 가로막힌 여성들을 대상으로 한 에이즈 예방 프로그램이 그것이다.[37)] 이런 가르침은 부분적으로 캉주와 인접 마을에서 이루어진 공동체 보건 평가를 포함한 일련의 연구에서 얻은 것이다. 민족지학과 간이 인터뷰 같은 정성 어린 방법으로 얻은 것도 있지만, 대부분의 교훈은 더욱 품이 많이 드는 방식으로 얻어야 했다. 즉, 실수를 저지르고 그것을 교정하며 배워 나가야 했던 것이다.

아세피와 다른 아이티인들처럼 가난하게 사는 사람들의 생활 경험(여기에 더해 아이

---

35) 이 아세피의 이야기는 Farmer, *Partner to the Poor,* 330~332에서 인용했다.

36) 예컨대 다음 글을 참고하라. "An Anthropology of Structural Violence," *Current Anthropology* 45, no. 3 (2004) : 305~326.

37) Johanna Daily, Paul Farmer, Joe Rhatigan, Joel Katz, and Jennifer Furin, "Women and HIV Infection," in *Women, Poverty, and AIDS : Sex, Drugs, and Structural Violence,* ed. Paul Farmer, Margaret Connors, and Janie Simmons (Monroe, Maine: Common Courage Press, 1996), 125~144.

티의 역사와 정치·경제, 그리고 그 인구 집단의 보건 문제를 평가하는 것)을 살펴보면 PIH와 아이티의 그 자매기관인 잔미 라산트가 초기에 내린 결정들이 어떤 영향을 미쳤는지에 대한 정보를 얻을 수 있다. 특히 가난한 사람들에 대한 결핵 관리가 어떤 결과를 일으켰는지를 면밀히 살펴보는 게 많은 도움이 된다. 가난과 만성질환이라는 두 가지 요소에 모두 시달리는 환자들을 위한 프로그램을 설계하다 보면 답하기 어려운 질문에 부딪히는 경우가 잦은데, 이런 소규모 프로그램에 그 답이 있다. 이 프로그램이 우리의 사고방식뿐 아니라 에이즈와 다른 보건 과제들에 대한 후속 대응을 형성했던 만큼, 자세히 살펴볼 필요가 있다.

아이티의 결핵

역사적인 우연성과 물질적 제약이 아이티 농촌의 결핵 사례에 매우 강한 영향을 주었다.[38] 입수 가능한 문서들을 살펴보면 대부분 아이티 사람들의 노예 조상들이 문자 그대로 질병에 감염되어 있었다고 기록한다. 인류학자인 장 바이스(Jean Weise)는 다음과 같이 기술했다. "아프리카에서 아이티로 온 노예들은 그들의 문화 체계 일부와 함께 황열병, 열대 피부병인 매종(yaws, 스피로헤타에 감염되어 생기는 병 −역주), 말라리아를 옮겨 왔다. 스페인은 그들에게 사탕수수와 잔악한 노예제도, 가톨릭교, 천연두, 홍역, 장티푸스와 결핵을 주었다. 프랑스의 차례가 되자 그들은 아이티 사람들에게 언어와 프랑스 문화의 흔적을 전해 주고, 잔인한 노예 상태를 지속시켰다."[39] 결핵이 도입된 것이 정확히 언제인지는 모르지만, 이는 오랫동안 지속된 중대 사건이었다. 이 질병은 널리 퍼져서 1738년에는, 프랑스 의사들이 섬에 방문하는 것을 두려워할 정도였다.[40] 한 역사학자에 따르면, 우기가 이 식민지의 '푸아트리네어(poitrinaire, 프랑스어로 폐병 환자를 뜻하는 단어 −역주)'에게 특히 나쁜 영향을 주었다고 한다. 이 용어는 아직도 아이티 농촌에서 결핵

---

38) 이 절의 일부는 Farmer, *Infections and Inequalities,* 213~223에서 인용했다.

39) Helen Jean Coleman Wiese, "The Interaction of Western and Indigenous Medicine in Haiti in Regard to Tuberculosis," PhD diss., Department of Anthropology, University of North Carolina, Chapel Hill, 1971, 38.

40) Service d'Hygi ne, *Notes bio-bibliographique : Médecins et naturalistes de l'ancienne colonie française de Saint-Dominque* (Port-au-Prince: Imprimerie de l' tat, 1933), 12.

을 언급할 때 흔히 사용된다.[41] 훗날 한 관찰자는 이질 다음으로 흔한 만성질환이 '튀베르퀼(tubercule, 프랑스어로 결핵을 뜻하는 단어 -역주)'이라고 추정하기도 했다.[42]

결핵은 2세기가 지난 후에도 여전히 아이티 보건의 주된 위협 요소로 남았다. 1971년에 공개된 장 바이스의 기록에 따르면, "처음에 서서히 퍼지고 끈질기며, 유행성이 강해 앞에서 언급한 모든 보건 문제보다 두드러지는 질병이 있다. 바로 폐결핵이다."[43] 아이티의 결핵 유행은 서반구에서도 가장 심각한 것으로 알려졌다. 19세기까지도 이 질병에 대해서 알려진 바가 적었지만, 1941년에 어떤 학자의 기록에 따르면 포르토프랭스 종합병원에서 700구의 시신을 차례로 부검한 결과 그 26퍼센트의 사인(死因)이 결핵이었다고 한다.[44] 1944년에 국제연합은 아이티에서 "결핵은 입원 환자들이 사망하는 가장 큰 원인"이라고 보고했다. 국제연합은 높은 발생률의 원인이 불량한 위생과 빈곤한 환경에 있는 것으로 보고 "앞으로도 여러 해 동안 아이티에서 결핵이 많은 사람의 목숨을 빼앗을 것으로 염려된다."[45]고 예측했다.

이 예측은 현실로 나타났다. 1965년에 이르러 범아메리카 보건기구는, 10만 명의 거주자 가운데 3,862명이 결핵에 감염되었을 것이라고 추산했다.[46] 이용 가능한 데이터에 따르면, 결핵은 2000년 전까지 15세에서 49세 사이 인구의 주된 사망 원인(2000년 이후로 그 자리는 에이즈가 대체했지만)이었다. 1980년대 알베르트 슈바이처병원의 연구에 따르면, 이 연령 집단에서 결핵은 두 번째로 흔하게 진단되는 질환에 비해 2~3배 더 많은 죽음을 야기했다.[47]

---

41) Médéric Louis Élie Moreau de Saint-Méry, *Description topographique, physique, civile, politique et historique de la partie française de l'isle Saint-Dominque (1797~1798),* ed. Blanche Maurel and Etienne Taillemite (Paris : Société de l'Histoire des Colonies Françaises and Librairie Larose, 1984), 1068.

42) Frantz Tardo-Dino, *Le collier de servitude: La condition sanitaire des esclaves aux Antilles françaises du XVIIe au XIXe siècle* (Paris : Éditions Caribéennes, 1985), 198.

43) Wiese, "Interaction of Western and Indigenous Medicine," 40.

44) James Graham Leyburn, *The Haitian People,* 개정판, Sidney Mintz 서문 (New Haven, Conn. : Yale University Press, 1966), 275.

45) United Nations, *Missions to Haiti : Report of the United Nations Mission of Technical Assistance to the Republic of Haiti* (Lake Success, N.Y. : United Nations, 1949), 70~72.

46) Pan American Health Organization, *Reported Cases of Notifiable Diseases in the Americas,* Scientific Publication no. 149 (Washington, D.C. : PAHO, 1967), 290.

47) 이 수치 자료에 대한 논평은 다음을 참고하라. Rachel Feilden, James Allman, Joel Montague, and Jon Rohde, *Health, Population, and Nutrition in Haiti : A Report Prepared for the World Bank* (Boston : Management Sciences for Health, 1981).

1990년대까지 상황은 점점 악화되기만 했다. 이 시기에 HIV가 출현하면서 결핵의 유행과 맞물려 상황이 더욱 복잡해졌다. 아이티 도시의 요양원에서는 전체 결핵 환자 중 약 45퍼센트가 HIV에도 함께 감염되었다. 인구가 밀집한 빈민가에 거주하면서 겉으로는 건강해 보이는 7,300명 이상을 조사한 결과, 70퍼센트가 결핵균의 잠복 균주에 감염되어 있었고, 15퍼센트 이상이 HIV 양성이었다. 더욱 걱정스러운 것은 공동체를 기초 단위로 두고 진단한 결과, 성인 10만 명 가운데 2,281명이 활성 폐결핵에 감염되었다는 사실이었다.[48] 이 당시 농촌 지역에서 수행한 한 연구에 따르면, 결핵으로 진단을 받은 환자 가운데 15퍼센트가 HIV에도 감염되어 있었다. 알베르트 슈바이처병원에서 또 다른 농촌 지역을 조사한 바로는 전체 결핵 환자의 24퍼센트가 HIV에도 동시에 감염되었다.[49]

이러한 해로운 시너지 작용에 더해, 1차적으로 사용되는 항결핵 약제에 저항성을 보이는 경우가 발생했다. 그런데도 아이티에서 나타난 약품 저항성을 연구한 사례는 매우 드문데, 가장 큰 이유는 안정적으로 전기가 들어오지 않으며 현대적 연구소라고 할 만한 곳도 거의 없는 환경에서 결핵균을 배양하기가 어려웠기 때문이었다. 배양 데이터를 포함한 일련의 대규모 실험 가운데 하나를 보면 분리 균주의 22퍼센트가 적어도 하나의 1차 약제에 대해 저항성을 보였다.[50]

비록 약품 저항성이라는 큰 문제점이 있지만, 치료 실패를 다룬 여러 연구에 따르면 문제가 되는 지점은 대개 환자들의 필요에 부응하는 프로그램의 설계와 수행이었다. 이

---

48) Julio Desormeaux, Michael P. Johnson, Jacqueline S. Coberly, Phyllis Losikoff, Erika Johnson, Robin Huebner, Lawrence Geiterm Homer Davis, Joan Atkinson, Richard E. Chaisson, Reginald Boulos, and Neal A. Halsey, "Widespread HIV Counseling and Testing Linked to a Community-Based Tuberculosis Control Program in a High-Risk Population," *Bulletin of the Pan American Health Organization* 30, no. 1 (1996) : 1-8; Jean Pape and Warren D. Johnson Jr., "Epidemiology of AIDS in the Caribbean," *Baillière's Clinical Tropical Medicine and Communicable Diseases* 3, no. 1 (1988) : 31~42; Richard Long, Marcella Scalcini, George Carré, Elizabeth Philippe, Earl Hershfield, Laila Sekla, and Walter Stackiw, "Impact of Human Immunodeficiency Virus Type 1 on Tuberculosis in Rural Haiti," *American Review of Respiratory Disease* 143, no. 1 (1991) : 69~73.

49) Marcella Scalcini, George Carré, Michel Jean-Baptiste, Earl Hershfield, Shirley Parker, Joyce Wolfe, Katherina Nelz, and Richard Long, "Anti-tuberculous Drug Resistance in Central Haiti," American Review of Respiratory Disease 142, no. 3 (1990) : 508~511. 다음 글도 참고하라. Paul Farmer, Jaime Bayona, Mercedes Becerra, J. Daily, Jennifer J. Furin, D. Garcia, Jim Yong Kim, Carole Mitnick, Edward Nardell, Maxi Raymonville, Sonya Sunhi Shin, and P. Small, "Poverty, Inequality, and Drug Resistance : Meeting Community Needs in the Global Era," In *Proceedings of the International Union against Tuberculosis and Lung Disease, North American Region Conference,* Chicago, February 27-March 2, 1997, 88~101.

50) Scalini et al. "Antituberculosis Drug Resistance in Central Haiti."

것이 이루어지지 않으면 결핵 진단이 치료 가능한 처방으로 이어지지 않는다.[51] 남부 아이티의 한 커다란 마을에서는 전체 환자의 75퍼센트가 진단을 받은 지 6개월 만에 치료를 포기했고, 93퍼센트 이상은 1년 안에 치료를 포기했다.[52] 이 연구가 이루어지던 시기에는 단기 요법이 존재하지 않았기 때문에 이 연구에서 다룬 환자의 대부분이 병을 부분적으로만 치료한 채 방치했으리라고 추측된다.

다음 내용은 결핵 통제 프로그램을 실시하려는 PIH/ZL의 노력을 구체적으로 보여준다. 이런 프로그램은 특정 개입 정책의 수혜를 받는 사람을 결정하는 데 중요한 조건인 극심한 가난을 다룬다. 이 프로그램이 "둘 중 하나를 고르는" 접근을 피한다는 점 또한 중요하다. 이런 접근은 일부 보건 운동가들이 신기술에 반대하는 입장을 지지하게 하는데, 그 때문에 개발 프로젝트를 통해 병의 "근본 원인"을 밝히는 동안 결핵 치료를 미루게 된다. 하지만 보건 정책은 제로섬 게임이 아니다. 아이티 농촌에서 배운 교훈 가운데 하나는 오직 결핵에만 개입하는 효과적인 정책이 시급하며, 여기에는 그리 많은 비용이 들지도 않는다는 점이다. 이런 결핵 특화 정책이 먼저 폭넓은 개발을 하고, 그로써 결핵을 축소하려는 시도를 약화시킨다고 여겨서는 안 된다.

결핵 통제 프로그램 개발하기

20년 전에는 펠리그레 댐이 만들어 낸 저수지 주변에 흩어진 여러 정착지까지 잔미라산트(ZL)의 영향력 아래 있었지만, 그 이후 우리가 공동체를 기반으로 한 관리 체계를 구축하고 진료소와 병원을 지으면서 기본적인 시설과 임상의들을 갖추게 되었다. 이제 관건은 임상의들의 노력을 보완하기 위해 공동체의 보건 노동자(accomplagnateur)에게 의존할 수 있느냐, 없느냐다. 우리는 필요한 모든 사람에게 시설을 개방하고자 노력하고 있다. 우리가 영향력을 미치는 구역 1은 호수에 둘러싸인 곳으로 대략 2만 5천 명이 거주하는데, 대다수가 작은 마을에서 생활하는 농부들이다. 이런 정착지 곳곳에서 훈련받은 보건 노동자들이 있다. 구역 2는 경계가 좀 더 느슨하며, 구역 1 근처의 외딴 마을과 다수의 도시로 이루어져 있다.

---

51) Paul Shears, *Tuberculosis Control Programmes in Developing Countries* (Oxford : Oxfam Publishing, 1988)
52) Helen Jean Coleman Wiese, "Tuberculosis in Rural Haiti," *Social Science and medicine* 8, no. 6 (1974) : 359~362.

비록 이 두 구역의 환자들이 동일한 임상 서비스(의사와 상담, 연구소 작업, 그리고 80센트 정도하는 모든 의약품)를 받지만, 구역 2 사람들은 공동체 보건 노동자들의 관리를 받지 않으며 여성 보건 정책, 예방접종 캠페인, 수질 보호 노력, 성인 문맹률 낮추기 운동 등 ZL이 지원하는 활동의 혜택도 받지 못한다. 보건 노동자들이 수행하는 이런 다양한 개입이 영양실조나 설사병, 홍역, 파상풍, 말라리아를 다루는 데 있어 강력한 효과를 보인다는 것은 이미 증명된 바 있다. 또 이들은 공동체 활동을 통해 환자를 찾아내 진료소에 보내고, 이곳에서 항결핵 약을 무료로 받게 할 수 있다. 이런 성과가 나온 것은 국가의 결핵 프로그램이 비정부기구에 도움을 주었던 덕분이다.(진료소의 처방전에는 아이소니아지드, 에탐부톨, 피라진아미드, 스트렙토마이신이 있다).[53]

비록 ZL의 임상의들이 폐결핵 환자들을 진단하는 솜씨가 좋다고는 해도, 1980년대 후반에 완치를 보장할 수 없는 새로운 병례(病例)들이 발견되었다는 것이 확실해졌다. 진료소가 결핵 진단을 받은 모든 환자에게 치료비의 80센트를 받는 정책을 포기했음에도 불구하고 그런 일이 생긴 것이다. 1988년 12월, 3명의 HIV 음성 환자들 모두 40대에 결핵으로 사망함에 따라 보건 담당자들은 이런 사람들을 어떻게 관리해야 할지 다시 고민해야 했다.

우리는 이러한 죽음을 얼마나 효과적으로 예방하고 있는가? 이 질문에 답하려면 인과관계를 살펴야 하기 때문에 그에 따른 답변도 다양하다. 몇몇 공동체 보건 노동자들은 경과가 좋지 않은 결핵 환자들이 가장 가난하기 때문에 나쁜 결과가 나온 것이라고 생각한다. 의사와 대부분의 간호사들은 결핵이 주술 때문에 걸린다는, 널리 퍼진 믿음 때문에 환자들이 생의학적 치료를 포기한 탓에 투약 준수율이 떨어지는 것이라고 본다. 그리고 몇몇은 환자들이 애초에 의료 서비스를 찾게 만든 증상이 없어지면 화학 치료에 관심을 잃기 때문이라고 가정한다.

PIF/ZL은 2개월이 넘는 기간 동안 결핵 환자들에 대한 서비스를 개선하고, 이런 모순된 다양한 가정을 시험할 계획을 고안했다. 간단히 말하면, 새로운 프로그램의 사례를 수집하고 적절한 화학 요법을 제공하며, 친밀한 후속 조치를 제공한다는 목표를 수용했다.

---

53) 그동안 성인에 대한 결핵의 초기 치료에서 리팜핀은 스트렙토마이신을 대체해 왔다. 이 진료소는 배양 시험을 거친 다중약물내성 결핵 사례를 위한 2차 약물 또한 갖추고 있었다.

이 프로그램에는 유아들에 대한 접촉자 진단과 BCG 예방접종이 포함되었으며, 가장 많은 신경을 썼던 것은 도말 시험에서 양성반응을 보이고 기침하는 환자들의 관리였다. 공동체가 결핵에 노출되는 가장 중요한 원인으로 지목받았다.

이 새로운 프로그램은 친밀한 후속 조치를 위해 보건 노동자들(보수를 받는 공동체 보건 노동자들로, 그들의 이웃을 위해 의료적이고 심리사회적인 지원을 제공하도록 훈련받았다.)에게 크게 의존하는 공격적인 방식으로, 공동체에 기반을 두어 기능하게끔 설계되었다. 또한 영양적인 도움과 다른 형태의 사회적인 지원에 대한 환자들의 필요에 응하도록 만들어졌다. 폐결핵 또는 폐외부 결핵 진단을 받은 구역 1의 모든 거주자에게는 치료 프로그램에 참여할 자격을 제공했는데, 이 프로그램의 특징은 마을 보건 노동자들이 (진단받은 이후 첫 한 달 동안) 매일 환자를 방문하는 것이다. 또한 이 환자들은 첫 석 달 동안 한 달에 30달러의 재정 지원과 함께 영양 보충 물품을 받았다.

여기에 그치지 않고, 보건 노동자들은 환자들에게 '한 달에 한 번 마을의 진료소에 잊지 말고 가라'는 연락도 했다. 여행 경비(예컨대 당나귀를 빌리는 비용)는 이들이 진료소에 방문했을 때 받는 사례금인 5달러로 충당할 수 있었다. 만약 구역 1의 어떤 환자가 진료소에 나타나지 않으면 진료소 근무자가(의사나 보조 간호사일 경우가 많다.) 그 환자의 집에 방문했다. 이렇게 정기적인 조치가 가능했던 것은 세세하게 기록된 최초의 인터뷰 일정표와 가정 방문 보고서를 포함한 여러 서류가 기존의 서류를 대체했기 때문이다. 다른 진료소 환자들의 경우, 상대적으로 한정된 서류를 이용했다.

1989년 2월부터 1990년 9월 사이 첫 등록 기간 동안, 구역 1에서 50명의 환자가 결핵 도말 검사에서 양성으로 진단받고 프로그램에 등록했다.[54] 또 48명에게 폐결핵이 있었으며, 7명은 폐외부 결핵이었고(예컨대 척추에 결핵이 있는 것), 2명은 경부 림프절염("연주창")이 결핵의 유일한 증상이었다. 같은 기간에 임상의들은 구역 1 바깥에서 213명의 폐결핵 환자를 진단했다. 이 환자 가운데 상당수는 구역 2에 살았으며, 일부는 진료소를 찾기 위해 더욱 먼 거리로 이동해야 했다. 이들 가운데 적어도 168명은 관리를 더 받기 위해 진료소를 다시 찾았다. 처음 진단받은 50명은 새로운 개입의 효율성을 판단하기 위한 비교 집단 역할을 했다. 이들은 공동체를 기반으로 한 서비스나 재정 원조, 사회적 지

---

54) 한 환자는 원래 구역 1에 살다가 나중에 권역 밖으로 이사해 더 이상 공동체 보건 노동자들의 관리를 받지 않게 되었다. 구역을 떠난 뒤 몇 달 뒤에 사망했다는 소문이 돌았던 이 환자는 양쪽 구역의 자료 분석에 포함하지 않았다.

원의 혜택을 받지 않는다는 의미에서 대조군 역할을 했다. 구역 2 환자들은 모두 "무료" 관리를 계속해서 받았다. 즉, 진단이나 관리를 받을 때 돈을 전혀 지불하지 않았다. 하지만 이내 환자와 그 가족에게 숨겨진 비용이 더 든다는 사실이 드러났다.

먼저 환자들의 믿음과 임상적 결과 사이의 연관성에 대한 가정을 시험하기 위해, 환자들에게 직접 이들의 설명 모델과 결핵 병력에 관한 인터뷰를 진행했다.[55] 환자들 연령의 중간 값(42세)과 성비(두 집단에서 남성에 비해 여성이 확실히 많았다.)는 두 집단 사이에서 의미 있는 차이를 보이지 않았다.[56] 하지만 간접적인 경제적 지표(예컨대 학교에 다닌 햇수, 라디오 소유 여부, 화장실 접근성, 지붕이 짚보다는 주석인지의 여부)를 보면, 구역 2 환자들이 구역 1 환자들에 비해 형편이 약간 나은 편이었다. 이는 예상했던 결과였는데, 구역 1의 여러 마을은 댐 건설로 계곡에 물이 넘치면서 주거지를 잃은 이들이 불법 점유한 정착지였기 때문이다.

표 6.1은 "보건 관리 전달"에 대한 이 연구 결과를 요약한다. 여기서 우리는 적당한 효과를 보인 여러 현상에 이름을 붙였다. 다음 논의는 여기에 대한 자세한 설명이다.

- 사망률 : 구역 1 집단의 환자 한 명이 진단을 받고 1년 안에 숨졌는데, 그 원인이 결핵은 아니었다. 구역 2에서는 6명의 환자가 사망했으며, 그 가운데 한 명은 HIV에도 양성 혈청 반응을 보인 젊은 여성이었다.
- 객담 양성 : 임상의들은 치료를 시작하고 약 6개월 후에, 그리고 환자들이 재발 증상을 보였을 때 객담에서 항산균(acid-fast bacilli, AFB)[57] 반응이 있는지 조사했다. 구역 1 환자들 가운데 6개월이 지난 시점에서 객담 양성을 보인 사람은 없

---

55) 다음 글에는 이 방식에 대한 간략한 논평이 수록되어 있다. Arthur Kleinman, Leon Eisenberg, and Byron Good, "Culture, Illness, and Care : Clinical Lessons from Anthropologic and Cross-Cultural Research," *Annals of Internal Medicine* 88, no. 2 (1978) : 251~258. 또 이 방식의 한계에 대한 평가는 다음 글을 보라. Arthur Kleinman, *Writing at the margin : Discourse between Anthropology and Medicine* (Berkeley : University of California Press, 1985), 5~15. 다음 글도 참고하라. Arthur Kleinman, "From Illness as Culture to Caregiving as Moral Experience," *New England Journal of Medicine,* 368 (2013) : 1376~1377.

56) 이후 여러 해 동안 여성의 수적 우세는 점점 줄어들었다. 이것은 이 연구에서 여성 환자들이 보건 관리를 받지 못하는 중대한 장벽에 가로막힌, 치료받지 못하고 밀려 있는 여성들을 대표하는 역할을 했을 수 있음을 알려 준다.

57) 객담 표본에 항산균이 존재하면 활성 폐결핵이라는 신호일 때가 많다. 비록 결핵을 진단하기에는 불완전[폐 외부 질환을 가진 모든 환자와 폐 질환을 가진 다수의 환자가 위음성(falsely negative) 반응을 보일 수 있다.]하기는 해도 객담 현미경 관찰법은 아이티를 포함한 대부분의 개발도상국 환경에서 표준적 검사다. 하지만 이 검사는 다소 시대에 뒤떨어진 진단법이어서 다른 검사로 대체되거나 적어도 다른 검사들로 보충될 필요가 있다. 특히 9장에서 논의하듯 HIV 공동 감염이나 약물 내성의 확률이 높은 환경에서 더욱 그렇다.

[표 6.1] 결핵 증상에 대한 구역 1 환자와 구역 2 환자의 비교

	구역 1	구역 2
모든 원인에 의한 사망률(18개월 추적)	1(2%)	6(12%)
치료 후 6개월 뒤 항산균에 대한 객담 양성 반응	0	9(18%)
치료 후 1년 뒤 지속적인 호흡기 증상을 보이는 비율	3(6%)	21(42%)
1년 동안 환자 1명의 증가한 평균 체중(파운드)	9.8	1.9
치료 후 1년 뒤 직장에 복귀한 비율	46(92%)	24(48%)
1년 동안 환자 1명이 진료소를 방문한 평균 횟수	11.6	5.4
1년 동안 환자 1명의 가정 방문 평균 횟수	32	2
HIV 공동 감염	2(4%)	3(6%)
자신의 질병이 주술 때문에 생겼다는 것을 부정하는 사람의 수	6(12%)	9(18%)
질병 없이 1년 동안 살아남은 비율	50(100%)	24(48%)

었다. 이듬해 젊은 여성 한 명이 임신 도중 객담 양성을 보였으나, 그녀는 HIV
에 감염되어 있었고, 결핵 2차 균주가 재발했거나 재감염된 경우였다. 구역 2의
동시 출생 집단에서는 9명의 환자가 치료 개시 후 6개월이 지난 시점에 객담에
서 명백한 항산균 반응을 보였다.

· 지속적인 호흡기 증상 : 치료를 받고 1년 뒤 철저한 병력 및 물리적 검사를 통해
기침, 밭은 숨(호흡곤란), 객혈 같은 지속적인 호흡기 증상을 검진했다. 구역 1
에서는 환자 3명만이 이런 증상을 보고했으며, 그중 2명이 회복하는 동안 천식
으로 발전했다. 하지만 구역 2에서는 환자들이 지속적인 호흡기 증상 또는 부분
적으로 치료된 결핵에 해당하는 기침이나 다른 증상을 계속 호소했다. 이 집단
의 환자 한 명은 방사선이나 기타 증거로 지속적 결핵임이 확인되지 않았는데도
천식 증세를 보였다.

· 체중 감소 : 체중을 살펴보면 두 구역의 환자 집단 사이에 차이가 두드러진다.
임신으로 말미암은 체중의 오르내림을 바로잡는 과정에서, 구역 1의 환자들은
치료를 받은 첫해 동안 체중이 평균 10파운드가량 늘었다. 반면 구역 2의 환자
들의 체중은 평균 약 2파운드 늘었다.

- 직장 복귀 : 두 집단 모두 환자 대부분이 농부 혹은 시장에서 일하는 여인이었기 때문에, 가족들이 이들의 육체노동 능력에 의지해 생계를 유지했다. 이런 상황에서 진단 후 1년이 지난 뒤 구역 1의 환자 가운데 46명이 일터에 복귀할 수 있다고 밝힌 것은 특히 주목할 만하다. 구역 2에서는 절반 이하만이(24명) 그렇게 말했다.

- 진료소 방문 : 환자들이 진료소를 한 번 방문할 때마다 한 달치 약을 받아가기 때문에, ZL 직원은 한 달에 한 번 진료소를 방문하라고 환자들에게 강하게 독려했다. 이는 환자들이 치료법을 잘 지키게 하는 간접적인 수단이었다. 구역 1에서는 한 달에 한 번 진료소를 방문한다는 이상적인 목표가 거의 달성되었다. 이렇게 방문하는 환자들은 소정의 교통비를 받았으며, 평균적으로 1년에 11.6회 방문했다. 이에 비해 대조군의 환자들은 1년에 5.4회 방문했다.

- 가정 방문 : 원래 치료안에 따르면 치료 첫 두 달 동안에는 스트렙토마이신을 근육 내에 적어도 30그램 주사해야 하는데, 공동체 보건 노동자들이 구역 1에 사는 환자들에게 이 주사를 놓아 주어야 했다. 구역 2에 사는 환자들 대부분은 근처에 사는 '주사 기술자(pikiris, 이들 가운데 일부는 간호조무사와 가까이 살거나 다른 진료소에서 주사약을 받아 왔다.)'에게 스트렙토마이신 주사를 맞았다. 아마도 이것이 구역 1에서 ZL 직원이 가정 방문한 횟수가 구역 2보다 훨씬 높은 주된 이유일 것이다. 전자는 32회 방문했고, 후자는 2회 방문했다.

- HIV의 혈청학적 유병률 : HIV의 혈청학적 유병률은 두 집단 사이에서 큰 차이를 보이지 않았다. 구역 1에서는 환자 2명만이 HIV에 감염되었다는 혈청학적 증거를 보였다. 둘 다 오랫동안 아이티 도시 지역에 거주한 경험이 있었다. 그중 1명은 임신 기간에 항산균 도말이 양성으로 나타났는데, 그녀가 최초로 치료를 마치고 1년 넘은 시점이었다. 그녀는 새로운 다약제 처방을 받았고, 최초로 결핵 진단을 받은 이후 60개월 동안 아무 증상이 없는 채로 지냈다. 이와 비슷한 사례로 구역 2에서는 3명의 환자가 HIV 혈청 양성 반응을 보였는데, 모두 포르토프랭스에서 오래 산 경험이 있었다.

- 질병에 대한 병인학적 개념 : 이전의 민족지학적 연구에서는 아이티 농촌 사람들의 질병에 대해 이야기하고 이해하는 방식이 계속 바뀌어서 몹시 복잡했

다.[58] 두 집단에서 환자들을 대상으로 연속 인터뷰를 수행한 결과, 연구자들은 두 집단 구성원이 사용하는 지배적인 설명 모델을 기술할 수 있게 되었다. 일부 연구자는 주술에 대한 아이티 사람들의 믿음 때문에 치료 요구에 응하지 않는 환자의 비율이 높으리라고 가정했다. 그래서 이 문제를 환자 개인에게 이야기 하는 데 어려움을 겪었다. 결과적으로 각 집단에서 몇몇을 제외하고는 자기 질병의 병인학적 요인을 주술로 생각하는 것으로 드러났지만, 환자가 이런 믿음을 고수하는 것과 생의학적 요법에 순응하는 정도 사이에는 식별할 만한 연관이 없었다. 이러한 PIH/ZL의 활동은 병인학에 대한 환자들의 이해가 재정 원조와 식량 등 사회적 지원에 대한 접근에 비해 상대적으로 중요하지 않다는 점을 증명한다.

· 치료율 : 1991년 6월에는 구역 1의 환자 48명이 호흡기 증상을 보이지 않았다. 지속적인 기침 또는 호흡 곤란을 보이던 환자 2명이 있었지만, 결핵에 대한 임상적 또는 방사선 진단 기준을 만족하지 않았다.(2명 다 기관지 경련이 발전한 병증을 앓았다.) 그에 따라 임상의는 활성 폐결핵을 보이는 환자가 없으므로 참가자들의 치료율은 100퍼센트라고 판단했다. 이 환자들 가운데 한 명은 앞에서도 언급했지만, HIV에 같이 감염되었는데도 최초로 결핵 진단을 받고 60일 동안 증상이 나타나지 않았다. 반면 구역 2의 경우, 일단 우리가 환자들을 모두 찾아낼 수 없었으며, 드러난 환자 중에 40명은 진단받은 후 아무런 조치 없이 1년 이상이 흐른 뒤였다. 오직 24명만이 임상적·실험적·방사선적 증거에 기초하여 활성 질환에서 벗어났다는 통보를 받았다.(이 집단의 환자 6명은 연구가 진행되는 과정에 사망했다.) 추적 조사에 실패한 4명의 환자가 실제로 병이 나았다 하더라도, 사망했거나 지속적 결핵 증상을 보인 26명이 남아 있으므로 치료율은 기껏해야 48퍼센트가 된다.

---

58) Paul Farmer, "Sending Sickness : Sorcery, Politics, and Changing Concepts of AIDS in Rural Haiti," *Medical Anthropology Quarterly* 4, no. 1 (1990) : 6~27.

요약하면, 보건 관리를 가로막는 구조적인 장애물을 낮추는 프로그램의 수혜자가 된 소수 환자 집단의 경과가 더 좋았다. ZL 직원들은 치료가 실패하는 데 구조적인 문제가 많다는 사실을 인식하고 있었기에, 그 지역에 대한 지식을 쌓고 조심스럽게 사회적 구조를 분석했다. 이로써 의사, 간호사, 관리자들은 환자들이 매일 겪는 병마와의 사투를 더 잘 이해할 수 있었다. 또한 ZL 직원들은 결핵 통제 프로그램에서 보건 관리의 장벽을 낮추기 위해 구역 1의 사례보다 두 배의 노력을 했다. 먼저 ZL은 진료소로 이동하는 데 필요한 돈을 지불했고, 환자와 가족들에게 식량을 보조했으며, 공동체 보건 노동자들에게 환자들이 약을 매일 먹고 있는지 뿐만 아니라 환자들이 보건 관리에 접근하는 데 장애물은 없는지 확인해 줄 것을 요청했다. 몇몇 사례에서 ZL은 환자들에게 주거를 제공하고 환자 아이들의 교육비를 내주기도 했는데, 각 가구에 영양을 공급할 수 있는 충분한 자원을 제공하고 환자들이 예약을 한 상태로 보건 센터에 오게 하기 위해서였다. 이런 개입의 성과는 상당했다. 이 프로그램에 참가한 환자들의 결핵 사망률이 거의 0퍼센트로 떨어졌던 것이다. 우리는 1991년에 이 발견 결과를 출간하여 의학 문헌에 "당나귀 대여 비용"이라는 용어를 도입했으며, 이에 대해 자부심을 갖고 있다.[59] 더욱 중요한 것은 이 대단치 않은 프로젝트가, 치료 실패의 인과관계를 분석한 대단한 주장들에서 논의의 중심을 이 프로젝트로 이동시켰다는 사실이다. 요컨대 치료 실패를 야기한 것은 환자들의 잘못된 "믿음"이 아니라, 비효율적이면서 환자가 또 다른 비용을 지불해야 하는 전달 시스템이다. 이로 말미암아 보건 노동자에게 의존하는 "심화된" 사회적 지원을 동반한 공동체 기반 관리가 PIH/ZL 결핵 프로그램의 관리 기준이 되었고, 동일한 성과를 달성하도록 국가적 프로그램 또한 강화되었다.

결핵에서 에이즈까지

PIH/ZL이 아이티의 나쁜 보건 상태에 대한 문화주의적 설명(예컨대 가난이 아닌 주술 또는 무지가 결핵 환자들을 죽음으로 몰았다는 설명) 또는 인과관계에 대한 지나친 주장(아이티인 때문이거나 수입품 때문이라는)에 맞선 사례는 앞서 설명한 초기 작업뿐만

---

59) 다음을 참고하라. Paul Farmer, Simon Robin, St. Luc Ramilus, and Jim Yong Kim, "Tuberculosis, Poverty, and 'Compliance' : Lessons from Rural Haiti," *Seminars in Respiratory Infections* 6, no. 4 (1991) : 254~260.

이 아니다. 1986년 캉주에서 ZL 직원이 최초로 에이즈를 발견한 사례 또한 이에 포함된다. 이 사례는 사면초가에 몰린 인구 집단에 새로운 도전 과제를 제기했다. 1990년대 중반에 최초의 에이즈 약이 개발되자, 회의론자들은 가난한 사람들에게는 이 약값이 너무 비싸다고 주장했다. 에이즈에 걸린 사람에게 찍히는 낙인 때문에 환자들이 보건 관리를 받지 않으려 하므로, 보건 제공자들이 교육과 예방에 온전히 집중해야 한다고 이야기하는 사람들도 있었다. 실제로 에이즈에 대한 오명과 두려움은 무척 커서, 우리가 진료소에 HIV 검사를 처음 도입했을 때도 임신한 여성 중 겨우 20퍼센트만이 검사에 동의했다.

낙인은 확실히 장애물이었지만, 넘을 수 없는 장벽은 아니었다. 1994년, ZL은 모자 HIV 수직감염을 예방하기 위해 ATZ를 받아들였고, 나중에는 네비라핀(nevirapine)도 받아들였다. 이렇게 효과적인 예방책이 마련되자 임산부들의 검진율은 한때 90퍼센트 가까이 높아졌다. HIV 예방에서 검진은 매우 중요하다. 검진 결과를 알아야 의사 결정으로 나아갈 수 있기 때문이다. 또한 임상 담당자들은 전달해야 하는 핵심 요소들(검진, 상담, 주요 약제들, 콘돔 등)이 갖춰진 이후로 예방 성과가 상당히 나아졌다고 기록한다. 모자 수직감염을 예방하는 데 항레트로바이러스 약품을 처방할 수 있게 되면서부터 에이즈에 대한 낙인은 줄어들었다.[60]

하지만 여전히 핵심적인 개입 한 가지는 이루어지지 않았다. 바로 삼중 조합 항레트로바이러스 요법(ART)이었는데, 이것 덕분에 미국과 유럽에서 에이즈는 치명적인 질병에서 만성 질병으로 바뀌었다. 1996년 밴쿠버 국제에이즈협의회에서 "하나의 세계, 하나의 희망"이라는 테마 아래 약품 접근권의 평등을 실현하는 데 비록 동의했지만, 에이즈 약은 여전히 아이티와 아프리카 국가들을 포함한 전 세계 가난한 국가들에게는 그림의 떡이었다. 1990년대 중반에는 ZL이 세워졌고, 캉주에는 각 병동마다 자격을 제대로 갖춘 병원이 생긴 덕분에 이곳에서 1차 보건관리 서비스와 여성 클리닉, 수십 개의 입원 환자 병상, 수술 서비스, 다양한 질병에 대한 개입이 가능해졌다. 이 병원은 개업한 이후로 지금까지 에이즈 진단에 동의한 환자들과, 다른 여러 증상으로 입원했다가 HIV에 감염되었

---

60) Paul Farmer, Fernet L andre, Joia S. Mukherjee, Marie Sidonise Claude, Patrice Nevil, Mary C. Smith Fauzi, Serena P. Koenig, Arachu Castro, Mercedes C. Becerra, Jeffrey Sachs, Amir Attaran, and Jim Yong Kim, "Community-Based Approaches to HIV Treatment in Resource-Poor Settings," *Lancet* 358, no. 9279 (2001) : 404~409.

음을 알게 된 환자들로 늘 만원이다.

ZL은 불법 점유 정착지에 "지속 가능한", "감당할 수 있는", "실현 가능한" 등으로 수식될 만한 것이 전혀 없음을 알게 되었다. 그러자 1998년에 HIV 평등 계획 팀이 발족해 캉주와 인근 마을의 환자 중 가장 상태가 좋지 않은 이들에게 필요한 값비싼 항레트로바이러스 약품을 입수하기 시작했다. 이들은 결핵 치료의 초기 경험을 통해 이상적인 관리 전달 모델을 일구어 냈다. 또 ZL은 보건 관리에 대한 구조적 장벽을 낮추기 위해 교통비와 식비를 지원하고, 공동체 보건 노동자들이 직접 복약 확인 서비스를 제공하는 포괄적인 사회적 지원을 지속했다.[61]

하지만 PIH/ZL은 이내 상당한 반대에 부딪혔다. 몇몇 정책 입안자들은 가난한 국가들의 문화적 요인이 에이즈 치료를 방해하기 때문에, 치료법을 일관적으로 적용하지 못해 약제에 대한 내성만 키우게 될 것이라고 주장했다. 5장에서 살펴보았지만, 미국국제개발처 대표는 아프리카에 ART를 제공하는 데 반대했다. 그뿐만 아니라 2001년에는 미국 의회에서 아프리카 사람들이 "손목시계가 뭔지, 탁상시계가 뭔지도 모르며 시간을 나타내는 서구적인 방법을 사용하지 않는다." 라고 증언했다.[62] 하지만 이것 역시 인과관계를 잘못 파악한 주장이었다. ZL은 곧 전 세계에서 가장 높은 비율로 ART를 시행하게 되었다.[63]

이 프로그램은 진료소와 병원 밖에서도 의도치 않은 긍정적인 효과를 불러일으켰다. 그중 하나는 사람들의 사기가 높아졌다는 것이다. 사경을 헤매던 누군가가 빠르게 쾌차하는 모습을 보고("나사로 효과"라고도 한다.) 가족 구성원들과 친구들, 다른 환자들, 임상 관리자들은 희망을 품게 되었다. 그리고 보건 노동자들이나 이동 진료실의 도움을 받아 에이즈를 집에서도 치료할 수 있게 됨에 따라, 한때 기회감염으로 서서히 죽어가는 에

---

61) Joia S. Mukherjee, Loise Ivers, Fernet L andre, Paul Farmer, and Heidi Behforouz, "Antiretroviral Therapy in Resource=Poor Settings : Decreasing Barriers to Access and Promoting Adherence," *Journal of Acquired Immune Deficiency Syndromes* 43, supple. I (December 1, 2006) : S123~S126.

62) Andrew Natsios, 미국 하원 국제관계위원회 증언, *Hearing : The United States' War on AIDS,* 107th Cong. 1st sess. Washington, D.C. June 7, 2001, http://commdocs.house.gov/committees/intlrel/hfa72978.000/hfa72978_0. HTM (접속일 : 2013년 2월 15일)

63) Joia S. Mukherjee, Fernet L andre, Wesler Lambert, Chloe Gans-Rugebregt, Patrice Nevil, Alice Yang, Michael Seaton, Maxi Raymonville, Paul Farmer, and Louise Ivers, "Excellent Outcomes, High Retention in Treatment, and Low Rate of Switch to Second Line ART in Community Based HIV Treatment Program in Haiti" (2008년 8월 3~8일 멕시코시티, 7차 국제에이즈협의회에서 발표)

이즈 환자들로 가득했던 병상이 조금씩 비워졌다. ART를 받는 환자들은 일터로 돌아가거나 자기 아이들을 돌보았지만, 감염이 일어나는 경우는 드물었다. 캉주와 다른 지역에서 모자 수직감염 예방이 점차 이루어지면서 성인 에이즈 감염보다 더 두려운 문제였던 소아 에이즈 감염도 줄어들었다.

HIV 평등 계획은 시작한 지 몇 년 안에 에이즈 예방과 관리가 서로 보강하는 관계임을 증명했다. 더구나 더 효과적인 에이즈 치료를 위해 캉주의 병원과 진료소의 보건 관리 전달 시스템을(예컨대 더욱 효율적인 약제를 제공하고, 재고가 부족하지 않게 하는 것) 전반적으로 개선했다. 직원들의 수가 늘고, 환자 수도 늘어나 더욱 복잡한 서비스를 제공하기 시작하면서 ZL 담당자들은 환자 흐름과 관리의 효율성을 높이기 위해 병원을 다시 설계하거나 건축했다. 최초의 수요 평가를 실시한 지 15년이 지난 1990년대 후반이 되자, 건강의 동반자들과 잔미 라산트는 공동체를 기반으로 진료소가 지원하고 병원이 치료하는 연계된 보건 관리 모델을 구축했다. 이는 항상 성공하지는 않았지만 전기나 포장된 도로, 현대적인 위생 시설이 없는(곧 들어올 예정이긴 해도) 아이티 농촌에 고품질의 서비스 전달을 가능케 했다. HIV 평등 계획의 빠른 성공은, 가난한 환경에서는 기관의 감독 아래 ART를 운영하는 일 같은 복잡한 보건적 개입이 어렵다는 주장을 무너뜨렸다.[64] 이와 비슷하게 남아프리카공화국 도시 지역에서도 조금 더 수직적인 형태로 보건 관리가 시작되었다.[65]

약간 개선된 이 계획은 2001년 하버드대학교에서 "가난한 국가의 항레트로바이러스 에이즈 치료에 대한 합의 성명"[66]을 시작하는 계기가 되었다. 이 성명은 전 세계에 통합된 에이즈 예방과 관리를 시행할 것을 요청하는 내용으로, 국제 보건 역사상 손꼽히는 규

64) Joia Mukherjee, Margaly Colas, Paul Farmer, Fernet L andre, Wesler Lambert, Maxi Raymonville, Serena Koenig, David Walton, Patrice Nevil, Nirlande Louissant, and Cynthia Or lus, "Access to Antiretroviral Treatment and Care : The Experience of the HIV Equity Initiative, Cange, Haiti [Case Study]," *Perspectives and Practice in Antiretroviral Treatment* (Geneva : Word Health Organization, 2003), www.who.int/hiv/puv/prev_care/en/Haiti_E.pdf (접속일 : 2012년 12월 28일)

65) David Coetzee, Katherine Hildebrand, et al. "Outcomes after Two Years of Providing Antiretroviral Treatment in Khayelitsha, South Africa," *AIDS* 18, no. 6 (2004) : 887~895.

66) "Consensus Statement on Antiretroviral Treatment for AIDS in Poor Countries, by Individual Members of the Faculty of Harvard University," March 2001, www.cid.harvard.edu/cidinthenews/pr/consensus_aids_therapy.pdf (접속일 : 2012년 8월 8일)

모의 계획을 촉발했다. 바로 '에이즈, 결핵, 말라리아와 싸우기 위한 국제 기금'[67]과 '에이즈 경감을 위한 대통령 긴급 계획'[68]이 그것이다. 이 작은 승리는 에이즈 치료에 대한 보편적인 접근권을 옹호하는 노력에 힘을 더했다. 이러한 노력은 WHO의 "3·5" 계획으로 정점을 찍었는데, 이때 목표는 2005년까지 ART로 300만 명을 치료한다는 것이었다.[69] 같은 시기에 PIH/ZL 팀은 재정과 인원이 부족한 아이티 공적 부문의 다른 보건 기관들과 마찬가지로 스스로 몸집을 불릴 방안을 찾아야 했다.

아이티 농촌을 확장하기

1978년에 있었던 알마—아타선언의 표어에도 불구하고(4장에서 설명한), 2000년은 모든 이를 위한 의료를 축하하는 해로 기념하지 못했다. 대신 2000년은 전 세계적으로 에이즈가 결핵을 제치고 젊은이들을 죽음에 이르게 하는 감염성 질환 1위로 자리매김한 해가 되었다.[70] 이는 아이티도 예외가 아니었다. PIH/ZL 팀은 이 골칫거리에 효과적으로 대항하기 위해 불법 점유된 정착지에서 공동체 기반의 싸움을 이끌고자 노력했으나 모두 실패했다. 이러한 상황에서 팀의 몸집을 불리려면 새로운 시설을 짓거나 아이티 농촌에 이미 존재하는 시설이 열악하고 직원도 부족한(거의 비어 있는) 보건소와 병원을 허물고 새로 지어야 했다.[장 페이프(Jean Pape) 박사가 이끄는 GHESKIO 팀이 머물렀던 도시 지역 역시 비슷한 도전 과제에 부딪혔다. 이들은 여러 해에 걸쳐 개선된 서비스 전달을 연구 및 훈련과 연계하기 위해 노력했다.][71] 캉주에 기반을 둔 팀 또한 날마다 엄청나게 늘어나는 환자들에게 적절히 대응할 수 없었다. 북적대는 뜰에서 환자들은 "의료 시설이 갖춰진 마을을!"이라고 외쳤다.

HIV/에이즈 프로그램에 사용 가능한 자원이 늘어나기 시작한 것은 2000년대 초반(5

---

67) 예를 들어 다음 글을 참고하라. Jeffrey Sachs, "Weapons of Mass Salvation," *Economist,* October 24, 2002, 73~74.

68) Anthony S. Fauci, "The Expanding Global health Agenda : A Welcome Development," *Nature Medicine* 13, no. 10 (October 2007) : 1169~1171.

69) Jim Yong Kim and Charlie Gilks, "Scaling Up Treatment-Why We Can't Wait," *New England Journal of Medicine* 353, no. 22 (2005) : 2392~2394.

70) Martha Ainsworth and Waranya Teokul, "Breaking the Silence : Setting Realistic Priorities for AIDS Control in Less-Developed Countries," *Lancet* 356, no. 9223 (2000) : 55~59.

71) Patrice Severe et al. "Antiretroviral Therapy in a Thousand Patients with AIDS in Haiti," *New England Journal of Medicine* 353 (2005) : 2325~2334.

장에서 자세히 살펴보았듯이)에 들어서였다. 캉주에서 성공한 사례가 있긴 하지만, 특정 질병 통제를 위한 기금이 1차 보건관리를 확대하고 공적 부문 보건 시스템을 강화하는 지렛대가 될 수 있을까? 통합적 관리에 대한 접근이 의미 있을 정도로 확장될 수 있을까? 캉주에서 개발된 모델이 아이티 중부의 공적 부문 기관들로 복제될 수 있을까?

아이티는 '에이즈, 결핵, 말라리아와 싸우기 위한 국제기금'의 재정 지원을 받은 최초의 국가였다. 아이티의 영부인인 밀드레드 아리스티드(Mildred Aristide)가 소집한 조정 기관(아이티의 모든 국제 기금 승인을 담당하는 국내 위원회)은 캉주에서 열린 최초의 회의였다. 당시 아이티 정부는 잔미 라산트에게 초기 기금의 일부를 사용해 새로운 장소 세 곳으로 활동 영역을 확장해 달라고 요구했다. 이중에는 캉주에서 몇 시간 거리인 아이티 중부의 작은 도시인 라스카호바스가 포함되어 있었다. 하지만 ZL은 딜레마에 부딪혔다. 그들은 포괄적인 보건 관리 시스템을 강화하려 했지만, 에이즈 프로그램을 지원하는 국제 기금은 에이즈만을 지원했다. 이런 상황에서 ZL이 특정 질병에 집중해서(또는 공중 보건 전문 용어로 "수직적"인 프로그램을 도입해서) 그것을 서서히 "수평적"(1차 보건관리를 폭넓게 강화하는)으로 만드는 것이 가능한가?

잔미 라산트 팀은 퍼넷 레안드르(Fernet Léandre) 박사와 함께 둘 다 미국 보스턴의 브리검 여성병원 소속이기도 했던 PIH의 의사인 세레나 쾨니히(Serena Koenig), 데이비드 월튼(David Walton)의 지도 아래 2002년 8월부터 라스카호바스에서 일을 시작했다. 그들이 처음 발견한 사실들은 농촌 공중 보건 시스템에서는 너무나 흔했지만, 수십 년 동안 국가에서 간과하고 있던 것들이었다.

예비 평가 결과, 라스카호바스 보건소는 아침에 거의 아무도 없고 정오만 되면 문을 닫는다. 직원(의사는 없었다.)들은 사기가 아주 낮았고, 의료 기구도 거의 없었다. HIV 예방과 관리에 대한 서비스는 전혀 이루어지지 않았다. 혈청 검사 도구가 없다는 것은 모자 수직감염에 대한 자발적인 상담과 검사는 물론 예방조차 불가능하다는 뜻이었다. 서류상으로는 결핵 진단과 관리가 무료로 제공되고 있다고 했지만, 보건 업무를 확장한 지난 수년 동안 라스카호바스에서 결핵으로 진단받은 사례는 고작 9건뿐이었고, 그 가운데 거의 절반은 후속 조치가 없었다. 캉주 지역의 결핵 발생률에 대한 자료를 보면 활성 결핵이 매년 180건 가까이 발생할 것으로

예측되는데도 말이다.[72]

ZL 팀은 작업에 착수해 라스카호바스 보건소의 직원을 모집하고, 캉주에서 사용하는 것과 동일한 처방에 따라 포괄적인 HIV 치료를 제공했다. 이런 전략은 다음 글 박스 안에 요약된 핵심 원리에 기초한 것이다. 그 결과는 신속하고 확실하게 나타났다. 검사를 받아보려는 사람들이 급증했고, 환자를 더 효과적으로 진단하게 되었으며, 그에 따라 ART가 필요한 수백 명의 환자가 곧 치료를 받게 되었다. 이러한 변화는 그림 6.4와 6.5의 그래프에 잘 나타나 있다.

이 전환은 그림 6.6, 6.7, 6.8, 6.9에서 살펴볼 수 있듯이 다른 지역의 보건 관리에서도 명확하게 나타났다.(그림 6.7을 보면 결핵 환자 탐지율이 극적으로 치솟는데, 이것은 "최초의 시도 효과"다. 질병 유행 지역 가운데 치료에 대한 접근권이 없던 곳에서 치료가 가능해진 경우, 초기에 탐지된 환자의 숫자가 증가한다.)

라스카호바스에서 이룩한 고무적인 개선은 독특한 사례가 아니었다. ZL이 중앙 고원 지역 공공시설의 회복을 도왔을 때도 이와 비슷한 일이 일어났다.(그림 6.10는 라스카호바스에 새로 지은 진료소의 모습이다.) 2009년 말에 이르러 잔미 라산트는 10곳의 공공부문 보건 시설에서 110만 명 이상을 돌보았다. 캉주에서 선구적으로 이루어진 관리 모델의 선례를 따라 각각의 시설에서 포괄적인 보건 서비스를 전달할 수 있었다. 2010년 1월에 지진이 이곳을 덮치자, 1만 명도 넘는 아이티의 ZL 직원들이 급히 소집되었다. 이들은 포르토프랭스의 무너진 종합병원을 다시 세우고, 아이티 수도의 공터를 빠르게 메운 텐트 사이에서 보건소를 운영했다.(이 장의 마지막 절에서 지진의 후유증을 복구하기 위한 ZL/PIH의 노력을 더욱 자세히 알아보겠다.) 지진 직후 아이티 정부의 요청에 따라 PIH는 역사상 손꼽힐 정도로 큰 규모의 병원(또한 아이티에서 제일 큰 병원인)을 짓기 시작했다. 바로 미르발레스병원이다. 아이티 중부 한복판에 자리한 이곳은 병상 300개에 태양열 발전 시설을 갖춘 세계 정상급 의료 기관으로, 국가적인 훈련 및 위탁 센터 역할을 할 예정이다.

---

72) David A. Walton, Paul E. Farmer, Wesler Lambert, Fernet Léandre, Serena P. Koenig, and Joia S. Mukherjee, "Integrated HIV Prevention and Care Strengthens Primary Health Care : Lessons from Rural Haiti," *Journal of Public Health Policy* 25, no. 2 (2004) : 145.

ZL이 아이티 중부로 확장함에 따라 PIH 또한 아이티 해안가 너머로 영역을 넓혀 나갔다. 다음 절에서는 르완다의 '건강의 동반자들'에 해당하는 인슈티 무 부지마(Inshuti Mu Buzima)로 알려진 프로젝트에 대해 더 자세히 살펴보려 한다. 그렇다고 보건 노동자와 진료소에서 학술적인 의료 센터로 초점을 옮기겠다는 뜻은 아니다. 대신 보건 전달 시스템에 수련병원을 끼워 넣어, 가정과 마을에 영향력을 발휘해 현대적이고도 안전한 시설에서 만성질환을 치료하게끔 하는 모델로 초점을 옮기는 것이다.

보건관리 전달 모델

· *1차 보건관리에 대한 접근 강화* : 1차 보건관리에 대한 기초가 탄탄하면, 분만 합병증뿐만 아니라 에이즈와 당뇨병 같은 만성질환을 포함한 특정 질환의 치료가 가능하다. 사람들은 대부분 자기에게 특정 질환이 있을 때가 아니라 몸이 아프다고 느낄 때 보건 관리를 찾는다. 질 높은 1차 보건관리가 가능하면 공동체는 지역 보건 시스템에 대한 신뢰를 새로이 다질 수 있다. 또 일반적인 의료 서비스의 활용뿐 아니라 더욱 복잡한 질환에 대한 서비스를 늘릴 수 있게 될 것이다. 그에 따라 PIH는 폭넓은 기본적 보건과 사회 서비스 안에 감염성 질환에 대한 개입을 통합하도록 노력한다.

· *가난한 사람들을 위한 보건관리와 교육 제공* : 사용자들에게 돈을 받으면 그들이 진료소나 학교에 올 확률이 줄어든다. 가난과 질병에 대한 부담이 큰 환경에서는 특히 더 그렇다. PIH는 가난한 사람들이 비용 때문에 1차 보건관리나 교육에 접근하지 못하는 일이 없도록 노력한다.

· *공동체와의 파트너십에 의존하기* : PIH는 프로그램의 평가, 설계, 수행, 판단의 모든 과정에서 공동체 구성원들과 함께한다. 아픈 사람들에게 병원에 오라고 설득해 의료 관리를 전달하며(복약 확인 서비스를 직접 하는 경우가 많다.), 환자들 집까지 가서 사회적 지원을 제공하는 공동체 보건 노동자(accompagnateurs)는 가족 구성원이거나 친구일 수도 있고 혹은 보건 교육을 받은 환자들 자신일 수도 있다. 단, 공동체 보건 노동자들이 의사나 간호사들의 일을 대체하지는 않

으며 진료소와 공동체 사이를 중개한다. 이들은 자기가 중대한 역할을 한다는 점을 인식하고 있으며 또 일에 대한 보상을 받는다.

· 기본적인 사회적·경제적 필요 돌보기 : 훌륭한 보건적 성과를 달성하려면 사람들의 사회적·경제적 필요를 돌보고 관리 서비스에 대한 구조적인 장벽을 극복해야 한다. PIH는 공동체와의 파트너십을 통해 식량, 쉼터, 깨끗한 물, 위생, 교육, 경제적 기회에 대한 접근을 높이려 애쓴다.

· 공공 부문에서 일하기 : 가난한 사람들에게 보건관리를 훌륭하게 전달하기 위해 공공 부문은 필수적이다. 비정부기구들은 단기적인 필요를 만족시키는 데 중요한 역할을 하지만, 보편적이고 지속 가능한 접근권을 보장하는 것은 오직 공공 부문 보건 시스템뿐이다. 또 국민에게 보건관리를 받을 권리를 부여하는 기관은 정부뿐이다. 따라서 PIH는 정부와 비슷한 시스템을 설립하는 대신 현재 존재하는 공공 부문 보건 인프라를 강화하고 보충하는 방향으로 실천한다.

· 여성과 아이들에게 초점 맞추기 : 여성의 건강과 다음 세대의 건강은 따로 분리할 수 없을 만큼 밀접한 연관이 있다. 하지만 적절한 영양과 보건을 위해 가구당 자원을 분배해도 여성과 아이들은 남성에 비해 접근 기회가 떨어지는 경우가 종종 있다.[73] 따라서 우리는 보건 인프라의 설계에서부터 사회적 지원 프로그램, 보건관리에 대한 평등한 접근권 확보 등 여성과 아이들의 욕구를 충족하는 데 특별한 관심을 기울여야 한다.

· 기술과 통신 활용하기 : 의료정보학의 혁신은 부유한 국가와 가난한 국가에서 보건관리 전달 시스템을 개선했다. PIH는 자료 수집과 환자 관찰, 그리고 다른 기술적 측면(통신 기술을 포함한)에 도움이 되는 전자 의료 기록을 도입해 왔다. 이로써 공급망 관리, 검사정보학, 환자 운송 등을 합리화했다.

· 다양하게 학습한 교훈 퍼뜨리기 : 국제 보건 전달의 과학은 신생 분야이긴 하지만 점차 커지고 있다. 이는 여러 정보를 전달함으로써 보건 제공자들이 전 세계 동료들의 성공과 실패에서 교훈을 얻도록 한다.

---

73) Amartya Sen, "Missing Women : Social Inequality Outweighs Women's Survival Advantage in Asia and North Africa," British Medical Journal 304, no. 6287 (1992) : 587~588.

[그림 6.4] 2002년 7월부터 2003년 9월까지 캉주와 라스카호바스에서 자발적으로 이루어진 HIV 검진
· 출처 : David A. Walton, Paul E. Farmer, Wesler Lambert, Fernet L andre, Serena P. Koenigm and Joia S. Mukherjee. "Integrated HIV Prevention and Care Strengthens Primary Health Care : Lessons from Rural Haiti." *Journal of Public Health Policy* 25, no. 2 (2004) : 137~158.

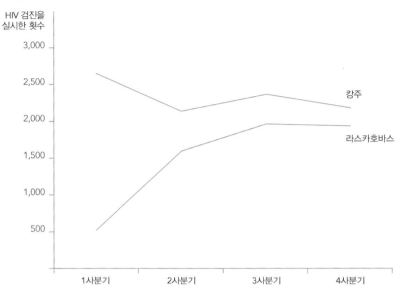

[그림 6.5] 2002년 7월부터 2003년 12월까지 라스카호바스에서 발견한 HIV 감염 환자 수(혈청 검사에서 HIV 양성으로 진단된 환자 수)
· 출처 : David A. Walton, Paul E. Farmer, Wesler Lambert, Fernet L andre, Serena P. Koenigm and Joia S. Mukherjee. "Integrated HIV Prevention and Care Strengthens Primary Health Care : Lessons from Rural Haiti." *Journal of Public Health Policy* 25, no. 2 (2004) : 137~158.

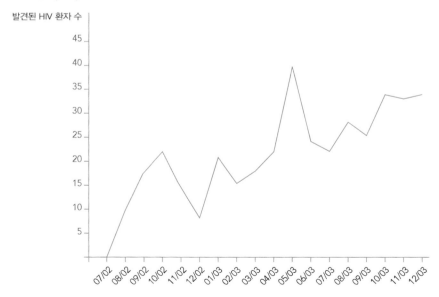

[그림 6.6] 2002년 7월부터 2003년 11월까지 라스카호바스의 1차 보건 진료소에 이동 방문한 환자들의 수

· 출처 : David A. Walton, Paul E. Farmer, Wesler Lambert, Fernet L andre, Serena P. Koenigm and Joia S. Mukherjee. "Integrated HIV Prevention and Care Strengthens Primary Health Care : Lessons from Rural Haiti." *Journal of Public Health Policy* 25, no. 2 (2004) : 137~158.

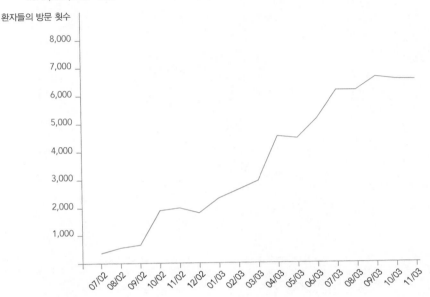

[그림 6.7] 2002년 7월부터 2003년 11월까지 라스카호바스에서 발견된 결핵 감염 환자 수

· 출처 : David A. Walton, Paul E. Farmer, Wesler Lambert, Fernet L andre, Serena P. Koenigm and Joia S. Mukherjee. "Integrated HIV Prevention and Care Strengthens Primary Health Care : Lessons from Rural Haiti." *Journal of Public Health Policy* 25, no. 2 (2004) : 137~158.

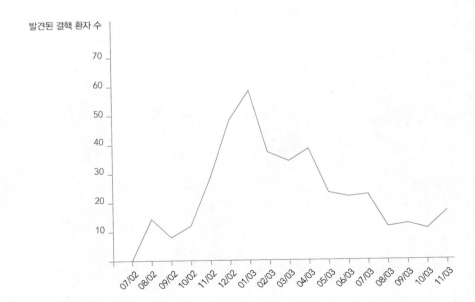

[그림 6.8] 2002년 7월에서 2003년 12월까지 산전 관리를 위해 라스카호바스 진료소를 방문한 횟수

· 출처 : David A. Walton, Paul E. Farmer, Wesler Lambert, Fernet L andre, Serena P. Koenigm and Joia S. Mukherjee. "Integrated HIV Prevention and Care Strengthens Primary Health Care : Lessons from Rural Haiti." Journal of Public Health Policy 25, no. 2 (2004) : 137~158.

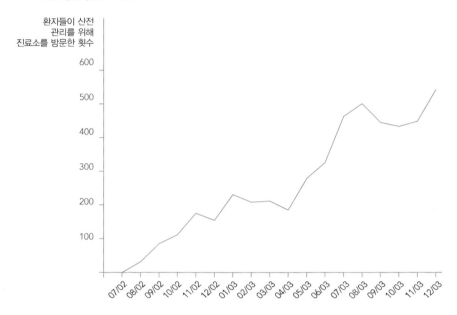

[그림 6.9] 2002년 7월부터 2003년 12월까지 라스카호바스의 백신 접종 횟수

· 출처 : David A. Walton, Paul E. Farmer, Wesler Lambert, Fernet L andre, Serena P. Koenigm and Joia S. Mukherjee. "Integrated HIV Prevention and Care Strengthens Primary Health Care : Lessons from Rural Haiti." Journal of Public Health Policy 25, no. 2 (2004) : 137~158.

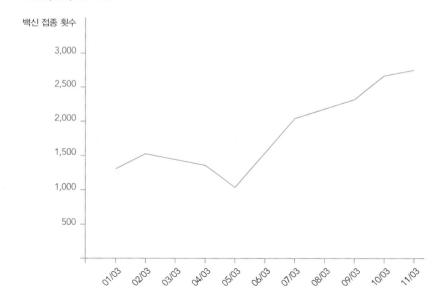

[그림 6.10] 2010년에 새로 지은 라스카호바스 진료소. 데이비드 월튼의 허가를 받아 게재.

아이티에서 르완다로

르완다와 아이티는 지리적, 역사적, 문화적, 정치·경제적으로 분리되어 있다. 그럼에도 불구하고 상당한 유사성이 있어서 비교할 만하다. 두 국가는 대략 미국 메릴랜드 주 정도의 면적에(실제로 두 나라의 면적은 약 2만 6천~2만 7천Km²다. 이는 남한 면적의 4분의 1에 다소 못 미치는 넓이다. ―역주) 인구가 1,000만 명 정도인 산악 국가다. 또 두 국가 모두 농촌과 농업이 지배적이며 커피 같은 열대 산물을 수출한다. 현재 두 국가 모두 경제 불황과 싸우고 있지만, 삼림 벌채는 아이티에서 훨씬 광범위하게 행해진다. 이들 국가는 구조적 폭력의 역사 또한 공유하고 있다. 가난, 실업, 외세 간섭, 식민 지배가 끝난 뒤의 불안정과 폭력 그리고 심각한 질병 부담 등이 그것이다.

2008년, 르완다의 보건 및 개발 관련 지표는 표 6.2에 요약되었듯, 전반적으로 볼 때 아이티보다 다소 낮은 정도였다. 단, 르완다가 집단 학살과 전쟁에 휩싸여 있던 1994년에는 상황이 훨씬 안 좋았다. 1994년 말에 이르자 르완다는 그야말로 폐허였다. 여러 병원과 진료소가 피해를 입거나 파괴되었고, 손쓸 수 없이 무너진 곳도 있었다. 또 보건 노동

[표 6.2] 2008년 르완다와 아이티의 보건과 개발 지표들

· 출처 : 유니세프 "At a Glance : Haiti," www.unicef.org/infobycountry/haiti_statistics.html;
　　　　유니세프, "Rwanda : Statistics," www.unicef.org/infobycountry/rwanda_statistics.html.
· a : 특정 지역, 특정 시점에서 인구 대비 발병자 수 −역주

2008년 지표	르완다	아이티
5세 이하 유아의 사망률	정상 출생한 1,000명당 112명	정상 출생한 1,000명당 72명
태어날 때의 기대 수명	50세	61세
성인 문해율	65퍼센트	62퍼센트
1인당 국민총소득	미화 410달러	미화 610달러
성인 HIV 유병률[a]	2.8퍼센트	2.2퍼센트

자들의 상당수가 사망하거나 난민 캠프에 있었다. 이러한 상황에서 난민 캠프에 콜레라를 비롯해 "캠프"에 자주 퍼지는 질환들이 유행하고 에이즈, 결핵, 말라리아가 휩쓸면서 수많은 사람이 죽었다. 당시 르완다의 유아 사망률은 세계에서 제일 높았고, 영양실조가 횡행했다. 개발 전문가들은 이 작은 국가가 더 이상 가망이 없는 실패한 곳이며, 희망을 찾을 수 없다고 단언했다. 하지만 오늘날 르완다는, 사하라 이남 아프리카 국가들 가운데 2015년까지 보건 관련 새천년 개발 목표(Millennium Development Goals)를 모두 달성할 가능성이 있는 유일한 곳이다. 르완다에서 태어난 신생아의 93퍼센트 이상이 백신으로 예방 가능한 질병들에 대해 예방접종을 받고 있다. 이는 집단 학살이 일어난 해에 신생아의 25퍼센트가 5개 질환에 대해 예방접종을 했던 것에 비하면 괄목할 만큼 올라간 수치다. 지난 10년간 출생 사망률은 60퍼센트 넘게 낮아졌다. 에이즈·결핵·말라리아로 인한 사망률은 이보다 더 급격하게 떨어졌으며, 5세 이하 유아의 사망률 역시 마찬가지로 낮아졌다. 아직 갈 길이 멀지만, 우리가 여러 자료를 검토해 결론을 내린 바로는 사망률이 이처럼 가파르게 낮아지는 현상은 르완다를 제외하면 전무후무하다.[74]

　　아프리카 대륙에서 가장 훌륭한 보건 시스템을 구축하고, 다시금 평화와 번영을 위해

---

74) 이 수치 자료와 그것들의 유래, 이러한 결론의 인과관계 주장에 대한 평가는 다음 글을 참고하라. Paul Farmer, Cameron T. Nutt, et al. "Reduced Premature Mortality in Rwanda : Lessons from Success," *British Medical Journal* 346 (2013) : f65. Neal Emery는 *Atlantic Monthly*에 우리의 분석에 대한 간략하고 읽을 만한 요약을 수록했다.("Rwanda's Historic Health Recovery : What the U.S. Might Learn," 20 February 2013)

나아가는 르완다의 사례는 성공적인 개발 사례로 점점 더 널리 퍼지고 있다.[75] 아이티에서 나타난 진보를 이해하려면 르완다의 문제 많은 역사와 국민 보건의 관계에 대해 지리학적으로 폭넓고 역사적으로 깊은 분석이 필요하다.

간략한 역사

르완다의 역사는 전쟁의 연속이다. 대중 언론은 르완다의 두 "종족"인 후투족과 투치족을 지나치게 대조적으로 묘사하는 경향이 있다. 하지만 인종이나 종족의 경계를 명확히 따질수록 르완다의 역사와 정치·경제에 깊이 뿌리내린 커다란 사회적 복잡성은 더 모호해진다. 이 지역의 다른 여러 국가(예컨대 케냐, 우간다, 탄자니아)와는 달리 식민 지배를 받기 전의 르완다는 키냐르완다어라는 하나의 언어를 사용하는 단일 왕국이었다.[76] 비록 식민지가 되기 전 르완다의 역사 기술이 구전 전승에 많이 의지하기는 했지만, 배타적인 니기냐 왕국에 "투치족"과 "후투족"이라는 정체성이 존재했다는 점은 널리 수용되고 있다. 니기냐 왕국은 1897년, 독일에 의해 최초의 유럽 식민지 행정부가 수립되기 이전에는 오늘날 르완다 지역의 상당 부분을 포함했다.[77] 이 시기 후투족은 이미 따로 부락을 이루고 살았는데, 이 구역에 투치족 목축민들이 언제 도착했는지는(15세기라고 추정되지만) 학자들 사이에서도 의견이 분분하다.

이 두 집단이 정말 서로 별개의 집단이든 아니든, 이들의 정체성은 식민 지배가 이루어지기 전 수 세기 동안 유동적이었다. 그 차이는 물리적 특성보다는 사회·경제적이며 직업적인 특색에서 비롯되었다.[78] "투치"는 원래 르완다의 목축 공동체 일부를 가리키던 명칭이었다. 이에 대해 역사학자인 잰 반시나(Jan Vansina)가 기술한 바에 따르면 "후

---

75) 예컨대 다음 글을 참고하라. David Dagan, "The Cleanest Place in Africa," *Foreign Policy,* October 19, 2011, www.foreignpolicy.com/articles/2011/10/19/rwanda_the_cleanest_place_in_africa (접속일 : 2012년 9월 10일); 그리고 "Africa Rising : The Hopeful Continent," *Economist,* December 3, 2011, www.economist.com/node/21541015 (접속일 : 2012년 9월 10일)

76) 르완다는 이웃 나라인 부룬디와 역사적 공통점이 많다. 부룬디는 르완다 바로 남쪽에 붙어 있는 조그만 산악국이며, 정치적 폭력의 역사를 겪었다. 뿐만 아니라 식민지 이전 시대에는 부룬디도 하나의 언어를 사용하는 하나의 왕국이었다.

77) Jan Vansina, *Antecedents to Modern Rwanda : The Nyiginya Kingdom* (Madison : University of Wisconsin Press, 2004), 126~139.

78) Mahmood Mamdani, *When Victims Become Killers : Colonialism, Nativism, and the Genocide in Rwanda* (Princeton, N.J. : Princeton University Press, 2001), 50~59.

투"는 "엘리트들이 사용하던 시골 촌뜨기 또는 세련되지 못한 행동을 가리켜 얕잡아 부르는 말이었다."[79] 나중에 "후투"는 농업 종사자를 가리키는 말로 진화했다.[80] 후투 사람들과 투치 사람들 사이에서는 결혼을 통한 사회적 이동이 빈번히 일어났다. 키냐르완다어로 '투치화(kwihutura)'는 부가 자연 증식하는 것 또는 투치족으로서의 새로운 사회적 정체성을 얻는 것을 가리켰다.[81] 단, 인류학자들이 사용하는 "부족"이라는 용어는 이 경우에 적용되지 않는다. 또 후투족과 투치족 사이에 "해묵은 적대감"이 있었다는 대중적인 설명과는 반대로, 식민 지배 이전에 두 집단 사이에 구조적인 충돌이 존재했다는 증거는 드물다.[82]

유럽의 식민 지배자들은 이런 정체성들을 우생학적인 축조물로 구체화했다.[83] 1885년 베를린회의 결과 독일이 이곳을 식민지로 "획득"하기 전까지 르완다에 발을 들인 유럽인은 거의 없었다. 사람들로 북적대는 왕국에 도착한 독일의 식민 지배자들은 이곳을 통제하려면 불평등을 제도화해야 한다는 전략적인 계산을 했던 것이다. 독일인들은 왕실과 행정 시스템을 쥐고 있던 투치족 지배자들과 동맹을 맺음으로써 국가적으로 통합된 반란이 일어날 염려 없이 멀리서 통제를 계속할 수 있었다. 이후 1897년 반투치 운동이 세를 넓히던 르완다 북서부에서 반란이 일어나면서 분열의 골은 깊어졌다.[84]

1차 세계대전 이후 독일인 다음으로 이 영토를 "획득"한 벨기에는 인종 이데올로기 및 사이비 과학을 펼치고, 정치면에서는 "분할 정복(divide and conquer)" 전략을 강화했다. 줄자와 캘리퍼스, 그리고 눈금으로 무장한 벨기에 과학자들은 르완다 사람들의 신체적인 특징을 재고 인종적 구분에 대한 이론을 전파했다. 그들에 따르면 투치족은 키가 크고 "고귀하며" 매부리코 같은 코카서스 인종의 얼굴 특색을 지녔다. 이에 비해 후투족은

---

79) Vansina, *Antecedents to Modern Rwanda*, 134.

80) Frederick Cooper, *Africa since 1940 : The Past of the Present* (Cambridge : Cambridge University Press, 2002), 8; Peter Uvin, *Aiding Violence : The Development Enterprise in Rwanda* (West Hartford, Conn. : Kumarian Press, 1998), 14~15.

81) Mamdani, *When Victims Become Killers*, 53~54, 70.

82) Philip Gourevitch, *We Wish to Inform You That Tomorrow We Will Be Killed with Our Families: Stories from Rwanda* (New York : Farrar, Straus and Giroux, 1998), 59. 르완다 후투족과 투치족 사이의 "해묵은 적대감"이라는 구절이 등장하는 또 다른 사례에 대해서는 다음 기사를 참고하라. James C. McKinley Jr., "In Congo, Fighting Outlasts Defeat of Mobutu," New York Times, October 13, 1997, http://partners.nytimes.com/library/world/1013970congo-kabila.html (접속일 : 2012년 9월 10일)

83) Mamdani, *When Victims Become Killers*, chap. 2.

84) Vansina, *Antecedents to Modern Rwanda*, 215.

키가 작고 "열등하며" 넓은 코 등의 "짐승 같은" 특징을 지녔다. 벨기에인들은 이런 인종적 구분을 "함어족(語族) 가설(Hamitic hypothesis)"로 발전시켰다. 이는 주세폐 세르지(Giuseppe Sergi)와 샤를 가브리엘 셀리그먼(Charles Gabriel Seligman) 같은 유럽 인종 이론가들이 이야기한 것으로, 투치족이 중동 "함어족"에서 온 코카서스 농경민의 후손이라는 내용이었다.[85] 이러한 유럽의 정치적 이데올로기가 이전의 사고방식과 충돌을 빚으면서 식민지 시기 르완다에서는 사회적 정체성에 대한 신화와 신비화가 일어났다. 르완다 최초의 주교였던 레온 클라스(Léon Classe)는 로마의 가톨릭교회와 손을 잡았는데, 교회는 벨기에의 전략에 따라 "나라 전체를 무정부 상태로, 괴로운 반유럽적 공산주의로 전락시킬" "야비한" 후투족이 투치족 지배층을 대체하려는 모든 시도에 경고 조치를 했다.[86]

1933년, 벨기에 행정가들은 인구조사를 실시하고 인종적 신분증명서를 발부했다. 르완다인 전체를 후투족(83퍼센트), 투치족(16퍼센트), 트와족(1퍼센트)으로 나눈 것이다.[87] 이 신분증명서는 후투족이 투치족이 될 가능성을 낮추었다. 투치족은 가톨릭학교에서 교육을 받고 관리직이나 정치 요직에 진출할 배타적인 접근권을 더 많이 얻었다. 언론인 필립 구레비치(Philip Gourevitch)는 이러한 인종 차별로 말미암아 "'민족성'은 르완다인의 존재를 규정하는 특색이 되었으며, 집단적인 국가 정체성은 서서히 폐기되었다."고 주장했다.[88]

수십 년에 걸쳐 정치적·경제적 권력에서 체계적으로 배제된 후투족은 불만을 보였으며, 사회적 혁명을 바라기 시작했다. 2차 세계대전 이후 벨기에의 식민지 행정부는 국제연합의 신탁통치를 받게 되었고, 이 나라를 독립시켜야 한다는 국제적인 압력이 커졌다. 이에 후투족 출신 지성인 집단은 1957년에 「후투 선언문」을 발표했다. 이는 함어족 신화를 수용한 것으로, 투치족이 외래 침입자들이기 때문에 르완다는 다수인 후투족이 지배해야 한다는 내용이었다.[89]

85) C. G. Seligman and Brenda Z. Seligman, *Pagan Tribes of the Nilotic Sudan* (London : Routledge, 1932), 4.

86) Gourevitch, *We Wish to Inform You*, 56.

87) Jacques J. Maquet and Marcel d'Hertefelt, *Élections en société féodale : une étude sur l'introduction du vote populaire au Ruanda-Urundi* (Brussels : Académie Royale des Sciences Coloniales, 1958), 86.

88) Gourevitch, *We Wish to Inform You*, 57.

89) Catharine Newbury, *The Cohesion of Oppression : Clientship and Ethnicity in Rwanda, 1860~1960* (New York : Columbia University Press, 1989), 209, 191.

그러나 벨기에의 행정가들은 철수하기 몇 년 전부터(투치족 엘리트들이 독립에 대한 국가주의적 이상을 옹호하기 시작한 이후로) 그동안 억압되었던 모종의 역사적 사실을 새로 발견했다고 주장했다. 그러면서 그것을 근거로 자기들의 지지 대상을 투치족에서 후투족으로 뒤집었다. 스스로 민주화의 기수라고 생각했던 벨기에인 대령 기 로지스트(Guy Logiest)는 "자만심을 내려놓은 채 기본적으로 압제적이고 정의롭지 못한 귀족정치의 이중성을 폭로하려는 욕구"를 표출했다.[90] 그는 1959년에 후투족 혁명가들이 들고 일어나 1만 명의 투치족이 목숨을 잃었을 때, 르완다 왕이 군대를 파견해 달라고 요청하자 이를 거부했다. 로지스트 대령의 명령에 따라 벨기에 군대는 혁명을 가만히 바라보고만 있었다. 다음 해에 이르러 로지스트는 투치족 출신 수장을 후투족 출신으로 바꾸고 전체 선거를 열었으며, 그 결과 후투족이 윗자리의 대다수를 휩쓸었다. 이후 투치족에 대한 조직화된 폭력, 임의적인 체포, 재산 몰수가 잇따르자 수만 명의 투치족이 외국으로 망명했다.[91]

르완다공화국이 공식적으로 수립된 것은 1962년이다. 지배층이 된 후투족의 엘리트들은 국민 대부분이 감내해야 하는 폭력과 지독한 가난의 원인이 투치족이라는 식으로 분열을 초래하는 수사를 사용했다.[92] 이에 따라 국가적인 차별 정책과 폭력적 학살, 사회적 서비스에 대한 제한이 이루어졌지만, 국제적 개발 단체 몇몇은 르완다의 안정된 민주주의와 개발 모형을 칭송했다. 1982년에서 1987년 사이 르완다 공공 지출의 70퍼센트 이상을 차지했던 국제적 지원은, 카이반다 대통령(Kayibanda, 1962~1973년)과 하뱌리마나 대통령(Habyarimana, 1973~1994년) 재위 기간에 더욱 커졌다. 이들이 르완다 부의 상당 부분을 얼마 안 되는 후투족 엘리트의 손에 집중시켰음에도 말이다. 세계은행의 대출을 받아 재정을 확보한 인프라 프로그램은 하뱌리마나 대통령의 고향인 기세니 지역을 포함한 북부 르완다에만 불균형하게 혜택을 주었다.[93] 국제적 기술 고문들 또한 위에서 아래 방향으로 전개하는 르완다 정부의 행정적 틀에 맞춘 개발 프로젝트를 설계했다.[94] 그 결

---

90) Gourevitch, *We Wish to Inform You*, 60.

91) Newbury, *The Cohesion of Oppression*, 197.

92) Gourevitch, *We Wish to Inform You*, 63.

93) Uvin, *Aiding Violence*, 54, 124.

94) A. Nkeshimana, "Vulgarisation agricole : Défiance d'un système," *Dialogue* 123 (1987) : 83~86, 위의 책 151에서 재인용.

과, 이 작은 국가가 아프리카 대륙에서 3번째로 큰 무기 수입국이 되었지만, 오로지 사망률이나 GDP 같은 지표에만 집중한 지원 공동체들은 르완다에 얼마간의 진보가 있었다고 주장했다.[95]

심지어 하뱌리마나 정권은 1990년대 초반 라디오 방송을 통해 민족적 증오를 발산하면서 후투족 군대에 대한 무장 훈련을 시작했다. 그런데도 기부국 정부들은 이 정권에 원조를 계속했는데, 프랑스가 대표적이었다. 국제시장에서 커피 가격이 곤두박질치자 대부분 후투족으로 구성된 일반 국민들은 점점 가난해졌다. 그러나 르완다 정부는 다수인 후투족 국민이 가난해진 원인으로 소수인 투치족을 지목하여 계속 희생양으로 삼았다.

1994년 4월 6일, 하뱌리마나 대통령이 탄 비행기가 공중에서 격추되자 후투족 군대는 조직적인 인종 학살을 실시했다. 100일이 넘는 기간 동안 100만 명에 달하는 투치족이 학살당했고, 소수의 후투족이 사망했다.[96] 이 인종 학살은 조심스레 계획되었지만(목표 리스트가 라디오를 통해 낭독되었다.) 살해가 어느 한 곳에서 집중적으로 이루어진 것은 아니었다. 한 연구에 따르면 후투족 성인 남성의 14~17퍼센트가 학살에 참여했다고 한다.[97] 그 결과, 나라가 황폐화되었고 인프라 대부분이 파괴되었다. 미국을 비롯한 열강의 요청에 따라 로미오 달라웨(Roméo Dallaire) 장군이 이끄는 소규모 유엔평화유지군이 최초로 르완다 사람들을 보호하려 했지만, 제지를 받고 급히 철수했다.[98]

대학살에 이어 국가 안팎으로 대량 이주가 시작되었다. 우간다에 난입한 투치족 망명자들이 이끄는 군대인 르완다 애국 전선(RPF)이 후투족 군대를 쫓아내면서, 200만 명에 달하는(거의 후투족인) 망명자들이 르완다를 떠났다. 동쪽 자이레(현재 콩고민주공화국) 국경 지대에는 망명자들의 고통을 줄이기 위해 대규모 난민촌이 세워졌다. 하지만 망명자들이 머무르던 이 장소는 이내 끊임없는 폭력이 자행되는 현장으로 변했다. 인종 학살 지도자들은 난민촌을 병력 집결 기지로 활용했고, 난민촌에서 그리고 르완다 국경 밖에

---

95) Uvin, *Aiding Violence*, 45, Farmer, *Partner to the Poor*, 415.

96) Fiona Terry, *Condemned to Repeat? The Paradox of Humanitarian Action* (Ithaca, N.Y. : Cornell University Press, 2002), 155.

97) Scott Straus, *The Order of Genocide : Race, Power, and War in Rwanda* (Ithaca, N.Y. : Cornell University Press, 2006), 118.

98) 다음 책을 참고하라. Roméo Dallaire, *Shake Hands with the Devil : The Failure of Humanity in Rwanda* (New York : Carroll and Graf, 2003).

서 학살을 계속했다. 인도주의 원조 집단들은 초기 상황을 파악하는 데 실패해 효과적인 방식으로 대응할 수 없었다.[99] 전직 인도적 구호 노동자였던 피오나 테리(Fiona Terry)는 국외로 떠난 구호 집단들이 영국이나 남아프리카공화국, 이스라엘, 알바니아, 중국 등지에서 난민촌으로 수입 무기를 보낸 항공 수령증을 발견했다고 기록했다.[100] 인도주의자들은 난민촌에서 콜레라가 유행해 1만 2천 명 가까이 사망했을 때도 그 자리를 지켰다.[101] 이 지역에 외국의 무력 개입이 몇 차례 있었지만, 대부분 부적절한 탓에 상황을 악화시켰을 뿐이다. 예를 들어 1994년 6월, 프랑스는 르완다에 평화유지군을 배치한 바 있다. 그러나 구레비치를 비롯한 여러 관찰자가 기록한 바에 따르면, RPF가 우세한 지역에서는 학살이 멈추었지만, 프랑스 군대가 배치된 남서부 지역에서는 학살이 끊임없이 이어졌다.[102] 의도적인 사회적 조치의 의도치 않은 결과를 이보다 더 생생히 보여 준 예는 찾기 힘들 것이다. 이런 아수라장은 확실히 인종 학살을 계획한 자들이 피난하려는 상황에서 난민촌 내부의 몇몇 사람이 의도한 결과였다.

르완다는 이러한 인종 학살의 여파를 지닌 채 재건 과정에 들어갔다. RPF의 지도자이자 2000년에 르완다 대통령으로 선출된 폴 카가메(Paul Kagame)는 르완다 국경 안에 남아 있는 정치적 폭동을 진압했다. 과도정부는 식민 시대와 식민지 이후의 시대까지 존재했던 "후투족"과 "투치족"이라는 인종적 신분증명서를 철폐했다.[103] 그 다음으로 유죄 또는 무죄 판결과 처벌을 내리는 엄청난 과제가 남았다. 하지만 시설이 열악한 르완다의 감옥은 벌써 여러 해 동안 만원인 데다 범죄에 대한 사법 시스템 자체가 대량 학살에 가담했거나 또는 파괴된 상태였다. 이러한 상황에서 '가카카(gacaca)'라고 알려진 공동체 법정이 인종 학살에 책임이 있는 가해자들에게 투옥보다 공동체 봉사활동을 선고하는 일

99) Linda Polman, *The Crisis Caravan : What's Wrong with Humanitarian Aid?* (New York : Metropolitan Books, 2010), 27.

100) Terry, *Condemned to Repeat?* 163.

101) A.K. Siddique, K. Akram, K. Zaman, S. Laston, A. Salam, R.N. Majumdar, M.S. Islam, and N. Fronczak, "Why Treatment Centres Failed to Prevent Cholera Deaths among Rwandan Refugees in Goma, Zaire," *Lancet* 345, no. 8946 (1995) : 359~361.

102) Gourevitch, *We Wish to Inform You*, 161.

103) Stephen Kinzer, *A Thousand Hills : Rwanda's Rebirth and the Man Who Dreamed It* (Hoboken, N.J. : Wiley, 2008), 226.

이 더 잦아지자, 가해자 중 상당수가 망명을 신청했다.[104]

이때까지만 해도 르완다는 여전히 대외 원조의 수혜자였지만, 2020년까지 원조를 받지 않고 중간 정도의 소득을 올리는 나라가 되겠다는 목표를 세웠다.[105] 르완다는 인구가 밀집한 데다 육지로 둘러싸여 있어 몇몇 수출품 가격의 국제적 변동에 많은 영향을 받아 왔다. 그래서 앞으로는 서비스에 초점을 둔 지식 기반 경제를 발전시키고 동아프리카의 지식·기술 중심지로 발돋움하고자 한다.(싱가포르와 대한민국이 이곳의 발전 모델로 인용되어 왔다.) 이 목표를 위해 르완다는 동아프리카 공동체(지역적인 자유무역 조직체)에 가담했고, 제2 공용어를 프랑스어에서 영어로 바꾸었으며, 과학기술 교육과 광대역 통신에 많은 투자를 하고 있다. 대학생 수도 1991년 5천 명에서 1999년에는 4만 4천 명으로 늘어났다.[106] 1995년에서 2010년 사이 1인당 국내총생산은 4배로 증가했다.[107] 공공 재원 지출이 점점 투명해지고, 공무원들 또한 책임에 대한 엄격한 기준을 지키고 있다.

이런 발전상에도 비판이 없는 것은 아니다. 언론의 자유에 한계가 있음을 지적하는 목소리도 있다. 하지만 현 정부는 식민 지배와 인종 학살의 긴장이 아직 남아 있는 상황에서 나라의 안정과 성장을 이끌고자 노력해 왔다. 이 모든 점을 고려하면 르완다가 1994년 이후로 괄목할 진보를 보였다는 데 동의하지 않는 사람은 거의 없다. 르완다가 가장 큰 개선을 보인 영역은 아마도 보건 관리 전달과 시스템 수립일 것이다. 그렇게 된 이유 중 하나는 농촌 지역에서 다수를 이루는 빈민들에게 다가가는 데 초점을 맞추는 보건 관리 모델(보건소 및 지역 병원 시스템에 공동체 기반의 개입을 연결하는)이 아이티 중부와 비슷하기 때문이다.

르완다의 PIH : 인슈티 무 부지마

2002년, 클린턴 대통령이 발표한 HIV/에이즈 계획(오늘날 윌리엄 J. 클린턴 재단의

104) 미국 국무부, 민주주의와 인권, 노동부서, "2010 Human Right Report : Rwanda," *2010 Country Report on Human Rights Practices*, April 8, 2011, 12, www.state.gov/j/drl/rls/hrrpt/2010/af/154364.htm (접속일 : 2012년 8월 13일)

105) 르완다공화국, 재정경제부, Rwanda Vision 2020, July 2000, www.gesci.org/assets/files/Rwanda_Vision_2020. pdf (접속일 : 2013년 2월 15일)

106) Josh Ruxin, "Rwanda 15 Years On," *New York Times*, April 11, 2009.

107) Daniel Isenberg, "The Big Idea: How to Start an Entrepreneurial Revolution," *Harvard Business Review*, June 2010.

'클린턴 보건 접근 계획'이라 불리는)과 건강의 동반자들은 아이티에서 협력한 경험을 살려 사하라 이남 아프리카에도 국제 보건을 확장하기 위한 논의를 시작했다. 하지만 러시아, 페루, 미국을 비롯한 여러 국가에서 이미 진행 중이던 보건 프로그램이 있었고, 아이티에서의 책임이 커지면서 건강의 동반자들은 자신들의 프로그램이 지나치게 넓고 얕아지는 것은 아닌지 염려하게 되었다.

그런데도 건강의 동반자들은 르완다 정부의 초청을 받아 2005년에는 르완다 동부 지역에서 일을 시작했다. PIH는 공적 부문과 밀접한 연계를 맺고 작업했다. PIH의 지원을 받은 시설에서는 보스턴, 아이티 등 여러 곳에서 온 임상의 및 관리자들뿐 아니라 보건성 직원들도 참여할 예정이었다. 새롭게 개조된 병원과 진료소 또한 보건성에 속하게 되었다. PIH의 시험 프로그램이 효과가 있는 것으로 판명되면 전국적인 차원으로 확장할 계획이었다. 보건성은 장기간에 걸쳐 PIH 지원을 받는 시설들의 통제권을 완전히 넘겨받을 예정이었다. 그때 일이 쉽게 풀리려고 했는지, PIH는 대부분 가난하게 사는 르완다 농촌 사람들의 보건 문제를 장기적 관점으로 해결하기 위한 르완다 자매기관을 세웠다.

'인슈티 무 부지마(키냐르완다어로 "건강의 동반자들"이라는 뜻)'는 PIH의 다른 여러 자매기관보다 잔미 라산트와 더 비슷하다. 러시아의 PIH가 죄수들의 결핵 문제에 관심을 갖고 또 페루 도시 지역의 PIH가 결핵에만 거의 초점을 맞추는 반면, 르완다의 PIH는 포괄적인 1차 보건관리(에이즈, 결핵, 말라리아에 대한 관리를 포함한)가 가난한 두 지역에 효과적이고도 평등하게 전달될 수 있음을 증명하려 했다. 이 대상 지역에는 50만 명이 살고 있었지만 PIH가 도착하기 전까지 의사가 없었다. 비정부기구들은 거의 도시에 자리 잡고 있어서 많은 사람이 거주하는 작은 마을까지는 손을 뻗지 못했다. 당시 에이즈통제위원회의 수장이 지적한 바에 따르면 르완다에는 150개가 넘는 에이즈 관련 비정부기구가 들어와 있었지만, 수도인 키갈리 밖에서 에이즈 치료를 받는 사람은 150명에도 못미쳤다. 치료가 필요한 사람은 10만 명 이상으로 추산되는데도 말이다. 이에 PIH는 르완다 보건성을 비롯해 UNICEF, 에이즈, 결핵, 말라리아와 싸우는 국제기금 등의 동료들과 함께 에이즈 검사와 치료를 확장하는 동시에 이 지역에서 포괄적인 공공 부문 보건 시스템을 수립하는 데 도움을 주고자 했다.

하지만 일부 전문가들은 이 계획에 반대하거나 회의적인 태도를 보였다. 1998년에 잔미 라산트가 ART에 환자를 등록할 때도 비슷한 반대가 있었다. 몇몇은 에이즈에 따라붙는 오명 때문에 사람들이 검사를 받지 않으리라고 주장했고, 몇몇은 ART가 PIH나 르완다 보건성이 생각하는 것보다 비용이 높고 또 복잡하다고 주장했다. 하지만 잔미 라산트가 아이티에서 HIV 치료 평등 계획을 도입했던 경험을 떠올려 보면, 이런 주장의 타당성을 의심하게 된다. 퍼넷 레안드르를 포함한 잔미 라산트의 의사와 프로그램 관리자들은 르완다로 가서 공동체 보건 노동자, 간호사, 의사, 약사, 프로그램 관리자를 모집하고 훈련하는 것을 도왔다.

2005년 4월, 인슈티 무 부지마(IMB)는 르완다와 탄자니아 국경 지대의 비포장도로와 인접한 마을인 르윈콰부의 버려진 병원에서 일을 시작했다. 한때 벨기에의 광산회사가 지원했던 이 병원은 거의 버려져 불법 점유자들의 집이 되었다. 얼마 안 되는 간호사들이 매일 손에 꼽을 정도의 외래환자를 치료하고 있을 뿐이었다. 병원 벽은 그래피티로 덮여 있었는데, "우리가 당신들을 죽이지 않는다 해도 에이즈가 당신을 끝장낼 것이다."[108]와 같은 문구가 적혀 있었다.

그림 6.11에서 볼 수 있듯, IMB 직원들은 새 실험실과 크고 잘 갖추어진 약국, 수술실 등의 병원 시설을 짓는 동시에 공동체 기반 또는 시설 기반의 관리를 확장했다. IMB가 도착하기 전에는 100명 미만의 환자들이 해당 지역의 6개 시설에서 항레트로바이러스 치료를 받고 있었다. 일을 시작한 첫해, IMB는 아이티 중부에서 개척했던 공동체 기반 모델을 활용해 1,000명 이상을 ART 프로그램에 등록시켰다. 그리고 모든 환자에게 급여를 받는 공동체 보건 노동자를 짝지어 주었는데, 이들은 서로 이웃인 경우가 많아 하루에 한두 번 집을 방문해 환자가 약을 잘 먹는지 돌봐 주었다. 또 음식(환자들은 ART 요법 첫 6개월 동안 식량을 지급받았다.), 주거, 교통, 아이들의 교육, 그리고 기타 심리사회적인 지원 형태에 접근이 가능한지를 살폈다. 이 모든 서비스는 환자들에게 무상으로 제공되었다. 아이티에서와 마찬가지로 치료 요법의 가능성이 확인되자 HIV 검사가 증가했다. 2008년에는 IMB가 지원하는 시설들에서 HIV 예방을 위해 8만 명 이상의 사람들이 검진을 받았다. 같은 해에는 2년 동안 IMB 지원을 받은 공동체 기반의 ART를 통해

---

108) 이것은 HIV를 전쟁 무기로 활용한다는 것을 뜻했다. 인종 학살이 벌어지는 동안 HIV 양성 판정을 받은 남성은 목표 여성들을 강간하라는 명령을 받았다. Elisabeth Rehn and Ellen Johnson Sirleaf, *Women, War, and Peace : The Independent Experts' Assessment on the Impact of Armed Conflict on Women and Women's Role in Peace-Building* (New York : United Nations Development Fund for Women, 2002), 52.

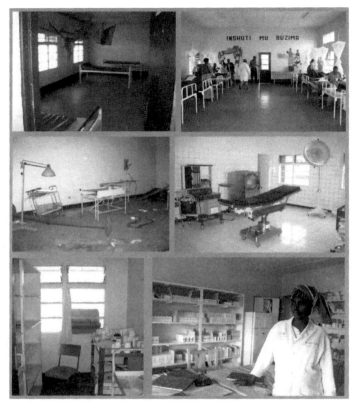

[그림 6.11] IMB 지원을 받기 전과 후 르완다 르윈콰부 지역 병원의 모습. 입원 환
자 병동(위), 수술실(중간), 약국(아래)

223명을 검진한 결과 98퍼센트에서 바이러스 수치가 감소세(1밀리리터당 500 복제 수 이
상)로 돌아섰다.[109] 유럽과 북아메리카에서 ART 메타 분석 결과 75에서 85퍼센트의 환
자들만이 치료 후에 바이러스 수치가 줄었던[110] 것과 비교하면 아이티에서 거둔 성과는

---

109) '건강의 동반자들'이 제공한 미출간 데이터. 2008년 가을 Paul Farmer의 하버드대학교 인류학 강의 1825에서
발표되었다. 이 예비적 수치를 통해 제안된 흐름은 즉시 거시적인 규모에서 확인되었다. 다음을 보라. Michel
Rich et al., "Excellent Clinical Outcomes and High Retention in Care Among Adults in a Community-Based
HIV Treatment Program in Rural Rwanda," *Journal of Acquired Immune Deficiency Syndromes* 59, no. 3 (2012) :
e35-e42; 그리고 Molly F. Franke et al., "Malaria Parasitemia and CD4 T Cell Count, Viral Load, and Adverse
HIV Outcomes among HIV-Infected Pregnant Women in Tanzania," *American Journal of Tropical Medicine and
Hygiene* 82, no. 4 (2010) : 556~562.

110) The Antiretroviral Therapy (ART) Cohort Collaboration, "HIV Treatment Response and Prognosis in Europe
and North America in the First Decade of Highly Active Antiretroviral Therapy : A Collaborative Analysis,"
Lancet 368, no. 9534 (2006) : 451~458, 특히 453쪽 표 2.

252 국제 보건 실태의 재조명

놀랍다. 이에 직원들과 공동체 구성원들은 에이즈나 결핵이 진전된 환자들과 영양실조인 아이들, 암 환자들이 건강을 회복하는 모습을 보고 놀라면서 동시에 희망을 얻었다. 다시 한 번 나사로 효과가 나타난 것이다. 그 결과, 르완다 전역과 이웃 국가에서 환자들이 찾아와 IMB가 지원하는 시설에서 보건 관리를 받았다.

공동체 보건 노동자들에게 급여를 지불하는 문제는 국제 보건 전문가들과 보건 예산이 적은 공공 부문 지도자들 사이에서 상당한 논란거리다. PIH의 성과에 따르면, 아이티와 르완다뿐만 아니라 페루와 러시아에서 공동체 보건 노동자들에게 급여를 준 결과 환자들의 치료법 준수율을 상당히 개선할 수 있었다. 2006년에 클린턴 재단이 IMB의 지출을 조사한 결과, 보건 노동자들의 급여는 IMB 전체 인건비의 9.3퍼센트였고, 전체 운영비의 4.2퍼센트였다. 르완다의 모든 에이즈 환자에게 보건 노동자를 붙이고 그들에게 급여를 준다면, 1년에 1인당 3~5달러가 든다.[111] 이 수치가 나온 것이 생존율에서 훨씬 이득이 적은 1차 의료를 고수함으로써 비용이 줄어들었기 때문은 아니다.(2차 의료인 항레트로바이러스는 훨씬 비싸다.) 또한 보건 프로젝트는 공동체 보건 노동자들에게 보상함으로써 가난한 사람들에게 의미 있는 일자리를 창출할 수 있다. 이는 개인뿐 아니라 가족, 공동체, 지역 경제에도 이익이다. 그런데도 공동체 보건 노동자들에게 대가를 지불하는 문제로 찬반 논쟁이 일어나는 것은 르완다나 다른 지역의 보건 부문에 종사하는 준전문가들에게 줄 재정이 부족하기 때문이다.

초기에 외국에서 르완다를 관찰하던 사람들은 겨우 10년 전 인종 학살이 일어났던 사회에 보건 노동자들을 파견하는 방안의 효용성을 의심하며, 공동체에 기반을 두고 관리를 해도 이내 문화적 장벽에 부딪힐 것이라고 주장했다. 하지만 이런 주장에는 과장도 있었다. 우선 아이티의 보건성은 공동체 보건 노동자들을 위해 대규모의 국내 지원 및 훈련 프로그램을 시작했다. 이 무렵 전국을 통틀어 4만 5천명의 지원자가 이미 배치된 상황이었다.[112] 르완다가 빈곤과 질병의 악순환 고리를 끊는 데 성공한 것은, 전국에 병원과 보건소를 짓는 데 그치지 않고 환자들(잠재적인 수혜자)의 집까지 찾아가는 평등한 관리 시

111) 르완다 보건부, 건강의 동반자들, 클린턴 재단, 르완다 농촌의 보건 관리 계획 : 농촌 보건에 대한 포괄적 접근, 2007년 11월, 30~36.

112) 르완다 보건부, *Health Sector Strategic Plan : July 2009-June 2012*, 34, http://transition.usaid.gov/rw/our_work/for_partners/images/rwandahealthsectorstrategicplanii.pdf (접속일 : 2012년 9월 2일)

스템을 구축했기 때문이다. 보건 관리 전달에 성공하려면(여기에 연료를 제공하는 경제 부문이 그렇듯이) 고된 작업과 많은 비정부기구의 열정, 협력 단체의 관대한 재정 지원이 필요하다. 무엇보다도 공공 부문이 이런 노력을 끌어모아 단순한 부분에서 합의를 이루어 냄으로써 국가 보건 시스템을 튼튼하게 다져야 한다.

이런 점에서 르완다 보건성과 인슈티 무 부지마는 그들의 경험에서 교훈을 얻어 해를 거듭할수록 발전해 나갔다. 이들이 같이 발전할 수 있었던 것은, 임무는 서로 달랐지만 서로 보완적이었기 때문이다. 그러나 "가난한 사람을 위한 특별 조치"는 모든 사람을 위한(부유하든, 가난하든, 그 중간이든) 사회적 안전망을 구축하는 것과 언제나 일치하지는 않았다. 공동체 보건 근로자들을 훈련하고 급여를 주고자 노력한 것이 그 예이며, 보험 계획을 수립하는 방식과 사용자 이용료의 역할 또한 이런 예다. 2006년, 보건성은 공동체 기반의 상호(mutuelle) 건강보험을 국내에서 실시하겠다고 발표했다. 르완다 정부는 모든 국민이 건강보험에 가입해야 한다고 규정했다. 연간 보험료는 지역마다 달랐지만 PIH가 일하는 농촌 지역에서는 1년에 1인당 1,000르완다프랑이다.(이는 2달러보다 약간 적은 돈이다.). 가입자들에게는 1차 보건관리 방문에 대한 분담금으로 150르완다프랑(0.27달러)을 지불했다. 여기에 가입한 환자들은 병원에 입원하면 약값, 상담료, 수술비의 10퍼센트를 지급받았다.[113] 단, 상호 건강보험에 들지 않으면 보건 관리 비용 전부를 부담해야 했다. 2008년 말, 르완다 보건성은 국민의 95퍼센트가 상호 건강보험에 가입했다고 보고했다.[114]

이와는 대조적으로 IMB는 2005년부터 활동을 벌이는 6개 지역에서 건강관리를 무료로 제공했다. 담당 구역에 사는 인구 상당수가 너무나 가난해 보험료를 낼 수 없는 데다, 빈곤하고 병든 사람들에게 자가 진단 비용이 중대한 장벽이 된다는 사실을 깨달았기 때문이다. 그러나 르완다 정부는 통합된 보건 재정 시스템을 추구했으며, 상호 건강보험을 통해 이전의 사용자 치료비 시스템보다 접근성을 높였다. 2006년에는 보건성의 지도 아래 IMB 시설에 상호 건강보험 시스템을 도입했다. 단, 보건성의 기준에 따라 HIV 상담

113) 르완다 보건부, 건강의 동반자들, 클린턴 재단, 르완다 농촌의 보건 관리 계획, 14.

114) Claude Sekabaraga, Agnes Soucat, F. Diop, and G. Martin, "Innovative Financing for Health in Rwanda : A Report of Successful Reforms," *Improving Human Development Outcomes with Innovative Policies* (Washington, D.C. : World Bank, 2011), http://siteresources.worldbank.org/AFRICAEXT/Resources/258643-1271798012256/Rwanda-health.pdf (접속일 : 2012년 3월 31일)

과 검진, 항레트로바이러스 치료, 결핵 관리, 태아 검진을 받는 환자들은 분담금을 내지 않았다. IMB는 지역 지도자들이 너무 가난해서 지불할 돈이 없는 경우에는 주민들의 보험금과 개인 분담금을 대신 지불하기도 했다.[115] 또 추가 재정을 들여 해당 관리 지역에서 5세 이하 아동들이 무료로 보건 관리를 받고, 말라리아 환자들이 진단과 관리를 받게끔 상호 건강보험 재정을 보충했다. 그뿐만 아니라, 상호 건강보험에서 보험 카드에 필요한 사진 촬영 금액같이 부수적인 비용을 없애는 방안을 마련하기도 했다. 그 결과 IMB가 활동하는 지역에서는 전부는 아니지만, 개인 분담금이 상당 부분 줄었다.

비록 IMB가 환자들의 비용 부담을 줄이려고 부단히 노력했지만, 개인 분담금은 상호 건강보험에 등록한 사람들에게도 보건 관리의 장벽으로 남았다. 예컨대 최근의 한 평가에 따르면, 비록 상호 건강보험을 받는 사람들이 늘어났지만 가장 가난한 5분위수의 마지막 사람들은 분담금 때문에 엄청난 보건 비용을 지불하느라 보건 관리에 대한 접근성이 낮아져 고통을 겪었다.[116]

IMB는 처음부터 르완다의 인종 학살과, 그 이후에 특히 두드러졌던 대외 원조의 함정을 피하고자 노력을 기울였다. 1994년 이전에 르완다에서 시행했던 대외 프로젝트의 기술 관료적이고 반참여적이었던 문화와는 대조적으로,[117] IMB의 노력은 지역 공동체에 기반을 두었다. 이 프로그램에서는 공동체 보건 노동자와 공동체 구성원들이 우선순위를 선정하고 재할당했다. 또 다른 특징은 국외 거주자(외국 시민권자)가 그렇게 많지 않았다는 것이다. 비록 키레헤나 르윈콰부, 부타로의 농촌 보건 시설에 종사하는 이들 중 국외 거주자가 있긴 했지만, IMB 직원의 99퍼센트는 르완다 사람이었다. 또한 보건에 대한 생물사회적 관점이 부각되면서 IMB는 그 관점을 받아들여, 1990년대 초반에 르완다 내부에서 이루어졌던 국제 개방 공동체의 특징인 기술 관료적 환원주의를 피하고자 노력했다. 한발 더 나아가 바람직한 보건에 대한 사회적·경제적인 장벽뿐 아니라 생물학적인 장벽을 해결하려 했다. 환자들이 더 양호한 주거와 충분한 식량을 얻는 데 도움을 주기

---

115) PIH는 에이즈, 결핵, 말라리아와 싸우는 국제기금뿐 아니라 당시 존재했던 다른 공적·사적 기금에서 나온 취약 계층을 위한 상호 건강보험을 보충했다.

116) Chunling Lu, Brian Chin, Jiwon Lee Lewandowski, Paulin Basinga, Lisa R. Hirschhorn, Kenneth Hill, Megan Murry, and Agnes Binagwaho, "Towards Universal Health Coverage : An Evaluation of Rwanda *Mutuelles* in Its First Eight Years," *PLoS ONE* 7, no. 6 (2012) : e39282, www.plosone.org/article/info%3Adoi%2F10.1371 %2Fjournal.pone.0039282 (접속일 : 2012년 9월 20일)

117) 예컨대 다음을 참고하라. Uvin, *Aiding Violence*.

[그림 6.12] 르완다의 부타로병원

위해 악화된 보건 상황에 대한 올바른 치료 계획을 세우기도 했다. 이러한 접근법은 르완다의 건강과 교육을 비롯한 종합적 경제성장 지표를 개선했을 뿐만 아니라 르완다에서도 가난한 축에 드는 사람들의 존엄성을 환기시켰다.

2007년, 르완다 보건성은 IMB에 부레라 지역으로 활동 영역을 확장해 줄 것을 요청했다. 르완다 북부에 있는 이곳은 IMB가 그동안 활동했던 지역들보다는 덜 가난한 곳이었다. 2008년, IMB는 이 지역에 있는 15개 보건 센터를 지원하고, 지역 병원 역할을 맡을 부타로병원을 짓기 시작했다. 지역 노동자들이 지은 이 병원은 공기 감염을 최소화하고 병동과 병동 사이에 환자 흐름을 최적화하도록 설계되었다. 부타로병원이 공식으로 문을 연 것은 2011년 1월인데, 이후 이곳은 다른 지역의 모델이 되었다.(그림 6.12를 보라.)

2011년 3월, IMB는 르완다의 30개 지구 가운데 3곳에서 병원 3개와 36개 보건 센터를 운영하거나 지원하는 데까지 확장되었다. 이 3개 지구에서 6천 명에 달하는 환자들이 ART를 받았다. IMB가 활동하는 지역에서 에이즈 환자를 대상으로 처음 도입된 전자 의료 기록 오픈소스 시스템은 모든 이를 위한 공공 부문 보건 시설을 위해 보건성이 도입한 것이다. 여기서 가장 중요한 점은 IMB가 그 관리 전달 모델에 의지하는 혁신적인 지역 보건 시스템 강화의 틀을 설계·수행·재정의하는 과정에서 르완다 정부와 장기적인 협력 관계를 수립했다는 점이다. 중부 아이티에서 그랬듯이, 이 모델은 공동체 보건 노동자들의 도움을 받아 병원과 진료소 그리고 농촌 공동체를 연결했다. 이것은 병인이 전염성이든 비전염성이든 상관없이, 급성과 만성질환에 대한 전달 관리를 가능하게 하는 발판이 되었다. 에이즈에 잘 작용하는 시스템이라면 마땅히 간질, 심부전, 정신분열증 또는 다른 주된 정신 질환, 당뇨병에도 유용해야 한다.[118] 또한 공동체 보건 관리자들은 필요한 사람을 도와 예방접종 캠페인과 가족계획의 성공률을 높인 것과 마찬가지로 암과 정신적 외상 환자에 대한 후속 관리의 질 또한 높일 수 있다.

하지만 공동체 기반의 관리를 전국적으로 확장하기까지는 아직 중대한 도전 과제가 남아 있다. 르완다 정부가 공동체 보건 노동자들에게 보수를 약속한다 해도 이 새로운 공무원들을 감당할 능력이 부족할 수 있기 때문이다. 그리고 이런 결정은 국내 행정 조직의 크기를 제한한다는 정책에 위배되기 때문에 르완다의 국제적 신용도를 떨어뜨릴 수 있다. 게다가 ART를 받는 환자들에게 음식을 제공하는 것은 재정 지원이 부족할 뿐만 아니라 국제 공중 보건계에 논쟁을 일으킬 만한 일이다. 이미 몇몇 국제 기금 제공자들은 각국 정부에 환자들로부터 진단 비용을 받으라고 계속해서 충고하고 있다. 아무리 오랫동안 보건 관리에 접근하는 데 여러 장벽이 있었던 지역이라 해도 의료 서비스를 경솔하게 사용하도록 방치하면 도덕적 해이가 일어날 위험이 있다는 이유에서다.

르완다에서 보인 IMB의 활동은 아이티 농촌에서 환자들이 보인 성과가 다른 아프리카 국가들에서도 똑같이 일어날 수 있다는 사실을 증명했다. 농촌의 빈민들이 보건 관리에 접근할 수 있도록 시설을 확장하려 노력하는 안정적인 정부만 있다면 말이다. 건강의 동반자들은 2005년 당시 르완다에서 활동을 시작했을 때부터 규모가 작기는 해도 동일한 프로그램을 레소토나 말라위 농촌에서도 확립했다. 또 암이나 정신 질환을 비롯해 간질이나 심장병, 당뇨병 같은 다른 만성질환 환자들에도 같은 모델을 적용해 성과를 보였다.(비감염성 질환과 외과적 질병에 대처하는 최근의 노력에 대해서는 11장의 논의를 보

---

118) Aaron D. A. Shakow, Gene Bukhman, Olumuyiwa Adebona, Jeremy Greene, Jean de Dieu Ngirabera, Agnès Binagwaho, "Transforming South-South Technical Support to Fight Noncommunicable Diseases," *Global Heart* 7, no. 1 (2012) : 35~45.

[그림 6.13] 주요 재난에서 생명 손실과 경제적 손해를 2010년 아이티 지진과 비교한 그래프
· 출처 : Eduardo A. Cavallo, Andrew Powell, and Oscar Becerra, *Estimating the Direct Economic Damage of the Earthquake in Haiti*, Inter-American Development Bank Working Paper, Series IDB-WP-163, February 2010.

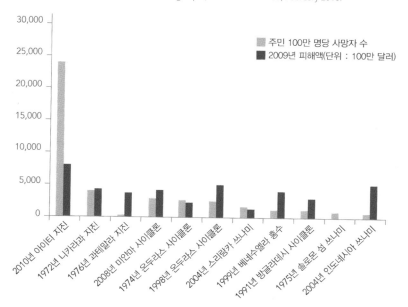

라.) 자매기관들은 PIH의 모델을 적용해 부룬디나 라이베리아에 포괄적인 보건 관리 계획을 확립했다.[119] 각각의 경우에서, 특히 르완다에서 이루어진 공공 부문과의 긴밀한 협력 작업은 PIH와 그 동료들이 장기간에 걸쳐 프로그램(그것이 가난하고 주변화된 사람들을 괴롭히는 보건 문제들을 다루는 한)을 확장하고 유지하는 데 도움을 주었다.

르완다에서 다시 아이티로 : 2010년 지진 이후

2010년 1월 12일, 진도 7.0의 지진이 아이티를 덮쳐 특히 수도인 포르토프랭스를 황폐

---

119) 부룬디에 있는 자매기관의 이름은 '마을 보건 사업(Village Health Works)'이다. 다음을 보라. Natasha Rybak, "Village Health Works' in Burundi," *Medicine and Health, Rhode Island* 90, no. 11 (2007) : 356~357; 다음 책도 참고하라. Tracy Kidder, *Strength in What Remains : A Journey of Remembrance and Forgiveness* (New York : Random House, 2009). 라이베리아의 자매기관 이름은 '티야티엔 보건(Tiyatien Health)'이다. 다음을 보라. R. Panjabi, O. Aderibigbe, W. Quitoe, et al., "Towards Universal Outcomes : A Community-Based Approach to Improve HIV Care in Post-Conflict Liberia," 초록 번호 CDB0306, 17차 국제에이즈협의회, 멕시코시티, 2008년 8월 3~8일. wwwliasociety.org/Abstracts/A200717482.aspx (접속일 : 2012년 9월 10일)

화시켰다. 사망자 수는 22만 명에서 31만 6천 명이며, 30만 명 이상이 부상을 입었다.[120] 또한 연방 정부의 행정적·경제적 인프라의 60퍼센트가 파괴되었다. 그리고 어린이 30만 2천 명을 포함한 230만 명이 집을 잃고 거리에 나앉았다.[121] 아이티의 재난은 생명과 경제적 손실 양쪽에서 지난 수십 년간 있었던 어떤 자연재해도 미치지 못할 만큼 거대(그림 6.13에서 보여 주는 바와 같이)했다.[122]

이 지진은 공중 보건과 교육 인프라에도 많은 손실을 안겼다. 이 지역의 393개 보건 시설 가운데 84개가 피해를 입거나 파괴되었는데, 그 가운데 병원이 20곳이었다. 르완다 국내의 수련과 교육을 담당하던 종합병원도 심각한 피해를 보았다. 인근 간호학교가 무너지는 바람에 두 곳에서 시험을 치르던 전체 학급의 학생과 교사들이 사망했다.[123] 이는 가뜩이나 부족했던 아이티 보건 노동력에 엄청난 타격을 주었다. 여기에 더해 아이티 학교 전체의 23퍼센트가 영향을 받았고, 포르토프랭스의 학교 80곳이 피해를 입었다. 많은 정부 건물이 무너지고 또 공공 부문 노동자들이 사망하는 바람에 재난에 대응하는 아이티 정부의 능력은 더욱더 떨어지게 되었다.[124]

지진 후 아이티에는 역사상 유례없는 대규모의 인도주의 구호 활동이 펼쳐졌다. 이 중, 다중의 기부자까지 합쳐 54억 달러를 지원했고, 미국 가구의 절반 이상이 기부했다.[125] 잔미 라산트 직원들이 수 시간 만에 달려와 종합병원을 수습해 정상적으로 돌아가게 했으며, 포르토프랭스에 국내 실향민(IDP) 캠프 네 곳을 마련하여 진료소를 세워 도시에서 중앙 고원으로 향하는 수천 명의 피해자를 돌봤다. 비록 잔미 라산트가 구호 기관은 아니었지만, 아이티인 직원과 수십 년간 아이티에서 보건 관리를 제공한 경험 덕분

120) "Haiti," New York Times, December 24, 2012, http://topics.nytimes.com/top/news/international/countriesandterritories/haiti/index/html (접속일 : 2013년 2월 15일)

121) 국제연합, 공동체 기반 의료와 아이티로부터 얻은 교훈에 대한 사무총장 특별 고문 사무실, "Key Statistics : Facts and Figures about the 2010 Earthquake in Haiti," www.lessonsfromhaiti.org/lessons-from-haiti/key-statistics/ (접속일 : 2013년 3월 5일)

122) Eduardo A. Cavallo, Andrew Powell, and Oscar Becerra, *Estimating the Direct Economic Damage of the Earthquake in Haiti*, Inter-American Development Bank Working Paper, Series IDB-WP-163, February 2010.

123) Rudy Roberts, *Responding in a Crisis : The Role of National and International Health Workers-Lessons from Haiti* (London: Merlin, August 2010)

124) 국제연합, 공동체 기반 의료와 아이티로부터 얻은 교훈에 대한 사무총장 특별 고문 사무실, "Key Statistics : Facts and Figures about the 2010 Earthquake in Haiti," www.lessonsfromhaiti.org/lessons-from-haiti/key-statistics/ (접속일 : 2013년 3월 5일)

125) 국제연합, 공동체 기반 의료와 아이티로부터 얻은 교훈에 대한 사무총장 특별 고문 사무실, "Assistance Tracker," www.lessonsfromhaiti.org/lessons-from-haiti/assistance-tracker/ (접속일 : 2013년 4월 30일)

에 비교적 수월하게 도움을 줄 수 있었다. 이 밖에 수천 명의 외과, 의료, 공중 보건 전문가들이 아이티로 건너와 인도주의 구호에 합류했다.

지진 이후 몇 주에 걸쳐 수많은 사람의 생명을 구하는 동안 지역과 국제 구호 팀은 엄청난 과제에 직면했다. 지진 전부터 이미 노후하고 설비도 미비했던 보건 시설에서 부상자들을 치료해야 했던 것이다. 이런 면에서 볼 때 지진은 일종의 "급만성(acute-on-chronic)"적 사건이라 할 수 있다.

아이티는 오랫동안 사회적·경제적인 다양한 문제에 시달려 왔으며, 의료와 공중 보건 도전 과제들 또한 이 문제에 뿌리를 두고 있다. 지진은 이런 만성적인 문제에 급박한 위기를 더했다. 의학 용어로 "급만성"이 된 것이다. 그 문제가 보건이든, 교육이든, 먹을 수 있는 물이든, 안전하고 감당할 만한 주거든 관계없이 결론은 같았다. 첫째, 공공 부문이 취약하면 기본적인 서비스를 큰 규모로 전달하는 일이 굉장히 힘들어진다. 둘째, 약속한 지진 구호 활동은 이런 중대한 취약성이 있는 메커니즘 때문에 도움이 필요한 사람들에게 닿지 못했다. 즉, 개발과 재건설 기제는 훌륭한 의도와 엄청난 관대함을 보였지만, 아이티의 다양한 급만성 문제를 효과적으로 처리하지 못했다.[126]

재건설 과정에는 어려움이 더욱 많았다. 2012년 말, 2010~2012년에 약속된 복구 재정의 56퍼센트에 해당하는 약 30억 1천만 달러가 이중 혹은 다중의 기부자에 의해 지불되었다. 하지만 아이티 정부 또는 기관으로 넘어온 것은 이런 지원액의 10퍼센트뿐이었다.(비록 낮은 비율이지만 지진 직후 아이티 정부에 들어갔던 구호 기금이 전체의 0.3퍼센트였던 것에 비하면 나아진 것이다.)[127] 수천 명의 도급 업자와 비정부기구가 서로 거의 협조하지 않은 채 따로따로 일했고, 많은 재정착과 재건설 계획이 중지되었다. 아이티 국무총리가 지진 이후 대외 원조를 추적하고 협조하기 위해 회장을 겸임하여 설립한 다

126) Paul Farmer, *Haiti after the Earthquake* (New York : PublicAffairs, 2011), 122.
127) 국제연합, 공동체 기반 의료와 아이티로부터 얻은 교훈에 대한 사무총장 특별 고문 사무실, "Key Statistics : Aid to Haiti after the January 12, 2010, Earthquakei," www.lessonsfromhaiti.org/lessons-from-haiti/key-statistics/ (접속일 : 2013년 4월 30일)

자간 협의회인 아이티 재건설 임시위원회는 주요 복구 프로젝트의 투명성을 개선하고 기금이 직접 투입되도록 했지만, 이 협의회 앞에 놓인 과제가 너무나 많았다.[128] 이 협의회는 2011년까지 존재하다가 없어졌다. 지진이 일어난 지 2년 반 만에 나온 출간 기록물에 따르면, 35만 명 이상이 아직 아이티 국내 실향민 임시 캠프에 남아 있다고 한다.[129] 엎친 데 덮친 격으로, 2010년 10월에는 아이티에 1세기 이상 발견되지 않았던 질병인 콜레라가 유행하기 시작했다. 이 유행은 곧 근래에 있었던 유행병 가운데 가장 큰 규모로 번졌다. 그동안 깨끗한 물과 위생에 대한 투자가 부족했던 것이 질병의 확산에 기름을 끼얹었다.[130]

비록 사회·정치적 맥락이 서로 다르기는 하지만, 1994년에 인종 학살의 여파를 겪었던 르완다와 지진 이후의 아이티 사이에 유사점이 있을까? 두 국가 모두 수많은 인명 희생을 겪었고, 국내 실향민을(르완다의 경우 국외 실향민도 추가된다.) 양산했다. 또 두 사건 모두 급만성이었다. 널리 퍼진 빈곤, 허약하거나 독재적인 정부, 개발되지 않은 보건과 교육 인프라 속에서 생긴 자연적·비자연적인 재해라는 유사점도 있다. 그리고 두 국가 모두 국제 원조가 주는 양날의 검과 같은 효과를 겪었다. 구호 활동과 복구 노력, 투자가 간절히 필요했지만 막상 시행하자 의도치 않은 결과를 야기했다. 두 국가는 비효율적이고, 잘 협조되지 않으며, 의도된 수혜자이기도 했던 정부와 기관들을 건너뜀으로써 그지역의 역량을 약화시키기도 했다.

아이티가 긴 복구의 길을 계속 걷고 있을 때, 르완다는 인프라를 재건하고 안정성을 달성했으며 또 경제 개발을 이루었다. 이 과정에서 이끌어 낸 몇몇 교훈은 큰 가치가 있다. 첫째, 르완다는 정부의 투명성과 책임성을 확실히 했다. 르완다 정부는 그들이 계획한 프로그램의 효율성을 촉진하고 지속적으로 외국 투자를 유치하려 노력했다. 둘째, 르완다는 국가 개발 계획을 명확하게 수립해 기부자들의 협조를 늘렸고, 파트너들에게 권한을 주었다. 또 꾸준하게 성과를 검토해 대외 원조의 효율성을 평가했고, 권한 있는 파

---

128) Jean-Max Bellerive and Bill Clinton, "Finishing Haiti's Unfinished Work," *New York Times*, July 11, 2010, www.nytimes.com/2010/07/12/opinion/12clinton-1.html (접속일 : 2012년 8월 13일)

129) 국제이주기구, "Displacement Tracking Matrix," http://iomhaitidataportal.info/dtm/ (접속일 : 2012년 11월 29일)

130) 미국 질병통제예방센터(CDC), "Update : Outbreak of Cholera-Haiti, 2010," *Morbidity and Mortality Weekly Report* (MMWR) 59, no. 48 (December 10, 2010) : 1586~1590.

트너들에게 책임을 부여했다.[131] 그래서 정부의 계획에 맞추어 일하려 하지 않는 비정부 기구들은 때때로 나라를 떠나라는 요청을 받았다. 셋째, 르완다는 가난한 사람들을 돕는 개발 계획을 세우면서 인프라 투자를 비롯해, 그동안 농촌 공동체에서 간과했던 보건 관리 및 교육에 대한 보편적 접근을 확장해 불평등을 줄이는 것을 목표로 삼았다. 이는 예전에 건강의 동반자들이 일했던 지역에서도 간과된 사안이다. 오늘날 전 세계에서 공무원의 여성 비중이 제일 높은 국가는 스웨덴인데,[132] 르완다 정부 역시 공무원 임용에서 젠더 평등을 제도화하고자 했다.

비록 르완다는 아직 국제 기준에 못미치는 부분이 많지만, 르완다 정부는 아이티에 인도주의적 지원을 위한 재정적 도움을 제공했다. 또 르완다 외무장관은 정부 간 협력을 증진하는 남－남 협력(남반구 개발도상국 사이의 협력 －역주) 사무소를 세우기도 했다. 아이티 정부 관료들은 같은 임무를 맡은 르완다의 관료를 방문해 재건 전략을 배우고 전문 지식을 공유했다. 2010년 말, 건강의 동반자들은 독립적인 아이티－르완다위원회를 설립해 자연적이거나 비자연적인 재난을 복구하면서 얻은 교훈을 나누고 극빈층을 더 효과적으로 도울 수 있도록 했다.

아이티와 르완다 사이의 협력 관계는 다른 많은 남－남 협력 가운데 하나의 예에 불과하다. 이 국가들에서 건강의 동반자들이 했던 일 또한 가난한 환경에서 시도되어 효과를 보았던 많은 보건 관리 전달 작업 가운데 하나의 예일 뿐이다. 이런 사례들이 국제 보건 전달의 핵심적 특징을 부각시켜 다른 곳에도 이식되는 게 우리의 희망이다.

다음 장에서는 국제 보건 전달의 과학적 개념을 소개함으로써 이 장에서 논의한 여러 주제를 이어서 다룰 것이다.

131) Dorothy E. Logie, Michael Rowson, and Felix Ndagije, "Innovations in Rwanda's Health System: Looking to the Future," *Lancet* 372, no. 9634 (2008) : 256~261.

132) Claire Devlin and Robert Elgie, "The Effect of Increased Women's Representation in Parliament : The Case of Rwanda," *Parliamentary Affairs* 61, no. 2 (2008) : 237~254.

더 읽을거리

°Farmer, Paul, *Haiti after the Earthquake*. New York: PublicAffairs, 2011.

　. Infections and Inequalities : The Modern Plagues. Berkeley : University of California Press, 1999.

　. *The Uses of Haiti*. Monroe, Maine: Common Courage Press, 1994.

°Farmer, Paul, Cameron T. Nutt, Claire M. Wagner, Claude Sekabaraga, Tej Nuthulaganti, Jonathan L. Weigel, Didi Bertrand Farmer, Antoinette Habinshuti, Soline Dusabeyesu Mugeni, Jean-Claude Karasi, and Peter C. Drobac. "Reduced Premature Mortality in Rwanda : Lessons from Success." *British Medical Journal* 346 (February 9, 2013) : 20~22.

°Gourevitch, Philip. *We Wish to Inform You That Tomorrow We Will Be Killed with Our Families: Stories from Rwanda*. New York : Farrar, Straus and Giroux, 1998.

°Government of Rwanda, Ministry of Health; Partners In Health; and Clinton Foundation. *Rwanda Rural Health Care Plan : A Comprehensive Approach to Rural Health*, November 2007, 30~36.

°Hallward, Peter. *Damming the Flood : Haiti and the Politics of Containment*. London : Verso, 2010.

°Lu, Chunling, Brian Chin, Jiwon Lee Lewandowski, Paulin Casinga, Lisa R. Hirschhorn, Kenneth Hill, Megan Murray, and Agnes Binagwaho. "Towards Universal Health Coverage : An Evaluation of Rwanda *Mutuelles* in Its First Eight Years." *PLoS ONE* 7, no. 6 (2012) : e39282.

°Mamdani, Mahmood. *When Victims Become Killers : Colonialism, Nativism, and the Genocide in Rwanda*. Princeton, N.J. : Princeton University Press, 2001.

°Rich, Michael L., Ann C. Miller, Peter Niyigena, Molly F. Franke, Jean Bosco Niyonzima, Adrienne Socci, Peter C. Drobac, Massudi Hakizamungu, Alishya Mayfield, Robert Ruhayisha, Henry Epino, Sara Stulac, Corrado Cancedda, Adolph Karamaga, Saleh Niyonzima, Shase Yarbrough, Julia Fleming, Cheryl Amoroso, Joia

Mukherjee, Megan Murry, Paul Farmer, and Agnes Binagwaho. "Excellent Clinical Outcomes and High Retention in Care among Adults in a Community-Based HIV Treatment Program in Rural Rwanda." *Journal of Acquired Immune Deficiency Syndrome* 59, no. 3 (2012) : e35~42.

°Trouillot, Michael-Rolph. *Haiti, State against Nation : The Origins and Legacy of Duvalierism*. New York: Monthly Review Press, 1990.

°Uvin, Peter. *Aiding Violence : The Development Enterprise in Rwanda*. West Hartford, Conn. : Kumarian Press, 1998.

°Vanesina, Jan. *Antecedents to Modern Rwanda : The Nyiginya Kingdom*. Madison : University of Wisconsin Press, 2004.

°Walton, David A., Paul E. Farmer, Wesler Lambert, Fernet Léandre, Serena P. Koenig, and Joia S. Mukherjee. "Integrated HIV Prevention and Care Strengthens Primary Health Care : Lessons from Rural Haiti." *Journal of Public Policy* 25, no. 2 (2004) : 137~158.

°Wilentz, Amy. *The Rainy Season : Haiti-Then and Now*. New York : Simon and Schuster, 2010.

Scaling Up Effective Delivery Models Worldwide

효과적인 전달 체계 모형을 전 세계로 확대하기

7

7장
효과적인 전달 체계 모형을 전 세계로 확대하기

김용, 마이클 포터, 조지프 래티건, 레베카 웨인트롭, 매슈 바실리코, 카시아 반 데르 후프 홀슈타인, 폴 파머

앞서 6장에서는 아이티와 르완다 농촌 지역에서 건강의 동반자들, 잔미 라산트, 인슈티 무 부지마의 보건 관리 전달 모델을 살펴보았다. PIH와 자매기관들은 공공 부문에서 일하면서 가난한 지역에 사는 사람들의 전반적인 보건 상태를 개선하고, 환자 관리를 개혁하도록 도왔다. PIH는 물자가 부족한 환경에 고품질의 보건 서비스를 전달하는 방법을 강구해 온 여러 단체 가운데 하나이기도 하다. 하지만 이 모델을 일반화할 수 있을까? 이 장에서는 한 걸음 물러나 국제 보건 전달의 일반 원리를 되짚어 보겠다.

먼저 효과적인 보건 관리 전달의 원리를 파악하고, 널리 알리고자 했던 학술 공동 연구인 하버드대학교의 국제보건전달 프로젝트(GHD)를 설명하는 데서 시작하겠다. 이 장에서는 이 학술 집단이 발전시킨 전략적 틀을 진단하고, 이 프로젝트의 사례 연구에서 일련의 예시들을 끌어낼 것이다. 그리고 초점을 더욱 넓혀 보건 시스템 강화의 전망을 탐구할 예정이다. 우리는 GHD의 틀을 지역적·국가적(또는 국제적) 수준으로 확장하려는 전략을 적용한다. 마지막으로 여러 국가의 보건 시스템을 간단하게 살펴본 후, 보건 관리 전달의 필수적인 요소 한 가지에 주목하는 것으로 이 장을 마칠 예정이다. 그 요소란 바로 필수적인 인적자원이다. 이렇게 함으로써 우리는 새로 생겨난 국제 보건 전달의 이론을 소개함과 동시에 활동가와 정책 입안자들이 배웠던 주요 교훈을 통합할 것이다.

효과적인 국제 보건 전달의 원리들

국제보건전달 프로젝트는 하버드대학교의 경영학·의학·공중보건학 학과와 브리검

여성병원의 협력 과제였다. 이 프로젝트는 물자가 부족한 지역에서 보건 관리 서비스에 대한 지식의 격차를 없애기 위한 기틀을 마련했다. 비록 이 지역에서 행해진 많은 국제 보건 프로그램이 성공을 거두기는 했지만 질적으로 높은 관리를 전달할 방법에 대한 체계적인 분석은 부족했다. 다시 말해, 국제 보건 전달의 과학이 빠져 있었다. GHD는 이에 대한 대응으로 홍역 백신, 항말라리아 약품 제조, HIV 상담과 검진 등의 주제에 대해 이란에서 케냐, 브라질, 인도네시아에 이르는 국가들로부터 수집한 사례에 관한 다양한 연구를 발전시키고 있다. 비록 신생 분야지만, 이 연구 분석에서 배울 것이 꽤 많다. 먼저 우리는 네 개의 핵심 원리를 살펴볼 예정이다. 이것들을 통합적으로 다루면 효과적인 국제 보건 전달을 위한 전략적 틀을 세울 수 있을 것이다. 원리는 다음과 같다.

1. 지역적 맥락 도입하기
2. 관리 전달의 가치 사슬 구축하기
3. 공유된 전달 인프라의 영향력 높이기
4. 보건 전달과 경제 개발 모두 개선하기

지역적 맥락 도입하기

기후라든가 노동력 시장의 특색, 인구학적 흐름 같은 지역적 요소들은 특정 환경에서 질병 부담과 보건 관리에 대한 접근을 특징짓는다. 6장에서 설명했듯, 건강의 동반자들은 시작할 때부터 지역적 지식의 도움을 받아 전략을 수립했다. 즉, 이들은 캉주라는 특정 맥락에서 보건 관리에 접근할 경우 구조적 장벽(실업, 식량과 깨끗한 물에 대한 불충분한 접근, 형편없는 보건 인프라, 높은 교통비, 열악한 주거 환경 등이다. 그러나 이것도 일부에 불과하다.)에 부딪히게 된다는 사실을 깨닫고, 보건 노동자 기반의 관리 전달 모델과 포괄적 사회 서비스를 제공한다는 전략을 세우게 된 것이다. 이러한 계획적 혁신은 여러 면에서 건강의 동반자들과 잔미 라산트가 보인 임상적 성과의 토대가 되었다.

프로그램을 어떤 방식으로 지역적 맥락에 적용해야 하는가? 첫 번째 필수적인 단계는 질병 부담의 지역적 윤곽을 따져 보는 것이다. 질병의 유행과 전파 방식은 국가나 지역에 따라 판이한 경우가 많다. 예컨대 2003년 케냐의 HIV 유병률은 국가 전체적으로 볼 때 6.7퍼센트로 추정되었지만, 지역에 따라 0퍼센트 가까이에서(북동부) 15.1퍼센트까지(니안자 주) 나타나는 등 편차가 컸다.[1] 심지어 니안자 주 내에서도 주요 도시와 농촌 지역 사이에 큰 차이가 있었다. 따라서 유병률의 지리학적 차이를 인식하는 것은 보건 전달 전략을 짜는 데 꼭 필요하다.

또 늘 그렇듯, 정치 상황도 서비스 관리 보급과 접근 가능성에 영향을 준다. 특히 불안정, 위험, 약탈은 보건 관리 전달에 지대한 영향을 미치며 보건 제공자들의 일을 위태롭게 할 수 있다. 아이티가 그 적절한 예다. 6장에서 자세히 살폈듯, 아이티의 엘리트 통치와 정치적 격동의 역사가 국내 보건 시스템을 강화하려는 노력을 방해하여 약화시킨 바 있다. 더구나 공공 보건은 공공 서비스의 제공 방식에 달려 있다. 공공 부문은 가난한 사람들을 위한 유일한 보건 제공자인 경우가 많다. 마실 수 있는 물과 깨끗한 공기 같은 공공재는 사람들의 보건을 개선하는 데 반드시 필요한 투입물이다. 이것이 없으면 장티푸스같이 물로 전파되는 질병과 오염 관련 질병인 천식이 더 퍼져 나갈 것이다. 깨끗한 물은 HIV 양성인 어머니를 둔 아이들의 유동식을 만드는 데도 꼭 필요하다. 이런 어머니들은 모유 수유를 피하라는 조언을 받기 때문에 깨끗한 물이 없으면 아이의 영양 공급이 불가능하다. 따라서 깨끗한 물이 부족한 빈곤한 환경에서 유동식 공급을 성공적으로 이끌려면 정수 기술 같은 추가적인 개입이 필요하다.

경제적인 조건 또한 관리에 대한 접근과 질병 부담을 결정하는 데 핵심적인 역할을 한다. 가난과 보건 사이의 연관 관계는 이미 널리 알려졌지만,[2] 사실 지역적인 메커니즘에 대한 정확한 이해야말로 국제 보건 전달 과학의 중요한 시작점이다. 이러한 메커니즘에서는 가난과 불평등이 질병 패턴과 관리의 효용성을 패턴화한다. 예를 들어 지역 병원까지 이동할 수 없는 환자들은 자동차를 빌리거나, 외진 시골 지역의 경우 당나귀를 빌리는 등 추가적인 자원이 필요할 수 있다.[3] 극도로 가난한 환자의 경우, 아이들을 돌보거나 가

1) Livia Montana, Melissa Neuman, and Vinod Mishra, *Spatial Modeling of HIV Prevalence in Kenya*, Demographic and Health Research, U.S. Agency for International Development, DHS Working Paper 27 (2007), 15, www.measuredhs.com/pubs/pdf/WP27/WP27.pdf (접속일 : 2012년 10월 12일)

2) Sudhir Anand and Amartya K. Sen, "Concepts of human Development and Poverty : A Multidimensional Perspective," in *Human Development Papers 1997 : Poverty and Human Development* (New York : United Nations Development Programme, 1997), 1~20; Jeffrey D. Sachs, "health in the Developing World : Achieving the Millennium Development Goals," *Bulletin of the World Health Organization* 82, no. 12 (2004) : 947~949; Paul Farmer, *Infections and Inequalities : The Modern Plagues* (Berkeley : University of California Press, 1999).

3) Paul E. Farmer, Simon Robin, St. Luc Ramilus, and Jim Yong Kim, "Tuberculosis, Poverty, and 'Compliance' : Lessons from Rural Haiti," *Seminars in Respiratory Infections* 6, no. 4 (1991) : 254~260.

족을 부양할 식량까지 제공해야 할 수도 있다.

젠더 불평등이나 질병과 연관된 낙인 같은 사회적·문화적 요인들 또한 보건 전달이 이루어지는 지역의 환경에 영향을 미친다. 보건 제공자들은 주변화된 인구 집단(1980년 대 캉주에서 잔미 라산트가 돌보았던 불법 거주자들, 또는 인도 뭄바이의 상업적 성 노동자들)[4]의 보건적 필요성을 다루지 않는 경우가 많다. 게다가 정신 질환이나 방치된 열대병 같은 특정 질환에 대한 낙인은 환자들이 보건 관리를 찾지 못하게 방해한다.[5] 이런 상황에서 보건 제공자들은 사례를 발견하려는 노력을 강화함은 물론 확장할 필요성을 느끼고, 환자들의 신뢰를 얻기 위해 더욱 비밀리에 서비스를 제공한다. 지역적 종교 관습 또한 사례 발견과 서비스 전달에 영향을 미친다. 예를 들어 아이티에서는 오랫동안 결핵이나 에이즈 같은 질환의 원인을 주술에서 찾았다.[6] 이러한 대안적인 병인학은 아이티 사람들이 생물의학적 해결책에서 멀어지게 했다.

이는 지역적 맥락을 고려해야 하는 사례 가운데 일부일 뿐이다. 지역 상황은 다 다르기 마련이므로 애초에 모든 지역에 적용할 수 있는 고려 사항을 만드는 것은 불가능하다. 하지만 국제 보건 전달을 위한 시작점이 될 민족지와 실무자의 분별력만큼은 공통적으로 매우 중요하다. 민족지학 연구를 수행하며 중요한 지역적 맥락의 측면들을 분별하고, 그에 따라 프로그램을 적용하는 것이 실무자들의 도전 과제다.

이런 접근은 국제 공중 보건 정책에서 벗어나는 것일 수도 있다. 예를 들어 WHO와 다른 국제보건 당국은 공동체 보건 노동자들에게 보수를 지급하는 것을 추천하지 않았지만(지금도 추천하지 않는 경우가 많다.), 잔미 라산트는 급여를 받은 보건 노동자들이 결핵, 에이즈, 특정 악성 종양 같은 복잡한 질병에 대한 가정 기반의 1차 관리를 제공할 수

---

4) 예컨대, 다음을 보라. Amit Chattopadhyay and Rosemary G. McKaig, "Social Development of Commercial Sex Workers in India : An Essential Step in HIV/AIDS Prevention," *AIDS Patient Care and STDs* 18, no. 3 (2004) : 159~168.

5) 정신 보건 관리의 필요성에 따르는 장애물에 대한 더 자세한 논의는 이 책 8장을 보라. 방치된 열대병에 연관된 낙인은 이 책 11장과 다음 글을 참고하라. Peter J. Hotez, David H. Molyneux, Alan Fenwick, Jacob Kumaresanm Sonia Ehrlich Sachs, Jeffrey D. Sachs, and Lorenzo Savioli, "Control of Neglected Tropical Diseases," *New England Journal of Medicine* 357, no. 10 (2007) : 1018~1027.

6) Paul Farmer, "Sending Sickness : Sorcery, Politics, and Changing Concepts of AIDS in Rural Haiti," *Medical Anthropology Quarterly* 4, no. 1 (1990) : 6~27; Paul Farmer, "Bad Blood, Spoiled Milk: Bodily Fluids as Moral Barometers in Rural Haiti," *American Ethnologist* 15, no. 1 (1988) : 62~83.

있음을 발견했다.[7] 하나의 맥락에서 만들어진 습관과 규약은 국제보건과 당국 사이에서 제도화(2장에서 설명한 피터 버거, 토머스 루크만의 용어를 사용하자면)되므로, 복잡한 지역 맥락에서 벗어날 수 있다. 즉 국제 정책은 보건 관리 전달의 전략과 기준을 제공하는 데 유용하지만, 의도치 않은 부정적인 다양한 결과를 최소화하려면 지역적 맥락에 따라 적용해야 한다.

사례 연구 1.
우타 프라데시의 소아마비 : 지역적 맥락의 중요성

배설물과 구강을 통해 퍼지는 장내 바이러스인 폴리오바이러스는 소아마비를 일으킨다. 다행히도 1950년대 이후로는 값싼 백신을 사용할 수 있게 되었다. 하지만 1985년까지도 인도에서 이 백신을 접종하는 사람은 전체 인구의 50퍼센트 미만이었다.

1990년대에 이르러 인도 정부는 국가 예방접종의 날을 제정해 대대적으로 소아마비를 박멸하려는 노력을 기울였다. 이 프로그램은 국가적인 수준에서 인상적인 결과를 불러일으켰다. 1억 명 이상의 어린이들이 예방접종을 하면서 접종률이 94퍼센트를 넘은 것이다.[8] 이렇듯 캠페인이 소아마비를 전국적으로 줄이는 데 성공했지만(지도 7.1에서 볼 수 있듯), 지역별로 예방접종률이 낮은 곳도 있었다. 1990년대 말, 담당 공무원들은 우타 프라데시 주의 여러 지역에서 접종률이 20퍼센트 미

---

7) 공동체 보건 노동자들에게 주는 보상에 대한 다양한 관점에 대한 개관은 다음을 참고하라. Uta Lehmann and David Sanders, *Community Health Workers : What Do We Know about Them?* (Geneva : World health Organization, 2007), www.who.int/hrh/documents/community_health_workers.pdf (접속일 : 2012년 10월 12일); Paul E. Farmer, Fernet L andre, Joia S. Mukherjee, Marie Sidonise Claude, Patrice Nevil, Mary C. Smith-Fawzi, Serena P. Koenig, Arachu Castro, Mercedes C. Becerra, Jeffrey Sachs, Amir Attaran, and Jim Yong Kim, "Community-Based Approaches to HIV Treatment in Resource-Poor Settings," *Lancet* 358, no. 9279 (2001) : 404-409; Joseph W. Carlson, Evan Lyon, David Walton, Wai-Chin Foo, Amy C. Sievers, Lawrence N. Shulman, Paul Farmer, Vania Nosé, and Danny A. Milner Jr., "Partners in Pathology : A Collaborative Model to Bring Pathology to Resource Poor Settings," *American Journal of Surgical Pathology* 34, no. 1 (2010) : 118~123.

8) Andrew Ellner, Sachin H. Jain, Joseph Rhatigan, and Daniel Blumenthal, "Polio Elimination in Uttar Pradesh," HVS no. GHD-005 (Boston : Harvard Business School Publishing, 2011), Global Health Delivery Online, www.ghonline.org/cases/ (접속일 : 2012년 10월 10일)에서 재인용.

만이라고 기록했다.

민족지적인 조사에 따르면 이곳의 주민들은 소아마비를 중대한 보건 문제로 여기지 않았다. 많은 사람이 왜 다른 긴급한 보건적 필요 대신 소아마비가 먼저 고려되는 것인지 의문을 제기할 정도였다.[9] 우타 프라데시 주는 힌두교도가 다수인 인도에서 이슬람교도들이 드물게 지배적인 세력을 이룬 주로, 외부의 개입에 회의주의적인 반응을 보이는 경향이 있었다. 10년 전 주 차원에서 가족계획과 예방접종 캠페인을 실시했지만, 주민들이 이슬람 공동체를 말살하려는 시도로 해석하는 바람에 도리어 보건 관리 부처에 대한 불신이 깊어졌다.[10] 이 주는 인도에서 제일 가난한 지역이기도 해서 설사병에 대한 질병 부담이 컸던 탓에 소아마비 경구 백신의 유효성이 상당히 떨어졌다.[11]

2002년에 우타 프라데시 주에는 소아마비가 다시 유행했다.[12] 이 주에 다양한 국가 캠페인이 벌어졌다는 점은 보건 서비스의 전달을 매개하는 데 지역적 요인이 많은 역할을 한다는 사실을 보여 준다. 결국 캠페인에 대한 공동체 기반의 적응은 2011년에 인도에서 소아마비가 박멸되는 결과를 이끌었다.

관리 전달의 가치 사슬 구축하기

효과적인 보건 전달의 두 번째 원리는 환자들을 위한 가치에 기초한 보건 개입을 선택하고 적용하는 것이다. 환자들을 위한 가치란 비용 대비 전체 보건 효과로 정의된다.[13]

---

9) 위의 글. 그리고 다음 글 참조. Government of Uttar Pradesh, "Human Development," chap. 5 in Annual Plan for 2006~2007 for the State of Uttar Pradesh, ed. Planning Department (Government of Uttar, 2005).

10) Ellner, Jain, et al., "Polio Elimination in Uttar Pradesh." 다음 글도 참고하라. Rob Stephenson and Amy Ong Tsui, "Contextual Influences on Reproductive Health Service Use in Uttar Pradesh, India," Studies in Family Planning 33, no. 4 (2002) : 312.

11) Nicholas C. Grassly, Christophe Fraser, Jay Wengler, Jagadish M. Deshpande, Roland W. Sutter, David L. Heymann, and R. Bruce Aylward, "New Strategies for the Elimination of Polio from India," Science 314, no. 5802 (November 17, 2006) : 1150~1153.

12) "Infected Districts, 2000~2005," National Polio Surveillance Project, 2012, www.npsindia.org/infecteddistricts. asp (접속일 : 2012년 10월 10일) 다음 글도 참고하라. Ellner, Jain, et al. "Polio Elimination in Uttar Pradesh."

13) Michael E. Porter, "What Is Value in Health Care?" New England Journal of Medicine 363. no. 26 (2010) : 2477~2481; Michael E. Porter and Elizabeth Olmsted Teisberg, Redefine Health Care : Creating Value-Based Competition on Results (Boston : Harvard Business Review Press, 2066).

[지도 7.1] 1998~2002년 사이 인도의 소아마비 발생 분포도

· 출처 : Andrew Ellner, Sachin H. Jain, Joseph Rhatigan, and Daniel Blumenthal, "Polio Elimonation in Uttar Pradesh," HBS no.
GHD-005 (Boston : Harvard Business School Publishing, 2011), Global Health Delivery Online, www.ghdonline.org/cases.
자료는 인도의 국가 소아마비 감시 프로젝트 홈페이지를 참고했다. www.npspindia.org.

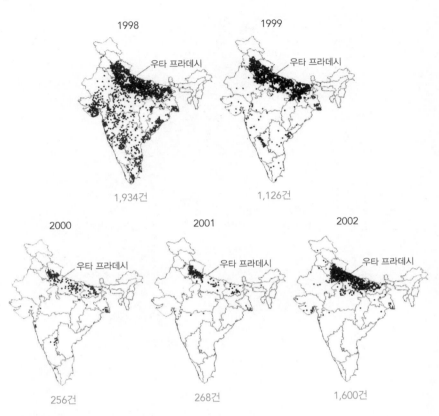

이 정의는 고립된 개입에 대한 비용 대비 효율성을 고려하는 표준적인 관행과는 차이가
있다. 예를 들어 HIV/에이즈 관리 전달은 예방, 검사와 시험, 단계 밟기, 병의 진행 늦추
기, 항레트로바이러스 치료 시작하기, 지속적인 질병 관리, 임상적 악화 관리를 포함한
다. 여기에 가치 기반 접근을 도입하면 프로그램 설계 과정이 이 모든 활동과 그것들 사
이의 연결(예컨대 정보와 자원의 흐름)을 반영하게 된다. 이렇듯 가치에 기반을 둔 접근
은 전달 인프라의 공유를 창출하며 개입 간의 통합을 강조한다.

관리 전달 가치 사슬(care delivery value chain, CDVC)은 수많은 관리 전달 단계를 거
치는 과정에서 환자들을 위한 가치들을 최적화하려는 개념적인 도구다. CDVC는 보건
관리를 개별적인 개입들이 아닌 하나의 체계로 보기 때문에 어떤 의학적 조건이 주어지

[그림 7.1] 관리 전달 가치 사슬(CDVC)

· 출처 : Michael E. Porter and Elizabeth Olmsted Teisberg, *Redefining Health Care : Creating Value-Based Competition on Results* (Boston : Harvard Business Review Press, 2006)

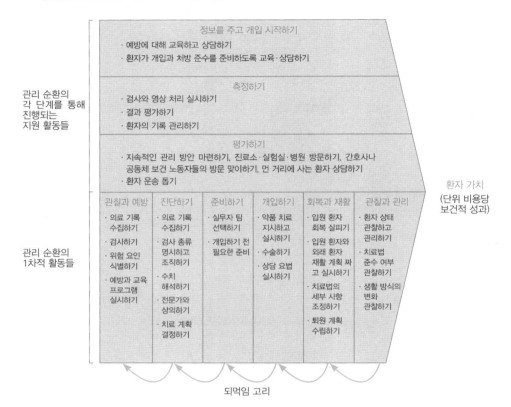

면 관리의 흐름, 여러 제공자, 서비스 사이의 연결을 강조해 관련 보건 전달 활동을 준비한다. 즉, CDVC는 서로 밀접하게 이어진 여러 상황의 묶음으로 의학적 조건을 정의하는 체계적인 가치 분석을 함양한다. 여러 개입이 협력해서 작동할 때 환자들이 더욱 큰 가치를 제공받을 수 있다는 원리에 기초한 CDVC는, 보건 관리 전달과 보건 개입을 더욱 통합적으로 만들어 프로그램 관리자들이 이러한 가치를 최적화하도록 한다.

그림 7.1에서 보여 주듯, CDVC는 관찰과 예방에서 시작해 진단·준비·개입의 과정을 거쳐 관찰과 관리로 끝맺는다. 관찰과 예방에는 환자의 상태 추적하기, 위험 평가하기, 질환 또는 부상의 위중함을 예방하거나 경감하는 단계 밟기 등이 포함된다. 그 다음에는 시간의 흐름에 따라 희망하는 결과를 유지하고 재발을 최소화하는 의학적 조건을 관리하는 작업 등의 활동이 뒤따른다. 지원 활동의 세 가지 추가적 범주는 관리 순환의 각 단계

를 넘나든다. 정보를 주고 개입 시작하기, 환자의 차도 측정하기, 관리 장소 평가하기가 그것이다. 이 활동들은 관리 순환 단계를 하나로 묶는 데 도움을 준다. 예방과 치료 노력을 관리하는 데는 이런 통합적인 관점이 필수적이다.

CDVC는 특정 개입 정책의 가치를 강조할 때 그것이 전체 보건 시스템과 연결되었다는 점을 든다. 이는 보건 관리 전달의 폭넓은 생물사회적 개념을 반영한다. 이는 정보와 치료에 대한 환자들의 접근과 물자가 제한된 환경에서 특히 중요하다. 오늘날 CDVC는 보건 제공자 단체들이 놓치는 경우가 잦은 기타 외적 지표들을 식별함으로써, 보건 제공자들이 관리 전달 과정의 전체성을 분석하는 동시에 서비스 시설을 진단하고 지리적 팽창을 설계하며, 현재의 수치들을 개선하고 비용을 분석할 수 있는 틀을 제공한다. 또한 대부분의 의료 제공자들이 환자들의 상태를 관리하는 특정 활동을 명확한 규정이나 설명 없이 암묵적으로 해 나가는 동안, 전체 관리 전달 시스템을 잠재적으로 개선하고 이를 이해하기 쉬운 언어로 설명한다.[14]

사례 연구 2.
AMPATH의 HIV 관리 : 관리 전달의 가치 사슬

1989년 미국의 인디애나대학교 의대와 케냐의 모이대학교 의대는 케냐 서부 지역에서 보건 서비스를 확장하고, 미국과 케냐 임상의들을 훈련시킬 목적으로 합동 프로젝트를 시작했다. 이 프로젝트는 여러 해 동안 주로 1차 보건관리 서비스를 제공해 왔으나, 1990년대 후반이 되자 HIV 관리가 포함되지 않은 점 때문에 지역의 보건 수요를 만족시키지 못한다는 사실이 명확히 드러났다. 1992년에 이곳의 가장 큰 수련병원에서 에이즈로 사망한 환자의 수가 85명이었다. 하지만 2000년에는 이 숫자가 1,000명을 넘어섰다.

이들은 이 문제에 대응하고자 HIV/에이즈 예방과 치료를 위한 학술 모델(AMPATH)을 만들어 질병 순환 단계의 다양한 지점을 목표로 삼는 에이즈 예방

---

14) Porter and Teisberg, *Redefining Health Care*, 203~206.

과 치료 프로그램을 시작했다. AMPATH 제공자들은 HIV 상담과 검진, 항레트로바이러스 요법, 결핵을 포함한 기회감염 치료를 제공했다. 이 프로그램은 종양학의 환자 관리법(카포시 육종은 사하라 이남 아프리카 전반에서 일어나는 기회감염 가운데 가장 흔했다.)을 참고했으며, 생식 관련 보건 서비스를 제공하고 HIV 모자 수직감염을 줄이는 산전 관리를 시행했다. 또한 도움이 긴급하게 필요한 환자들에게 음식과 사회적 지원을 베풀었다. AMPATH는 에이즈와 관련된 여러 고통(기회감염, 성적으로 전파되는 감염, 가난, 낙인)을 제지하기 위해 예방, 진단, 치료, 합병증에 대한 임상 관리를 포함하는 통합된 개입의 묶음을 개발했다. 이 프로그램은 환자 1명에서 시작해 이후 3년 동안 1,000명이 넘는 환자를 수용하여 규모가 커졌으며(그림 7.2를 보라.), 2008년에는 등록한 환자 수가 6만 8천명, 운영 센터는 17곳까지 늘어났다. 그 결과 AMPATH는 케냐에서 가장 대규모로 항레트로바이러스 치료를 제공하는 단체가 되었다.

그런데도 2007년 조사에 따르면 AMPATH가 활동하는 지역의 주민 85퍼센트가 자신의 HIV 감염 여부를 모르고 있었다. AMPATH가 진단한 에이즈 환자들은 훌륭한 관리를 받았지만, 다른 환자들은 그들이 닿을 수 있는 범위 바깥에 있었다. 즉, 이 프로그램은 HIV의 전파를 불충분하게 다루었던 것이다. 이 문제를 해결하기 위해 '가정 기반의 상담과 검진'이라고 불리는 시험 프로젝트가 시작되어 주민들 현관 앞까지 찾아가 정보를 제공하고 또 검진과 상담을 실시했다. 이 프로젝트는 주민 1만 9,054명 가운데 조건이 맞는 95퍼센트에만 서비스를 제공했고, 그 가운데 96퍼센트가 HIV 검진을 받았다. 2010년에 AMPATH는 이 서비스를 활동 지역 전체로 확장했다. 그 결과 자신의 HIV 감염 여부를 아는 사람이 눈에 띄게 늘었고, 환자 수도 많아졌다. 이렇듯 AMPATH는 관리 전달 가치 사슬에서 대상자들에 직접 닿는 서비스(HIV 감염 여부에 대한 지식 제공과 감염 예방에 대한 상담)를 확대하면서 2011년까지 치료받는 등록 환자 수를 12만 명 이상까지 늘렸다.[15]

---

15) Peter Park, Arti Bhatt, and Joseph Rhatigan, "The Academic Model for the Prevention and Treatment of HIV/AIDS," HBS no. GHD-013 (Boston : Harvard Business School Publishing, 2011), Global Health Delivery Online, www.ghdonline.org/cases (접속일 : 2012년 10월 10일)를 참고함.

[그림 7.2] 2001~2006년 사이 누적 방문 수와 새로운 환자 수로 본 AMPATH HIV 프로그램의 확대
· 출처 : Peter Park, Arti Bhatt, and Joseph Rhatigan, "The Academic Model for the Prevention and Treatment of HIV/AIDS," HBS
　　　no. GHD-013 (Boston : Harvard Business School Publishing, 2011), Global Health Delivery Online, www.ghdonline.org/
　　　cases/.

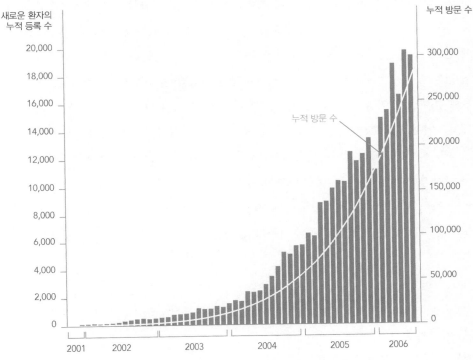

공유된 전달 인프라의 영향력 높이기

다양한 개입을 효과적으로 전달하는 데 필요한 보건 인프라는 동일하다. 예컨대 비록 말라리아와 수면병의 치료가 약제의 합성물 성분과 생화학적 성질, 투여량 면에서 상이하기는 해도 양쪽 다 물자 조달 체계, 튼튼한 공급망, 재정, 관리, 임상 담당 직원, 치료 시설에 의존한다.

이런 까닭에 성공적인 국제 보건 프로그램의 대부분을 공유하는 전달 인프라의 지렛대 작용이 필요하다는 점을 매우 강조하며, 그것이 있어야 보건 공급자와 환자 양쪽이 확실한 이점을 확보할 수 있다고 본다. 공급자들은 동일한 병원과 진료소, 운송 방식, 실험실, 한 번에 여러 번의 개입을 전달하는 공급망을 활용해 시간과 자원을 아낄 수 있다. 예를 들어 다양한 약품을 하나의 약국에서 조화롭게 저장하고 분배하면, 개입을 할 때마다 서로 다른 약국 체계를 사용하는 것보다 인력과 자원이 적게 든다. 실제로 여러 개입에서

공유된 전달 인프라의 지렛대 작용을 활용하면 해당 분야에서 규모의 경제를 창출할 수 있다. 이러한 방법은 보건 시스템을 하나의 전체로 취급하므로 효율성을 높일 수 있다.[16]

환자들 또한 공유된 전달 인프라의 혜택을 받는다. 많은 사람이 자신에게 무슨 질병이 (또는 가난한 환경의 사람들이 종종 그렇듯 여러 질병) 있는지 모르는 상태로 보건 시설에 간다. 폭넓은 서비스를(1차 보건관리에서 사망률과 이환율을 일으키는 주요 질환의 특별 관리에 이르는) 전달할 수 있는 진료소라면 다양한 환자들의 수요에 맞추어 더 효과적으로 준비할 것이다. 예컨대 결핵과 HIV에 동시 감염된 환자(2000년에는 사하라 이남 아프리카에서 결핵 환자의 30퍼센트가 HIV 감염으로 면역력이 떨어져 결핵에 걸렸다는 사실이 밝혀졌다.[17])의 경우, HIV 검사를 한 뒤 옆방에서 바로 결핵 검진을 받을 수 있는 진료소가 안성맞춤일 것이다. 환자를 전문의에게 제대로 보낸다 해도 보건 관리가 통합되고 집중화되어야만 서비스에 쉽게 접근할 수 있다. 특히 외부의 3차 보건관리 센터 등에도 공유된 전달 인프라가 갖추어져야 환자들이 돈을 덜 들이면서 더 간편하게 검진을 받을 수 있다.

사례 연구 3.

BRAC의 농촌 결핵 프로그램 : 공유된 전달 인프라

BRAC(전에는 방글라데시 농촌진흥위원회로 알려졌다.)는 방글라데시가 독립한 지 얼마 지나지 않은 1971년부터 농촌의 경제개발을 증진해 왔다. 얼마 후 BRAC 의 지도부는 보건 관리와 개발 사이에 연결 고리가 있음을 깨달았다. 그에 따라 이들은 샤스티야 셰비카스(shasthya shebikas)라 불리는 여성 공동체 보건 노동자들을 훈련시켜 지역 보건 전달 시스템에 투자하기 시작했다. 셰비카스들은 보건 교육 프로그램의 풀뿌리 역할을 수행했으며, 공동체 구성원들에게 심각하지 않은 의

---

16) Michael E. Porter, "A Strategy for Health Care Reform : Toward a Value-Based System," *New England Journal of Medicine* 361, no. 2 (2009) : 109~112.

17) Elizabeth L. Corbett, Catherine J. Watt, Neff Walker, Dermot Maher, Brian G. Williams, Mario C. Raviglione, and Christopher Dye, "The Growing Burden of Tuberculosis : Global Trends and Interactions with the HIV Epidemic," *Archives of Internal Medicine* 163, no. 9 (2003) : 1009~1021.

료적 수요가 발생할 경우 어떻게 약제를 조제하는지 가르쳤다. BRAC는 셰비카스들을 끊임없이 훈련시켰을 뿐만 아니라 운송적·임상적 지원도 했다. 이렇게 훈련받은 이들은 각각 250~300가구를 돌보았다.

1980년대 초반 BRAC 직원들은 방글라데시 농촌에서 보건적 수요가 가장 긴급한 질환이 결핵이라고 판단했다. 25만 명의 인구를 가진 지구에서 시작한 BRAC는 당시 이미 존재했던 셰비카스들의 연결망에 기초해 결핵 통제 시험 프로그램을 출범했다. 셰비카스들은 정기적으로 가정을 방문해 결핵을 검진하고 적극적으로 환자를 찾았으며, 의심 사례를 치료 시설에 보고했고, 결핵을 확진하고 치료법을 준수할 수 있게끔 환자들을 도왔다. 환자들이 치료를 끝내면 셰비카스들은 보수를 받았다. BRAC는 이 프로그램을 정부 보건 시스템에 통합했다. 공공 부문에서는 필요할 때 약품과 실험실을 빌려 주었고, 공공 부문의 역량이 충분하지 않을 때에는 정부 지침에 따라 BRAC 스스로 실험실을 만들었다. 셰비카스들은 정부의 국가 결핵 프로그램 규약을 따랐는데, 여기에는 치료와 보고 과정도 포함되어 있었다.

BRAC의 결핵 프로그램은 큰 성공을 거두어 칭송을 받았으며, 1991년에는 10개 우파질라(소지구)까지 확대되었다. 2006년에는 8,300만 명 이상의 주민들에게 서비스를 제공했다. 같은 해에도 BRAC는 8만 7천명의 결핵 환자들을 치료해서 완치율 92퍼센트를 기록했다.

오늘날 결핵 통제 분야에서 BRAC의 작업은 하나의 범례로 널리 받아들여진다. BRAC 모델(훈련되고 보수를 받는 셰비카스들의 광범위한 연결망에 기초했으며, 공공 부문 보건 시스템과 통합된)은 국제 보건 전달에서 공유된 전달 인프라의 지렛대 작용이 상당한 이점을 준다는 사실을 보여 준다.[18]

보건 전달과 경제개발 모두 개선하기

가난과 불평등이 나쁜 보건 상태를 불러일으키는 주된 위험 요인이라는 점은 부유한

18) 다음 글을 참고했다. Maria May, Joseph Rhatigan, and Richard Cash, "BRAC's Tuberculosis Program : Pioneering DOTS Treatment for TB in Rural Bangladesh," HBS no. GHD-010 (Boston : Harvard Business School Publishing, 2011), Global Health Delivery Online, www.ghdonline.org/cases/ (접속일 : 2012년 10월 10일)

국가든 가난한 국가든 마찬가지다. 2장을 비롯한 다른 장에서 기술한 구조적 폭력의 개념은 거시적인 사회적 힘이 가난한 사람들과 질병에 취약한 사람들 사이에 질병과 무능을 드러내는 메커니즘을 강조한다.[19] 가난을 퇴치하는 일은 그 자체로 상당히 물질적일 뿐 아니라, 튼튼한 보건 시스템을 세우는 데도 기본이다. 현대적 인프라, 든든한 노동력, 훌륭한 학교 시스템, 수도와 위생 시스템, 잘 작동하는 경제 없이 보건 시스템이 필요한 모든 사람에게 고품질의 보건 관리를 장기간 제공하기란 불가능하다.[20] 반대로, 어떤 국가에서는 국민의 보건이 지속 가능한 개발을 이루는 데 중요한 선행 조건이다.[21] 에이즈나 결핵같이 예방과 치료가 가능한 질병들은 행정 사무 능력을 포함한 노동력을 약화시킨다.[22] 또한 기생충 치료를 받지 않은(영양실조나 설사병, 호흡기 질환은 말할 것도 없고) 어린이들은 오랫동안 발달 장애를 겪게 되어 나중에 어른이 되어서도 기술 숙련도가 낮아지고 급여도 적어진다.[23]

이렇듯 보건 전달과 경제적 발전 사이에는 시너지 작용이 있다. 신중한 국제 보건 전달은 경제성장을 촉진하는 흘러넘치기 효과를 극대화한다. 이때 지역 내부에서 생산된 물건을 입수하면 수요가 강화된다. 예컨대 필요할 때마다 그 지역 출신의 직원을 채용하고, 고용 창출을 증진하면 실업률을 낮추는 데 도움이 된다. 물리적 인프라(도로, 다리)와 공공사업(수도, 위생, 전기)을 강화하면 보건 관리 전달을 개선할 뿐만 아니라 경제적 거

---

19) 예컨대 다음을 보라. *Paul Farmer Pathologies of Power : Health, Human Rights, and the New War on the Poor* (Berkeley : University of California Press, 2003)

20) 예컨대 다음을 보라. Phyllida Travis, Sara Bennett, Andy Haines, Tikki Pang, Zulfiqar Bhutta, Adnan A. Hyder, Nancy R. Pielemeider, Anne Mills, and Timothy Evans, "Overcoming Health-Systems Constraints to Achieve the Millennium Development Goals," Lancet 364, no. 9437 (2004) : 900~906; 그리고 Jeffrey D. Sachs, "Beware False Tradeoffs," *Foreign Affairs Roundtable*, January 23, 2007, www.freignaffaris.com/discussions/roundtables/how-to-promote-global-health (접속일 : 2012년 10월 12일), 다음 책도 참고하라. Paul Farmer, *Haiti after Earthquake* (New York : PublicAffairs, 2011)

21) 세계은행, *World Development Report 1993 : Investing in Health* (Oxford : Oxford University Press, 1993), 116; *Macroeconomics and Health : Investing in Health for Economic Development*, 거시경제학 및 보건위원회 보고서, 위원회 대표 Jeffrey D. Sach가 WHO 사무총장 Gro Harlem Brundtland에게 제출함. 2001년 12월 20일 (Geneva : World Health Organization, 2001), http://whqlibdoc.who.int/publications/2001/924154550x.pdf (접속일 : 2012년 10월 12일); Matt Bonds, "A Note from the Millennium Villages Project, Rwanda : Breaking the Disease-Driven Poverty Trap," *Consilience: The Journal of Sustainable Development*, no. 1 (2008) : 98~111.

22) 예컨대 다음을 보라. Alex de Waal, *AIDS and Power : Why There Is No Political Crisis-Yet* (London : Zed books, 2006)

23) Edward Miguel and Michael Kremer, "Worms: Identifying Impacts on Education and Health in the Presence of Treatment Externalities," *Econometrica* 72 (2004) : 159~217; Catherine Nokes, Sallly M. Grantham-McGregor, Anthony W. Sawyer, Edward S. Cooper, and Donald A. P. Bundy, "Parasitic Helminth Infection and Cognitive Function in School Children," *Proceedings: Biological Sciences* 247, no. 1319 (1992) : 77~81.

래를 촉진할 수 있다. 예컨대 농촌 지역에서 도로를 개선하면 임시 도로의 불편함을 덜고 공급망 운송을 가능하게 할 뿐 아니라, 상업의 성장을 촉진하여 노동 시장을 더욱 역동적으로 만들 수 있다. 즉, 잘 설계된 국제 보건 프로그램은 가난 퇴치와 보건 시스템 강화 사이에 양의 되먹임 고리를 연결한다.

국제 보건 관리 전달의 이 네 가지 원리(지역적 맥락 도입, 관리 전달의 가치 사슬 구축, 공유된 전달 인프라의 영향력 높이기, 보건 전달과 경제 개발 모두 개선하기)는 프로그램 설계와 자원 할당을 이끄는 전략적 틀을 제공한다. 단, 이 원리들은 튼튼한 국제 보건 전달의 과학을 구축하는 첫걸음일 뿐이므로 혁신적 접근에 대한 심화 연구가 필요하다.

다음 절에서는 모델 시스템을 확장하려는 도전 과제를 살필 것이다. 즉, 다음과 같은 질문에 답하는 것이다. 다양한 사례 연구로부터 얻은 결과를 일반화할 수 있을까? 보건 시스템은 국가적 수준으로 강화되어야 하는가, 아니면 국제적 수준으로 강화되어야 하는가?

사례 연구 4.

에이 투 제트 섬유회사 : 보건과 경제 모두 개선하기

살충제 처리한 침대 그물을 정기적으로 사용하면서 주기적으로 수리하고 교체하면 말라리아 전파를 줄일 수 있음이 드러났다. 1991년에 감비아에서 수행한 초기 유효성 연구에 따르면, 이 침대 그물을 사용할 경우 5세 이하 어린이의 사망률을 60퍼센트까지 줄일 수 있다.[24]

2000년, 국제 말라리아 통제 단체들은 침대 그물의 사용을 확대하고자 했지만 사용률은 크게 올라가지 않았다. 문제점 중 하나는, 침대 그물을 설치한 뒤에도 6개

---

24) Pedro L. Alonso, Steve W. Lindsay, Joanna R.M. Armstrong Schellenberg, Andres de Francisco, F.C. Shenton, Brian M. Greenwood, M. Conteh, K. Cham, Allan G. Hill, Patricia H. David, Greg Fegan, and A.J. Hall, "The Effect of Insecticide-Treated Bed Nets on Mortality of Gambian Children," *Lancet* 337, no. 8756 (1991) : 1499~1502.

[그림 7.3] 탄자니아 아루샤에 있는 에이 투 제트 섬유회사의 올리세트 제작 공정. (1) 마스터 배치, (2) 알갱이 녹이기, (3, 4) 방적사 추출, (5) 실패에 감기, (6) 편물 짜기, (7) 자르기, (8) 바느질, (9) 품질관리. 다음 자료를 참고함. William Rodriguez and Kileken ole-MoiYoi, "Building Local Capacity for Health Commodity Manufacturing : A to Z Textile Mills Ltd.," HBS no. GHD-009 (Boston : Harvard Business School Publishing, 2011), Global Health Delivery Online. http://www.ghdonline.org/cases/, 탄자니아 아루샤, 에이 투 제트 섬유회사의 허가를 받아 게재.

월마다 그물을 걷어 살충제 처리를 해야 한다는 것이었다. 그러다가 최근 일본 도쿄의 스미모토 화학 공장 같은 제조사들이 적어도 3년간은 효과를 유지할 수 있는 살충제 처리 침대 그물을 개발했다. 스미모토사가 만든 제품의 이름은 올리세트(Olyset)였다. 2006년에 롤백 말라리아조합(말라리아에 대항하는 국제적 노력을 조직하고 강화하기 위해 1998년에 조직된 다자간 연합)은 2010년까지 취약 계층에 효과가 오래 지속되는 살충제 처리 침대 그물 보급률을 80퍼센트로 올릴 것을 촉구했다.

스미모토사는 침대 그물에 대한 접근율과 지역 생산 역량을 높이기 위해 사하라 이남 아프리카의 공적·사적 부문 벤처 회사들과 협력 관계를 맺기로 했다. 예컨대 스미모토사는 생산 장소를 자사의 공장으로 제한하지 않고, 탄자니아 아루샤에 있는 에이 투 제트 섬유회사와 협력을 체결했다. 이 회사는 아프리카에서 가장 큰 살충제 처리 침대 그물 생산업체로 10년 넘게 침대 그물을 만들어(2002년 한 해만 600만 개를 만들었다.) 왔다.

스미모토사와 협력하게 된 이후 에이 투 제트사는 2008년 한 해 동안 로열티 지불 없이 올리세트 그물을 1,900만 개 넘게 생산했다. 계속해서 수요가 생산량보다 많아지자, 스미토사와 에이 투 제트사는 50 대 50의 합작 투자로 아슈라 북부에 공장을 추가로 세웠다.(그림 7.3을 보라.) 이런 노력의 결과, 급여를 받을 수 있는 일자리를 5,300개 넘게 창출했고(90퍼센트가 여성으로 채워졌다.), 인근 공동체에서도 약 2만 4천 명을 지원했다. 스미토사 또한 에이 투 제트사와 협력 관계를 맺은 결과 해상 운송과 유통비를 절감했다. 이 성공 사례는 보건과 사업 부문 사이에 시너지 작용이 일어날 가능성이 있음을 강조한다.[25]

보건 시스템 강화

보건 시스템 정의하기

필요한 사람들에게 모두 고품질의 광범위한 보건 관리를 제공하는 탄력 있는 보건 시스템을 구축하는 것은 어렵고 복잡하며 또 자원 집약적인 작업이다. 제대로 수행하려면 수십 년까지는 아니더라도 꽤 오랜 시간이 필요하다. 그래서 많은 실무자에게 보건 시스템은 국제 보건 사업이 최종적으로 추구해야 할 성배로 남아 있다.[26] 비록 여기서 다루는 사례 대부분이 보건 부문에 국한하긴 하지만, 보건 시스템의 효율성은 전반적으로 사회 정책, 공공사업, 환경적 조건, 경제개발 등의 여러 요인에 달렸다. 국제 보건 전달을 개선하고 보건 부문 개혁을 수행하면 이환율과 사망률의 여러 특수 원인을 다룰 수 있겠지만, 장기적인 관점에서 인구 집단의 보건을 개선하려면 거시적인 사회 변화 역시 필요하다.

보건 시스템은 해당 지역에서 보건 관리를 제공하고, 이를 개선할 임무를 맡은 기관과 담당자들로 이루어진다. 2007년에 WHO의 보고서인 「모두를 위한 사업 : 보건 시스템을 강화해 보건적 성과를 내기」는 보건 시스템으로 기능하는 필수적인 여섯 가지 구성 요

25) 다음 글을 참고함. William Rodriguez and Kileken ole-MoiYoi, "Building Local Capacity for Health Commodity Manufacturing : A to Z Textile Mills Ltd.," HBS no. GHD-009 (Boston : Harvard Business School Publishing, 2011), Global Health Delivery Online. http://www.ghdonline.org/cases/ (접속일 : 2012년 10월 12일)

26) 세계보건기구, *Everybody's Business: Strengthening Health Systems to Improve Health Outcomes* (Geneva : World Health Organization, 2007), www.who.int/healthsystems/strategy/everybodys_business.pdf (접속일 : 2012년 10월 10일)

[그림 7.4] WHO가 개요를 잡은 보건 시스템의 틀
· 출처 : World Health Organization, *Everybody's Business: Strengthening Health Systems to Improve Health Outcomes* (Geneva : World Health Organization, 2007), 3.

소를 강조한다. 서비스 전달, 보건 노동력, 정보, 의료 상품, 백신, 기술, 재정, 그리고 리더십과 거버넌스(governance. 통치 방식)가 그것이다.(그림 7.4를 보라.)[27]

멕시코의 전직 보건 장관인 홀리오 프렝크(Julio Frenk)는 보건 시스템과 그 혜택을 받는 인구 집단들 사이의 역동적인 상호 관계를 주목함으로써 이 정의를 확장한다.

역동적인 관점에 따르면, 인구 집단은 시스템의 외부적인 수혜자가 아니라 필수적인 구성 요소다. 그 이유는 보건 문제에서 사람이 다섯 가지 서로 다른 역할을 맡기 때문이다. (1) 관리가 필요한 특정 수요를 가진 환자 (2) 치료받는 방식에 대한 요구가 있는 소비자 (3) 국가 재정의 궁극적 원천이 되는 세금 납부자 (4) 보건 관리에 대한 접근을 권리로 요구할 수 있는 시민 그리고 마지막으로 가장 중요한 역

---

27) 위의 글. 현대 정보 시스템은 효과적이고 효율적인 보건 관리 전달의 한 기둥이다. 전자 의료 관리에서 모바일 건강 기술에 이르기까지 혁신적인 정보 기술을 사용하면 적은 비용을 들여 보건 체계의 성과를 높일 수 있다. 훌륭한 감시 및 정보 시스템이 있으면 위협이 나타나는 것을 감지할 뿐만 아니라 보건 관리 노동자들이 그것에 더 빨리 대응하게 해 준다. 여기에 대한 비평은 다음을 보라. Hamish Fraser, Paul Biondich, Deshen Moodley, Sharon Choi, Burke W. Mamlin, and Peter Szolovits, "Implementing Electronic Medical Record Systems in Developing Countries," ***Informatics in Primary Care*** 13, no. 2 (2005) : 83~95.

할인 (5) 보건 관리를 찾고 처방은 준수하며 자기 자신의 건강 또는 타인의 건강에 해를 끼치거나 이득이 될 행동을 하는 보건의 공동 생산자가 그것이다. 이 관점이 중요한 이유는 사람들에게 친화적으로 다가가는 개입 방법을 최초로 시도한 관점이기 때문이다.[28]

프렝크는 보건 시스템에서 환자들이 맡는 여러 역할을 고려함으로써, 보건 관리가 공급자로부터 환자로 이동한다는 일방향적인 묘사를 피하려고 노력한다. 그에 따르면 좋은 보건 시스템은 더 나은 관리 전달을 위해 그 대상인 인구 집단에 의존한다. 예를 들어 노인들의 만성질환을 돌보는 주요 주체는 그 가족인 경우가 많다.[29] 잔미 라산트의 보건 노동자, BRAC의 셰비카스 모델은 지역 커뮤니티를 보건 관리 전달 안에 포함한 두 가지 사례다. 다음 절에서는 보건 시스템 강화를 위해 공급자와 환자 양쪽의 공헌을 통합하는 접근에 대해 살펴볼 것이다.

대각선적 접근

비록 대다수의 국제 보건 실무자들과 정책 입안자들이 보건 시스템을 강화하기 위한 장기 목표를 공유했지만, 여전히 많은 사람이 구체적인 목표를 세우고 단기간에 이루어지는 개입에 우선순위를 두었다. 이 논쟁은 4장에서 논의한 1차 보건관리 대 선택적 1차 보건관리 논쟁의 영향을 받았다. 수직적 접근을 옹호하는 사람들은 질병 특이적인 개입을 선호했던 반면, 수평적 접근을 옹호하는 사람들은 1차 보건관리 개선과 보건 시스템에 대한 투자를 선호했다.

소아마비를 박멸하기 위한 노력 또한 이 구분을 입증한다. 1988년부터 WHO, UNICEF, 로터리 재단, 그리고 더욱 최근 사례로 빌과 멜린다 게이츠 재단은 경구 백신으로 소아마비를 박멸하는 캠페인을 추진했는데 아직 진행 중이다. 국제적으로 보고된 사례는 1988년 3만 5천 건 이상에서 2003년 700건 미만으로 낮아졌다.(하나의 예로 이

---

28) Julio Frenk, "The Global Health System : Strengthening National health Systems as the Next Step for Global Progress," *PLoS Medicine* 7, no. 1 (2010) : e1000089.

29) Arthur Kleinman, "The Art of Medicine. Catastrophe and CaregivingL The Failure of Medicine as an Art," *Lancet* 371, no. 9606 (2008) : 22~23.

전 장에서 설명한 인도의 소아마비 예방접종 캠페인이 지도 7.1에 나타나 있다.)[30] 그 이후로 10년간 사람들의 주목을 받으면서 수백만 달러의 돈이 새로 모였지만, 아직도 서구와 중앙아프리카 여러 나라에서는 연간 1,000~2,000명의 환자가 발생하고 있다. 2009년에는 전에 소아마비가 박멸되었던 23개국에 바이러스가 다시 유입됨에 따라 새로 감염이 되었다. 오늘날 소아마비 박멸 개입의 초점은, 나이지리아 북부를 비롯해 아프가니스탄과 파키스탄 접경지대에 고립된 지속적인 감염 집단에 맞추어져 있다.[31] 소아마비 백신은 전형적인 수직적 개입의 사례다. 소아마비가 박멸됨에 따라 사람들은 장애를 입히고 목숨을 앗아가는 이 질병에 더 이상 고통받지 않게 되었다. 이는 현대 의학의 업적으로 칭송받을 만하다. 하지만 비평가들은 이렇게 묻는다. 어째서 매년 겨우 몇 천 건의 감염 사례와 몇 백 건의 사망을 일으킬 뿐인 질병과 싸우려고 수백만 달러를 쏟아부어야 하는가? 에이즈, 결핵, 말라리아, 방치된 열대병들이(비감염성 질환들, 정신 질환, 산모 사망률, 그리고 기타 국제 보건의 우선 과제들은 말할 것도 없고) 매년 수백만 명의 목숨을 앗아가는 상황에서 말이다.[32] 소아마비, 에이즈, 그 밖의 여러 질병에 대항할 만큼 보건 시스템이 강화되는 동안 개인 수준의 질병에 집중하는 것이 더 낫지 않은가?

이러한 수직적 개입과 수평적 개입 사이의 균형을 개념화하는 또 다른 방식이 대각선적 접근이다. 훌리오 프렝크와 다른 이들은 질병에 대한 특이한 개입 또한 전달이 잘 이뤄진다면 보건 시스템을 강화할 수 있다고 주장했다.[33] 즉, 수직적 프로그램이 동시에 수평적 프로그램이 될 수 있다는 것이다.

6장에서는 결핵과 에이즈 치료가 포괄적인 관리, 즉 랩어라운드 서비스와 만난 결과

---

30) 세계보건기구, "Polio Eradication : Now More Than Ever, Stop Polio Forever," January 15, 2004, www.who.int/features/2004/polio/en/ (접속일 : 2012년 10월 15일)

31) 세계보건기구, "Poliomyelitis: Fact Sheet No. 114," October 2012, www.who.int/mediacentre/factsheets/fs114/en/ (접속일 : 2013년 1월 22일)

32) Isao Arita, Miyuki Nakane, and Frenk Fenner, "Public health: Is Polio Eradication Frealistic?" *Science* 312, no. 5775 (May 12, 2006) : 852~854; Associated Press, "Is It Time to Give Up on Eradicating Polio?" March 1, 2007, www.msnbc.msn.com/id/17405219/ns/health-infectious_disease (접속일 : 2012년 10월 10일)

33) Julio Frenk, "Bridging the Divide: Global Lessons from Evidence-Based Health Policy in Mexico," *Lancet* 368, no. 9539 (2006) : 954~961.

아이티 중앙 고원에서 1차 보건관리를 개선한 사례를 살펴보았다.[34] 건강의 동반자들과 잔미 라산트는 결핵과 에이즈 퇴치 노력을 지역 보건 시스템을 강화하는 결정적인 요인으로 활용했다. 프렝크의 기술에 따르면, 멕시코 정부에서 '기회들(Opportunidades)'이라고 불리는 조건부 현금 지원 프로그램을 시작했을 때에도 동일한 현상이 일어났다. 각 가족은 현금 지원을 받기 위해 아이들이 정기적으로 학교에 다니고 일련의 기본 보건 관리를 받고 있다는 것을 보여 주어야 했다. 기본 보건 관리에는 성장 관찰·영양 보충 등 흔한 감염병에 대한 치료가 포함되었는데, 이 모든 게 수직적 개입으로 간주되었다. 하지만, 가난한 사람들에게 '기회들'을 시행함으로써 보건 지표가 개선되었고(예컨대 산모 사망률이 낮아졌다.), 전반적으로 더 잘 기능하는 보건 시스템을 형성할 수 있었다.[35] 이 사례와 기타 대각선적 접근의 다른 사례는 보건 계획이 국제 보건 전달의 건전한 원리(앞에서 윤곽을 그린)에 의해 인도될 때, 이환율과 사망률을 높이는 특정 원인에 대응하는 동시에 보편적으로 보건 시스템을 강화할 수 있음을 보여 준다.

공공 부문의 역할

부유한 국가든 가난한 국가든, 정부가 보건 관리 서비스를 제공하는 데 중요한 역할을 한다는 점은 마찬가지다. 사적 부문 보건 관리 시장의 사각지대에 떨어질 가능성이 큰 취약 계층의 경우, 특히 그렇다. 4장에서도 기술했지만, 1980년대에서 1990년대 구조 조정 시기 동안 보건 부문이 민영화됨에 따라 여러 개발도상국에서는 극빈층의 보건 관리 접근이 약화되었다.[36] 이들은 사용자 부담금을 조금만 물려도 보건 서비스에 접근하지 못했고,[37] 그 결과 소비자(환자)가 없어진 사적 보건 관리 제공자들은 그들이 지불한 돈

34) Farmer, Léandre, el al., "Community-Based Approaches to HIV Treatment in Resource-Poor Settings"; David A. Walton, Paul E. Farmer, Wesler Lambert, Fernet Léandre, Serena P. Koenig, and Joia S. Mukherjee, "Integrated HIV Prevention and Care Strengthens Primary Health Care : Lessons from Rural Haiti," *Journal of Public Health Policy* 25, no. 2 (2004) : 137~158.

35) Frenk, "Bridging the Divide."

36) 다음을 보라. Jim Yong Kim. Joyce V. Millen, Alec Irwin, and John Gershman, eds., *Dying for Growth : Global Inequality and the health of the Poor* (Monroe, Maine: Common Courage Press, 2000)

37) 국경없는의사회, *No Cash, No Care : How "User Fees" Endanger Health*, MSF Bridfing Paper on Financial Barriers to healthcare, March 2008, 6, 23, www.msf.org/msf/fms/article-images/2008-00/NocashNocareMSFapril2008. pdf (접속일 : 2012년 10월 10일); Rob Yates, "The Removal of health Uwer Fees in Africa-Key Lessons from Sierra Leone," One World Link, January 12, 2011, http://ebookbrowse.com/one-world-link-jan-2011-1-talk-by-rob-yates-dfid-pps-d110597915 (접속일 : 2012년 10월 12일)

을 회수할 수 있는 시장으로 이전하는 경향을 보였다. 따라서 개발도상국에서는 사적 제공자들이 도심에 집중했다. 예컨대 최근까지만 해도 아이티에는 엑스선 단층 촬영 장치(CAT scanner)가 3대 있었는데, 모두 수도인 포르토프랭스의 사적 부문 보건 시설에 설치되어 있었다.[38]

이러한 보건 관리 분야의 시장 실패는 이미 잘 알려져 있다.[39] 만약, 보건 시스템이 가난한 사람들에게까지 미치는 포괄적인 서비스를 제공해야 한다면, 정책 입안자들과 실무자들은 정부가 오랜 기간에 걸쳐 광범위하게 주도적인 역할을 해야 한다는 점에 동의한다. 2005년에 발표된 대외 원조 효율성에 대한 파리선언과 2008년의 아크라 행동 강령은 모두 국제 보건 계획이 직접적이지는 않더라도 공공 부문과 연대해서 이루어져야 한다고 충고했다. 국가·정부와 다자적이고 쌍방적인 주요 기부 단체, 비정부기구 150곳 이상이 이 합의문에 동의했다.[40]

민주주의 정부를 갖춘 개발도상국의 공적 부문 보건 시스템 강화의 이점은 무엇일까? 첫째, 정부는 보건을 권리로 소중히 여기고 제공할 수 있는 유일한 조직이다. 세계인권선언 같은 국제적인 약속은 보건에 대한 권리를 원리 면에서 선언할 수는 있어도 실질적인 수행 방안에는 별다른 도움이 되지 않는다.[41] 양호한 건강 상태로 충실한 삶을 누리는 데 필요한 보건 서비스에 모든 국민이 접근할 수 있도록 보장할 수 있는 것은 정부뿐이다. 둘째, 일반적으로 민주적인 정부는 비국가 보건 관리 제공자보다 국민들에 대한 책임감이 더 높다. 비정부기구의 경우, 재정 기부자들에게 의존하며 의사 결정권 역시 그들에게 있다. 만약 주요 기부자가 상업적 성 노동자에게 피임 기구를 제공하는 에이즈 프로그램에 대한 지원을 철회한다면, 기부자에 의존하는 비정부기구는 서비스를 중단할 수밖에

---

38) 예컨대 다음을 보라. Jason Beaubien, "State-of-the-Art Hospital Offers Hope for Haiti," *National Public Radio*, January 27, 2012, www.npr.org/2012/01/27/145909633/state-of-the-art-hospital-offers-hope-for-haiti (접속일 : 2012년 10월 10일) 이 기사에서는 건강의 동반자들과 아이티 중앙 고원에서 가장 큰 도시인 미르발레스 복지 부서가 새로 지은 병원 또한 컴퓨터 단층 촬영 장치(CAT scanner)를 갖고 있음을 주목한다. 이는 아이티 농촌뿐 아니라 공공 부문 보건 시스템에서 최초였다.

39) Jeffrey D. Sachs, *The End of Poverty : Economic Possibilities for Our Time* (New York : Penguin, 2005); Thomas W. Pegge, "Human Rights and Global Health : A Research Program," *Metaphiosophy* 36, nos. 1~2 (January 2005) : 182~209.

40) "The Paris Declaration on Aid Effectiveness and the Accra Agenda for Action, 2005/2008," Organization for Economic Co-operation and Development (OECD), www.oecd.org/development/aideffectiveness/34428351. pdf (접속일 : 2012년 10월 10일)

41) 보건을 인권으로 바라보는 개념에 대해서는 9장에서 더 자세히 다룬다.

없다. 설령, 그 결과 그들이 보살피는 인구 집단의 상황이 나빠진다 해도 말이다.[42]

이에 비해 정부는 재정 기부자들의 변덕에 덜 취약하다. 정부는 국제 보건 분야에서 특정 시점의 유행 대신 증거와 지역의 요구에 기반을 둔 프로그램을 설계할 수 있다. 따라서 정부는 재정 기부자들이 지원하는 특정 개입 대신 폭넓은 보건 서비스를 제공할 책임이 있다. 또한 정부는 변동이 심한 해외 원조의 영향을 넘어서 장기간에 걸쳐 국민에게 서비스를 제공할 가능성이 크다. 이렇듯 공공 부문 보건 시스템은 사적 시스템에 비해 지속 가능한 경우가 많다. 재정 지원이 말라붙어 비정부기구가 돌아선다 해도 정부 기관은 남아 있다.

그뿐만 아니라 정부는 대규모 서비스를 제공할 수 있는 가장 좋은 위치에 있다. 사실 정부는 국가적인 규모로 농촌의 빈곤층 같은 취약 계층을 배제하지 않도록 보장할 수 있다. 또한 정책의 권한과 범위에 따라 보건 관리 전달의 잠재적 규모의 경제가 달라진다는 점을 감안해, 튼튼한 국가 보건 시스템을 건설하여 효율적으로 활용할 준비를 하는 것이 가능하다. 무엇보다 정부는 보건 관리가 그 나라에서 효율적으로 평등하게 전달되도록 보장하기 위해 여러 보건 관리자의 노력을 통합하고 조정할 수 있다. 만약 전국적인 전달 전략이 없다면 공공 부문 보건 관리 제공자들은 불가피하게 부유한 도시 지역에 모일 것이고, 그에 따라 보건 협력으로 경제에 시너지 효과를 일으키고 보건 시스템을 강화할 기회가 사라질 것이다. 아이티에서 활동하는 비정부기구는 1만 곳으로 추정되는데, 만약 전 국무총리인 개리 콘닐(Garry Conille)의 요청대로 서로 협조가 잘 이루어졌다면 그 효과는 이들 각자의 성과를 합한 것보다 더 컸을 것이다.[43] 이처럼 정부는 공유된 보건 전달

---

42) 예컨대 PEPFAR은 HIV 감염에 몹시 취약한 상업적인 성 노동자들이 관여하는 프로그램을 원칙적으로 지원하지 않는다. 이러한 정책은 성 노동을 구조적 폭력(빈곤과 실업, 젠더 불평등, 도시화의)이 아닌 선택으로 해석하거나 오해하는 미국 내 정치적 압박을 반영한다. 국제 에이즈 프로그램의 지원에 대한 미국의 정책에 대한 더 자세한 설명은 다음 글을 참고하라. John W. Dietrich, "The Politics of PEPFAR : The President's Emergency Plan for AIDS Relief," *Ethics and International Affairs* 21, no. 3 (Fall 2007) : 277~292; 그리고 Peter Piot, Michel Kazatchkine, Mark Dybul, and Julian Lob-Levyt, "AIDS : Lessons Learnt and Myths Dispelled," *Lancet* 374, no. 9685 (2009) : 260~263. 성 노동자들에게 예방과 치료 서비스에 대한 접근권을 제공하는 것은 에이즈 전파를 늦추는 데 필수적이다. 태국의 국가적 에이즈 프로그램이 이를 예증한다. 다음을 보라. Sarun Charumilind, Sachin H. Jain, and Joseph Rhatigan, "HIV in Thailand: The 100% Condom Program," HBS no. GHD-001 (Boston : Harvard Business School Publishing, 2011), Global Health Delivery Online, www.ghdonline.org/cases/ (접속일 : 2012년 10월 10일)

43) Erika Bolstad and Jacqueline Charles, "Haiti Prime Minister Conille : Donor Aid Needs Revision," *Miami Herald*, February9, 2012, www.miamiherald.com/2012/02/08/2630579/haiti-prime-minister-conille-donor.html (접속일 : 2012년 10월 12일)

[표 7.1] 민주국가에서 공공 부문 보건 시스템의 장점들

권리	국가만이 보건권을 포함한 권리를 보장할 수 있다.
책임성	정부는 그들의 국민에 대한 책임이 있으며 민주국가에는 국민 참여의 수단이 있다. 반면 대부분의 비정부기구는 궁극적으로 재정 기부자들에 대한 책임이 있다.
범위	공공 부문의 시스템은 한 가지의 개입을 전달하는 것이 아니라, 그들 국민의 모든 보건적 요구를 만족시킬 책임이 있다.
지속 가능성	공공 부문의 서비스는 지속적인 경향이 있지만, 비정부기구는 아무리 탄탄하더라도 나중에 재정 지원을 잃을 수 있다.
규모	공공 부문 시스템은 가장 폭이 넓으며, 취약 계층에 대한 유일한 잠재적 관리의 원천인 경우가 많다.
효율성	공유된 전달 인프라를 통해 활용하는 규모의 경제는 공공 부문이라는 대규모 시스템에서 가장 잘 작동한다.
협력	국가를 배경으로 둔 공공 부문은 수요의 균형을 맞추고 주체들의 노력이 중복되지 않도록 사전에 차단하는 위치에 있다.
국제 협약	대외 원조 효율성에 대한 파리선언(2005)과 아크라 행동 강령(2008)은 보건 시스템을 확장하는 과정에서 공공 부문의 소유권과 국가 전달 시스템을 최대로 활용하기 위해 노력한다.

인프라를 통해 공적·사적 보건 관리를 통합함으로써 더욱 효율적이고 평등한 보건 시스템을 조성할 수 있다. 표 7.1은 민주국가에서 공공 부문을 거쳐 일하는 것이 더 신중한 접근이 되는 이유 8가지를 요약한 것이다.

효율적인 공공 부문 보건 시스템의 사례

인도의 케랄라 주(州)는 튼튼한 공공 부문 보건 시스템을 만들어 인상적인 성과를 얻었다. 비록 1980년대 중반부터 사적 부문의 보건 계획이 확장되기는 했지만, 공공 프로그램은 주의 보건 시스템을 통합하고 보건 관리 규정과 훈련의 대부분을 떠맡았다. 케랄라 주의 공공 부문에 대한 접근은 치료적 관리와 함께 예방, 예방접종, 유아와 산모 관리에 역점을 둔다.[44](이와 대조적으로 미국 같은 시장 기반의 보건 시스템은 예방 관리를 다소 소홀히 한다.) 케랄라 주는 교육에도 많은 투자를 해서(보건 교육을 포함한) 이곳의 여성

---

44) Puthenveetil G. K. Panikar, "Resources Not the Constraint on Health Improvement : A Case Study of Kerala," *Economic and Political Weekly* 14, no. 44 (1979) : 1803.

문해율(87퍼센트)은 인도에서 가장 높을 뿐 아니라 대부분의 개발도상국보다도 높다.[45]

이 모델은 훌륭한 보건 성과와 낮은 비용으로 실현되었다. 2000년도에 케랄라 주는 보건에 1인당 28달러를 사용했고, 영아 사망률은 1,000명당 14명, 기대 수명은 여성 76세와 남성 70세를 기록했다.[46] 이에 비해 미국에서는 2000년도 1인당 보건에 4,703달러를 사용했는데도 영아 사망률은 1,000명당 7명, 기대 수명은 여성 80세와 남성 74세로 나타나 비용 대비 효율성이 떨어졌다.[47] 케랄라 주의 보편적 보건 관리 계획 덕분에 많은 사람이 개발도상국 가운데(농촌 지역까지 포함해도) 최고의 보건 서비스를 받는다고 추정했다.[48] 예컨대 케랄라 주에서는 산모의 97퍼센트가 병원이나 다른 기관에서 아기를 낳는다.[49]

케랄라 주 모델에 대한 비판은 사회 부문의 비용이 높다는 것이다. 1990년대에는 주 예산의 15퍼센트를 보건에, 25퍼센트를 교육에 할당했다.[50] 하지만 이렇게 비중이 높게 나온 것은 주 정부의 전체 예산 자체가 적기 때문이다. 이 1인당 비용은 효율적인 국가 보건 시스템이 제대로 돌아간다면 적은 투자로도 좋은 성과를 낼 수 있음을 강조한다. 물론 케랄라 주 모델에도 하나를 얻으면 하나를 잃는 교환 관계와 복잡성이 존재한다. 이곳은 인도에서 자살률이 가장 높다. 그뿐만 아니라 보건 관리에 대한 접근이 증가할수록 질병에 대한 이환율도 증가한 것으로 드러났다.[51] 아마르티아 센(Amartya Sen)이 주장했듯, 최근 이런 결과가 나타난 것은 보건 서비스가 확대되기 전에는 이곳의 보건 역량이 보고

---

45) Kavumpurathu R. Thankappan, "Some Health Implications of Globalization in Kerala, India," *Bulletin of the Health Organization* 79, no. 9 (2001) : 892~893.

46) 위의 글.

47) 2010년에 미국의 1인당 보건 지출액은 8,362달러였다. 이 수치와 2000년 보건 지출액에 대해서는 다음을 참고하라. "Health Expending per Capita (Current US$)," World Bank Databank, 2013, http://data.worldbank. org/indicator/SH.XPD.PCAP (접속일 : 2013년 1월 30일) 2000년 미국의 영아 사망률과 기대 수명은 다음 자료에서 가져온 것이다. Thankappan, "Some Health Implications of Globalization," 892. 미국 보건 관리 비용의 의미 있는 실패에 대해서는 다음을 보라. Meena Seshamani, "Escalating Health Care Costs," Health Reform, Department of Health and Human Services, March 2009.

48) Panikar, "Resources Not the Constraint," 1803.

49) Thankappan, "Some Health Implications of Globalization," 892.

50) 위의 글.

51) Murphy Halliburton, "Suicide : A Paradox of Development in Kerala," Economic and Political Weekly 33, nos. 36~37. (1998) : 2341~2346; Amartya Sen, "Health: Perception versus Observation," *British Medical Journal* 324, no. 7342 (2002) : 860~861.

된 적이 없었기 때문일 수 있다.[52] 이 책의 다른 장에서도 설명한 바 있는 이러한 생물 사회적 복잡성은[53] 국제 보건 사업의 본질이다. 그런데도 케랄라 주의 예는 탄탄한 공공 부문 보건 시스템의 이점을 보여 준다.

비록 양극화된 사례일 수 있지만, 쿠바의 보건 시스템은 오랫동안 찬사를 받아 왔다. 심지어 칭송자들 중에는 세계은행 전 총재인 제임스 울펀슨(James Wolfensohn)과 같이 그럴 법하지 않은 사람도 있을 정도다. 쿠바는 여러 기준에서 개발도상국과 선진국을 통틀어 가장 훌륭한 보건 지표를 보이고 있다.[54] 우선 쿠바의 국가 보건 시스템은 모든 국민에게 무료로 제공된다. 이는 케랄라 주 시스템과 마찬가지로, 특히 1차 보건관리와 예방 서비스에서 그렇다.[55] 쿠바 국가 보건 서비스의 기반은 가정의(médico de familia)다. 이들은 일반의와 마찬가지로 1차 관리 서비스를 제공하며 특화된 서비스에 대한 수문장 역할을 한다.[56] 국가 전반에 걸친 훈련 프로그램 덕분에 쿠바는 국민 1,100만 명당 의사 수 6만 5천명 이상이라는 놀라운 수치를 자랑한다. 175명당 한 명꼴인 셈이다.(미국은 375명당 1명이다.)[57] 쿠바에서는 시골 지역이라 해도 의사와 간호사의 서비스를 받을 수 있는 전용 의료 시설을 갖추고 있다. 사실 쿠바는 오랫동안 숙련된 보건 전문가들을 수출해 온 국가이기도 하다. 2010년에 아이티에서 지진이 난 직후에도 쿠바에서 보낸 의료 단

---

52) Sen, "Health : Perception versus Observation,"

53) 다음을 보라. Paul Farmer, "Social Medicine and the Challenge of Biosocial Research," in *Innovative Structures in Basic Research : Ringberg Symposium, 4~7 October 2000* (Munich : Generalverwaltung der Max-Plank-Gesell-schaft, Referat Press-und Öffentlichkeitsarbeit, 2002), 55~73. http://xserve02.mpiwg-berlin.mpg.de/ringberg/talks/farmer/farmer.html (접속일 : 2012년 10월 12일)

54) 2001년 세계은행 총재 James Wolfensohn은 쿠바의 보건 시스템에 대해 "훌륭하다"고 공식적으로 칭송했다. (Pol De Vos, "No One Left Abandoned' : Cuba's National Health System since the 1959 Revolution," International Journal of Health Services 35, no. 1 [2005] : 189에서 재인용함) 쿠바는 2000년까지만 해도 1인당 국내총생산(GDP)이 1,100달러에 지나지 않았지만 기대 수명은 76세였고, 산모 사망률은 출산 10만 건당 29건이었으며, 영아 사망률은 출산 1,000건당 7건이었다. 멕시코의 국내총생산은 쿠바의 5배에 이르지만 같은 보건 지표를 볼 때 기대 수명은 73세, 산모 사망률은 출산 10만 건당 109건, 영아 사망률은 출산 1,000건당 24건이었다. 쿠바의 보건 지표는 사실 이웃 나라 미국과 놀랄 정도로 비슷하다. 미국의 기대 수명은 77세, 산모 사망률은 출산 10만 건당 8건, 영아 사망률은 출산 1,000건당 9건이다. 미국의 국내총생산은 쿠바의 35배 이상이다. 다음을 보라. De Vos, "No One Left Abandoned." 미국의 2000년 기대 수명, 영아 사망률, 국내총생산 데이터는 다음 자료를 참고했다. World Bank, *World Development Report 2003 : Sustainable Development in a Dynamic World : Transforming Institutions, Growth, and Quality of Life* (Oxford : Oxford University Press, 2003) 1998년 미국의 산모 사망률은 다음 자료를 참고했다. *World Bank, World Development Report 2000/2001 : Attacking Poverty* (Oxford : Oxford University Press, 2001)

55) Jerry M. Spiefel and Annalee Yassi, "Lessons from the Margins of Globalization: Appreciating the Cuban Health Paradox," *Journal of Public Health Policy* 25, no. 1 (2004) : 97.

56) De Vos, "No One Left Abandoned," 193.

57) Spiefel and Yassi, "Lessons from the Margins of Globalization." 96.

체는 해외 원조 단체 가운데 가장 규모가 크고 헌신적이었으며 또 가장 오래 머물렀다. 비정부기구와 해외 구호 팀 대부분이 오래전에 자국으로 떠난 후에도 쿠바의 대다수 의료 단체는 아이티에 남아 콜레라를 통제하고, 위기에 몰린 아이티의 보건 시스템을 강화하는 데 적극적으로 관여했다.[58] 단, 케랄라 주 시스템과 마찬가지로 쿠바 모델에도 결점은 있었다. 가장 눈에 띄는 것은 그 시스템이 억압적인 공산주의 정부와 이어져 있다는 점이다. 하지만 이 모델의 구성 요소가 공산주의 체제에서만 가능한 것은 아니다. 어떤 정부든 가정의 방식을 도입하거나 예방과 1차 관리에 중점을 둘 수 있기 때문이다.

6장에서 살펴보았지만, 르완다 또한 국가 보건 시스템이 강화된 모델로 알려졌다. 르완다 보건장관은 에이즈를 비롯한 이환율 및 사망률의 주요 원인과 싸우기 위해 공동체 기반 접근을 채택했다. 그리고 보건부는 비국가 보건 제공자들이 르완다의 국가적 전략 안에서 일하도록 지시함으로써 통합과 협조를 촉진했다.[59] 사실 르완다의 보건장관인 아그네스 비나구아호(Agnes Binagwaho)는 르완다의 공공 부문 보건 시스템에 협력하지 않는 비정부 국제기구의 해외 원조 계획을 여러 차례 방해하기도 했다. 이런 정책 덕분에 르완다의 보건 시스템은 더 효율적이고 평등해졌으며, 협력을 통해 기대했던 바를 넘어선 성과를 얻을 수 있었다. 이로써 르완다의 보건 지표는 극적으로 개선되었다. 5세 이하 유아의 사망률은 2000년에 1,000명당 196명에서 2007년에는 1,000명당 103명으로 낮아졌다.[60] 르완다는 에이즈 환자들에게 보편적인 항레트로바이러스 치료를 쉽게 제공할 수 있는 유일한 개발도상국이기도 하다.[61] 이를 포함한 여러 이점은 부분적으로 튼튼한 국가 보건 시스템을 세우려는 전략에 토대를 마련했다.[62]

---

58) Farmer, *Haiti after the Earthquake*, 175 외 여러 페이지.

59) *Rwanda National HIV and AIDS Monitoring and Evaluation Plan, 2006~2009*, National AIDS Control Commission (Rwanda), 2006, http://test.aidsportal.org/atomicDocuments/AIDSportalDocuments/rwanda%20m%20and%20e.pdf (접속일 : 2012년 10월 12일)

60) Ranu S. Dhillon, Matthew H. Bonds, Max Fraden, Donald Ndahiro, and Josh Ruxin, "The Impact of Deducing Financial Barriers on Utilisation of a Primary Health Care Facility in Rwanda," *Global Public Health* 7, no. 1 (2012) : 72.

61) Fabienne Shumbusho, Johan van Griensven, David Lowrance, Innocent Turate, Mark A. Weaver, Jessica Price, and Agnes Binagwaho, "Task Shifting for Scale-Up of HIV Care : Evaluation of Nurse-Centered Antiretroviral Treatment at Rural Health Centers in Rwanda," *PLoS Medicine* 6, no. 10 (2009) : e1000163.

62) Jessica E. Price, Jennifer Asuka Leslie, Michael Welsh, and Agnes Binagwaho, "Integrating HIV Clinical Services into Primary Health Care in Rwanda : A Measure of Quantitative Effects," *AIDS Care* 21, no. 5 (2009) : 608~614.

공공 부문 보건 시스템을 강화하는 데 초점을 둔 접근이 모든 환경에 적합하지는 않을 것이다. 독재국가나 정부가 취약한 국가들의 경우, 국민을 위해 보건 서비스를 제공할 능력이나 의지가 없어 비국가 보건 제공자들이 마지막으로 기대고자 하는 언덕일 가능성이 있다. 그런데도 비정부기구와 기타 사적 제공자들은 아이티를 비롯한 여러 어려운 환경에서 정부와 협력하여 가능성을 증명하고 결실을 거두었다. 본래 정치적 불안정과 활기 없는 공공 서비스가 일상이었던 곳에서 변화를 일구어 낸 것이다. 특히 지역정부들은 국가 중앙정부에 비해 정책을 이끌어 나가는 지속성이 강하고 전체적으로도 안정적인 경향이 있다. 중앙정부는 지역정부보다 선거 주기가 더욱 빈번히 다가오는 데다 선거가 더 치열하게 진행되기 때문이다. 개발도상국에서 정부들과 손잡고 일하는 것에 반대하는 주장들에서 흔하게 내세우는 부패 문제 또한 지역 수준에서는 그렇게 심하게 뿌리내린 것은 아니다. 게다가 부패에 대한 고발은 지역 시설과 보건 관리 전달 역량을 강화하는 방법에 대한 대화의 시작이 아닌 끝을 의미하는 경우가 많았다. 개발도상국의 공공 부문 부서들과 일을 하면 비록 어렵기는 해도 그곳 정부의 투명성과 책임성 인프라를 다지는 기회가 된다. 부패는 컴퓨터를 기반으로 한 부기와 회계, 훈련받은 공무원, 때로는 전기가 안정적으로 들어오지 못하는 상황에서 일어나고는 한다.[63]

10장에서는 공적·사적인 지역 단체들이 협동하면 일반적인 국제 보건 사업과 대외 원조에 주목할 만한 접근이 가능하다는 점을 살펴볼 것이다. 하지만 이런 협동이 일상적인 '현 상태'가 되려면 앞으로 먼 길을 걸어야 한다.

21세기 초까지만 해도 국제 보건에서 공공 부문과 사적 부문이 협력하는 일은 흔치 않았다. 비록 르완다 같은 몇몇 국가들에서 국가 프로그램과 비국가 보건 관리 계획을 조화시키려는 작업이 있었지만, 개발도상국 대부분은 공공 부문 보건 시스템과 사적 부문이 별개였다. 이런 환경에서 가능한 보건 서비스의 상당 부분을 제공하는 비정부기구들은 공공 부문 보건 시스템과 연합해 일하는 경우가 드물다. 하지만 협력이 없는 별개의 관리 시스템은 비효율과 불평등한 서비스 접근, 관리 기준의 공백을 빚어낼 수 있다.[64] 실제로 몇몇 사례에서 비정부기구를 포함한 사적 제공자들은 직원들에게 높은 급여를 주

---

63) 예컨대 다음을 보라. Farmer, *Haiti after the Earthquake*, 369.

64) 다음을 보라. Paul Collier, *The Bottom Billion : Why the Poorest Countries Are Failing and What Can Be Done about It* (New York : Oxford University Press, 2007), chap. 7; 다음 책도 참고하라. Farmer, *Haiti after the Earthquake*.

어 보건 관리 노동력 시장을 왜곡했다. 그러다 보니 자기도 모르는 새 공공 부문 보건 정책을 약화시키기도 했다.[65] 더구나 재정 기부자들에게 책임이 있는 비정부기구와 기타 해외 계획들은 그들만의 우선순위를 세우는데 있어 정부의 우선순위 및 국가적 전략과 어긋날 때가 많았다.

반면 비정부기구가 지역정부 또는 중앙정부와 협력해 공공 부문 보건 시스템을 통해 일할 경우 보건 관리 전달 역량을 강화할 수도 있다. 이런 접근을 성공적으로 실시한 단체 중 하나가 클린턴 보건 접근 계획(CHAI, 예전에는 '클린턴 HIV/에이즈 계획'으로 불렸다.)인데, 여기서는 무엇보다도 공급망 관리와 농촌 보건 인프라, 실험실 시스템, 보건 관리 노동자들을 위한 훈련 기반을 개선함으로써 공공 부문 보건 시스템을 강화하고자 했다. CHAI는 보건 부문에서 지역정부의 역량을 쌓아 "우리 자신이 일을 제대로 하는 것"을 목표로 내세웠다.[66] 이러한 접근은 아크라 행동 강령과 대외 원조 효율성에 대한 파리선언에 부합한다. 비록 모든 맥락에 적합하지는 않더라도 국제 보건 실무자들은 장기적으로 국가 보건 시스템을 강화할 수 있는 공공 부문과 사적 부문의 협력 관계를 위해 노력함으로써 그들의 일을 더 잘 해낼 수 있다.

미국의 보건 시스템

최첨단 시설과 절차를 갖춘 미국의 보건 시스템은 "세계에서 가장 진보한 관리 시스템"으로 여겨져 왔다.[67] 하지만 오늘날 미국 보건 시스템은 비용의 증가와 더불어 질 좋은 관리에 접근하는 불평등성이 커짐에 따라 지속 가능성에 문제가 있다는 부담을 갖고 있다. 미국은 부유하고 여러 역량이 뛰어난데도 국민소득이 높은

---

65) Laurie Garrett, "The Challenge of Global Health," *Foreign Affairs* 86, no. 1 (February 2007) : 14~38, www.foreignaffairs.com/articles/62268/laurie-garrett/the-challenge-of-global-health (접속일 : 2012년 10월 12일)

66) Clinton Foundation, "Our Work in Africa," http://africa.clintonfoundation.org/our_work/php (접속일 : 2011년 3월 27일)

67) Alan M. Garber and Jonathan Skinner, "Is American Health Care Uniquely Inefficient?" Journal of Economic Perspectives 22, no. 4 (2008) : 27.

서구 국가 가운데 전체 국민 대상의 건강보험을 시행하지 않는 유일한 국가다.[68] 2010년에 적정부담보험법(Affordable Care Act)이 추진되어 이 수치를 낮추고자 했지만, 그해에 건강보험이 없는 사람은 약 5천만 명에 이르렀다.[69] 보험이 없는 사람들은 연령과 소득에 따라 계층화되며, 보험에 가입한 사람들에 비해 미래 사망률이 25퍼센트 더 높다. 의학협회에서는 제때 관리를 받지 못해 이른 죽음을 맞이하는 미국인의 수가 매년 1만 8천 명에 이른다고 추산했다.[70] 이러한 격차는 빈곤층에서 우세하게 나타난다. 보건 관리가 권리보다는 상품으로 여겨지는 만큼 미국인들 다수의 지불 능력에 기초해 지급되는 것으로 간주된다.[71] 하지만 보건 관리를 배급하듯 국민들에게 전달하는 국가들과는 달리(미국인들 다수가 소리 높여 반대하는 정책이다.), 돈을 내고 전달하면 비용을 감당하지 못하는 사람을 당연하다는 듯 배제하게 된다.

접근성과 평등에 대한 문제 외에도 미국의 보건 시스템은 비효율성에 시달리고 있다.[72] 2010년에는 보건 관리에 1인당 8,300달러를 지출했는데도(다른 고소득 국가들 1인당 지출 평균의 두 배 이상이다.) 미국의 총 보건 성과는 별다른 진전이 없었다.[73] 몇몇 지표는 다른 고소득 국가들에 비해 악화되기까지 했다. 예컨대 WHO의 「2000년 세계 보건 보고서」에 따르면 미국의 보건 관리 시스템은 세계

68) Gerard F. Anderson and Cianca k. Frogner, "Health Spending in OECD Countries: Obtaining Value per Dollar," Health Affairs 27, no. 6 (2008) : 1718.

69) U.S. Census Bureau, "Income, Poverty, and Health Insurance Coverage in the United States: 2010," press release, September 13, 2011, www.census.gov/newsroom/releases/archives/income_walth/cb11-157.html (접속일 : 2012년 10월 12일)

70) Institute of Medicine, Committee on the Consequences of Uninsurance, Hidden Costs, Value Lost : Uninsurance in America (Washington, D.C : National Academies Press, 2003) 1~11.

71) Peter Singer, "Why We Must Ration Health Care," New York Times, July 15, 2009, www.nytimes. com/2009/07/19/magazine/19healthcare-t.html?pagewanted=all (접속일 : 2013년 7월 23일)

72) 미국 보건 관리 지출의 효과에 대해서는 논쟁이 진행 중이다. David Cutler는 Your Money or Your Life : Strong Medicine for America's Healthcare System (New York : Oxford University Press, 2004)에서 지난 50년간 미국의 보건 관리 시스템이 상당한 진전을 보였다고 주장한다. 이와는 대조적으로 Alan Garber와 Jonathan Skinner는 "Is American Health Care Uniquely Inefficient?"라는 제목의 기사에서 미국 보건 시스템의 지출액이 지속 불가능할 정도로 치솟고 있으며 비효율적임을 개탄한다.

73) 다음을 보라. Gerard F. Anderson and Jean-Pierre Poullier, "Health Spending, Access, and Outcomes : Trends in Industrialized Countries," Health Affairs 18, no. 3 (1999) : 178~192; Marcia Clemmitt, "U.S. Spends a Lot on Health But Doesn't Know That It Buys," Medicine and Health 54, no. 22, suppl. (May 29, 2000) : 1~4.

37위였다.[74] 비록 국가 간 비교에는 주의가 필요하기는 하지만[75] 미국이 중위권이라는 사실은 불안을 조성했다. 2006년에는 영아 사망률 39위, 성인 여성 사망률 43위, 성인 남성 사망률 42위, 기대 수명 36위였다.[76]

때때로 국제 보건 분야의 전달 논리가 미국의 보건 개혁 방식과 일치할 때도 있었지만, 지난 수십 년간 보건 관리 전달 전략은 개발도상국에서 미국으로 수출되었다. 즉, "역방향 개혁"의 사례다. 그 결과 취약 계층에 대한 보건적 성과가 비용을 절감하며 더 나아진 사례도 종종 있다.

11장에서는 이런 여러 사례를 살펴보고, 미국 보건 시스템에 대해 더욱 심층적인 분석을 제공할 예정이다.

보건 분야의 인적자원

인적자원은 보건 시스템의 주요 구성 요소다. 잘 훈련받고 충분한 보수를 받는 의사, 간호사, 실험실 테크니션, 약사, 사회복지사, 공동체 보건 노동자, 그리고 보건 관리를 필요로 하는 모든 사람에게 효과적이다. 이처럼 평등하게 전달하는 데 필요한 기타 여러 직종 없이는 어떤 보건 시스템도 제대로 기능하지 못한다. 그런데도 보건 관리 노동자들의 숫자는 너무나 적다. WHO에 따르면 전 세계적으로 보건 관리 노동자가 400만 명이 부족하다고 한다. 또한 새천년 개발 목표를 달성하려면 여기에 240만 명이 더 필요할 것으로 예상된다.(11장에서 살필 것이다.)[77] 선진국과 개발도상국 양쪽 모두 이런 결점을 안

---

74) World Health Organization, World health Report 2000-Health Systems : Improving Performance (Geneva : World Health Organization, 2000), 155. 미국의 순위는 다음 여러 국가보다 낮았다. 이탈리아(2위), 일본(10위), 사우디아라비아(26위), 캐나다(30위), 코스타리카(36위)

75) Garber와 Skinner가 경고하듯, "보건 지출액과 그 성과에 대한 국가 간 비교는 흔하지만 동시에 가치가 제한적이다. 그것은 우리에게 국가들 사이의 보건적 차이점을 적절하게 통제하는 능력이 없기 때문이다. 예컨대 미국인들은 영국인에 비해 당뇨병이 있거나 비만일 확률이 높다." ("Is American Health Care Uniquely Inefficient?" 28)

76) Christopher J.L. Murray and Julio Frenk, "Ranking 37th-Measuring the Performance of the U.S. Health Care System," New England Journal of Medicine 362, no. 2 (2010) : 98~99.

77) World health Organization, *World Health Report 2006 : Working Together for Health* (Geneva : World Health Organization, 2006), xv. xix.

고 있다. 물론 후자가 더욱 심하다.[78) 인구 대비 보건 관리 노동자의 비율은 이런 불균형을 뚜렷하게 보여 준다. 미국은 인구 1,000명당 보건 관리 노동자가 평균 24.8명이고, 아프리카는 1,000명당 2.3명이다.[79) 지역적인 불평등도 상당하다. 말라위는 전체 인구가 1,300만 명인데 의사 수는 260명이다. 농촌 지역에서는 인구가 수십만 명에 달하는 반면 의사가 한 명도 없는 경우가 자주 있다.[80) 보건 노동자가 부족하다는 것은 많은 진료소와 병원이 제때 질 좋은 관리를 전달하지 못한다는 의미다. 한 보고서에 따르면 가나에서는 보건 시설의 77퍼센트가 24시간 응급 서비스를 할 수 없으며, 그 가운데는 아이를 낳은 산모 관리를 담당한 곳도 포함되었다.[81)

전 세계에 걸쳐 탄탄한 보건 관리 노동력을 기르려면 새로운 의학교육 기관을 짓고, 기존 시설을 개선해야 할 것이다. 아프리카 대륙은 인구가 10억 명이 넘는데도 의과대학이 겨우 66곳뿐이다.[82) 2008년에는 아프리카의 의과대학이 8천명의 의사를 길러 냈지만, 상당수가 더 나은 급여와 직업의 안정성을 찾아 부유한 국가로 이주했다.[83) 과거 개발도상국에서 보건 전문가 대다수를 훈련시킨 곳은 정부가 운영하는 의과대학교와 간호학교였다. 하지만 최근에는 사립학교의 역할이 커지기 시작했다. 예컨대 지중해 동부에서는 1980년에 사적 부문이 전체 의학 훈련 기관의 10퍼센트였지만, 2005년에는 거의 60퍼센트를 차지했다.[84) 이렇게 사적 부문이 성장한 원인은 구조 조정 시기에 사회 부문 지출 감축이 장려되었기 때문이다. 궁극적으로 WHO가 목표로 하는 것처럼 "보조에서 테크니션, 전문가에 이르는 노동자를 육성하며 1차·2차·3차 교육 기관과 보건 서비스 기관을

---

78) 예를 들어 만약 보건 관리 훈련이 현재의 속도로 계속된다면, 2020년까지 미국은 간호사 80만 명과 의사 20만 명이 부족할 전망이다. 다음 글을 보라. Garrett, "The Challenge of Global Health"; U.S. Department of Health and Human Services, *Projected Supply, Demand, and Shortages of Registered Nurses, 2000~2020* (Washington, D.C. : Health Resources and Services Administration, 2002), 13; 그리고 Richard A. Cooper, "Weighing the Evidence for Expanding Physician Supply," *Annals of Internal Medicine* 141, no. 9 (2004) : 705-714.

79) World Health Organization, *World Health Report 2006*, xvii.

80) A. S. Muula, "Case for Clinical Officers and Medical Assistants in Malawi," *Croatian Medical Journal* 50, no. 1 (2009) : 77~78.

81) Garrett, "The Challenge of Global Health."

82) World Health Organization, *World Health Report 2006*, 44.

83) Fitzhugh Mullan, Seble Frehywot, et al., "Medical Schools in Sub-Saharan Africa," *Lancet* 377, no. 9771 (2011) : 1113~1121; Fitzhugh Mullan, "The Metrics of the Physician Brian Drain," *New England Journal of Medicine* 353, no. 17 (2005) : 1810~1818.

84) World Health Organization, *World Health Report 2006*, 46.

잇는 파이프라인"[85]을 만들기 위해서는 정부와 사설 기관 모두 투자를 늘려야 한다. 20년이 넘는 이 훈련의 공백을 메우는 비용은 평균적으로 국가당 매년 8,800만 달러로 추산되는데, 이를 감당하려면 매년 1인당 1.60달러씩 보건 비용을 늘려야 한다.[86]

더 많은 의사, 간호사, 약사를 양성하는 데 더해 "직무 이동" 정책이 인적자원의 결핍을 해소하는 데 도움을 줄 것이다. 2008년에 이루어진 한 연구에 따르면, 유아 질병에 대한 통합적 관리의 품질은 서로 다른 교육 수준을 갖춘 4개국 보건 제공자들 사이에서 조금씩 다르게 나타났다.[87] 훈련받은 공동체 보건 노동자들은 에이즈와 다중약물내성 결핵, 특정 악성종양 같은 복합적인 질병을 다루기 위한 직접 관찰 요법과 가정 중심 관리 등의 필수적인 여러 서비스를 제공할 수가 있다.[88] 4장에서 다루었지만, 발 벗고 나선 중국의 의사들과 시골에 있는 인도 의사들이 제공하는 공동체 기반의 1차 관리는 수십 년 동안 이 방법이 효과적이면서 비용이 저렴하다는 점을 증명했다. 아이티에서 페루, 르완다, 러시아, 미국에 이르기까지 건강의 동반자들의 활동 또한 공동체 보건의 노동자 모델을 따른다.[89]

공동체 보건 노동자들을 훈련시키는 일은 비용이 적게 드는 데다 빠른 시일 안에 달성 가능하다. 사하라 이남 국가 10곳에서 일하는 컬럼비아대학교 지구 연구소는 새천년 마을 프로젝트에 따라 아프리카에서 100만 명의 공동체 보건 노동자들을 추가로 훈련시킬 계획을 세웠다. 그렇게 되면 아프리카 농촌 인구 650명당 보건 노동자 1명의 비율이 되고, 서비스를 받는 인구 1인당 6.56달러가 들어가며, 연간 23억 달러(현재 정부와 재정 기부자들의 지출을 포함해서)에 이른다. 다른 개발도상국에도 이런 노력을 똑같이 실시한다면 보건 시스템 역량을 개선하는 데 도움이 될 것이다. 지구 연구소는 보고서를 통해 다음과 같이 주장한다. "공동체 보건 노동자들의 중요성이 밝혀진 것은 어제오늘의 일이

85) 위의 글, 42.

86) 위의 글, 146.

87) Luis Huicho, Robert W. Scherpbier, A. Mwansa Nkowane, Cesar G. Victora, and the Multi-Country Evaluation of IMCI Study Group, "How Much Does Quality of Child Care Vary between Health Workers with Different Durations of Training? An Observational Multicountry Study," *Lancet* 372, no. 9642 (2008) : 910~916.

88) Heidi L. Behforouz, Paul E. Farmer, and Joia S. Mukherjee, "From Directly Observed Therapy to *Accompagnateurs* : Enhancing AIDS Treatment Outcomes in Haiti and in Boston," *Clinical Infectious Diseases* 38, no. 5, suppl. (2004) : S429~S436.

89) Walton, Farmer, et al., "Integrated HIV Prevention and Care Strengthens Primary Health Care."

아니다. 이제 이 보건 노동자들을 1차 관리 수준의 노력을 강화하는 폭넓은 보건 시스템 위에 잘 배치하고, 보건 노동자들에 대한 재정을 개선하며, 공동체 기반 노동자들을 뒷받침하는 기술·진단·치료법에 대한 최신 성과를 널리 전파할 때다."[90] 공동체 기반 훈련 계획은 전문가 양성 프로그램을 보완하며, 보건 관리 노동자의 공백을 메우고, 큰 그림에서 보건 시스템을 강화하는 데 필수적이다.

하지만 가난한 국가들이 훈련 역량을 개선 및 확장한다고 해도 보건 분야에서 인적자원의 위기가 쉽게 사라지지는 않을 것이다. 보건 관리 노동자의 부족은 "두뇌 유출" 현상으로 더욱 악화되었다. 의사와 간호사를 비롯한 보건 전문가들이 더 나은 급여와 근로 환경을 찾아 국내 또는 국경을 넘어 이동하는 일이 잦아진 것이다. 우리는 그 수치를 분석한 자료를 보고 낙담했다. 잠비아의 경우, 1970년대부터 이곳에서 교육받은 의사 600명 가운데 겨우 50명이 잔류했고, 짐바브웨에서는 1990년대에 양성된 의사 1,200명 가운데 360명이 남았을 뿐이다. 가나에서는 1993년부터 2002년 사이에 훈련받은 의료 전문가 871명 가운데 267명만이 남았다.[91] 물자가 부족한 보건 시스템에 종사하던 보건 전문가들이 일터를 떠나는 이유는 보수가 쥐꼬리만할 뿐만 아니라, 자신들이 배웠던 기술과 도구를 활용할 수도 없기 때문이다. 이런 환경이라면 어떤 보건 노동자든 맥이 빠질 수밖에 없다. 케냐의 한 낙후한 병원에서 일하는 의사 한 명은 이렇게 말한다. "훈련받기 전 우리는 의사가 슈퍼맨인 줄 알았다. …… 하지만 여기서 우리는 영안실 안내원일 뿐이다."[92]

도시 지역의 비정부기구와 사설 기관 실무자들은 대개 국가 보건 시스템 노동자들보다 급여를 많이 요구한다. 게다가 기회나 시설의 부족은 보건 관리 노동자들을 농촌 지역에서 도시 환경으로 이끈다.[93] 부유한 국가에서도 노령화가 진행됨에 따라 보건 수요가 커져 보건 관리 노동자가 모자라기 때문에 가난한 국가에서 의사나 간호사를 끌어오려

90) *One Million Community Health Workers : Technical Task Force Report*, Earth Institute, Columbia University, 2011, www.millenniumvillages.org/files/2011/06/imCHW_TechnicalTaskForceReport.pdf (접속일 : 2012년 10월 12일)

91) Garrett, "The Challenge of Global Health."

92) Giuseppe Raviola, M'Imunya Machoki, Esther Mwaikambo, and Mary Jo DelVecchio Good, "HIV, Disease Plague, Demoralization, and 'Burnout' : Resident Experience of the Medical Profession in Nairobi, Kenya," *Culture, Medicine, and Psychiatry* 26, no. 1 (2002) : 55~86.

93) Suwit Wibulpolprasert, "The Inequitable Distribution of Doctors : Can It Be Solved?" *Human Resources for Health and Development* 3, no. 1 (January 1999) : 2~39, www.moph.go.th/ops/hrdj/hrdj6/pdf31/INEQUIT. PDF (접속일 : 2013년 1월 30일)

한다. 미국에서는 의사 5명 가운데 1명이 외국에서 교육을 받은 인력이다. 미국은 해마다 외국인 간호사 5만여 명에게 특별 비자를 내주는 한편 매년 자국 간호학교의 지원자 약 15만 명을 돌려보내고 있다.[94] 부유한 국가의 병원 인사 담당자들은 개발도상국의 의료 전문가들에게 직접 광고를 해서 자기들 쪽으로 오라고 부탁하고는 한다.[95] 개발도상국의 보건 전문가들이 비행기를 타고 선진국으로 날아가는 데 가장 큰 책임이 있는 국가가 어디인지는 쉽게 답할 수 있는 문제다. 단 미국을 포함해 여기에 연루된 국가들이 국내의 간호대학과 의과대학을 늘리면, 해외에서 의사와 간호사를 수입하지 않고도 점점 높아지는 보건 수요를 맞출 수 있다. 그러면 개발도상국의 두뇌 유출을 일으키는 유인을 줄이는 데 도움이 될 것이다.

즉, 개발도상국의 두뇌 유출을 막기 위해서는 빈곤한 국가와 부유한 국가 양쪽의 상당한 개혁과 투자가 필요하다. 물론 보건 전문가들은 더 나은 기회와 선택지를 누릴 자격이 있다. 개발도상국들은 의료 실무자들을 자국에 남기기 위해 경쟁력 있는 급여와 부가 혜택(집값을 싸게 해 주는 것 등), 현대적 보건 시설(중환자실, 수술실)과 의약품 및 진단 도구의 적절한 공급, 적당한 지원 인력, 지속적인 의학 교육과 훈련 프로그램 같은 전문적인 의료 환경을 제공할 수 있어야 한다. 한 연구 결과에 따르면 훈련, 학습 휴가, 전문적 지원 같은 비재정적인 우대책이 보건 전문가들로 하여금 사하라 이남 아프리카 국가들 4곳에 남도록 영향을 준 가장 중요한 요인이었다. 다른 말로 하면 개발도상국에서 의사와 간호사들이 부유한 국가로 옮겨가지 않게 하는 가장 좋은 방법은 보건 시스템 강화다. 보건 전문가들이 충분한 급료를 받고 잘 훈련받은 동료들로부터 자극을 받으며 현대적 의료 기구와 시설에 접근할 기회를 보장받는다면, 상당수가 자신이 교육받은 국가에 남는 것을 선택할 것이다.[96]

반대로 개발도상국이 훈련과 보건 인프라에 투자하지 않고 보건 전문가들을 빈곤한 환경에서 풍족한 환경으로 이끌게끔 제도적인 설계를 개혁하지 않는다면, 가난한 국가에서는 두뇌 유출이 계속 일어나 보건 시스템을 약화시킬 것이다. 그 결과 빈곤한 국가에

94) 위의 글.

95) Garrett, "The Challenge of Global Health."

96) Babara Stilwell, Khassoum Diallo, Pascal Zurn, Marko Vujicic, Orvill Adams, and Mario Dal Poz, "Migration of Health-Care Workers from Developing Countries : Strategic Approaches to Its Management," *Bulletin of the World Health Organization* 82, no. 8 (August 2004) : 595~600.

서 의사와 간호사의 공급이 부족해지면 그나마 부족한 재정을 털어 이 보건 전문가들에게 우선적으로 투자할 수도 없게 된다. 그러한 이유로 두뇌 유출이 일어나면 보통 가난한 정부의 보건부에 비난이 집중된다.[97] 보건에 충분한 돈을 쓰지 않아 이러한 사태를 불러 일으켰다는 것이다. 하지만 이들 가운데 몇몇은 미국에 있는 병원 한 곳보다도 예산이 적다.[98] 물론 이런 유출의 효과는 보건 전문가들이 작업 조건을 만족시킬 수 없는 바로 그 장소에 사는 가난한 사람들에게 가장 가혹한 형태로 나타난다. 즉 두뇌 유출은 경제적 불평등과 기타 거시적인 사회적 힘이 전 세계 인구의 보건을 패턴화한다는 점을 보여 준다. 결국 그것은 구조적 폭력의 한 사례다.

결론

이 장에서는 전 세계적으로 효과적인 보건 관리를 규명하고 확장하는, 발생기 국제 보건 전달의 과학을 살펴보았다. 국제 보건 전달 프로젝트는 보건 관리 전달의 여러 기본 원리를 제공한다. 지역적 맥락 도입하기, 환자들에게 최대 효용을 주는 관리 시스템 설계하기, 공유된 전달 인프라의 영향력 높이기, 보건 전달과 경제개발 모두 개선하기가 바로 그것이다. 또한 이 프로젝트는 보건 관리 전달의 품질을 개선하거나 악화하는 프로그램적 특성을 밝힘으로써 이런 다양한 행동 원리의 사례 연구를 제공한다.

이 장에서는 국가적·초국가적 규모에서 강화되는 보건 시스템을 살펴보면서, 이환율과 사망률의 특정 원인에 대응하는 전략이자 1차 보건관리 서비스의 대비를 강화하는 대각선적 접근을 지적했다. 마지막 절에서는 다시 보건에 대한 인적자원으로 눈을 돌렸는데, 이것은 보건 시스템 강화의 핵심 구성 요소이며 국제 보건의 단층선에 어떤 국제적인

---

97) 예컨대 다음을 보라. Roger Bate and Kathryn Boateng, "Honesty Is a Virtue," *Foreign Affairs Roundtable*, January 24, 2007, www.foreignaffairs.com/discussions/roundtables/how-to-promote-global-health (접속일 : 2012년 10월 15일) Laurie Garrett은 Bate와 Boateng의 비판을 "가난한 국가들에 대한 …… 불공평한 공격"으로 보고, "대상이 된 국가들 중 거의 모두 지난 3년 동안 국내총생산에서 보건에 지출한 액수가 상당히 늘었음"에 주목했다. (Garret, "The Song Remains the Same," *Foreign Affairs Roundtable*, January 24, 2007, www.foreignaffairs.com/discussions/roundtables/how-to-promote-global-health [접속일 : 2012년 10월 15일])

98) Paul Farmer는 말라위와 아이티 보건부의 전체 예산을 모두 합해도 미국 보스턴에 있는 브리검 여성병원의 예산보다 적다는 점에 주목했다. (Farmer, "Challenging Orthodoxies : The Road Ahead for Health and Human Rights," *Health and Human Rights: An International Journal* 10, no. 1 [2008] : 7)

정치·경제 구조가 숨겨져 있는지 살펴본 효과적인 사례이기도 했다. 이 장에서 전반적으로 거듭 강조했던 한 가지 주제가 있다면 생물사회적 복잡성이 국제 보건 분야의 본질이라는 점이다.

다음 장에서는 질병 부담의 측량법과 기타 정량적인 수단을 개발하는 데 따른 어려움을 분석함으로써 이 주제를 좀 더 진전시킬 예정이다. 국제 보건에서 복잡하고도 중요한 두 가지 도전 과제의 맥락에서 접근하게 될 정신 질환과 다중약물내성 결핵이다.

더 읽을거리

°Berwick, Donald M. "Disseminating Innovations in Health Care." *Journal of the American Medical Association* 289, no. 15 (2003) : 1969~1975.

°Ellner, Andrew, Sachin H. Jain, Joseph Rhatigan, and Daniel Blumenthal. "Polio Elimination in Uttar Pradesh." HBS no. GHD-005. Boston : Harvard Business School Publishing, 2011. Global Health Delivery Online, www.ghdonline.org/cases/.

°Frenk, Julio. "The Global Health System : Strengthening National Health Systems as the Next Step for Global Progress." *PLoS Medicine* 7, no. 1 (2010) : e1000089.

°Garrett, Laurie. "The Challenge of Global Health." *Foreign Affairs* 86, no. 1 (2007) : 14~38.

°Grimshaw, Jeremy, and Martin P. Eccles. "Is Evidence-Based Implementation of Evidence-Based Care Possible?" *Medical Journal of Australia* 180. no. 6, suppl. (2004) : S50~S51.

°Kim, Jim Yong, Paul Farmer, and Michael E. Porter, "Redefining Global Health Care Delivery," *Lancet* (20 May 2013)

°Kim, Jim Yong, Joseph Rhatigan, Sachin H. Jain, Rebecca Weintraub, and Michael E. Porter. "From a Declaration of Values to the Creation of Value in Global Health : A Report from Harvard University's Global Health Delivery Project." *Global Public Health* 5, no. 2 (2010) : 181~188.

°May, Maria, Joseph Rhatigan, and Richard Cash. "BRAC's Tuberculosis Program : Pioneering DOTS Treatment for TB in Rural Bangladesh." HBS no. GHD-010. Boston : Harvard Business School Publishing, 2011. Global Health Delivery Online, www.ghdonline.org/cases/.

°Murray, Christopher. "A New Institute for Global Health Evaluations." *Lancet* 369, no. 9577 (2007) : 1902.

°Park, Peter, Arti Bhatt, and Joseph Rhatigan. "The Academic Model for the Prevention and Treatment of HIV/AIDS." HBS no. GHD-013. Boston : Harvard Business School Publishing, 2011. Global Health Delivery Online, www.ghdonline. org/cases/.

°Porter, Michael E., and Elizabeth Olmsted Teisberg. *Redefining Health Care : Creating Value-Based Competition on Results*. Boston: Harvard Business Review Press, 2006.

°Quigley, Fran. *Walking Together, Walking Far : How a U.S. and African Medical School Partnership Is Winning the Fight against HIV/AIDS*. Bloomington: Indiana University Press, 2009.

°Raviola, Giuseppe, M'Imunya Machoki, Esther Mwaikambo, and Mary Jo DelVecchio Good. "HIV, Disease Plague, Demoralization, and 'Burnout' : Resident Experience of the Medical Profession in Nairobi, Kenya." *Culture, Medicine, and Psychiatry* 26, no. 1 (2002) : 55~86.

°Roberts, Marc J., William Hsiao, Peter Berman, and Michael R. Reich. *Getting Health Reform Right : A Guide to Improving Performance and Equity*. New York : Oxford University Press, 2008.

°Rodriguex, William, and Kileken ole-MoiYoi. "Building Local Capacity for Health Commodity Manufacturing: A to Z Textile Mills Ltd." HBS no. GHD-009. Boston : Harvard Business School Publishing, 2011. Global Health Delivery Online, www. ghdonline.org/cases/.

°Sanders, David, and Andy Haines. "Implementation Research Is Needed to Achieve International Health Goals." *PLoS Medicine* 3, no. 6 (2006) : e186.

°Stilwell, Barbara, Khassoum Diallo, Pascal Zurn, Marko Vujicic, Orvill Adams, and Mario Dal Poz. "Migration of Health-Care Workers from Developing Countries : Strategic Approaches to Its Management." *Bulletin of the World Health Organization* 82, no. 8 (2004) : 595~600.

°World Health Organization. *Everybody's Business : Strengthening Health Systems to Improve Health Outcomes.* Geneva : World Health Organization, 2007.

. *World Health Report 2006: Working Together for Health.* Geneva : World Health Organization, 2006.

The Unique Challenges of Mental Health and MDRTB : Critical Perspectives on Metrics of Disease

정신 건강에 대한 독특한 도전들과 MDRTB : 질병계량학의 중요한 관점들

8장
정신 건강에 대한 독특한 도전들과 MDRTB
: 질병계량학의 중요한 관점들

앤 베커, 안잘리 모트지, 조너선 바이겔, 주세페 라비올라, 샐먼 케샤브지, 아서 클레인먼

이 장에서는 자세하게 다룰 가치가 있는 두 주제를 살펴보려 한다. 바로 정신 건강과 다중약물내성 결핵(MDRTB)이다. 이 두 가지는 함께 엮이는 일이 흔치 않지만, 양쪽 모두 국제보건학의 이론과 실제에 본질적인 긴장과 도전 과제를 탐구할 수 있는 풍요로운 기반을 마련해 준다는 공통점이 있다. 또한 정신 건강과 MDRTB는 모두 전 세계적으로 긴급한 우선 과제인데도 국제 보건 방면의 여러 실무자와 연구자, 정책 입안자, 재정 지원자에게 별다른 관심을 받지 못한다. 두 가지 모두 국제적으로 장애보정수명(DALYs)(이전 장에서 자세히 다루었던 질병 부담의 계측 방법)을 계산할 때 상당한 비중을 차지하는 질병들이다.

그렇다면 정신 건강과 MDRTB가 그동안 국제보건학의 변두리에 있었던 이유는 무엇일까? 경시되었던 여러 질병을 정치경제학으로 조명하면 이 둘은 어느 정도의 비중을 차지할까? 또한 정신 건강과 MEDTB는 단순히 범주화되어 관습적으로 이루어져 온 국제 보건 계측학에 포함되기를 거부한다. 신경 정신 질환의 다층적인 표현들을 수량화하는 것이 가능할까? 만약 불가능하다면, 전 세계 정신 질환의 질병 부담을 줄이기 위해 자원을 할당하고 프로그램을 설계하는 일을 어떻게 해야 할까? MDRTB는 공기를 통해 전파되어 전염성이 높고, 감염될 경우에는 종종 치명적인 상황까지 가기도 한다. 그뿐만 아니라 치료가 까다롭고 비용 또한 높아 공중 보건 실무자들에게 이 질병은 최악의 악몽이다. 이러한 MDRTB의 도전 과제를 완전히 해결할 수 있는 비용 대비 효과성 분석이 과연 가능할까? MDRTB 유행이 재발해 국제적으로 전이될 위험은 어느 정도일까? 우리는 독자들이 이 장에서 복잡한 문제가 있는데도 우선순위에서 밀려났던 두 질환을 더 깊이 이해

하게 되기를 바란다. 동시에 이 책에 나오는 이론의 전반적인 관점을 받아들여 국제 보건의 비판적인 사회학을 위한 필요성을 더 실감했으면 한다.

정신 건강이라는 "특이 사례"

정신 건강은 건강과 국제 보건에 대한 전통적인 담론들과 불편한 관계다.[1] 전 세계 수천만 명의 인구가 정신 질환으로 고통받고 있는데도, 표 8.1에서 보여 주듯이 정신 질환과 연관된 사망률, 빈곤, 장애율에 대응하기 위해 할당된 보건 관리 지원은 매우 미비하다. 이렇듯 정신 질환은 다른 기관계에 영향을 미치는 의학적 질환과는 동떨어진 범주에 포함되는 경우가 많은데, 아마도 데카르트적인 이분법("정신이 물질에 우선한다.")이 반영된 결과로 보인다.[2] 물리적 질병이 관습적이고 객관적인 실제로 널리 받아들여지는 것과 달리, 신경 정신적인 질환의 증상은 주관적인 경험이므로 객관적인 의학 영역에 굳건하게 뿌리내리는 정도가 덜하다고 여기는 문외한이 많다.[3] 정신병이 주는 고통은 약한 것부터 강한 것까지 연속적인 단계를 이루기 때문에, 그 병을 단일한 질환이나 질병의 관습적인 생의학 범주로 포섭하기가 쉽지 않다. 이렇듯 정신 건강이라는 "특이 사례"는 현존하는 질병 부담 계측법의 복잡성과 그 단점을 생생하게 드러낸다.

독자들은 미국 같은 부유한 국가들의 도시나 교외 지역의 정신 건강 문제가 더 친숙하게 느껴질 수 있는데, 아마 대중지에서 이런 곳에는 우울증의 발병이나 정신과적 약제 처방이 흔하다는 기사를 접했기 때문일 것이다.[4] 전체 통계를 보면, 1980년에서 2000년 사

1) Giuseppe Raviola, Anne E. Becker, and Paul farmer, "A Global Scope for Global Health-Including Mental Health," *Lancet* 378, no. 9803 (2011) : 1613~1615.

2) 예컨대 다음 글을 보라. Martin Prince, Vikram Patel, Shekhar Saxena, Mario Maj, Joanna Maselko, Michael R. Phillips, and Atif Rahman, "No Health without Mental Health," *Lancet* 370, no. 9590 (2007) : 859~877.

3) Byron J. Good, *Medicine, Rationality, and Experience : An Anthropological Perspective* (New York : Cambridge University Press, 1994), 116~128.

4) 2006-2008년의 데이터를 분석한 미국 질병통제센터의 연구 결과에 따르면, 미국인 가운데 거의 10명 중 1명이 우울증을 겪고 있다. 다음을 보라. Centers for Disease Control and Prevention, "Current Depression among Adults : United States, 2006 and 2008," *Morbidity and Mortality Weekly Report (MMWR)* 59, no. 38 (October 1, 2010) : 1229~1235.

이 미국에서 전염병의 유병률은 76퍼센트 증가했다.[5] 플루옥세틴(fluoxetine, 프로작)과 파록세틴(paroxetine, 팍실) 같은 항우울제 사용 또한 1988년에서 2000년 사이 3배로 증가했는데, 어떤 시기를 기준으로 하든 여성은 10.6퍼센트, 남자는 5.2퍼센트 이상 항우울제를 복용한 것으로 추정된다.[6]

특히 우울증 같은 정신 건강 관련 질환이 급증했다는 점에 대해 일부 사람들은, 미국 보건 기관이 정상적인 슬픔을 의료화한 경우라고 주장한다. 예컨대 앨런 호르위츠(Allan Horwitz)와 제롬 웨이크필드(Jerome Wakefield)는 다음과 같이 주장했다. "최근 우울 장애가 폭발적으로 증가하는 현상은 근본적으로 이 증상의 발병률이 실제로 증가했기 때문이 아니다. 이는 정상적인 슬픔과 우울 장애라는 개념적으로 구별되는 두 가지 범주를 뒤섞은 산물이다."[7] 향정신성 약제의 사용이 증가하는 현상을 조사하던 대중지의 비평가들 또한 제약회사들이 이윤을 남기고자 자사 생산품의 지명도를 넓히는 연구를 지원하고, 유사 약품("me-too" drug)을 홍보했다고 주장했다.[8] 사회적 규범 속에 잘 흡수되는 감정 상태로 여겨졌던 슬픔과 비통함이 의학 영역으로 재배치된 현상은, 현대 보건 시스템이 경제적·정치적 이해관계를 어떻게 끌어들이는지에 대한 주의 깊은 비평이(정신과 환자들은 물론 여러 보건 실무자와 정책 입안자, 규제 담당자 사이에서) 필요함을 보여 준다.[9]

하지만 이것을 과잉 치료가 대중 담화를 지배한다는 의미로 잘못 해석해서는 안 된다. 사실 정신 질환은 미국과 전 세계를 통틀어 치료되지 않고 방치된 질병 가운데 가장 많다. 예컨대 2005년 연구 결과에 따르면 유럽 성인 인구의 27퍼센트가 지난 12개월 동안 적어도 한 가지의 정신 질환을 경험했다고 한다.[10] 미국과 유럽을 비롯해 국민소득이 높

5) Allan V. Horwitz and Jerome C. Wakefield, *The Loss of Sadness : How Psychiatry Transformed Normal Sorrow into Depressive Disorder* (New York : Oxford University Press, 2007), 4; Arthur Kleinman, *Rethinking Psychiatry: From Cultural Category to Personal Experience* (New York : Free Press, 1988), 53~75.

6) Centers for Disease Control and Prevention, National Center for Health Statistics, *Health, United States, 2007 : With Chartbook on Trends in the Health of Americans* (Washington, D.C. : U.S. Government Printing Office, 2007), 88, www.cdc.gov/nchs/data/hus/hus07.pdf#summary%20 (접속일 : 2012년 10월 16일)

7) Horwitz and Wakefield, *The Loss of Sadness*, 6.

8) 다음을 보라. Louis Menand, "Head Case: Can Psychiatry Be a Science?" *New Yorker*, March 1, 2010, www.newyorker.com/arts/critics/atlarge/2010/03/01/100301crat_atlarge_menand (접속일 : 2012년 9월 18일) 유사 약품이란, 이미 존재하는 약품에서 화학 구조를 살짝 변형한 대안 버전이다. 이런 약품을 판매하는 제약회사는 시장 점유율을 성공적으로 지키고 특허를 유지한 채 다른 회사가 경쟁 약품을 생산·판매하도록 한다.

9) Arthur Kleinman, "Culture, Bereavement, and Psychiatry," *Lancet* 379. no. 9816 (2012) : 608~609.

10) Hans-Ulrich Wittchen and Frank Jacobi, "Size and Burden of Mental Disorders in Europe : A Critical Review and Appraisal of 27 Studies," *European Neuropsychopharmachology* 15, no. 4 (2005) : 357~376.

[표 8.1] 자원 할당과 비교한 정신 질환의 질병 부담

· 출처 : Shekhar Saxena, Graham Thornicroft, Martin Knapp, and Harvey Whiteford, "Resources for Mental Health : Scarcity, Inequity, and Inefficiency," *Lancet* 370, no. 9590 (2007) : 883.
· a : 정신 질환이 그 원인인 장애보정수명의 비율. 장애보정수명은 전체 인구에서 때 이른 사망률로 잃어버린 수명과, 정신 질환의 발병으로 말미암은 장애로 잃어버린 수명을 감안해 합한 수명으로 정의한다.
· b : 여러 국가에서 총 보건 예산 가운데 정신 건강에 할당한 비율의 중간 값을 잡았다.

	정신 질환의 부담(장애보정수명 비율)[a]	정신 건강에 할당된 예산 비율[b]
저소득 국가	7.88	2.26
중저소득 국가	14.50	2.26
중상소득 국가	19.56	4.27
고소득 국가	21.37	6.88
전체 국가	11.48	3.76

은 대부분의 국가에서는 상당한 민족적·사회경제적 불평등이 정신 질환에 대한 도움 추구 행동(help-seeking), 관리 접근, 치료적 결과 등을 제한하는 패턴이 나타난다.[11] 즉 신경 정신 질환의 경우, 부유한 국가든 빈곤한 국가든 제대로 진단받지 못해 항우울제가 덜 사용된다.[12]

단, 신경 정신 질환의 발병률은 소득이 낮은 국가들에서 높게 나타난다. 2004년에 WHO는 동아시아와 동남아시아가 세계에서 개인별 신경 정신적 장애율이 제일 높다고 발표했다.[13] 연구에 따르면 전 세계적인 신경 정신 질환의 질병 부담(특히 만성 우울 장애)이 12~15퍼센트였는데, 이는 결핵 같은 감염성 질환이나 암과 심장병 같은 만성질환

---

11) 예컨대 다음 글을 보라. Amy Schulz, Barbara Israel, David Williams, Edith Parker, Adam Becker, and Sherman James, "Social Inequalities, Stressors, and Self Reported Health Status among African American and White Women in the Detroit Metropolitan Area," *Social Science and Medicine* 51, no. 11 (2000) : 1639~1653; Kenneth Wells, Ruth Klap, Alan Koike, and Cathy Sherbourne, "Ethnic Disparities in Unmet Need for Alcoholism, Drug Abuse, and Mental Health Care," *American Journal of Psychiatry* 158, no. 12 (2001) : 2027~2032; Anne E. Becker, Debra L. Franko Alexandra Speck, and David B. Herzog, "Ethnicity and Differential Access to Care for Eating Disorder Symptoms," *International Journal of Eating Disorders* 33, no. 2 (2003) : 205~212.

12) WHO World Mental Health Survey Consortium, "Prevalence, Severity, and Unmet Need for Treatment of Mental Disorders in the World Health Organization World Mental Health Surveys," *Journal of the American Medical Association* 291, no. 21 (2004) : 2581~2590.

13) World Health Organization, *The Global Burden of Disease : 2004 Update* (Geneva : World Health Organization, 2008), 62, www.who.int/healthinfo/global_burden_disease/GBD_report_2004update_full.pdf (접속일 : 2012년 11월 26일)

보다 높은 수치다.[14] 다른 통계 결과를 보면, 소득이 중하위인 국가들만 해도 영구적 장애가 있는 사람들 가운데 26.8퍼센트가 신경 정신 질환을 앓고 있다.[15]

그런데 이 수치가 오히려 신경 정신 질환의 질병 부담 정도를 과소평가한 것일 수도 있다. 근거는 전 세계적으로 활용되는 정신 질환의 수량화 및 보고 방식의 복잡성이다. 예를 들어 여성과 청소년 같은 취약 계층의 신경 정신 질환 증상과 도움 추구 행동은 덜 가시적이라 보고되지 않는 경우가 많다.[16] 여기에 정신 보건 전담 서비스가 부족하다는 점(그리고 가능한 서비스 기관이 도심에 집중되었다는 점) 또한 소득이 중저 수준인 국가들에서 유병률을 일반화하는 작업을 극도로 어렵게 한다. 게다가 「정신 질환 진단과 통계 편람 V(Diagnostic and Statistical Manual of Mental Disorders V, DSM-V)」(미국 정신의학회가 널리 활용하는 분류 편람) 등에 목록으로 올라간, 정신 질환의 기준을 보편화하는 기초가 되었던 여러 추측은 그것을 개발한 대상 집단(주로 유럽인과 미국인 집단)이 아닌 인구 집단에서는 타당성이 불분명하다. 이런 진단 기준은 다양한 문화적 · 사회적 맥락에서 제한된 임상 효용성을 보이기 때문이다. 정신 질환 발현의 현상학적 다양성과 문화 특이적인 수사법으로 말미암은 고충을 짐작할 수 있는 대목이다.

관습적인 공중 보건 계측법 또한 정신 질환과 연관된 공동 사망률을 파악하는 데 실패했다. 2007년 「랜싯(Lancet)」지에 발표된 일련의 연구 결과를 보면 우울증, 약물 과용, 자살, 외상 후 스트레스 장애 같은 정신 질환과 물리적 질병을 관련짓는 방식이 나와 있다.[17] 이 연구에서 연구자들은 정신 질환이 결핵이나 성적으로 전파되는 감염 같은 전염성 질환과 관상동맥성 심장병, 뇌졸중, 당뇨병 같은 전파되지 않는 질환들의 위험성을 모

---

14) Christopher J.L. Murray and Alan D. Lopez, "Alternative Projections of Mortality and Disability by Cause, 1990~2020 : Global Burden of Disease Study," *Lancet* 349, no. 9064 (1997) : 1501~1502.

15) Vikram Patel, "Alcohol Use and Mental Health in Developing Countries," *Annals of Epidemiology* 17, no. 5, suppl. (2007) : S87.

16) Schulz, Israel, et al., "Social Inequalities, Stressors, and Self Reported Health Status."

17) 다음을 보라. *The Lancet* Series on Global Mental Health, London, September 2007, www.thelancet.com/series/global-mental-health (접속일 : 2012년 10월 15일)

두 높인다는 사실을 발견했다.[18] 또 반대로 에이즈나 말라리아 같은 여러 물리적 질병들 또한 정신 장애를 심화시킬 위험이 있는 것으로 드러났다.[19] 이러한 질병의 악순환은 정신 보건 서비스를 보건 시스템으로 통합하는 것이 왜 중요한지 보여 준다. 「랜싯」지 연구의 저자들은 WHO의 2001년 「세계 보건 보고서」에서 최초로 주장했던 하나의 명제를 다시 천명하면서 끝맺었다. "정신 건강 없는 건강은 불가능하다."[20]

정신 질환을 앓는 사람은 전 세계적으로 4억 명으로 추산되는데, 그중 상태가 심각한 환자의 상당수가 필요한 관리를 받지 못하고 있다.[21] 그들이 보건 관리에 접근하지 못하는 이유는 대부분 가난이다. 그렇다고 이를 해결하기 위해 부적절한 관리 접근을 하면 오히려 정신 질환의 위험을 높일 수 있다. 2003년의 연구에서, 비크럼 파텔(Vikram Patel)과 아서 클레인먼은 다음과 같이 결론을 내렸다. "불안과 절망의 경험, 급격한 사회 변화, 그리고 폭력을 비롯한 물리적인 수단으로 악화된 건강의 위험은 빈곤층이 정신 장애에 취약할 수밖에 없는 이유를 보여 준다."[22] 기아와 영양실조, 부적절한 거주 환경과 노동 환경, 인구가 북적이는 도시, 농촌의 고립감 또한 가난한 이들이 정신 질환에 걸릴 위험성을 높이는 원인이 된다. 즉, 빈곤층이 정신 질환에 걸릴 가능성을 높이는 것은 구조적 폭력이다.[23] 「세계 정신 보건 : 저소득 국가들의 문제점과 우선 과제(World Mental Health : Problems and Priorities in Low-Income Countries)」에서 인류학자인 로버트 데스잘라이스(Robert Desjarlais)와 그의 동료들은 이 연관 관계를 뒷받침하는 사회적 메커니즘을 추적한다.

---

18) Prince, Patel, et al., "No Health without Mental Health," 868. 이러한 공동 사망률이 가져온 효과 중 유감스러운 징후 한 가지는 아이티에서 최초로 나타났다고 여기는 콜레라의 사례다. 연구자들에 따르면 최초로 콜레라에 걸린 아이티 사람은 치료받지 않은 심한 정신과 질환의 병력이 있던 한 28세 남성이었다. 그는 2010년 10월 13일, 아르티보니트 리버 밸리 자택에서 숨졌다. 다음 글을 참고하라. Louise C. Ivers and David A. Walton, "The 'First' Case of Cholera in Haiti: Lessons for Global Health," *American Journal of Tropical medicine and Hygiene* 86, no. 1 (2012) : 36~38.

19) Prince, Patel, et al., "No Health without Mental Health," 868.

20) 위의 글. ; World Health Organization, *World Health Report 2001-Mental Health: New Understanding, New Hope* (Geneva : World Health Organization, 2001), www.who.int/whr/2001/en/whr01_en.pdf (접속일 : 2012년 10월 15일)

21) WHO World Mental Health Survey Consortium, "Prevalence, Severity, and Unmet Need."

22) Vikram Patel and Arthur Kleinman, "Poverty and Common Mental Disorders in Developing Countries," *Bulletin of the World health Organization* 81, no. 8 (2003) : 609.

23) Raviola, Becker, and Farmer, "A Global Scope for Global Health."

사회의 일상적 구조에 뿌리내린 (만성적 기아, 성적 착취, 만연한 불완전 고용 등의) 문제점은, 정신 보건 전문가들에게 더 익숙한 가족이나 배우자의 사망 같은 삶의 주요 위기에서 오는 급성 스트레스와 마찬가지로 정신 보건 분야에서 많은 희생자를 낼 수 있다. 따라서 정신 보건을 다루기 위해서는 언뜻 볼 때 "정신과적" 문제가 아니라고 보이는 상호 연관된 여러 힘을 고려해야 한다.[24]

사회적으로 주변화된 집단들은 질병 부담에 있어 큰 타격을 받는다. 예컨대 여성들은 만성 정신과 질환에 대한 이환율을 상대적으로 많이 경험한다. 전통적으로 적절한 보수 없이 오랜 시간 일하는 것이 당연시되었고, 남성들에 비해 사회적 지지를 덜 받는 경우가 많아서 신경 정신과적 고통과 연관된 다중적인 사회적 취약성에 마주하게 되기 때문이다.[25] 이렇게 젠더에 기반을 둔 위험은 중국에서 성별 정신 보건의 불평등으로 나타나는데, 실제로 여성의 자살률이 남성에 비해 25퍼센트 더 높다.(321쪽 '중국의 자살 문제' 박스 글을 보라.) 또한 가난하게 생활하는 아동들 역시 정신 질환을 앓을 위험이 높다. 발달적인 소모(주로 영양실조 때문이다.), 교육의 결여, 아동 노동, 아동 성매매 등은 젊은 이에게 만성 정신 질환의 위험을 높이는 생애 초기의 해로운 경험 가운데 일부일 뿐이다. WHO는 아동과 청소년의 10~20퍼센트가 정신과적인 문제를 안고 있는 것으로 추산했으며, 이는 5세 이상 인구의 10대 사망률 가운데 5위를 차지한다.[26] 실제로 자살률은 젊은 세대에서 높게 나타나는데, 중국과 유럽의 여러 국가에서는 15~34세 사이 사망 원인의 1~2위를 다툰다. 미국에서도 이 연령 집단의 사망 원인 중 3위가 자살이다.[27] 중국과 일본 그리고 다른 여러 국가에서는 젊은 세대뿐만 아니라 노인 집단 또한 높은 자살률을 보인다. 더구나 정신 보건에 대해 우리가 아는 바가 적다는 점은 줄곧 해결해야 하는 문

24) Robert Desjarlais, Leon Eisenberg, Byron Good, and Arthur Kleinman, eds., *World Mental Health : Problems and Priorities in Low-Income Countries* (Oxford University Press, 1996), 31.

25) 위의 책, 183. 여성에 불리한 젠더 편향의 사회적 결과에 대한 더 자세한 설명은 다음 글을 참고하라. Amartya Sen, "Missing Women: Social inequality Outweighs Women's Survival Advantage in Asia and North Africa," *British Medical Journal* 304, no. 6827 (1992) : 587~588.

26) World Health Organization, *World Health Report 2001-Mental Health*, 36.

27) 중국과 유럽의 젊은이들 사이에서 주된 사망 요인인 자살에 대한 통계는 위의 글, 39를 보라. 미국의 통계 결과는 다음 자료를 참고하라. Centers for Disease Control and Prevention, National Center for Injury Prevention and Control, *Web-Based Injury Statistics Query and Reporting System*, www.cdc.gov/injury/wisqars/index/html (접속일 : 2012년 9월 18일)

[지도 8.1] 2007년 전 세계 인구 10만 명당 자살률. Bamse/Wikimedia Commons의 허가를 받아 게재.
· 자료 출처 : 세계보건기구.

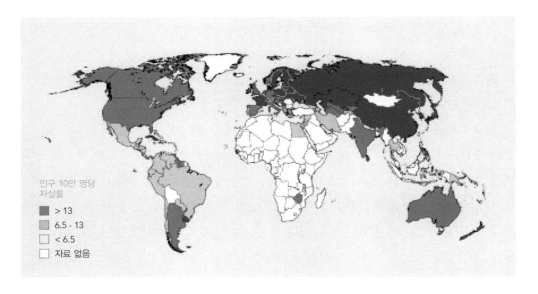

제로 남아 있다. 예를 들어 여러 국가, 특히 아프리카와 동남아시아의 자살률 수치에 대
한 자료는 종종 질이 떨어지거나 사실성이 의문시된다.(지도 8.1을 보라.)

신경 정신과 질환에 대한 지식의 취약성과 그에 따른 낙인으로 기본 인권을 어기는 경
우가 종종 있다. 비크람 파텔과 그의 동료들은 다음과 같이 기술한다. "정신 질환에 붙는
낙인은 너무나 커서 정신 질환자들은 일자리를 얻거나 학교를 마치기가 어렵다. 따라서
결혼하거나 독립해서 생활하기도 불가능한데, 보험회사는 이들의 치료 비용을 지불해 주
지도 않는다."[28] 이들은 "에르와디의 비극"으로 알려진 무시무시한 사건을 그 예로 들었
다. 인도의 치유 사원에 있던 20명도 넘는 정신 질환자가 침대에 쇠사슬로 묶여 있던 탓
에 불이 났는데도 탈출하지 못하고 그 자리에서 타 죽은 사건이다.[29] 물론 선진국에서도
신경 정신과 질환에 낙인을 찍는 충격적인 사례들은 적지 않다. 파텔과 그의 동료들은 다
른 질환 관련 낙인과 마찬가지로, 정신 질환에 대한 공포와 차별은 무지와 무관심에서 온
것이라고 주장한다. 이들에 따르면 어떤 질병에 대한 이해도가 떨어져서 치료하지 않은

28) Vikram Patel, Benederro Saraceno, and Arthur Kleinman, "Beyond Evidence : The Moral Case for International
   Mental Health," *American Journal of Psychiatry* 163, no. 8 (2006) : 1313.
29) 위의 글.

[지도 8.2] 정신 건강을 위한 인적자원 : 2005년 전 세계 인구 10만 명당 정신과 의사, 심리학자, 간호사, 사회복지사의 수
· 출처 : Shekhar Saxena, Graham Thornicroft, Martin Knapp, and Harvey Whiteford, "Resources for Mental Health : Scarcity,
   Inequity, and Inefficiency." *Lancet* 370, no. 9590 (2007) : 880.

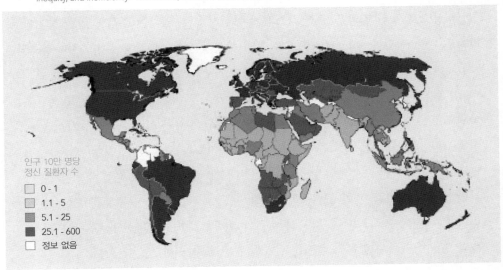

인구 10만 명당
정신 질환자 수

- ☐ 0 - 1
- ☐ 1.1 - 5
- ☐ 5.1 - 25
- ☐ 25.1 - 600
- ☐ 정보 없음

상태로 방치할 때, 그 사회에서는 희생자를 비난할 확률이 높다. 정신 보건에 대한 정보
와 치료 프로그램이 개발될수록 낙인 현상은 확실히 줄어들 것이다.[30]

정신 질환자를 방치하는 현 상태를 뒤집으려면 상당한 자원을 정책적으로 투입해야
한다. 가난한 국가들 대부분은 기껏해야 건강 보건 서비스로 1년에 1인당 몇 센트만 쓸
뿐이다. 지도 8.2에서 볼 수 있듯, 이런 국가들에는 정신 보건 전문가 또한 부족하다. 탄
자니아에서는 국가 전체를 통틀어 훈련받은 정신과 의사가 겨우 20명이다. 이 국가는 인
구가 4,400만 명인데 정신 보건에 소요되는 총 지출액은 1년에 1인당 평균 0.05달러에 불
과하다.[31] 반면 2001년에 미국에서는 정신 보건과 약물 남용 분야에 1,040억 달러를 썼
으며, 이것도 전체 보건 지출액의 7.6퍼센트일 뿐이다. 이런 수치 비교는 국제 정신 보건

---

30) 위의 글, 1314. 하지만 이 관점은 논쟁의 대상이 되어 왔다. 예를 들어 Ethan Watters는 자신의 저서 *Crazy Like Us
  : The Globalization of the American Psyche* (New York : Free Press, 2010)에서 정신 질환에 대한 철저한 생물학적
  이해의 전파가 환자에 대한 오명을 늘릴 수 있다고 주장한다.

31) Desjarlais, Eisenberg, et al., *World Mental Health*, 54.

지형의 놀랄 만큼 불평등한 풍경을 단적으로 보여 준다.[32]

이렇듯 국제적인 정신 보건 관리를 실행하는 데는 상당한 장벽이 있다. 그런데 최근 저렴한 비용으로 정신 질환을 보건 시스템에 통합시킬 수 있다는 주목할 만한 증거가 봇물 터지듯 나오고 있다. 데스잘라이스와 그의 동료들은 그 예로 남아메리카의 성공적인 공동체 기반 치료 프로그램을 들었다.

> 자원과 필요성 사이의 틈새를 메우는 한 가지 수단은, 1차 보건관리 노동자들을 훈련해 (환자들의) 정신 보건 문제들을 식별하고 치료하는 것이다. 컬럼비아와 에콰도르에서 1차 관리 노동자와 간호사들을 위해 개발한 예비적인 훈련 코스를 보면, 지역 보건 노동자들이 환자들에게 필요한 정신 보건 관리를 제공할 수 있음이 확증된다. 기본적 검사 기술을 활용하는 초기 훈련으로도 1차 관리 노동자들은 환자들의 정서 상태를 결정하고 적절한 관리를 추천할 수 있다.[33]

네팔의 공동체 정신 보건 프로젝트 또한 정신 보건 서비스를 보건 시스템에 통합할 수 있다는 전망을 보여 준다.[34] 이 프로그램이 시작되었던 1984년만 해도 네팔에는 전국을 통틀어 정신과 의사가 22명뿐이었고, 그중 수도인 카트만두 밖에서 일하는 사람은 고작 3명이었다. 그래서 이 프로젝트는 정신 보건 관리를 전혀 받지 못했던, 먼 변방에 있는 히말라야 4개 지구 주민의 기본적인 정신 장애를 진단하고 치료하기 위해 지역 보건 노동자들을 훈련하는 것부터 시작했다. 이 프로젝트의 사례 연구를 기술한 새러 애클랜드(Sarah Acland)에 따르면, "이 정신 보건 프로그램의 목적은 농촌 빈곤층의 정신 건강을 돌보기 위한 서비스를 이미 존재하는 공동체 보건 시스템으로 통합하는 것이었다. 실제로 보건

---

32) Tami L. Mark, Rosanna M. Coffey, Rita Vandivort-Warren, Hendrick J. Harwood, Edward C. King, and the MHSA Spending Estimates Team, "Trends, U.S. Spending for Mental Health and Substance Abuse Treatment, 1991~2001," *Health Affairs* 24 (2005) : 133; Thomas Insel, "Assessing the Economic Costs of Serious Mental Illness," *American Journal of Psychiatry* 165, no. 6 (2008) : 663~665.

33) Desjarlais, eisenberg, et al., *World Mental Health*, 30. 언급된 프로그램들은 자연재해에 대한 대응이지만, 필자들은 그 사례들이 보건 시스템에 대해 자원이 부족한 정신 보건 관리 서비스의 실행 모델이 될 수 있다고 제안한다.

34) 네팔의 공동체 정신 보건 프로젝트에 대한 자세한 설명은 Sarah Acland의 다음 글을 참고하라. "Mental Health Services in Primary Care : The Case of Nepal," in *World Mental Health Casebook : Social and Mental Health Programs in Low-Income Countries*, ed. Alex Cohdn, Arthur Kleinman, and Benedetto Saraceno (New York : Kluwer Academic/Plenum, 2002), 121~153.

노동자들에게 신경 정신적 장애를 인지하고 관리하는 방법을 훈련시킴으로써 이 목적을 달성할 수 있었다."[35] 1993년의 보건 통계에 따르면 간질 4,878건·정신 이상 557건·우울증 1,124건을 포함해 수천 건의 환자 방문 기록이 보고되었고, 진행성인 환자는 421명이었다.[36] 이 프로그램은 비록 취약할지라도 현재 존재하는 보건 인프라를 통해 정신 보건 서비스를 전달함으로써, 저렴한 비용으로 신경 정신적 장애를 경감하는 시발점이 되었다.

정신 보건 프로그램의 상당수가 이런 식으로 공동체 기반의 접근법을 채택한다. 1960년대에서 1970년대 사이, 토머스 램보(Thomas Lambo)와 그의 동료들은 나이지리아의 정신 질환자들을 위해 마을 기반의 관리 프로그램을 시작해 전망 있는 결과를 얻었다.[37] 칠레의 국가 치료 프로그램 또한 서비스를 기존에 존재하는 1차 보건관리 전달 노력과 통합해, 일부 지표에서 우울증의 이환율을 줄였다.[38] 정신 질환과 물리적 질환을 동시에 앓는 환자들이 있기 때문에, 이런 노력은 양쪽 보건 관리를 강화하는 효과가 있었다. 이러한 공동체 기반의 보건 관리 프로그램은 여러 해 동안 아이티 농촌에서 치료를 제공했다.[39] 2010년 1월에 발생한 지진은 신경 정신과적 장애를 널리 퍼뜨렸으며, 일부 보건 제공자들은 그 수요에 대응했다. 예컨대 잔미 라산트의 정신 보건 및 심리 프로그램은 단기간에 정신과 의사를 3명에서 17명으로, 사회복지사(보조 인력과 함께)를 20명에서 50명으로 늘렸다.[40] 늘어난 정신과 수요에 비하면 여전히 부족했지만, 아이티 보건부와의 협력 관계를 통해 아이티의 국가적 정신 보건 치료와 훈련 역량을 강화하는 단계로 나아

---

35) 위의 글, 129.

36) 위의 글, 141.

37) T. Adeoye Lambo, "Patterns of Psychiatric Care in Developing African Countries : The Nigerian Village Program," in *International Trends in Mental Health*, ed. Henry P. David (New York : McGraw-Hill, 1966), 147~153; Olabisi A. Odejide, L. Kola Oyewunmi, and Jude U. Ohaeri, "Psychiatry in Africa," *American Journal of Psychiatry* 146, no. 6 (1989) : 708~716.

38) Alberto Minoletti and Alessandra Zaccaria, "Plan Nacional de Salud Mental en Chile : 10 Años de Experiencia," *Revista Panamericana de Salud Publica* 18, nos. 4~5 (2005) : 346~358. 다음 글도 참고하라. Gracia Rojas, Rosemarie Fritsch, Jaime Solis, Enrique Jadresic, Cristóbal Castillo, Marco González, Viviana Guajardo, Glyn Lewis, Tim J. Peters, and Ricardo Araya, "Treatment of Postnatal Depression in Low-Income Mothers in Primary-Care Clinics in Santiago, Chile : A Randomized Controlled Trial," *Lancet* 370, no. 9599 (2007) : 1629~1637; Ricardo Araya, Graciela Rojas, Rosemarie Fritsch, Jorge Gaete, Maritza Rojas, and Tim. J. Peters, "Treating Depression in Primary Care in Low-Income Women in Santiago, Chile : A Randomised Controlled Trial," *Lancet* 361, no. 9362 (2003) : 995~1000.

39) Raviola, Becher, and Farmer, "A Global Scope for Global Health."

40) Giuseppe Raviola, Eddy Eustache, Catherine Oswald, and Gary Belkin, "Mental Health Response in Haiti in the Aftermath of the 2010 Earthquake : A Case Study for Building Long-Term Solutions," *Harvard Review of Psychiatry* 20, no. 1 (2012) : 71.

갈 수 있었다.

여기서 언급한 정신 보건 치료 프로그램의 결과 보고서가 한창 쌓여 가는 동안, WHO는 2010년에 '정신 보건 GAP 활동 프로그램'을 시작해 개발도상국의 신경정신과 문제와 약물 남용 관련 서비스 전달을 북돋우고자 했다.[41] 이러한 장애에 대한 기본적인 치료 묶음을, 물자가 부족한 환경에서도 공동체 보건 노동자들이 관리·전달에 직접 관여하는 이전의 프로그램과 연계하면 비용 부담을 줄일 수 있다.[42] 프로그램의 적용 범위가 넓을수록, 이런 접근법을 활용하면 전 세계 정신과 질병의 부담을 많이 줄일 수 있을 것이다.[43]

이렇게 프로그램이 진전되었는데도, 만성 신경정신과 사망률을 줄이는 방법의 불확실성과 논쟁은 여전히 남아 있다. '의료화' 자체에 대한 아서 클레인먼의 오랜 비판은 그동안 서비스가 부족했던 인구 집단에 정신 보건 서비스(또는 어떤 종류의 보건 관리를)를 확대하자는 제안에 중요한 질문을 던진다.

이 의료화 과정은 생물의학에서 제기되는 대부분의 논쟁적 속성에 대해 확실히 책임이 있다. 생물의학 부문의 영향력은 생활의 여러 문제가 점점 더 그 영향권에 들어감에 따라 계속해서 커지고 있다. 알코올 중독을 비롯한 약물 남용, 비만, 노화, 유아 학대, 폭력 등 이 모든 문제는 머지않아 보건(또는 정신 보건) 상태로 구체화할 것이다. 의료화는 우리가 그것들의 유전적인 뿌리를 찾고 다른 개인적인 위험 요인을 평가하도록 이끌어 주며, 물론 그 치료법을 찾는 데도 도움을 준다. 그런데도 대상자에게 환자 역할을 부여함으로써 의료화는 그 사람을 보호할 뿐 아니라

---

41) World Health Organization, *mhGAP Intervention Guide for Mental, Neurological, and Substance Use Disorders in Non-Specialized Health Settings: Mental Health GAP Action Programme (mhGAP)* (Geneva : World Health Organization, 2010), www.who.int/mental_health/publications/mhGAP_intervention_guide/en/index.html (접속일 : 2012년 9월 18일)

42) Vikram Patel, Gregory Simon, Neerja Chowdhary, Sylvia Kaaya, and Ricardo Araya, "Packages of Care for Depression in Low- and Middle-Income Countries," *PLoS Medicine* 6, no. 10 (2009) : e1000159; Vikram Patel and Martin Prince, "Global Mental Health : A New Global Health Field Comes of Age," *Journal of the American Medical Association* 303, no. 19 (2010) : 1976~1977; Dan Chisholm, Crick Lund, and Shekhar Saxena, "Cost of Scaling Up Mental healthcare in Low- and Middle-Income Countries," *British Journal of Psychiatry* 191 (2007) : 528~535.

43) Gary S. Belkin, Jurgen Un tzer, Ronald C. Kessler, Helen Verdeli, Giuseppe Raviola, Katherine Sachs, Catherine Oswald, and Eddy Eustache, "Scaling Up for the 'Bottom Billion' : '5 5' Implementation of Community Mental Health Care in Low-Income Regions," *Psychiatric Services* 62, no. 12 (2011) : 1494~1502.

낙인을 찍을 수 있다. 또한 복잡한 사회문제를 한 번에 해결할 수 있다는 듯, 마치 마법 총알을 찾도록 잘못 인도할 수도 있다. 뿐만 아니라 그런 행동들에 영향을 주는 정치·경제적 문제들에 대한 판단을 흐리게 할 수도 있다.[44]

중국의 자살 문제

정신 건강 서비스를 방치함으로써 나타날 수 있는 비극적인 결과 중 한 가지가 바로 자살이다.[45] 하지만 클레인먼, 파텔 등은 특정 맥락에 의존하는 사회적·경제적 힘이(정신 질환만이 아닌) 서로 다른 환경에서 자살의 지역적 윤곽을 형성한다고 설명한 바 있다.[46] 그 대표적인 예로 중국을 보면, 이러한 힘이 사람을 좌절과 죽음으로 이끄는 심각한 모습을 확인할 수 있다.

WHO는 매년 중국에서 인구 10만 명당 14건의 자살 사건이 벌어지는 것으로 추산한다.[47] 정부가 보고한 통계 수치의 타당성에 의문을 제기하고, 이 비율이 10만 명당 28.72건이라고(또는 매년 총 32만 건 이상) 계산하는 사람들도 있다.[48] 어떤 수치가 사실이든 간에 이는 전 세계에서 가장 높은 비율이며, 중국 내에서도 다섯 번째로 높은 사망 원인이다.[49] 이 문제는 15세에서 34세의 젊은이들 사이에서 특히 심각한데, 이 집단에서는 자살이 사망 원인 1위(전체 사망자 수의 19퍼센트)다. 특히 여성의 자살률이 남성보다 25퍼센트 더 높다. 이 마지막 수치는 전 세계적인

44) Arthur Kleinman, *Writing at the Margin : Discourse between Anthropology and Medicine* (Berkeley : University of California Press, 1995), 38. 다음 글도 참고하라. Arthur Kleinman, "Medicalization and the Clinical Praxis of Medical Systems," in *The Use and Abuse of Medicine*, ed. Marten W. De Vries, Robert L. Berg, and Mack Lipkin Jr. (New York : Praeger Scientific, 1982), 42~49.

45) World Health Organization, *World Health Report 2001-Mental Health: New Understanding, New Hope* (Geneva : World Health Organization, 2001), x. www.who.int/whr/2001/en/whr01_en/pdf (접속일 : 2012년 10월 15일)

46) Vikram Patel and Arthur Kleinman, "Poverty and Common Mental Disorders in Developing Countries," *Bulletin of the World Health Organization* 81, no. 8 (2003) : 611~612. 다음 글도 참고하라.

47) World Health Organization, *World Health Report 2001-Mental Health*, 37.

48) Michael R. Phillips, Huaqing Liu, and Yanping Zhang, "Suicide and Social Change in China," *Culture, Medicine, and Psychiatry* 23, no. 1 (1999) : 25, 30.

49) "Women and Suicide in Rural China," *Bulletin of the World Health Organization* 87, no. 12 (December 2009) : 885, www.who.int/bulletin/volumes/87/12/09-011209/en/index.html (접속일 : 2012년 10월 15일)

수치와는 매우 다른데, 세계적으로는 남성의 자살률이 여성보다 평균 3.5배 더 높기 때문이다.(예컨대, 그림 8.1을 보라.)[50]

또 중국에서는 자살의 90퍼센트가 농촌 지역에서 일어난다. 이 점을 모두 감안하면, 농촌에 사는 젊은 여성들의 자살 위험이 가장 높다는 결론이 나온다. 비록 서로 다른 문화 사이에서 정신 질환을 수치화하고 해석하는 일이 어렵기는 하지만, 입수할 수 있는 모든 지표를 확인하면 중국 농촌의 인구 집단이 보건 관리에 대한 마땅한 접근의 기회 없이 무거운 정신 질환 부담을 짊어지고 있음이 너무나 명백하게 그려진다.

그렇다면 어째서 지리적·인구학적 조건을 따라 자살률이 구조화되는 것일까? 이러한 절망적인 행위를 저지르는 개개인(대부분 농촌의 젊은 여성들) 뒤에는 현 중국의 급격한 사회적·경제적 변동이 놓여 있다.[51] 우선 대부분 남성으로 구성된 1억 5천만 명 이상의 이주자들이 농촌에서 도시로 옮겨 가는 바람에 아이가 있고 또 부양할 늙은 부모가 있는 결혼한 여성들을 뒷받침할 체제가 약해졌다. 그리고 지난 30년간 시장 중심적 개혁을 거치며 중국인들의 보건 상황에 많은 변화가 일어났다. 우울증이나 약물 남용 같은 정신 장애가 늘고, 에이즈 같은 성적으로 전파되는 질병과 폭력이 증가한 것이다. 이러한 사회적인 격변은 정신 질환이 나타나는 위험 요인으로 알려져 있다.[52]

또한 민영화가 진행되면서 보건 관리 전달이 "연대-중심" 보험 정책에서 "개인-중심" 보험으로 바뀌었다. 이러한 갑작스런 정책 전환은 체계에 충격을 주었다. 환자들이 요구되는 비용을 내지 못해 농촌의 병원과 진료소는 텅텅 비었다. 중국 보건 시스템의 오랜 상징이자 저력이었던 공동체 중심 관리 모델이 새로운 소비자

---

50) World Health Organization, *World Health Report 2001-Mental Health*, 37.

51) 1978년 이래 중국 정부는 무역을 자유화하고, 개인 사업을 활성화하며, 외국의 직접투자를 국가적으로 받아들이는 등의 경제개혁을 실시했다. 경제성장률이 급속하게 높아지고 다수의 생계가 나아진 것과 더불어 소득 불균형과 사적 서비스의 투자 부족 현상 역시 크게 늘어났다. 보건 관리 같은 사회 서비스 지원과 신자유주의 사이의 관련에 대한 더 자세한 설명은 이 책의 4장을 보라.

52) 1990년대에 떠들썩한 정치적·경제적 변혁을 겪고 난 소비에트연방 이후의 국가들은 전 세계에서 가장 높은 자살률을 보였다. 라트비아와 리투아니아는 인구 10만 명당 40명 이상의 자살률을 보였고(전 세계에서 가장 높았다.), 전 세계에서 자살률이 높은 상위 15개 국가 가운데 9개국이 전 소비에트연방 소속이었다.(인구 10만 명당 자살률이 15명 이상이었다.) 다음 글을 참고하라. José Manoel Bertolote and Alexandra Fleischmann, "A Global Perspective in the Epidemiology of Suicide," *Suicidology* 7, no. 2 (2002) : 6~8.

시스템과 마찰을 일으켰다.[53] 상태가 심각한 개인 환자들은 정신 질환으로 낙인이 찍히는 것을 감수하고서라도 신속하고 가격이 적당한 질 좋은 보건 관리를 찾고자 노력했지만, 그마저도 쉽지는 않았다. 농촌 지역은 응급 관리 서비스가 열악함은 물론, 치명적인 독극물(예컨대 농사에 사용하는 살충제 등)을 접할 기회가 많다는 점 또한 사망률을 높이는 데 기여했다.[54] 중국에서 벌어진 자살 가운데 진단 가능한 정신 질환과 연관된 것은 40퍼센트 미만이라는 추측도 있다.[55]

중국 사회에서 여성의 사회적 지위가 낮다는 점도 이 국가의 자살 부담이 성별화된 요인 중 하나다. 중국에서 여아 살해나 성인 여성과 소녀에 대한 일반적인 편견은 어제오늘의 이야기가 아니다.[56] 아마르티아 센의 1992년 논문인 「사라진 여성들」을 보면, 여러 개발도상국에서 성별에 따른 편견이 서서히 영향을 미치고 있다고 강조한다. 자연적으로 남성이 여성보다 사망률이 높은 경향이 있는데도 소득이 중저 수준인 국가에서는 여성의 사망률이 더 높다. 센은 중국, 인도, 파키스탄이 이러한 뒤집힌 사망률을 보이는 이유에 대해 여성이 관리, 지원, 관심을 덜 받기 때문이라고 보았다. 또 인구 비율의 추정치와 실제의 차이를 계산해, 1992년에는 중국에서 4,800만 명의 여성이 "사라졌다"고 추정했다.[57] 구조적 폭력이 주변화된 개인들에게 체현되는 현상을 이보다 더 잘 드러낸 예도 없을 것이다.

53) Phillips, Liu, and Zhang, "Suicide and Social Change in China," 40.

54) 살충제 중독이나 약물 과용은 중국에서 일어난 자살의 32.3퍼센트에서 66.6퍼센트를 차지한다. 다음을 참고하라. Jianlin Ji, Arthur Kleinman, and Anne Becker, "Suicide in Contemporary China : A Review of China's Distinctive Suicide Demographics in Their Sociocultural Context," *Harvard Review of Psychiatry* 9, no. 1 (2001) : 4.

55) 비록 이 통계가 높은 비율로 낙인이 찍히는 질병의 도움 찾기 패턴을 비롯해 정신과 질환을 식별하고 치료하는 능력이 한정적인 보건 시스템에서 나온 산물일 수도 있지만, 중국에서 신경정신과 증상과 연관된 자살 비율은 전 세계적인 추정 수치의 90퍼센트 미만일 수도 있다. 위의 글 1을 참고하라.

56) 예컨대 다음을 보라. M. Giovanna Merli and Adrian E. Raftery, "Are Births Underreported in Rural China? Manipulation of Statistical Records in Response to China's Population Politics," *Demography* 37, no. 1 (2000) : 109~126; Penny Kane and Ching Y. Choi, "China's One-Child Family Policy," *British Medical Journal* 319, no. 7215 (1999) : 992~994.

57) Amartya Sen, "Missing Women: Social inequality Outweighs Women's Survival Advantage in Asia and North Africa," *British Medical Journal* 304, no. 6827 (1992) : 587~588. Sen은 생물학적인 요인(예컨대 남자 태아는 유산 확률이 높다.)과 사회학적인 요인(폭력 관련 사건으로 사망할 확률은 남성이 더 높다.) 때문에 여성이 남성에 비해 오래 산다고 기대할 수 있다. 유럽과 북아메리카에서는 여성과 남성 인구의 비율이 1.05 대 1 정도에서 머문다.

[그림 8.1] 몇몇 국가를 선택해 비교한 성별 자살률. 괄호 안은 2008년 당시에 통계 수치를 입수할 수 있었던 가장 최근 연도다.

· 출처 : China-Profile, "Suicide Rates in China, Selected European Countries, and the USA, 2008,"
· www.china-profile.com/data/fig_suicide-rates_1.htm. 세계보건기구의 허가를 받아 게재.

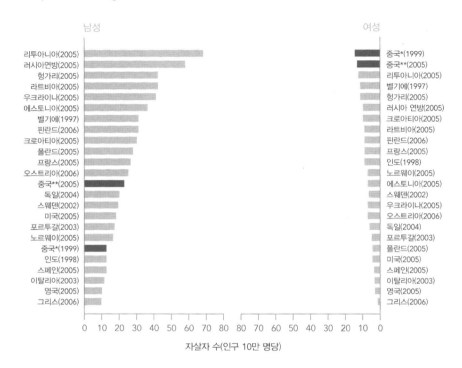

정신과 의사인 클레인먼은 외상 후 스트레스 증후군(PTSD)이 고통을 의료화한 사례라고 진단한다. 클레인먼은 정치나 전쟁에 관련된 트라우마에 시달리는 사람들을 위한 보건 서비스가 중요하다는 사실 자체에 의문을 품지는 않지만, 이런 트라우마가 어떻게 DSM 안에서 PTSD라는 하나의 질병으로 깔끔하게 포장되어 상품화되었는지에 대해 의문을 품었다. "우리는 정치적 트라우마를 경험한 사람들을 돕고자 비용을 지불하는 제3자가 될 수는 없다. 하지만 주요 우울 장애나 불안 장애 혹은 PTSD라면 지원이 가능하다. 오늘날 상상할 수 있는 모든 심리학적 문제가 DSM에 질병으로 목록화되어 있는데, 이것은 질병 치료를 공인받는 기준이 고통 그 자체가 아니라 치료에 대한 보수 여부에 있기 때문이다. 즉, 질병 개념의 사용에 대한 정치경제학이 존재한다."[58]

---

58) Kleinman, *Writing at the Margin*, 182.

신경정신과적 진단과 관리의 질을 개선하려는 시도에 대한 이러한 비판은 분명히 고려해 볼 필요가 있다. 단, 이런 비판의 의도가 정신과 서비스 또는 현대 의학 전체를 활용하지 말자는 것은 아니다. 오히려 이는 국제 보건 평등에 대한 옹호, 그리고 정신 보건 서비스에 대한 접근을 전 세계적으로 확대하자는 주장으로 연결된다.[59] 클레인먼의 요점은 이 책 전반과 2장에서 특히 강조했듯, 국제 보건 실무자와 학자들이 비판적 자기반성의 습관을 함양해, 그들의 일에 본질이 되는 생물사회적 복잡성까지 다룰 준비를 해야 한다는 것이다.

국제 정신 보건의 또 다른 도전 과제는 비서구 국가들에게 행한 정신 질환 연구들이 영향력 있는 정신의학 저널에서 심각하게 과소평가된다는 점이다. 2001년 연구 결과에 따르면 6종류의 주요 정신의학 저널에서 출간된 모든 문헌의 90퍼센트 이상이 유럽과 미국 사회에서 사례를 끌어낸 것들이었다.[60] 2010년 저서인 「미국처럼 미쳐 가는 세계(Crazy Like Us : The Globalization of the American Psyche)」에서 에단 와터스(Ethan Watters)는 클레인먼의 비판을 정교화했다. 서구의 정신 보건 수행이 정신 질환과 장애의 문화 및 특이적 표현에 대한 인식을 가로막을 수 있다는 것이다. 와터스는 문화 정신의학자와 의료 인류학자들이 구축한 문헌들을 기존 연구의 맥락 속에 유연하게 배치했다.[61] 그에 따르면 DSM에서 끌어온 분류 패러다임이 전 세계에 보급됨으로써, 비서구권 임상의도 정신과적 질병을 진단할 때 유럽인과 미국인 집단에서 흔한 질병 현상을 따르는 의도치 않은 결과가 나타날 수 있다. 와터스는 이 현상이 부분적으로는 세계화의 산물이라고 설명한다. 예컨대 1990년대 중반 홍콩에서는 미국과 비슷한 증상을 보이는 거식증 환자들이 나타났다.[62] 와터스는 서구 의학이 받아들인 정신 질환에 대한 생물학 환원주의적 관점이, 임상에서 진단되는 신경 정신적 질환의 현상적 묘사 범위를 좁혔다는 몇몇 학자들의 의견에 동의한다. 유럽과 미국에서도 현상학적 예외자들은 임상 시험에서 배제되

---

59) 예컨대 다음 글을 참고하라. Patel and Kleinman, "Poverty and Common Mental Disorders in Developing Countries."

60) Vikram Patel and Athula Sumathipala, "International Representation in Psychiatric Literature," *British Journal of Psychiatry* 178 (2001) : 407.

61) Watters, *Crazy Like Us*(한국어판 : 「미국처럼 미쳐가는 세계-그들은 맥도날드만이 아니라 우울증도 팔았다」, 김한영 옮김, 아카이브, 2011) 다음 책도 참고하라. Arthur Kleinman, The Illness Narratives : Suffering, Healing, and the Human Condition (New York : Basic Books, 1988)

62) Watters, *Crazy Like Us*, 2~64.

어 가능한 모든 요법을 동원해 효과적으로 치료받지 못하는 경우가 많다.[63]

이러한 사례들은 경계를 넘어 질병을 분류하는 과제로 우리의 주의를 돌린다. 다양한 맥락에 적용되는 폭넓은 임상 사례들을 참고하면서 질병에 대한 개입 방식을 발전시킬 필요성을 보여 주고 있다. 클레인먼은 효과적이면서도 문화적으로 적절한 치료를 적용하고 혁신을 이루려면, 임상의학 및 질병과 보건을 다루는 해당 지역의 지식이나 실천과 통합되어야 한다고 주장했다. 단, 정신 질환이 다양한 모습으로 나타나는 이유는, 특정 개인이나 집단이라는 맥락에 따라 개별적으로 나타나는 힘이 정신 질환의 생물학적 과정을 특정한 방식으로 조정하기 때문이다.[64] 우울증이나 정신분열증 같은 심각한 신경정신과적 질환은, 해당 지역의 맥락에 따라 의미와 진행 과정이 달라지긴 해도 전 세계적으로 발견되며, 가끔은 치료 가능하기도 하다.[65]

지식사회학적 관점에 따르면 유럽과 미국이 정신 질환을 정의하는 데 있어 헤게모니를 행사하고 있는 현상은, 역사와 정치경제학이 질병에 대해 제도적으로 공인된 "객관적" 이해뿐만 아니라 개개인의 "주관적" 질병 경험까지 규정한다는 것을 나타낸다.[66] WHO 또는 미국 정신의학회가 입증한 의료 지식이 전 세계 개개인의 주체성에 영향을 미치는 현상은 미셸 푸코의 생체권력 개념(2장을 보라.)을 입증한다. 이것은 푸코가 주목한 훈육 과정인데, 이때 인간의 몸과 주체성은 사회 안팎을 따라 흐르는 권력과 지식에 중개되는 방식으로 정의 혹은 재정의된다.

한 예로 DSM은 1952년에 처음 발행되었을 때부터 지금까지 여러 번 개정되었다. 2013년에는 제5판이 출간되었다. 판이 바뀔 때마다 어떤 증상, 징후, 정서적 고통의 경험이 장애로 판단되는지에 대한 우리의 이해가 어느 정도씩 다시 기술된다. 예컨대 DSM 초판은 동성애를 정신 질환의 범주에 포함했다. 비록 1974년에 삭제되었지만, 그 악명 높은 구절은 무엇이 정신 질환으로 범주화되는지에 대한 "과학적인" 노력이 정치적 편견에 얼마나 취약한지를 증명한다. DSM의 내용을 둘러싼 이러한 논쟁은 오늘날까지도 이어지고 있다.

---

63) 예컨대 다음을 보라. Arthur Kleinman, Veena Das, and Margaret Lock, eds. *Social Suffering* (Berkeley : University of California Press, 1997)

64) Kleinman, *The Illness Narratives*, 128.

65) Kleinman, *Rethinking Psychiatry*, 11.

66) 위의 책, 49.

DSM의 집단 저자들은 철저한 경험주의에 따라 결정을 내리고자 했지만, 정신 질환의 엄청난 생물사회적 복잡성 때문에 이러한 작업(의심할 여지가 없이 국제 정신보건 관리의 효율성과 평등성을 진작하기 위해 필요한)은 수많은 난관에 부딪혔다. 정신 질환의 특정 범주나 유형을 정형화하고자 아무리 노력해도 막상 규범을 정립하려면 신경 정신적 고통이라는 주관적 경험의 다양성을 어떤 지점에서 감소시키거나 물화(物化, reify)해야 했다. 하지만 정신 질환의 부담을 이해하고 현 단계의 고통을 경감하기 위해 정치적 수단과 자원을 동원하려면, 비록 불완전할지라도 신경정신과 질환의 이환율을 분류하고 측정하는 수단들이 필수적이다.

장애보정수명의 이점과 한계

장애보정수명이란 무엇인가?

이러한 도구 가운데 하나가 바로 장애보정수명(disability-adjusted life year, DALY)이다. 이것은 이환율과 사망률의 통계 같은 현재의 요약적인 측정법들보다 질병 부담의 미묘한 차이와 복잡성을 더 명확히 포착한다. 장애보정수명은 특정 질병 또는 부상으로 인한 한 개인의 건강 손실을 수량화한다. 정의하자면 다음과 같다. "특정 해에 일어나는 때 이른 죽음이나 장애를 야기한 사건으로 말미암아 잃어버린 장애에서 자유로운 미래의 삶에 대한 현재의 가치."[67] 보건 경제학자인 크리스토퍼 머레이(Christopher Murray)와 그의 동료들은 이 측정법으로 장애보정수명을 활용해 국제적 질병 부담을 분석했는데 그 결과, 정신 질환이 전 세계를 통틀어 장애를 일으키는 주요 원인 중 하나로 드러나자 놀라움을 금치 못했다.[68]

머레이의 연구 팀이 장애보정수명의 개념을 개발한 것은 1990년대 초반이었다. 장애

---

67) Dean T. Jamison, Joel. G. Breman, Anthony R. Measham, George Alleyne, Mariam Claeson, David C. Evans, Prabhat Jha, Anne Mills, and Philip Musgrave, eds., *Priorities in Health : Disease Control Priorities Project* (Washington, D.C. : World Bank, 2006), 43.

68) 1993년에 발간된 「세계개발보고서」에 따르면 정신 질환은 장애보정수명으로 측정한 전 세계 질병 부담의 8.1퍼센트 이상을 차지한다. 다음 글을 보라. World Bank, *World Development Report 1993 : Investing in Health* (Oxford : Oxford University Press, 1993)

[표 8.2] 장애보정수명의 장애 분류와 심각도 가중치

· 출처 : Christopher J.L. Murray and Alan D. Lopez, eds., *The Global Burden of Disease : A Comprehensive Assessment of Mortality and Disability from Diseases, Injuries and Risk Factors in 1990 and Projected to 2020* (Cambridge, Mass. : Harvard University Press, 1996), 40.

장애 분류	심각도 가중치	표지 상태
1	0.00 - 0.02	얼굴의 백반증, 신장 대비 체중이 2 표준 편차 이상 낮음
2	0.02 - 0.12	다량의 물이 섞인 설사, 심한 인후염, 심한 빈혈 증상
3	0.12 - 0.24	심한 요골 골절, 불임, 발기부전, 류머티즘성 관절염, 협심증
4	0.24 - 0.36	무릎 아래 절단, 난청
5	0.36 - 0.50	직장질루, 경미한 정신 지체, 다운증후군
6	0.50 - 0.70	단극성 우울증, 실명, 하반신 마비
7	0.70 - 1.00	활발한 정신병, 치매, 심한 편두통, 사지 마비

보정수명은 장애(이환율)와 때 이른 죽음(사망률)으로 인한 질병 부담을 다루는 복합적인 지표로 만들어졌다. 이 분석 도구 덕분에 학자들과 정책 입안자들은 국제 질병 부담 전체에 대한 개별 질병들의 상대적인 비중을 밝힐 수 있었고, 이는 국제 보건 사업에서 우선순위를 정하고 자원을 할당하는 데 도움이 되었다.[69] 이 측정법을 설계함으로써 머레이와 그의 동료들은 복잡한 윤리적·실질적 질문들로 나아갈 수 있었다. 어떤 해에 앓았던 질병과 앓지 않았던 질병의 상대적인 고통의 양을 어떻게 수량화하는가? 부유한 국가의 어린 소년과 가난한 국가의 나이 든 여성의 이환율과 사망률을 어떻게 하면 비교할 수 있는가?

다양한 질병 경험을 비교하기 위해 연구자들은 독립적 전문인 패널들에게 장애의 정도를 0부터 1까지 분류해 줄 것을 요청했다. 0은 완전히 건강한 상태고, 1은 죽음에 가까운 상태였다.[70] 표 8.2에는 이 패널들이 내린 결론의 일부가 나타나 있다. 이 분류는 지금도 부상이나 사망으로 잃어버린 수명을 비교하는 데 사용된다.

머레이의 연구 팀은 연령 가중치 메커니즘을 개발하기도 했는데, 태어난 순간부터 25세에 이르기까지는 건강한 삶에 대한 상대적인 가치가 증가하고, 이후로는 나이가 들수

---

69) Christopher J.L. Murray, "Quantifying the Burden of Disease : The Technical Basis for Disability-Adjusted Life Years," *Bulletin of the World Health Organization* 72, no. 3 (1994) : 429.

70) 위의 글, 439.

[그림 8.2] 국제적 질병 부담을 계산하는 데 활용할 수 있는 연령 가중치 메커니즘

· 출처 : Christopher J.L. Murray, "Quantifying the Burden of Disease : The Technical Basis for Disability-Adjusted Life Years," *Bulletin of the World Health Organization* 72, no. 3 (1994) : 436.

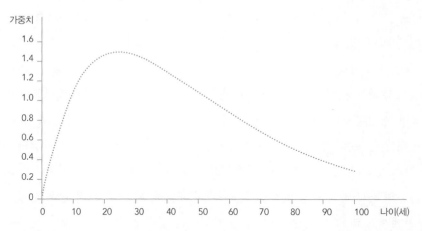

록 서서히 감소한다.(그림 8.2를 보라.)[71] 국제적인 질병의 부담을 계산할 때 이 연령 가중치 체계를 활용할 수 있다. 연구자들은 "폭넓은 사회적 선호"를 인용해 어린이나 나이든 성인보다는 젊은 성인이 삶에 있어 가치를 더 두게 했다.[72] 그들은 이 알고리즘이 연령과 경제적 생산성 사이의 연관 관계를 밀접하게 따른다는 사실을 지적했다. 경제적 생산성에 대한 잠재력이 더 큰 연령은 잠재력이 덜한 연령에 비해 높은 가치를 할당받는다.[73] 또한 머레이와 그의 동료들은 남성과 여성의 기대 수명에 대한 서로 다른 증거들을 접하고 여성의 기대 수명이 남성보다 2.5년 더 길다고 간주했다. 이들은 장애나 사망으로 손실된 수명의 양을 결정하기 위해 연령과 성별 외에 다른 사회적 척도는 사용하지 않기로 했다.[74] 즉, 가족들에게 걸린 질병이 여러 질병에 영향을 미친다는 것은 이미 잘 알려진 사회적 척도지만, 이 측정법에 포함되지 않았다.

---

71) 위의 글, 434~436.

72) 한 연구자는 이렇게 설명한다. "만약 개인이 자신의 수명을 2세 되돌리는 것과 22세 되돌리는 것 사이에 선택을 해야 한다면 대부분이 22세 되돌리는 것을 택할 것이다." 다음 글을 참고하라. Christopher J.L. Murray and Alan D. Lopez, eds., *The Global Burden of Disease : A Comprehensive Assessment of Mortality and Disability from Diseases, Injuries, and Risk Factors in 1990 and Projected to 2020*, vol. 1, Global Burden of Disease and Injury Series (Cambridge, Mass.: Harvard University Press, 1996), 13.

73) Sudir Anand and Kara Hanson, "Disability-Adjusted Life Years: A Critical Review," *Journal of Health Economics* 16, no. 6 (1997) : 691.

74) Murray, "Quantifying the Burden of Disease," 431~433.

머레이는 장애보정수명을 의도적으로 활용해 그 설계를 드러낼 수 있다고 강조한다. 그에 따르면 장애보정수명은 네 가지 용도가 있다. 보건 관리의 우선 과제 설정하기, 연구의 우선순위 설정하기, 보건 개입의 대상이 되어야 하는 불우 집단 식별하기, 정책 개입에 대한 평가의 질 높이기가 그것이다.[75] 실제로 장애보정수명을 적용하는 데 중요한 두 가지 요소가 초국가적인 질병 부담을 평가하는 것과 비용 대비 효율성 분석에 기반을 둔 자원을 할당하는 것이다. 1992년에 세계은행의 의뢰를 받아 수행되고, 1996년에 처음으로 자료를 갱신한 후 2000년에 거듭 갱신한 국제 질병 부담에 관한 연구는 장애보정수명이 탄생하게 된 동력이자, 그것을 비중 있는 사업에 활용한 최초의 사례였다. 머레이와 앨런 로페즈(Alan Lopez)가 작성한 유명한 보고서인 「국제적 질병 부담」은 장애보정수명을 활용해 1990년의 사망률과 장애를 평가한 것으로써 이후 여러 정책 입안자, 실무자, 연구자에게 널리 활용되었다. 특히 이 보고서는 빈곤한 국가에서 때 이른 사망과 장애의 발생률이 상당히 높다는 점에 주목했다. 이 보고서에는 결핵, 정신 질환, 교통사고가 1990년에 장애보정수명을 일으키는 3대 원인이었다는 사실 또한 명확하게 드러나 있다. 이는 측정법을 처음 만든 연구자들에게는 굉장히 놀랄 만한 일이었다.

머레이의 연구 팀이 만들어낸 새로운 자료를 활용한 것 중 가장 중요한 예는 아마도 세계은행이 1993년에 발간한 「세계 개발 보고서」에서 국제적 질병 부담을 기술한 사례일 것이다. 세계은행은 이 보고서를 작성할 때 머레이의 자료를 다른 연구 결과보다 우선적으로 요청했다. 4장에서 많은 지면을 할애해 논의한 바 있지만, 이 보고서는 국제 보건 분야의 정책 입안과 자원 할당에 대해 결정하는 과정에서 비용 대비 효율성 분석을 일차적인 도구로 귀하게 활용했다.(비용 대비 효율성 분석에 관한 활용의 함축은 이 장 뒷부분에서 다시 언급하겠다.)

장애보정수명의 계산에는 정보를 제공하는 다중적인 매개 변수(다양한 질병의 유행을 포함한)가 들어간다. 하지만 농촌이나 물자가 부족한 환경의 경우, 신뢰할 만한 수치 자료가 없어 연구자들이 곤혹스러워하는 일이 잦았다. 이런 사례에서 장애보정수명은 비교할 만하다고 간주되는 다른 지역의 자료를 사용해 모델링되었다. 하지만 가끔 이런 외삽(外揷) 과정에 비약이 필요할 때도 있었다. 예컨대 사하라 이남의 아프리카 지역 대다수

75) 위의 글, 429.

[그림 8.3] 탄자니아 모로고로에서 추정된 질병 부담과 그에 따른 보건 지출액. 장애보정수명과 기타 측정법을 활용한 분석이 이루어진 전과 후를 비교

· 출처 : Don de Savigny, Philip Setel, Harun Kasale, David Whiting, Graham Reid, Henry Kitange, Conrad Mbuya, Leslie Mgalula, Harun Machibya, and Peter Kilima, "Linking Demographic Surveillance and Health Service Needs-The AMMP/TEHIP Experience in Tanzania," in *Proceedings of the MIM Africa Malaria Conference*, Durban, South Africa, March 1999.

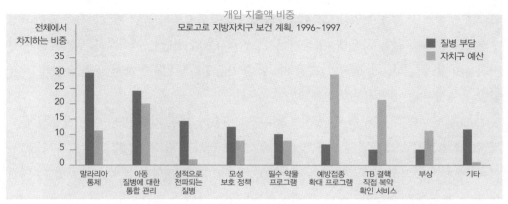

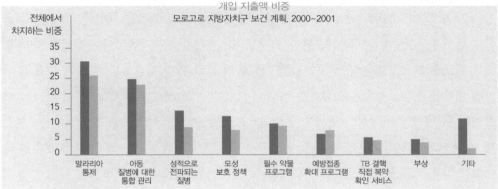

사람의 장애보정수명은 남아프리카만을 포함한 자료를 토대로 계산되었다.[76] 이 때문에 지나치게 단순화되어, 아프리카 대륙 전체에 걸쳐 비슷한 질환의 패턴과 질병 경험이 나타난다는 결과가 나왔는데, 이는 의심을 사기에 충분했다. 더구나 물자가 부족한 환경에서는 보고서를 작성하는 역량이 극히 제한적이어서 그곳의 자료를 입수할 수 있다 해도 타당성에 문제를 제기할 만했다.

하지만 장애보정수명 같은 보편적인 측정법을 개발하면서 단순화를 피할 수는 없다.

---

76) Richard S. Cooper, Babatunde Osotimehin, Jay S. Kaufman, and Terrence Forrester, "Disease Burden in Sub-Saharan Africa: What Should We Conclude in the Absence of Data?" *Lancet* 351, no. 9097 (1998) : 209.

이런 단점이 있음에도 불구하고 장애보정수명은 국제 보건의 이론과 실제에 비판적인 새로운 장을 열었고, 정신 질환 같은 방치되었던 질병에 주목했으며, 보건 자원의 할당을 합리화했다. 실제로 장애보정수명은 질병 부담 측정의 정확도를 높여 보건 정책 입안자와 실무자에게 도움을 주었다. 한 예로, 탄자니아 모로고로의 보건 담당자들은 장애보정수명과 다른 도구들을 사용해 이 국가에서 보건 자원의 할당을 개선하고 추가적인 재정 지원을 가능케 했다. 그 결과가 그림 8.3에 나타나 있다. 이렇게 해서 질병 부담의 주요 원인과 재정 지출이 밀접하게 연계되었다.

2000년에 머레이 연구 팀은 장애보정수명을 활용해 재정 지출 비용 대비 효율성에 따라 전 세계 보건 시스템의 순위를 결정했다.[77] 그 결과 프랑스가 1위, 미국이 37위였다. 이 순위는 여러 보건 전문가를 놀라게 했고, 경우에 따라 개혁의 동력을 제공했다. 예컨대 각국 보건부는 머레이의 순위를 활용해 더 많은 자원을 요구했다.[78] 당시 멕시코 보건부 장관이었던 훌리오 프렝크는 가난한 사람들에게 의료 관리를 제공할 국민건강보험을 구축할 근거로 이 순위를 거론했다.[79] 6년 뒤, 연구자들은 머레이의 측정법을 다시 활용해 새로운 프로그램을 만들어 가난한 사람들의 보건 관리 접근성을 높였다. 그뿐만 아니라 이들은 장애보정수명을 활용한 결과, 비용 대비 효율성 계산을 촉진하여 국가의 보건 시스템 내에서 파국적인 결과를 불러일으킬 만큼 지출이 줄었음을 알아냈다.[80] 요컨대 이 계산법은 보건 서비스가 가장 필요한 사람들에게 혜택을 주는 보건 관리 개혁의 촉매이자 지표 역할을 했다.

장애보정수명 설명하기

국제 보건 정책과 실무에서 장애보정수명의 공헌은 일일이 헤아릴 수 없을 정도로 크

---

77) World Health Organization, *World Health Report 2000-Health Systems : Improving Performance* (Geneva: World Health Organization, 2000).

78) Elizabeth Lowry, "Strong Medicine," *University of Washington Alumni Magazine*, December 2007, 4, www.washington.edu/alumni/columns/dec07.content/view/79/1 (접속일 : 2012년 10월 15일)

79) Julio Frenk, "Bridging the Divide : Global Lessons from Evidence-Based Health Policy in Mexico," *Lancet* 368, no. 9539 (2006) : 954~961.

80) Gary King, Emmanuela Gakidou, Kosuke Imai, Jason Lakin, Ryan T. Moore, Clayton Nall, Nirmala Ravishankar, Manett Vargas, Martha María Téllez-Rojo, Juan Eugenio Hernández Ávila, Mauricio Hernández Ávila, and Héctor Hernández Llamas, "Public Policy for the Poor? A Randomised Assessment of the Mexican Universal Health Insurance Programme," *Lancet* 373, no. 9673 (2009) : 1447~1454.

다. 장애보정수명을 도입한 것이 국제 보건 정책과 실무에 도움을 되었다는 점을 반박할 사람은 적다. 이 측정법이 증거에 기반을 두고 그동안 방치되었던 질병과 인구 집단에 더 주목하도록 만든 것은 분명한 사실이다. 또한 질병 부담을 수량화하는 과정의 복잡성을 깨닫는 일은 더욱 중요하다. 모든 맥락에서 독립적인 질병 측정법은 건강 악화라는 주관적이고 다면적인 경험을 객관적인 지표로 축약하는 과정에 바탕을 둔다. 아서 클레인먼에 따르면, "객관적인 지표를 사용하면 생물학적인 변화를 대체 가능한 것으로 보고, 개인적으로 느끼는 괴로움과 고통의 차이는 별개로 측정할 수 있다."[81] 이러한 분리 과정은 환자의 생생한 경험을 왜곡할 수도 있다. 아마르티아 센은 이렇게 주장한다. "많은 맥락에서 지각은 그 자체로 질병의 한 부분이다. 즉 두통이나 메스꺼움 또는 어지러움은 그저 하나의 증상이 아니라, 그 자체를 하나의 질병으로 간주할 수 있다."[82] 이렇듯 주관성은 질병 경험의 본질임에도 장애보정수명과 질병 부담의 전통적인 측정법에서 정의상 무시된다.

더욱이 많은 문화권에서 개인과 개인 사이에 일어나는 고통은 개인이 혼자서 경험하는 것과 비슷하거나, 어쩌면 그보다 더 많다. 이것은 장애보정수명에서 무감각하게 다루는 질병 부담의 또 다른 항목이다. 클레인먼의 "사회적 고통"에 관한 개념은 개인에게 가해지는 것과 똑같을 정도로 가족과 공동체에게 질병 부담(큰 규모의 사회적 힘에 패턴화된)이 가해진다는 사실을 반영한다.

> 사회적 고통은 개인에게 작용하는 정치적·경제적·제도적 힘 또는 이와 동등하게 사회적 문제에 대응해 영향을 미치는 여러 힘의 양식 자체에 기인한다. …… 이런 잔학 행위가 만들어 내는 트라우마, 고통, 장애는 개인의 건강 상태인 동시에 정치적이고 문화적인 문제기도 하다. 이와 비슷하게 가난은 악화된 건강과 죽음의 주된 위험 요인이다. 그런데도 가난은, 건강이 사회적 지표이며 실제로 사회적 과정

---

81) Arthur Kleinman, "A Critique of Objectivity in International Health," in Kleinman, *Writing at the Margin*, 81.
82) Amartya Sen, "Objectivity and Position: Assessment of Health and Well-Being," in *Health and Social Change in International Perspective*, ed. Lincoln C. Chen, Arthur Kleinman, and Norma C. Ware (Cambridge, Mass. : Harvard School of Public Health, 1994), 123.

이라고 얘기하는 유일하면서도 또 다른 방식이다.[83]

장애보정수명은 개인이 장애로 잃어버린 세월을 제외한 시간만을 고려하기 때문에 사회적 고통의 개념에 포괄되는 질병의 영향을 간과한다.

장애보정수명의 특정 메커니즘과 가정은 더욱 자세히 살펴볼 가치가 있다. 예를 들어 특정 개인을 위한 보건 개입의 이점을 평가할 때, 질병 부담 측정에서 어떤 인구학적 특징을 고려해야 하는가? 머레이는 이런 계산을 연령과 성별로 제한하자고 제안한다. 사실 머레이가 여러 가지 요인에 동등하게 비중을 두어 활용하는 측정법을 받아들였다는 점은 칭찬할 만한 공적이다.[84] 이와는 반대로 경제학자들이 후생 분석에서 자주 사용한 부자들이 선호하는 "지불 의사" 개념은 여러 요인에 동등한 비중을 두지 않는다. 머레이는 이렇게 주장한다. "인종, 종교, 정치적 믿음 같은 속성들이 보건 지표를 구성하는 데 중요하지 않다는 주장에는 거의 모든 이가 동의할 것이다." 그러면서 다음과 같은 예를 든다. "40세 여성의 때 이른 죽음은 그녀가 보고타의 빈민가에 살든 보스턴의 부유한 교외에 살든 상관없이 국제적 질병 부담을 측정할 때 동등하게 다루어야만 한다."[85] 모든 개인은 달러로 환산한 그들의 생산성에 기반을 둔 채 비교를 당해서는 안 되며, 이러한 측정에서 공정하게 취급받아야 마땅하다. 단, 이에 동의하더라도 우리는 여전히 이 두 죽음이 진정으로 동일한지 의문을 제기할 수 있다. 예컨대 40세 여성이 그녀의 아이와 늙은 부모에 대한 유일한 부양자였다면 어떨까?(컬럼비아 등지에서는 꽤 흔한 상황이다.) 만약 클레인먼의 제안처럼 고통을 개인적인 경험인 동시에 사회적인 현상으로 이해한다면, 이 경우에 공동체에 미치는 죽음의 부담은 보스턴 교외에 거주하는 동갑내기 여성이 사망한 경우보다 어떤 의미에서 더 클 수 있다. 이들은 책임감의 범위가 다르기 때문이다. 여기서 요점은 가난한 공동체에 사는 사람들의 죽음이 부유한 공동체보다 더 절망적이라는 것이 아니라, 건강 악화의 영향(40세 여성의 때 이른 죽음 같은)이 시간과 공간에 따라 상당히 다양할 수 있다는 것이다.

---

83) Arthur Kleinman, Veena Das, and Margaret Lock, "Introduction," in Kleinman, Das, and Lock, *Social Suffering* ix.

84) 예컨대 다음을 보라. Andreu Mas-Colell, Michael D. Whinston, and Jerry R. Green, *Microeconomic Theory* (New York : Oxford University Press, 1995), chap. 3.

85) Murray, "Quantifying the Burden of Disease," 431.

때로는 다양한 개인에게 장애보정수명을 다르게 적용하는 것이 동일하게 적용하는 것만큼이나 중요할 때도 있다. 예를 들어 여성과 남성은 생존 잠재력을 다르게 할당받는다. 머레이는 다음과 같이 기술한다. "남성과 여성의 생존 잠재력에는 생물학적인 차이가 있는 것으로 보인다. 단, 생물학적인 차이가 이유의 전부는 아니다. 예컨대 젊은 남성의 경우, 부상으로 사망할 확률과 흡연 같은 위험 요인으로 인해 사망할 확률이 비슷한 수준으로 높게 나타난다. 만약 우리가 사망률이 낮은 사람들 가운데 고소득 집단을 살펴본다면 남성과 여성 간 기대 수명의 차이는 상당히 줄어들 것이다."[86] 소득 수준과 관련한 삶의 선택은 비록 부분적이지만 기대 수명에는 분명한 책임이 있다. 하지만 장애보정수명의 연령 가중치 계획이 남성의 생존 잠재력을 여성에 비해 낮게 잡는 것은 의도치 않은 광범위한 결과를 불러일으킬 수 있다. 만약 여성에게 더 높은 기대 수명이 나타난다면, 그들의 때 이른 죽음은 남성보다 더 큰 손실로 계산될 것이다. 따라서 질병 부담은 여성 동일 연령대 집단(cohort) 사이에서 더 크다. 정책 입안자들은 이 발견에 기반을 둔 여성의 보건 문제에 더욱 직접적으로 자원을 활용할 것이고, 그 결과 여성의 생존 잠재력이 더욱 증가할 것이다. 이 가설에서 이런 상호 강화 순환의 고리는 남성과 여성 사이에 존재하는 보건상의 차이를 늘릴 수 있다.

장애보정수명에서 가장 논쟁적인 요소는 때 이른 죽음으로 인한 시간 손실의 가중치 인데, 논문 저자들이 '동일 연령대 집단에서 예상되는 손실 수명(cohort expected years of life lost, CEYLL)' 같은 측정법으로 계산한 것이 특히 더 그러하다.[87] CEYLL은 한 개인의 동년배로 추정되는 집단 또는 동일 연령대 집단[어떤 개인과, 같은 시대 혹은 같은 국가에 살았던 사람들을 고려하는 것(예컨대 '1900~1950년대의 미국 여성들')]에 투사된 기대 수명으로 결정되므로, 사하라 이남 아프리카의 때 이른 죽음으로 인한 수명 손실은 미국보다 낮게 측정된다. 미국인의 기대 수명이 아프리카인보다 훨씬 높기 때문이다. 즉, 장애보정수명은 미국에 사는 30세 남성의 죽음을 아프리카에 사는 30세 남성의 죽음보다 더 큰 손실로 보고 가중치를 부여한다. 다양한 용어를 사용하고, 암암리에 규범적인 용어를 적용해 그렇게 한다. 물론 이 측정법을 만든 사람들이 의도한 바는 아니겠지

---

86) 위의 글, 434.
87) 위의 글, 432.

만, 기대 수명을 인구학적으로 다양화한 작업은 결국 부유층처럼 잠재력이 많은 사람들의 목숨을 빼앗는 질병과 싸우도록 자원을 할당하는 것을 의미한다.

따라서 장애보정수명의 알고리즘은 복잡성을 내포할 수밖에 없다. 지질학적으로 가중치를 달리하게 되면 가난한 지역에서 질병 부담의 본질을 왜곡하게 되기 때문이다. 실제로 수디르 아난드(Sudhir Anand)와 카라 핸슨(Kara Hanson)은, 장애보정수명의 측정은 질병을 극복하는 개인의 능력을 배제한 것과 같아서 질병 부담의 개념 자체를 바꾼다고 주장했다. "머레이가 정의한 질병의 '부담'에 관한 개념은 …… 통상적으로 이해하는 '부담'보다는 악화된 건강을 모두 합한 양에 더 가까운 것으로 보인다. …… 만약 실제로 질병 '부담'을 측정하는 것이 목적이라면, 건강이 악화된 개개인에게 나이와 성별 정도가 아닌 더욱 많은 정보를(예컨대 공공 서비스를 통한 지원, 사적인 수입, 가족과 친구) 요구하게 될 것이다."[88] 이들의 주장에 따르면, 이러한 "의미론적 트집"에는 상당한 도덕적 의미가 함축되어 있다. 예컨대 장애보정수명은 질병에 대항할 능력이 가장 떨어지는 사람들에게 불이익을 줄 수도 있다는 것이다.

그래서 정책 입안자들은 나이지리아 사람들이 지닌 삶의 가치를 일본 사람들보다 낮추어 평가하는 일을 막기 위해, 장애보정수명을 계산할 때 동일 연령대 집단의 평균 대신 표준화된 최대 기대 수명을 사용한다. 이러한 기대 수명은 대개 80세 정도로(여성은 더 높다.), 개발도상국 다수의 평균 기대 수명에 비해 훨씬 높다. 아난드와 핸슨에 따르면, 이 수치를 사용해 어떤 개입의 질병 부담 또는 비용 대비 효율성을 계산하는 것은 "오직 보건 개입만이 기대 수명을 그렇게 높은 수준으로 끌어올릴 수 있다고 암암리에 가정하는 것이다. 하지만 장애보정수명 계산에서 사용되는 수명까지 기대 수명을 높이려면 여러 비보건 환경의 변화 또한 필요하다."[89] 보건과 관련한 변수들만을 위한 측정법이 오히려 보건의 광범위한 사회적 결정 요인을 제대로 보지 못하게 한다는 점이 여기서 다시 한 번 드러난다. 그러니 보건 결과에 대한 거시적인 사회 변화의 효과는 말할 것도 없다.

사실 장애보정수명을 계산하는 데 보건의 사회적 결정 요인이 아예 고려되지 않는 것은 아니다. 일부 요인이 고려되며 대부분은 나이에 가중치를 달리 둔다. 머레이는 다음과

---

88) Anand and Hanson, "Disabiliry-Adjusted Life Years," 687.
89) 위의 글, 688.

같이 말한다. "모든 사회에서 사회적 역할은 나이에 따라 다양하다. 젊은이들, 그리고 종종 나이 든 이들도 사회의 다른 구성원들에게 물리적·감정적·재정적 지원을 받아 의존한다. 이렇게 연령에 따라 달라지는 역할과 변화 단계를 생각하면, 특정 연령대가 생활하는 시간의 가치를 다르게 정하는 편이 더 적절하다."[90] 장애보정수명을 형식화할 때, 2세 아기가 갖는 삶의 가치는 25세(가장 가치가 높은 연령이다.)의 20퍼센트밖에 안 되고, 70세 노인의 가치는 46퍼센트밖에 안 된다.[91] 단 머레이의 장애보정수명 측정법이 간과한 것이 있는데, 사회와 인구 집단에 따라 어떤 연령의 사회적 역할이 굉장히 다양하다는 점이다. 예컨대 소득이 낮은 가정의 경우, 대부분 어린이와 청소년에게 중요한 직업적 책임을 부여한다. 만약 이들이 노동을 하지 않으면, 가족이 소유한 농장이 지급 능력을 유지하는 데 심한 압박을 받을 것이다. 더구나 노인들은 소득이 높은 곳을 포함한 많은 공동체에서 중년의 구성원들이나 정부 프로그램에 의해 보살핌을 받기보다는 스스로 보살펴야 하는 경우가 많다.

이런 사례들 때문에 우리는 다음과 같은 질문에 대답해야 한다. 질병 부담 측정법에 따라 개인의 생산성을 토대로 그들의 삶에 가중치를 두어야 하는가? 머레이는 다음과 같이 주장한다. "인적자원 이론에 따르면 개인이란 유지비가 들지만, 생산을 기대할 수 있는 일종의 기계다. 따라서 각 연령이 지닌 시간의 가치는 생산성에 비례해야 한다."[92] 하지만 장애를 측정할 때도 주로 생산 관련 기능성으로 따져야 하는가, 아니면 "인간의 제한적인 기능"으로 따져야 하는가? 그것도 아니라면 개인과 공동체가 겪는 고통과 괴로움, 낙인, 그리고 장애와 질병의 다른 요인이어야 하는가? 연령이나 성별같이 보건적 결과에 서로 다른 영향을 주는 특성들은 장애보정수명과의 관련성을 인정받아 알고리즘에 포함되는 데 반해, 공동체에 대한 개인의 책임 같은 특성은 어찌하여 배제되는가? 이러한 질문에 대한 답변의 일부는 장애보정수명에 단단히 박힌 다양한 가치를 다룬다. 생산성의 극대화를 통해 달성하는 경제 개발이 바로 그것이다. 그렇다면 여기서 또 다른 질문이 나온다. 과연 이것들이 질병 부담을 측정할 때 올바른 가치인가일 것이다. 양적인 정의로, "보건" 또는 "질병 부담"을 기술하려는 모든 시도는 그러한 개념과 연관된 사회적

---

90) Murray, "Quantifying the Burden of Disease," 434.

91) Anand and Hanson, "Disability-Adjusted Life Years," 690.

92) Murray, "Quantifying the Burden of Disease," 435.

복잡성을 축소한다. 머레이에 따르면 이 축소 과정에는, 과정에서 여러 가치가 끼어든다고 한다. 우리가 할 수 있는 것은 이러한 축소가 의도한 쓰임새에 맞도록 자신의 측정법을 비판적으로 살피는 것뿐이다.

이 도전 과제가 얼마나 어려운지를 감안하면, 장애보정수명의 도입과 활용이 예견하지 못한 결과를 낸다 해도 놀랄 일은 아니다. 정신 질환의 국제적 부담에 대한 한 가지 사례가 있다. 2007년 9월에 발간된 「랜싯」지에서 몇몇 학자들은 장애보정수명을 활용해 산출한 추정이 "공중 보건에서 정신 질환의 중요성에 주목하게 한다."라고 주장했다. 정신 질환은 2007년에 국제 질병 부담의 14퍼센트를 차지한 것으로 추측되는데, 저자들은 「랜싯」지의 같은 지면에서 정신 질환과 육체적 질환을 분리하는 것을 비판한다. "오늘날 보건을 개선하고 가난을 경감하고자 하는 주류의 노력에서 정신 보건이 소외되는 현상이 나타나고 있다. (머레이와 그의 동료들이) 이환율과 사망률에서 정신 질환과 육체적 질환을 분리하라고 강조한 것은 이러한 현상을 더욱 심화시킬 수 있다. 정신 질환과 다른 보건 상황 사이의 연결을 부적절하게 평가하면 정신 질환의 부담을 과소평가하기 쉽다."[93] 장애보정수명을 고안한 이들이 정신 보건과 육체적 보건 사이의 구분을 드러내고자 의도하지 않았다는 점은 확실하다. 하지만 국제 보건과 다른 복잡한 사회적 장을 보면 그런 의도치 않은 다양한 결과가 내재해 있다.

연구자들이 경쟁하는 보건적 개입의 상대적인 가치를 추측하는 데 도움을 줄 수도 있지만, 장애보정수명 또한 여러 분석법 가운데 널리 사용되는 비용 대비 효율성 분석을 자원 할당에 사용할 수 있다. 1993년 「세계 개발 보고서」에서, 세계은행은 개발도상국의 보건을 개선하는 핵심 전략으로 비용 대비 효율성을 들었다. "보건 지출액 가운데 돈을 지출하기 위해 달성해야 할 가치를 인도하는 중요한 원천은 여러 보건 개입과 의료적 절차를 측정하여 얻은 비용 대비 효율성이다. 즉, 지불한 비용과 성과를 얻은 보건적 혜택(증가한 장애보정수명)의 비율이다."[94] 장애보정수명이 질병 부담의 복합적인 측정을 가능하게 하므로, 정책 입안자들은 다양한 개입의 비용 대비 효율성을 더욱 정확하게 비교할 수 있다.

---

93) Prince, Patel, et al., "No health without Mental Health."
94) World Bank, *World Development Report* 1993, iii, 5.

이렇게 비용 대비 효율성 분석이 국제적 질병 부담을 이해하고 보건 시스템 안에서 자원의 할당을 개선하는 데 쓸모가 있기는 해도, 때로는 의도치 않은 어긋난 결과를 낳을 수 있다.

다음 절에서는 이러한 사례를 자세히 살펴볼 것이다. 페루에서 비용 대비 효율성 분석의 사용(또는 오용)이 다중약물내성 결핵을 통제하는 정책을 만들어 낸 사례다.

다중약물내성 결핵과 비용 효율성 분석의 한계

결핵은 공기로 전염되는 것으로써 치료 가능한 질병이지만, 전 세계적으로 매년 약 1,700만 명 이상의 목숨을 앗아간다. 다중약물내성 결핵(MDRTB)은 1차 항결핵 약제 4종류 가운데 포함되는 이소니아지드(isoniazid)와 리팜핀(rifampin)에 저항성을 가진 결핵균주가 일으키는 질병으로,[95] 매년 50만 명이 이 병에 감염되는 것으로 추정된다.[96] 비록 간단한 화학 요법이 가능해지면서 유럽과 미국에서는 20세기 후반에 사실상 결핵이 박멸되었지만, 개발도상국에서는 조금도 수그러들지 않고 여전히 유행하고 있다. 국제 보건의 황금시대인 오늘날에도 전 세계에서 새로 발생하는 MDRTB 환자들 가운데 소득이 높은 국가에서 표준으로 사용하는 관리를 받는 비율은 1퍼센트도 되지 않는다.[97] 나머지 환자들은 죽을 때까지, 아니면 회복할 때까지(드물지만) 약제 내성이 있는 질병을 계속해서 퍼뜨린다.

약제에 내성을 가진 결핵균이 발생한 원인과 그 결과에 대해 연구하기 시작한 것은 20세기 중반의 일이다. 또한 MDRTB를 통제하는 전략은 1990년대 초반부터 임상 문헌에

95) Marian Goble, Michael D. Iseman, Lorie A. Madsen, Dennis Waite, Lynn Ackerson, and C. Robert Horsburgh Jr., "Treatment of 171 Patients with Pulmonary Tuberculosis Resistant to Isoniazid and Rifampin," *New England Journal of Medicine* 328, no. 8 (1993) : 527~532.

96) World Health Organization, Multidrug and Extensively Drug-Resistant TB (M/XDR-TB): 2010 *Global Report on Surveillance and Response*, Report no. WHO/HTM/TB/2010.3 (Geneva : World Health Organization, 2010), http://whqlibdoc.who.int/publications/2010/9789241599191_eng.pdf (접속일 : 2012년 9월 20일)

97) Salmaan Keshavjee and Paul E. Farmer, "Picking Up the Pace : Scale-Up of MDR Tuberculosis Treatment Programs," *New England Journal of Medicine* 363, no. 19 (2010) : 1781~1784.

소개되었다.[98] 미국에서는 여러 번에 걸쳐 MDRTB가 발생하는 동안 그 치료법에 대한 청사진이 개발되어 실시되었다. 마이코박테리아 배양 진단과 약제 민감성 시험, 2차 항결핵 물질 사용, 감염 통제, 약제 직접 복약 확인 등이 그것이다. 이 전략이 감염병 유행을 통제하는 데 효과적이라는 것이 증명되자, 미국 질병통제예방센터(CDC)는 이 청사진을 1992년에 MDRTB 치료의 관리 표준으로 수용했다.[99]

　　그러는 동안, WHO는 결핵 치료에서 단기 직접 복약 확인법(DOTS)을 추천하기 시작했다. 환자들의 치료 및 처방 준수에 관해 확실히 하고자 그들이 약을 먹는 것을 직접 확인하는 방법이다. CDC 지침에 따르면 1차 약제일 경우에도 이 방식을 따라야 한다.[100] 세계은행의 1993년 「세계 개발 보고서」에 따르면,[101] 당시 국제 보건계에서 선택적 1차 보건관리를 강조한 상황과 맞물려(4장에서 논의한 바대로) DOTS의 비용 대비 효율성이 굉장히 높게 나왔다. 단, DOTS를 따르면 첫 번째 투약으로 나아지지 않은 사람들에게 1차 요법을 반복 적용해야 했는데, 환자가 약제에 내성이 있는 질병에 걸린 사실이 드러난 경우에도 마찬가지였다. 이는 미국과 다른 나라에서 개발된 전략과 충돌했다. 물자가 부족한 환경에서 이 정책이 어떤 효과를 보였는지 알아보기 위해 MDRTB에 대한 페루의 통제 노력을 살펴보자.

---

98) 예컨대 다음을 보라. Jim Yong Kim, Joia S. Mukherjee, Michael L. Rich, Kedar Mate, Jaime Bayona, and Mercedes C. Becerra, "From Multidrug-Resistant Tuberculosis to DOTS Expansion and Beyond: Making the Most of a Paradigm Shift," *Tuberculosis* 83, nos. 1~3 (2003) 59~65; Keshavjee and Farmer, "Picking Up the Pace"; Salmaan Keshavjee, Kwonjune Seung, et al., "Stemming the Tide of Multidrug-Resistant Tubersulosis : Major Barriers to Addressing the Growing Epidemic," in Institute of Medicine, *Addressing the Threat of Drug-Resistant Tuberculosis : A Realistic Assessment of the Challenge. Workshop Summary* (Washington, D.C. : National Academies Press, 2009), 139~236, www.iom.edu/~/media/Files/Activity%20Files/Research/DrugForum/IOM_MDRTB_whitepaper_2009_01_14_FINAL_edited.pdf (접속일 : 2012년 10월 15일); Eva Nathanson, Paul Nunn, Mukund Uplekar, Katherine Floyd, Ernesto Jaramillo, Knut L nnroth, Diana Weil, and Mario Raviglione, "MDR Tuberculosis-Critical Steps for Prevention and Control," *New England Journal of Medicine* 363, no. 11 (2010) : 1050~1058.

99) Thomas R. Frieden, Paula I. Fujiwara, Rita M. Washko, and Margaret A. Hamburg, "Tuberculosis in New York City-Turning the Tide," *New England Journal of Medicine* 333, no. 4 (1995) : 229~233; Centers for Disease Control and Prevention, "National Action Plan to Combat Multidrug-Resistant Tuberculosis: Meeting the Challenge of Multidrug-Resistant Tuberculosis. Summary of a Conference; Management of Persons Exposed to Multidrug-Resistant Tuberculosis," *Morbidity and Mortality Weekly Report (MMWR)* 41, no. RR-11 (June 19, 1992) : 1~71.

100) Arata Koshi, "Tuberculosis Control-Is DOTS the Health Breakthrough of the 1990s?" *World Health Forum* 18, nos. 3~4 (1997) : 225~232; World Health Organization, *Treatment of Tuberculosis: Guidelines for National Programmes* (Geneva: World Health Organization, 1997)

101) World Bank, *World Development Report 1993*, 63.

1990년대 후반, 국제 결핵 당국은 DOTS 접근에 바탕을 둔 페루의 국가 결핵 프로그램을 이 지역의 본보기로 칭찬했다. 「결핵 치료 옵저버(TB Treatment Observer)」 등의 WHO 간행물은 페루의 프로그램이 높은 치료율을 달성했다고 칭송하면서, 다른 국가들이 몇몇 약제 저항성 질병을 키운 것은 DOTS 프로그램을 차선책으로 수행했기 때문이라고 지적했다.[102] 당시 약제 저항성 질병은 페루의 공중 보건에서 심각한 문제가 아니었다.

그래서 건강의 동반자들의 페루 내 자매기관인 소시엔살루(Socios En Salud)는, 수도인 리마 중심가 북쪽의 빈민가 카라바이요에서 MDRTB 환자가 나타나자 놀라움을 금치 못했다. DOTS 치료를 받았지만, 여전히 활동성 결핵을 앓고 있는 환자들을 최초로 평가한 결과 90퍼센트 이상이 MDRTB 균주를 보유한 것으로 드러났다.[103] 몇몇 보건 기관은 이런 개개인을 "문제 환자"로 간주했고, 추천받은 DOTS 요법을 제대로 따르지 않았기 때문에 치료가 제대로 되지 않은 것이라고 주장했다. 이 환자 가운데 한 명인 칼로라는 이름의 남자는 자기 가족에게 약제내성의 결핵이 옮은 것으로 보이는데(그림 8.4에 이들의 가족사진이 수록되었다.), 차도가 없자 다음과 같은 문서에 서명하라는 요구를 받았다. "나는 이 요법을 받은 후 몸이 아프고 속이 메스꺼워서 이 요법에 더는 따르지 않고 치료를 그만두기로 했습니다."[104] (칼로는 결국 소시엔살루에서 적절한 치료를 받을 수 있었지만, 운이 나빠 적합한 의료적 개입을 받지 못했다. 이런 환자들의 수는 셀 수 없을 정도로 많다.) 이 정책은 치료의 실패 원인을 환자에게 돌렸지만, 수십 년에 걸친 임상 시험 결과 DOTS만을 배타적으로 활용하는 것은 약물 저항성 균주에 대항하는 데 거

102) World Health Organization, "WHO Global Tuberculosis Program," *TB Treatment Observer*, no. 2 (March 24, 1997)

103) Mercedes C. Becerra, Jonathan Freeman, Jaime Bayona, Sonya S Shin, Jim Yong Kim, Jennifer J. Furin, Barbara Werner, Alexander Sloutsky, Ralph Timperi, Paul E. Farmer, et al., "Using Treatment Failure under Effective Directly Observed Short-Course Chemotherapy Programs to Identify Patients with Multidrug-Resistant Tuberculosis," *International Journal of Tuberculosis and Lung Disease* 4, no. 2 (2000) : 108~114.

104) Paul Farmer, "Social Medicine and the Challenge of Biosocial Research," in *Innovative Structures in Basic Research : Ringberg Symposium 4~7 October 2000* (Munich : Generalverwaltung der Max-Planck-Gesellschaft, Referat Press- und ffentlichkeitsarbeit, 2002), 55~73, http://xserve02.mpiwg-berlin.mpg.de/ringberg/talks/farmer/farmer.html (접속일 : 2012년 10월 12일)

Me Reuso
Tomar mis medicamentos, por que
Me causan nauseas. Me retiro faltando
do dos dosis para terminar mi
tratamiento de la 1era fase.

Fecha: 08 - Enero - 97

[그림 8.4] 페루 리마에 사는 "결핵에 걸린 가족"의 사진. 이들의 역경은 DOTS 치료의 한계를 명백히 드러낸다. 이 사진을 찍었을 때 그의 어머니와 아버지에게는 활동성 결핵이 있었고, 다른 가족 구성원 여덟 명 또한 결핵을 앓았거나 결핵 때문에 사망했다. 표준 DOTS 요법이 다중약물내성 결핵 균주에 감염된 아버지의 건강을 개선하는 데 실패하자, 당국은 아버지를 예외자로 규정하여 치료를 스스로 그만두겠다는 각서(오른쪽)를 쓰도록 지시했다. 건강의 동반자들의 허가를 받아 사진을 게재.

의 효율성이 없음이 밝혀졌다.[105] 이 통찰은 MDRTB 유행에 맞섰던 미국과 예전 소비에트연방 국가들의 경험을 통해 강화되었다. 하지만 페루의 국가 결핵 프로그램은 1992년에 CDC에서 개발했던 MDRTB 치료 전략을 그대로 따르는 대신, 1차 치료에서 실패한 환자들에게 DOTS를 다시 실시할 것을 제안한 WHO와 범아메리카 보건 기구의 권고를

105) Kwonjune J. Seung, Irina E. Gelmanova, Gennadiy G. Peremitin, Vera T. Golubchikova, Vera E. Pavlova, Olga B. Sirotkina, Galina V. Yanova, and Aivar K. Strelis, "The Effect of Inital Drug Resistance on Treatment Response and Acquired Drug Resistance during Standardized Short-Course Chemotherapy for Tuberculosis," *Clinical Infectious Diseases* 39, no. 9 (2004) : 1321~1328; Paul E. Farmer and Jim Yong Kim, "Resurgent TB in Russia: Do We Know Enough to Act?" *European Journal of Public Health* 10, no. 2 (2000) : 150~153; Paul E. Farmer, Alexander S. Kononets, Sergei E. Borisov, Alex Goldfarb, Timothy Healing, and Martin McKee, "Recrudescent Tuberculosis in the Russian Federation," in *The Global Impact of Drug-Resistant Tuberculosis*, by Harvard Medical School and Open Society Institute (Boston : Program in Infectious Disease and Social Change, Department of Social Medicine, Harvard Medical School, 1999), 39~83; Rudi Coninx, Gaby E. Pfyffer, Christine Mathieu, D. Savina, Martine Debacker, Fizuli Jafarov, I. Jabrailoz, Ali Ismailov, Fuad Mirzoev, Rodolphe de Haller, and Fran oise Portaels, "Drug Resistant Tuberculosis in Prisons in Azerbaijan : Case Study," *British Medical Journal* 316(1998) : 1423~1425; Michael E. Kimerling, Hans Kluge, Natalia Vezhnina, Tiziana Iacovazzi, Tine Demeulenaere, Fran oise Portaels and Francine Matthys, "Inadequacy of the Current WHO Re-Treatment Regimen in a Central Siberian Prison : Treatment Failure and MDR-TB," *International Journal of Tuberculosis and Lung Disease* 3, no. 5 (1999) : 451~453; Centers for Disease Control and Prevention, "Primary Multidrug-Resistant Tuberculosis-Ivanovo Oblast, Russia, 1999," *Morbidity and Mortality Weekly Report (MMWR)* 48, no 30 (August 6. 1999) : 661~663; Michael E. Kimerling, "The Russian Equation : An Evolving Paradigm in Tuberculosis Control," *International Journal of Tuberculosis and Lung Disease* 4, suppl. 2 (2000) : S160~S167.

따랐다.[106] 국제 공중 보건 당국은 어째서 MDRTB 치료에 대한 물자가 부족한 환경에서 효과적인 치료법을 권고하지 않았는가?

5장에서는 2000년대 중반까지 가난한 국가에 에이즈 치료를 확대하는 과정을 부분적으로 막았던 뻔뻔한 주장들을 살펴보았다. 1990년대에는 여러 공중 보건 전문가가 다중약물내성 결핵 치료에 대해 비슷한 주장을 했다. WHO와 다른 기관의 정책 입안자들은 돈이 많이 들고 복잡하다는 이유로, 이 치료 요법이 물자가 부족한 환경에서는 부적합하다고 판단했다. 1996년 보고서에서 WHO는 다음과 같이 결론 내렸다.

개발도상국의 다중약물내성 결핵 환자들은 결핵에 대한 효과적인 치료가 불가능한 경우가 많아 죽어간다.[107]

이듬해에도 WHO는 같은 결론을 반복하면서, 취약한 보건 인프라에 대한 초기의 우려 섞인 주장에 높은 치료 비용 문제를 곁들였다.

MDRTB는 가난한 국가에서 치료받기에 너무 많은 비용이 든다. 이 병은 약이 잘 듣는 다른 질병을 치료할 자원과 관심을 흩뜨리고 있다.[108]

WHO는 이 주장을 페루 리마의 빈민가에서 시험하기로 했다.

소시엔살루는 아이티에서 잔미 라산트가 해냈던 선구적인 작업(6장에서 기술한)과 거의 동일한 모델을 사용해 "DOTS-플러스" 치료 프로그램을 구축했다. 2차 약제의 사용

---

106) Jaime Aréstegui Benavente, Gilberto Martinez Freitas, and Ana Maria Yamunaque Morales, "Seminario taller nacional : Evaluación del programa de control de tuberculosis ano 1991," in *Seminario Sub Regional Audino de Evaluación y Control de Tuberculosis*, ed. Ministerio de Salud (Lima: república del Perú, Programa Nacional de Control de la Tuberculosis, 1992), 47.

107) 세계보건기구, *Groups at Risk : WHO Report on the Tuberculosis Epidemic 1996* (Geneva : World Health Organization, 1996), 2 (강조를 첨가함)

108) 세계보건기구, *WHO Report on the Tuberculosis Epidemic 1997* (Geneva: World Health Organization, 1997) (강조를 첨가함) 당시 상당히 많은 공중 보건 전문가들은 다중약물내성 결핵이 치료 불가능하다고 보았는데, 비용이 많이 든다는 것이 그 부분적인 이유였다. 여기에 대한 논의는 다음 글을 참고하라. Michael D. Iseman, David L. Cohn, and John A. Sbabaro, "Directly Observed Treatment of Tuberculosis-We Can't Afford Not to Try It," *New England Journal of Medicine* 328, no. 8 (1993) : 576~578; 그리고 Veronica L.C. White and John Moore-Gillon, "Resource Implications of Patients with Multidrug Resistant Tuberculosis," *Thorax* 55, no. 11 (2000) : 962~963.

[그림 8.5] 페루에서 75명의 "난치성" MDRTB 환자들이 DOTS–플러스 접근으로 치료받고 난 뒤의 결과

· 데이터는 다음 글을 참고했다. Carole Mitnick, Jaime Bayona, Eda Palacios, Sonya Shin, Jennifer Furin, Felix Alc ntara, Epifanio S nchez, Saidi Kapiga, Donna Neuberg, James H. Maguire, Jim Yong Kim, and Paul Farmer, "Community-Based Therapy for Multidrug-Resistant Tuberculosis in Lima, Peru." *New England Journal of Medicine* 348, no. 2 (2003) : 119, 122.

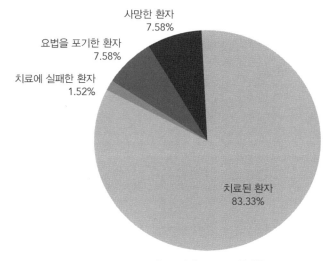

사망한 환자
7.58%

요법을 포기한 환자
7.58%

치료에 실패한 환자
1.52%

치료된 환자
83.33%

총 75명의 MDRTB 환자들

과 객담 배양을 통한 검진, 약제 수용성 검사, 복약을 직접 관찰하는 개인화된 치료를 기존의 DOTS 처방에 추가한 것이었다.[109] 초기의 동일 연령대 집단은 약제 저항성이 강한 결핵 균주에 감염된 탓에 병을 오래 앓았던 75명의 환자를 포함했다. 그 가운데 상당수가 DOTS에서 예외자 또는 "문제 환자"로 기록되어 있었다.[110] 감염된 균주들은 평균 6개 약제에 저항성을 보였다. 환자들은 1996년 8월에서 1999년 9월 사이에 요법을 시작했고, 적어도 18개월 동안 5개 이상의 약으로 치료를 받았다. 이 특정 약제 치료는 매사추세츠 주립 실험실협회가 수행한 약물 수용성 검사의 결과에 따라 결정되었다. 모든 환자는 적어도 하루에 한 번 공동체 보건 노동자의 방문을 받았다. 보건 노동자들은 환자가

109) DOTS–플러스 모델에 대한 확장된 논의에 대해서는 다음 글을 참고하라. Julie Talbot, Joseph Rhatigan, and Jim Yong Kim, "The Peruvian National Tuberculosis Control Program," HBS no. GHD-002 (Boston : Harvard Business School Publishing, 2011), Global Health Delivery Online, www. ghdonline.org/cases/ (접속일 : 2012년 10월 16일)

110) Carole Mitnick, Jaime Bayona, Eda Palacios, Sonya Shin, Jennifer Furin, Felix Alc ntara, Epifanio S nchez, Madelenu Sarria, Mercedes Becerra, Mary C. Smith Fawzi, Saidi Kapiga, Donna Neuberg, James H. Maguire, Jim Yong Kim, and Paul Farmer, "Community-Based Therapy for Multidrug-Resistant Tuberculosis in Lima, Peru," *New England Journal of Medicine* 348, no. 2 (2003) : 119, 122.

약을 먹는지 직접 살피며 영양과 재정적 지원을 제공하고 기타 의학적·심리학적 욕구를 채워 준다.[111]

그림 8.5에 극적으로 나타나 있듯, 이 프로그램은 83퍼센트의 완치율을 달성했다. 이 것은 그때까지 병원에서 해 왔던 그 어떤 프로그램보다도 높은 치료율이었다.[112] 1980년 대 후반과 1990년대 초반까지 미국의 MDRTB 발생을 분석한 중요한 보고서에 따르면, 65퍼센트의 환자가 순조로운 경과를 보였다.[113] 소시엔살루는 이 치료를 공동체 내부로 옮김으로써, 치료의 질을 떨어뜨리지 않고도 비용을 절감함은 물론 병원이나 진료소에서 감염되는 다중약물내성 결핵의 위험을 줄일 수 있었다.[114] 비록 이러한 노력이 처음에는 거센 저항을 불러일으켰지만, 페루의 국가 결핵 프로그램은 이후로도 리마의 다른 곳과 페루 곳곳까지 DOTS-플러스를 확장해 좋은 결과를 얻었다.[115]

당시 페루에서 MDRTB가 발생했다는 증거에 주의를 기울이지 않았던 것은 비단 국 가 결핵 프로그램의 직원들뿐만이 아니었다. 국제 보건 당국은 더했다. 러시아·라트비 아·에스토니아·필리핀에서 MDRTB를 성공적으로 치료한 사례들이 있었음에도 불구하 고 WHO는 1990년대 후반까지 DOTS-플러스 접근을 도입하지 않았으며, CDC와 건강 의 동반자들을 비롯한 여러 기관이 DOTS-플러스를 옹호하고자 상당히 노력한 후에야 겨우 수용했다.[116] WHO 내부의 작업 그룹으로 시작한 다국적 협력 집단인 그린라이트 위원회(GLC. 나중에는 WHO와 결핵 퇴치 국제협력사업단의 지원을 받았다.)는, 1997

---

111) Paul E, Farmer, Jim Yong Kim, Carole D. Mitnick, and Ralph Tiperi, "Responding to Outbreaks of Multidrug-Resistant Tuberculosis: Introducing DOTS-Plus," in *Tuberculosis : A Comprehensive International Approach*, ed. Lee B. Reichman and Earl S. Hershfield (New York : Decker, 2000), 447~469.

112) Mitnick, Bayona, et al. "Community-Based Therapy for Multidrug-Resistant Tuberculosis in Lima, Peru," 119~122.

113) Goble, Iseman, et al., "Treatment of 171 Patients with Pulmonary Tuberculosis Resistant to Isoniazid and Rifampin."

114) Farmer, Kim, et al., "Responding to Outbreaks of Multidrug-Resistant Tuberculosis: Introducing DOTS-Plus."

115) Sonya S. Shin, Martin Yagui, Luis Ascencios, Gloria Yale, Carmen Suarez, Neyda Quispet, Cesar Bonilla, Joaquin Blaya, Allison Tayloe, Carmen Contreras, and Peter Cegielski, "Scale-Up of Multidrug-Resistant Tuberculosis Laboratory Services, Peru," *Emerging Infectious Diseases* 14, no. 5 (2008) : 701~708.

116) 다음을 참고하라. Michael D. Iseman, "MDR-TB and the Developing World-A Problem No Longer to Be Ignored : The WHO Announces 'DOTS Plus' Strategy," *International Journal of Tuberculosis and Lung Disease* 2, no. 11 (1998) : 867; Stop TB Partnership, *The Global Plan to Stop TB, 2006~2015 : Actions for Life, Towards a World Free of Tuberculosis* (Geneva : World Health Organization, 2006), http://whqlibdoc.who.int/publications/2006/9241593997_eng.pdf (접속일 : 2012년 10월 15일); Paul E. Farmer and Jim Yong Kim, "Community-Based Approaches to the Control of Multidrug-Resistant Tuberculosis : Introducing 'DOTS-Plus,'" *British Medical Journal* 317, no. 7159 (1998) : 671~674.

[그림 8.6] 2004~2008년 사이 자기에게 필요한 치료를 받고 있는 MDRTB 환자 수
· 2004~2008년 사이 자기에게 필요한 치료를 받고 있는 MDRTB 환자 수. MDRTB 환자 가운데 그린라이트위원회(GLC) 또는 다른 (비-GLC) 프로젝트에서 승인을 받은 계획에 따라 치료받을 예정인 사람 수는 치료가 필요하다고 추정되는 환자 수에 비하면 아주 낮은 비율이다.
· 출처 : Salmaan Keshavjee, Kwonjune Seung, et al., "Stemming the Tide of Multidrug-Resistant Tuberculosis : Major Barriers to Addressing the Growing Epidemic," in Institute of Medicine, *Addressing the Threat of Drug-Resistant Tuberculosis : A Realistic Assessment of the Challenge. Workshop Summary* (Washington, D.C. : National Academies Press, 2009), www.iom.edu/~/media/Files/Activity%20Files/Research/DrugForum/IOM_MDRTB_whitepaper_2009_01_14_Edited.pdf.

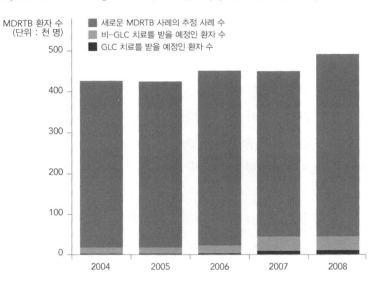

MDRTB 환자 수 (단위 : 천 명)
■ 새로운 MDRTB 사례의 추정 사례 수
■ 비-GLC 치료를 받을 예정인 환자 수
■ GLC 치료를 받을 예정인 환자 수

년에서 1999년 사이에 조정된 조달과 재정 지원이라는 전략을 사용해 2차 항결핵 약제의 가격을 98퍼센트까지 낮추었다.[117] GLC의 보고서에 따르면, MDRTB 치료는 그것을 승인한 사람들에게 품질이 보장된 의약품과 기술적인 도움을 계획하고 제공했다. 2004년까지 전 세계 총 1만 6,300명의 환자가 2차 요법에 관한 전 과정을 승인했다. 2008년에는 이 수치가 4만 6,300명까지 늘었다.[118]

하지만 승인했다고 해서 반드시 치료가 수행되는 것은 아니다. 사실 2000년에서 2009년 사이 GLC 메커니즘에 승인한 사람은 6만 명 이상이었던 데 비해, 품질이 보장된 약제로 치료받은 사람은 2만 명에 지나지 않았다. 동일한 기간에 전 세계를 통틀어 새로 나타

117) Rajesh Gupta, Jim Yong Kim, Marcos A. Espinal, Jean-Michel Caudron, Bernard Pecoul, Paul E. Farmer, and Mario C. Raviglione, "Responding to Market Failures in Tuberculosis Control," Science 293, no. 5532 (August 10, 2001) : 1051.

118) Salmaan Keshavjee, "Role of the Green Light Committee Initiative in MDR-TB Treatment Scale-Up," 2009년 4월 3일, 세계보건기구 각료회의 발표문, www.who.int/tb_beijingmeeting/media/press_pack/presentations/day3_presentation4.pdf (접속일 : 2012년 10월 15일)

난 MDRTB 환자는 500만 명 정도로 추산되는데, 이 가운데 150만 명이 사망했다.[119] 그림 8.6에는 MDRTB 치료가 필요한 사람 수와 실제 치료를 받은 사람 수 사이에 극명한 차이가 나타나 있다.

문제점들이 다방면으로 발생함에 따라 진보의 속도가 늦춰졌다. 비록 GLC와 다른 기관에서 특정 2차 약제 가격을 상당히 낮추도록 교섭했지만, 어떤 약들은 여전히 가격이 높았다. 맨 먼저 교섭 과정에 들어간 약제라 해도 가격은 지난 수십 년에 걸쳐 올랐고, 그 결과 환자들의 접근 가능성이 희박해졌다.[120] MDRTB 치료에서 전형적으로 사용되는 5개 약품의 처방을 받는 데 환자 1인당 1년에 약 3천 달러가 들었다. 더욱이 실험실의 역량을 개선하는 방법에 대한 조언 같은 기술적인 도움이 매우 잦아서 자원과 실제로 지원되는 현물 사이에 괴리가 생겼다. 이에 따라 약물내성 결핵이 유행하는 지역 대부분은 기술적인 도움을 필요로 하게 되었는데, 몹시 가난한 국가들에서는 이것이 거의 실패 없이 진행되었다.[121] 요컨대 당시에는 약물내성 질환의 통제에 대한 진단과 치료법도, 그것을 물자가 부족한 환경에 전달할 수 있는 보건 관리 모델도 함께 존재하는 상황이었다. 빠진 연결 고리는 바로 전달이었다. 이 전달은 전 세계에서 재발하는 MDRTB 유행을 따라잡을 수 있도록 충분한 규모여야 했다.

이 사례는 국제 보건에서 장애보정수명 같은 측정법을 활용하는 데 대해 무엇을 시사하는가? 한 가지 교훈은 어떤 개입이든 널리 사용하다 보면(비용 대비 효율성이 높고, 국제 공중 보건 당국이 승인한 것이라 해도) 의도치 않은, 때로는 해로운 결과를 불러올 수 있다는 것이다. 수행 전략에 엄격한 모니터링과 평가 같은 비판적인 되먹임 고리가 없을 경우, 특히 더 그렇다. 항결핵 약제 저항성에 대한 임상적 문헌들과 이전에 MDRTB와 함께 싸웠던 여러 국가의 경험을 자세히 살펴본다면, DOTS의 포괄적인 활용이 미생물 병원체 대부분에 대해 약물 저항성을 유발한다는 점을 예측할 수 있다. 동시에 모니터링과 평가를 실시하는 횟수를 더 늘리면, 약물 저항성의 발생을 더욱 빨리 탐지해서

119) Salmaan Keshavjee and Paul E. Farmer, "Time to Put Boots on the Ground: Making Universal Access to MDR-TB Treatment a Reality," *International Journal of Tuberculosis and Lung Disease* 14, no. 10 (2010) : 1222.

120) 국경없는 의사회, *DR-TB Drugs under the Microscope : The Sources and Prices of Medicines for Drug-Resistant Tuberculosis*, 2011, www.doctorswithoutborders.org/publications/reports/2011/Report_Summary_DR-TB_Drugs_Under_the_Microscope.pdf (접속일 : 2012년 10월 15일)

121) Keshavjee and Farmer, "Time to Put Boots on the Ground."

MDRTB가 널리 퍼지기 전에 실무자들이 그것을 예방할 수 있게 될 것이다.

이 사례는 MDRTB 같은 질병의 수량적인 속성들(장애보정수명, 개입 비용 등)이 갖는 생물사회적 복잡성을 단순화해서 선택된 의사 결정의 틀(이 경우는 비용 대비 효율성 분석)에 적용하는 과정이 무척 어렵다는 점을 드러낸다. 이미 언급했다시피 국제 공중 보건 당국은 DOTS를 옹호했는데, 그것이 크게 보았을 때 비용 대비 효율성이 높다고 여겼기 때문이었다. 1993년 「세계 개발 보고서」에 따르면 단기 화학 요법은 "비용 대비 효율성 면에서 극히 유리한" 것이 특징이며, 실제로 보조금 지급을 포함한 정부 정책에서 확증되었다.[122] WHO 또한 개발도상국이 강한 지원을 받은 DOTS의 비용 대비 효율성을 강조했다.[123] 하지만 페루의 국가 결핵 프로그램(WHO가 결핵 통제 프로그램의 모범 사례로 여긴)[124]은 경험적 재치료 요법에 따라 1차 약제가 듣지 않는 환자들에게 같은 요법을 다시 활용하는 DOTS의 규약을 엄격하게 따름으로써 자기도 모르는 새 약제 저항성 질병의 유행에 기름을 끼얹고 있었다.

어째서 이런 국가 보건 프로그램의 모델이 자체적으로 MDRTB의 유행을 인식하고 대응하는 데 실패했는가? 이에 대해 2장에서 살펴보았던 막스 베버의 관료제에 대한 통찰이 하나의 대답을 제시한다. 이 사례는 관료주의적 합리화가 지닌 양날의 검을 드러낸다. 특정 대상을 목표로 삼으며 알고리즘적인 DOTS의 속성은 비용 대비 효율성과 빠른 수행 속도가 핵심이었다. 이러한 속성 덕분에 페루의 국가 프로그램은 세계에서 가장 훌륭한 결핵 통제 프로그램으로 거듭날 수 있었다. 또한 DOTS의 규약은 명료한 지침과 기준을 제공해 결핵 치료의 질과 효율성을 개선함으로써 임상적 적용 범위를 넓히고 직원들의 사기를 높였다. 하지만 이 규약에는 약물 저항성 질환이 나타났을 때 발 빠른 대응을 막아 실무자들을 방해하는 면도 있었다. 임상적 접촉을 절차들의 집합으로 합리화할 경우, 행위자인 보건 노동자들은 정상성에서 이탈한 사례들을 제한적으로만 다룰 수 있게 된다. 이 때문에 MDRTB에 걸린 개개인은 문제 환자의 취급을 받았다. 베버의 통찰대로 관료주의적 합리성은 효율성을 개선했을 뿐 아니라 엄격함(이른바 합리성의 '철창')을 창출하여 실무자들이 약물내성을 가진 결핵의 출현을 못 보고 지나치게 만들었다.

---

122) World Bank, *World Development Report 1993*, 116.
123) World Health Organization, *Treatment of Tuberculosis*.
124) 예컨대 다음을 보라. 세계보건기구, "WHO Global Tuberculosis Program." (1997)

또한 그것은 국제 공중 보건 정책 입안자들이 약물 저항성의 위험을 간과하게 했다. MDRTB 치료가 WHO의 결핵 퇴치 계획에서 처음으로 모습을 드러낸 것은 2006년이었다.[125] 아마도 DOTS의 비용 대비 효율성에 대한 보고가 공공 보건 당국으로 하여금 점점 커지는 약물내성 결핵의 위협을 과소평가하게 만들었을 것이다. 4장에서 기술했다시피, 비용 절감은 구조 조정 프로그램의 시대에 무엇보다 중요하게 여겨질 때가 많았다. MDRTB 유행에 대한 느린 반응은 대규모 관료주의 조직에서 정책 변화를 실행하는 데 따른 어려움을 보여 준다. 해당 조직이 크고 관료주의적일수록 이 "철창"의 속박이 더 강해진다는 점은 확실하다. 하지만 WHO를 비롯한 국제 보건 기구들은 더 크고 관료적으로 변할 필요가 있었다.

결론

장애보정수명과 비용 대비 효율성 분석 같은 정량적 도구들은 국제 보건 정책 입안자, 실무자, 연구자에게 필수적이다. 질병 부담을 정확하게 측정하면 국제적인 정신 보건 문제나 결핵 통제처럼 방치된 보건 사안을 드러낼 수 있고, 도움이 가장 필요한 지역을 목표로 설정해 자원 할당을 합리화하는 데 도움이 된다. 그러나 이러한 도구를 개발하는 과정은 본질적으로 다른 가치들과 긴장 관계 혹은 교환 관계를 보인다.

장애보정수명은 그 명료한 알고리즘에 따라 생산성의 최대화 같은 다양한 가치를 필연적으로 내포하게 된다. 따라서 보건적 우선 과제를 선정하는 데 장애보정수명을 공평하고 효과적으로 적용하려면 생산성 최대화를 반드시 고려해야 한다. 그러나 질병 경험에 포함된 여러 차원은(그 일부의 예로 괴로움, 사기 저하, 낙인, 부차적인 고통 등) 장애보정수명으로 측정되지 않은 채 남아 있다. 전 세계의 물자가 부족한 지역에서 관리가 필요한 적절한 사례를 확정하는 데 여러 사회적인 장벽이 있다는 점을 감안하더라도, 질병 부담을 장애보정수명을 통해 엄밀하게 정의해 계산하는 방법에는 문제가 있다. 장애보정

125) Mario C, Raviglione and Mukund W. Uplekar, "WHO's New Stop TB Strategy," *Lancet* 367, no. 9514 (2006) : 952~955.

수명 같은 도구가 타당성을 확보하려면 사례를 정확하게 헤아려야 하므로, 귀속된 데이터를 회의적인 시각으로 다루어야만 한다. 요컨대 장애보정수명은 분명 국제 보건 실무자들이 환영할 만한 새로운 도구지만 그것만을 활용해서는 안 된다. 장애보정수명과 다른 정량적 도구들에 한계가 있더라도 그것에 내재된 여러 가정은 데이터를 생성하는 데 그치는 게 아니라 해석도 제공해야 한다. 그리고 그 도구들이 국제적 질병 부담의 현 상황을 더욱 포괄적이고 정확하게 그려 내려면, 재사회화 학문들로부터 도출한 다른 유형의 데이터들과 함께 활용되어야 한다.

더구나 국제 보건과 연계되어 있는 엄청난 생물사회적 복잡성을 단순화하다가는, 즉 그러한 도구들을 무비판적으로 사용하다가는 의도치 않은 결과는 물론 때로는 해로운 결과를 초래할 수 있다. 예를 들어 전 세계 정책 입안자들이 사용하는 비용 대비 효율성 분석의 지배적인 패러다임은 다른 것과 마찬가지로 다중약물내성 결핵에 대한 활기 없는 대응을 뒷받침하는 결과로 이어졌다. 반대로 정책 입안과 서비스 전달을 엄격한 모니터링과 평가, 생물사회적 연구, 옹호 운동, 훈련과 연결하는 비판적인 되먹임 고리는 수량적인 도구들을 강화하고 지렛대로 움직여 국제 보건 평등이 진보하도록 도와준다.

더 읽을거리

°Acland, Sarah. "Mental Health Services in Primary Care : The Case of Nepal." In *World Mental Health Casebook: Social and Mental Health Programs in Low-Income Countries*, edited by Alex Cohen, Arthur Kleinman, and Benedetto Saraceno, 121~153. New York : Kluwer Academic/Plenum, 2002.

°Anand, Sudhir, and Kara Hanson. "Disability-Adjusted Life Years : A Critical Review." *Journal of Health Economics* 16, no. 6 (1997) : 685~702.

°Desjarlais, Robert, Leon Eisenberg, Byron Good, and Arthur Kleinman, eds. *World Mental Health : Problems and Priorities in Low-Income Countries*. New York : Oxford University Press, 1996.

°Dye, Christopher, Brian G. Williams, Marcos A. Espinal, and Mario C. Raviglione.

"Erasing the World's Slow Stain: Strategies to Beat Multidrug-Resistant Tuberculosis."
Science 295, no. 5562 (March 15, 2002) : 2042~2046.

°Good, Byron J. *Medicine, Rationality, and Experience : An Anthropological Perspective*.
New York : Cambridge University Press, 1994.

°Horwitz, Allan V., and Jerome C. Wakefield. *The Loss of Sadness : How Psychiatry
Transformed Normal Sorrow into Depressive Disorder*. New York : Oxford University
Press, 2007.

°Jamison, Dean T., Joel G. Breman, Anthony R. Measham, George Alleyne, Mariam
Claeson, David B. Evans, Prabhat Jha, Anne Mills, and Philip Musgrave, eds. *Disease
Control Priorities in Developing Countries*. 2nd ed. New York : World Bank and Oxford
University Press, 2006.

°Ji, Jianlin, Arthur Kleinman, and Anne Becker. "Suicide in Contemporary China : A
Review of China's Distinctive Suicide Demographics in Their Sociocultural Context."
Harvard Review of Psychiatry 9, no. 1 (2001) : 1~12.

°Keshavjee, Salmaan, Irina Y. Gelmanova, Alexander D. Pasechnikov, Sergey P.
Mishustin, Yevgeny G. Andreev, Askar Yedilbayev, Jennifer J. Furin, Joia S. Mukherjee,
Michael L. Rich, Edward A. Nardell, Paul E. Farmer, Jim Y. Kim, and Sonya S. Shin.
"Treating Multidrug-Resistant Tuberculosis in Tomsk, Russia." *Annals of the New York
Academy of Sciences* 1136 (2008) : 1~11.

°Keshavjee, Salmaan, and Paul Farmer. "Tuberculosis, Drug Resistance, and the
History of Modern Medicine." *New England Journal of Medicine* 367 (2012) :
931~936.

°Kleinman, Arthur. "A Critique of Objectivity in International Health." In *Writing
at the Margin : Discourse between Anthropology and Medicine*, by Arthur Kleinman,
68~92. Berkeley : University of California Press, 1995.

. *Rethinking Psychiatry : From Cultural Category to Personal Experience*. New York :
Free Press, 1988.

°Murray, Christopher J.L. "Quantifying the Burden of Disease : The Technical Basis for Disability-Adjusted Life Years." *Bulletin of the World Health Organization* 72, no. 3 (1994) : 429~445.

°Murray, Christopher J.L., and Alan D. Lopez, eds. *The Global Burden of Disease : A Comprehensive Assessment of Mortality and Disability from Diseases, Injuries, and Risk Factors in 1990 and Projected to 2020.* Vol. I, Global Burden of Disease and Injury Series. Cambridge, Mass. : Harvard University Press, 1996,

°Pablos-M ndez, Ariel, Mario C. Raviglione, Adalbert Laszlo, Nancy Binkin, Hans L. Rieder, Flavia Bustreo, David L. Cohen, Catherina S.B. Lambregts-van Weezenbeek, Sang Jae Kim, Pierre Chaulet, and Paul Nunn(세계보건기구의 결핵과 폐 질환에 대항하는 국제연합 항결핵 약물 저항성 감시 작업 그룹). "Global Surveillance for Antituberculosis Drug Resistance, 1994~1997." *New England Journal of Medicine* 338, no. 23 (1998) : 1641~1649.

°Patel, Vikram, Ricardo Araya, Sudipro Chatterjee, Dan Chisholm, Alex Cohen, Mary De Silva, Clemens Hosman, Hugh McGuire, Graciela Rojas, and Mark van Ommeren. "Treatment and Prevention of Mental Disorders in Low-Income and Middle-Income Countries." *Lancet* 370, no. 9591 (2007) : 991~1005.

°Patel, Vikram, and Arthur Kleinman. "Poverty and Common Mental Disorders in Developing Countries." *Bulletin of the World Health Organization* 81, no. 8 (2003) : 609~615.

°Patel, Vikram, Benedetto Saraceno, and Arthur Kleinman. "Beyond Evidence : The Moral Case for International Mental Health." *American Journal of Psychiatry* 163, no. 8 (2006) : 1312~1315.

°Prince, Martin, Vikram Patel, Shekhar Saxena, Mario Maj, Joanna Maselko, Michael R. Phillips, and Atif Rahman. "No Health without Mental Health." *Lancet* 370, no. 9590 (2007) : 859~877.

°Sen, Amartya. "Missing Women : Social Inequality Outweighs Women's Survival Advantage in Asia and North Africa." *British Medical Journal* 304, no. 6827 (1992) : 587~588.

Values and Global Health

국제 보건과 가치들

9

9장
국제 보건과 가치들

아르준 수리, 조너선 바이겔, 루크 메삭, 마거리트 소프 바실리코, 매슈 바실리코,
브리짓 해나, 샐먼 케샤브지, 아서 클레인먼[1]

커다란 복잡성 너머에는 그보다 더 커다란 단순성이 있다.

_구스타보 구티에레즈 신부

국제 보건은 "우리 시대의 가장 훌륭한 도덕 운동"[2]이라고 기술되어 왔다. 국제 보건은 이 책에서 문제들, 기관들, 근래에 기원한 열망들의 복잡한 계열을 기술하기 위해 사용하는 용어로 몇몇 독자들에게 통찰을 줄 수도 있다. 국제 보건 사업에 따르는 결정에는 언제나 도덕적인 차원이 대부분 관여했다. 국제적 불평등이 심화됨에 따라 점점 커지는 절대적이고 상대적인 가난의 부담, 예방할 수 있는데도 매년 수백만 명의 생명이 목숨을 잃는 현상과 같은 현 시대의 불안한 특성들은 많은 학생을 국제 개발과 보건 사업으로 끌어들인다. 이 분야야말로 유일하게 제대로 된 일처럼 보이기 때문일 것이다. 이러한 도덕적 감정의 뿌리는 무엇일까? 우리가 도덕적 동기를 살펴보면, 사회운동과 감염성 질병의 다양성만큼이나 가지각색인 주제를 체험하고 배우면서 국제 보건 실천을 개선할 수 있을까?

이 장에서는 우리가 국제보건학에서 때때로 적용하는 여러 도덕적 틀을 조사해 이러한 질문에 대한 답을 찾아볼 것이다. 이 장의 목표 가운데 하나는 국제 보건 문제들에 대

---

1) Jonathan Weigel과 Arjun Suri가 이 장에 동등하게 기여했다.

2) Arthur Kleinman and Bridget Hanna, "Religious Values and Global Health," in *Ecologies of Human Flourishing*, ed. Donald K. Swearer and Susan Lloyd McGarry, Center for the Study of World Religions (Cambridge, Mass. : Harvard University Press, 2011), 76.

한 도덕적 사고의 계보를 추적하는 것이다. 과연 모든 인간은 양호한 보건을 누릴 자격이 있을까? 특정 국가 안에서, 그리고 전 세계를 통틀어 병들거나 장애를 가진 사람이 필요한 관리를 받게 할 책임은 누구에게 있는 것일까? 이 모든 것은 쉽게 답할 수 없는 오래된 질문들이다. 하지만 보건 관리에 대한 권리를 포함해서 인권에 대한 생각이 발전해 온 역사만큼은 국제보건학이라는 신생 분야가 참고할 만하다.

이 장의 또 다른 목표는 실무자, 연구자, 정책 입안자, 교수들을 국제 보건 사업에 뛰어들게 한 동기가 된 도덕적 틀이 무엇인지 알아내 의문을 제기하는 것이다. 여기서 기술한 각각의 접근을 이용하면 국제 보건 평등 운동에 더욱 신중히 관여할 수 있다. 이처럼 인권의 이론적 틀에 지면을 가장 많이 할애하는 이유는, 그것이 오늘날 현장에서 가장 널리 활용되는 접근이기 때문이다. 하지만 그것은 인권 운동가들이 갖는 다양한 동기를 모두 포괄하지는 않는다. 따라서 우리는 그것을 다른 접근보다 의도적으로 우선시하거나 국제 보건과 관련된 가치 위계의 맨 앞자리에 가져다 놓지 않을 것이다.

사회정의와 국제 보건 평등에 헌신하는 관련 종사자들 중 상당수는 의심의 여지없이 강제적이고 영속적인 동기가 있다. 우리가 앞에서 개요를 그리는 여러 범주 안에 들어가지 않는 도덕적 헌신이 그런 동기다. 이는 모든 인간의 삶이 존엄성을 갖는다는 깊이 뿌리내린 믿음 없이는 전혀 사유될 수 없다.

질 좋은 1차 관리와 예방 서비스가 전문인 쿠바의 의사들이나, 수술에 관해 지역적·세계적으로 운송 지원을 제공하는 미국의 응급 구호 단체의 직원들, 또 방글라데시 농촌에서 가정을 기반으로 한 결핵 관리를 제공하는 BRAC의 셰비카스(7장에서 기술한)들은 국제 보건 노력의 제일선에 있는 자신들의 작업이 어떤 도덕적 뿌리에서 비롯하는지에 대한 탐구를 멈추지 않을 것이다. 단, 부유하거나 가난한 국가들의 활동가들은 보건 관리를 받을 권리에 대한 이론을 숙고하느라 시간을 허비하지는 않을 것이다. 그들이 정책 변화를 옹호하기 위해 인권의 언어를 채택한다고 해도 말이다.

이 장에서 직관적인 도덕적 동기의 타당성을 깎아내리려는 것은 아니다. 다만, 우리는 학생과 실무자들이 자신들을 국제 보건 사업으로 이끄는 도덕적 이론의 틀을 살펴봄으로써 그들이 느끼는 흥미의 원천을 더 잘 이해하기를 바란다.

아서 클레인먼과 브리짓 해나에 따르면, 동기와 도덕을 살펴보아야 할 또 다른 이유는 국제 보건에 관한 일이 몹시 어렵기 때문이다. 예방 가능한 고통과 죽음, 엄청난 격차의 국제적 불평등, 그리고 다른 여러 현대성의 실패를 잘 살펴봐야 한다. 이러한 문제에는 단순한 해답이 없다. 클레인먼과 해나는 이렇게 묻는다. "고독과 궁핍, 질병, 다른 개인적인 시련들과 마주할 수 있는 국제 보건 현장에서 실무의 힘든 작업을 하는 사람들에게 힘과 용기를 주는 것은 무엇인가?" 이에 대해 그들은 "우리 안의 깊은 근원에 의존하는 도덕적 실천"[3]이라고 대답한다. 비판적인 자기반성은, 즉 자신의 가치·동기·성취·실패를 진솔하게 진단하는 일은 실무자들이 냉소나 절망에 기대지 않고 국제 보건 업무에 내재한 괴로움과 도덕적 위기에 맞서도록 돕는다. 클레인먼은 다음과 같이 자세히 설명한다.

> 세상과 환자 그리고 그것을 고치는 의사를 묘사할 때 분열되고 숨겨진 다양한 가치를 활용하면, 기술적 능력의 실용적 대인 기술로만 묘사할 때에 비해 지적으로 보완된 설명이 될 수 있다. 그러면 친절, 존경, 동정, 소통 능력 등이 그런 것처럼 의사란 무엇이어야 하는가를 설명하는 데 도움이 된다. 또한 인생에서 진정으로 중요한 것이 무엇인가에 대한 복잡성과 역설에 숨어 있는 비판적인 자기반성의 기술도 삶을 풍요롭게 한다. 이렇게 감수성이 배양되고, 교육(paideia)이 이루어지면 병원과 의사에 대해 그렇게 설명했던 것과 마찬가지로 의학 너머에 있는 우리 인생의 나머지 부분을 우리의 분열된 자아와 그 숨겨진 가치로 완전히 설명할 수 있기 때문이다. 불확실성과 위험이 존재하며 행복이 있는가 하면, 불행도 있는 인생의 여러 측면을 말이다.[4]

이러한 감수성을 개발하려면 평생토록 헌신해야 하며, 이는 이 책을 비롯해 어떤 책의 범위도 넘어선다. 따라서 우리는 이어지는 논의가 국제 보건 분야의 학생과 실무자들이 앞으로 닥칠 도전 과제를 대비해 비판적인 자기반성의 습관을 개발하는 데 도움이 되기를 바란다.

---

3) 위의 글, 83. 다음 글도 참고하라. Kearsley A. Stewart, Gerald T. Keusch, and Arthur Kleinman, "Values and Moral Experience in Global Health : Bridging the Local and the Global," *Global Public Health* 5, no. 2 (2010) : 115~121.

4) Arthur Kleinman, "The Art of Medicine : The Divided Self, Hidden Values, and Moral Sensibility in Medicine," *Lancet* 377, no. 9768 (2011) : 805.

국제 보건의 도덕적 이론 틀

공리주의

"최대 다수의 최대 행복"은 공리주의의 원칙이다. 이것은 "최대 행복의 원리"라고도 불린다. 19세기 영국 공리주의 철학자인 제러미 벤담(Jeremy Bentham)과 존 스튜어트 밀(John Stuart Mill)은 인간의 행복이라는 용어로 도덕철학을 재구성하고자 했다. 공리주의에서 어떤 행동이 좋은 것으로 여겨지려면 가능한 한 많은 사람의 효용(utility, 행복, 쾌락, 또는 참살이로 정의하는)을 최대화해야 한다.[5] 그래서 공리주의자들은 도덕적 결정을 내려야 하는 상황에 부딪혔을 때, 가설을 세워 각 경우에 따른 긍정적인 결과와 부정적인 결과의 총계를 내고, 이 계산에 기초해 최선의 경로를 결정한다. 이러한 접근은 점진적인 개혁을 고무할 수 있다. 19세기 영국 공리주의자들 가운데는 여성의 권리·복지·포괄적인 민주주의·형법 개혁의 초기 옹호자들이 포함된다.[6] 한 정치철학자는 이렇게 말했다. "공리주의는 그것이 가장 좋은 상태라면 편견과 미신에 대항한 강한 무기이며, 도덕의 이름으로 우리 위에서 권위를 주장하는 사람들에게 도전하는 기준과 절차를 제공한다."[7] 하지만 많은 사람이 선거권을 얻게 되자, 공리주의 정책에 따를 경우 다수의 이익을 위해 소수의 권리를 짓밟을 위험이 생겼다. 최악의 경우에는 공리주의가 다수의 독재로 이어질 수 있다. 또 다른 문제는 효용성을 측정하는 방식이다. 만약 쾌락이 최고의 선이라면, 핏속에 아편을 밀어 넣는 기계에 사람들을 연결하기만 하면 되지 않을까?[8]

공리주의적 사고가 극단으로 치달았을 때의 단점에도 불구하고, 국제 보건 담론의 상당 부분을 자극하는 꾸준한 주장이 있다. 바로 행복을 최대화하는 목적에 대한 주장으로,

---

5) 행위의 결과나 성과에 기초해 도덕적 가치를 부여하기 때문에(그 뒤에 깔린 동기가 아니라), 공리주의는 결과주의 도덕 이론이라고도 알려져 있다.

6) 반대로, 20세기에 보수주의자들은 자유방임주의적 자본주의가 다수에게 선을 제공한다고 주장하는 과정에서 공리주의를 언급했다. 예컨대 다음을 보라. Friedrich Hayek, *Law, Legislation and Liberty*, vol. 2, The *Mirage of Social Justice* (Chicago : University Press, 1973), 17~23; 그리고 Friedrich Hayek, *Studies in Philosophy, Politics, and Economics* (New York : Touchstone Books, 1969), 173.

7) Will Kymlicka, *Contemporary Political Philosophy* (Oxford : Oxford University Press, 1990). 11.

8) 이것은 Robert Nozick이 그가 "복지 향락주의"라고 이름 붙인 비판이다. Nozick은 이렇게 묻는다. 만약 어떤 기계가 "성취의 느낌"을 포함해 가능한 가장 즐거운 감각을 만들어 낼 수 있다면, 우리는 그것을 선택해 사용할 것인가? 다음 글을 보라. "The Experience Machine" in Robert Nozick, *Anarchy, State, and Utopia* (New York : Basic Books, 1977), 42~45.

이는 전 세계 보건적 성과들과 서비스 접근의 불평등을 조명한다. 매년 약 1,000만 명이 부유한 국가에서 바로 치료할 수 있는 질병들로 죽어 가며, 이들 대부분이 가난한 국가의 국민들이라는 사실을 우리는 어떻게 받아들여야 하는가?[9] 2억 달러짜리 보잉 787 드림라이너 개인 비행기 같은 사치품을 감당할 수 있는 부자들이 전 세계적으로 1,000명도 넘는데, 같은 돈으로 1,900만 명의 에이즈 환자에게 1년 동안 1차 치료비를 지불할 수 있다는 보고를 어떻게 받아들여야 할까?[10] 10억 명 이상의 사람이 하루에 그보다 적은 돈으로 생활하는 상황에서 우리가 1.5달러짜리 생수 한 병 같은 일상적인 용품을 정당하게 쓸 수 있는가?[11] 공리주의자들은 이런 불평등을 혐오할 것이다. 그리고 의료 관리와 지출을 더욱 평등하게 분배해서 전 세계적으로 더 많은 사람이 같은 값을 지불하고 좋은 보건 환경 속에서 완전한 삶을 누려야 한다고 주장할 것이다. 이러한 종류의 공리주의적 계산법은 우리를 더욱 평등한 방향으로 나아가게 한다.

보건과 개발 담론에서 공리주의를 활용하는 한 가지 사례가 바로 철학자인 피터 싱어(Peter Singer)의 주장이다. 싱어는 국제적 재분배와 빈곤 퇴치를 위한 단순하고 강력한 사례를 제시하며, 다음 네 가지를 전제한다.

· 먹을 것과 쉼터, 의료 관리의 결여로 말미암은 고통과 죽음은 나쁜 것이다.
· 만약 비슷한 중요성을 갖는 어떤 것도 희생하지 않은 채 나쁜 일이 벌어지는 것을 우리 힘으로 막을 수 있다면, 그것을 반드시 수행해야 한다.
· 당신은 원조 기관에 기부함으로써, 어떤 것도 희생하지 않으면서 먹을 것과 쉼터 및 의료 관리의 결여로 인한 고통과 죽음을 막을 수 있다.

---

9) Robert E. Clack, Saul S. Morris, and Jennifer Bryce, "Where and Why Are 10 Million Children Dying Each Year?" *Lancet* 361, no. 9376 (2003) : 2226~2234. 다음 글도 참고하라. Jim Yong Kim, "Bridging the Delivery Gap in Global Health," 2007년 11월 19일 MIT 강의. http://video.mit.edu/watch/bridging-the-delivery-gap-to-global-health-9317/ (접속일 : 2012년 10월 22일)

10) "Antiretroviral (ARV) Ceiling Price List," Clinton Health Access Initiative (CHAI), 2012년 5월 마지막으로 수정. http://d2pd3b5abq75bb.cloudfront.net/2012/07/12/15/13/07/163/CHAI_ARV_Ceiling_Price_List_May_2012.pdf (접속일 : 2012년 10월 22일) 이 수치는 2010년 1차 요법의 가격에 기초해서 계산한 것이다. 이 요법은 d4T(30밀리그램), 3TC(150밀리그램), NVP(200밀리그램)으로 구성되며 1년에 1인당 79달러다.

11) 이 질문은 Peter Singer가 자신의 저서 *The Life You Can Save : Acting Now to End World Poverty* (New York : Random House, 2009), 10~11에서 발전시킨 것들이다.

· 따라서, 만약 당신이 원조 기관에 기부하지 않는다면 잘못된 행동을 하는 것이다.[12]

싱어는 몇몇 사례를 들어 이 논변을 강화한다. 만약 무릎까지 잠길 정도의 연못에 아이가 빠졌다면 그 아이의 목숨과 "비슷한 어떤 것을 희생하지 않고서도" 충분히 구할 수 있다는 것이다. 그는 대부분의 사람이 여기에 동의하리라 여겼다. 만약 동의한다면, 어째서 전 세계의 가난한 국가 아이들의 목숨을 구하는 원조 기관을 지원하지 않는가? 이와 비슷하게 생명을 살리는 대신 자신이 가진 사치품을 희생한 사례도 있다. 당신은 철길에서 놀고 있는 한 아이를 향해 기차가 달려오는 광경을 목격했다. 그런데 당신에게는 기차가 아이를 치지 못하게 막을 능력이 있다. 지금 타고 있는 차로 기차의 방향을 돌리는 것이다. 만약 그렇게 한다면 대신 기차는 당신의 값비싼 부가티 자동차를 산산조각 낼 것이다. 이때 당신은 능력을 발휘하겠는가? 만약 그 자동차가 당신의 퇴직금을 들여 산 것이라면? 싱어에 따르면, 그의 학생들 대부분이 기차의 방향을 돌리겠다고 대답했다.

싱어는 쉽게 예방할 수 있는 질병과 영양실조로 고통받는 가난한 사람들을 돕는 의무를 이 사례의 연장선에 둔다. 이 주장에 따르면, 즉각적으로 통신이 가능하고 자원 흐름이 국제적으로 일어나는 시대에 물리적 거리는 도덕적 판단을 내릴 때 큰 의미가 없다. 즉, 뱅갈의 굶주리는 아이를 구하기 위해 5달러 수표를 보내지 않는 것은 물에 빠진 아이를 구하지 않고 지나치는 것과 똑같은 괴물 같은 짓이다.[13] 만약 당신이 아이를 구하기 위해 부가티 자동차와 퇴직금을 기꺼이 희생할 용의가 있다면, 5달러 수표를 보내면 안 되는 이유가 무엇인가? 싱어는 이렇게 주장한다. "우리가 콘서트 혹은 유행하는 신발·멋진 식사·좋은 와인·멀리 떨어진 곳에서 보내는 휴일 같은 과잉에 대해 부를 쓸 때, 우리는 뭔가 잘못하고 있는 것이다."[14] 사실 싱어의 사례는 도발적이고도 청교도주의적이기까지 해서 그가 너무 멀리 나갔다고 여기는 사람도 많다.[15] 그럼에도 불구하고 싱어의 공

12) 위의 책, 15~16.

13) Peter Singer, "Famine, Affluence, and Morality," in *International Ethics*, ed. Charles R. Beitz, Marshall Cohen, Thomas Scanlon, and A. John Simmons (Princeton, N.J. : Princeton University Press, 1985), 249~252.

14) Singer, *The Life You Can Save*, 18.

15) 다음을 참고하라. Jeffrey A. Schaler, ed., *Peter Singer under Fire : The Moral Iconoclast Faces His Critics* (Chicago : Open Court, 2009)

리주의적인 도덕 논변은 분명 평등으로 향하는 길임을 강조한다.

싱어의 처음 전제들 또한 물샐 틈 없이 치밀하지는 않다. 세 번째 전제에서 해외 원조의 효율성은 논쟁적인 주제다. 실패한 원조들(10장에서 살필 것이다.)에 대한 보고가 점점 늘고 있기 때문이다.[16] 하지만 이런 비판들은 원조 전달의 기본 요점에 대한 것일 뿐, 그 주장의 도덕적 힘에 대한 것은 아니다. 만약 효율적인 원조 전달 모델만 마련될 수 있다면(적어도 보건 부문에서는 실제로 그렇다는 것이 이 책의 주장이지만), 싱어의 도전적 주장은 비판에 상처를 입지 않을 것이다. 하지만 싱어의 주장에는 모든 공리주의 주장이 갖고 있는 해결하지 못하는 긴장 관계와 문제점 또한 존재한다. 그중 하나를 들자면, 싱어는 "가장 가난한 사람들"과 "가장 도움이 필요한 사람들"에게 초점을 맞추게끔 강조하며, "심각한 가난 속에 사는 사람이 제일 많다"는 이유로 남아시아에 집중한다.[17] 비록 이 접근에 옹호 논리가 없는 것은 아니지만, 이런 접근을 택하면 살짝 덜 절망적인 삶을 사는 이들에게는 도움의 손길을 미루게 된다. 웬만큼 가난한 이라도 최악은 아니니 뒤로 미룬다는 식으로, 미끄러운 경사면처럼 도움의 우선순위가 한도 끝도 없이 밀린다. 결국은 아무도 잘 살지 못하게 될 것이다.[18] 즉, 공리주의는 보건 관리를 할당하도록 한다. 하지만 그 대상이 정치적이고(특히 2009~2010년 사이에 미국에서 보건 관리 개혁에 대해 벌어진 논쟁에서) 도덕적인 제안에만('인생의 가치는 무엇인가?' 같은) 한정되지는 않는다. 싱어에 따르면 그들이 알든 모르든, 지불 능력에 따라 보건 관리를 할당하는 미국의 현행 보건 관리 시스템을 매일 견뎌야 하는 미국인들도 보건 관리의 대상이다.[19]

극단적인 평등에 대한 이 가설적인 모델은 공정한 비판을 통해 우리가 사는 세상과는

---

16) 다음을 참고하라. Linda Polman, *The Crisis Caravan : What's Wrong with Humanitarian Aid?* (New York : Metropolitan Books, 2010); Dambisa Moyo, *Dead Aid: Why Aid Is Not Working and How There Is a Better Way for Africa* (New York : Farrar, Straus and Giroux, 2009); 그리고 William Easterly, *The Elusive Quest for Growth : Economists' Adventures and Misadventures in the Tropics* (Cambridge, Mass. : MIT Press, 2001)

17) Singer, *The Life You Can Save*, 7.

18) 이것은 Derek Parfit의 저서 *Reason and Persons* (New York : Oxford University Press, 1984)에서 주장하는 공리주의에 대한 주된 비판이다. Parfit에 따르면 공리주의에 의거할 때, 만약 어떤 국가가 국민 각자의 복리를 절반으로 줄이면서 인구를 두 배로 할 수 있다면 국가는 그렇게 해야 한다.

19) Singer는 미국의 건강보험 시스템이 이미 개입에 가격을 할당하고(일부 미국인만이 감당할 수 있는) 보험이 없는 사람보다 보험이 있는 사람에게 특권을 주는 방식으로(한 연구에 따르면 교통사고에서 보험 없는 사람의 사망률이 보험 있는 사람에 비해 37퍼센트 더 높다.) 보건 관리를 배급하고 있음을 지적한다. 다른 말로 하면 미국의 보건 관리 시스템은 기타 무작위적인 방식(더 평등하다고 주장되는)보다는 지불 능력에 따라 관리를 배급하고 있다. 다음 글을 참고하라. Peter Singer, "Why We Must Ration Health Care," *New York Times*, July 15, 2009, www.nytimes.com/2009/07/19/magazine/19healthcare-t.html?pagewanted=al (접속일 : 2012년 10월 22일)

극적으로 다른 세상을 기술한다. 20세기 전체를 통틀어 오늘날보다 국제적인 소득 불평등이 크게 벌어진 시기는 없었다. 오늘날 부유한 상위 1퍼센트가 전 세계 부의 43퍼센트를, 상위 10퍼센트는 83퍼센트를 쥐고 있다. 반면 하위 50퍼센트는 오직 2퍼센트를 소유할 뿐이다.[20] 이러한 믿기 어려운 불평등의 근원을 찾으려면 미국에서 남북전쟁이 일어난 직후인 도금시대(Gilded Age)로 돌아가야 한다. 극단적인 가정(철학자에게는 관심거리일 테지만 국제 보건의 맥락에는 그다지 도움이 되지 않는)에 집중하는 대신 공리주의에 대해 더욱 정직하고 적절한 해석이 이루어질 때 비로소 온건한(그러면서도 목숨을 구하는) 재분배가 가능하다. 만약 부자들이 몇몇 사치품을 포기하는 대신 가난한 사람을 위한 의료 관리에 기부한다면 수백만 명의 생명을 구할 수 있다. 극심한 가난 속에 사는 25억 명에 대해 그들의 소득에서 생계를 유지하는 비용보다 모자란 부분은(하루에 2달러 미만) 경제협력개발기구(OECD) 국가들 국민총생산의 1퍼센트도 안 된다.[21] 즉, 부자 국가들의 생활수준이 1퍼센트만 떨어져도 전 세계에서 극히 가난한 국가 사람들이 하루 생계를 해결하는 데 2달러 이상을 사용할 수 있다. 이는 비록 작은 목표지만, 평등으로 향하는 기꺼운 한 걸음이다.

하지만 공리주의는 우리를 또 다른 방향으로 데려갈 수도 있다. 대부분의 경제 이론과 여기에 활용되는 상당수의 도구에서 살펴볼 수 있는 비용 대비 효율성의 개념은 공리주의에 근거를 둔다. 이에 따라 여러 개입 정책을 두고 어떤 정책이 지출한 1달러당 죽음과 장애를 가장 많이 경감시키는지(장애보정수명으로 측정)에 대한 비교가 이루어졌다. 비용 대비 효율성 분석의 목적은 국제 보건에서 경비 지출의 영향을 최대화하는 것, 즉 가장 많은 사람에게 가장 많은 선을 행하는 것이다. 하지만 비용 대비 효율성적인 사고는 양날의 검일 수 있다. 자원 부족을 먼저 가정한 다음에 효용을 최대화하기 때문이다. 이 가정은(비용 대비 효율성을 다룰 때 사람들로부터 종종 오해를 사는 최초 원리인) 필요의 위계에 기초해 자원을 할당하기보다는 그저 국제적인 불평등을 반영하고 재생산하는 결정을 산출하는 데 그칠 수 있다. 가난한 사람들은 보건 관리에 접근할 만큼 운이 좋아도 결국에는 값싼 관리를 받는다. 다른 말로 하면, 비용 대비 효율성의 논리는 "적정 기

---

20) "The Few : A Special Report on Global Leaders," *Economist*, January 20, 2011, www.economist.com/node/17929075 (접속일 : 2012년 10월 25일)

21) Thomas Pogge, *World Poverty and Human Rights*, 2nd ed. (Cambridge : Polity Press, 2008), 10.

술"의 함정에 빠질 수 있다. 지역 역량과 경제적 실행 가능성에 기초한 "적정" 설비를 선택하고 분배하는 일이 중요하기는 하지만, 산업화된 국가에서 만들어진 진단 프로그램은 개발도상국의 보건 프로그램 안에서 사용하기에는 "부적절"하다. 장기적으로 보건 시스템을 강화하려면 상당한 투자가 필요한데, 이는 비싼 비용 때문에 실패할 수 있다.

하지만 만약 한 사람의 목숨을 구했거나 부상을 예방했다면, 그것 자체로도 그 개입은 "효과적"인 것이 아닐까? 대상이 정해진 단기 개입의 효율성을 보건 시스템의 강화와 어떻게 비교할 수 있는가? 국제 보건 기금은 변동성이 대단히 크다는 점이 지난 10년 동안 증명된 지금(5장, 11장을 보라.), 우리가 자원이 부족하다는 가정을 다시 고민하려면 어떻게 해야 하는가? 비용 대비 효율성의 문제점은 공리주의의 문제점을 거울처럼 잘 보여 준다. "비용"과 "효율성" 모두 측정하기 어려운(효용과 마찬가지로) 개념이다. 게다가 우리도 모르는 사이, 불평등한 '현 상태'에 기초해서 최초의 가정과 정의를 내릴 위험이 있다.

자유주의적 세계시민주의

세계시민주의란 "사람이면 누구나 정치적 소속에 상관없이 단일한 공동체에 소속되어 있으며(또는 적어도 그것이 가능하며), 이 공동체를 육성해야 한다는 사상"[22]에 기초한 다양한 이론을 가리키는 포괄적인 용어다. 자유주의적 세계시민주의 철학자 가운데 한 사람인 토머스 포기(Thomas Pogge)는 국제 정의에 대한 규범적 이론을 발전시켰다.[23] 철학자 존 롤스(John Rawls)의 제자였던 포기는 롤스 식 정치적 자유주의의 의무를 국제적인 빈곤과 건강 악화라는 맥락으로 연결했다.

1971년에 저서인 「정의론」에서 롤스는 유명한 사고실험 하나를 정식화했다. 개개인이 "무지의 장막(veil of ignorance)" 뒤에 서서 앞으로 자기를 기다리는 인생의 다양한 상황들을 모른다는 전제하에 "원초적 입장(original position)"에서 상상해 보는 것이다. 여기서 상황이란 이런 것들이다. 풍족한 집안에서 태어났는가, 가난한 집안에서 태어났는가? 남성인가, 여성인가? 건강한가, 장애가 있는가? 롤스는 이때 대다수가 가난이나 차

---

22) Pauline Kleingeld and Eric Brown, "Cosmopolitanism," in *Stanford Encyclopedia of Philosophy* (2011년 봄), ed. Edward N. Zalta, http://plato.stanford.edu/archives/spr2011/entries/cosmopolitanism (접속일 : 2012년 10월 25일)

23) Pogge, *World Poverty and Human Rights*, 20~24.

별 혹은 보상받을 수 없는 자연적인 단점을 갖고 태어날 위험이 더 적은 평등주의적인 사회를 선택해, 내기의 효과를 얼버무릴 것이라 생각했다.[24] 이런 사회에서는 가난한 사회 구성원에게 혜택을 줄 때(예컨대 재능 있는 젊은이를 육성함으로써) 비로소 구성원들은 불평등을 감내할 수 있는데, 이는 "차등 원칙"으로 알려진 명제다. 그렇게 하면 그 사회에는 부유층에서 빈곤층으로 향하는 막대한 재분배가 일어날 것이다. 이 주장에서 롤스는 국민국가에 대상을 한정하는데, 포기를 포함한 최근의 몇몇 정치철학자들은 여기에 의문을 제기해 왔다.[25] 포기에 따르면 국제무역, 통신, 이주를 통한 국가 간의 상호 연결성(국경을 무시하는 질병 매개체는 물론이고)을 감안하면 국가에 기초한 관점보다 국제적 시스템의 관점이 더 적절하다는 것이다.[26]

　포기는 롤스의 정의 개념을 국제적 기관 질서를 비평하는 공정성에 활용한다. 그에 따르면 당대 지배적인 경제적·정치적 시스템은 부유한 자를 위해 가난한 자를 착취한다. 따라서 포기는 다음과 같이 주장한다. "나는 우리가 현존하는 국제 질서 속으로 정책을 도입하는 일이 적극적으로 가난을 일으키지도 않고 가난한 사람에게 해가 되지도 않는다는 생각을 거부한다. 적대적 시스템의 존재는 동료 구성원들과 집단의 이해관계에 우선순위를 정하는 일을 정당화할 수 있다. 경쟁을 구조화하는 기관의 틀이 공정성을 아주 적게 보일 때 그렇다. …… 현존하는 국제기관들의 질서는 이런 다양한 조건을 만족시키지 못하는데, 권력과 엄청난 빈곤이 생산해 내는 피할 수 없는 경제적 불균등을 협상하는 과

---

24) John Rawls, *A Theory of Justice* (Cambridge, Mass. : Harvard University Press, 1971), 54(한국어판 : 「정의론」, 황경식 옮김, 이학사, 2003) 롤스는 사회적 재화(부, 권력, 기회)와 자연적 재화(건강, 지능, 재능)는 자연적인 복권 추첨 작용에 따라 개인별로 나뉘어 있다고 여겼다. 이러한 재화의 소유 여부는 피할 수 없는 운에 따르며, 그래서 도덕적으로 임의적이다. 심한 장애를 안고 태어난 소년이 그에 대한 보상을 받지 못해 자신의 불운에 벌을 받아서는 안 된다. 막대한 부를 안고 태어난 소녀가 빈곤한 사람들의 희생으로 자원을 축적함에 따라 자신의 행운을 상으로 받아서도 안 된다. 부와 기회의 재분배에 의해 태어날 때부터 임의로 할당된 사회적·자연적 재화에 균형을 맞출 수 있어야 정의가 실현된다. 롤스는 이러한 원초적 입장에서 시작해 사람들 대부분이 동의할 사회적 계약의 윤곽을 그리는 것이 가능하다고 주장한다. '무지의 장막' 뒤로 들어가 자연적인 복권 추첨에 맞서는 것이다. 롤스에 따르면 그 결과는 자유주의적 평등주의다. "모든 사회적 가치(자유와 평등, 소득과 부, 자기 존중의 사회적 기초)는 평등하게 분배되어야 한다. 이런 가치 중 일부 또는 전부를 불평등하게 분배했을 때, 모든 이에게 유리하게 작용하지 않는 한 그렇다."

25) 위의 책, 401; Pogge, *World Poverty and Human Rights*, 111~114. 비록 후기 작업에서 국가 간의 정의 문제를 다루기는 했지만, 롤스는 차등의 원칙을 자신이 '자족적인' 체계라고 받아들인 특정 국가 너머로는 절대 확장하지 않았다. 다음을 보라. John Rawls, *The Law of Peoples; with "The Idea of Public Reason Revisited."*(Cambridge, Mass.: Harvard University Press, 2001)(한국어판 : 「만민법」, 장동진·김기호·김만권 옮김, 아카넷, 2009)

26) Pogge는 만약 성장하거나 정체하는 것이 개별 국가에 달려 있다면, 거친 분류지만 세계가 어떻게 부유한 지역("북반구 선진국")과 가난한 지역("남반구 후진국")으로 나뉘었는지를 묻는다. 이러한 단순한 증거는 우리가 무역, 대외 정책, 국제법 같은 전 세계적인 권력과 구조에 주목하도록 한다.

정에서 나타나는 과도한 불평등 때문이다."[27] 어떤 시합이 공정하려면 참가자들이 똑같은 경기장에서 시작해 같은 규칙으로 경쟁해야 한다. 하지만 국제사회의 경기장은 불평등과 이중 잣대로 분열되어 있다. 포기는 이 부분에서 신중하지 않았는데, 그는 "심각한 가난의 영속화에 대한 국제기관들의 인과적 역할"[28]을 강조했다.

포기에 따르면 그 주된 범인은 국제적인 정치·경제 기관들이었다. 비록 국가 경제 엘리트의 의지를 다수에게 강제로 부과하는 것이 정의롭지 않다는 주장에는 대부분 동의할 테지만, 동일한 도덕 기준에 따른 국제적 경제 질서의 지배를 받은 것은 이 기관들 가운데 일부였다. 경제 엘리트에 대한 부의 분배 방식과 국제기관의 권력 협상 방식에 유사성이 있다고 해도 그렇다. 포기에 따르면 최근 국제 경제의 일 처리 방식이 정의롭지 않다는 비난에 일부 부자 국가는 대항했지만, "대부분은 그것을 우스꽝스럽다거나 터무니없다고 일축했다."[29] 포기는 또한 주된 범인의 하나로 세계무역기구가 감시하는 국제무역 협정을 지목한다. 부유한 국가들은 가난한 국가들에 통상의 문을 열라고 압박을 가했는데, 「이코노미스트」에 따르면 자기들은 가난한 국가에 비해 외국 물품에 부여하는 관세를 평균적으로 4배 더 높게 책정했다. 이 잡지는 부유한 국가들이 관세를 없애면 가난한 국가들은 7천억 달러의 물품을 추가로 수출할 수 있다고 추산했다.[30] 이러한 이중 잣대의 정점에는 매년 약 3천억 달러를 농업 보조금으로 지출하는 OECD 국가들이 있다.[31] 따라서 수입된 서구 물품에는 인위적으로 낮은 가격이 책정되며, 개발도상국의 농부들이 내놓은 상품보다 싼값에 판매될 때가 많다. 최근의 사례는 아이티에서 자국 쌀이 경쟁력을 잃은 일이다. 2010년 3월, 미국 빌 클린턴 대통령은 1990년대 아이티에 저렴한 가격으로 쌀을 수출한 데 대해 공식적인 사과 성명을 냈다.

1981년 이래로 정책을 재고한 작년까지 미국은, 식량을 대량 생산하는 우리 부유

---

27) Pogge, *World Poverty and Human Rights*, 15~16 (강조를 첨가함)

28) 위의 책, 118.

29) 위의 책, 102.

30) "The White Man's Shame," *Economist*, September 25, 1999, 89; 위의 책, 20에서 재인용함.

31) Joseph E. Stiglitz and Andrew Charlton, *Fair Trade for all : How Trade Can Promote Development* (New York : Oxford University Press, 2005), 120 (한국어판 : 「모두에게 공정한 무역-세계화의 새로운 목표와 미완의 과제들」, 송철복 옮김, 지식의숲, 2007)

한 국가들이 가난한 국가들을 대상으로 그것을 수출해야 한다고 여겼습니다. 그러면 식량을 자급자족해야 한다는 이 국가들의 부담이 줄어들 거라고 생각했지요. 이들 가난한 국가들이 산업화 시대로 곧바로 도약할 수 있게 하기 위해서였습니다. 하지만 결과적으로 그렇게 되지 못했습니다. 고향 아칸소 주 농부들에게 좋은 일이 될 수도 있었겠지만 그렇게 되지 못했습니다. 그것은 실패였습니다. …… 아이티는 국민들에게 먹일 쌀을 스스로 생산할 능력을 잃어버렸고, 이런 결과는 저에게 마음의 짐이 되었습니다.[32]

포기는 또한 국제시장에 내재한 부당함의 다른 형태들을 지적했다. 무기 교역은 태평하게도 부유하거나 가난한 국가들에서 평판 나쁜 군부 집단에 무기, 군수품, 그 외 기타 군사 용품을 공급하는 것으로 악명 높았다.[33] 더구나 무역 관련 지적재산권에 관한 협정(TRIPS)은 과학기술의 열매에 대한 국제적인 접근을 제한했다. 예컨대 제약회사들은 개발도상국에서 상당수의 필수 의료품을 임상 시험을 거쳐 평가해 오다가, 정작 정식 상품이 나오면 시장 메커니즘을 통해 분배되는 특허 받은 최종 상품이라는 이유로 공급을 거부했다.[34] 포기는 국제 정의에 대한 그의 규범적 이론을 지지하는 이러한 다양한 사례를 모았다.

도덕적인 시사점은 미시적 맥락에서 명백하다. 당신이 앞날을 미리 알 수 있으며,

---

32) "Hearing : Building on Success : New Directions in Global Health," U.S. Senate Committee on Foreign Relations, 111th Cong., 2nd sess., March 10, 2010, www.foreign.senate.gov/hearings/building-on-success-new-directions-in-global-health (2012년 10월 25일)

33) 예컨대 지뢰의 출처를 추적하는 Carolyn Nordstrom의 작업을 참고하라. (*Shadows of War : Violence, Power, and International Profiteering in the Twenty-First Century* [Berkeley : University of California Press, 2004]) Nordstrom에 따르면 "용병과 인권 위반자들이 교전 지역에서 어슬렁대는(나도 포함된다.) '비민주적인 출처'에서만 무기를 얻을 수 있다는 이상한 관념은, 그들이 전 세계 주된 판매자들로부터 무기를 다량으로 입수 가능한 범위가 넓다는 점을 쉽게 증명한다. 나는 할로 트러스트(Halo Trust, 영국의 지뢰 제거 비정부기구)와 함께 앙골라 중부의 1제곱킬로미터에 이르는 지역을 방문했는데, 이들이 이곳에서 제거한 지뢰를 제조한 국가는 31곳에 이르렀다." (95)

34) Peter Lurie and Sidney Wolfe, "Unethical Trials of Interventions to Reduce Perinatal Transmission of the Human Immunodeficiency Virus in Developing Countries," *New England Journal of Medicine* 337, no. 12 (1997) : 853~856; Brenda Waning, Ellen Driedrichsen and Suerie Moon, "A Lifeline to Treatment : The Role of Indian Generic Manufacturers in Supplying Antiretroviral Medicines to Developing Countries," *Journal of the International AIDS Society* 13 (2010) : 35; Pogge, *World Poverty and Human Rights*, 21. 포기는 롤스에 대한 비판에서 이 주제를 더욱 심층적으로 탐구한다. Paul Farmer, "Rich World, Poor World," *Partner to the Poor*, ed. by Haun Saussy (Berkely : University of California Press, 2010)

3명을 살리는 동시에 2명을 죽이면 1만 달러를 얻을 수 있다고 가정하자. 또 3명을 살리는 동시에 아무도 죽이지 않으면 5천 달러를 얻을 수 있다. 이때 당신이 1만 달러 버는 것을 택한다면, 이는 도덕적으로 허용할 수 없는 선택이다.

세계무역기구 협정을 도입한 사례 또한 이와 비슷하다. 부담이 덜한 대안이 있기 때문이다. 대다수의 사람이 첫 번째 선택지에 대한 우리 정부의 선택이 도덕적으로 얼마나 문제 있는지 모른다는 사실은, 우리가 암묵적으로 전 세계의 가난한 사람들을 하나의 집단, 냉장고 안에 든 커피크림 같은 하나의 균질한 덩어리라고 생각한다는 점을 보여 준다. 냉장고에서는 집어넣은 것만 꺼낼 수 있을 뿐이다. 우리는 우리가 인식한 만큼만 문제를 해결한다.[35]

포기에 따르면 국제경제 시스템은 근본적으로 정의롭지 않은 현 상태를 적극적으로 영속화한다.

포기의 비판은 여기서 그치지 않는다. 그는 국제적 기관, 규범, 사업 관행을 예로 들며 그들이 대변한다고 주장하는 대중의 이해와 거스르게 지배하는 정권을 뒷받침하여 국제정치적 질서가 부당하게 뿌리내리게 한다고 주장했다. 자원의 정당한 소유자가 그것을 국제시장에 팔아 번 돈을 호주머니에 넣을 수 있게 됨에 따라 국제적 시스템은 자원이 풍부한 국가들의 지배자들을(이들이 권력을 어떻게 얻었든) 인정하는 경향을 보인다. 하지만 포기의 용어에 따르면, 이 "국제적 자원 특권"은 독재 정권에 혜택을 주는 결과로 이어지는 경우가 많다.[36] 정부가 세금을 통해 시민과 소득에 대한 거래로 그들의 이해관계를 용인하고 특정 서비스를 제공하는 사회적 계약은, 지도자들이 천연자원의 부 또는 대외 원조 같은 자족적 수단을 지닐 경우 깨진다.[37] 포기는 국제적 자원 특권이 사실상 내

---

35) Pogge, *World Poverty and Human Rights*, 22.

36) 다음을 보라. Jeffrey D. Sachs and Andrew M. Warner, "Sources of Slow Growth in African Economies," *Journal of African Economies* 6, no. 3 (1997) : 335~376; 그리고 Paul Collier and Benedikt Goderis, *Commodity Prices, Growth, and the Natural Resource Curse : Reconciling a Conundrum*, 2007, Centre for the Study of African Economies Working Paper CSAE WSP/2007-15, http://economics.ouls.ox.ac.uk/13218/1/2007-15text.pdf (접속일 : 2012년 10월 26일)

37) 좌파 집단들에게 권력을 넘기는 것을 막기 위해 미국과 그 동맹국들로부터 상당한 대외 원조를 받았던 냉전 시기 군부의 숫자는 상당하다. 예컨대 아이티의 프랑수아, 장클로드 뒤발리에 독재 정부에 대한 대외 원조는 아이티가 공산주의에 대항하는 방어벽이 되어야 한다는 이유로 정당화되었다. 아이티 북서 해안으로부터 겨우 몇 마일 떨어진 쿠바로부터 받는 안보 위협이 그 근거였다.

9장 | 국제 보건과 가치들　367

전과 쿠데타를 장려한다고 주장했는데, 권력을 얻고자 하는 다른 경쟁자들도 이 보상이 거대하며 쉽게 이동할 수 있음을 알기 때문이다. 더구나 수입에 대한 독립적 원천(예컨대 유정이나 다이아몬드 광산)이 경쟁 상대에게 쉽게 넘어갈 수 있다는 점은 지배 정권이 폭력과 억압을 사용해 권력을 굳힐 확률을 높일 뿐이다. 결국 그들은 "억압의 수단"을 얻기 위해 잘 규제되지 않는 국제 무기 시장에서 매매를 한다.[38]

또한 지배 정권은 포기가 "국제적 자원 특권"이라고 부른 것을 통해 혜택을 얻는다. 국가를 대신해 해외 채권자로부터 대출을 받는 것이다. 이런 대출 시스템은 통치를 강화하면서 해당 정권으로 하여금 자원에 쉽게 접근할 수 있는 의심스러운 정당성을 부여할 뿐 아니라, 국가 전체가(그리고 미래의 정부가) 정치 엘리트의 무리로부터 빌린 돈을 책임지게 한다. "이전 정권이 아무리 부패하고, 비민주적이며, 위헌인 데다 억압적이고, 인기가 없었다고 해도 그 부채를 거부하는 후임 정권이 있다면 은행과 다른 나라들의 정부에게 심한 비난과 보복을 당할 것이다. 최소한 그 정부는 국제 금융 시장으로부터 배제되며 대출받을 권리도 잃을 것이다."[39] 사실 큰 규모의 국가적 빚을 진 국가들은 이후의 대출·원조·무역 협력 관계에 있어 불이익을 당할 수 있는데, 국민의 동의 없이 또는 국민의 반대를 무릅쓰고 정부가 빌린 돈을 써 버렸다 해도 마찬가지다. 게다가 정부가 어떻게 권력을 얻게 되었든, 대출할 권리가 주어진다는 점은 현재 정권을 대신할 기회를 노리는 반란 집단의 동기를 더욱 강화한다. 남아프리카공화국의 인종차별 정책에서 수단 남부에 새로 생긴 정부에 이르기까지, 이러한 "혐오스러운 빚"의 사례는 쉽게 접할 수 있다. 비록 몇몇 사례에서는 불법 대출을 대신 갚아야 할 법적인 승계자에게 예산 수지를 맞출 기회를 주는 추천할 만한 메커니즘도 보여 주었지만 말이다.[40]

포기는 또한 현 상태에서 가난한 국가의 빈곤과 갈등을 영속화하는 다른 다양한 요소도 언급했다. 원리적으로 봤을 때 선진국에서 기인한 지구온난화는 가난한 국가의 농업

---

38) Pogge, *World Poverty and Human Rights*, 119.

39) 위의 책, 120.

40) 예컨대 다음을 보라. Seema Jayachandran and Michael Kremer, "Odious Debt," *American Economic Review* 96, no. 1 (2006) : 82~85.

에 특히 해로운 영향을 미칠 수 있다.[41] 대개 부유한 국가들의 수요에 부응해 활발히 일어나는 마약 거래는 개발도상국(특히 라틴아메리카)에 전반적인 폭력과 불안을 조성하며,[42] 전 세계적으로 천연자원과 공공재(바다에 사는 물고기 같은)는 점점 희소해지고 있다. 이러한 요소들의 목록은 계속 이어지는데,[43] 해로움의 원천이지만 그중 일부는 완화하거나 상쇄하기 힘들다. 단, 다른 것들은 국제적 자원이나 대출권 등의 정책 변화로도 다룰 수 있다.

군림하는 정치적·경제적 시스템이 불공정하고 착취적인 현 상태를 영속화함으로써 빈곤층에게 많은 피해를 준다는 포기의 주장을 생각해 보면, 결국 개혁 여부는 선의나 자선이 아닌 정의에 달렸다고 볼 수 있다. 타인을 해롭게 하지 말라는 의무를 거부하는 사람은 드물다. 정치철학자들은 이를 "소극적인 의무"라고 부른다. 가장 헌신적인 자유주의자라 해도 타인에게 적극적으로 해를 끼치는 것이 도덕에 위배된다는 점은 인정한다. 포기의 혁신적 주장은 현재 국제기관들의 구조가 빈곤층에 적극적으로 해를 끼침으로써 생긴 결과라고 정의한다. 그는 개발도상국 국민들의 빈곤과 건강 악화는 보통 불운한 상황 탓으로 해석되었지, 정치적 선택에 의해 창출되고 유지된 기관들의 특정 배치로 말미암은 결과로 해석된 적은 없었다고 주장한다. 그는 부유한 인구 집단이 가난한 집단에게 적극적으로 해를 끼치는 기관들을 지지하고 또 그로부터 이득을 얻는 방식을 강조함으로써, 현 상태로부터 이익을 얻는 모든 사람을 도마 위에 올린다. 또한 싱어와 마찬가지로 포기는 개인이 가진 책임성의 영역으로 자신의 주장을 연장한다. 같은 국제적 시스템에 참여했다면 누구든[중앙아메리카의 독점적 기업에서 자란 바나나, 또는 사람들을 살해하

---

41) 우간다 대통령인 요웨리 무세베니(Yoweri Museveni)는 지구온난화가 빈곤한 국가들에 대한 부유한 국가들의 공격 행위로 이해할 수 있다고까지 주장했다. 무세베니는 기후 변화로 입은 피해(예컨대 우간다 농업의 큰 부분을 차지하는 반건조 사헬 지역의 작물 산출량 감소)를 보상해 줄 것을 계속 요청해 왔다. 다음 자료를 보라. "Drying Up and Flooding Out," *Economist*, May 10, 2007, www.economist.com/node/9163426 (접속일 : 2012년 10월 25일)

42) 중앙아메리카에서 코카인을 비롯한 약물 수요가 조직적인 범죄와 정치적 불안정을 어떻게 부채질하는지에 대해서는 다음 글을 보라. "The Tormented Isthmus," *Economist*, April 14, 2011, www.economist.com/node/18558254 (접속일 : 2012년 10월 25일)

43) Singer, *The Life You Can Save*, 30. 어류 남획에 대해서는 다음 글을 보라. Sharon Lafraniere, "Europe Takes Africa's Fish, and Boatloads of Migrants Follow," *New York Times*, January 14, 2008, www.nytimes.com/2008/01/14/world/africa/14fishing.html?pagewanted=all&_r=0 (접속일 : 2012년 10월 25일) 그리고 Elizabeth Rosenthal, "Europe's Appetite for Seafood Propels Illegal Trade," *New York Times*, January 15, 2008, www.nytimes.com/01/15/world/europe/15fish.html?pagewanted=all (접속일 : 2012년 10월 25일) 인류의 책임에 대해서는 다음 글을 참고하라. Pogge, *World Poverty and Human Rights*, 31~32.

는 서부 아프리카의 정권을 뒷받침하는 '분쟁 다이아몬드(conflict diamonds)'를 구입하거나, 아니면 현재의 국제적 안보가 보장하는 것을 단순히 누리는 일만으로도] 도덕적으로 책임이 있다.[44]

포기의 접근 방식은 많은 점에서 우리가 구조적 폭력이라고 불렀던 개념의 또 다른 정식화다. 그는 부유한 사람들과 가난한 사람들 사이를 연결하고 그 연결이 가난, 폭력, 건강 악화와 이어질 수 있음을 보여 준다. 이는 그 뿌리로부터 평등에 대한 주장이다. 현재의 국제 체계에 부당함이 내재된 것이 사실이라면, 개발도상국에 자원을 제공하는 일은 자선이 아닌 마땅히 해야 할 일이라는 것이다. 자기가 일상적으로 누리는 특권을 제공하는 구조와 가난한 사람들에게 공정한 기회를 박탈하는 구조가 같은 것이라는 사실이 부유한 개개인에게 널리 알려진다면, 그중 많은 이가 시스템을 바꾸려고 시도할 것이다. 국제 보건 불평등 문제에 헌신해 온 남아프리카공화국의 의료윤리학자인 솔리 베나타르(Solly Benatar) 역시 비슷한 논의를 전개한다. "부유한 국가들은 그들 국민의 연합에 의해 세대가 지날수록 사회적 부당함과 빈곤을 영속화하는 힘을 유지하는 데 깊이 연루된다. 따라서 그들은 그 결과 악영향을 받은 사람들의 삶을 더 나아지게 만들 책임이 있다." 베나타르에 따르면, 연결 고리가 빠진 이유는 "부적절한 도덕적 상상력" 때문이다.[45]

가능성 접근

개발과 국제 보건 사업의 맥락에서 고려해 볼 세 번째 도덕적 이론의 틀은 아마르티아 센과 마사 누스바움(Martha Nussbaum)이 주로 발전시킨, 소위 가능성 접근이다.(그림 9.1에 두 사람의 사진이 있다.) 가능성(capability)이란 번영의 구성 요소이자 개인의 참살이, 국가와 사회의 정의를 가능하게 하는 인간 경험의 다양한 범주를 말한다. 센은 "굶주림이나 영양실조 같은 박탈 상태를 피할 근본적 가능성뿐만 아니라 읽고 쓰기와 셈하기 능력 및 정치적 참여, 검열 없는 표현 등과 연관된 자유들"을 기술한다.[46]

누스바움은 더 나아가 근본적인 인간 가능성의 목록을 제안한다.

---

44) Pogge, *World Poverty and Human Rights*, 121.

45) Solomon Benatar, "Moral Imagination : The Missing Component in Global Health," *PLoS Medicine* 2, no. 12 (2005) : e400.

46) Amartya Sen, *Development as Freedom* (New York : Anchor Books, 2000), 36.

[그림 9.1] 경제학자인 아마르티아 센과 철학자인 마사 누스바움은 인간 가능성에 대한 이론을 국제 보건과 개발의 학문에 통합했다.(센의 사진 : Elke Wetzig, 누스바움의 사진 : Robin Holland 제공)

1. 수명 : 한 인간으로서 평균 길이의 삶을 끝까지 살 수 있는 것.

2. 신체 건강 : 양호한 건강 상태를 유지할 수 있는 것. 적절히 영양을 섭취하고 적절한 곳에서 쉬는 것.

3. 신체적 온전성 : 이곳저곳으로 자유롭게 이동할 수 있는 것. 폭력적 공격으로부터 안전한 것. 성적인 만족의 기회를 갖는 것.

4. 감각, 상상력, 사고 : 적당한 교육을 통해 감각, 상상력, 사고, 이성을 배양해 활용하는 것.

5. 감정 : 외부 사람들과 사물에 대해 애착을 느낄 수 있는 것. 자신을 사랑하고 보살피는 사람들을 사랑하는 것.

6. 실용적 이성 : 한 사람의 인생을 계획하는 데 따르는 비판적 반성에 관여하고, 선함의 개념을 형성할 수 있는 것.

7. 소속감
   1) 타인과 더불어 가까이 생활하고, 다른 인간 존재를 인정하며 그를 걱정해 줄 수 있는 것.
   2) 자신을 존중하고 굴욕을 겪지 않을 만한 사회적 기반을 마련하는 것.

8. 다른 종이나 동식물 등 자연 세계와 더불어 살고 그것들을 걱정하는 것.

9. 유흥 : 웃고 놀며 여가 활동을 즐길 수 있는 것.

10. 환경에 대한 통제

  1) 정치적인 면—한 사람의 삶을 지배하는 정치적 선택에 효과적으로 참여할 수 있는 것.

  2) 물질적인 면—재산을 유지하고 타인과 평등한 조건에서 재산을 소유할 수 있는 것.[47]

비록 누스바움은 이 목록이 "더 추가될 수 있는" 것이라고 생각했지만, 이런 가능성이 하나라도 결여된 개인은 바람직한 삶을 산다고 말할 수 없다는 데 대부분의 사람이 동의하리라 믿었다. 만약 이러한 가능성이 박탈된 사회라면 사회 개혁과 정책 변화가 필요하다.

가능성 접근은 개발과 국제 보건에 대한 가치의 원천으로 우리를 인도한다. 아픈 사람들은 약품 그 자체에 가치를 두는 것이 아니다. 약이 가치가 있는 이유는, 그것이 질병의 부담을 덜어 주고 다른 가치 있는 활동을 추구하게끔 해 주기 때문이다. 즉, 센은 개발에 대해 "사람들이 향유하는 실제 자유를 확장하는 과정"이라고 '다시 상상'했다. 그래서 개발의 정도를 측정할 때 그가 자유를 확장하는 유용한 수단이라 여겼던 국민총생산 또는 소득의 성장을 활용하는 대신, 개발의 "목적"에 주의를 기울이게끔 했다. "어떤 사람이 가치를 부여하는 삶을 선택할 실질적인 자유"[48]가 바로 그것이며, 이는 곧 "가능성"을 말한다. 이런 식으로 틀을 잡으면, 개발에는 실질적인 자유를 가로막는 장애물을 제거하는 것 또한 포함된다. 여기서 장애물이란 빈곤, 차별, 국가가 후원하는 폭력과 억압, 보건 관리와 교육에 대한 접근 박탈 등이다. 그러나 이것은 아주 일부에 불과하다.

이 접근 방식은 도덕적인 동시에 실천적으로 호소한다. 누스바움은 국제적 정의를 평가하는 규범적인 이론 틀을 개발했는데, 자신의 용어에 따르면 이것은 아리스토텔레스

---

47) Martha Nussbaum의 다음 글에서 발췌한 것이다. "Capabilities as Fundamental Entitlements : Sen and Social Justice," *Feminist Economics* 9, nos. 2~3 (2003) : 41~42.

48) Sen, *Development as Freedom*, 74. 철학 용어로 그 목적을 살핌으로써, 어떤 행위의 도덕적 가치를 찾는 접근을 목적론적 추론이라고 하며, 전통적으로 아리스토텔레스와 관련된다.

식 본질주의에 대한 주장이다.[49] 누스바움은 "인간 존재, 인간의 기능, 인간의 번영에 대한 확실한 설명은 국제윤리학의 기반과 분배 정의에 대한 완전한 세계적 설명이 될 수 있다."[50]고 주장한다. 즉, 모든 구성원을 위해 인간 번영의 구성 요소들을 지키지 않는 사회라면 공정하다고 할 수 없다.[51] 인간 기능의 현 상태와 인간 번영(가능성의 발휘)의 완전한 실현 사이에는 간격이 존재하고, 이것이 정부와 사회에서 도덕적 당위성의 바탕이 된다.

> 인간은 올바른 교육적·물질적 뒷받침을 받으면 주요 인간적 기능을 수행할 수 있는 존재가 된다. 인간은 그들의 기본적인 가능성이, 앞서 내가 목록으로 제시한 고차원적 가능성으로 전환할 자양분을 빼앗기면, 그림자에 갇혀 결실을 맺지 못하거나 가로막힌다. 인간은 무대에 올라 본 적 없는 배우, 연주된 적 없는 악보와 같다. …… 이런 기본 본능은 아리스토텔레스 식 관점이 공공의 행위에 기여한다는 주장의 기저를 이룬다. 즉, 기본적이고 중심적인 특정 인간 권력을 개발해야 한다. 그 주장은 다른 곳에, 특히 아리스토텔레스가 그렇게 생각했듯 정부를 대상으로 행사될 것이다.[52]

만약 이 주장이 사실이라면 하루에 2달러 미만으로 살아가는 25명의 사람들은 어떨까? 아니면 누스바움이 열거한 가능성 가운데 일부를 실현할 수 없는 장애인은 어떨까? 이들 집단은 완전한 인간이 아닌가?[53] 누스바움은 이러한 가능성 박탈을 보상할 수 있는 수단이 없다는 것에 대해 "그렇다"고 대답한다. 그들은 무대에 오르는 것을 금지당한 배

---

49) 비록 누스바움처럼 규범적 입장을 상세히 발전시키지는 않았지만, 센은 가능성 접근이 사회적 진보와 개발 정책을 평가하는 데 사용되어야만 한다는 점을 확실히 했다. "이 관점에서 한 사회의 성공은 일차적으로 그 사회의 구성원들이 향유하는 상당한 자유에 의해 평가되어야 한다."(*Development as Freedom*, 18)

50) Marth Nussbaum, "Human Functioning and Social Justice: In Defense of Aristotelian Essentialism," *Political Theory* 20, no. 2 (1992) : 205.

51) Nussbaum, "Capabilities as Fundamental Entitlements," 36.

52) Nussbaum, "Human Functioning and Social Justice," 229.

53) 이는 Nussbaum의 접근에 대한 흔한 비판이며, 아리스토텔레스 자신이 "가장 좋은 플루트는 가장 훌륭한 플루트 연주자에게 속해야 한다." 라고 주장했을 때부터 목적론적 사상가들을 괴롭혀 왔다. 예컨대 Michael Sandel은 "Honor and Resentment"에서 서부 텍사스의 고교 치어리더 사이에서 나타난 장애인 인권 사례를 들어 비판한다. Sandel의 책 *Public Philosophy: Essays on Morality in Politics* (Cambridge, Mass. : Harvard University Press, 2005), 97~100을 보라.

우와 같다. 냉혹해 보일 수도 있지만 애초에 누스바움이 의도하는 바가 그것이다. 그녀는 자신이 훌륭한 인간적 삶의 기본 요소라고 손꼽은 것들을, 누구도 즐길 수 없도록 가로막은 장애물을 더 높이 설치한다. 그리고 이렇게 전 세계에 걸친 가능성의 박탈을 사회적·정치적 변화를 위한 동기로 강조한다. 누스바움은 또한 자신의 목록이 결코 완전하지 않으며, "선에 대해 짙은 안개가 낀 것처럼 모호한 이론"일 뿐임을 인정했다.[54]

이러한 관점은 그 대안에 비해 어떤 면에서 더 나을까? 그 한 가지는 이 관점이 다른 이론 틀에서 간과하는 불평등 문제를 끄집어낸다는 것이다. 예컨대 롤스와 포기의 주장 같은 자유주의 관점들은 부의 불평등에 우선적으로 초점을 맞추는데, 이는 다른 중요한 불평등 문제를 가릴 수 있다. 아프리카계 미국인들은 전체적으로 개발도상국의 사람들 대부분에 비해 부유하지만, 그들의 기대 수명은 다른 미국인에 비해 상당히 낮다.[55] 이와 비슷한 사례로, 비록 서구 유럽의 국가들이 전 세계에서 1인당 소득이 가장 높기는 하지만 실업률은 10퍼센트 주변에서 머물고 있다. 센에 따르면 직업이 없다는 것은 "개인의 자유, 창의력, 기술에 광대한 악영향을 줄 수 있다."[56] 우리는 수단(예컨대 돈을 버는 것) 대신 목적(예컨대 완전한 삶을 살고 의미 있는 직업을 갖는 것)으로 눈을 돌림으로써 개발에 대해 이전과 다른, 그리고 아마도 더욱 완전한 상을 그릴 수 있을 것이다. 아리스토텔레스의 말에 따르면(센이 인용한), "부유함은 확실히 우리가 추구하는 선이 아니다. 이는 단지 다른 것을 하는 데 유용한 수단일 뿐이기 때문이다."[57]

더구나 가능성 접근은 자유, 건강, 공정한 취업, 기회의 평등을 가로막는 구조적인 장애물을 만들어 낼 수 있다. 누스바움은 이렇게 말한다. "많은 국가에서 여성들은 (앞에서 설명한) '가능성'이 아니라, 정치 참여에 대한 명목상의 권리만을 갖는다. 예를 들어 어떤 여성들은 집을 나섰을 때 폭력의 위협을 받을 수 있다."[58] 또한 가난은 개개인이 보건 서비스에 접근하지 못하도록 막을 수 있는데, 병원까지 이동할 수단이 없거나 가족을 떠

54) Nussbaum, "Capabilities as Fundamental Entitlements," 40.

55) Sen, *Development as Freedom*, 21~23. 비록 아프리카계 미국인들의 짧은 기대 수명이 폭력적 범죄의 발생과 관련된다고 여겨질 때가 많다. 하지만 최근 연구에 따르면 사회적 서비스, 특히 보건 관리의 부재가 일차적으로 중요했음이 드러났다.

56) 위의 책, 21.

57) Aristotle, *The Nicomachean Ethics*, William David Ross 번역 개정판 (Oxford : Oxford University Press, 1980), bk. 1, sec. 6, p. 7; Sen, *Development as Freedom*, 14, 289에서 재인용함.

58) Nussbaum, "Capabilities as Fundamental Entitlements," 38.

나는 기회비용이 너무 크기 때문이다.[59] 가능성 접근은 자원이 부족한 환경에서 행위자를 구속하는 힘들을 밝히고자 설계되었다. 인권 접근이 자유의 과정만(선거권이나 교육을 받을 권리)을 고려하고, 그 자유의 행사(선거의 사회적 결정 요인이나 학교에 다니는 데 대한 정치·경제적 요인)에 대해서는 고려하지 않을 경우, 이러한 힘들을 간과할 수 있다. 누스바움에 따르면, "선택은 물질적인 것이고 사회적인 조건에 독립적으로 반응하는 자발성은 없다."[60]

가능성에 대한 고려는 인간의 필요와 선호의 다양성에 순응하는 것이기도 하다. 총소득의 평등에만 배타적으로 초점을 맞추다가는 개개인 사이의 다양한 필요를 설명하는 데 실패한다. 예컨대 노인들은 젊은이에 비해 칼로리는 훨씬 적게 필요하지만, 안경이나 보청기 같은 감각 보조 기구에 대한 수요가 높다. 만성질환자들은 건강한 사람들에 비해 의료 관리를 더 필요로 한다.[61] 비록 롤스가 필요의 다양성에 따라 그의 제안을 조정하려 노력했지만 몇몇 수준에서 기회의 평등이라는 자유주의적 시작점은 인간 행위자가 근본적으로 갖는 여러 가지 욕구를 충족시키고자 노력해야 한다. 그런데 롤스의 「정의론」이 가난하거나 장애가 있는 사람, 아니면 취약 계층에 가장 절실할 수 있는 특정 사회적 요구를 배제한다고 주장하는 사람들도 있다.[62] 가능성 접근은 인간 자유의 발휘를 평등하게 바라봄으로써 인간 경험의 비균질성 일부를 통제한다.

실제로 이 접근은 특정 기본 조건을 만족하는 개개인이 그들 자신의 방식으로 '좋은 삶'을 정의할 수 있는 여지를 준다. 공리주의가 부딪힌 문제는 행복 혹은 효용성에 대한 지표 중 하나인 자기보고를 통해 보인 선호성이 유연하며 변화 가능하다는 것이다. 센은 이와 관련하여 역설 하나를 제시한다. 어떤 국가가 의료 관리를 더 많이 제공할수록 자기보고 된 유병률은 증가한다.[63] 유아 사망률이나 산모 사망률 같은 객관적인 보건 지표들

---

59) 예컨대 다음 글을 보라. Paul E. Farmer, Simon Robin, St, Luc Ramilus, and Jim Yong Kim, "Tuberculosis, Poverty, and 'Compliance' : Lessons from Rural Haiti," *Seminars in Respiratory Infections* 6, no. 4 (1991) : 254~260; 그리고 Paul Farmer, *Infections and Inequalities : The Modern Plagues* (Berkeley: University of California Press, 1999)

60) Nussbaum, "Human Functioning and Social Justice," 225.

61) 위의 책, 233.

62) John Gray, "Contractarian Method, Private Property, and the Market Economy," in *Liberalisms: Essays in Political Philosophy*, by John Gray (London : Routledge, 1989), 161~198.

63) Amartya Sen, *Inequality Reexamined* (Cambridge, Mass.: Harvard University Press, 1992), 127. 다음 글도 참고하라. Martha C. Nussbaum, *Sex and Social Justice* (New York : Oxford University Press, 1999)

이 개선되었더라도, 동시에 더 나은 보건 관리에 대한 수요가 증가하면서 주관적인 다양한 보고로부터 보건 시스템에 대한 만족감이 떨어지는 것이다. 이것은 적용된 선호의 산물이다. 가난한 사람들은 형편없는 의료 관리에 익숙하지만(이들은 결핍에 대해 사회화되었다.) 부유한 사람들은 그 이상을 요구한다. 이런 역설적 문제를 어떻게 해결해야 할까? 가능성 접근은 훌륭한 보건 관리에 대한 윤곽을 그린 다음 모든 사람이 그것을 받아야 한다고 요청한다. 부유층을 위한 추가적인 보건 관리 지출을 배제하지는 않지만, 빈곤층이 기본적 보건 서비스에는 접근할 수 있도록 요구하는 것이다.

다음 절에서 살펴보겠지만, 보건 관리를 인권으로 간주하는 관점은 공리주의에 대한 비판을 제공하기도 한다. 다만 차이점이 있다면, 가능성 접근이 양호한 건강에 대한 충족된 경험을 요구하는 데 비해 인권의 이론적 틀은 보건 관리의 효용성을 요구한다는 점이다. 따라서 가능성 접근은 더 간섭주의적인 입장이다. 이에 반대하는 비판자들은 엘리트 대학과 두뇌 집단이 전 세계 빈곤층을 대상으로 보건 관리의 기준을 멋대로 지어내지 않을까 두려워한다.[64] 또한 이 접근은 유토피아를 추구한다고 여겨 왔다.[65] 하지만 그렇게 되면, 현 상태에 관여하고자 하는 모든 도덕 이론도 마찬가지다.

센과 누스바움이 개발에 대한 지식을 확장하고자 더 정확한 측정법을 발전시키는 데만 관심을 보인 것은 아니다. 이들은 또한 개발을 촉진하는 데 사용하는 전략과 도구를 향상시키고자 했다.[66] 센의 말을 빌리면, "자유의 확장은 개발의 (1) 주요 목적과 (2) 주요 수단 두 가지 의미로 간주된다."[67] 가능성 접근이 정책적으로 영향을 미친 한 가지 예는 영국에서 기대 수명이 놀랄 만큼 증가한 사례다. 기대 수명은 2번의 세계대전이 발생하던 시기에 오히려 전쟁 전, 전쟁과 전쟁 사이, 전쟁 이후보다 빠른 속도로 높아졌다.[68] 센은 이런 반직관적인 경험적 발견을 통해 예방 가능한 사망률의 감소라는 공적 서비스 제공의 역할을 드러냈다. 특히, 비록 전시에 전체 식량 공급량이 떨어졌지만 식량 배급

---

64) 예컨대 다음을 보라. S. Charusheela, "Social Analysis and the Capabilities Approach : A Limit to Martha Nussbaum's Universalist Ethics," *Cambridge Journal of Economics* 33, no. 6 (2009) : 1135~1152.

65) Ingrid Robeyns, "In defence of Amartya Sen," *Post-Autistic Economic Review*, no. 17 (December 2002), 조항 5. www.paecon.net/PAEReview/issue17/Robeyns17.htm (접속일 : 2012년 10월 30일)

66) Sen, *Development as Freedom*, 33.

67) 위의 책, 36.

68) 위의 책, 50.

은 더욱 공평해졌으며, 그에 따라 굶주림과 관련한 사망률이 낮아졌다. 보건 관리 또한 전쟁 시기에 더욱 폭넓게 제공되었다. 인구 집단이 취약해짐에 따라 영국 정부는 국민에게 더 많은 서비스를 제공했다. 이러한 노력은 1948년에 국민보건서비스(National Health Service) 제도의 도입으로 정점을 찍었다.

가능성(이 경우는 완전한 삶을 사는 능력)에 초점을 두어 인도된 이러한 경험적인 발견들은 정책 입안자들에게 중요한 자료를 제공한다. 센에 따르면, 이러한 사례들은 빈곤층과 취약 계층을 위해 국가 주도의 배급과 보건 관리 서비스를 늘릴 것을 제안한다. 센은 몇몇 개발도상국에서도 비슷한 결과를 찾았다. 예컨대 인도의 케랄라 주에서 빈곤층에게 공공 부문 보건 관리 서비스를 확장하자, 때 이른 사망률이 극적으로 감소했다. 이 현상은 분명히 밀접한 상관관계가 있다.[69] 연구에 따르면 코스타리카, 스리랑카, 중국 (경제 개혁 전)에서도 빈곤층을 겨냥한 공공 부문 보건 관리 정책을 부분적으로 실시해 기대 수명을 증가시켰다.[70] 하지만 센은 이러한 결론을 확장하지 않았다. 그는 기대 수명이 증가한 국가들 중 "성장 매개적" 경로와 "지원 주도적" 경로를 따른 국가를 구별했다. 그리고 경제 성장 하나에 기초해 상당한 보건 개선을 이룬 국가들에서 "성장 과정은 더 기반이 넓고 경제적으로 폭넓게 이루어져야" 하며, 고용을 늘리는 쪽으로 가닥을 잡아야 한다고 제안했다.[71] 예컨대 브라질과 남아프리카공화국은 공공 서비스 정책을 유의미하게 확장하지 않은 채 지난 수십 년간 경제 성장과 때 이른 사망률 감소를 이끌어 냈다. 기대 수명(근본적으로 생물사회적 현상인)은 시간과 공간에 따라 다양한 여러 생물학적·사회적 요인에 의해 매개된다.[72]

센은 하나가 다른 하나를 이긴다고 보는 대신, "성장 매개적" 경로와 "지원 주도적" 경로 사이의 연결 고리를 강조한다. "인간 가능성의 향상은 또한 생산성 및 구매력의 확대에 따라오는 경향이 있다."[73] 이에 따라 소위 인간 개발이 경제를 향상시킨다는, 복잡

---

69) Amartya Sen, "Health: Perception versus Observation," *British Medical Journal* 324, no. 7342 (2002) : 860~861.

70) Sen, *Development as Freedom*, 47.

71) 위의 책, 46.

72) 예컨대 다음을 보라. Michael Marmot, "Health in an Unequal World," *Lancet* 368, no. 9552 (2006) : 2081~2094.

73) Sen, *Development as Freedom*, 92.

하고 긴 역사를 지닌 주장이 최근 들어 다시 지지를 얻고 있다.[74] 가능성의 확대와 경제 성장 사이의 인과관계를 인정하든 안 하든, 이 목적들이 서로 강화한다는 것을 부정하는 사람은 별로 없다. 예컨대 수디르 아난드와 마틴 래밸리언(Martin Ravallion)이 1993년에 출간한 기념비적인 논문은 1인당 국민총생산이 기대 수명에 미치는 영향을 분석하려 했다.[75] 이들은 두 가지 사이에 양의 상관관계를 발견했는데, 이는 크게 두 가지 요인으로 설명되었다. 하나는 빈곤층의 소득과 보건 부문에 대한 정부 지출이 늘었다는 점이다. 이 연구는 부유층이 더 부자가 되어 그 부가 빈곤층으로 흘러들어 가는 한, 인간 개발에서 "성장 매개적" 경로와 "지원 주도적" 경로 사이에 선순환이 이루어진다는 것을 보여 준다.

누스바움은 가능성 접근이 국제 보건과 개발 실무자들의 일을 어떻게 향상할 수 있는지에 대해 또 다른 사례를 소개한다. 마사 첸(Martha Chen)은 1983년에 「조용한 혁명(A Quiet Revolution)」이라는 책에서 빠른 사회적 변화가 일어나는 동안 벌어진 방글라데시 농촌의 여성 문맹 퇴치 프로젝트를 기술한다.[76] 이 프로젝트는 맨 처음 UNESCO의 권고안을 따라 여성에게 무료 읽기 교재를 배포하는 캠페인을 시작했다. 누스바움은 이 프로그램의 첫 번째 단계를 "자유주의적" 접근이라고 기술한다. 교육을 위해 필요한 조언을 제공받은 여성들은 교육을 받고 사회적 입지를 진전시킬 기회를 잡을 수 있었다.[77] 첸의 보고에 따르면, 그 초기 결과는 썩 좋지 못했다. 문해율이 훌쩍 오르지도 않았고, 참여도 역시 낮은 수준에 머물렀다.[78] 이 프로그램은 나중에 토론을 기반으로 한 세미나로 바뀌어 농촌 여성들이 다 함께 쓰는 공간을 제공했다. 첸은 이러한 접근이 여성의 문해율을 높이는 데 더욱 성공적이며, 여성들이 소규모 사업을 운영하도록 자극하는 데도 도움이 되는 것 같다고 기록한다. 누스바움은 가능성 접근의 사례로 이 이야기를 든다. 프로젝트의 첫 번째 단계가 문해율(누스바움에 따르면 다른 사회적 재화를 얻기 위한 수단에

---

74) 다음은 이 점을 지적한 기념비적인 문서다. 세계은행, *World Development Report 1993 : Investing in Health* (Oxford : Oxford University Press, 1993)

75) Sudhir Anand and Martin Ravallion, "Human Development in Poor Countries : On the Role of Private Incomes and Public Services," *Journal of Economic Perspectives* 7, no. 1 (1993) : 133~150.

76) Martha Alter Chen, *A Quiet Revolution: Women in Transition in Rural Bangladesh* (Cambridge, Mass. : Schenkman Books, 1983)

77) Nussbaum, *Sex and Social Justice*, 3장

78) Chen, *A Quiet Revolution*, 35.

불과한)에 멈추었다면, 두 번째 단계는 여성 문해율의 목적인 교육과 권력 이양에 초점을 맞추었다.[79]

우리가 이런 사례를 기꺼이 받아들일 수 없다고 해도, 가능성 접근은 평등을 증진해야 할 도덕적 당위성 앞에 우리 자신을 옮겨 놓는다. 가능성 접근의 이론적 틀에 따라 그 사회의 모든 개인이 훌륭한 인간적 삶의 구성 요소를 행사할 수 없다면 결코 정의롭다고 주장할 수 없다. 이런 주장은 다음 절에서 소개할 인권 이론의 도덕적 힘을 보여 준다.

그런데 가능성은 비단 인권뿐만이 아니라 더 넓은 범위를 포괄한다. 국제 보건과 개발 실무자들이 이런 관점을 받아들일 경우, 일어날 수 있는 의도치 않은 결과의 위험 또한 그렇다. 사실 누스바움의 이론은 지역적 지식과 관습을 무시한 것을 포함하여 본질주의의 함정에 빠져 있다. 예를 들어 누스바움은 신체적 건강의 가능성에 해를 끼치고(예컨대 대량 출혈의 위험을 높이고), 여성의 성적 자유에 구속을 가하며, 인간의 존엄성을 훼손한다는 이유로 여성 할례를 주저 없이 비난한다.[80] 이런 이유는 저마다 설득력이 있지만, 누스바움은 할례가 환경에 어떻게 녹아들어 정상화되어 왔는지에 대한 역사적이고도 정치적인 깊은 맥락을 대수롭지 않게 여긴다. 아마도 이 관습이 유럽 식민 지배자들을 포함한 많은 사람에게 오랫동안 매도되었기 때문일 테지만, 실제로 아프리카 일부 지역에서는 변호할 만한 지역적인 의미를 획득해 왔다.[81] 예를 들어 케냐의 키쿠유족 여성들 중 일부는 독특한 문화적 가치가 있다는 점을 들어 여성 할례를 옹호했다. 이것은 케냐의 포스트 식민주의적 국가주의와 뒤섞였다. 비록 이 관습이 외부인에게는 불쾌감을 일으키기는 하지만, 키쿠유족 여성들에게 과연 무엇이 최선인지를 판단할 권리가 외부인에게 있을까? 단, 그렇더라도 여성 할례를 하면 출산 때 더 크게 찢어지기 쉬운 고통스러운 상처인 누공이 발생하거나 다른 심각한 보건적 결과를 일으킬 확률이 높다는 것은 사실이

---

79) 위의 책, 8; Nussbaum, *Sex and Social Justice*, 92~93.

80) Nussbaum, *Sex and Social Justice*, 121~126.

81) Sue Pedersen, "National Bodies, Unspeakable Acts: The Sexual Politics of Colonial Policy-Making," *Journal of Modern History* 63, no. 4 (1991) : 657~678. 다음 글도 참고하라. Kirsten Bell, "Genital Cutting and Western Discourses on Sexuality," *Medical Anthropology Quarterly* 19, no. 2 (2005) : 125~148; 그리고 Lucrezia Catania, Omar Abdulcadir, Vincenzo Puppo, Jole Baldaro Verde, Jasmine Abdulcadir, and Dalmar Abdulcadir, "Pleasure Orgasm in Women with Female Genital Mutilation/Cutting (FGM/C)," *Journal of Sexual Medicine* 4, no. 6 (2007) : 1666~1678.

다.[82] 케냐의 복잡한 계급 및 젠더 역학을 비롯해 이 문제의 정치적인 본성을 생각했을 때, 할례를 옹호하는 키쿠유 여성이 과연 어느 정도나 자발적이고 또 강압이나 지역 이해관계의 압력에서 자유로운가? 지역 내부나 외부에서 일어나는 이 관습에 대한 논의에서 건강상 후유증에 대한 고려는 포함되는가? 이런 관습이 시대를 넘어, 그리고 지역을 넘어 도덕적 차이를 보이는 곳에 어떻게 비치는가? 이런 여러 질문은 쉽게 답할 수 없는 것들이며, 국제 보건과 개발 실무자들이 마주하는 복잡한 생물사회학적 도전 과제들을 입증한다.

그렇다면 누군가는 이렇게 물을 것이다. 가능성 접근은 인권 접근과 어떻게 다른가? 전자는 신체적 건강의 가능성을 증진함은 물론 의료 관리와 보금자리를 요구하는 반면, 후자는 보건 관리와 보금자리에 대한 권리를 촉진하려 한다. 이 두 가지 이론적 접근은 어떻게 나뉘는가? 그리고 국제 보건과 개발 실무에 미치는 영향은 무엇인가? 가능성 접근과 인권 접근 둘 다 도덕적 실천의 근본적 구성 요소의 집합을 정의한다는 점은 같다. 다만 차이점은 인권 접근에서는 자유를 위한 특정 과정(모두 보건 관리에 접근해야 한다는 것, 모두 투표를 할 수 있어야 한다는 것)을 보호해야 한다고 요청한다면, 가능성 접근에서는 이런 권리를 옹호함으로써 성취감을 느끼는 경험(모두 존엄한 죽음을 누려야 한다는 것, 모두 자신의 삶에 대한 통치권을 쥐어야 한다는 것)을 중시한다는 것이다. 다시 말해, 인권 접근은 인간의 참살이를 달성하는 수단을 중시한다. 반면, 가능성 접근은 그 목표를 중시한다. 이 두 가지 이론적 틀이 가끔 각각의 이론에 따른 처방으로 서로 다른 방향으로 이동하기는 해도, 국제 보건과 개발 사업에 관여해야 하는 설득력 있는 이유(중요하고 도덕적인)를 제공한다.

인권 접근

보건이 인간의 권리라는 믿음은 국제 보건 평등에 강력한 근거를 제공한다. 모든 사

---

82) Steve Feierman, Arthur Kleinman, Kearsley Stewart, Paul Farmer, and Veena Das, "Anthropology, Knowledge-Flows, and Global health," *Global Public Health* 5, no. 2 (2010) : 122~128.

람이 양질의 보건 서비스에 접근할 수 있어야 하는 이유는 그들이 인간이기 때문이다. 이 절에서는 인권 접근의 이론, 역사, 실천과 함께 그것이 국제 보건과 어떻게 연계되는지를 살펴본다. 우리는 이론과 실제 사이의 상호작용을 알아봄으로써 인권의 이론적 틀이 국제 보건 평등을 이해하고 진전시키는 도구로 어떻게 기능하는지를 검토할 것이다.

인권에 대한 짧은 역사

서구의 정치철학에서 대부분의 인권 이론은 사람들이 자연적으로 부여받은 권리들의 집합을 기술한다. 과거 서구에 비슷한 전통이 있었고, 비서구 전통에도 그런 개념들이 있었다. 존 로크(John Locke), 장자크 루소(Jean-Jacques Rousseau), 토머스 페인(Thomas Paine) 같은 17~18세기의 유럽 철학자들은 여기에 더해 자율적이고 합리적인 개개인(대부분 남성이었고, 많은 경우 부유한 남성에 국한했지만)이 특정한 자유와 능력을 가질 권리가 있다는 관념을 발전시켰다.[83] 이런 철학자들은 국가의 강압적 권력이 개인의 자유와 참살이에 심대한 위협이라는 점을 감지했다. 따라서 권리의 개념은 국가의 통제에 대한 특정 개인의 자유와 연결되었다. 권리란 국가가 침해해서는 안 되는, 개인을 둘러싼 경계선에 해당했다.[84]

이와 연관된 프랑스의 「인간과 시민의 권리선언(1789)」과 미국의 「권리장전(1791)」 같은 문서들은 서구적 사고와 실천 속에서 이런 이상들을 소중히 간직한 사례다. 외부의 강압으로부터 개인의 자유를 보호하려는 노력은 오늘날 "공민권과 정치권"이라고 이름 붙여진 권리의 지적 조상으로 사생활 보호권, 재산권, 언론 자유의 권리, 집회권 등을 포함한다.[85] 음식·물·보건 관리·교육·취업에 대한 권리를 포함한 "사회권과 경제권"의 개념은, 19세기와 20세기 초반 유럽과 미국에서 사회 개혁의 물결과 함께 서로 구별되지만, 연관이 있는 개념(적어도 서구의 정전 속에서는)으로 처음 나타났다.[86] 이 권리의 두

---

83) Micheline R. Ishay, *The History of Human Rights : From Ancient Times to the Globalization Era* (Berkeley : University of California Press, 2004), 2장.

84) 위의 책, 221.

85) Peter Uvin, *Human Rights and Development* (West Hartford, Conn. : Kumarian Press, 2004), 10.

86) 몇몇은 사회권과 경제권의 폭을 "굶어 죽거나 출생 시 사망하지 않을 권리, 에이즈나 다중약물내성 결핵같이 치료하기 힘들거나 만성질환이라도 치료받을 권리, 초등 교육을 받을 권리, 깨끗한 물을 쓸 권리"까지 포함하게끔 확장하기도 한다.(Paul Farmer, 2006년 11월 5일, 미국 보스턴, 134회 미국공중보건연합 연간회의 기조연설)

범주는 이사야 벌린(Isaiah Berlin)이 말한 "소극적 권리"나 "적극적 권리"의 구분과 완전히 동일하지는 않아도 비슷한 점이 많다. 전자는 강압에 대한 자유를 말하고, 후자는 자유와 행위자에 필수적인 공공 서비스를 제공하는 국가의 의무를 말한다.[87]

'공민권과 정치권', '사회권과 경제권'의 구분은 상대적으로 최근에 기원한 것이다. 18세기에 권리 이론가들은 이것들을 개괄적으로 다루고는 했다. 공민권과 정치권 전통의 선구자에는 루소, 페인, 애덤 스미스(Adam Smith), 존 스튜어트 밀이 포함된다. 이들은 사회권과 경제권 보호에도 앞장섰다. 애덤 스미스의 「국부론(1776)」은 교육에 공공 기금을 투입하라고 요청했으며,[88] 페인의 「인간의 권리(1791)」 2부는 복지국가를 지지했고,[89] 밀의 「정치경제학 원리(1848)」는 국가가 교육·보건 관리·기본적 생활수준을 보장하고 제공할 것을 제안한다.[90] 이 절의 목표 가운데 하나는 먼저 공민권과 정치권을 구별하게 된 계보를 보여 주고, 그 다음 사회권과 경제권에 대해서도 이와 비슷한 방식으로 구별의 계보를 보여 주는 것이다.

2차 세계대전은 여러 가지 면에서 인권 담론의 또 다른 극점을 선도했다.[91] 예를 들어 정치 이론가인 한나 아렌트(Hannah Arendt)는 전통적인 인권 이론이 20세기 주권국가 시스템의 실패 앞에서 활기를 잃었다고 보았다. 이는 과거의 노예해방 운동가들과 여성 선

---

87) 다음을 보라. Isaiah Berlin, *Four Essays on Liberty* (New York : Oxford University Press, 1969)

88) 애덤 스미스는 다음과 같이 말했다. "민중의 교육은 문명화된 상업 사회 속에서 공적인 주목을 필요로 할 것이다."(*An Inquiry into the Nature and Causes of the Wealth of Nations* [New York : J.M. Dent, 1921], 265, 1776년 초판 발행)

89) Thomas Paine, *Rights of Man*, ed. Claire Grogan (Peterborough, Ontario : Broadview Press, 2011), 179~303.

90) 밀의 「자유론(1859)」은 개인적 자유와 함께, 밀이 인간 자아 성취의 뿌리라고 본 "개성"의 배양을 위협하는 가부장주의의 위험을 열정적으로 주장한다.(다음을 보라. Mill, *"On Liberty" and Other Writings*, ed. Stefan Collini [Cambridge : Cambridge University Press, 1989]). David Brink에 따르면 밀은 국가가 개인이 자아 발전의 기회를 가질 수 있게 허락하는 최소한의 조건을 보증한다고 보았다.

   밀의 완전주의적 자유주의는 개인의 합리적 역량의 행사를 존중하는 선의 개념 속에서 자유주의적 핵심을 찾는 고전적 자유주의 전통의 일부다. 밀의 주장 속에서 선은 어떤 도덕적 주체에게 깊이 숙고하는 능력을 주는 자아 통제의 형식 속에서 존재한다. 밀은 국가가 가부장적이거나 도덕주의적 개입을 정규적으로 사용해서는 이러한 종류의 선을 함양할 수 없다고 결론을 내렸다. 사고와 행위의 자유는 이러한 숙고 능력을 행사할 때 핵심적이다. 하지만 이와 동등하게 필수적인 것이 보건, 교육, 제대로 된 최소의 생활수준, 그리고 자아실현을 위한 공평한 기회 같은 긍정적인 조건들이다. 비록 가부장적인 개입이 그것 없이는 사람들의 숙고 능력에 대해 심하게 타협해야 할 경우 때때로 정당화될 수 있다고 해도 그렇다.(강조를 첨가함, David Brink, "Mill's Moral and Political Philosophy," *Stanford Encyclopedia of Philosophy* [Fall 2008] ed. Edward N. Zalta, http://plato.stanford.edu/archives/fall2008/entries/mill-moral-polirical/ [접속일 : 2012년 10월 25일])

91) Asbjørn Eide, "Economic, Social, and Cultural Rights as Human Rights," in *Economic, Social, and Cultural Rights : A Textbook*, ed. Asbjørn Eide, Catarina Krause, and Allan Rosas (Dordrecht : Martinus Nijhoff, 2001), 13.

거권 운동가들도 동의한 바 있다. 노예해방 운동가들은 "흑인 노예제도" 앞에서 인권 이론이 아무런 힘도 발휘하지 못한다고 여겼고, 여성 선거권 운동가들은 인권 이론의 틀이 모든 인간이 아닌 남성의 권리에만 초점을 맞췄다고 생각했다. 아렌트는 인간의 권리들이 각각 독립적으로 존재하며, 그것을 지지하려는 정부의 능력 또는 의지에 의존해서는 안 된다고 주장했다. 그러면서 히틀러가 지배한 독일이나 스탈린이 지배한 러시아 같은 전제주의 국가들의 발흥을 예로 들었는데, 양쪽 모두 자국에 사는 사람들 수백만 명을 박해하고 살해했다.

그렇다면 국가가 없는 사람은 권리를 누릴 자격이 없는가? 이에 대해 아렌트는 이렇게 주장한다. "그동안 우리가 가졌던 인간 존재에 대한 가정에 기초하는 인권 개념이 산산이 깨지는 순간이 있다. 아직 인간이라는 것을 제외하고는 인간의 다른 모든 특성과 인간관계를 사실상 빼앗긴 존재와 처음으로 마주하는 바로 그 순간이다. 인간이 된다는 것의 추상적인 적나라함 속에서 세계는 성스러운 그 아무것도 발견하지 못한다."[92] 시민권에 대한 이러한 의존성에서 벗어나기 위해 아렌트는 모든 인간에게 "권리를 가질 권리"가 있다고 주장한다. 그것은 인간의 조건을 정의하는 행동 양식에 대한 필수적인 권리다.[93] 아렌트에 따르면, 이 세계에 살아가는 모든 인간 존재가 태어났을 때부터 지닌 유의미한 행동을 위한 능력(공적 영역에서 행사되고, 언어에 의해 표현되며, 자유로운 다른 개개인과의 상호작용으로 매개되는[94])은 권리를 가질 권리를 위한 규범적인 기초다.[95] 다시 말해 우리에게는 행위자 자체를 포함할 뿐 아니라 행위자가 자신에게 고유한 행동을 하는 공간을 담보해 주는, 새로운 인권 개념이 필요하다. 20세기에 일어난 잔학한 사건 속에서 수백만 명의 사람들에 대한 이러한 공간에 대한 권리를 묵살했다.

---

92) Hannah Arendt, *The Origins of Totalitarianism* (New York : Harcourt, 1973), 299. (한국어판 : 「전체주의의 기원 1, 2」, 박미애·이진우 옮김, 한길사, 2006)

93) Hannah Arendt, "'The Rights of Man': What Are They?" *Modern Review* 3, no. 1 (1949) : 25~37.

94) 아렌트의 행위 이론에 대한 간략한 논평은 다음 글을 보라. Maurizio Passerin d'Entreves, "Hannah Arendt," *Stanford Encyclopedia of Philosophy* (Fall 2008) ed. Edward N. Zalta, http://plato.stanford.edu/archives/fall2008/entries/arendt/ (접속일 : 2012년 10월 25일)

95) 이러한 기초에 규범적 힘이 있는지 여부는 큰 논쟁거리다. 다음 글을 참고하라. Peg Birmingham, *Hannah Arendt and Human Rights: The Predicament of Common Responsibility* (Bloomington : Indiana University Press, 2006); 그리고 Serena Parekh. *Hannah Arendt and the Challenge of Mordernity : A Phenomenology of Human Rights.* (New York : Routledge, 2008)

[그림 9.2] 1945~1946년의 뉘른베르크 전범 재판은 세계인들에게 홀로코스트의 잔학성을 드러냈다. 이 역사적인 재판은 세계인권선언에 앞서 일어났다. 미국 홀로코스트 메모리얼 박물관의 허가를 받아 게재.(이 사진 설명을 비롯해 사진을 사용한 맥락에 드러난 관점과 의견은 미국 홀로코스트 메모리얼 박물관의 관점 또는 정책을 반드시 반영하는 것은 아니며, 이 기관의 동의나 지지를 함축하지도 않음을 밝힌다.)

홀로코스트는 두 번 다시 비슷한 범죄가 일어나지 않도록 국제적인 노력을 촉발했다. 1945년에 시작된 국제 군사재판에서 뉘른베르크 전범 재판(그림 9.2를 보라.)이 열려 나치 독일의 악명 높은 주요 군사적·정치적 지도자들이 모두 기소되었다. 1948년에는 국제연합 총회가 모든 인간 존재의 타고난 권리로 기본 복지권의 폭넓은 집합을 윤곽으로 그린 '세계인권선언'을 채택했다. 이러한 권리에는 고문을 받지 않을 권리에서부터 정치적 결사와 초등교육을 무료로 받을 권리, "자신을 비롯한 가족의 건강과 참살이를 위해 의료 관리와 필수적 사회 서비스를 포함한 적절한 생활수준을 누릴 권리"가 포함되었다. 다시 말해 인권선언은 '공민권과 정치권' 대 '사회권과 정치권'을 살짝 구분하는 데 그쳤다. 이 선언은 "사회적 진보를 비롯해 더 큰 자유 속에서 더 나은 삶의 기준을 촉진"하고자 정치적인 유산들을 뛰어넘으려 했다. 그 일환으로 대중적인 의미에서 보편성을 띠는 다양한 권리를 내세웠다. 또한 이 선언문에서는 모든 사람의 "내재적인 존엄"과 "인류의

[그림 9.3] 미국 전 대통령의 영부인 엘리너 루스벨트는 1948년 국제연합 총회에서 채택된 세계인권선언의 큰 옹호자였다. 프랭클린과 엘리너 루스벨트협회의 허가를 받아 게재.

모든 구성원이 갖는 동등하고 양도 불가능한 권리"[96]를 읽어 낼 수 있다. 미국의 전 대통령 영부인인 엘리너 루스벨트(Eleanor Roosevelt, 그림 9.3을 보라.)는 세계인권선언의 초안을 잡은 위원회의 의장을 맡았다. 이 문서는 단 하나의 반대표도 없이 국제연합 총회를 통과했다.[97]

하지만 이러한 의견 일치는 오래가지 않았다. 냉전의 분열이 인권 담론까지 뻗쳤던 것이다. 미국 정부와 연합국이 공민권과 정치권을 양도 불가능한 자유라고 홍보하는 동안, 소비에트 동구권에서는 사회권과 경제권을 국가의 의무라고 주장했다.[98] 경쟁하는 각각

---

96) 국제연합, "The Universal Declaration of Human Right," 조항 25와 전문, www.un.org/en/documents/udhr/ (접속일 : 2012년 10월 25일)

97) Johannes Morsink, *The Universal Declaration of Human Rights : Origins, Drafting, and Intent* (Philadelphia : University of Pennsylvania Press, 1999), 21~24. 기권한 6개국은 모두 소비에트-블록 국가들이었다. 하지만 이 기권은 반대표와는 굉장히 달랐다. 사실 이 국가들은 이 문서가 파시즘과 나치즘을 징벌하는 데까지 더 나아가야 한다고 주장했기 때문이다.

98) Uvin, *Human Rights and Development*, 11.

의 이데올로기를 옹호하기 위해 두 개의 인권선언('경제적·사회적·문화적 권리에 관한 국제 규약'과 '공민적·정치적 권리에 관한 국제 규약')이 별개로 작성되었다.[99] 처음에 이 두 규약은 인권선언에 딸린 단일한 권리선언문으로 생각되었다. 사실 일각에서는 세계인권선언 자체에 법적 구속력이 있는 규정이 포함되기를 바랐지만, 냉전의 긴장 관계 때문에 결국 원리적 성명에 그쳤다. 세계인권선언의 법적 구속력은 결국 경합이 벌어지는 다른 계약들로 넘어갔다.[100] 그리고 분열의 골은 깊어졌다. 미국은 여전히 '경제적·사회적·문화적 권리에 관한 국제 규약'을 체결하지 않고 있으며, 자국 국민의 보건 관리에 대한 권리를 지원하는 정도가 세계의 다른 국가들에 비해 훨씬 덜하다.[101]

이러한 분열 때문에 인권의 실현은 전 세계에 걸쳐 정체되었다. 예를 들어 많은 인권 단체가 사회권과 경제권을 포용하는 데 오랜 시간이 걸렸다. 1980년대에 국제사면위원회(Amnesty International)는 "(사회적이고 경제적인) 권리의 중요성을 무시"하지는 않지만, "우리의 자원을 공민권과 정치권에 집중"하는 것을 택했다. "정책의 한계를 설정해야 구체적인 결과를 얻을 수 있음을 인식했기 때문"[102]이었다. 국제사면위원회가 그로부터 15년이 지나서야 사회권과 경제권에 관심을 확장하기 시작하자 많은 비판이 일었다. 예컨대 「이코노미스트」지는 "진정으로 보편적인 권리들은 소수인데 그것들을 한꺼번에 약화하려 한다."고 주장하며, "사회적 개혁을 할 만한 이유가 충분하지 않음"을 경고했다.[103] 2001년에 마이클 이그나티에프(Michael Ignatieff) 역시 인권의 보편적인 개념이 드러내는 "최소주의"에 대해 비슷한 주장을 펼쳤다. 이그나티에프에 따르면, 인권 제도가 어디서든 수용되려면 "어떤 종류의 삶을 위해서도 (필요한) 최소의 상황"[104]만을 지지하는 것

99) Philip Alston, "Economic and Social Rights," in *Human Rights: An Agenda for the Next Century*, ed. Louis Henkin and John Lawrence Hargrove (Washington, D.C. : American Society of International Law, 1994), 137, 152. '경제적·사회적·문화적 권리에 관한 국제 규약(ICESCR)'은 1966년 유엔총회에서 채택되었고, 1976년부터 효력을 얻었다. 냉전 정국에 휘말린 미국은 체결하지 않았다.

100) Morsink, *The Universal Declaration of Human Rights*, 15.

101) Philip Alston, "U.S. Ratification of the Covenant on Economic, Social, and Cultural Rights : The Need for an Entirely New Strategy," *American Journal of International Law* 84, no. 2 (1990), 365~393.

102) 국제사면위원회, *Voice for Freedom: An Amnesty International Anthology* (London : Amnesty International Publications, 1986), 106.

103) "Human Rights: Righting Wrongs," *Economist*, August 16, 2001, www.economist.com/node/739385 (접속일 : 2012년 10월 25일)

104) Michael Ignatieff, *Human Rights as Politics and Idolatry* (Princeton, N.J. : Princeton University Press, 2001), 56. 비록 Ignatieff의 주장이 인권의 이론적 틀에서 사회적·경제적 주장을 제거하는 데 활용될 때가 많지만, 그의 기준(권리는 오직 삶에서 최소한의 조건만 명시해야 한다는)은 사실 보건 관리(영양과 주거까지도)를 포함하도록 작용해야 한다.

이어야 했다.

물론 사회권과 경제권이 너무 많은 것을 포함했을 수도 있다. 하지만 누스바움이 제안한 가능성의 목록과 비슷한, 여러 맥락에 공통적인 기본 복지권을 상상하는 것이 그토록 어려운 일일까? 사소한 문제들을 피하면서 동시에 문화에 관계없이 필수적인 복지권의 최소 묶음을 골라내는 일이 가능할 수도 있다. 쉽게 막을 수 있는 고통과 죽음을 피할 수 있게 하는 기본적인 1차 보건관리 서비스가 모든 이에게 주어져야 한다는 데는 많은 사람이 동의할 것이다.[105] 기본적인 쉼터, 옷, 음식, 물, 보건 서비스는 특정 문화나 공동체 안에서만 필요한 삶의 구성요소가 아니라 삶 그 자체다. 더구나 사회권, 경제권을 증진하는 정책 가운데 상당수는 상승작용을 한다. 국제연합 인권최고대표사무소의 나바네템 필레이(Navanethem Pillay)는 이렇게 주장한다. "교육, 보건, 영양, 물과 위생은 다른 것에 더 나은 성과를 내는 투자와 서로 보충하는 작용을 한다."[106] 즉, 기본 권리를 지키려는 포괄적인 노력이 인간 개발의 선순환을 시작하게 한다는 것이다.[107]

여기에 대해 사회권과 경제권을 법적 권리로 강화하는 데 어려움이 있음을 지적하는 비판도 있다. 국제적으로 운영되는 비정부기구인 국제인권감시기구(Human Rights Watch)는 사회권과 경제권을 위반한 사례에 적극적으로 대처하는 것을 피하는 경향이 있는데, 이러한 사례들은 보통 명확한 가해자와 처방이 없다고 보기 때문이다.[108] 이것은 사회권과 경제권에 대한 흔한 비판 중 하나다. 실제로 이 권리들을 위반한 사례 중 가해자와 처방을 쉽게 알아낼 수 있는 경우는 매우 드물다. 그래서 소송 같은 법률 행위를 실행하기가 어렵고, 비용이 많이 드는 데다 때로는 실행 불가능한 경우도 있다.[109]

하지만 사회권과 경제권을 위반한 사례 중 재판에 회부할 만한 당위성이 있는 경우도 있다. 예컨대 남아프리카공화국 정부 대 이렌 그루트붐 재판 결과, 남아프리카 정부가

105) 예컨대 다음을 보라. Henry Shue, *Basic Rights : Subsistence, Affluence, and U.S. Foreign Policy* (Princeton, N.J. : Princeton University Press, 1980)

106) 유엔개발계획(UNDP), *Human Development Report 2003: Millennium Development Goals : A Compact among Nations to End Poverty* (New york : Oxford University Press, 2003), 85.

107) Matt Bonds, "A Note from the Millennium Villages Project, Rwanda : Breaking the Disease-Driven Poverty Trap," *Consilience: The Journal of Sustainable Development*, no. 1 (2008) : 98~111.

108) Kenneth Roth, "Defending Economic, Social, and Cultural Rights : Practical Issues Faced by an International Rights Organization," *Human Rights Quarterly* 26, no. 1 (2004) : 63~73.

109) Maurice Cranston, "Human Rights: Real and Supposed," in *Political Theory and the Rights of Man*, ed. David Daiches Raphael (Bloomington: Indiana University Press, 1967).

대신 살 주거를 마련해 주지 않은 채 판자촌 거주민을 쫓아내 주거의 권리(이 국가의 헌법에 귀하게 간직된)를 인정하지 않았다는 유죄 평결이 있다.[110] 사회권과 경제권 오용에 대한 처방의 법적 행동주의를 실제로 활용하기가 어렵다는 점 또한 증명되었는데, 이는 빈곤이 널리 퍼진 상황뿐 아니라, 토머스 포기에 따르면 발전의 열매가 불공평하게 분배된 곳에서 특히 그랬다. 이에 학자들은 권리 주장을 더욱 근본적으로 하는 방법을 계속 연구 중이다.[111] 일부 사람들이 법제화로부터 끌어온 권리를 "법의 아이"[112]라고 여긴다면, 다른 사람들은 이것을 법제화의 도덕적 근거, 즉 "법의 부모"[113]라고 여긴다. 실제로 그것은 양쪽에 모두 해당한다. 권리와 법 사이의 관계는 역동적이고 상호적이다. 법제화를 위한 투쟁의 옹호자들이 인권에 대한 도덕적 주장을 탄탄하게 하는 동안 시민들은 법의 권위를 참조함으로써 그들의 권리가 실현되도록 요구한다.

인권에 내재한 도덕적 주장을 실현시키는 것은 물론 법제화 이상의 것을 요구한다. 권리의 오남용은 역사와 정치·경제적 협의, 지역 관습 속에 내재해 있다. 그것은 가난과 소유권의 불평등을 영속화하고 권력을 거래하는 폭력의 구조, 교육과 보건 관리, 식량에 대한 불공평한 접근, 차별, 낙인, 부패, 정치적 불안정 속에 포함되어 있다. 권리의 오남용은 지역적이면서도 초지역적이고, 따라서 "권력의 심층적인 병리 증상"[114]이다.

모든 인권 정책은(공민권·정치권이든, 사회권·경제권이든) 극빈자들과 투표권 없는 개인 행위자에게 가해지는 실질적인 구속에 거시적인 사회적 힘들이 어떻게 실현되고 있는지를 알아차리는 데서 시작해야만 한다.[115] 적어도 국제 보건과 개발의 맥락에서 인권

---

110) 남아프리카공화국 헌법에 규정된 주거에 대한 권리 : *The Government of the Republic of Sough Africa vs. Irene Grootboom*, CCT11/00 (남아프리카공화국 헌법재판소, 2000년 10월 4일), www.case.hks.harvard.edu/casetitle. asp?caseNo=1627.0 (접속일 : 2012년 10월 31일)

111) 예를 들어 Amartya Sen은 그가 "해야만 하는 일"의 도덕적 선언이라고 정의한 권리와 법 사이의 연결 고리를 탐구한다. 사회적 계약은 시민들이 특정 자유(권리)를 누리는 대신 국가에 특정 의무(법)를 다해야 한다고 요구한다. 정당화되는(법적으로 집행할 수 있는) 권리는 일반적으로 법에 근거를 두며, 결국 법은 권리를 구체화하는 도덕적 주장을 형식화할 수 있다. 다음 글을 보라. Amartya Sen, *The Idea of Justice* (London : Allen Lane, 2009), 357~358.

112) Jeremy Bentham, *The Works of Jeremy Bentham*, vol. 8 (Edinburgh : William Tait, 1839), 523.

113) Thomas Paine이 만들어 낸 이 구분은 2세기가 지나 옥스퍼드대학교의 법철학자인 Herbert Hart의 지지를 받았다. 다음 글을 보라. Amartya Sen, "Agency, Inequality, and Human Rights," *The Daily Star*, December 29, 2006, www.thedailystar.net/2006/12/29/d61229090198.htm (접속일 : 2012년 10월 25일)

114) Paul Farmer, *Pathologies of Power : Health, Human Rights, and the New War on the Poor* (Berkeley : University of California Press, 2003), xii.

115) 위의 책, I-51

[표 9.1] 공민권·정치권과 사회권·경제권 사이의 밀접한 관계 : 국제조약에서 인용한 사례

공민적·정치적 권리에 관한 국제 규약(ICCR)		경제적·사회적·문화적 권리에 관한 국제 규약(ICESCR)
자기 결정권(조항 1)	← 두 조약에서 모두 나타남 →	자기 결정권(조항 1)
종교의 자유(조항 18)	← 두 조약에서 비슷함 →	문화생활에 참가할 권리(조항 15)
자유로운 집회를 할 권리(조항 21) 결사의 자유(조항 22)	→ 함축 →	조합을 만들 권리(조항 15)
생존권(조항 6)	→ 함축 →	건강권(조항 12)
언론의 자유(조항 19) 참정권(조항 25)	← 강화 ←	교육받을 권리(조항 13)

주장을 실현하려면 대부분의 사례에서 폭넓은 사회적 변화가 필요하다.

우리가 인권 오남용을 매개하는 권력 관계를 이해하게 되면 공민권·정치권과 사회권·경제권 사이의 구분은 희미해지기 시작한다. 이는 가능성 접근과 인권 접근 사이의 구분이 일부 사라졌던 것과 비슷한 현상이다.

한 여성이 그녀의 가족에게 식탁을 차려 줄 수 없다면 여성의 시민적 의무는 어떻게 성취되는가? 한 남성이 본업과 부업을 겸하면서 많은 자녀를 돌봐야 한다면 자신의 자아실현과 개성 함양을 위한 배출구는 어떻게 찾는가? 이만큼 중요한 사례로, 만약 어떤 정부가 자산과 예산이 매우 적다면 국민의 주거권과 보건 관리를 향상할 희망이 있겠는가? 각 계급의 권리를 보호하는 것은[그 경계는 유동적일 때가 많다.(표 9.1에서 볼 수 있듯)] 훌륭한 인간적 삶을 위해 필요하지만 충분하지 않은 최소 조건이다. 이때 전체론적으로 인권에 접근하고자 노력하면 여러 이름을 가진 다양한 권리 사이의 많은 연결 고리와 상승작용하여 더 윤리적이고 인간적이며, 실질적이고 효율적으로 인권을 개선할 수 있다.

인권으로서의 보건

건강에 대한 권리는 인권 담론 내부 분야의 경계를 흐린다. 세계인권선언은 건강에 대해 다음과 같이 대담하고 전체론적인 정의를 내린다. "사람은 누구나 자신과 자기 가족의 건강과 참살이에 적당한 생활 기준에 대한 권리를 갖는다. 여기에는 음식·의복·주거·의료 관리를 비롯한 꼭 필요한 사회 서비스와 함께 실업이나 질병·장애·배우자 사별 같은 상황이나 고령 또는 본인의 통제를 벗어나 생계를 유지하기 불가능한, 다른 상황에

서 안전하게 보호받을 권리가 포함된다." '경제적·사회적·문화적 권리에 관한 국제 규약'은 다음과 같이 보건과 참살이에 대한 권리를 달성할 수 있는 더욱 구체적인 목표를 제공한다.

1) 보건 시설·재화·서비스에 접근할 수 있는 권리 보장하기. 특히 취약 계층이나 주변화된 집단을 차별하지 않는다는 원칙에 따라야 함.
2) 모든 이가 굶주림에서 자유로울 수 있도록, 영양학적으로 적절한 최소의 필수 식량에 접근하도록 보장하기.
3) 기본적인 쉼터, 거주지, 위생, 안전하게 마실 수 있는 물의 적절한 공급에 접근할 수 있도록 보장하기.
4) WHO의 필수 의약품 활동 프로그램에서 때때로 규정하는 필수 의약품 제공하기.
5) 모든 보건 시설, 재화, 서비스를 평등하게 분배받도록 보장하기.
6) 역학 증거에 기초해 전체 인구를 보건적으로 고려하면서 국가 공공 보건 전략과 행동 계획을 채택하고 수행하기. 이 전략과 계획은 참여적이고 투명한 과정에 기초해 고안되고, 주기적인 검토를 받아야 함. 여기에는 보건 지표와 척도에 대한 권리 같은 방법론이 포함되며, 그 진전 과정은 면밀하게 모니터링 해야 함. 행동 전략과 계획의 과정과 내용을 설계할 때는 모든 취약 계층 또는 주변화된 집단에 특별히 주의를 기울여야 함.[116]

세계인권선언과 마찬가지로 '경제적·사회적·문화적 권리에 관한 국제 규약'은 영양 및 관리에 대한 접근, 기본적 생활 조건 같은 사회적 요인뿐 아니라 차별 대우 없음과 참여 과정 같은 정치적 요소까지 포괄한 폭넓은 보건 개념을 채택한다. 그러나 레이철 해먼드(Rachel Hammonds)와 고릭 옴스(Gorik Ooms)는 보건 서비스를 확장하는 것이 보건

---

116) 국제연합 경제사회이사회, 경제·사회·문화적 권리위원회, "General Comment no. 14, The Right to the Highest Attainable Standard of Health," August 11, 2000, www.unhchr.ch/tbs/doc.nsf/0/40d009901358b0e2c1256915005090be?Opendocument (접속일 : 2012년 10월 25일)

권의 실현에 필요조건이지만 충분조건은 아니라고 주장한다.[117] 모든 사람을 위한 보건 같이 광범위한 개념을 보장하기 위해서는 정치 개혁, 경제적 재분배, 부유층과 빈곤층을 모두 대상으로 한 폭넓은 사회적 변화가 필요하다. 즉, 이것은 사회권, 경제권, 공민권, 정치권 같은 여타 인권 개념의 실현을 필요로 한다. WHO에서 에이즈에 대한 국제 프로그램을 이끌었던 고(故) 조너선 만(Jonathan Mann)에 따르면 "보건에 대한 분류를 재고하려면 인권의 개념적 틀을 다시 고려해야 한다."[118] 하지만 보건 또는 보건 관리에 대한 접근이 인권의 관점에서 고려되어야만 하는가?

전 세계 여러 지역과 국제 보건 및 개발 담론에서 오랫동안 지배적인 패러다임이었던 대안적 관점에 따르면, 보건은 소비자의 지불 용의에 따라 시장에서 가장 잘 할당되는 하나의 상품이다. 4장에서 자세하게 살펴보았지만, 1980년대와 1990년대의 국제 정책 입안자들 사이에서는 보건 관리에 대한 권리 기반이 아닌 시장 기반 접근이 유행했다. "모두를 위한 보건(보건 관리에 대한 권리의 긍정인)"에 대한 1978년 알마-아타선언의 점진적인 지지를 비롯해, 선택적 보건 관리와 구조 조정 프로그램의 부상이 시장 접근을 뒷받침해 주었다. 당시 사람들은 보건 관리가 사적 시장에 의해 더욱 효율적이고 평등하게 전달될 수 있다고 가정했다.[119] 사실, 구조 조정 시대를 좌지우지했던 세계은행과 IMF는 인권 담론에서 언급된 표현을 사용하는 것을 삼가는 경향이 있었다. 지난 수십 년간 발간되었던 21건의 「세계은행 빈곤경감전략 보고서」는 보건을 인권으로 언급하지 않는다.[120] 세계은행의 인터넷 홈페이지에서는 에이즈 유행을 "인류의 복지, 사회·경제적 진보, 생산성, 사회적 통합성, 심지어는 국가 안보까지 위협한 개발상의 문제"라고 표현

---

117) Rachel Hammonds and Gorik Ooms, "World Bank Policies and the Obligation of Its Members to Respect, Protect, and Fulfill the Right to Health," *Health and Human Rights* 8, no. 1 (2004) : 23.

118) Jonathan M, Mann, "AIDS and Human Rights : Where Do We Go from Here?" *Health and Human Rights* 3, no. 1 (1998) : 146.

119) 시장이 가난한 국가에 보건 관리를 할당할 수 있다는 열성적인 옹호론은 다음 글에서 가장 잘 표현되었을 것이다. John S. Akin, Nancy Birdsall, and David M. De Ferranti, *Financing Health Services in Developing Countries : An Agenda for Reform*, 1987 World Bank Policy Study (Washington, D.C. : world Bank, 1987). 국제 보건에 대한 신자유주의적 접근을 옹호하고 있는 보고서다.

120) 세계은행의 빈곤경감전략 보고서는 다음 웹사이트에서 볼 수 있다. http://apps.who/int/hdp/database/ PRSPwhat/aspx? (접속일 : 2012년 10월 25일)

한다. 하지만, 역시 인권 문제로는 기술하지 않는다.[121] 2차 세계대전 이후 10년 안에 설립된 국제기구의 학자들 역시 대부분 같은 방식으로 인권에 대한 이론적 틀을 피한 경우가 많았다.[122]

세계은행의 선임 고문인 알프레도 스페이르-유니스(Alfredo Sfeir-Younis)는 인권에 대한 "점진주의적" 접근을 옹호한다. 성장과 경제 발전이 이루어지고 나면 시간이 지남에 따라 인권을 촉진한다는 것이다. 그는 이렇게 주장한다. "부의 창출이 없다면 인권이 실현되기란 불가능할 것이다."[123] 성장이 인권적 노력을 증진한 사례가 많다는 데는 의심의 여지가 없다. 7장에서 살펴보았듯이, 경제 발전과 보건 시스템의 강화 사이에는 여러 상승작용이 존재한다. 하지만 점진주의적 접근이 성장을 이끌기 위해 단기간 보건 서비스를 지체하는 것을 정당화(구조 조정 프로그램에서 추천하고는 했던 것처럼)할 수 있을까? 만약 성장이 정의하기 어려운 개념이라면 어떻게 해야 할까? 실제로 구조 조정은 성장과 보건 부문에 혼합된 결과를 가져온다. 몇몇 사례에서 구조 조정 프로그램이 보건 서비스에 대한 접근의 토대를 쉽게 침식하기도 했다.[124] 이런 교훈을 감안한다면 경제 발전이 이루어질 때까지 인권 논의를 미룬다는 게 과연 신중한 주장일까?[125]

국제 보건의 역사에서 시장 기반 접근이 일관성 없는 모습을 보였는데도 상품 패러다임은 국제 보건 담론의 상당 부분을 지속적으로 활성화하고 있다. 이에 대한 한 가지 사례가 비용 대비 효율성 분석이다. 여기에 따르면 특정 개입은 그것에 의해 추정된 보건적

---

121) 세계은행, "The World Bank Holds Its Regional Annual Stakeholders Consultation on HIV/AIDS in Antananarivo," 2008년 3월 31일. 언론 공식 발표. http://web.worldbank.org/WBSITE/EXTERNAL/COUNTRIES/AFRICAEXT/MADAGASCAREXTN/0,,contentMDK:21712111~pagePK:1497618~piPK:217854~theSitePK:356352,00.html?cid=3001 (접속일 : 2012년 10월 25일)

122) 예를 들어 Leslie London은 다음과 같이 주장한다. "수혜국에 대한 브레턴우즈 기구의 정책 조언 가운데 인권 의무의 인식에 대해 걸치레 이상을 행한 것은 하나도 없다. 사회-경제권과 관련된 조언이 없다는 점 또한 확실하다."("What Can Ten Years of Democracy in South Africa Tell Us?" *Health and Human Rights* 8, no. 1 [2004] : 13)

123) 세계은행, "Human Rights Day : Interview with Alfredo Sfeir-Younis," December 10, 2003, http://web.worldbank.org/WBSITE/EXTERNAL/NEWS/0,,contentMDK:20143686~menuPK:34457~pagePK:34370~piPK:34424~theSitePK:4607,00html (접속일 : 2012년 10월 25일)

124) 다음을 보라. Jim Yong Kim, Joyce V. Millen, Alec Irwin, and John Gershman, des., *Dying for Growth : Global Inequality and the Health of the Poor* (Monroe, Maine : Common Courage Press, 2000)

125) 비록 사실상 구조 조정이라는 보건 부문 전략과 일관성이 있는 측면이 있어도, "점진주의"에 대한 이러한 옹호가 과거나 현재 세계은행의 정책을 반영하지 않는다는 점에 주목해야 한다. 하지만 4장에서 논의한 1993년 「세계개발보고서」에서 세계은행은 경제 개발을 위한 보건 투자를 명시적으로 요청했는데, 이는 Alfredo Sfeir-Younis가 윤곽을 그린 점진주의적 논리와 상반되었다. 비록 세계은행이 인권 논리를 피하지만, 이곳의 계획 대부분은 인간 개발의 목표와 특정 기본 조건의 실현(다른 곳에서는 권리로 요청되는)을 지지한다.

영향과 환자, 보건 제공자, 보험 회사, 또는 다른 공적·사적인 기금 제공자들의 지불 용의에 기초해 비용 대비 효율성 여부가 판단되었다. 또 비용 대비 효율성 분석은 보건 관리 소비자들이 돈을 지불할 수 있는지 여부에 따라 서비스를 배급했으므로 상품 개념에 입각해 보건을 바라보았다고 할 수 있다. 우리가 살펴보았던 시장에 기초한 다른 보건 관리 모델과 마찬가지로, 비용 대비 효율성 접근은 구매력의 부재가 시장 실패를 낳는 가난한 지역보다는 부유한 지역에서 더 잘 작동하는 경향을 보였다. 이에 비해 권리에 기초한 접근은 필요의 위계에 따라 서비스를 배급한다. 보건경제학자인 기 카렝(Guy Carrin)에 따르면, "우리가 수용할 만한 장기적인 목표는 질병의 치료에 동일한 필요성을 가진 환자들이 보건 관리를 평등하게 이용하도록 하는 것이다."[126]

에이즈 유행에 대한 국제적인 대응은 국제 보건에서 상품 패러다임과 권리 패러다임의 차이를 강조한다. 만약 시장 주체로만 항레트로바이러스 약제를 분배한다면 높은 가격이 유지되어 부유한 계층만이 이용할 수 있을 것이다. 하지만 5장에서 살펴보았다시피 실무자·연구자·정책 입안자·활동가·유명 인사의 연합은 에이즈 치료에 대한 접근을 인권 관점에서 다시 상상하게 했고, 이 관점을 전 세계에서 실현하도록 촉구했다. 수십 년에 걸친 끈질긴 교섭과 옹호 활동 결과, 1990년대 후반에는 1년에 1인당 드는 1차 요법 치료비가 1만 달러 이상이었던 데 비해, 2007년에는 1인당 80달러가 되었다. 하지만 이렇게 떨어진 의료비마저 2차 요법 치료비, 소아과 의약품, 그리고 기타 지원 기술에 접근하는 데 큰 장애로 남아 있다.[127]

이 책의 주제는 거의 모든 국제 보건 문제들이 다시 거론될 필요가 있다는 것이다. 평등과 인권에 대한 개념은 희소성의 사회화를 저지하고 상품에 기반을 둔 보건 관리를 약화하는 데 기여한다. 이는 국제보건학의 제1원리다.

보건을 인권으로 다시 거론하고, 그 관점을 실현할 수 있는 포부 있는 평등 의제를 수행하는 일은 다른 개발의 우선 과제 또한 강화할 수 있다. 알프레도 스페이르 유니스가 윤곽을 그린 점진주의 접근에 반대되는 몇몇 증거도 있다. 특정 경우에는 인권, 특히 보

126) Guy Carrin, *Strategies for Health Care Finance in Developing Countries-With a Focus on Community Financing in Sub-Saharan Africa*, ed. Marc C. Vereecke (London: Macmillan, 1992), 68.

127) Clinton Health Access Initiative, "Antiretroviral (ARV) Ceiling Price List."

건에 대한 권리를 간수함으로써 경제 발전을 새롭게 다질 수도 있다.[128] 사실 세계은행은 1993년에 '보건에 대한 투자'라는 부제가 붙은 「세계 개발 보고서」에서 이 주장을 한바 있다. 논증은 단순하다. 물리적·인적 자본을 포함한 인간 개발을 이끌어 내기 위해 필요한 기본적 자원 분배의 초기 불평등은 성장에 부정적인 영향을 준다는 것이다. 이 효과는 가난한 사람들에게 거의 두 배에 가까울 만큼 크게 나타난다.[129] 미시적 수준에서는 10장에서 살펴볼 개념인 "빈곤의 덫"이 사람들로 하여금 경제성장의 기반인 투자를할 충분한 원천을 쌓지 못하도록 막는다. 근근이 먹고 살기에도 바쁘기 때문이다.[130] 하지만 보건과 교육 시스템 강화를 비롯해 다른 기본 인권 보호에 의해 이러한 덫이 부서질수 있다는 증거가 점점 나타나고 있다.[131] 교육을 받은 건강한 개개인은 점점 더 높은 보수를 받는 믿을 만한 직업을 찾는다. 그렇게 해야 저축과 투자가 가능하고 자기 가족을가난에서 건져 올릴 수 있다. 인권 사업에 대한 상호 보완적인 투자가 함께 이루어지면빈곤과 질병의 악순환을 끊고 경제 개발의 초석을 다질 수 있을 것이다.

또한 대부분의 잣대에서 양호한 건강은 적극적인 시민이 되기 위한 전제 조건이다. 철학자들은 자유와 자율성의 사회적·경제적 전제 조건에 대해 오랫동안 기술해 왔다. 존롤스는 이런 전통을 기반으로 해서 적절한 보건 관리가 정치적, 사회·경제적 권리를 모두 보호하는 데 필요하다고 주장했다. 롤스에 따르면 "기본 가치(primary goods, 보건 관리를 포함한)는 자유롭고 평등한 개인이 완전한 삶을 누리는 데 필요하다. 그것은 단순히 욕망하는 대상, 선호하거나 열망하는 대상이 아니다."[132] 보건 관리는 "한 사회의 정치제도와 그 법적 질서의 품위에 대한 충분조건"이다. 이에 대한 사례를 만나기란 어렵지않다. 예컨대 어떤 남성이 에이즈 말기로 누워 있다면 선거에서 한 표를 던지는 자신의정치적 권리를 행사하기 힘들 것이다. 굶고 있는 아이들을 보살펴야 하는 여성은 특정 정

---

128) Matthew H. Bonds, Donald C. Keenan, Pejman Rohani, and Jeffrey D. Sachs, "Poverty Trap Formed by the Ecology of Infectious Diseases," *Proceedings of the Royal Society*, Series B. 277 (2010) : 1185~1192; Bonds, "A Note from the Millennium Villages Project, Rwanda." 다음 책도 참고하라. Jeffrey D. Sachs, *The End of Poverty : Economic Possibilities for Our Time* (New York : Penguin, 2005), 64~65.

129) Pundy Pillay, "Human Resource Development and Growth : Improving Access to and Equity in the Provision of Education and Health Services in South Africa," *Development Southern Africa* 23, no. 1 (2006) : 63; Sen, *Inequality Reexamined*.

130) Sachs, *The End of Poverty*, 56.

131) Bonds, "A Note from the Millennium Villages Project, Rwanda."

132) John Rawls, *Justice as Fairness : A Restatement* (Cambridge, Mass.: Harvard university Press, 2003).

당에 투표해 달라고 곡물 한 포대를 받았을 때 민주적인 자기 결정이 힘들 것이다.

요컨대 인권의 이론적 틀은 국제 보건을 다시 상상하는 데 도움이 된다. 권리의 언어는 병에 걸린 사람들과 위험에서 보호받는 사람들을 좌지우지하는 거시적인 사회적 힘 속에서, 보건과 개발의 좁은 개념을 확장하고 제 위치를 찾아 줄 수 있다.[133] 또 폭넓은 인권 접근은 양호한 건강을 유지하며 완전한 삶을 사는 데 필요한 조건에 대해 이야기한다. 제한된 자원, 비용 대비 효율성, 적정 기술, 희소성의 사회화에 대한 여러 표현을 둘러싼 피곤하고 때로는 씁쓸한 논쟁으로 되돌아가는 것이 아니라는 것이다. 웬델 베리(Wendell Berry)에 따르면, "쥐와 바퀴벌레들도 수요와 공급의 법칙 아래 경쟁하면서 산다. 인간에게 특권이 있다면 정의와 자비의 법칙 아래 산다는 것이다."[134]

비판과 실천

빈곤과 불평등으로 분열된 세계 속에서 권리에 기초한 보건 의제를 대담하게 수행하다 보면 매우 많은 도전 과제에 부딪히기 마련이다. 인권 이론의 틀에도 비판가들이 존재한다. 몇몇은 인권의 "추상적인 보편성"을 들어, 그것이 지역적인 필요와 이해관계 및 정치적 환경을 고려하는 데 실패한다고 주장한다. 예컨대 인류학자인 해리 엥글룬드(Harry Englund)는 말라위에서 벌어지는 복잡한 문제에 대해 인권 담론이 모든 방식에 맞는 일괄적인 해결책을 적용해 왔다고 기록했다.[135] 제임스 퍼거슨(James Ferfuson)은 레소토의 개발 기구에 대해 비슷한 주장을 펼치며, 외부인들이 지역의 복잡성을 이해하는 대신 아프리카를 일반화하는 철 지난 서술에 집착해 왔음을 기술한다.[136] 여러 인권 이론가는

---

133) Paul Farmer, Margaret Connors, and Janie Simmons, eds., *Women, Poverty, and AIDS : Sex, Drugs, and Structural Violence* (Monroe, Maine. : Common Courage Press, 1996), 316~322. 많은 국가에서 여성들이 HIV에 감염될 중요한 위험 인자는 가난이다. 따라서 경제적·정치적 권력 분산이 효율성 높은 처방이다.

134) Wendell Berry, *What Are People For?* (Toronro : HarperCollins, 1990), 135. 이 장의 여러 저자를 포함한 많은 사람이 Berry와는 반대로 환자를 비롯한 빈곤한 사람들에게까지 의료 관리를 제공하는 강력한 수단으로 시장이 무의미하다고 보지 않는다. 그런데도 Berry의 요점은 중요하다. 우리는 정의로서 국제 보건에 대한(또는 어떤 커다란 사회적 도전 과제에 대한) 분석을 시작해야 하며, 그 다음으로 수행 방법을 찾아야 한다. 많은 사례에서 그렇듯 그 반대가 되어서는 안 된다.

135) Harri Englund, *Prisoners of Freedom : Human Rights and the African Poor* (Berkeley : University of California Press, 2006)

136) Ferguson에 따르면 개발 노동자들은 사실 본질적으로 노동력 비축고였던 레소토를 농업 사회로 생각하는 경우가 많았다. 레소토가 남아프리카공화국의 영향을 받은 것은 농업 기술보다 노동 정책일 것이다. 다음을 참고하라. James Ferguson, *The Anti-Politics Machine : "Development," Depoliticization, and Bureaucratic Power in Lesotho* (Minneapolis : University of Minnesota Press, 1994), 112~117.

"시민사회"를 책임져야 하는 주체가 국가라고 여기지만, 그런 관점은 지역 엘리트와 연관되는 사례에서 약화된다. 지역 엘리트들은 인권에 대한 개념을 대다수 빈민에게 적용하는 법이 거의 없다.[137]

진정한 인간적 성숙을 증진하기에는 인권 개념이 너무 협소하거나 너무 개인주의적이라고 보는 비판가들도 있다. 정치적 자유주의에 기반을 둔 대부분의 인권 이론은 사회와 분리된 *개개인*을 보호하는 데 초점을 맞춘다.[138] 하지만 철학자 마이클 샌델(Michael Sandel)에 따르면, 이러한 인간 본성에 대한 묘사는 서양 철학의 오랜 전통을 살펴봤을 때 분명 잘못된 것이다. 샌델은 우리에게 있는 욕구의 상당 부분이 우리가 속한 공동체에 내재해 있고, 또 거기에 매어 있다고 지적한다.[139] 이러한 비판은 카를 마르크스의 유적 존재(species being) 개념을 반영한다. 마르크스에 따르면 인간적 성숙은 공동체 안에서 구성원이 되는 것과 개인의 욕구보다 더 큰 무언가에 득이 되는 작업의 전제 조건이다.[140] 따라서 마르크스주의자들은 우리가 유적 존재를 실현할 수 있게 하는 폭넓은 사회 변화의 토대 역할을 하지 못한다는 이유로 인권 접근을 비판한다.[141]

이러한 비판은 인권에 대한 주류 논쟁에 마치 메아리치듯 영향을 주었다. 예컨대 싱가포르의 전 총리 리콴유[李光耀]는 개인에게 사회의 욕구를 넘어서는 양도 불가능한 권리가 있다는 서구식 전제 조건을 거부했다. 리콴유는 이렇게 주장한다. "개인이 자기가 원하는 대로 행동하거나 비행을 저지르게 하는 권리 확장은 질서 있는 사회를 훼손함으로

---

137) John L. Comaroff와 Jean Comaroff에 따르면 "다양한 문화적 역사에서 비롯한, 역사적 환경에 적용된" 시민사회의 개념은 "지역 현실을 (어느 정도) 반영하기 쉽다." (*Civil Society and the Political Imagination in Africa : Critical Perspectives.* [Chicago : University of Chicago Press, 1999], 17)

138) 여기서 문화권이라는 범주를 떠올릴 사람도 있을 것이다. 이는 언어를 유지하거나 문화적 삶에 참여하고, 본질적으로 사회적이고 공동체적인 인간 본성의 이러한 이해를 다루기 시작할 권리에 대한 조항을 포함한다. 이것은 어느 정도 사실이지만 "권리"라는 언어가 공동체보다는 개인을 측량하는 데 여전히 사용된다는 점에서 보면, 마르크스·샌델·테일러 등의 견해뿐 아니라 일반적인 인권 담론과도 긴장 관계가 존재한다.

139) Michael J. Sandel, *Liberalism and the Limits of Justice* (Cambridge : Cambridge University Press, 1982).

140) Karl Marx, "On the Jewish Question," in *The Marx-Engels Reader*, ed. Robert C. Tucker, 2nd ed. (New York: Norton, 1978)

141) 몇몇 인권의 이론적 틀은 억압 체계 자체에 도전하는 대신 불평등을 관리함으로써 억압의 증상을 완화하려 한다. 권리는 재화 분배의 불평등을 다루지만, (국제) 사회의 더욱 깊고 서서히 퍼지는 불평등을 다루지는 않는다. 마르크스에게는 이것이 생산양식의 불평등을 뜻했다. 즉, 인권 접근은 기본적인 최소 기준의 윤곽을 그리기 때문에 진정한 평등을 위한 더욱 폭넓은 요청에 대한 주의를 흩트릴 수 있다. 이러한 고려는 이 장 앞에서 살펴보았던 "가능성 접근"을 어느 정도 다룬다. 하지만 이러한 이론적 틀에서도 인간이 마땅히 누려야 할 더욱 광범위한 목록을 가진 상태에서 "최대 평등"보다는 "최소 기준"을 여전히 강조할 수 있다. 예컨대 다음을 참고하라. Alain Badiou, *The Communist Hypothesis* (London : Verso, 2010), 2.

써 가능하다." 그에 따르면 동아시아의 주요 목표는 "모든 사람이 최대한의 자유를 누릴 수 있도록 질서가 잘 잡힌 사회"[142]를 만드는 것이다. 리콴유는 "아시아의 가치"들이 서구의 개인주의와 반대된다고 여긴다. 하지만 그와는 매우 다른 정치적 견해를 가졌으면서 예전부터 지배적 인권 이론의 개인주의적 속성에 대해 비슷한 비판을 했던 사람들도 있다.[143]

예컨대 아마르티아 센 등은 리콴유의 주장에 반대했다. 센에 따르면, 동아시아 사람들은 유럽을 비롯한 전 세계 사람들과 동일한 보호를 받을 자격이 있다. 특히 리콴유가 이끄는 독재국가같이 개인의 권리가 쉽게 짓밟히기 쉬운 곳에서는 더욱 그랬다.[144] 더구나 "서구"나 "아시아" 같은 넓은 범주는 말할 것도 없이, 어떤 사회에서든 균질한 가치 집합을 정의하려는 시도는 해당 지역이 보유한 도덕 경험의 다양성과 풍부함을 흐려 드러나지 않게 한다. 서구 정치사상의 다른 오래된 전통은 물론이고, 마르크스의 유적 존재 개념 또한 인간적 성숙에서 사회가 주요 위치로 격상된다는 점에 주목하는 것으로 충분하다.[145]

우리는 이러한 비판의 전면을 타고 흐르는 인권의 보편적 주장과 지역의 도덕관 사이의 긴장을 심각하게 받아들여야 한다. 이러한 긴장을 다루는 한 가지 수단은 인류학의 학제에서 비롯된다.(사실 앞에서 언급한 여러 학자는 모두 인류학자들이다.)[146] 인류학은 거시적인 사회적 힘들에 대한 비판적 분석과 지배 담론(인권 같은 지배적 이론의 틀을 포함한)을 통해 민족지학(한 지역의 도덕 세계에 대한 자세한 기술)을 통합한다. 이러한 인류학적 도구는 국제 보건 실무자들이 지역적 맥락에서 빈곤과 건강 악화의 원인과 결과를 다루려 할 때, 개입과 프로그램을 지역의 다양성에 적용함으로써 이론적 틀의 도덕적

---

142) Fareed Zakaria, "Culture Is Destiny: A Conversation with Lee Kuan Yew," *Foreign Affairs* 73, no. 2 (March-April 1994) : 111.

143) Makau Mutua 역시 비슷한 주장을 하지만 책임성 개념(권리와 관련해)이 많은 아프리카 사회에 공명한다는 점 또한 지적한다. 사실 Mutua는 타인과 공동체에 대한 아프리카의 책임 개념이 국제 인권 담론을 증진할 수 있다고 생각한다. 다음을 보라. Makau Mutua, *Human Rights : A Political Critique* (Philadelphia : University of Pennsylvania Press, 2002), 71~94. 인권 담론과 그것에 대한 대체 담론 사이의 화해를 모색하는 견해도 있다. 예컨대 Charles Taylor는 특정 규범 집합에 대해 두 가지의 "서로 화합 불가능한 정당화"가 존재할 수 있음을 수용하지만, "아시아적 가치"와 인권이 여러 지역에서 상당히 겹치는 부분이 있다고 주장한다. 다음을 보라. Charles Taylor, "Conditions of an Unforced Consensus on Human Rights." ("The Growth of East Asia and Its Impact on Human Rights"라는 제목으로 1996년 3월 24~27일 방콕에서 열린 카네기협의회 윤리와 국제 문제 워크숍에서 발표되었다.), 2.

144) Amartya Sen, "Human Rights and Asian Values : What Lee Kuan Yew and Le Peng Don't Understand about Asia," *New Republic* 217, no. 2/3 (1997) : 33~38.

145) 예컨대 다음을 보라. Klymlicka, *Contemporary Political Philosophy*, 6장.

146) Feierman, Kleinman, et al., "Anthropology, Knowledge-Flows, and Global Health," 122~128.

힘을 이용하는 데 도움을 줄 수 있다.

하지만 인권 이론을 실무로 옮기는 작업은 그 자체로 여러 과제를 거쳐야 한다. 그중 한 가지는 인권 운동에 일관된 무언가가 없다는 점 때문에 발생한다. 인권 운동은 하나의 운동이라기보다는 여러 비균질한 운동의 집합이며, 일부는 그것이 의도한 수혜자와 관련성이 적다.[147] 변호사이자 인권 운동가인 치디 오딘칼루(Chidi Odinkalu)는 "왜 점점 많은 아프리카인이 인권의 언어를 사용하지 않는가." 라는 제목의 에세이에서 놀랄 만한 주장을 한다. 아프리카인들이 인권 운동의 언어를 거의 사용하지 않는 데 비해 서구 자선 기관과 비정부기구, 구호 기관들은 그것을 지겹도록 써먹는다는 것이다.[148] 이 현상을 설명하기 위해 오딘칼루는 대부분의 인권 운동 기관은 자기들이 일하는 범위를 시민권과 정치권 정책에 한정하며, 더욱 폭넓은 사회권과 경제권 위반에 대해서는 다루지 않기 때문이라고(또는 인식조차 하지 못한다고) 설명한다. 그에 따라 이 기관들은 자기 스스로 사회적 정의와 생존에 대한 아프리카인들의 운동에서 소외시킨다는 것이다. 비록 사회권과 경제권을 위해 일한다고 하는 기관들이라고 해도 관리 전달에 실패할 때가 많다. 넬슨 만델라 역시 1998년 국제연합 총회 연설에서 이러한 인권적 수사와 실무의 괴리에 대해 밝힌 바 있다.

> 식량, 일자리, 물과 쉼터, 교육, 보건 관리와 건강한 환경을 가질 수 없는 것은 자연의 힘이나 신의 저주가 미친 결과가 아닙니다. …… (그것은) 사람들이 받아들이기를 택하거나 또는 거부한 결정의 결과고, 그들 모두 세계인권선언에 대해 헌신적으로 지지할 것을 맹세하는 데 주저함이 없을 것입니다.[149]

이러한 비판을 염두에 둘 때 기관들은 어떻게 해야 인권에 기반을 둔 의제를 효율적으

---

147) Paul Farmer, "Never Again? Reflections on Human Values and Human Rights," in *Partners in Poor, A Paul Farmer Reader*, ed. Haun Saussy (Berkeley : University of California Press, 2010), p/ 494

148) Chidi Ansell, Pdinkalu, "Why More Africans Don't Use Human Rights Language," *Human Rights Dialogue* 2, no. 1 (1999), www.carnegiecouncil.org/publications/archive/dialogue/2_01/articles/602.htmo/:pf_printable (접속일 : 2012년 10월 25일)

149) Nelson Mandela, "Address by President Nelson Mandela at the 53rd United Nations General Assembly," September 21, 1998, New York, http://db.nelsonmandela.org/speeches/pub_view.asp?pg=itemID= NMS631&txtstr (접속일 : 2012년 10월 9일)

[그림 9.4] 치료 행동 캠페인의 설립자인 재키 애치매트와 전 남아프리카공화국 대통령인 넬슨 만델라가 에이즈 치료에 대한 접근을 확장할 것을 홍보하고 있다.

· 사진 출처 : Anna Zieminski/Agence France-Presse. Getty Images의 허가를 받아 게재.

로 수행할 수 있을까?[150]

남아프리카공화국 정부 대 이렌 그루트붐의 소송 사례에서 볼 수 있듯, 법은 인권 주장을 강화하는 한 가지 수단일 뿐이다. 보건 관리 개혁에 대한 권리 기반 접근을 증진하는 법적 행동주의를 채택했던 기관 가운데 하나가 치료 행동 캠페인이다. 이곳은 1998년에 재키 애치매트(Jackie Achmat, 그림 9.4에 만델라와 찍은 사진이 있다.)와 마크 헤이우드(Mark Heywood)가 설립한 에이즈 활동가 집단이다. 남아프리카공화국의 타보 음베키 정권이 에이즈 치료에 대해 항레트로바이러스 요법이 아닌 설비 기반 요법을 제안하자,

---

150) 비록 우리가 더 소규모의 권리에 기초한 노력에 원리적으로 초점을 맞추고 있지만, 보건을 인권으로 실현하는 것이 국가적인 수준에서는 어떤 모습일까? 보건 시스템을 갖춘 여러 국가는 보편적인 관리 범위를 제공하는데, 이것은 어떤 의미에서 보면 보건에 대한 권리를 옹호한다는 뜻이다. 예컨대 스웨덴에서는 정부가 모든 국민의 포괄적인 보건 관리를 제공하고 그 비용을 지불한다. 어떤 개개인은 사적인 보건 관리를 추구하면서 공적인 관리를 추가할 수 있지만, 대다수는 그렇지 않다. 모든 국민이 보건 서비스를 받을 수 있게 함으로써 포괄적 보건 관리 시스템은 보건을 개인이나 고용주의 지불 능력에 남기기에는 너무나 근본적인 인간 경험의 조건으로 이해하거나, 때로는 그렇게 함축한다. 즉, 이런 시스템은 보건을 인권 개념으로 바라본다. 사실 스웨덴 정부는 보건 시스템과 관련해 권리 언어를 사용한다.(예컨대 다음을 보라. The Constitution of Sweden [Stockholm : Ministry of Justice, 2007]) 7장에서 살펴본 쿠바와 케랄라 주의 보건 시스템은 국가적인 범위에서 보건에 대한 권리를 증진하려는 노력의 추가적인 사례이다. 이와 대조적으로 7장과 11장에서 논의했던 미국의 보건 시스템은 시장 기반 접근을 우선적으로 받아들인다. 공적·사적 지불자들의 광대하고 복잡한 연결망은 미국의 보건 관리 비용 부담을 공유(비록 지속 가능하지 못하도록 치솟는 비용 때문에 상당한 개혁이 필요하기는 하지만)한다.

치료 행동 캠페인은 효과적인 치료를 받을 권리를 주장하는 풀뿌리 캠페인을 시작했다. 실제로 남아프리카공화국 헌법은 모든 국민에게 보건 관리를 받을 권리를 보장하는데, 여기에는 에이즈 치료도 포함되었다. 치료 행동 캠페인은 2001년에 처음으로 정부에 소송을 제기했고, 임산부들이 산전 관리와 HIV 모자 수직감염을 예방하는 치료를 받을 권리가 있다는 판결을 이끌어 냈다. 이후에도 치료 행동 캠페인이 주도한 법적 투쟁은 가난한 국가들에게 에이즈 치료의 긴급성에 대한 국제적 합의를 촉발했고, 이에 대해 남아프리카공화국 정부는 2003년 8월 항레트로바이러스 요법에 대한 보편적인 접근을 제공하기로 약속했다. 하지만 2009년만 해도 남아프리카공화국에서 HIV에 감염된 사람은 520만 명(수적으로는 세계에서 제일 많다.)이었는데, 그중에서 필요한 치료를 받고 있는 사람은 절반 이하였다. 이런 상황에서 치료 행동 캠페인이 가야 할 길은 멀다.[151] 2010년 6월, 이곳의 기관지인 「평등한 치료」는 표지에 다음과 같은 글귀를 명시했다. "치료를 위한 투쟁은 계속된다."

법적 행동주의가 인권 증진 노력을 가치 있게 만드는 유일한 방법은 아니다. 6장에서 살펴보았던 건강의 동반자들과 잔미 라산트의 작업은 인권 기반 접근의 또 다른 유형의 실제 사례다. 전 세계에서 가장 가난한 이 기관들의 공동체들도 세계 최고 수준의 의료 관리를 받을 권리가 있다는 믿음에 전략적인 뿌리를 두었다. 다시 말해 그들의 임무는 인권을 보건에 실현하는 것이며, 그들의 모델은 오늘날까지 그 임무를 구현하고 있다. 첫째, 건강의 동반자들과 잔미 라산트는 지불 능력이 가장 떨어지는 사람들에게 비용 부담을 전가하는 징벌적인 사용료와 다른 "비용 분담" 장치를 피하고자 했다. 이 기관은 비용 대비 효율성 접근의 신봉자들이 승인하는 저렴한 개입만을 전달하는 대신, 가능한 한 최고급의 보건 관리를 제공함으로써 빈곤층에게 선택지를 주었다. 둘째, 건강의 동반자들과 그 자매기관들은 교통비나 음식의 불안정성처럼 보건 관리에 대한 접근을 가로막는 사회적인 장벽을 극복하고자 했다. 사회권과 경제권을 보장하는 그들의 프로그램은 교육에서 안전한 주거, 깨끗한 물(예컨대 그림 9.5를 보라.)까지 상호 보완적인 서비스를 제공한다. 이런 포괄적인 랩어라운드 서비스는 건강 악화에 대한 사회적·경제적 결정 요인의 일부를 해

---

151) 국제연합아동기금(UNICEF), "South Africa Country Profile: November 2009," www.unicef.org/southafrica/
SAF_children_profile1109.pdf (접속일 : 2012년 10월 20일)

[그림 9.5] 아이티에서 건강의 동반자들과 잔미 라산트가 수립한 사회권과 경제권 프로그램은 사진에 나온 주택과 같은 환경을 개선해, 수용 인구의 보건 상태를 악화시키는 경제적 결정 요인을 다루는 데 도움을 주고자 한다.

결하는 데 도움을 준다. 마지막으로, 건강의 동반자들은 공공 부문 보건 시스템 안에서 일하기로 약속했다. 이는 보건을 인권으로 귀중하게 여기고, 국가적인 규모로 국민들의 이러한 권리를 지켜 줄 수 있는 프로그램을 수행할 수 있는 주체는 정부뿐이기 때문이다.

요컨대 인권 접근은 모든 인간 존재에게 가능해야 하는 최소한의 생활수준을 밝혔다. 이 접근은 국가 및 비국가 보건 제공자들이 이러한 권리를 보호하고, 그에 따라 정의와 평등의 방향으로 사회적·정치적 변화를 이끌어 내는 데 유용한 도구가 될 수 있다.[152] 인권 논리의 도덕적인 힘은 보건 관리, 교육, 취업, 신용 거래 접근, 언론의 자유, 정치적 자기 결정권, 그 밖의 분명하지 않은 인간적 성숙의 다른 구성 요소들이 국가별로 불평등

---

152) 개발에 대한 권리 기반 접근은 "국제적 인권 이론 틀의 규범과 기준 그리고 원리를 통합해 개발 계획, 실무 과정, 정책으로 만든다." 반면 국가나 기타 단체들은(기부자를 포함한) "서로 다른 기관의 정책적 장 안에서 설명 가능하고, 또 투명하다." (A. Frankovits, introduction to *Human Rights in Development Yearbook 2002 : Empowerment, Participation, Accountability, and Non-Discrimination : Operationalising a Human Rights-Based Approach to Development*, ed. Martin Scheinin and Markku Suksi. [Leiden: Martinus Nijhoff, 2002] : 3~14) 다음 글도 참고하라. Peris Sean Jones, "On a Never-Ending Waiting List : Toward Equitable Access to Anti-Retroviral Treatment? Experiences from Zambia," *Health and Human Rights* 8, no. 2 (2005) : 96.

하다는 확신에서 나온다. 이것들은 기본적인 인간적 존엄을 위배한다. 인권 접근은 부유층과 빈곤층, 건강한 사람들과 그렇지 못한 사람들에게 적용되는 기본 요구에 대한 공통 어휘를 제공한다. 그러면서 연민, 동정, 의미 있는 활동을 향한 연대 같은 불안정한 감정들을 더 나은 무엇으로 변화시켜 국제적 불평등의 개선을 이끈다.[153] 그리고 가까이 또는 멀리서, 시장이 실패할 때마다 취약 계층을 보호할 책임이 있는 정부와 다른 기관들을 지탱하는 것이 이 책을 읽는 실무자와 학생들을 포함한 시민사회의 역할이다.[154]

종교적 가치와 국제 보건

국제 보건의 평등을 위해 일생을 바쳐 투쟁해 인권 운동에(특히 사회권과 경제권에 대한) 헌신해야만 한다고 생각하는 사람들도 있지만, 국제 보건의 깊은 역사적 뿌리와 수많은 지지자를 살피며 속성상 종교적으로 기술되는 개념과 활동을 탐구하려는 사람들도 있다.[155] 여기서 "종교적"이라는 용어는 타인에 대한 희생적 관계, 고통받고 주변화된 사람들을 돌보는 감수성의 세계 속에서 선행을 실천하고자 희망하는 시작 단계를 이르는 것으로써 개인적 독실성과 같은 의미로 기관화된 종교 또는 종교 교리를 의미하지는 않는다. 윌리엄 제임스(William James)는 이러한 근본적인 인간 감정을 '종교적 영감의 정신생리학'이라고 불렀다.[156] 이러한 종류의 독실성은 국제 보건 분야에서 일하는 개개인이 감당하기 어려운 부당함과 불평등, 그리고 나날이 이어지는 역경, 빈곤, 외로움 등 이러한 작업에 수반된 실패와 마주했을 때 스스로 지탱할 수 있게 도와준다. 국제 보건 사업에서(사실 모든 형식의 도덕적 실천 속에서) 종교적인 가치의 역할이 언제나 의식적으로 이루어지는 것은 아니지만, 그런데도 이러한 가치는 그 사람의 열망에 용기를 전할 수

---

153) Farmer, "Never Again?" 494; Farmer, *Pathologies of Power*, 22.

154) 사실 철학자 Brian Barry는 인권에 대한 보편적인 도덕적 힘이 부유한 국가가 가난한 국가에게 국민의 인권을 지키게 돕도록 요구한다고 주장한다.(*Why Social Justice Matters* [London: Polity Press, 2005], 28)

155) 이 절에서 인용한 다양한 구절은 Kleinman and Hanna, "Religious Values and Global Health," 73~87에서 인용했고, Center for the Study of World Religions and Harvard University Press의 허락을 받아 게재했다. 국제 보건의 종교적 뿌리에 대한 더 심화된 논의는 이 원문을 참고하라.

156) William James, *The Varieties of Religious Experience* (Cambridge, Mass.: Harvard University Press, 1985; 1902년 초판 발행)

있다. 또 개인적인 깊은 신앙이 타인을 돌보고 보호하려는 충동을 활성화하는 경우가 많은데, 특히 가난하거나 주변으로 내몰린 사람들이 대상이 된다. 이렇듯 신앙은 인간의 조건을 더욱 우월하고, 정의로우며, 아름다운 것으로 다시 상상하는 데 도움을 준다.

하지만 국제 보건 사업의 종교적인 기반은 학자들에 의해 이론화되지도, 실무자들에 의해 이야기되지도 않은 채 남아 있다. 계몽 시대에서 21세기 초까지 여러 종교 사상가를 포함한 선구적인 사상가들은 세속적인 철학적·법적 전통 안에서만 인권 주장을 당당히 실현하고자 했다. 생물의학 및 문화 또한 도덕적 활동의 종교적인 동기를 불분명하게 만들었다. 우주철학적인 주장은 과학적이거나 이성적으로 여겨지지 않았기 때문이다.

하지만 오랫동안 선교사들의 영역이었던 인도주의 역사 또한 종교적 동기를 때때로 인용한다. 대신 국제 보건의 기원은 의료과학과 인도주의적 원조의 결합으로 이해된다. 20세기 후반에 고조된 세속적 인권 언어로 무장한 국제 보건 실무자들과 정책 입안자들의 주관성에서도 종교적 가치는 희미해지지 않았다. 오히려 종교적 가치는 이 일을 선택하는 사람들 중 상당수에게 계속 자극을 주는 원천이었다. 국제 보건에서 종교적 독실함의 중요성을 인식하지 못하면, 국제 보건 평등의 긴 대열에 변치 않고 헌신하는 여러 실무자의 풍부한 종교적·영적 전통은 이해되지 못한 채 흐릿하게 남을 것이다.

3장에서는 식민지 시대와 식민지 이후의 기독교와 국권(그리고 제국의 권력) 사이의 연결 고리에 대해 논의했다. 이 유산은 부분적으로 오늘날 국제 보건 실무자들이 개인적인 이야기 속에서 자신의 종교적 독실성을 빼놓고 이야기하는 이유를 설명해 준다. 의사이자 신학자인 알베르트 슈바이처(Albert Schweitzer) 또한 자기가 한 일을 식민지 시대 신의 이름으로 계속된 잔학함에 대해 속죄하는 행위라고 표현했다.

> 예수의 이름으로 잔학 행위를 저지른 자가 있다면, 누군가는 예수의 이름으로 그들을 돕는다. 강도짓을 한 사람이 있다면, 누군가는 그에 대한 보상을 해 준다. 저주를 내리는 사람이 있다면, 누군가는 축복을 내린다. …… 신문에서 읽은 모든 끔찍한 범죄에 대해 우리는 속죄해야만 한다. 우리는 신문에 나오지 않은 그보다 더 나쁜 짓, 정글의 밤과 침묵의 장막에 가려진 범죄에 대해 속죄해야만 한다.[157]

---

157) Albert Schweitzer, "The Call to Mission." (1905년 1월 6일 일요일, 알자스 스트라스부르성 니콜라스교회에서 행한 설교), in Schweitzer, *Essential Writings*, ed. James Brabazon (Maryknoll, N.Y. : Orbis Books, 2005), 79~80.

종교와 국제 보건에 대한 진솔한 설명이라면, 이 혼합된 유산에서 시작해야 한다. 결과적으로 이 책에서 언급한 개개인은 국제 보건에 대한 그들의 헌신적인 종교적 뿌리를 세속적인 언어로 은폐하려는 경향이 있는지도 모른다. 이 절에서는 이들 연결 고리의 윤곽을 그려 봄으로써 종교가 생산적인 도덕적 힘으로 작용하는 방식을 탐구하고자 한다.

사실 국제 보건 평등 운동(운동이라고 부를 수 있다면)은 미국 기독교의 "두 번째 대각성"을 이끈 19세기 후반의 도덕적 운동과 모종의 유사성이 있다.[158] 그 사례에는 의료 선교 운동, 미국의 보이 스카우트와 걸 스카우트, 기독교 청년회(YMCA), 기독교 여자 청년회(YWCA), 적십자 운동, 그리고 오늘날 국제 보건 운동이라 불릴 수 있는 최초의 노력들이 포함된다. 전쟁 당시 종파를 초월한 의료 원조 기관의 정수였던 적십자는 1863년에 앙리 뒤낭(Henri Dunant)이 설립한 단체다. 사업가 출신이었던 뒤낭은 제2차 이탈리아 독립 전쟁 때 이탈리아 솔페리노 평원에서 벌어진 전투의 참상을 본 뒤 충격을 받았다. 적십자 기호는 빨간 바탕에 하얀 십자가가 있는 스위스 국기에서 바탕과 기호를 반전한 것이다. 비록 스위스 국기의 십자가가 기독교 상징에서 오기는 했지만, 적십자가 이 디자인을 처음 선택한 것은 그것이 중립국인 스위스를 나타내기 때문이었다.[159] 다만 붉은 십자가는 설립자의 특정 종교적 배경을 함축했을 수도 있는데, 뒤낭은 칼뱅파 전통에서 자랐고, 젊은 시절에 기독교 청년회 스위스 지부를 설립하기도 했기 때문이다.[160]

19세기 중반에서 후반까지 중국에서 활동한 의료 선교사의 첫 번째 세대는 종교에서 자극을 받았다. 이들은 자신들의 말과 행동을 통해, 영혼을 구원하기 전에 신체부터 구원해야 한다고 결심했다. 이들은 당시의 큰 보건적·사회적 골칫거리를 해결하려는 목적으로 중국에 대학과 의학교를 건립했다. 존 D. 록펠러(John D. Rockefeller)는 베이징협화의학원(北京協和医學院) 학부에 재정을 지원했다. 이곳은 오늘날까지 중국 최고의 의학 연구 기관으로 기능하고 있다. 록펠러는 당시 "아시아의 병자"라고 알려진 이 나라를 도와

---

158) '두 번째 대각성'이란 19세기 미국에서 발흥한 민주주의적인 종교와 복음주의 운동을 말한다.(1740년대 첫 번째 대각성의 지도자로 지목되는 인물은 여럿 가운데서도 Jonathan Edwards가 꼽힌다.) 다음을 보라. Nathan O. Hatch, *The Democratization of American Christianity.* (New Haven, Conn. : Yale University Press, 1989) 이 운동들과 두 번째 대각성의 사상에 대한 심화 설명이 수록(특히 220~226쪽)되어 있다. 다음 책은 다소 다른 관점을 담고 있다. Jon Butler, *Awash in a Sea of Faith: Christianizing the American People* (Cambridge, Mass. : Harvard University Press, 1990)

159) 다음 글을 보라. 국제적십자위원회(ICRC), "The History of the Emblems," April 1, 2007, www.icrc.org/web/eng/siteengo.nsf/html/emblem-history (접속일 : 2012년 10월 19일)

160) 뒤낭에 대한 간략한 전기는 노벨상 홈페이지를 참고하라.(뒤낭은 1901년 노벨평화상을 받았다.) http://nobelprize.org/nobel_prizes/peace/laureates/1901/dunant-bio.html (접속일 : 2012년 10월 30일)

야 한다는 종교적인 확신에 차 있었다.[161] 후난성에 있는 중국의 예일 의과대학이라 할 법한 학교를 세운 에드워드 H. 흄(Edward H. Hume) 또한 농촌 지역의 아픈 사람들을 돕고자 선교적 투입이 이루어졌던 당시의 세태를 반영한 사례다.[162]

클라라 바턴과 미국 적십자

유명한 간호사이자 노예제 폐지론자, 미국 적십자의 설립자인 클라라 바턴의 전기는 세속적이면서 종교적 가치에 대한 헌신을 드러낸다. 바턴은 학교 교사가 되기 위한 교육을 받았지만, 자라면서 가족들을 위해 간호 관리를 해 왔다.

그녀가 최초로 인도주의 사업에 참여한 것은 미국 남북전쟁 초기였다. 전쟁이 발발하고 몇 주 안에 바턴은 보급품을 나누어 주고 또 부상당한 군인들을 돌볼 자원봉사자 집단을 조직했고, 결국에는 부상자들을 보살피는 병원을 책임지게 되었다. 바턴은 나중에 미국에서 환자들을 간호하며 노예제 폐지 활동을 계속했고, 남북전쟁 때의 경험에 대해 강연하면서 여성의 참정권과 노예제 폐지론을 주장하는 사람들 모임에 참석했다.

1869년에 바턴은 요양을 위해 유럽으로 건너갔지만, 곧 프랑스-프러시아 전쟁터에서 적십자의 인도주의 활동에 빠져들었다. 미국으로 돌아온 후 1881년에는 적십자 미국 지부를 세웠다. 미국인 상당수가 자국에서 다시 내전이 일어날지 미심쩍어하자, 바턴은 적십자의 활동 초점을 재난 구호로 바꾸고 활동 범위도 미국 국경 너머로 확장하는 것으로 대응했다.[163]

비록 제도 종교에 대해 의구심을 품기는 했지만, 바턴이 쓴 편지를 보면 그녀가

---

161) Mary Brown Bullock, *An American Transplant : The Rockfeller Foundation and Peking Union Medical College* (Berkeley : University of California Press, 1980), 2. 다음 글도 참고하라. Carsten Flohr, "The Plague Fighter : Wu Lienteh and the Beginning of the Chinese Public Health System," *Annals of Science* 53 (1996) : 361~380.

162) 록펠러재단과 베이징협화의학원, 중국의 예일대학 사이의 관계에 대한 심화 정보는 다음을 보라. Bullock, *An American Transplant*. 흄과 중국 예일대학에 대해서는 다음을 보라. Lian Xi, *The Conversion of Missionaries : Liberalism in American Protestant Missions in China, 1907~1932* (University Park : Penn State University Press, 1997)

163) Clara Barton에 대한 전기적 편지는 다음을 보라. "Our Founder," 미국 적십자 홈페이지, www.redcross.org/about-us/history/clara-barton (접속일 : 2012년 10월 20일)

종교적 가치에 동기를 부여했다는 점이 드러난다. 1899년에 바턴은 다음과 같이 썼다.

나는 교회 구성원이었던 적이 없기에 교회에 다닐 수 있을지는 모르겠다. 다만 내 아버지가 말씀하시길 매사추세츠 주 우스터시 옥스퍼드 한 마을의 오래된 유니테리언교회에서 호세아 벌루(Hosea Ballou) 목사가 봉헌 설교를 하며, 그곳이 그 목사에게 고향 같은 교회라고 하기에 …… 일요일마다 그 교회에 나가기로 했다. 오후에는 시원한 그늘이 지고, 오래된 묘지 옆으로 길고 어두운 색의 풀이 돋아 있던 모습이 떠오른다. 나는 내 삶의 모든 나날이 그곳의 원칙과 어느 정도 이어지기를 바란다.[164]

1904년에는 옥스퍼드교회로 약간의 헌금을 보내면서 바턴은 더욱 명확한 어조로 밝힌다.

(이곳 옥스퍼드에) 나보다 더 열심히 교회 일을 도맡고 오랜 믿음 속에서 교회에 대한 애정을 지키고 있는 사람은 드물다. 내 생의 후반기에 나는 교회에 돈을 기부하는 것 말고도 여러 일을 했다. 여동생아, 비록 다른 방식으로 내 몫을 치렀다고 해도 조금 생각해 보면 그 오랜 교회는 내가 개인적으로 낼 수 있는 약간의 돈보다 더 많은 것을 나에게 줄 수 있단다.[165]

옥스퍼드교회와 연결되어 있는 동안 바턴의 일은 곤경에 처한 사람들을 위한 보편적이고 초국가적인 헌신으로 바뀌었다. 바턴의 경험은 종교적 가치가, 조용하지만 강력하게 인도주의 원조와 국제 보건에 관여하는 개개인의 작업을 형성하는 모습을 보여 준다.

---

164) Clara Barton이 Hosea Starr Ballou에게 보낸 편지, 1899년 4월 19일. Clara Barton Papers, 1862~1911. Andover-Harvard Theological Library, Harvard Divinity School, Cambridge, Mass. Hosea Starr Ballou는 Hosea Ballou 종손의 아들이다.

165) Clara Barton이 Mrs. Jennie S.M. Nintur에게 보낸 편지, 1904년 10월 6일. Clara Barton Papers. Barton은 여성 편지 교신자를 '여동생'이라고 부르고는 했으며, Nintur 또한 실제로 그녀의 친척이 아니다.

우리가 4장에서 만났던 국제 공중 보건의 지도자격인 두 명의 인물 또한 약간 다른 방식으로 의료 선교 운동에 관여했다. WHO의 사무총장이자 1970년대 1차 보건관리 운동의 카리스마적인 지도자였던 할프단 말러는 자신의 직업적 경력을 인도의 의료 선교 업무로 시작했다.[166] 그의 아버지는 침례교 목사여서 말러 자신도 많은 영향을 받았고, 사회정의를 "성스러운 단어"라고 부를 정도였다.[167] UNICEF의 사무총장으로 "아이 살리기 혁명"을 시작했던 제임스 그랜트도 의료 선교사 집안에서 태어났다. 그랜트의 할아버지는 의료 선교사였고, 아버지 또한 같은 일을 했다.[168] 그랜트의 아버지는 중국 베이징 협화의학원 위생 및 공중보건과(그랜트 자신도 이곳에서 지원을 받았다.)의 학과장이었고, 유명한 "발 벗은 의사" 프로그램의 청사진이 되었던 저비용 훈련 모델을 개발했다.(4장을 참고하라.)[169]

더 최근에는 신학의 급진적인 분파에서 국제 보건의 새로운 혁신을 추동하기도 했다. 라틴아메리카와 아프리카에서 가난한 민중을 위해 일하는 가톨릭 목사들이 주도해서 전통적으로 발전시킨 자유주의 신학은 건강의 동반자들의 초기 작업에 영향을 주었는데, 이 책의 저자 가운데 3명도 그 작업에 참여한 바 있다. "교회의 선택지는 빈곤층이 그들의 가난을 떨칠 수 있도록 우선권을 주는 것"이라는, 브라질 자유주의 신학자 레오나르도 보프(Leonardo Boff)의 주장은 1980년대 초반부터 이 조직의 전략을 이끌었다.[170] 엄청나게 무거운 장애나 질병의 부담과 마주한 가난한 사람들이 결국 가난한 사람 자신들을 위한 선택지를 만든 것이다. 자유주의 신학은 부유한 집단과 가난한 집단 사이에 위험을 패턴화하는 거시적인 사회적 힘들에 주목하고,[171] 그에 따라 폭력과 가난·질병·불평등의 구조적 뿌리를 간과하는 경우가 많은 인권 이론에 대해 암묵적인 비

---

166) 다음 글을 보라. Kleinman and Hanna, "Religious Values and Global Health."

167) 다음 글을 보라. Marcos Cueto, "The Origins of Primary Health Care and Selective Primary Health Care," *American Journal of Public Health* 94, no. 11 (2004) : 1864~1874.

168) 예컨대 다음을 보라. Peter Adamson, "The Mad American," in *Jim Grant: UNICEF Visionary, ed. Richard Jolly* (Florence, Italy : UNICEF, 2001)

169) David Bornstein, *How to Change the World : Social Entrepreneurs and the Power of New Ideas* (New York : Oxford University Press, 2007)

170) Leonardo Boff, *Faith on the Edge : Religion and Marginalized Existence*, trans. Robert R. Barr (San Francisco : Harper and Row, 1989), 23.

171) 예컨대 다음을 보라. Gustavo Gutiérrez, A Theology of Liberation : History, Politics, and Salvation. (Maryknoll, N.Y. : Orbis Books, 1973) Gutiérrez and Paul Farmer는 *In the Company of the Poor*라는 제목의 책을 저술했으며, Orbis Books에서 2013년에 출간되었다.

판과 보완을 제공한다.[172]

　의사들과 국제 원조 노동자들이 종교적인 가치와 가르침에서 영적인 지지와 새로운 이론적 렌즈를 발견하듯이, 정책 입안자 역시 마찬가지다. 역사상 가장 야심적인 보건 정책인, '에이즈 경감을 위한 대통령 긴급 계획'을 추진했던 미국 조지 W 부시 행정부는 자신들의 국제 보건 의제를 종교적인 용어로 규정하는 경우가 많았다. 2008년 2월, 아프리카 6개국 순방 중에 실시한 인터뷰에서 부시는 PEPFAR을 "자비로운 임무"[173]라고 표현했다. 그리고 자서전에서 전 세계에 걸친 에이즈와의 싸움에 미국의 예산 상당액을 기부하도록 자신에게 중요한 영향을 준 인물로, 비영리 인도주의 원조 기관인 '사마리아 사람의 지갑'을 설립한 프랭클린 그레이엄(Franklin Graham)을 지목했다.[174] 그는 복음주의 교회 목사이며, 빌리 그레이엄(Billy Graham)의 아들이었다. 국제 보건 정책의 다른 지도급 인물로는 전 상원 다수파 지도자인 빌 프리스트(Bill Frist, 의료 선교의 베테랑)와 감독파교회 목사인 짐 리치[Jim Leach, 그가 수행한 제3세계 부채 경감과 에이즈 치료를 위한 법제화 작업은 감독파 주교 프랭크 그리스월드(Frank Griswold)의 도움을 받았다.]를 들 수 있다. 이들은 종교적 가치가 자신들의 작업에 동기를 부여했음을 공개적으로 밝혔다.[175] 오스트리아 출신 유대인인 제임스 울펜손(James Wolfensohn)은 1995년부터 2005년까지 세계은행 총재를 지내면서 가난한 공동체에서 일하는 종교 지도자들의 전문 의견을 구하고, 기관들의 미래 전망을 진단하기 위해 정기적으로 대담을 열었다.[176] '주빌리 2000 부채 경감 운동'은 19세기 노예 철폐 운동에서 영감을 얻은 영국의 교회들에 그 뿌리를 두고 있었다.[177]

---

172) Farmer, *Pathologies of Power*, 5장.

173) 다음 글을 보라. Kaiser Family Foundation, "Bush Discusses PEPFAR during Visits to Rwanda, Ghana," February 20, 2008, http://dailyreports.kff.org/Daily-Reports/2008/February/20/dr00050492.aspx (접속일 : 2012년 10월 19일)

174) George W. Bush, *Decision Points* (New York: Crown, 2010), 31~33.

175) 예컨대 다음을 보라. Alex Hindman and Jean Reith Schroedel, U.S. *Response to HIV/AIDS in Africa : Bush as a Human Rights Leader?* Claremont Graduate University Working Paper, 2009, www.cgu.edu/PDFFiles/SPE/workingpapers/politics/humanrightspaper_hindman_schroedel.pdf (접속일 : 2012년 10월 19일)

176) 예컨대 다음을 보라. James D. Wolfensohn, *A Global Life : My Journey among Rich and Poor, from Sydney to Wall Street to the World Bank* (New York : PublicAffairs, 2010)

177) 예컨대 다음을 보라. Paula Goldman, "From Margin to Mainstream : Jubilee 2000 and the Rising Profile of Global Poverty Issues in the United States and the United Kingdom." (인류학과 박사 논문, Harvard University, 2010)

의료 선교사들의 많은 노력, 특히 의료 인프라의 건설 또는 재건설이나 보건 노동자들의 훈련뿐만 아니라 직접적 서비스의 전달에 초점을 맞춘 노력은 장기적으로 여러 개발도상국에 걸쳐 보건 시스템에 장기적인 영향을 주었다. 예컨대 스칸디나비아 원조 기관들은 오랫동안 아프리카에서 이루어지는 주요 보건 계획에 재정을 지원하는 전통을 형성했다. 그 결과, 아직까지도 스칸디나비아 루터교회의 의료 선교 운동은 동아프리카 의료 시스템에서 중요한 구성 요소로 남아 있다.[178] 인도의 기독교 의과대학과 벨로어에 있는 병원은 설립 당시인 1900년대부터 빈곤층을 위한 보건 관리를 제공하고, 또 여러 세대에 걸쳐 실무진을 육성했다.[179] WHO는 아프리카 보건 관리 인프라의 30~70퍼센트가 신앙에 기반을 둔 기관들에 의해 설립·운영된다고 추정한다.[180]

국제 보건에서 종교적 가치의 중요성에 대한 다양한 주장은 비단 유대-기독교 전통에만 한정되지 않는다. 예컨대 불교 자선가들 또한 아시아에서 벌어진 자연재해에 여러 번 대응해 중점적인 역할을 해 왔다.[181] 또한 이슬람교, 힌두교, 유교 같은 다른 신앙들도 가난한 사람을 돕고 아픈 사람을 보살피며 넓은 의미에서 보건 관리를 제공했던 긴 전통이 있다.[182] 그런데 국제 보건 일을 하려는, 즉 타인의 고통을 줄이는 방법을 찾고 그 과정에 관여하려는 충동은 신학과 종교 경전에서만 비롯되는 것은 아니다. 그것은 도덕적인 개인을 형성하는 과정 안에 깊숙이 파묻힌 또 다른 형태다. 그 과정이 이러한 각각의 전통을 이끌고 안내하는 것이다.

국제 보건의 선구자들과 지도자들은 다양한 방식으로 종교에 이끌렸다. 일부는 슈바르처처럼 종교 경전과 종교철학의 영향을 받았다고 공공연하게 밝혔다. 말러나 그랜트 등은 개인의 도덕성이 발달하는 인생 초기에 이미 종교성을 드러내고 그것에 몰두했다. 종

---

178) 예컨대 다음을 보라. Gudran Dahl, *Responsibility and Partnership in Swedish Aid Discourse* (Uppsala : Nordic Africa Institute, 2001)

179) 예컨대 다음을 보라. Eugene P. Heideman, *From Mission to Church : The Reformed Church in America Mission to India* (Grand Rapids, Mich.: Eerdmans, 2001), 664.

180) 세계보건기구, "Faith-Based Organization Play a Major Role in HIV/AIDS Care and Treatment in Sub-Saharan Africa," 2007년 2월 8일, 언론 공식 발표, www.who.int/mediacentre/news/2007/np05/en/index.html (접속일 : 2012년 10월 25일)

181) 예컨대 다음을 보라. Simon Montlake, "Taiwan Charity Has Global Reach," *Wall Street Journal*, March 11, 2010, http://online.wsj.com/article/SB10001424052748704353404575114661869717700.html (접속일 : 2012년 10월 19일)

182) 예컨대 다음을 보라. Warren Frederick Ilchman, Stanley Nider Katz, and Edward L. Queen II, eds., *Philanthropy in the World's Traditions* (Bloomington : Indiana University Press, 1998)

교적 경험의 구체화는 종교성의 본능적인 의미가 담긴 정신 생물학적 맥락에서 사람들이 행하는 선택과 더불어 그들이 열망하는 이상을 형성한다. 국제 보건 실무자들은 무의식적으로 흘러나오는 생생한 가치들에 뿌리를 둔 종교적 동기를 갖는다. 이러한 가치들은 타인을 보살피는 것에 가장 우선순위를 두어서 국제 보건 실무자들이 그 일을 선택하는 가장 근본적인 동기로 작용한다. 예를 들어 태국 불교는 삶이 다할 무렵 고통을 덜어 주는 보건 관리의 특별한 사례들을 장려했다.[183] 이와 비슷하게 중국인들의 유교와 신유교 전통도 보살핌의 중요성을 강조한다. 우리는 유교 전통에 빠져 깊이 수양할수록 개인주의적이고 편파적인 맥락 대신, 타인을 보살피는 보편적인 맥락을 더 많이 발견할 것이다.[184]

그렇다면 보살핌의 생리학에서 종교적 가치, 또는 다른 유형의 가치들이 수행하는 역할은 무엇인가? 클레인먼이 다른 지면에서 길게 논의했듯이, 분열된 자아의 상은 타인을 보살피려는 충동과 이기적인 이해관계를 추구하려는 충동이 서로 부딪치는 역동적인 주관적 과정을 개념화하는 한 가지 방식을 제공한다.[185] 분열된 자아는 예술품 속에 묘사되어 왔는데, 한 예가 피카소의 「의과대학 학생의 머리」다.(그림 9.6에 수록되었다.)[186]

이 그림 속 인물은 한쪽 눈은 뜨고 다른 눈은 감고 있다. 눈을 뜨고 있는 것은 타인의 고통과 괴로움 그리고 보살핌에 대한 욕구에 부응하기 위해서고, 눈을 감고 있는 것은 자신의 이해관계와 인간적 성숙과 친사회적인 행동에 필요한 비판적 자기반성의 습관을 함양하기 위해서다. 국제 보건에 뛰어든 개인은 이러한 분열적인 조건을 피할 수 없다. 이런 조건 속에서 행동 방식을 형성하는 것이 종교적이고 도덕적인 충동의 구체화된 감각이다. 그 감각과 열정 없이는 국제 보건의 평등을 진전시키는 데 필요한 괴롭고 복잡한

---

183) Waraporn Kongsuwan and Teris Touhy, "Promoting Peaceful Death for Thai Buddhists : Implications for Holistic End-of-Life Care," *Holistic Nursing Practice* 23, no. 5 (2009) : 289-296; Yaowarat Matchim and Myra Aud, "Hospice Care : A Cross-Cultural Comparison between the United States and Thailand," *Journal of Hospice and Palliative Nursing* 11, no. 5 (2009) : 262~268.

184) Arthur Kleinman, Yunxiang Yan, Jing Jun, Sing Lee, Everett Zhang, Pan Tianshu, Wu Fei, and Guo Jinhua가 쓴 다음 책의 서문을 보라. *Deep China: the Moral Life of the Person, What Anthropology and Psychiatry Tell Us about China Today* (Berkeley : University of California Press, 2011)

185) Arthur Kleinman, *What Really Matters : Living a Moral Life Amidst Uncertainty and Danger* (New York : Oxford University Press, 2006)

186) Huang Yu의 잉크화에 대한 Eugene Wang의 기사는 이 그림의 복제품을 포함한다. 다음을 보라. Eugene Y. Wang, "The Winking Owl : Visual Effect and Its Art Historical Think Description," *Critical Inquiry* 26, no. 3 (2000) : 435~473. Pablo Picasso가 그린 「의과대학 학생의 머리」(「아비뇽의 처녀들」을 위한 습작)는 뉴욕 현대미술관(MOMA)이 소장하며, 미술관과 MOMA 웹사이트에서 볼 수 있다.

[그림 9.6] 의과대학 학생의 머리 (「아비뇽의 처녀들」을 그리기 전 습작한 작품), 파블로 피카소, 1907년 6월. 디지털 이미지는 © Museum of Modern Art, Scala/Art Resource, N.Y.의 허락을 받음. 종이에 구아슈와 수채화 물감으로 그림. 23 3/4 X 18 1/2 인치. 뉴욕 현대미술박물관의 허가를 받아 게재.

일에 뛰어들 동기를 느끼기 어려울 것이다.

우리는 결코 국제 보건에서 종교적 신앙의 역할을 과장하는 것도, 그 유산이 무비판적인 찬성을 받아야 한다고 주장하는 것도 아니다. 종교적 가치들은 식민의학과의 연결 고리를 넘어 논쟁적인 최근의 정책들에 영향을 주었다. 예컨대 PEPFAR은 상업적 성 노동자들(빈곤과 사회적 주변화는 말할 것도 없고, HIV 감염의 위험성이 높은 집단)에게 보건 관리 서비스를 제공하는 기관들에 대한 재정 지원을 금지했다. 그 명목상의 정책에 따르면 예방적 기금의 적어도 3분의 1을 "금욕만 강조하는" 교육에 사용하도록 되어 있다.[187] 우리는 종교적 신앙에 대한 고수가 이 책에서 언급하는 모든 인물의 유일한(또는 가장 큰) 동기라고 주장하는 것 또한 아니다. 그저 종교적인 충동과 가치, 기관들이 국제 보건의 풍경에서 여전히 중요한 부분을 차지한다는 사실을 지적하고자 했을 뿐이다.

---

187) 예컨대 다음을 보라. John W. Dietrich, "The Politics of PEPFAR : The President's Emergency Plan for AIDS Relief," *Ethics and International Affairs* 21, no. 3 (Fall, 2007) : 277~292.

결론

이 장에서는 국제 보건과 관련되는 여러 도덕적 이론의 틀을 소개했다. 이 소개는 필연적으로 불완전하다. 다만 우리 필자들은 이를 통해 생물사회적 복잡성이나 개인적으로 요구되는 작업 속에서 비판적인 자기반성의 습관이 갖는 중요성을 드러내고자 했다. 대부분의 독자는 이 장에서 논의한 이론적 틀이 개인적으로 가진 도덕적 질문이나 도전 과제 그리고 열망을 적절하게 다룬다고 생각하지 않을 것이다. 다만, 다른 여러 분야에 걸친 국제 보건 실무자들에게 동기를 준 가치와 이론을 살펴봄으로써 독자들이 국제 보건 평등을 위한 자신의 이해관계와 그것에 대한 참여에 대해 이해하는 데 도움이 되었으면 한다. 무엇보다도 우리는 이 장이 국제 보건의 최전선에서 일할 실무자, 정책 입안자, 연구자, 지지자, 교사들의 후속 세대를 격려하고 유지하는 작업과 관련된 도덕적 뿌리를 더 깊이 고려하는 거점이 되기를 바란다.

더 읽을거리

°Barry, Brian. *Why Social Justice Matters*. London : Policy Press, 2005.

°Cranston, Maurice. "Human Rights: Real and Supposed." In *Political Theory and the Rights of Man*, edited by David Daiches Raphael, 43~51. Bloomington : Indiana University Press, 1967.

°Englund, Harri. *Prisoners of Freedom : Human Rights and the African Poor*. Berkeley : University of California Press, 2006.

°Farmer, Paul. *Pathologies of Power : Health, Human Rights, and the New War on the Poor*. Berkeley : University of California Press, 2003. (한국어판 : 「권력의 병리학－왜 질병은 가난한 사람들에게 먼저 찾아오는가」, 김주연·리병도 옮김, 후마니타스, 2009)

°Gutiérrez, Gustavo. *A Theology of Liberation : History, Politics, and Salvation*. Maryknoll, N.Y. : Orbis Books, 1973.

°Kleinman, Arthur, and Bridget Hanna. "Religious Values and Global Health." In *Ecologies of Human Flourishing*, edited by Donald K. Swearer and Susan Lloyd McGarry, Center for the Study of World Religions, 73~90. Cambridge, Mass. : Harvard University Press, 2011.

°Nussbaum, Martha. "Human Functioning and Social Justice : In Defense of Aristotelian Essentialism." *Political Theory* 20, no. 2 (1992) : 202~246.

°Pogge, Thomas. *World Poverty and Human Rights*. 2nd ed. Cambridge : Polity Press, 2008.

°Sen, Amartya. *Development as Freedom*. New York : Anchor Books, 2000. (한국어판 : 「자유로서의 발전」, 김원기 옮김, 갈라파고스, 2013)

. *The Idea of Justice*. London : Allen Lane, 2009.

°Singer, Peter. *The Life You Can Save : Acting Now to End World Poverty*. New York : Random House, 2009. (한국어판 : 「물에 빠진 아이 구하기」, 함규진 옮김, 산책자, 2009)

Taking Stock of Foreign Aid

해외 원조 다시 살펴보기

10

10장
해외 원조 다시 살펴보기

조너선 바이겔, 매슈 바실리코, 폴 파머

2000년대 초반 국제 보건과 개발 프로젝트를 위한 대외 원조 지출액은 전례 없이 크게 늘었다. 10년 안에 보건에 대한 개발 지원금은 1997년 84억 2천만 달러에서 2007년 217억 9천만 달러로 거의 3배가 증가했다.(그림 10.1을 보라.)[1] 에이즈 지원금은 20년도 안 되어 25배 증가했는데, 1990년 2억 달러에서(당시에는 치료를 뒷받침할 방법이 거의 없었다.) 2007년에는 51억 달러가 되었다.[2] 더구나 개발 지원액의 총합은(보건에만 한정되지 않고 다른 것들도 포함한) 그림 10.2에서 볼 수 있듯, 2000년에서 2010년 사이 2배 이상 늘었다.

이러한 지출액 추이를 감안하면, 지난 20년 동안 원조의 효율성에 대한 논쟁 또한 활발하게 이루어졌다. 대외 원조는 의도했던 수혜자들 중 상당수를 정말 더 풍요롭게 했는가? 비록 원조 각각의 유용성에 의문이 제기되기는 했어도 보건에 대한 개발 지원이 전략적으로 이루어진다면, 찢어지게 가난한 환경에서도 보건적 성과를 개선하고 또 보건 관리 기준을 높일 수 있다는 상당한 증거가 있다. 6장과 7장에서 설명했듯이, 우리는 효율적인 국제 보건 전달에 대한 실제 모델 또한 갖고 있다. 따라서 이 장을 이끌어 나갈 질문은 "원조가 실제로 작동하는가?"가 아닌 "원조가 어떻게 작동하는가?"로 이행한다. 효과적인 원조 전달에 대한 원리가 존재하는가?

여기에 대해 공적 토론을 주도하는 두 사람을 꼽자면, 바로 제프리 삭스와 윌리엄 이

---

1) Nirmala Ravishankar, Paul Gubbins, Rebecca J. Cooley, Katherine Leach-Kemon, Catherine M. Michaud, Dean T. Jamison, and Christopher J.L. Murray, "Financing of Global Health : Tracking Development Assistance for Health from 1990 to 2007," *Lancet* 373, no. 9681 (2009) : 2115. 다음 글도 참고하라. Susan Okie, "Global Health : The Gates-Buffett Effect," *New England Journal of Medicine* 355, no. 11 (2006) : 1084~1088.

2) Ravishankar, Gubbins, et al., "Financing of Global Health," 2118.

[그림 10.1] 지원 경로별로 살핀 1990~2007년 사이 보건에 대한 개발 지원 액수

· 출처 : Nirmala Ravishankar, Paul Gubbins, Rebecca J. Cooley, Katherine Leach-Kemon, Catherine M. Michaud, Dean T. Jamison, and Christopher J.L. Murray, "Financing of Global Health : Tracking Development Assistance for Health from 1990 to 2007," *Lancet* 373, no. 9681 (2009) : 2115.

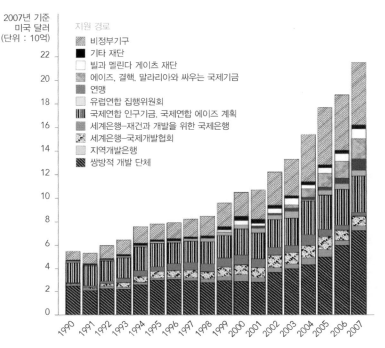

스털리(William Easterly)다. 삭스는 컬럼비아대학교의 경제학자고, 이스털리는 세계은행에서 경제학자로 근무하다가 지금은 뉴욕대학교에서 근무하고 있다. 저서인「빈곤의 종말―우리 시대의 경제적 가능성들(2005)」에서 삭스는 1,350억에서 1,950억 달러의 해외원조면 2015년까지 극심한 빈곤을 종식할 수 있으리라고 예견했다.[3] 비록 굉장히 큰 액수로 보일 수 있지만, 삭스의 주장에 따르면 이것은 부유한 국가들 국민총생산의 0.54퍼센트에 불과하며, 국제연합 새천년 프로젝트가 제안한 목표의 0.7퍼센트 미만이다.(이 프로젝트에서 진전된 새천년 개발 목표는 11장에서 소개할 것이다.) 삭스의 주장은 '빈곤의 덫' 이론에 기반을 둔다.[4] 또한 삭스는 가난한 가정 중 상당수는 소득의 전부를 기본

---

3) Jeffrey D. Sachs, *The End of Poverty : Economic Possibilities for Our Time* (New York : Penguin, 2005), 299.

4) 위의 책, 56, 다음 글도 참고하라. Matthew H. Bonds, Donald C. Keenan, Pejman Rohani, and Jeffrey D. Sachs, "Poverty Trap Formed by the Ecology of Infectious Disease," *Proceedings of the Royal Society*, Series B. 277 (2010) : 1185~1192; Matt Bonds, "A Note from the Millennium Villages Project, Rwanda : Breaking the Disease-Driven Poverty Trap," *Consilience : The Journal of Sustainable Development*, no. 1 (2008) : 98~111.

[그림 10.2] 2000~2010년 선진국에서 지원한 공적 개발 원조
· 출처 : United Nations, *Millennium Development Goals Report 2011*, www.un.org/millenniumgoals/11_MDG%20Report_
EN.pdf. p. 58.

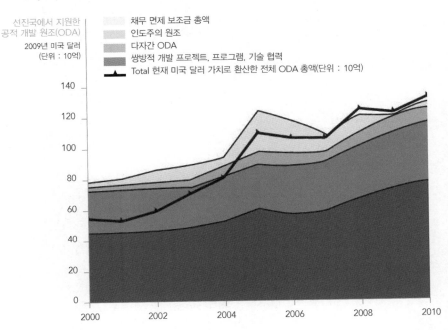

적인 생존을 위해 써 버리기 때문에 저축이나 생산성 증진(더 나은 농업기술을 개발하거
나 수확량이 많은 씨앗을 구입하는 등의), 교육·보건의 관리, 기타 가난을 탈출하는 다른
전제 조건들에 투자할 수가 없어서 발전의 사다리를 오름에 있어 첫 번째 가로대부터 불
가능하다고 주장했다.[5] 개발 이론 학자 세 명은 빈곤의 덫을 다음과 같이 요약했다. "만
약 당신에게 가죽 장화가 없다면 가죽 끈을 스스로 맬 수 없다."[6] 삭스는 해외 원조야말
로 빈곤층과 개발의 첫 번째 가로대 사이에서 잃어버린 자원을 공급해 줄 수 있는 방법이
라고 주장한다.

빈곤의 덫에 더해, 삭스가 강조한 또 다른 요인이 있다면 차별적인 부담 또는 지리학
적인 이점이다. 어떤 국가는 열대기후라는 이유로 질병 부담이 클 수도 있고, 산악 지대
라 운송비가 많이 들 수도 있다. 아니면 육지로 둘러싸이거나 배가 드나들 수 있는 강이

5) Sachs, *The End of Poverty*, 19~20.

6) Joseph Hanlon, Armando Barrientos, and David Hulme, *Just Give Money to the Poor : The Development Revolution
from the Global South* (Sterling, Va. : Kumarian Press, 2010), 4.

[그림 10.3] 제프리 삭스에 따르면 성장과 통치 방식은 깊은 연관이 없다. 삭스는 정부의 부패가 형편없는 성장에 대한 중요한 결정 요인이 아니라고 주장한다.(통치 방식은 경제적 자유에 대한 지표로 측정했다. 값이 높을수록 더 나은 통치 방식이다.)

· 출처 : 제프리 D. 삭스, 「빈곤의 종말」 (New York : Penguin, 2005), 320쪽, 그림 1. © 2005 by Jeffrey D. Sachs. Penguin Group(USA) Inc.의 자회사인 Penguin Press의 허가를 받아 게재함. 자료 출처는 Marc A. Miles, Edwin J. Feulner Jr., and Mary Anastasia O'Grady, *2004 Index of Economic Freedom : Establishing the Link between Economic Freedom and Prosperity* (Washington, D.C. : Heritage Foundation and Wall Street Journal, 2004).

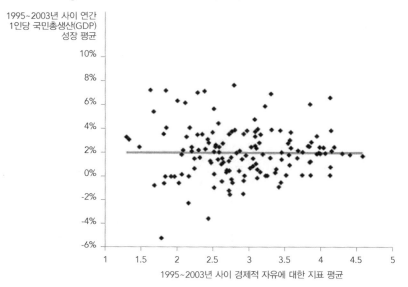

없어 경제 활동과 성장을 가로막는 심각한 장벽에 부딪힐 수 있다. 만약 적절한 투자가 주어진다면 이러한 국가들도 장벽을 극복할 수 있다. 스위스의 번영이 이러한 하나의 사례다. 단, 재정난에 처한 여러 개발도상국은 해외 원조 없이는 그들에게 필요한 투자를 하지 못할 수 있다.[7] 이렇게 빈곤의 덫과 지리학을 경제적 불경기의 근원으로 지목하면, 아프리카와 다른 지역의 가난한 국가의 개발을 가로막는 주된 방해물이 부패와 불완전한 통치 방식(governance)이라는 흔한 인식에 도전하게 된다.[8] 이에 대해 삭스는 정부의 부패가 개발을 가로막을 수 있다는 점에 동의하면서도, 그림 10.3에서 강조하듯 거버넌스와 성장 사이의 연결 고리가 종종 과장된다고 주장한다. 그리고 낙천적이지만 조심스럽게 다음과 같은 결론을 낸다. 해외 원조는 가난을 줄이는 데 도움이 될 수 있지만, 그것은 효

---

7) Sachs, *The End of Poverty*, 57~58.

8) 위의 책, 312. 아프리카에서 일어나는 부패에 대한 서구 언론의 조명에도 불구하고 삭스는, 프리덤하우스 척도 (Freedom House index)에 따르면 아프리카 국가들의 부패 수준이 전 세계 다른 저소득 국가들 평균과 그렇게 다르지 않다고 지적한다.

[그림 10.4] 1970~1999년 사이 아프리카의 원조액과 성장률(10년 단위의 이동 평균선)
 · 출처 : 윌리엄 이스털리, 「세계의 절반 구하기―왜 서구의 원조와 군사 개입은 실패할 수밖에 없는가」 (New York : Penguin, 2006),
   46, 그림 2. © 2006 by William Easterly. Penguin Group(USA) Inc.의 자회사인 Penguin Press의 허가를 받아 게재함.

율적이고 투명하며 책임성 있는 시스템으로 제어될 때만 그러하다. 그 시스템은 가장 필
요한 사람들에게 자원을 효과적으로 지원해 준다.[9]

한편 이스털리는 2006년에 출간한 「세계의 절반 구하기―왜 서구의 원조와 군사 개입
은 실패할 수밖에 없는가」에서 해외 원조에 대한 삭스의 낙관주의를 비판한다. 이스털
리는 해외 원조의 역사를 실패한 거대 계획들의 연속이라고 간주한다. 그리고 원조 전달
프로그램을 비교 분석하기 위한 단면 통계학을 사용해, 해외 원조가 성장을 촉진하는 데
실패했을 뿐 아니라,(그림 10.4를 보라.) 가난한 국가의 의존성과 부패를 키웠다고 주장
한다. 이에 대해 이스털리는 1982년부터 카메룬공화국 대통령이었던 폴 비야(Paul Biya)
가 자국에서 받은 해외 원조액의 41퍼센트를 착복했음을 예로 들었다.[10] 또한 얼마나 많
은 원조액이 운영비로 사용되는지를 강조했는데, 일부 사례에서 원조 기관들은 원조 프
로젝트에 사용하는 비용보다 더 많은 돈을 직원 급여나 운송비 같은 간접비로 소모한 바

---

9) 위의 책, 320, 269.
10) William Easterly, *The White Man's Burden: Why the West's Efforts to Aid the Rest Have Done So Much Ill and So Little Good* (New York : Penguin, 2006), 157.

있다.[11]

이스털리에 따르면 해외 원조의 바탕에 있는 문제는 그 계획이 미국과 서유럽 "계획가"들이 세운 것에 지나지 않는다는 점이다. 원조 담당 관리들은 빈곤을 비롯한 기타 개발 문제에 대해 위에서 아래로의 해법을 부과한다. 하지만 이러한 담요 덮기 식 해결책은 경제 개발과 사회적 개발을 촉발하지 못한다는 것이 이스털리의 주장이다. 그는 대신 성장과 진보의 공을 "연구자"들에게 돌린다. 이들은 가난한 국가에서 사업을 시작하거나 가난을 벗고 사회문제를 해결하는 창의적인 답을 찾는 개개인이다. 무하마드 유누스(Muhammad Yunus)가 방글라데시에서 소금융의 선구자가 된 것과, 캘커타의 우범 지역에 사는 상업적 성 노동자들이 동료 노동자들에게 콘돔 사용과 에이즈의 위험성을 교육한 것이 이스털리가 든 두 가지 사례. 요컨대 시장은 평소에는 작동하지만, 위에서 아래로 계획될 때에는 작동하지 않는다는 것이 그의 주장이다. 민주주의 역시 작동하지만, 이것 역시 독재자나 욕심 많은 엘리트의 손아귀를 피해 아래에서 위로 초월해야만 한다고 이스털리는 덧붙인다. "밑바닥에 사는 빈곤층의 역동성은, 위에서 내려오는 계획보다 훨씬 큰 잠재력을 갖는다."[12] 이스털리의 결론이 해외 원조 기관에게 손쉬운 해법을 다소 제공하기는 했지만, 그가 전체적으로 전하고자 하는 바는 원조 기관들이 원조 총액이 아닌 원조가 어떻게 성장을 이끄는지에 대해(만약 이끈다면) 면밀히 조사해야 한다는 것이다. 그는 이렇게 함으로써 자원이 정부를 우회해 사적 부문으로 직접 흘러들게 할 수 있다고 생각했다.[13]

하지만 아마르티아 센은 이스털리의 접근이 과장된 경우가 많으며, 해외 원조의 균질하지 않은 효과들을 무시한다고 비판했다.

이스털리는 경제 원조에 대한 부정적인 견해에 도달하기 위해 거시적인 단면 통계 분석뿐 아니라 특정 계획과 프로그램에 대한 사례 및 연구를 동원했다. 이러한 국

---

11) William Easterly and Tobias Pfutze, *Where Does the Money Go? Best and Worst Practives in Foreign Aid*, Brookings Global Economy and Development Working Paper no. 21, June 2008, 19. 개발 원조 행정의 비효율성에 대해서는 다음을 참고하라. Giles Bolton, *Africa Doesn't Matter : How the West Has Failed the Poorest Continent and What We Can Do about It* (New York : Arcade, 2008)

12) Easterly, *The White Man's Burden*, 108.

13) 위의 책, 370.

가 간 비교는 원인과 결과 사이에 견고한 연결 관계를 분리해 내는 멋진 방법이었지만, 다양한 경험을 비교하는 데는 어려움이 있어 심각하게 위태로운 상황을 이끌어 낸다. 국가들을 분석할 경우, 여기서 발생하는 다양한 변수는 단면 조사로 알 수 있는 것보다 훨씬 가지각색일 수 있다. 무엇이 무엇을 일으키는지 식별하기 어려운 점 또한 이러한 여러 연구의 힘을 악화할 수 있다. 예를 들어, 어떤 국가의 경제적인 곤란은 기부자들로 하여금 더 많은 원조를 유도하기 쉽다. 이런 상황에서 우리는 연관 통계학에 따라 원조와 나쁜 경제 실적이 연결되어 있다고 제안할 수 있다. 하지만 원조의 부정적 효과를 증명하고자 이러한 상관관계를 사용하는 것은 인과적 연결을 전면에 내세우는 방법이다. 이스털리는 이 방법이 갖는 함정을 피하고자 하지만, 그가 원조의 효과에 대해 갖는 포괄적인 비관주의의 바탕에 놓인 통계적 연관성은 확실한 인과적 설명을 제공하지 못한다.[14]

이렇듯 방법론에 한계가 있는데도 이스털리가 강조하는 해외 원조의 효과에 대한 비판적인 진단은 오랫동안 엄밀한 조사를 피해 왔던 이 분야에서 환영할 만한 변화다.[15]

삭스와 이스털리의 논쟁은 원조에 대한 단순한 낙관론 대 비관론의 대결로 치부되는 경우가 많았다. 하지만 "해외 원조는 효과가 있는가?"라는 질문에 대한 논쟁을 양극화하는 것은 이 문제의 초점을 놓치는 행위다. 그 질문에 대한 대답은 개발 뒤에 남겨진 사람들의 보건과 참살이에 대해서 손쉬운 인과관계를 제안할 뿐이다. 삭스와 이스털리는 대외 원조의 실패를 설명하면서 사려 깊고 혼합된 제안을 내놓는다. 사실 이들은 양쪽 다 우리가 처음에 제시한 질문을 부추긴다. "해외 원조는 어떻게 해서 효과를 보이는가?"

이 질문은 해외 원조의 조직을 살피고 개선하려는 여러 학자와 실무자들에게서 계속

---

14) Amartya Sen, "The Man without a Plan," *Foreign Affairs*, March/April 2006, www.foreignaffairs.com/articles/61525/amartya-sen/the-man-without-a-plan?page=show (접속일 : 2012년 11월 15일)

15) 다음을 보라. Dambisa Moyo, *Dead Aid : Why Aid Is Not Working and How There Is a Better Way for Africa.* (New York : Farrar, Straus and Giroux, 2009) 잠비아의 경제학자인 Moyo는 원조에 대한 여러 회의론자에 합류해 원조가 투자와 저축을 줄이고, 인플레이션을 일으키며, 수출을 억누르고, 의존과 부패 문화를 키운다고 주장한다. 그리고 5년 안에 아프리카에 모든 원조를 중단하는 대신 성장을 촉진할 수 있는 시장 기반의 개혁을 실시할 것을 요청했다. 더욱 자유롭고 공평한 무역협정, 자본시장에 대한 참여, 해외 직접투자뿐만 아니라 토지 없는 법적 소유권처럼 가난한 사람들에게 비유동적 자산을 열어 주는 소액 대출과 벤처 자금 모델이 그것이다. Moyo에게 시장 기반의 개혁은 전 세계적 빈곤을 경감할 수 있는 열쇠였다. 1980년대 국제통화기금과 세계은행의 구조 조정 개혁 역시 비슷한 논리가 이끌었다는 주장도 있지만, 4장에서 보여 주듯 이 접근은 그것을 수용한 사람들에게 비생산적일 때가 많았다.

제기되어 왔다.[16] 한 가지 예는 매사추세츠 공과대학의 압둘 라티프 제이밀 빈곤 행동 연구소(J-PAL)다. 「가난한 경제학—국제적 빈곤과 싸우는 방법의 급진적 재고」의 공저자이자 J-PAL를 비롯한 여러 자매기관에서 일하는 개발 경제학자인 에스테르 뒤플로(Esther Duflo)와 아비지트 배너지(Abhijit Banerjee)는 개발경제학에서 무작위 비교 연구를 선구적으로 활용해 왔다.[17] 무작위 비교 연구는 "치료"로서 개발 개입을 수행하고, 개입을 받지 못하는 비슷한 사람들을 "통제" 집단(대조군)으로 삼아 비교함으로써, 경제학자들로 하여금 그 개입의 특정 효과를 측정할 수 있게 해 준다.

예컨대 케냐에서 경제학자인 마이클 크레머(Michael Kremer), 에드워드 미구엘(Edward Miguel)과 그의 동료들이 행한 무작위 비교 연구 결과 기생충의 구충 치료를 받은 어린이들은 그렇지 못한 어린이들보다 학교에 더 오래 다니고, 성장 후에도 20퍼센트 더 높은 소득을 올렸다. 이 연구는 구충 치료로 말미암아 발생하는 평생에 걸친 수입 증가가 3,269달러라고 추정했다.[18] 또한 무작위 비교 연구는 구충제를 제공하는 케냐의 학교와 비슷한 조건이지만 구충제를 주지 않는 학교를 비교함으로써 조사 대상인 개입의

---

16) 전직 세계은행 소속 경제학자이자 현재 옥스퍼드대학교 교수인 Paul Collier는 다음 책에서 이러한 질문을 다루었다. *The Bottom Billion : Why the Poorest Countries Are Failing and What Can Be Done about It.* (New York : Oxford University Press, 2007) Collier의 연구는 상당수가 특정 환경에서 작용하는 특정 원조 프로그램을 규명하려는 것이다. 예를 들어 어떤 국가가 180도로 상황 호전(내전 종식 같은)을 겪는다면, 천연자원의 우연한 발견(예컨대 석유 발견)이나 해외 원조는 새로운 정부를 건설하고 기관을 개혁하려는 힘든 작업에 대한 주의를 흩뜨릴 것이다. 해외 원조가 포상처럼 기능한다면 공무원들은 국가를 재건하기보다 그 상품을 찾는 데 더 많은 시간을 소비(같은 책, 114)한다. Collier는 기술적인 도움이(컨설턴트, 관리자, 기술자, 법적 고문 등이) 전쟁 이후나 상황 호전을 맞을 정부에 유용할 수 있음을 인정한다. 하지만 이것은 공무원과 시민사회가 투명하고 책임성 있는 체계를 만들고자 노력할 때 가능하다. 따라서 Collier는 이러한 기술적 도움을 상황 호전 이후 첫 4년간 제공하라고 조언한다. 그렇게 안정적인 체계와 인프라가 자리를 잡고 나서야 개발 원조가 효과를 본다. 장기간에 걸쳐 규칙적인 수량이 주어져야만 정부와 기타 수혜자들은 그것을 튼튼한 투자에 활용할 수 있다.
Collier는 특정 상황에서 잘 작동하는 기타 원조 형식들을 살피기도 했다. 예컨대 육지에 둘러싸인 국가들은 운송비가 많이 들어 무역이 어렵기 때문에 불리한 점이 더해진다. 하지만 이들 국가는 이웃 국가들 사이에서 동반 성장의 혜택을 볼 수 있다. 평균적으로 한 국가가 1퍼센트 성장하면, 이웃 국가는 0.4퍼센트로 성장이 촉진(위의 책, 56)된다. 하지만 동반 상승은 국가들 사이의 운송 연결에 의존한다. 만약 니제르의 교통 인프라가 취약하다면 이웃인 나이지리아가 상당한 성장을 올려도 혜택이 더 적을 것이다. 따라서 내륙국과 그 이웃 국가 사이의 교통 연결망을 개선하는 일은 원조 프로젝트에서 생산성이 높은 분야다. 즉, Collier는 해외 원조에 단점이 있을 때도 많지만, 가난한 국가의 성장을 부추기는 핵심 도구 가운데 하나라고 주장한다. 특정 환경에서 잘 작동하는 특정 프로그램을 알아내려면 심도 있는 연구가 필요하다.

17) Abhijit V. Banerjee and Esther Duflo, *Poor Economics : A Radical Rethinking of the Way to Fight Global Poverty.* (New York : PublicAffairs, 2011)

18) Edward Miguel and Michael Kremer, "Worms: Identifying Impacts on Education and Health in the Presence of Treatment Externalities," *Econometrica* 72, no. 1 (2004) : 159~217. 장기적인 보건적 이득에 대한 최신 정보는 다음 글을 보라. Sarah Baird, Joan Hamory Hicks, Edward Miguel, and Michael Kremer, *Worms at Risk : Long-Run Impacts of Child Health Gains*, working paper, Abdul Latif Jameel Poverty Action Lab, October 2011, www.povertyactionlab.org/publication/worms-work-long-run-impacts-child-health-gains (접속일 : 2012년 11월 20일)

특정(그리고 이 사례에서는 엄청난) 효과를 분리했다. 뒤플로와 배너지를 비롯해 점점 더 많은 개발경제학자가 개발도상국에서 보건, 교육, 농업, 소액 금융, 가족계획, 기타 개발의 다른 측면들과 관계되는 여러 개입을 평가하기 위해 수천 건의 무작위 비교 연구를 시작했다. 이들의 작업은 대외 원조 또는 국가 정부의 재정 지원을 받은 개발 프로그램 수행의 역학에 미묘한 차이와 엄격함을 더했다.

비록 무작위 비교 연구가 의료 연구로서 한계가 있기는 하지만,[19] 개발 분야 연구자와 정책 입안자들에게 불완전하나마 유용한 도구를 제공한다. 동시에 이것은 개발 업무에서 골치 아픈 질문을 던지기도 한다. 이미 많은 사례에서 국제 보건과 개발 개입은 물자가 부족한 환경에서 효과적이고 전달 가능하다는 사실이 증명된 바 있다. 6장에서 살펴보았듯, HIV나 암 그리고 콜레라같이 생명을 위협하는 질병에 걸린 사람들은 전 세계 어디서나 전달 가능한 치료를 필요로 한다. 이때 어떻게 하면 더 잘 전달할 수 있을까? 전달의 과학을 어떻게 창출할까? 오늘날에는 이전 어느 때보다도 보건과 교육, 개발의 다른 구성 요소들을 위한 검증된 개입 설비가 늘어나고 있다. 그것이 일단 작동한다는 사실을 알게 되면, 우리는 질문의 범위를 더욱 좁힐 수 있다. 효과적인 전달 모델의 규모를 어떻게 확장해야 하는가? 더 일반적으로 말하면, 장기간 질 좋은 관리를 제공하고(해외 원조 유입과 독립적으로) 사회적인 선순환과 알맞은 경제 개발을 일으키는 시스템을 구축하는 방법은 무엇인가?

동반 접근과 원조 개혁

이 도전 과제에 대한 한 가지 접근법은 이 책 전반에 걸쳐 논의되고 또 사례 연구로 뒷받침한 바 있다. 바로 동반 접근이다. 이것은 개발도상국의 공적·사적 파트너들이 오랜 기간에 걸쳐 생활을 개선하고 서비스를 전달할 능력이 생길 때까지 개발도상국의 가

---

19) 예컨대 다음을 보라. Nick Black, "Why We Need Observational Studies to Evaluate the Effectiveness of Health Care," *British Medical Journal* 312, no. 7040 (1996) : 1215~1218; Robert William Sanson-Fisher, Billie Bonevski, Lawrence W. Green, and Cate D'Este, "Limitations of the Randomized Controlled Trial in Evaluating Population-Based Health Interventions," *American Journal of Preventive Medicine* 33, no. 2 (2007) : 155~161.

난한 사람들을 지원해 주는 것을 뜻한다. 여기에는 가난한 사람들을 돕고, 그들이 공적·사적 부문에서 경제 개발과 보건 관리 전달을 위한 효과적인 시스템을 구축하도록 인내와 유연성 그리고 헌신을 발휘해야 한다는 의미가 함축되어 있다. 무엇보다도 이 접근법은 불평등한 개발뿐 아니라 역사 및 지리학과 연결된 거시적인 사회적 힘들의 효과를 인정하며, 또 시정하기 위해 노력한다.

동반 접근은 특정한 프로젝트를 위한 서비스 전달에 정보를 제공함은 물론 국제 보건 계획을 포함한 대외 원조에 일반적인 전략을 제공한다. 그렇게 하면 외국인 하청업자와 국제 비정부기구는 모든 종류의 개발 프로젝트에서 의도된 수혜자들을 포함시킬 방법을 찾을 수 있다. 때로는 이것이 사면초가에 빠졌거나 재원이 부족한 정부의 보건부 혹은 교육부에 재정 지원을 하는 작업일 수도, 해당 지역의 회사에 투자하거나 지역에 재화 혹은 서비스를 지원하는 작업일 수도 있다.[20] 모든 내용물에 들어맞는 한 가지의 포장은 없다. 우리가 알고 있듯, 모든 사회적 행위에는 예기치 않은 결과가 따를 위험이 있다. 행위를 하지 않는 것도 마찬가지다. 단, 동반 접근은 예측할 수 없는 것을 준비하는 수단을 마련한다. 지역적 맥락에 적용하고, 지역 파트너들의 안내에 따름으로써 동반 접근은 원조 대상 집단이 도전 과제에 민첩하게 움직일 수 있도록 한다.

그렇다면 동반이란 정확하게 무엇을 말하는가? 먼저 동반 접근을 여덟 가지의 원리로 정리해 보자.[21]

1) 가난한 사람들이 그들의 이해관계를 대변한다고 여기는 기관들을 지원하기
   동반 접근은 의도된 수혜자들이 자기들의 이해관계를 대변한다고 생각하는 기관들을 결정하는 과정에 귀를 기울이는 데서 시작된다. 가난한 사람들은 자기 지역의 맥락 속에서 선택할 기관을 찾는데, 원조 프로젝트가 과거에 성공했는지, 아니면 실패했는지 살핀다. 이들은 어떤 개발 기회들이 존재하는지, 그리고

---

20) Parul Farmer, "Partners in Help: Assisting the Poor over the Long Term," *Foreign Affairs*, July 29, 2011, www.foreignaffairs.com/articles/68002/paul-farmer/partners-in-help?page=show (접속일 : 2012년 11월 19일)

21) 동반 접근에 대한 정보는(특히 아이티 관련한) 다음 글을 참고하라. 국제연합 아이티 특사 사무소, "Has Aid Changed? Channeling Assistance to Haiti before and after the Earthquake," June 2011, Katherine Gilbert의 영상 발표, www.lessonsfromhaiti.org/press-and-media/videos/presentation-accompany-haiti/; 출간된 보고서, www.lessonsfromhaiti.org/download/Report_Center/has_aid_changed_en.pdf (접속일 : 2013년 3월 7일)

기관들(공적 또는 사적, 지역적 또는 국제적)을 어떻게 조합해야 가장 효과적으로 원조를 전달받을 수 있는지에 대해 아는 경우가 많다. 따라서 동반 접근은 얼마나 좋은 파트너를 찾는지, 그리고 빈곤층이 그 작업에 꼭 필요한 조언자가 되는지 여부에 달려 있다.

2) 제 기능을 수행하는 공공 기관에 재정 지원하기

해외 원조의 의도치 않은 해로운 결과 가운데 하나는 폴 콜리어(Paul Collier)와 그의 동료들이 지적했듯,[22] 비정부기구들에 재정을 지원하면 공공 부문에 자원과 숙련된 인재들이 가지 못한다는 점이다. 예컨대 2010년 1월, 아이티에 지진이 닥쳤을 때 지원된 인도주의 원조액 24억 달러 가운데 아이티 정부로 간 액수는 1퍼센트 미만이었다.[23] 비록 정부가 때로는(가난한 환경 속에서 파괴적인 지진이 일어났을 때가 이런 경우에 해당된다.) 개발 사업의 유일한 파트너가 아닐 수도 있지만 노력을 한다는 가정하에 언제든 지지해 주어야 한다. 큰 규모로 작업을 수행하려면 중앙정부와 지방정부의 동반 관계가 필요할 때가 많다. 또 유지 가능한 개발을 위해서도 공공 부문의 작업이 필요하다. 공공 부문은 해외 원조 담당자들이 짐 싸고 떠난 뒤에도 오랫동안 남아 있기 때문이다. 하지만 수혜자들의 정부가 얼마나 부패했거나 무능한지에 대해 신경 쓰는 기부자들은 자기도 모르는 사이에 부정적인 자기실현적 예언에 불을 지피고는 한다. 정부의 능력을 쌓고 부패와 싸우는 최선의 방법은 책임성과 투명성 있는 개발 시스템을 지원하는 것이다.(이 장 뒷부분에서 논의할 아이티 종합병원의 사례를 보라.) 동반 관계를 실천하면서 그렇게 할 수 있다.

3) 일자리가 성공의 기준을 창출하도록 하기

보건, 교육, 환경, 에너지, 인프라, 무역, 금융 등 모든 개발 부문에 대한 기부자들과 국제 보건의 평등을 위해 일하는 사람들은 해당 지역에 일자리를 창출

---

22) Collier, *The Bottom Billion*, 99~123.
23) 국제연합 아이티 특사 사무소, "Has Aid Changed?" 15, www.lessonsfromhaiti.org/download/Report_Center/has_aid_changed_en.pdf (접속일 : 2013년 3월 7일)

하고, 지역 파트너에게 사업 능력을 이전하는 것을 우선 과제로 삼아야 한다. 이는 개인과 가족들이 자율성과 기본적인 참살이를 달성하게 돕는 것을 넘어, 일자리는 그들에게 존엄성과 스스로의 가치 또는 전문적 개발을 추구할 기회를 부여한다. 또한 일자리 창출은 지역 경제를 활성화하고 국세의 기반을 강화한다. 이 두 가지는 공공 부문 보건 시스템의 굳건한 주춧돌이다.

4) 지역 물건을 사고 지역 사람을 고용하기

대부분의 해외 원조 프로젝트는 수혜국 외부에서 재화와 서비스, 인력을 조달한다. 하지만 이렇게 하면 그 지역의 개발을 촉진할 기회를 놓치는 데다 지역 경제를 약화할 수도(재화와 서비스를 인위적으로 저렴한 가격에 들여옴으로써) 있다. 아이티에서는 지진이 일어나고 1년 반이 흐른 뒤 아이티의 기업이 자국 재건 계약을 체결한 사례가 2퍼센트에 머물렀다.[24] 해당 지역의 물건을 사고 지역 사람을 고용하면 일자리 창출에 도움이 될 뿐 아니라 지역 시장을 발전시키고, 세입을 늘리며, 기업을 활성화할 수 있다. 필수품 가운데 일부는 그 지역에서 충당할 수 있다. 예컨대 소위 치료법상 필요한 식량(11장에서 기술하듯 특히 모자보건을 위해 중요한)은 지역 농부들의 농산품을 활용해 물자가 부족한 환경의 현장에서 공수할 수 있다.

5) 강한 공무원 조직을 구축하기 위해 정부와 합동 투자하기

공적 부문의 노동력 개발을 효과적으로 실행하기 위해 선행해야 할 것은 투명한 고용과 해고가 이루어지는 토대 구축이다. 여기에는 성과 보고, 공무원 대상의 지속적인 훈련 프로그램, 노동력 수요를 평가하는 능력이 포함된다. 이는 보건 노동력에도 마찬가지로 적용된다. 하지만 실제 원조 프로그램은 공무원 조직을 강화하거나 수혜국 내부에서 튼튼한 훈련 프로그램을 발전시켜 자국의 역량을 키우도록 돕는 대신, 유사한(또는 경쟁하는) 구조를 만들어 기술적 도움(대

---

24) 경제와 정책연구센터, "Haitian Companies Still Sidelined from Reconstruction Contracts," April 19, 2011, www.cepr.net/index.php/blogs/relief-and-reconstruction-watch/haitian-companies-still-sidelined-from-reconstruction-contracts (접속일 : 2012년 11월 14일)

개 기부국 출신의 전문가 1~2명)을 제공하는 데 그치는 경우가 많다. 2002년에 캄보디아 정부로 파견된 700명의 국제 자문단에 들어간 비용은 5천만~7천만 달러였는데, 이는 캄보디아 전체에서 일을 열심히 하는 공무원 16만 명의 급여에 해당했다.[25] 이에 비해 동반 접근은 이미 존재하는 인적자원 시스템을 강화하고 현대화하는 방법을 찾는다.

6) 가난한 사람들에게 재정을 지원하는 정부와 함께 일하기

현금을 지원하는 것이 빈곤을 줄이는 유용하고 보충적인 수단으로, 재화와 서비스에 대한 수요를 높인다. 따라서 지역 경제를 활성화한다는 증거가 점점 나타나고 있다. 예컨대 남아프리카에서 현금 지원이 가난으로 벌어진 격차를 줄이는 데 도움이 되었다는 점이 부각되고 있다.[26] 또 멕시코의 조건부 현금 지원 프로그램(다른 무엇보다도 아이들에게 기본적인 보건 개입 묶음을 시행하기 위해 각 가정에 아이를 진료소로 데려갈 것을 요구하는)은 아동 보건을 개선하는 데 공을 세웠다.[27] 물론 현금 지원 프로그램은 만병통치약이 아니며, 훌륭한 관련 기관과 서비스 전달 토대가 없으면 목적을 크게 달성할 수 없다. 그렇지만 이스털리의 말에 따르면 이 프로그램은 "연구자들"이 일을 할 수 있도록 도와주며, 개발 원조와 국제 보건 평등을 보조한다.

7) 국제적 비국가 서비스 제공자들에 대한 규정 마련하기

수혜국 정부와 계약하는 대신 비정부기구(지역적이거나 국제적인)와 계약하는 데 그치는 것이 대부분 해외 원조의 '현 상태'다. 인구 1,000만 명인 아이티에

---

25) ActionAid International, *Real Aid : An Agenda for making Aid Work*, 2005, 22, www.actionaid.org/sites/files/actionaid/real_aid.pdf (접속일 : 2012년 11월 14일)

26) Hanlon, Barrientos, and Hulme, *Just Give Money to the Poor*, 38~39.

27) Juan A. Rivera, Daniela Sotres-Alvarez, Jean-Pierre Habicht, Teresa Shamah, and Salvador Villalpando, "Impact of the Mexican Program for Education, Health, and Nutrition (Progresa) on Rates of Growth and Anemia in Infants and Young Children : A Randomized Effectiveness Study," *Journal of the American Medical Association* 291, no. 21 (2004) : 2563~2570; Paul Gertler, "Do Conditional Cash Transfers Improve Child Health? Evidence from PROGRESA's Control Randomized Experiment," *American Economic Review* 94, no. 2 (2004) : 336~341. 다음 글도 참고하라. Julio Frenk, "Bridging the Divide : Global Lessons from Evidence-Based Health Policy in Mexico," *Lancet* 368, no. 9539 (2006) : 954~961.

는 비정부기구가 수천 곳에서 운영되고 있다. 대다수의 비정부기구가(아이티와 다른 지역에서) 실제로 가치 있는 작업을 하지만, 협조와 규정이 없으면 중복으로 불공정하게 일하거나 그들이 봉사하는 공동체에 책임을 지지 않을 위험이 있다. 무언가의 총합은 부분들의 합보다 적을 수 있다. 돈이 궁한 보건 부처는 (그리고 그들이 운영하는 보건소와 병원들은) 자금 지원이 충분한 비정부기구와 경쟁에서 밀리며 자국 내에서 두뇌 유출을 야기하는데, 이는 때때로 국가 간의 유출보다 더 해롭다. 해외 원조에서 정부기구와 비정부기구와의 작업을 조화롭게 해야 그들이 의도한 수혜자에게 의미 있고 오래가는 변화를 생성할 가능성이 높아진다.

8) 최선의 성과를 제공하는 보건 관리에 대해 증거에 기초한 기준 적용하기

부유한 환경과 빈곤한 환경은 거의 언제나 보건 관리 기준에서 차이를 보인다. 서비스의 가치와 품질을 증진하기 위한 전략 대신 예산과 재정 지원의 흐름이 수행을 주도한다. 이는 가난한 환경에서 보건 관리 서비스가 빈약해지는 결과로 이어진다. 반면, 평등을 전제로 하는 동반 접근은 물자가 부족한 환경은 물론 풍요로운 환경에서 수용할 수 있는 수준까지 보건 기준을 높일 것을 요구한다.

실무에서 동반 접근은 무엇을 의미할까? 이를 알아보기 위해 아이티의 포르토프랭스에서 미국 적십자가 가장 큰 규모의 공공 부문 병원을 육성했던 노력을 예로 들어 보자. 재난이 벌어지고 나면 적십자는 대개 비정부기구와 함께 일을 한다. 이때 그들에게 있는 자원의 상당 부분을 소모한다. 2010년 1월 지진 이후 많은 손상을 입지 않은 채 기능을 유지할 수 있었던 포르토프랭스의 종합병원에는 압좌 손상과 기타 합병증을 치료받고자 몰려드는 환자들로 붐볐다. 지진 전에도 이 병원은 아이티에서 직원 1명당 담당 건수가 가장 높았으나, 정작 직원들은 경쟁하는 다른 사립병원이나 비정부기구 팀에 비해 낮은 급여를 받았다.[28] 그에 따라 적십자는 종합병원에서 고생하던 직원들을 돕기 위해 급여 지원 프로그램에 380만 달러를 사용하는 데 동의했다. 프로그램을 시작하는 것은 결코

---

28) Farmer, "Partners in Help."

쉽지 않았다. 이 병원에는 미국 식 책임성 규준이 요구하는 현대적인 부기 기록이나 직원들의 작업 시간을 추적해 기록할 수 있는 적절한 컴퓨터 시스템이 없었다. 컴퓨터 시스템을 설치하거나 업그레이드하는 것은 적십자가 승인한 작업이 아니었지만, 이 특정 시공간에서 동반 접근은 쉴 새 없이 생겨나는 자잘한 골칫거리를 극복할 인내와 근본 문제(이 사례에서는 "투명성 인프라"가 충분히 발달하지 않았다는 점)를 해결하려면 투자가 필요했다.[29]

이 접근은 동반을 위한 고된 작업과 끝없는 헌신이 가치가 있다는 생각을 전제로 한다. 왜냐하면 더 튼튼하고 내구력 있는 보건 시스템은 '에이즈 경감을 위한 대통령 긴급 계획'이나 '에이즈와 결핵 그리고 말라리아와 싸우기 위한 국제기금' 같은 프로그램으로, 해외 원조의 변동이 일어나도 이에 굴하지 않고 모든 질병에 대해 더 나은 관리를 제공할 것이기 때문이었다. 원조를 장기적으로 하는 것도 중요하다. 이것은 동반 접근의 기본 원리이기도 하다. 2014년까지 새로운 프로젝트를 승인할 수 없다는, 2011년 국제기금의 결정은 원조를 장기화해야 할 필요성을 되새겼다. 몇 달이 지나 만일의 사태를 위한 계획이 수립되기는 했지만 말이다.[30]

산산조각 난 공립병원에 대한 적십자의 지원 말고도 동반 접근에 따른 해외 원조 프로젝트의 다른 사례도 다양하게 존재했다. 비국가 보건 제공자들은 지역 보건 부처와 힘을 모았고, 여러 국제기관은 식량과 물품을 수입하는 대신 지역 농부를 통해 수혜국인 자국에서 구매했다. 또 재정 기부자들은 고용 창출을 우선하거나 해외 것과 함께 해당 지역의 계획 안에서 계약했다.[31] 이러한 프로그램에 대한 정보를 전파하고 체계화하기 위한 계

29) 이러한 또 다른 사례는 다음을 참고하라. Paul Farmer, *Haiti after the Earthquake* (New York : PublicAffairs, 2011), 211.
30) Betsy McKay, "Global Fund to Resume New Health Grants," *Wall Street Journal*, May 9, 2012, http://online.wsj.com/article/SB10001424052702304203604577393732617886576.html (접속일 : 2012년 11월 15일)
31) 아이티의 디지셀 재단의 교육 원조는 동반 접근의 설득력 있는 사례다. 디지셀은 2006년 아이티에 최초로 모바일 폰 연결망을 개시한 지 1년도 안 되어 재단을 발족했다. 오늘날 아이티에서 가장 막강한 모바일 폰 서비스 제공자인 디지셀은 아이티 농촌의 교육에 상당한 재정을 지원하기 시작해 전국에 20곳 이상의 학교를 새로 짓거나 보수했다. 또한 이 재단은 학교 점심 급식 프로그램과 예방접종 계획에 대해 협력하고 지원했다. 이러한 사적 부문의 관여와 자선 모델은 지속 가능한 협력 관계와 효과적인 원조 전달을 산출했다. 추가 정보는 다음을 참고하라. http://foundationdigicelhaiti.org/about/ (접속일 : 2012년 11월 15일)

획 가운데 하나가, 7장에서 기술한 국제 보건 전달 프로젝트(GHD)다.[32] 하버드대학교 출신 소규모 팀이 이끈 GHD는 국제 보건 전달의 과학을 구축하기 위한 노력으로 전 세계의 물자가 부족한 환경에서 보건 문제에 대한 사례연구를 진행했다.[33] 하지만 해외 원조 사업의 계획 중에는 일반적인 표준이 아닌 예외도 있다. 따라서 동반 접근은 해외 원조 조직의 중대한 혁신(새로운 교통법규[34])을 함축한다.

제프리 삭스처럼 원조를 늘리자고 주장하는 사람들조차도 현재 존재하는 해외 원조 시스템에 근본적인 변화가 필요하다고 주장한다. "시스템을 통해 더 많은 원조를 시행하려면 부유한 국가의 납세자들로부터 승인을 구해야 한다. 따라서 우리는 맨 먼저 도움이 가장 절실한 가난한 국가들, 마을, 빈민가, 항구, 기타 중요한 목적지에 원조액을 직접 투입하는 일종의 배관 작업이 필요하다는 것을 부유한 국가에 증명해 보여야 한다."[35] 이스털리 등이 강조했듯 해외 원조의 대다수는 분열되어 있으며, 원조액이 투명하지 않고, 높은 간접 비용에 희석된다. 그뿐만 아니라 의도된 수혜자들보다 기부자들의 이해관계에 부합하는 조건이 붙어 있는 경우가 많다.[36] 요컨대 대부분의 원조 프로그램은 효율적인 것과 거리가 멀다.

동반 접근은 다양한 지역 환경에 적응하고 장기간 지속될 수 있도록 해외 원조 실무자들이 프로젝트를 설계하게끔 돕는다. 그리고 그에 따라 심각한 빈곤을 종식한다는, 폭넓게 공유한 목표에 더욱 가까워지게 한다. 또한 이 접근법은 원조 프로그램이 아래에서 위로 작업해야 한다는 이스털리의 요청에 대한 개략적인 응답이기도 하다. 동반 접근은 의도한 수혜자들이 털어놓는 문제점과 우선 과제에 귀를 기울이는 데서 시작하고 끝난다. 7장에서는 빈곤한 환경 속에서 보건 관리를 전달하는 대략적 틀을 그린 바 있다. 동반 접

---

32) 예컨대 다음을 보라. Jim Yong Kim, Joseph Rhatigan, Sachin H, Jain, Rebecca Weintraub, and Michael E. Porter, "From a Declaration of Values to the Creation of Value in Global Health : A Report from Harvard University's Global Health Delivery Project," *Global Public Health* 5, no. 2 (2010) : 181~188. GHD 사례의 전체 목록은 다음을 보라. www.ghdonline.org/cases/ (접속일 : 2012년 11월 15일)

33) 더 많은 정보는 다음 글을 보라. "Access to Life-Saving Health Information : Not a Luxury, a Necessity," *Health and Human Rights*, January 5, 2010, http://hhhrjournal.org/index.php/hhr/article/view/339/551 (접속일 : 2012년 11월 15일)

34) Farmer, *Haiti after the Earthquake*, 165.

35) Sachs, *The End of Poverty*, 269.

36) "전 세계적 재갈 법칙"과 매춘 약속을 포함한 이런 조건에 대한 정보는 다음 글을 참고하라. Nils Daulaire, "Global Health for a Globally Minded President," *Health Affairs* 28, no. 2 (2009) : w199-w204, http://content.healthaffairs.org/content/28/2/w199,full.html (접속일 : 2012년 11월 15일)

근은 그 틀을 효과적으로 수행하기 위한 전략이다. 그뿐만 아니라 이 접근은 개발 사업의 유형들 대부분을 지렛대로 끌어올릴 수 있다. 전통적인 원조 양상과는 달리 동반 접근은 보건과 평등한 발전을 위해 현존하는 공적·사적 노력을 개선하고 강화한다. 또한 이를 유사한 원조 양식으로 대체할 수 있도록 가능한 한 가난한 사람들과 오래 함께할 것을 약속한다.

더 많은, 더 좋은 원조

동반 접근을 포함한 효과적인 원조 전달 모형의 인도를 받는다면, 개발 원조는 다양한 목표를 달성하기 위해 강화 및 확장될 수 있다. 비록 지난 수십 년간 원조에 드는 경비가 증가하긴 했지만, 대부분의 가난한 국가가 떠안은 기본적 적자에 비교하면 적은 편이다. 이 책의 저자들은 의도된 수혜자들은 물론 다른 여러 정책 입안자, 학자, 실무자와 마찬가지로 입수할 수 있는 모든 증거가 해외 원조 증가의 유용성을 제안한다고 믿는다. 비록 그 조직을 개혁할 필요성이 있더라도 말이다. 이러한 접근은 "풀뿌리"와 거시 규모 양쪽에서 공정하고 정의로운 개발을 증진하는 사회적 정의 실현 노력에 정보를 제공하고 또 그것을 보충할 수 있다. 특히 국제 보건 프로젝트를 위한 원조가 이 책에서 윤곽을 그린 원리에 따라 전달된다면 전 세계에서 생명을 살리고 고통을 경감하는 데 효과를 발휘할 것이다. 이는 이미 사실로 증명된 바 있다.

해외 원조에서 필요 액수와 실제 제공된 액수의 차이는, 대개 연간 400억 달러에서 520억 달러에 이를 것으로 추측된다.[37] 삭스는 해외 원조액을 연간 400억 달러로 더 늘리면 지구상에서 가장 가난한 사람들 10억 명(하루에 1달러 미만으로 살아가는)에게 1차 보건 관리를 제공할 수 있다고 단언한다. 이는 미국이 아프가니스탄과의 전쟁에서 1년에 들인 액수의 40퍼센트이며, 2008~2009년 사이 부실 은행 긴급 구제액의 5퍼센트 미만이다.[38]

37) Prabhat Jha, Anne Mills, Kara Hanson, Lilani Kumaranayake, Lesong Conteh, Christoph Kurowski, Son Nam Nguyen, Valeria Oliveira Cruz, Kent Ranson, Lara M. E. Vaz, Shengchao Yu, Oliver Morton, and Jeffrey D. Sachs, "Improving the Health of the Global Poor," *Science* 295, no. 5562 (March 15, 2002) : 2036.

38) Jeffrey Sachs, "Development Aid in Five Easy Steps," *Project Syndicate*, May 26, 2010, www.project-syndicate. org/commentary/sachs166/English (접속일 : 2012년 11월 15일)

보건 프로젝트가 개발 원조의 스펙트럼에서 특권적 위치를 차지한다고 대부분 사람들은 여긴다. 해외 원조에 비판적인 눈길을 던지는 사람들 또한 이에 동의한다. 2009년에 미국 카이저 가문 재단이 수행한 연구에 따르면, 응답자 가운데 52퍼센트는 정부가 해외 원조에 너무 많은 돈을 지불한다고 답했다. 하지만 "개발도상국 국민들의 보건을 개선하는 노력"에 대해서 묻자, 이 비율은 23퍼센트로 떨어졌다. 그리고 에이즈에 대항하려는 노력에 대해서는 16퍼센트로 더 떨어졌다. 39퍼센트는 미국 정부가 국제 보건에 사용하는 비용을 현재 수준으로 유지해야 한다고 답했고, 26퍼센트는 원조액을 더 늘려야 한다고 답했다.[39]

미국 정부가 국제 보건에 사용하는 액수가 다른 분야 예산과 비교했을 때, 그리고 다른 고소득 국가들의 공헌과 비교했을 때 얼마나 적은지를 안다면 더욱더 많은 미국인이 국제 보건 프로그램을 확장해야 한다고 생각하게 될 것이다. 2010년의 한 연구에 따르면, 많은 미국인이 해외 원조액이 국가 예산의 25퍼센트에 달한다고 생각했고, 이 비율을 10퍼센트로 줄여야 한다고 제안했다.(그림 10.5를 보라.)[40] 또 다른 연구에 따르면, 미국인 69퍼센트가 자국 국민총소득에서 해외 원조액이 차지하는 비율이 다른 고소득 국가들에 비해 높다고 믿었다.[41] 하지만 실제로 2008년의 원조액을 살펴보면 미국 예산의 1퍼센트 가량이었고(연간 국방비의 13분의 1 수준이었다.), 미국은 여타 고소득 국가들 가운데 국민총소득에 대한 해외 원조액 비율이 가장 낮았다. 미국의 전체 예산 대비 원조액 비율은 1970년 국제연합 총회에서 결의한 0.7퍼센트라는 목표보다 한참 떨어지는 0.18퍼센트에 지나지 않았다.(덴마크, 스웨덴, 노르웨이를 포함한 여러 고소득 국가는 2002년 국제연합에서 재차 결의한 이 0.7퍼센트라는 목표를 이미 뛰어넘었다.)[42] 삭스는 미국이 400억 달

39) Kaiser Family Foundation, "Americans Say Maintain or Increase Funding for Global Health and Development, But Take Care of Problems at Home First in the Recession," 언론 공식 발표, 2009년 5월 7일, www.kff.org/kaiserpolls/posr050709nr.cfm?RenderForPrint=1 (접속일 : 2012년 11월 15일)

40) WorldPublicOpinion.org, "American Public Vastly Overestimates Amount of U.S. Foreign Aid," November 29, 2010, www.worldpublicopinion.org/pipa/articles/brunitedstatescanadara/670.php (접속일 : 2012년 11월 15일)

41) Clay Ramsey, Stephen Weber, Steven Kull, and Evan Lewis, "American Public Opinion and Global Health," WorldPublicOpinion.org, May 20, 2009, www.worldpublicopinion.org/pipa/pdf/may09/WPO_IOM_May09_rpt.pdf (접속일 : 2012년 11월 15일)

42) 미국 예산에서 원조액의 비율은 다음 글을 보라. US. Global Leadership Coalition, "Myths and Facts about the International Affairs Budget," www.usglc.org/wp-content/uploads/2011/01/Myths-and-Facts-About-the-International-Affairs-Budget.pdf (접속일 : 2012년 11월 15일)

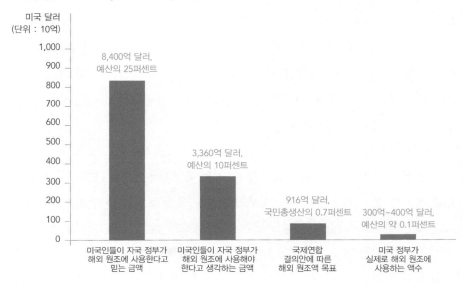

[그림 10.5] 미국 해외 원조액에 대한 국민 인식과 현실의 비교

· 출처 : WorldPublicOpinion.org, "American Public Opinion of Foreign Aid," November 30, 2010. www.worldpublicopinion.org/
pipa/pdf/nov10/ForeignAid_Nov10_quaire.pdf.

러로 "밑바닥 10억 명"에게 1차 보건관리를 제공할 수 있고, 그러고도 국제연합의 목표
치에 모자라는 것으로 추산했다. 어떤 경우든 대부분의 미국인들이 설문 조사에서 수용
가능하다고 여겼던 해외 원조액 수준보다 훨씬 못미쳤다.[43]

실제 국제 보건 지출액과 인식 사이의(전망과 실제 전달 사이의) 틈을 메우기 위한 전
략은 이 책의 마지막 장에서 살펴볼 예정이다. 물론 개발도상국의 정부들 또한 국제 보건
평등 운동을 지지하며, 상당수는 보건에 더 많은 자원을 투입하기 시작했다. 2001년에는
수십 명의 아프리카 정상들이 한자리에 모여 정부의 보건 관련 지출액을 전체 지출액의
15퍼센트까지 끌어올릴 것을 약속하는 아부자선언을 체결했다. 그로부터 10년이 지난 뒤
아프리카연합의 여러 국가가 지출한 연간 보건 예산의 중간 값은 1인당 실질 수치로 보면
10달러에서 14달러로 늘었다. 따라서 아프리카연합 국가 27개국이 2001년에 비해 2009
년에 더 많은 예산을 지출했다.[44] 르완다에서는 정부 차원에서 국가 에이즈통제위원회를
성공적으로 운영한 결과, 보건 전 부문에 걸쳐 정부 투자를 늘리는 계기가 되었다. 르완

---

43) Sachs, "Development Aid in Five Easy Steps."

44) 세계보건기구, "The Abuja Declaration : Ten Years On," 2011, 2, www.who.int/healthsystems/publications/
Abuja10.pdf (접속일 : 2012년 11월 15일)

다는 개발도상국 가운데 에이즈 관리의 보편적 접근에 가까이 다가간 유일한 국가다.(6장을 참고하라.) 또한 2010년 아부자선언의 목표를 달성한 2개국 가운데 하나였고, 새천년 개발 목표를 이루기 위한 도상에 오른 유일한 국가이기도 했다. 르완다는 조세 수입과 공공 부문 및 비정부기구에서 온 해외 원조액을 튼튼한 공중 보건 시스템에 더욱 많이 지출함으로써 보건 시스템 강화의 모델로 부상했다.[45] 따라서 아프리카와 다른 개발도상국의 정부들도 국제 보건 프로그램이 거시적이고 오래 지속되는 영향을 준다는 사실이 드러나면 보건 관리 지출액을 늘릴 필요성을 느낄 것이다.

결국, 재정난에 처한 가난한 정부 부처가 부유한 국가들로부터 지원(또는 동반 지원)만을 받거나 건전한 조세 기반 없이 달성할 수 있는 목표에는 한계가 있다. 하버드대학교 소속 수련병원 한 곳의 예산이 아이티 정부의 예산을 훨씬 뛰어넘는다. 2010년 지진 이후 몇몇 국제 보건 비정부기구는 아이티 보건부 전체 예산의 2배 이상을 모금했다.[46] 즉, 지금도 여전히 국제 비정부기구와 기타 협력 기구들이 공평한 개발을 이루는 데 필요한 작업과 자원에 해외 원조가 절실히 필요한 상태다. 동반 접근이란 해외 원조에 있어 필요에 기반을 둔 적응 가능하고, 또 지속 가능한 방법으로 만드는 장기적인 하나의 모델이다.

더 읽을거리

°Acemoglu, Daron, and James A. Robinson. *Why Nations Fail : The Origins of Power, Prosperity, and Poverty*. New York : Crown, 2012. (한국어판 : 「국가는 왜 실패하는가」, 최완규 옮김, 장경덕 감수, 시공사, 2012)

°Banerjee, Abhijit V., and Esther Duflo. *Poor Economics : A Radical Rethinking of the*

---

45) 위의 글.

46) 다음 글을 보라. 건강의 동반자들, "Tackling Acute and Chronic Disaster," 건강의 동반자들 2010 연간 보고서, http://parthealth.3cdn.net/fdb20a0a7ef6b71153_06m6icn3q.pdf (접속일 : 2013년 3월 7일); 미국 공영 라디오 방송국(PRI), "Haiti: A Year and a Half after the Earthquake," *The World*, July 15, 2011, www.pri.org/stories/business/nonprofits/haiti-a-year-and-a-half-after-the-earthquake4907.html (접속일 : 2013년 3월 7일); 그리고 국제연합 사무총장의 공동체 기반 의료와 아이티로부터의 교훈에 대한 특별 고문 사무실, "Assistance Tracker," www.lessonsfromhaiti.org/assistance-tracker/ (접속일 : 2013년 3월 7일) 지진 이후 아이티의 해외 원조 양상에 대한 추가 정보는 다음 책을 보라. Farmer, *Haiti after the Earthquake*.

Way to Fight Global Poverty. New York : PublicAffairs, 2011. (한국어판 : 「가난한 사람이 더 합리적이다」, 이순희 옮김, 생각연구소, 2012)

°Collier, Paul, *The Bottom Billion : Why the Poorest Countries Are Failing and What Can Be Done about It*. Oxford : Oxford University Press, 2007.

°Easterly, William. *The White Man's Burden : Why the West's Efforts to Aid the Rest Have Done So Much Ill and So Little Good*. New York: Penguin, 2006. (한국어판 : 「세계의 절반 구하기-왜 서구의 원조와 군사 개입은 실패할 수밖에 없는가」, 황규득 옮김, 미지북스, 2011)

°Farmer, Paul. "Partners in Help : Assisting the Poor over the Long Term." *Foreign Affairs*, July 29, 2011. www.foreignaffairs.com/articles/68002/paul-farmer/partners-in-help?page=show.

°Sachs, Jeffrey D. *The End of Poverty : Economic Possibilities for Our Time*. New York : Penguin, 2005. (한국어판 : 「빈곤의 종말」, 김현구 옮김, 21세기 북스, 2006)

°Sen, Amartya. "The Man without a Plan," *Foreign Affairs*, March/April 2006. www.foreignaffairs.com/articles/61525/amartya-sen/the-man-without-a-plan?page=show.

°United Nations Office of the Special Envoy for Haiti. "Has Aid Changed? Channeling Assistance to Haiti before and after the Earthquake." June 2011. Video presentation, by Katherine Gilbert, www.lessonsfromhaiti.org/press-and-media/videos/presentation-accompany-haiti/; published report, www.lessonsfromhaiti.org/download/Report_Center/has_aid_changed_en.pdf.

Global Health Priorities for the Early Twenty-First Century

21세기 초 국제 보건의 긴급 사안

11

11장
21세기 초 국제 보건의 긴급 사안

폴 파머, 매슈 바실리코, 바네사 케리, 매들린 밸러드, 앤 베커, 진 부크먼, 오펠리아 달, 앤디 엘너,
루이스 C. 이버스, 데이비드 존스, 존 미라, 조이어 무케르지, 에이미 시버스, 알리사 야마모토

우리는 위험과 위협이 가득할 뿐만 아니라, 역경의 속성이 더 명확해지고, 과학의
진보가 더욱 굳건해지는 등 이런 골칫거리에 대응할 수 있는 사회·경제적 자산이
더욱 폭넓게 증가하는 세계에 살고 있다. 마주할 문제가 많아질 뿐만 아니라, 이를
다룰 기회 또한 더욱 증가하는 것이다.

　　　_아마르티아 센, 2000년 인간의 안전보장에 대한 도쿄 국제 심포지엄에서

　사람들은 20세기의 첫 10년을 "국제 보건의 황금시대"라고 일컫는다. 에이즈 유행에
동요한 세계는 빈곤층의 질병과 보건 관리의 불평등에 눈을 돌렸다. 전 세계에 걸친 에이
즈 운동으로 국제 보건과 세계 보건(이전에는 식민의학이었던)이 별개의 분야를 확립했
는데, 이는 보건 증진과 질병 예방에 비중을 두는 공중 보건 의제에 종단적(longitudinal,
縱斷的) 치료 전달이 추가되는 촉매가 되었다.[1] 이것은 한쪽이 득을 보면 그만큼 다른 한
쪽이 실을 보는 제로섬 게임이 아니었다. 알레르기 및 전염병 국가 연구소 소장인 앤서니
포치(Anthony Fauci)와 그의 동료들은 에이즈가 국제적으로 주목받으면서 말라리아나 결
핵 같은 치명적인 질환에 대한 지원도 다시 활기를 띠기 시작했다고 주장했다.[2] 이렇듯
새로운 초국가적 재정 조직이, 전 세계적으로 유행하는 치명적인 감염병을 예방하고 치

---

1) 예컨대 다음 글을 보라. Jon Cohen, "Global Health: The New World of Global Health," *Science* 311, no. 5758
(January 13, 2006) : 162~167. 또한 이 책 5장에는 에이즈 유행에 대한 전 세계적 대응과 국제 보건 평등에 기초한
시야 발전을 다루는 심화 논의가 실렸다.

2) David M. Morens, Gregory K. Folkers, and Anthony S. Fauci, "The Challenge of Emerging and Re-Emerging
Infectious Disease," *Nature* 430, no. 6996 (July 8, 2004) : 242~249.

료하여 인류 건강을 증진하는 노력에 수십억 달러를 투자했다. 그에 따른 보건적 성과는 실로 극적이었다. 오늘날 전 세계에서 거의 800만 명의 에이즈 환자가 항레트로바이러스 요법을 받고 있는데, 이것은 2002년까지만 해도 많은 사람이 불가능하다고 여기던 일이다.[3] 말라리아와 결핵에 대한 투쟁도 전 세계적으로 뚜렷한(고르지는 않았어도) 개선을 보였다.[4] 그리고 공동체에 기반을 둔 보건 전달로 가난한 국가뿐 아니라 부유한 국가의 빈곤 지역에서도 보건 시스템을 강화하고 관리 기준을 높일 수 있음이 증명되었다.[5]

이렇듯 장족의 발전을 이루었지만, 아직 안심하기에는 이르다. 실제로 역사를 보면, 국제 보건 분야에서 현재 상태에 안주할 때 어떤 위험이 발생했는지 알 수 있다. 1978년에 알마-아타선언에서는 "2000년까지 모두를 위한 보건을"이라는 대담한 목표를 세우고 이를 귀중히 간직했다. 이후 1979년에 천연두 박멸이 성공을 거두면서 많은 이가 전 세계 사람들에게 더 효과적인 보건 서비스를 전할 수 있으리라는 희망을 품었다. 하지만 4장에서 살펴보았듯, 이러한 야망은 1980년대 경제 불황의 먹잇감이 되었다. 여러 개발도상국에서 이후 수십 년에 걸쳐 재정 긴축 정책을 시행하자 공공 부문 보건 시스템은 더욱 활

---

3) 예컨대 다음을 보라. Elliot Marseille, Paul B. Hofmann, and James G. Kahn, "HIV Prevention before HARRT in Sub-Saharan Africa," *Lancet* 359, no. 9320 (2002) : 1851; Andrew Creese, Katherine Floyd, Anita Alban, and Lorna Guinness, "Cost-Effectiveness of HIV/AIDS Interventions in Africa : A Systematic Review of the Evidence," *Lancet* 359, no. 9318 (2002) : 1635~1642.

4) 다음을 보라. 세계보건기구, *Global Tuberculosis Report Report 2012*, http://apps.who.int/iris/bitstream/10665/75938/1/9789241564502_eng.pdf (접속일 : 2012년 11월 15일); 세계보건기구, *World Malaria Report* 2011, www.who.int/malaria/world_malaria_report_2011/978924156403_eng.pdf (접속일 : 2012년 11월 15일) 전 세계적으로 결핵 사망률은 1990년에서 2012년 사이 41퍼센트 낮아졌고, 2015년까지는 50퍼센트 감소율을 달성할 궤도에 올라 있다.(WHO, *Global Tuberculosis Report 2012*, 1) 2000년에서 2011년 사이 전 세계적 말라리아 발생률은 17퍼센트, 말라리아만이 원인인 사망률은 26퍼센트 감소한 것으로 추측된다. 가정에서 적어도 하나 이상의 살충제 처리 침대 그물을 보유할 확률은 2000년 3퍼센트에서 2011년 50퍼센트로 늘었다.(WHO, *World Malaria Report 2011*, ix)

5) 예컨대 다음을 보라. Badara Samb, Tim Evans, Mark Dybul, Rifat Atun, Jean-Paul Moatti, Sania Nishtar, Anna Wright, Francesca Celletti, Justine Hsu, Jim Yong Kim, Ruairi Brugham Asia Russell, and Carissa Erienne (국제보건기구 긍정적 상승작용 최대화 협력 집단), "An Assessment of Infections between Global health Initiatives and Country Health Systems," *Lancet* 373, no. 9681, (2009) : 2137~2169; Institute of Medicine, *The U.S. Committment to Global Health : Recommendations for the Public and Private Sectors* (Washington, D.C. : National Academies Press, 2009), 512~513; Julio Frenk, "Bridging the Divide : Global Lessons from Evidence-Based Health Policy in Mexico," *Lancet* 368, no. 9539 (2006) : 954~961; Paul E. Farmer, Fernet Léandre, Joia S. Mukherjee, Marie Sidonise Claude, Patrice Nevil, Mary C. Smith-Fawzi, Serena P. Koenig, Arachu Castro, Mercedes C. Becerra, Jeffrey Sachs, Amir Attran, and Jim Yong Kim, "Community-Based Approaches to HIV Treatment in Resource-Poor Settings," *Lancet* 358, no. 9279 (2001) : 404~409; David A. Walton, Paul E. Farmer, Wesler Lambert, Fernet Léandre, Serena P. Koenig, and Joia S. Mukherjee, "Integrated HIV Prevention and Care Strengthens Primary Health Care : Lessons from Rural Haiti," *Journal of Public Health Policy* 25, no. 2 (2004) : 137~158; Jaime Sepúlveda, Flavia Bustreo, Roberto Tapia, Juan Rivera, Fafael Lozano, Gustavo Oláiz, Virgilio Partida, Lourdes García-García, and José Luis Valdespino, "Improvement of Child Survival in Mexico : The Diagonal Approach," *Lancet* 368, no. 9551 (2006) : 2017~2027.

기를 잃었다. 오늘날까지도 보건 분야에는 상당한 불평등이 남아 있다. 전 세계 인구의 3분의 1 이상(약 25억 명)이 하루에 2달러도 안 되는 돈으로 생계를 유지하고 있으며, 매년 1,800만 명이 빈곤으로 때 이른 죽음을 맞이한다.[6] 심혈관 질환, 암, 정신 질환 같은 무거운 질병 부담과 맞서 싸우고자 하는 국제 보건의 노력이 개발도상국에서는 한없이 부족한 것이다. 질병의 분포는 보건 자원의 가용성에 따라 나타난다. WHO에 따르면 아프리카는 국제 질병 부담의 24퍼센트를 떠안고 있지만 보건 관리 인력은 전 세계 3퍼센트, 전 세계 보건 재정 자원의 1퍼센트만이 이곳에 있다고 한다. 여기에는 해외에서 온 대부금과 보조금이 포함된다.[7]

이 장에서는 2010년도 이후의 주요 국제 보건 우선 과제들을 살펴볼 것이다. 또한 오늘날의 상황을 거칠게나마 반영한 현재 진행형의 논쟁을 소개할 것이다. 7장에서 논의한 보건 관리 전달과 보건 시스템 강화 모델은 이렇게 우선순위가 높은 지역을 포함한 다른 여러 지역에 적용된다. 이 책의 저자들은 이러한 노력과 그 기초가 되는 국제 보건 평등이라는 목표를 확장하는 일이 국제 보건의 최우선 과제라고 믿는다. 또한 우리는 국제 보건 평등이 우리 시대의 주요 인권 과제 가운데 하나라고 생각한다. 더 나은 보건 시스템을 구축하는 일은 환자와 보건 제공자, 보건 활동가들에게 질병 부담을 줄이는 토대를 제공한다. 또한 우리는 시스템을 구축함으로써, 보건의 사회적 결정 요인들을 설명하고 어떤 도전 과제든 그것과 싸울 수 있는 장기 보건 관리 전달 역량을 함양할 수 있다. 단기간에 걸쳐 저비용으로 개입하는 것만으로는 이러한 목표에 가까이 가기 힘들다. 또한 국제 보건이 평등을 향해 더 나아갔다는 것은 사회적인 변화를 함축하는데, 이것은 마지막 장의 주제이기도 하다.

7장과 10장에서 논의했던 원조 전달의 효율성과 질을 향상하기 위한 잠재력이라는 측면에서, 21세기 초 국제 보건의 핵심적 우선 과제는 무엇인가? 이 질문에 대한 답은 지역에 따라 다양할 수밖에 없다. 또한 우리는 해당 지역의 질병 부담을 덜고 보건 서비스 사

---

6) Thomas Pogge, *World Poverty and Human Rights*, 2nd ed. (Cambridge : Polity Press, 2008), 24. Pogge는 또한 심한 빈곤 상태에서 생활하는(또는 죽어가는) 25억 명에 대한 소득 부족액이 3천억 달러에 달할 것으로 추정한다. 이 수치는 OECD 국가의 국민총생산을 모두 합한 액수의 1퍼센트에 해당한다.

7) 세계보건기구, *World Health Report 2006 : Working Together for Health* (Geneva : World Health Organization, 2006). 다음 글도 참고하라. Pooja Kumar, "Providing the Providers: Remedying Africa's Shortage of Health Care Workers," *New England Journal of Medicine* 356, no. 25 (2007) : 2564~2567.

[그림 11.1] 세계 여러 국가와 개발 관련 기관이 지원하는 새천년 개발 목표 8가지는 전 세계적 진보의 청사진을 제공한다.
 · 출처 : Millennium Project, "About MDGs : What They Are," www.unmillenniumproject.org/goals/index.htm. 국제연합의 허가를
   받아 게재.

이의 틈새를 연결해야 한다. 이 장에서 논의하는 주제는 우리가 초점을 맞춰야 하는 몇몇 핵심 구역을 드러낼 목적으로 선택한 것이다. 비록 전체를 망라한 목록이 아니어서 상당수가 해마다 바뀔 수밖에 없지만 말이다. 대각선 접근은(보건 시스템을 일반적으로 강화하는 방식으로 사망률과 이환율의 주요한 특정 원인에 대응해[8]) 주어진 조건에서 어떤 것이 가장 중요한 보건 문제가 되든지, 이러한 우선 과제와 싸우는 가장 흥미로운 전략을 제공한다.

국제 보건의 황금시대가 막 시작할 무렵 만들어진 새천년 개발 목표는 국제 보건의 우선 과제가 무엇인지에 대해 논의를 시작하는 유용한 시작점이 되었다. 2000년에 이르러 192개국과 23개 국제기관은 2015년까지 8가지 목표가 실현되도록 지원을 약속했다.(그림 11.1을 보라.) 새천년 개발 목표는 모두 국제 보건과 관련이 있다. 목표 4(아동 사망률 줄이기)와 목표 5(임산부 보건 개선하기), 목표 6(HIV/에이즈. 말라리아를 비롯한 기타 질병과 싸우기)은 보건과 직접 연관된다. 새천년 개발 목표에 포함된 다른 진보인 극심한 빈곤과 기아 근절하기(목표 1), 성 평등과 여성 권리 증진하기(목표 3), 환경적 지속 가능

---

8) Julio Frenk, Jos L. Cocadilla, Jaime Sepulveda, and Malaquais L pez Cervantes, "Health Transision in Middle-Income Countries : New Challenges for Health Care," *Health Policy and Planning* 4, no. 1 (1989) : 29~39.

성 보장하기(목표 7) 또한 국제 보건의 평등을 진전시키는 데 필수적이다.

각각의 목표를 위해 특정 대상을 설정한 경우도 있었다. 예를 들어 신생아와 5세 이하 아동의 사망률을 줄이는 것과 에이즈 치료에 대한 보편적 접근 달성하기가 그렇다.[9] 비록 새천년 개발 목표 가운데 몇몇은 아직 진행 중이라 2015년에 완료될 예정이다. 하지만 이로써 고소득 국가들과 가난과 부패 때문에 그런 목표들이 긴급 사안이 된 여러 국가는, 국제 보건과 개발에서 더욱 야심 찬 의제를 설정하게 되어 지원을 이끌어 냈다. 또한 새천년 개발 목표의 대상과 기준은 다양한 행위자들이 그러한 노력에 협조하는 동기가 되었다. 이는 4장에서 자세하게 논의했듯, GOBI-FFF 개입이 1980년대 국제연합 아동기금이 아동 살리기 캠페인을 이끌었던 것과 상당히 유사했다.

다음 두 절에서는 목표 4와 5(모자보건), 그리고 목표 6(에이즈, 결핵, 말라리아와 싸우기)을 더욱 자세히 다룰 것이다.

모자보건

새천년 개발 목표 4(아동 사망률 줄이기)와 목표 5(임산부 보건 개선하기)는 모자보건이라는 범주로 함께 다루는 경우가 많다. 그렇게 하면 동반 상승효과가 크기 때문이다. 산전 관리와 안전 전달 같은 여러 임상적 과정은 어머니와 아동의 보건 모두 개선할 수 있다. 가족계획도 마찬가지다. 모든 보건 시스템에는 모자보건 관리 전달을 증진하려는 굳건한 노력이 필요하다.

1990년에서 2008년 사이 개발도상국에서 5세 이하 아동의 사망률은 28퍼센트 밑으로 낮아졌다.[10] 이는 훌륭한 성취였지만, 새천년 개발 목표에서 요구하는 연간 평균 사망률을 달성하기에는 4.2퍼센트 부족했다.[11] 아동 사망의 원인은 대부분 치료나 예방이 가능

---

9) 다음을 참고하라. 국제연합, *The Millennium Development Goals Report*, 2012, http://mdgs.un..org/unsd/mdg/ Resources/Static/Products/Progress2012/English2010.pdf (접속일 : 2012년 11월 15일)

10) 국제연합, "Millennium Development Goals : Goal 4-Reduce Child Mortality," 자료표, 국제연합 공공 정보부, 2010년 9월, www.un.org/millenniumgoals/pdf/MDG_FS_4_EN.pdf (접속일 : 2012년 11월 15일)

11) 세계보건기구와 세계은행, "High-Level Forum on the Health Millennium Development Goals," December 2003, www.who.int/hdp/en/IP1-overview.pdf (접속일 : 2012년 11월 15일)

한 감염병과 영양실조였다. 2011년에는 전 세계 5세 이하 아동의 사망 원인 중 36퍼센트가 폐렴, 설사병, 말라리아인 것으로 나타났다. 나머지 전체의 3분의 1은 영양실조 탓이었다.[12] 비록 감염성 질환으로 사망한 어린이가 항상 영양실조였던 것은 아니지만, 대부분은 영양실조에 걸린 채 숨을 거두었다.[13]

UNICEF의 GOBI-FFF 캠페인은 유아 예방접종, 구강 재수화 요법, 모유 권장같이 비용이 적게 드는 개입에 대한 접근을 넓히면 전 세계 아동 사망률과 이환율을 빠르게 줄일 수 있음을 증명했다. 지난 수십 년 동안 백신과 예방접종을 지원하는 국제연맹과 여러 협조 기관은 아동 백신에 대한 접근을 상당히 늘렸다.(다음 박스 설명을 참고하라.)[14] 그 중에서 GAVI는 2000년에 처음 시작해, 10년 동안 저소득 국가에서 250만 명 이상의 아동에게 예방접종을 실시하는 데 거의 30억 달러를 지출함으로써 접종률을 79퍼센트까지 높였다. WHO에 따르면 이것은 역대 최고 수치였다. GAVI는 이러한 노력으로 500만 건 이상의 아동 사망을 피했다고 추정했다.[15] 이 기관은 효과적일 뿐 아니라 창의적이기도 했다. 새로운 재정 전략은(해외 원조 기관과 개인 기부자, 수혜국이 공동으로 출자한 "매칭 펀드"를 포함한) 예방접종 보급률이 낮은 국가들에게 지속 가능한 접종 프로그램을 구축하는 데 도움을 주었다.

여러 연구에 따르면 유아 예방접종과 구충 프로그램을 함께 진행하는 것이 아동들의 체중을 10퍼센트 늘리고 학교 결석률을 25퍼센트 줄이는 등 아동 보건에 여러 이점을 준다고 한다. 다른 연구에서는 구충 요법을 받은 아동들이 그렇지 않은 아동들에 비해 인지 검사에서 더 높은 점수를 받고, 10년이 지나 성인이 되어 21~29퍼센트 더 높은 급여를

12) 세계보건기구, "Children: Reducing Mortality," 자료표 178번, 2012년 9월, www.who.int/mediacentre/factsheets/fs178/en/ (접속일 : 2012년 11월 15일)

13) Amy L, Rice, Lisa Saccom Adnan Hyder, and Robert E. Black, "Malnutrition as an Underlying Cause of Childhood Deaths Associated with Infectious Disease in Developing Countries," *Bulletin of the World Health Organization* 78, no. 10 (2000) : 1207~1221.

14) Richard Horton, "A New Global Commitment to Child Survival," *Lancet* 368, no. 9541 (2006) : 1041~1042.

15) GAVI 연합, "2000~2010 : A Decade of Saving Lives," December 8, 2010, www.gavialliance.org/library/publications/gavi-fact-sheets/current/true/page/2/ (접속일 : 2013년 2월 6일)

받는 것으로 나타났다.[16] 이에 국제 보건을 위한 대책 위원회(아동 생존을 위한 대책 위원회가 전신이었던)와 전 세계 구충을 위한 모임 같은 기관들은 개발도상국의 여러 정부와 힘을 합쳐 구충 프로그램의 범위를 확장하는 데 중요한 한 걸음을 내디뎠다. 예를 들어 2010년 케냐의 전국 학교 기반 구충 프로그램은 1인당 0.36달러로, 약 360만 명의 아이들을 치료했다.(구충 프로그램을 확대하려는 다른 노력은 이 장의 뒷부분 '방치된 열대병들' 절에서 살펴보겠다.)[17]

특히 아동들에게 나타나는 영양실조와 식품 불안정은 설사병에서 결핵에 이르는 급성 혹은 만성질환이 발병하는 이유를 상당 부분 설명해 준다. 유아 영양실조를 해결하는 가장 좋은 방법은 쉽게 포장·이송·보관이 가능하고, 칼로리가 강화·집약된 즉석식(ready-to-use therapeutic foods, RUTFs)을 지급하는 것이다.[18] 예를 들어 국경없는 의사회는 니제르에 처음으로 비타민이 풍부한 땅콩잼을 도입했는데, 그 결과 급성 영양실조로 고통받는 아동의 90퍼센트가 치료되었다. 말라위, 인도, 아이티를 비롯해 기타 여러 국가에서

---

16) 체중 증가에 대한 데이터는 다음을 보라. Harold Alderman, Joseph Konde-Lule, Isaac Sebuliba, Donald Bundy, and Andrew Hall, "Effect on Weight Gain of Routinely Giving Albendazole to Preschool Children during Child Health Days in Uganda : Cluster Randomised Controlled Trial," *British Medical Journal* 333, no. 7559 (2006) : 122.
학교 결석률 감소에 대해서는 다음을 보라. Edward Miguel and Michael Kremer, "Worms: Identifying Impacts on Education and Health in the Presence of Treatment Externalities," *Econometrica* 72, no. 1 (2004) : 159~217.
인지 시험 점수가 상승했다는 증거는 다음을 보라. Catherine Nokes, Sally M. Grantham-McGregor, Anthony W. Sawyer, Edward S. Cooper, and Donald A.P. Bundy, "Parasitic Helminth Infection and Cognitive Function in School Children," *Proceedings: Biological Sciences* 247, no. 1319 (1992) : 77~81.
성인이 된 이후 임금이 상승했음을 드러내는 데이터는 다음을 보라. Sarah Baird, Joan Hamory Hicks, Edward Miguel, and Michael Kremer, *Worms at Risk : Long-Run Impacts of Child Health Gains*, working paper, Abdul Latif Jameel Poverty Action Lab, October 2011, www.povertyactionlab.org/publication/worms-work-long-run-impacts-child-health-gains (접속일 : 2012년 11월 20일)
17) Michael Kremer, "School-Based Deworming: Big Impact for Small Change," 하버드대학 케네디스쿨 강의, 2010년 5월 15일, www.hks.harvard.edu/var/ezp_site/storage/fckeditor/file/pdfs/degree-programs/mpaid/mpaid-10th-michael-kremer-slideshow.pdf (접속일 : 2012년 11월 15일)
18) 세계보건기구, "Community-Based Management of Severe Acute Malnutrition: A Joint Statement by the World health Organization, the World Food Programme, the United Nations System Standing Committee on Nutrition, and the United Nations Children's Fund," May 2007, www.who.int/nutrition/topics/statement_commbased_malnutrition/en/index.html (접속일 : 2012년 11월 15일)

도 비슷한 요법을 시행 중이다.[19] WHO의 권고안에 따르면, 즉석식은 급성 영양실조를 겪는 아동들에게 훌륭한 결과를 내는 치료법으로서 점점 더 많이 활용되고 있다.[20]

GAVI 연합

비록 WHO의 확장된 예방접종 프로그램과 UNICEF의 아동 살리기 캠페인이 1980년대에 국제적 아동 예방접종률을 높이기는 했지만, 예방접종 보급률은 1990년대 들어 낮아졌다.[21] 2000년에는 개발도상국에서 3천만 명가량의 아동이 여전히 유아기에 해야 할 6대 기본 예방접종인 결핵, 디프테리아, 파상풍, 백일해, 홍역, 소아마비 백신을 모두 혹은 일부 받지 못한 것으로 나타났다.[22] 국제연합 조직, 정부, 백신 제조사, 연구자, 비정부기구, 자선가들의 연합체인 GAVI 연합은 빌과 멜린다 게이츠 재단에서 기부한 7억 5천만 달러를 토대로 1999년에 비로소 온전한 조직 체계를 갖추었다. 이 연합은 2000년에 이르러 다보스 세계경제포럼에서 공식 발족되었다.

GAVI에는 4가지 주요 목표가 있었다. 첫 번째는 예방접종률이 낮은 가난한 국가

---

19) Isabelle Defourny, Gwenola Setoux, Issaley Abdelkader, and Géza Harczi, "Management of Moderate Acute Malnutrition with RUTF in Niger," *MSF Report*, 2007, www.msf.org.au/uploads/media/mod_acc_mal_Niger. pdf (접속일 : 2012년 11월 15일); Steve Collins and Kate Sadler, "Outpatient Care for Severely Malnourished Children in Emergency Relief Programmes : A Retrospective Cohort Study," *Lancet* 360, no. 9348 (2002) : 1824~1830; Michael A. Cilivberto Heidi Sandige, MacDonald J. Ndekha, Per Ashorn, Andr Briend, Heather M. Ciliberto, and Mark J. Manary, "Comparison of Home-Based Therapy with Ready-to-Use Therapeutic Food with Standard Therapy in the Treatment of Malnourished Malawian Children : A Controlled, Clinical Effectiveness Trial," *American Journal of Clinical Nutrition* 81, no. 4 (2005) : 864~870.

20) Eleanor Oakley, Jason Reinking Heidi Sandige, Indi Trehan, Gregg Kennedy, Kenneth Maleta, and Mark Manary, "A Ready-to-Use Therapeutic Food Containing 10% Milk Is Less Effective than One with 25% Milk in the Treatment of Severely Malnourished Children," *Journal of Nutrition* 140, no. 12 (2010) : 2248~2252; Collins and Sadler, "Outpatient Care for Severely Malnourished Children in Emergency Relief Programmes"; El Hadji Issakha Diop, Nicole Idohou Dossou, Marie Madeleine Ndour, Andr Briend, and Salimata Wade, "Comparison of the Efficacy of a Solid Ready-to-Use Food and a Liquid, Milk-Based Diet for the for the Rehabilitation of Severely Malnourished Children: A Randomized Trial," *American Journal of Clinical Nutrition* 78, no. 2 (2003) : 302~307."

21) Tore Godal "Viewpoint: Immunization against Poverty," *Tropical Medicine and International Health* 5, no. 3 (2000) : 160~165; 세계보건기구, *The EPI Information System* (Geneva : World Health Organization, 1999).

22) GAVI 연합, "Origins of GAVI," www.gavialliance.org/about/mission/origins/ (접속일 : 2012년 11월 15일)

의 접종률을 늘리는 것이다. 원래 황열병, 디프테리아, 파상풍, 백일해, B형 간염, 헤모필루스 인플루엔자 b형(Hib) 백신에 대한 활용도가 떨어지는 문제에 초점을 맞추었던 GAVI는 활동을 시작한 지 10년이 지날 무렵 이 백신에 대한 보급률을 유지하면서 수막염, 폐렴쌍구균, 로타바이러스에 대한 새로운 백신 도입을 늘리기 시작했다. GAVI는 저소득 혹은 중간 소득 국가들에게 기금을 지원해 예방접종을 확대했으며, 국가적인 예방접종 전략에 기술적 도움을 제공하고 접종약을 조달하며 상황에 대한 모니터링을 통해 평가하는 체계를 수립했다. 또한 몇몇 국가에서 소아마비 백신 보급률을 높이는 프로그램을 지원했다. 오늘날 GAVI는 여성 보건에 폭넓은 관심을 보이면서, 그 일환으로 자궁경부암과 풍진 백신을 탐색하고 있다.[23]

둘째, GAVI는 훈련 프로그램과 공공 정보 제공 캠페인, "예방접종 서비스 지원(특히 디프테리아, 파상풍, 백일해를 예방하는 DTP 백신의 보급률을 높인 국가들에게 포상금을 지급하는)"을 통해 가난한 국가에서 일상적인 예방접종 역량을 강화하고자 한다. 한 연구 결과에 따르면 맨 마지막 프로그램은 DTP 백신의 초기 보급률이 낮은 국가들의 백신 사용을 상당히 늘려 아동 1인당 드는 평균 비용을 14~20달러까지 높였다. GAVI의 추산에 의하면, 이 지원에 따라 DTP 백신을 받은 아동은 7,650만 명에 달했다.[24]

셋째, GAVI는 여러 해에 걸쳐 개발도상국들의 공동 투자를 늘리고 공적·사적 기부자들로부터 자원을 결집해 국제적 예방접종을 위한 예측 가능한 재정을 유지하고자 했다. 2011년에 GAVI의 주기별 보충액은 43억 달러까지 증가했고, 이에 따라 2011년~2015년 사이 사용하기로 할당된 GAVI의 총 자금은 76억 달러가 되었다.[25]

---

23) GAVI 연합, "GAVI Takes First Steps to Introduce Vaccines against Cervical Cancer and Rubella," 언론 공식 발표, 2011년 11월 17일, www.gavialliance.org/library/news/press-releases/2011/gavi-takes-first-steps-to-introduce-vaccines-against-cervical-cancer-and-rubella/ (접속일 : 2012년 11월 17일) 다음 글도 참고하라. Sue J. Goldie, Lynne Gaffkin, Jeremy D. Goldhaber-Fiebert, Amparo Gordillo-Tobar, Carol Levin, Cédric Mahé, and Thomas C. Wright, "Cost-Effectiveness of Cervical-Cancer Screening in Five Developing Countries," *New England Journal of Medicine* 353, no. 20 (2005) : 2158~2168.

24) Chunling Lu, Catherine M. Michaud, Emmanuela Gakidou, Kashif Khan, and Christopher J.L. Murray, "Effect of the Global Alliance for Vaccines and Immunisation on Diphtheria, Tetanus, and Pertussis Vaccine Coverage : An Independent Assessment," *Lancet* 368, no. 9541 (2006) : 1088~1095; GAVI 연합, "Immunisation Service Support," www.gavialliance.org/support/iss/ (접속일 : 2012년 11월 17일)

25) GAVI 연합, "GAVI's Resource Mobilisation Process," www.gavialliance.org/funding/resource-mobilisation/process/ (접속일 : 2012년 11월 15일)

마지막으로, GAVI는 '선진시장협약(advance market commitment, 백신 개발과 제조를 장려하기 위해 구매 협약을 체결하는 방법[26])'을 활용해 새로운 백신에 대한 연구와 개발을 촉진하고 충분히 이용되지 않은 백신의 가격을 낮추었다. 제약회사들의 참여를 이끌어 낸 GAVI의 노력은 국제 보건 분야에서 몹시 혁신적인 공헌 가운데 하나다. 예컨대 수요를 조직하는 GAVI의 능력은 로타바이러스, 폐렴, 수막염 등 새로운 백신의 개발을 부추기는 신뢰할 만한 시장을 창출했다.[27] 또한 사용 가능한 백신을 전달하는 GAVI의 모델은, 적은 비용을 들여 단기적이고 장기적인 필요의 균형을 맞추는 새로운 백신을 개발할 동기를 만들어 냈다.

몇몇은 즉석식의 남용이 수입 식품에 의존하게 만들어 지역의 농업 생산에 해를 입힐 수 있다고 반대하기도 했지만, 아이티에서 막 시작한 비타민이 풍부한 땅콩잼 생산 계획이 찬성하는 입장의 증거가 되어 주었다.[28] 즉석식 생산 정책은 영양실조 비율이 높은 국가에 식품 처리 공장을 짓고, 지역 농부들로부터 땅콩 같은 농작물을 입수한다. 이로써 일자리를 창출하고, 지역 생산 역량을 높인다. 지역 주민들이 기부자들의 돈에만 의존해 식량을 제공하는 일이 없도록 돕는 것이다. 이러한 프로젝트는 10장에서 윤곽을 그린 동반 접근의 예다.

개발도상국의 산모 사망률은 여전히 높은 상태이며, 재생산 보건 관리의 보편적 접근

---

26) GAVI 연합과 세계은행, "Creating Markets to Save Lives," 백신 자료 표를 위한 선진시장협약, November 2012, www.gavialliance.org/library/gavi-document/amc/ (접속일 : 2013년 2월 6일) 다음 글도 참고하라. Tracy A. Lieu, Thomas G. McGuire, and Alan R. Hinman, "Overcoming Economic Barriers to the Optimal Use of Vaccines," *Health Affairs* 24, no. 3 (2005) : 666~679.

27) 더구나 선진시장협약은 디프테리아, 파상풍, 백일해, B형 간염, 인플루엔자 간균 B형의 5종 혼합 백신 (pentavalent vaccine) 가격을 1회당 3.61달러에서 2.58달러로 29퍼센트 낮추었다. 비슷한 노력으로 B형 간염의 단일 백신 가격은 68퍼센트, 폐렴구균 백신은 90퍼센트 이상 낮아졌다. 국제연합아동기금 공급 부서와 GAVI 사무국의 교신을 참고할 것. 자세한 내용은 GAVI 연합에서 작성한 다음 글을 보라. "GAVI Impact on Vaccine Market behind Price Drop," www.gavialliance.org/library/news/roi/2010/gavi-impact-on-vaccine-market-behind-price-drop/ (접속일 : 2012년 11월 15일); Grace Chee, Vivikka Molldrem, Natasha Hsi, and Slavea Chankova, *Evaluation of the GAVI Phase 1 Performance (2000~2005)* (Bethesda, Md. : Abt Associates, 2008)

28) 다음을 보라. Martin Enserink, "The Peanut Butter Debate," *Science* 322, no. 5898 (October 2, 2008) : 36~38; Paul Farmer, "Partners in Help: Assisting the Poor over the Long Term," *Foreign Affairs*, July 29, 2011, www. foreignaffairs.com/articles/68002/paul-farmer/partners-in-help?page=show (접속일 : 2012년 11월 19일); 그리고 Andrew Rice, "The Peanut Solution," *New York Times*, September 2, 2010, www.nytimes.com/2010/09/05/magazine/05Plumpy-t.html (접속일 : 2012년 11월 15일)

이라는 새천년 개발 목표 또한 달성하려면 아직 멀었다. 매년 35만 명의 산모가 출산 과정에서 사망하는 가운데 가족계획, 산전 관리, 출산에 필요한 숙련된 도움 같은 재생산 보건 관리에 대한 접근성은 국가별 구매력의 높낮이에 따라 달라진다.[29] 이 과정에서 산모의 위험에 대한 불평등이 몹시 심하게 나타나도, 원래 그랬던 것처럼 당연시된다. WHO는 2008년에 국제적 산모 사망률의 99퍼센트가 개발도상국에서 일어났다고 추정했다. 그 가운데 65퍼센트가 겨우 11개국에서 발생했다. 같은 해 중간 소득과 고소득 국가 27개국에서는 산모 사망률이 5건 이하였다.[30] 니제르에서 여성이 아이를 낳다가 사망할 확률은 1대 7이었다. 여기에 비해 중간 소득과 고소득 국가에서는 이 수치가 1대 7,300이었다.[31] 2008년에는 개발도상국 가운데 새천년 개발 목표를 달성한 국가가 19개국뿐이었다.[32]

여러 국가의 최근 경험에 따르면 보건 노동자의 훈련을 개선하고, 적절한 시설에 위탁하며, 산전 관리를 정기적으로 제공한다면 산모 사망률을 줄일 수도 있다. 예컨대 1990년대에 온두라스는 복합적인 보건 전달을 위한 튼튼한 위탁 시스템을 개발하는 데 초점을 맞추었다. 여기에는 전통적인 출산 도우미들이 현대의 산부인과 관리를 받을 수 있는 보건 시설로 산모들을 보낼 시점을 직접 결정하게 하는 사항이 포함되었다. 그 결과 1990년에서 1997년 사이 온두라스의 산모 사망률은 정상 출산 10만 건당 182건에서 108건으로 낮아졌다.[33] 저비용 개입이나 물자가 부족한 환경에서 산모 보건을 개선한 사례가 또 하나 나온 것이다. 이렇게 사람들이 가족계획 서비스에 대해 접근할 수 있게 되자 의도치 않은 임신과 산모 사망률이 줄어들었다.

대상이 정해진 개입은 산모 보건의 국제적 불평등을 해결할 수 있는 중요한 단기적 해답이다. 하지만 전 세계적으로 여성들의 보건을 개선한다는 것은 여성들이 지고 있는 많

29) 국제연합, "Millennium Development Goals-Goal 5 : Improve Maternal Health," 국제연합 공공 정보부 자료 표, 2010년 9월, www.un.org/millenniumgoals/pdf/MDG_FS_5_EN_new.pdf (접속일 : 2012년 11월 15일)

30) 이 11개국은 아프가니스탄, 방글라데시, 콩고, 에티오피아, 인도, 인도네시아, 케냐, 나이지리아, 파키스탄, 수단, 탄자니아다. 다음을 보라. 세계무역기구, 국제연합아동기금, 국제연합인구기금, 세계은행, *Trends in Maternal Mortality : 1990 to 2008* (Geneva : World Health Organization, 2010), 1, 17.

31) 국제연합, "Millennium Development Goals-Goal 5: Improve Maternal Health."

32) Institute for Health Metrics and Evaluation, "Building Momentum : Global Progress toward Reducing Maternal and Child Mortality" (2010년 6월 7일, 워싱턴 D.C. 여성출산협의회 발표문), 7.

33) Isabella Danel and Ada Rivera, "Honduras, 1990~1997," in *Reducing Maternal Mortality : Learning from Bolivia, China, Egypt, Honduras, Indonesia, and Zimbabwe*, ed. Marjorie A. Koblinsky (Washington, D.C. : World Bank, 2003), 51~62.

은 농장 일과 가사 부담, 부양에 대한 책임, 낮은 사회적 지위를 포함해 보건 관리에 접근하는 데 영향을 주는 구조적 힘을 다룬다는 뜻이다. 특히 젠더 불평등과 빈곤은 유해한 상승작용을 일으킨다.[34] 이에 장기적으로 산모들의 보건적 성과를 개선하려면 1차 보건관리 전달에 모성 보건 개입을 통합해야 한다고 제안하는 연구 결과가 점점 더 늘고 있다.[35] 인도네시아에서는 오랫동안 농촌 보건 전초기지와 그곳에서 봉사 활동을 하는 노동자들이 영양, 가족계획, 예방접종, 설사병 예방을 포함한 여러 모자보건 서비스를 제공해 왔다. 이러한 공동체 기반의 1차 관리 계획은 한 여성이 평생 낳는 자녀의 수인 출산율을 줄이고, 아동 생존율을 늘렸다고 평가받는다.[36] 레소토에서는 여러 농촌 보건 기관이 진료소에 오는 모든 여성에게 HIV 감염 테스트와 가족계획 서비스를 제공했다. 또한 사후 관리 약속의 필요성을 배제하고 전체 관리 전달의 효율성을 늘렸다.[37]

모자보건을 포괄적으로 다루다 보면 훈련받은 보건 노동자가 더 많이 필요해진다. 그 밖에 공동체와 보건 센터, 병원 사이의 위탁 네트워크를 강화하고 관리 센터에 적절한 보급품을 비축하는 것도 필요하다. 이 모든 게 튼튼한 보건 시스템의 요소들이다. 사실 여성들에게 수술과 혈액은행, 지혈제, 산후 조리를 포함한 현대 산과학의 총집합에 대한 접근을 보장하지 않고서는 어떤 보건 시스템도 완벽하다고 할 수 없다. 산모 사망률이 높은 여러 지역에서 말라리아 예방·HIV 시험·아동과 어머니를 위한 미량 영양소 보충·예방접종·보건 교육과 산전 관리를 실시하고 신생아 보건 센터를 정기적으로 방문한다면, 모자보건의 우선 과제들 사이의 상승작용을 포착하고 보건 시스템을 강화하는 데도 도움이

---

34) Joia S. Mukherjee, Donna J. Barry, Hind Satti, Maxi Raymonville, Sarah Marsh, and Mary Kay Smith-Fawzi, "Structural Violence: A Barrier to Achieving the Millennium Development Goals for Women," *Journal of Women's Health* 20, no. 4 (2011) : 593~597; Louise Ivers and Kimberly Cullen, "Food Insecurity : Special Considerations for Women," *American Journal of Clinical Nutrition* 94, no. 6 (2011) : 1740S~1744S.

35) 다음을 보라. Kate Kerber, Joseph de Graft-Johnson, Zulfiqar Bhutta, Pius Okong, Ann Starrs, and Joy Lawn, "Continuum of Care for Material, Newborn, and Child Health : From Slogan to Service Delivery," *Lancet* 370, no. 9595 (2007) : 1358~1369; 그리고 Allan Rosenfield, Caroline J. Min, and Lynn P. Freedman, "Making Motherhood Safe in Developing Countries," *New England Journal of Medicine* 356, no. 14 (2007) : 1395~1397.

36) Santoso S. Hamijoyo and Donald S. Chauls, "Community Participation in the Indonesian Family Planning Program : The Village Perspective and Management Strategies," Management Sciences for Health, 1992; Siswanto Agus Wilpo and W. Henry Mosley, "The Relationship of Child Survival Intervention Programs to the Practice of Contraception : A Case Study in Indonesia," Johns Hopkins Population Center, 1993; Tasnim Partapuri, Robert Steinglass, and Jenny Sequeira, "Integrated Delivery Services during Outreach Visits : A Literature Review of Program Experience through a Routine Immunization Lens," *Journal of Infectious Diseases* 205, suppl. 1 (2012) : S23.

37) Mukherjee, Barry, et al., "Structural Violence," 596.

될 것이다. 또 인유두종 바이러스 백신과 자궁경부암의 초기 진단 및 치료는 많은 비용이 들지 않으면서도 여성 보건 의제들 사이의 균형을 맞출 수 있는 직접적인 개입이다.[38]

2005년에는 모자보건에 초점을 맞추는 지지 및 기금 지원을 비롯한 실행 단체 수백 곳의 지도자들은 새천년 개발 목표 4와 5를 지원하는 국제적 노력을 배가하고자 어머니, 신생아, 아동 보건을 위한 협력 관계를 구축했다. 이 협력 관계는 원칙적으로 모자보건에 대한 국제적 지원을 높이려는 단체들로 이루어졌다. 이 단체는 효과적인 개입에 대한 증거를 전파하고, 진행 중인 모니터링과 평가 노력을 지원하는 데도 도움을 주었다. 지금까지 그래왔듯, 앞으로도 지지 운동과 높아진 목표를 굳건한 전달 노력과 연계하는 일이 필요할 것이다. 다음 10년의 도전 과제는 국제 보건의 모든 우선 과제처럼 목표를 세운 다양한 개입을 확대해 장기적으로 어머니, 신생아, 아동을 위한 질 높은 서비스를 제공하는 보건 시스템을 가능케 하는 것이다.

3대 질병 : 에이즈, 결핵, 말라리아

'새천년 개발 목표'의 여섯 번째 항목인 'HIV/에이즈, 말라리아를 비롯한 기타 질병과 싸우기'의 경우 다소 진전이 있었지만 목표를 달성하려면 아직도 갈 길이 멀다. 새로운 HIV 감염자 수는 1996년에 350만 명으로 최고점에 다다랐다가 2011년에는 250만 명까지 낮아진 것으로 추산된다. 항레트로바이러스 치료에 접근한 에이즈 환자 수는 거의 800만 명이다.(10년 전까지만 해도 환자가 가장 많은 대륙이었던 아프리카 빈민 가운데서 이 수치는 0에 가까웠다.)[39] 또 말라리아 환자 수는 2005년에 2억 4,400만 명에서 2010년에는 2억 1,600만 명으로 이와 비슷하게 줄었다. 말라리아로 말미암은 사망자 수

---

38) John Cleland, Stan Bernstein, Alex Ezeh, Anibal Faundes, Anna Glasier, and Jolene Innis, "Family Planning : The Unfinished Agenda," *Lancet* 368, no. 9549 (2006) : 1810~1827; Sue J. Goldie, Lynne Gaffikin, Jeremy D. Goldhaber-Fiebert, Amparo Gordillo-Tobar, Carol Levin, Cédric Mahé, and Thomas C. Wright, "Cost-Effectiveness of Cervical-Cancer Screening in Five Developing Countries," New England Journal of Medicine 353, no. 20 (2005) : 2158~2168; Sue J. Goldie, Meredith O'Shea, Nicole Gastineau Campos, Mireia Diaz, Steven Sweet, Sun-Young Kim, "Health and Economic Outcomes of HPV 16, 18 Vaccination in 72 GAVI-Eligible Countries," *Vaccine* 26, no. 32 (2008) : 4080~4093.

39) UNAIDS, *World AIDS Day Report 2012 : Results*, www.unaids.org/en/resources/publications/2012/name,76120,en.asp (접속일 : 2013년 1월 29일)

는 2000년에 98만 5천 명에서 2010년에는 65만 5천 명까지 낮아졌다.[40] 여전히 사망을 일으키는 주요 감염병 가운데 하나가 비록 결핵이기는 하지만(에이즈, 설사병, 기타 호흡기 질환 다음으로), 아시아를 제외한 모든 지역에서 유행이 잦아들고 있다.[41]

다른 장에서 이런 질환들의 요소를 깊이 다루었으므로, 이 장에서는 최근의 개발과 미래의 필요에만 초점을 맞추겠다. 우선 앞서 언급한 여러 질환의 치료와 예방을 위해 가망 있는 다양한 대응책이 모습을 드러내고 있다. 가령 말라리아 백신 후보와 결핵에 대한 새로운 병용 요법이 임상 시험 중이다.[42] 환자들의 바이러스 양을 낮추고, 항레트로바이러스 치료를 하는 것 또한 HIV를 예방하는 중요한 수단이라는 증거가 있다. 실제로 HIV 환자들 가운데 항레트로바이러스 치료를 받는 사람들은 그들의 동반자에게 바이러스를 감염시킬 확률이 96퍼센트 낮아진다.[43] 남성의 포경수술, 질 살균 젤, 항레트로바이러스제와 함께 처방하는 잠재적 사전 예방약(pre-exposure prophylaxis) 같은 다른 진보들 또한 HIV 통제를 위한 무기의 다양성을 넓혔다. 아직 미국 식품의약국의 승인을 받지는 못했지만, 레이건 연구소를 비롯해 알레르기 및 전염병 국가 연구소에서 개발한 여러 HIV 백신 후보는 다소 미약하나마 희망을 제공했다.[44] 아직 백신이 개발되지는 않았지만, 부유한 환경과 가난한 환경 양쪽에서 수십 년 동안 이루어진 보건 관리 경험으로 미루어 보면, 이 현대적인 질병을 통제하는 가장 좋은(어쩌면 유일한) 방법은 현재 가능한 모든 수단을 동원해 예방과 치료를 완전히 통합하는 것임을 알 수 있다.[45]

하지만 아직 많은 도전 과제가 남아 있다. HIV/에이즈에 대한 국제연합 합동 프로그램은 2011년에 전 세계를 통틀어 3,400만 명의 사람들이 HIV에 감염되었으며, 170만 명

---

40) 세계보건기구, *World Malaria Report 2011*, 72~73.

41) 세계보건기구, "The Top 10 Causes of Death," 310번 자료 표, 2011년 6월, www.who.int/mediacentre/factsheets/fs310/en/index.html (접속일 : 2012년 11월 15일); 국제연합, "Millennium Development Goals-Goal 6 : Combat HIV/AIDS, Malaria and Other Diseases," 국제연합 공공 정보부, 2010년 9월, www.un.org/millenniumgoals/pdf/MDG_FS_6_EN.pdf (접속일 : 2013년 1월 31일)

42) The RTS,S Clinical Trials Partnership, "First Results of Phase 3 Trial of RTS,S/AS01 Malaria Vaccine in African Children," *New England Journal of Medicine* 365, no. 20 (2011) : 1863~1875; Stu Hutson, "Half-Century-Old TB drugs Get a Facelift in New Cocktails," *Nature Medicine* 16, no. 20 (2010) : 1346. 이 발전은 PATH 말라리아 백신 계획과 결핵 연합에 의해 가속화되었다.

43) Myron S. Cohen, Ying Q. Chen, et al., "Prevention of HIV-1 Infection with Early Antiretroviral Therapy," *New England Journal of Medicine* 365, no. 6 (2011) : 493~505.

44) HIV 백신 개발 과정에 대한 자세한 정보는 다음을 보라. HIV Vaccine Trials Network, www.hvtn.org/ (접속일 : 2013년 1월 31일)

45) Anthony S. Fauci, "25 Years of HIV," *Nature* 453, no. 7193 (May 15, 2008) : 289~290.

은 에이즈 연관 병증으로 사망했다고 추산했다.[46] 2010년까지 실현하지 못했던 새천년 목표 6번인 '치료에 대한 보편적 접근'을 이루었다면, 이 170만 명의 목숨을 거의 구할 수 있었을 것이다. 지금도 전 세계 여러 곳에서 에이즈의 전이 속도는 계속 빨라지고 있다. 현재 속도라면 2명이 다시 항레트로바이러스 치료를 받기 시작하는 동안 5명이 새로 질병에 감염될 것이다.[47] 2002년에서 2008년 사이 통합적 예방과 관리를 위한 국제 원조가 급격하게 부상했다. 그러나 2008~2009년에 경제 위기가 시작되면서 오름세는 주춤하기 시작했다. 2010년에는 2000년대 초반 이래 처음으로 국제 에이즈 프로그램 기금이 줄어들었다. 그리고 2011년에는 기부자들의 기부 금액이 불충분해서 '에이즈, 결핵, 말라리아와 싸우는 국제기금'이 곧 닥칠 11번째 자금 조달을 취소할 수밖에 없었다.[48] 이렇듯 흐름이 꺾이자 국제연합은 목표를 낮춰서 2015년까지 1,500만 명을 국제적인 치료 대상으로 삼겠다고 선언했다. 그리고 미국 대통령 버락 오바마(Barack Obama)는 미국에서 국제 에이즈 프로그램을 통해 2013년 말까지 600만 명의 치료를 지원하겠다고 약속했다.[49] 비록 이러한 목표가 가망이 있기는 했지만, 그것이 튼튼한 재정 지원이 이루어진다는 신호는 아니었다. 비록 2010년부터 미국의 재정 지원이 회복되기는 했지만, 그 액수는 2009년의 수준에 머물렀고, 전체 해외 원조액은 2008년의 수준으로 돌아온 정도였다.[50] 이런 상황에서 부적절한 재정 지원을 통해 거센 유행과 맞서다가는 수천만 명의 생명이 위태로울 수 있다.

이 책에서 전반적으로 주장하듯 HIV, 결핵, 말라리아를 목표로 하는 프로그램은 장기적으로 폭넓은 보건 시스템 수행을 증진하는 데 지렛대 작용을 할 수 있다. 또 새천년 개

---

46) UNAIDS, *World AIDS Day Report 2012 : Results*, 6.

47) 위의 글, 8, 16.

48) Jennifer Kates, Adam Wexler, Eric Lief, Carlos Avila, and Benjamin Gobet, "Financing the Response to AIDS in Low- and Middle-Income Countries : International Assistance from Donor Governments in 2011," UNAIDS와 Kaiser Family Foundation, July 2012, www.kff.org/hivaids/upload/7347-08.pdf (접속일 : 2012년 11월 25일); Kaiser Family Foundation, Kaiser Daily Global Health Policy Report, "Global Fund Cancels Round 11 Grants, Approves New Strategy and Organization Plan," November 29, 2011, http://globalhealth.kff.org/Daily-Reports/2011/November/29/GH-112911-Global-Fund-Round-11.aspx (접속일 : 2013년 1월 8일)

49) 국제연합총회, "Political Declaration on HIV/AIDS : Intensifying Our Efforts to Eliminate HIV/AIDS," June 8, 2011, www.un.org/ga/search/view_doc.asp?symbol=A/65/L/77 (접속일 : 2012년 11월 25일); 백악관 대변인 사무실, "The Obama Administration to Participate in the 19th International AIDS Conference," 언론 공식 발표, July 16, 2012, www.whitehouse.gov/the-press-office/2012/07/16/obama-administration-participate-19th-international-aids-conference (접속일 : 2012년 11월 20일)

50) Kate, Wexler, et al,. "Financing the Response to AIDS in Low- and Middle-Income Countries."

발 목표와 기타 국제연합 결의안이 설정한 대상들은 국제 보건의 우선 과제와 진전을 추적하는 데 유용한 계량법을 제공한다. 하지만 그 목표를 향후 10년 안에 달성하려면, 전 세계적으로 통합된 포괄적인 보건 시스템을 강화하는 데 상당한 노력을 지속적으로 기울여야 한다.

빌과 멜린다 게이츠 재단

빌과 멜린다 게이츠 재단(BMGF) 이상으로 국제 보건 분야에서 박애주의 전망을 잘 드러내는 조직은 없을 것이다. 1994년부터 BMGF는 국제 보건 연구와 수행에 150억 달러 이상을 기부했다. 2008년 보고서에 따르면, 이 재단은 방치된 질병을 주제로 한 연구에서 전체의 약 18퍼센트에 대해 기부했는데, 그보다 앞선 기관은 42퍼센트에 대해 기부한 미국 국립보건원(NIH)뿐이었다.[51] 2004년에 미국 의회가 국립보건원의 예산을 삭감하자 BMGF는 이전보다 훨씬 많은 역할을 하게 되었다. 2006년에는 투자자 워런 버핏(Warren Buffet)이 BMGF에 300억 달러를 기부함으로써, 이 재단의 예산이 거의 두 배가 되었다. 비록 2008년의 경제 위기 때 기부금이 20퍼센트 감소했지만, BMGF는 매년 계속해서 지출액을 늘렸다.

BMGF의 국제 보건 프로그램의 사명은 다음과 같다. "우리 국제 보건 프로그램은 가난한 국가에서 생명을 구하기 위해 과학과 기술의 진보를 활용한다. 우리가 초점을 맞춰 지원할 대상은 개발도상국에 많은 영향을 주지만, 재정 지원이나 주목은 몹시 적은 보건 프로그램이다. 증명된 수단이 있다면, 우리는 그것의 전달을 개선할 수 있는 지속 가능한 방편을 지원한다. 그런 수단이 없다면 우리는 백신, 약품, 진단법을 개발하기 위한 새로운 연구와 개발에 투자한다."[52]

---

51) Mary Moran, Javier Guzman, Anne-Laure Ropars, Alina McDonald, Tanja Sturm, Nicole Jameson, Lindsey Wu, Sam Ryan, and Brenda Omune, *Neglected Disease Research and Development : How Much Are We Really Spending?* (Sydney : George Institute for International Health, 2008), 41, www.georgeinstitute.org.au/sites/default/files/pdfs/G-FINDER_2008_Report.pdf (접속일 : 2013년 1월 31일)

52) Bill and Melinda Gates Foundation, "Global Health Program: What We Do," www.gatesfoundation.org/global-health/Pages/overview.aspx (접속일 : 2012년 11월 15일)

BMGF는 새로운 협력 관계자들을 동원했는데, 그들 중 다수는 제약산업에 관여했다. 목표는 에이즈, 결핵, 말라리아, 방치된 열대병, 모자보건 등 이 장에서 논의된 국제 보건의 우선 과제 대부분이었다. 이 재단은 '에이즈, 결핵, 말라리아와 싸우는 국제기금', GAVI 연합뿐 아니라 빈곤 관련 질병과 싸울 기술의 개발에 매진하는 '보건의 적정 기술을 위한 프로그램(PATH)'의 주된 지원자였다. 소아마비와 말라리아 근절 캠페인을 이끌고 새로운 수막염 백신을 개발했으며, 유아 백신에 대한 접근성을 높인 것이 재단의 주된 성과였다. 또한 BMGF는 국제 백신 계획을 도와 새로운 콜레라 경구 백신인 샨콜(Shanchol)을 개발하도록 지원했는데, 이 백신은 약 3분의 1 정도의 가격으로 이전에 사용하던 백신과 효능이 거의 비슷했다.[53]

BMGF가 국제 보건 분야에서 가장 큰 재정 지원 기관으로 부상했다는 데 이의를 제기할 사람은 드물다. 하지만 연구 주제가 재단의 선호도에 기울었다는 비판은 있었다. 토론토대학교의 국제보건학 교수인 앤-에마누엘 번(Anne-Emanuelle Birn)은 BMGF가 현재 존재하는 보건 개입에 대한 접근을 확장시키는 대신 그 비용으로 새로운 기술(예컨대 HIV, 말라리아를 한 방에 해결하는 "마법 탄환")을 개발하는 데만 집중한다고 주장했다.[54] 하지만 기술 개발이 BMGF의 우선 과제이기는 해도 이 재단은 대규모 전달 노력에도 재정을 지원해 왔다. BMGF는 국제 기금과 '롤 백 말라리아 파트너십'의 비중 있는 지원자이며, 2007년에는 아프리카의 말라리아 통제와 평가 파트너십[55]을 발족해 잠비아의 말라리아 발병률을 절반으로 줄였다. 그뿐만 아니라 다중약물내성 결핵에 대항할 야심 찬 계획을 지금까지

53) Dipika Sur, Anna Lena Lopez, et al., "Efficacy and Safety of a Modified Killed-Whole-Cell Oral Cholera Vaccine in India: An Interim Analysis of a Cluster-Randomised, Double-Blind, Placebo-Controlled Trial," *Lancet* 374, no. 9702 (2009) : 1694~1702.

54) Anne-Emanuelle Birn, "Gates's Grandest Challenge : Transcending Technology as Public Ideology," *Lancet* 366, no. 9484 (2005) : 517. 소아마비 근절에 대한 도전을 자세히 살펴보려면 다음 글을 참고하라. Svea Closser, *Chasing Polio in Pakistan : Why the World's Largest Public Health Initiative May Fail* (Nashville, Tenn. : Vanderbilt University Press, 2010)

55) 보건의 적정 기술 프로그램, "A Model for Malaria Control: MACEPA Aims to Wipe Out Disease Using Tools Available Now," www.path.org/projects/malaria_control_partnership.php (접속일 : 2012년 11월 15일) '아프리카의 말라리아 통제와 평가 협력 관계(MACEPA)'는 "아프리카에서 말라리아를 완전히 없애는 것"을 목적으로 하는 연구와 통제 계획이다. BMGF는 이 모델이 말라리아가 유행하는 지역에서 받아들여지기를 희망한다.

지원해 온 유일한 재정 지원자로, 페루와 러시아에서 수만 명의 환자를 치료해 사망률과 전파 모두 극적으로 줄였다.[56] 사실 BMGF의 최근 투자 목록을 자세히 살펴보면, 이곳이 발견·개발·전달 사이에 균형을 잡고 있음을 알 수 있다.

방치된 열대병들

전 세계적으로 HIV, 결핵, 말라리아에 대한 통제 전략을 확장하려는 노력은 여전히 적절한 재정 지원을 끌어와야 한다는 어려움을 겪고 있다. "방치된 열대병(NTD)"으로 분류되는 질환들 또한 상당한 이환율과 사망률을 보이고 있음에도 불구하고 재정 지원이 턱없이 적다. 그렇다고 방치된 열대병들을 "3대 질환"이나 모자보건 또는 국제 보건의 기타 주요 우선 과제와 경쟁 구도에 놓는 것은 분명한 잘못이다. 이를 이해하는 것이 중요하다. 이 영역들은 각각 매우 중요하며 또 상호 보완적이다. 만약 가난한 사람들에게 즉각 사용 가능한 튼튼한 보건 시스템을 구축한다면 이 골칫거리를 한꺼번에 다루는 데 도움이 될 것이다.

약품 개발 파이프라인

가난한 국가의 방치된 보건 문제를 해결하기 위해 새로운 약품과 기술을 발견하고 개발하는 것은 국제 보건의 우선 과제다. 하지만 현재 에이즈, 결핵, 말라리아, 여러 위장 병원체를 포함한 질병들에 대항하는 안전하고 효과적인 개입이 이미 존재

---

56) Carole Mitnick, Jaime Bayona, Eda Palacios, Sonya Shin, Jennifer Furin, Felix Alcántara, Epifanio Sánchez, Madeleny Sarria, Mercedes Becerra, Mary C. Smith Fawzi, Saidi Kapiga, Donna Neuberg, James H. Maguire, Jim Yong Kim, and Paul Farmer, "Community-Based Therapy for Multidrug-Resistant Tuberculosis in Lima, Peru," *New England Journal of Medicine* 348, no. 2 (2003) : 119, 122; Paul E. Farmer, Jim Yong Kim, Carole D. Mitnick, and Ralph Timperi, "Responding to Outbreaks of Multidrug-Resistant Tuberculosis : Introducing DOTS-Plus," in *Tuberculosis : A Comprehensive International Approach*, ed. Lee B. Reichman and Earl S. Hershfield (New York : Decker, 2000), 447~469; Sonya S. Shin, Marin Yagui, Luis Ascencios, Gloria Yale, Carmen Suarez, Neyda Quispet, Cesar Bonilla, Joaquin Blaya, Allison Tayloe, Carmen Contreras, and Peter Cegielski, "Scale-Up of Multidrug-Resistant Tuberculosis Laboratory Services, Peru," *Emerging Infectious Diseases* 14, no. 5 (2008) : 701~807.

함에도 불구하고 가난한 사람들에게는 활용 불가능한 상태로 남아 있다. 따라서 이미 가진 도구를 효과적으로 전달하는 것 또한 우선 과제라 할 수 있다.

개념 면에서 약품 개발 파이프라인은 세 단계를 거친다. 발견 단계에서는 분자적 대상과 약품 또는 백신 후보를 알아내는 기초과학 연구가 이루어진다. 변형(또는 개발) 단계에서는 어떤 화합물이 효과적이고, 사람 세포뿐 아니라 인구 집단 안에서 안정적으로 기능하며, 병원·진료소·환자 자택에 전달 가능한지를 결정하기 위해 여러 시험을 거친다. 그로써 이 후보들을 유용한 백신, 진단, 약품으로 최적화하는 것이다. 마지막 전달 단계에서는 백신과 약품을, 그것을 필요로 하는 사람의 몸에 도달하게 한다.

그림 11.2에는 파이프라인 속의 기술 흐름을 방해할 수 있는 세 가지 틈새가 드러나 있다. 첫 번째 틈새는 생물의학 기초연구가 수익성이 좋은 시장인 선진국 환자들에게 필요한 약에 강조점을 두면서 생겨난다. 반면 개발도상국에서 두드러지는 질병 연구에는 이보다 적은 시간이 들어간다. 그 이유는 대개 그 작업에 주어지는 지원이 적기 때문이다. 그 결과 이러한 질병들의 경우, 연구 대상 분자나 치료 그리고 예방법의 후보가 더 적게 발견되고 또 논문도 더 적게 발표된다. 즉, 두 번째 단계인 변형의 잠재적인 후보의 수가 줄어든다.

두 번째 틈새는 약품과 백신 후보가 안전하거나 효과적이고 또 안정적이지 않다는 이유로, 또는 개발비를 회수하기 힘들다는 이유로 추진되지 않을 경우 일어난다. 비록 약품 개발비 추정에 논쟁이 있긴 하지만,[57] 제약산업은 신약에 대한 평균적인 연구 개발비를 8~10억 달러 사이로 잡는다.[58] 단, 이 단계가 가능하려면 대학이나 공공 연구 기관 그리고 기업이 수행하는 기초과학 발견 연구가 선행되어야 한다. 하지만 투자비 회수율을 높일 수 없는 기술은 추구하려 하지 않는(생명을

---

57) Marcia Angell, *The Truth about the Drug Companies : How They Deceive Us and What to Do about It* (New York : Random House, 2004), 41. *New England Journal of Medicine*의 전 편집장이었던 Angell은 제약회사들은 그들이 주장하는 것보다 덜 혁신적이며 개발 비용을 부풀린다고 주장한다. Angell은 글리벡, 지도부딘, 에포젠 같은 약품을 예로 들며, 이 제품의 발견과 개발 비용이 제약 산업체의 보고서가 추정한 8억에서 10억 달러가 아닌 1억 달러에 더 가깝다고 지적했다.

58) Tufts Center for the Study of Drug Development, "Average Cost to Develop a New Biotechnology Product Is $1.2 Billion, According to the Tufts Center for the Study of Drug Development," *MarketWire*, November 9, 2006, www.marketwire.com/press-release/average-cost-develop-new-biotechnology-product-is-12-billion-according-tufts-center-711827.htm (접속일 : 2012년 11월 25일)

[그림 11.2] 약물 공급 파이프라인
· 발견이 이루어지고 나서 새로운 개입이 전달되기까지의 속도를 늦추는 세 가지 틈새를 보여 준다.
· 출처: Bernard Pécoul, "New Drugs for Neglected Diseases : From Pipeline to Patients," PLoS Medicine 1, no. 1(2004): e6.

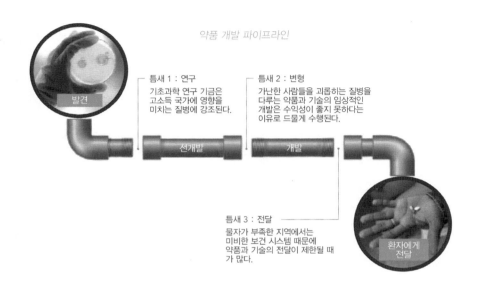

약품 개발 파이프라인

발견

틈새 1 : 연구
기초과학 연구 기금은
고소득 국가에 영향을
미치는 질병에 강조된다.

틈새 2 : 변형
가난한 사람들을 괴롭히는 질병을
다루는 약품과 기술의 임상적인
개발은 수익성이 좋지 못하다는
이유로 드물게 수행된다.

선개발

개발

틈새 3 : 전달
물자가 부족한 지역에서는
미비한 보건 시스템 때문에
약품과 기술의 전달이 제한될 때
가 많다.

환자에게
전달

살릴 수 있을 만큼 그 결과가 좋다 하더라도), 즉 수익성을 우선시하는 제약회사나 생명공학회사가 인체 임상 시험을 포함한 개발의 후기 단계를 우선적으로 수행한다. 그 때문에 가난한 환자들을 위한 여러 약품은 그것이 부유한 국가의 시장에서 잘 팔릴 가능성이 없고, 따라서 수익성이 낮다는 이유로 변형 단계에서 개발이 지연될 수 있다.[59]

세 번째 틈새는 완성 또는 전달의 병목현상으로 말미암아 발생한다. 약품의 이용이 제때 가능하다 해도 가난한 국가의 보건 시스템에는 부족한 부분이 많다. 예컨대 보건 노동자가 너무 적다든지, 공급망이 드문드문 떨어져 있다든지 등 인프라 형성이 미비하다. 보건 개입이 필요한 환자들에게 현재 존재하는 여러 개입을 단

---

59) Patrice Trouiller, Piero Olliaro, Els Torreele, James Orbinski, Richard Laing, and Nathan Ford, "Drug Development for Neglected Diseases : A Deficient Market and a Public-Health Policy Failure," *Lancet* 359, no. 9324 (2002) : 2188~2189.

순히 전달하기만 해도 매년 1,000만 명 이상을 살릴 수 있다.[60] 그들이 사망하는 것은 보건 전달이 실패했기 때문이다. 요컨대 새로운 개입(오래된 것도 포함해서)을 전 세계 환자들에게 확실히 전하려면 통합된 관리 전달 시스템(7장을 보라.)이 필요하다.[61]

약품 개발 파이프라인에 존재하는 이러한 틈새들은 고소득 국가든, 저소득 국가든 물자가 부족한 환경에서 필수 의약품이 충분치 못한 현상이 나타나는 이유를 설명한다. 1,000만 명의 목숨을 구하기 위해서는 이 세 가지 틈새를 자세히 살펴야 한다. 오늘날 국제 보건 분야의 가장 중요한 도전 과제는 새로운 개입을, 그것으로 가장 많은 혜택을 받을 사람들에게 빠르게 옮겨 주는("시험대에서 침대로") 혁신·변형·관리 전달 시스템을 구축하는 것이다.[62]

오늘날 방치된 열대병을 다루는 WHO의 통제 부서는 20가지의 질환을 담당하고 있다. 바로 부룰리 궤양, 샤가스병, 낭충증/조충증, 뎅기열, 용선충증(메디나충증), 포충증, 식품기인성 흡충 감염, 인간 아프리카 수면병, 리슈마니아증, 한센병, 림프 사상충증, 회선사상충증(강변 실명증), 광견병, 주혈흡충증, 토양 감염성 연충증(십이지장충병), 트라코마, 매종, 상피병, 뱀에 물린 상처, 분선충증이 그것이다. 전 세계 인구의 7분의 1인 약 10억 명이 하나 이상의 방치된 열대병을 앓고 있다. 이 가운데 일부는 치명적인 상황이

---

60) Robert E. Black, Saul S. Morris, and Jennifer Bryce, "Where and Why Are 10 Million Children Dying Each Year?" *Lancet* 361, no. 9376 (2003) : 2226~2234. 다음 글도 참고하라. Jim Yong Kim, "Bridging the Delivery Gap in Global Health," MIT 강의, 2007년 11월 19일, http://video.mit.edu/watch/bridging-the-delivery-gap-to-global-health-9317/ (접속일 : 2013년 1월 31일)

61) 전달 틈새를 살핀다는 것은 혁신을 다른 방식으로 생각하는 것을 뜻한다. 사람과 정보 기술을 새로운 방식으로 결합하는 관리 시스템에 돌파구를 만드는 일은 새로운 약품과 장치를 생산하는 생물의학적 혁신 못지않게 중요하다.

62) 국제 보건의 황금시대 동안 새로운 공적·사적 협력 관계가 가난으로 인한 질병을 위해 노력하는 제품을 개발하고 보건 전달을 혁신하기 시작했다. 제약회사와 생물공학회사, 공공 연구 기관, 대학 연구소, 공적이거나 사적인 보건 관리 제공자, 정부와 자선 제공자들이 서로 협력함으로써 파이프라인의 틈새를 잇고 또 새로운 기술 개발과 전달 계획을 만들어 낼 수 있다. 방치된 질병을 위한 약품 계획, 말라리아 약을 위한 벤처회사, 말라리아 백신 사업, 결핵 약품 개발을 위한 국제적 연합 등이 그런 사례다. 이런 사례를 비롯한 기타 협력 관계가 말라리아, 로타바이러스, 방치된 열대 질환, 기타 질병들에 대항하는 유망한 새로운 통제 수단을 이미 개발해 왔다. 최근에는 에이즈에 대항하는 요법이 다른 대부분의 요법들보다 세 가지의 틈새를 더욱 효과적으로 뛰어넘고 있다.

어서 치료받지 못할 경우, 대부분 장애를 일으키거나 외양이 망가질 것으로 추정된다.[63] 매년 방치된 열대병 환자 중 53만 4천 명이 사망하며, 그 대부분이 하루에 1달러 미만으로 생활한다.[64] 이렇듯 방치된 열대병은 노동 인구를 줄이고, 노동자들의 생산성을 감소시켜 경제 개발 또한 약화시킨다.[65]

방치된 열대병은 전 세계적으로 상당한 질병 부담을 보이지만 그에 비해 개입에 대한 연구 및 전달에는 재정 지원이 적다. WHO의 추산에 따르면, 전 세계 질병 부담의 90퍼센트를 차지하는 빈곤 관련 질환을 연구하는 전문 보건 인력은 전 세계적으로 고작 10퍼센트뿐이다. 이러한 불평등 현상에 "90-10 간격"이라는 이름이 붙었다. 말라리아, 결핵, 콜레라에 방치된 열대병까지 더하면 무려 90퍼센트라는 큰 비중을 보인다. 방치된 열대병들만 고려하면 상황은 더욱 좋지 않다. 한 연구 결과에 따르면, 1975년에서 2004년 사이 등록된 신약 1,556가지 가운데 방치된 열대병을 치료하기 위해 개발된 것은 1퍼센트도 안 되는 겨우 10가지뿐이었다.[66] 시장이 얼마나 큰지에 따라 약품 개발이 변화하는 현재 시스템에서는 약품 개발에 대한 사적 투자의 상당액이 매년 수백만 명의 목숨을 앗아가는 질병의 진단과 치료를 위한 신기술이 아닌, 비아그라나 발모제 로게인 같은 수익성 좋은 상품 쪽으로 향할 수밖에 없다.[67]

어째서 전 세계적 질병 부담의 상당한 몫을 차지하는 이런 질병에 재정이 그토록 적게 할당되는 것일까? 이러한 방치의 근원에는 시장 실패가 있다. 가난한 사람들은 구매력이 낮기 때문에 제약회사로서는 그들이 앓는 질병을 치료하는 신약에 투자할 재정적인 동기가 낮을 수밖에 없다. 개발과 전달 비용을 회수할 수 없기 때문이다. 따라서 사적 부문의

---

63) 자세한 정보를 보려면 다음 글을 참고하라. 세계보건기구, *Global Plan to Combat Neglected Tropic Diseases, 2008~2015*, March 2007, 특히 28~34. www.who.int/neglected_diseases/NTD%20Global%20plan_%20January%202007.pdf (접속일 : 2012년 11월 20일)

64) Peter J. Hotez, David H. Molyneu, Alan Fenwick, Jacob Kumaresan, Sonia Ehrlich Sachs, Jeffrey D. Sachs, and Lorenzo Savioli, "Control of Neglected Tropical Diseases," *New England Journal of Medicine* 357, no. 10 (2007) : 1018.

65) Hoyt Bleakley, "Disease and Development: Evidence from Hookworm Eradication in the American South," *Quarterly Journal of Economics* 122, no. 1 (2007) : 73~117; Kapa D. Ramaiah, Pradeep K. Das, Edwin Mchael, and Helen L. Guyatt, "The Economic Burden of Lymphatic Filariasis in India," *Parasitology Today* 16, no. 6 (2000) : 251~253.

66) Pierre Chirac and Els Torreele, "Global Framework on Essential Health R&D," *Lancet* 367, no. 9522 (2006) : 1560~1561.

67) Bernard Pécoul, "New Drugs for Neglected Diseases : From Pipelines to Patients," *PLoS Medicine* 1, no. 1 (2004) : e6.

연구와 보건 관리 산업은 고소득 집단의 보건적 욕구를 우선시한다. 다시 말해, 약품 개발은 필요성에 기초한 것이 아니라 수요에 기초하여 이루어지는 셈이다. 비록 가난한 사람들을 주로 괴롭히는 질병들이 전 세계적으로 장애보정수명을 앗아가는 상당한 원인이기는 하지만, 사적 투자를 촉진할 만큼 시장에서 수익성을 형성하지 못한다.[68]

하지만 새로운 기술 개발이 없다면, 열대병을 통제하는 데 유일하게 이용 가능한 수단으로 효과가 약하고 고통스럽거나 혹은 위험한 것들만 남게 된다. 예를 들어 비소의 유도체인 멜라소프롤(melarsoprol)은 여전히 아프리카 수면병과 샤가스병의 치료제로 사용되고는 있지만,[69] 몸에 주사될 때 몹시 고통스러운 데다 여러 부작용을 일으켜서 치사율이 8퍼센트에 이른다.[70] 아프리카 수면병에 효과가 있는 또 다른 약품인 에플로니틴(eflornithine)이 더 나은 치료제지만, 값이 높기 때문에 그것을 가장 필요로 하는 가난한 국가에서는 공급이 부족하다. 또한 유독성이 상당해, 이 약을 투입한 환자 가운데 약 8퍼센트 가까이 발작이 일어난 바 있다.[71] 이렇듯 안전하고 효과적인 치료가 부재한 채 방치

68) 이 동역학에 대해서는 8장에서 다중약물내성 결핵을 치료하는 약물을 다루면서 똑같은 용어로 정확하게 기술된다. 예컨대 다음을 보라. Salmaan Keshavjee, Kwonjune Seung et al., "Stemming the Tide of Multidrug-Resistant Tuberculosis : Major Barriers to Addressing the Growing Epidemic," in Institute of Medicine, *Addressing the Threat of Drug-Resistant Tuberculosis : A Realistic Assessment of the Challenge. Workshop Summary* (Washington D.C. : National Academies Press, 2009), 67, www.iom.edu/~/media/Files/Activity%20Files/Research/DrugForum/IOM_MDRTB_whitepaper_2009_01_14_FINAL_Edited.pdf (접속일 : 2012년 10월 15일), 수치 자료는 세계보건기구/결핵과 폐 질환에 대항하는 국제연합, 항결핵 약품 저항 감시 전 세계 프로젝트, *Anti-Tuberculosis Drug Resistance in the World: Report no. 4* (Geneva : World Health Organization, 2008), www.who.int/tb/publications/2008/drs/report4_26feb08.pdf (접속일 : 2012년 11월 15일); 국경없는 의사회, *DR-TB Drugs under the Microscope : the Sources and Prices of Medicines for Drug-Resistant Tuberculosis* 2011, www.doctorswithoutborders.org/publications/reports/2011/Report_Summary_DR_TB_Drugs_Under_the_Microscope.pdf (접속일 : 2012년 11월 15일)

69) Sylvie Bisser, François-Xavier N'Siesi, Veerle Lejon, Pierre-Marie Preux, Simon Van Nieuwenhove, Constantin Miaka Mia Bilenge, and Philippe Büscher, "Equivalence Trial of Melarsoprol and Nifurtimox Monotherapy and Combination Therapy for the Treatment of Second-Stage *Trypanosoma brucei gambiense* Sleeping Sickness," *Journal of Infectious Diseases* 195, no. 3 (2007) : 322~329.

70) Manica Balasegaram, Steve Harris, Francesco Checchi, Sara Ghorashian, Cathrine Hamel, and Unni Karunakara, "Melarsoprol versus Eflornithine for Treating Late-Stage Gambian Trypanosomiasis in the Republic of the Congo," *Bulletin of the World Health Organization* 84 no. 10 (2006) : 783~789.

71) François Chappuis, Nitya Udayraj, KAi Stietenroth, Ann Meussen, and Patrick A. Bovier, "Eflornithine Is Safer than Melarsoprol for the Treatment of Second-Stage Trypanosoma brucei gambiense Human African Trypanosomiasis," *Clinical Infectious Diseases* 41, no. 5 (2005) : 748~751; Gerardo Priotto, Loretxu Pinoges, Isaac Badi Fursa, Barbara Burke, Nathalie Nicolay, Guillaume Grillet, Cathy Hewison, and Manica Balasegaram, "Safety and Effectiveness of First Line Eflornithine for *Trypanosoma brucei gambiense* Sleeping Sickness in Sudan : Cohort Study," *British Medical Journal* 336, no. 7646 (2008) : 705~708; Simon Van Nieuwenhove, Paul J. Schechter, Johan Declercq, George Boné, Joanne Burke, and Albert Sjoerdsma, "Treatment of Gambiense Sleeping Sickness in the Sudan with Oral DFMO (DL-α-difluoromethylornithine), an Inhibitor of Ornithine Decarboxylase; First Field Trial," *Transactions of the Royal Society of Tropical Medicine and Hygiene* 79, no. 5 (1985) : 692~298.

된 열대병을 해결하려면 새로운 약제와 개입이 긴급하다.

그런데 방치된 열대병 가운데 안전하고 효과적이며, 경제적으로 감당할 만한 예방법이나 치료법이 개발된 경우도 있다.(표 11.1을 보라.) 대규모 약물 투여에 기초한 통제 노력(1950년대 림프사상충증과 주혈흡충증을 통제하기 위해 중국에서 선구적으로 사용했던 전략[72])은 전 세계적으로 방치된 열대병의 부담을 줄이는 데 기여했다. 회선사상충증 통제 노력 또한 설득력이 있는 사례다. 병의 매개체인 흑파리에게 살충제를 뿌려 죽이면 회선사상충증의 전파를 줄일 수 있는데, 이 방법은 1974년에 시작된 WHO의 회선사상충증 통제 프로그램의 기초를 이루었다. 또 회선사상충증은 머크사(社)가 멕티잔(Mectizan)이라는 상표명으로 생산한 항기생충제 이버멕틴(ivermectin)으로도 치료가 가능했다. 머크사(社)는 1989년부터 회선사상충증 통제 계획에 참여해 지금까지 3억 달러 이상을 치료에 기부했다.[73] WHO에 따르면 회선사상충증 통제 프로그램은 60만 명 이상을 실명 위기에서 구했다. 이 가운데는 서아프리카에 있는 11개 대상 국가의 어린이 1,800만 명도 포함된다.[74] 이러한 전 세계적인 회선사상충증 통제는 중요한 성공 사례임과 동시에 수요를 기반으로 한 약품 개발 산업의 역설과, 그것을 형성한 불평등 또한 강조해 보여 준다. 멕티잔이라는 약이 처음 발견되고 개발된 동기는 개에 감염되는 기생충을 치료하기 위해서였다.[75] 이 약품은 미국에서 개에게 사용하는 용도로 사용되면서 높은 수익성을 올렸다. 그에 따라 머크사(社)가 멕티잔을 전 세계에 퍼진 회선사상충증 통제 약품으로 다량 기부한 결과 생긴 손실은 대차대조표에서 보충할 수 있었다.[76] 이 사례가 전하는 바는 무엇일까? 바로 장애를 야기하는 질병에 대한 위협으로부터 수백만 명을 구하는 것보다, 돈 많은 사람들이 소유한 애완동물을 치료하는 것이 약품 개발의 더 강한 요인이었다는 점이다.

---

72) Jürg Utzinger, Xiao-Nong Zhou, Maurice G. Chen, and Robert Bergquist, "Conquering Schistosomiasis in China : The Long March," *Acta Tropica* 96 (2005) : 69~96.

73) Boakye A. Boatin and Frank O. Richards Jr., "Control of Onchocerciasis," *Advances in Parasitology* 61 (2006) 349~394; Hotez, Molyneux et al., "Control of Neglected Tropical Diseases."

74) 세계보건기구, "Onchocerciasis Control Programme in West Africa (OCP)," www.who.int/apoc/onchocerciasis/ocp/en/ (접속일 : 2012년 11월 15일)

75) Andy Crump and Satoshi Omura, "Ivermecin, 'Wonder Drug' from Japan : The Human Use Perspective," *Proceedings of the Japan Academy, Series B, Physical and Biological Sciences* 87, no. 2 (2011) : 13~28.

76) 예컨대 다음을 보라. Jeremy A. Greene, "Making Medicines Essential : The Emergent Centrality of Pharmaceuticals in Global Health," *Biosocieties* 6, no. 1 (2011) : 10~33.

[표 11.1] 가장 널리 퍼지고 방치된 열대병들의 주요 특징

· 출처 : Peter J. Hotez, David Molyneuz, Alan Fenwick, Jacob Kumaresan, Sonia Ehrlich Sachs, Jeffrey D. Sachs, and Lorenzo Savioli, "Control of Neglected Tropical Diseases," New England Journal of Medicine 357, no. 10 (2007) : 1019~1020에서 재인용.

질병	전 세계적 질병 부담 (장애보정수명)	취약한 집단	1차 개입	현재 접근 방식의 약점
1. 십이지장충	2,210만	취학 연령의 아동, 생식 가능 연령의 여성	알벤다졸 또는 메벤다졸 1회 투여(1년에 1~3회)	필수적 의약품에 대한 제한된 접근, 낮은 효능 (메벤다졸)
2. 회충증	1,050만	취학 연령의 아동	알벤다졸 또는 메벤다졸 1회 투여(1년에 1~3회)	필수적 의약품에 대한 제한된 접근
3. 편충증	640만	취학 연령의 아동	알벤다졸 또는 메벤다졸 1회 투여(1년에 1~3회)	필수적 의약품에 대한 제한된 접근
4. 림프사상충증	580만	청소년, 성인	이버멕틴 또는 디에틸카바마진 1회 투여 (또는 알벤다졸 추가)	필수적 의약품에 대한 제한된 접근
5. 주혈흡충증	450만	취학 연령의 아동, 생식 가능 연령의 여성	프라지콴텔 1회 투여	필수적 의약품에 대한 제한된 접근, 잠재적 약제 내성
6. 트라코마	230만	아동, 성인(특히 여성)	수술, 아지트로마이신 투여, 얼굴 씻기, 환경적 통제	필수적 의약품과 공중 보건 개입에 대한 제한된 접근
7. 회선사상충증	50만	성인	이버멕틴 1회 투여	필수적 의약품에 대한 제한된 접근, 잠재적 약제 내성
총합	5,210만			

그럼에도 불구하고 피터 호테스(Peter Hotez)와 그의 동료들은 '방치된 열대병을 통제하기 위한 연합'에서 제약회사의 핵심 역할을 강조했다.[77] 예컨대 머크사(社)와 글락소스미스클라인사(社)는 알벤다졸(albendazole)과 이버멕틴을 기부해 림프사상충증을 근절하기 위한 국제연합에 참가했다. 이 계획을 실시한 결과 이집트, 잔지바르, 사모아에서 림프사상충증이 거의 사라졌다.[78] 그뿐만 아니라 십이지장충 또는 회충 같은 기생충에 다중 감염된 아프리카 아이들은 알벤다졸[글락소스미스클라인사(社)가 다량 기부한]

---

77) Hotez, Molyneux et al., "Control of Neglected Tropical Diseases." 하지만 방치된 열대병을 비롯한 기타 치료와 예방이 가능한 전 세계적 질환들과 싸우기 위해 제약회사가 기부했다는 사례는 드물게 나타난다. 이 장 후반부의 "지적재산권과 국제 보건 평등" 제목의 박스 내용을 참고하라.

78) David H. Molyneux, "Elimination of Transmission of Lymphatic Filariasis in Egypt," *Lancet* 367, no. 9515 (2006) : 966~968; Khalfan A. Mohammed, David H. Molyneux, Marco Albonico, and Francesco Rio, "Progress towards Eliminating Lymphatic Filariasis in Zanzibar : A Model Programme," *Trends in Parasitology* 22, no. 7 (2006), 340~344.

과 프라지콴텔(praziquantel. 제네릭 약제로 입수 가능한)을 조합한 약을 투여 받고 효과적으로 치료되었다.[79] 이렇듯 구충 계획은 물자가 부족한 환경에서(학교 점심 급식 프로그램과 통합해 운영할 때가 많았다.) 상대적으로 낮은 비용을 들여 쉽게 전달되었는데, 이것이 가능했던 이유는 개발도상국의 학교에서 학생들의 출석률이 상당히 높아졌기 때문이다.[80] 파이저사(社)는 국제 트라코마 계획에 아지트로마이신(azithromycin)을 기부해 모로코에서 사람들에게 실명을 일으키는 트라코마를 거의 없앴다.[81] 주혈흡충증 통제 계획은 메드팜사(社)에서 기부한 프라지콴텔이라는 제네릭 약품을 활용해 부룬디, 부르키나파소, 말리, 니제르, 르완다, 탄자니아, 우간다, 잠비아 등 8개국에서 이 질병에 대한 부담을 줄였다.[82] 용선충증 근절 계획 또한 상당히 진전을 보이고 있다.[83] 다중약물내성 결핵 통제에 대한 엘리 릴리(Eli Lilly)의 기여와 머크사(社)의 멕티잔 기부는 약품의 발견과 개발을 연결 짓고, 가난한 사람들 혹은 취약 계층에 그것을 전달하는 신기원을 열었다.[84] 이는 방치된 열대병을 다루는 하나의 본보기가 되었다.

비록 여러 국가에서 방치된 다양한 열대병을 통제하는 데 진전이 있었지만, 이러한 성공 사례는 전 세계에 걸쳐 나타나는 치료에 대한 절실한 필요성 때문에 작아 보인다. 그런데 이중 몇몇 열대병은 동일한 화학 요법으로 치료할 수 있어 서로 상승효과를 보였다. 이에 방치된 열대병 국제 네트워크에서 일하던 피터 호테스와 그의 동료들은 방치된 열

---

79) David H. Molyneux, Peter J. Hotez, and Alan Fenwick, "'Rapid-Impact Interventions' : How a Policy of Integrated Control for africa's Neglected Tropical Diseases Could Benefit the Poor," *PLoS Medicine* 2, no. 11 (2005) : e336.

80) Jeffrey Bethony, Simon Brooker, Marco Albonico, Stefan M. Geiger, Alex Loukas, David Diemert, and Peter J. Hotez, "Soil-Transmitted Helminth Infections : Ascariasis, Trichuriasis, and Hookworm," *Lancet* 367, no. 9521 (2006) : 1521~1532; Miguel and Kremer, "Worms : Identifying Impacts on Education and Health."

81) Ruth Levine and the What Works Working Group, "Case 9 : Controlling Trachoma in Morocco," in *Millions Saved : Proven Successes in Global Health*, by Ruth Levine and the What Works Working Group (Washington, D.C. : Center for Global Development, 2004), 83~89.

82) "Schistosomiasis Control Initiative," Imperial College London, School of Public Health, 2012, www1.imperial. ac.uk/publichealth/departments/ide/research_groups/thesci/ (접속일 : 2012년 11월 15일)

83) 세계보건기구, "Dracunculiasis Eradication," *Weekly Epidemiological Record* 83, no. 18 (2008) : 159~167, www. who.int/wer/2008/wer8318.pdf (접속일 : 2012년 11월 26일)

84) 1990년대 후반에는 여러 사람이 결핵에 대한 2차 약제로 쓸 수 있는 두 가지를 개발해 중국 회사에 그 기술을 이전하라고 릴리에게 권했다. 릴리는 실제로 그렇게 했다. 다음을 보라. Jim Yong Kim, Joia S. Mukherjee Michael L. Rich, Kedar Mate, Jaime Bayona, and Mercedes C. Becerra, "From Multidrug-Resistant Tuberculosis to DOTS Expansion and Beyond : Making the Most of a Paradigm Shift," *Tuberculosis* 83, nos. 1~3 (2003); 59~65; 그리고 Rajesh Gupta, J. Peter Cegielski, Marcos A. Espinal, Myriam Henkens, Jim Y. Kim, Cetherina S. B. Lambregts-van Weezenbeek, Jong-Wook Lee, Mario C. Raviglione, Pedro G. Suarez, and Francis Varaine, "Increasing Transparency in Partnerships for Health-Introducing the Green Light Committee," *Tropical Medicine and International Health* 7, no. 11 (2002) : 970~976.

대병을 위한 통합적 화학 요법을 요청했다.[85] 특히 호테스와 그의 동료들은 알벤다졸 또는 메벤다졸, 프라지콴텔, 이버멕틴 또는 디에틸카바마진, 아지트로마이신으로 구성된 "빠르게 영향을 주는 약품 묶음"을 대규모로 전달할 것을 촉구했다. 이 약품들은 이미 제약회사들이 방치한 열대병 통제 계획을 위해 상표가 있는 상품이나 제네릭 상품으로 다량 기부한 바 있다. 그래서 공동체 보건 노동자들을 거쳐 환자들에게 곧장 전달할 수 있었는데, 사하라 이남 아프리카에서만 1년에 1인당 0.40~0.70달러가 들 것으로 추정되었다. 이로써 당시 운영되던 프로그램 대비 약 50퍼센트를 아낄 수 있었다.[86] 말라리아 치료 때 개발되었던 고정용량 조합요법 또한 가망이 있는 것으로 드러나 이 전략에 포함되었다.[87] 방치된 열대병 통제와 퇴치를 위한 5개년 국제 프로그램에는 약 10억 달러가 들 것으로 추정되었다. 그뿐만 아니라 호테스와 그의 동료들은 이처럼 효과가 빠른 약품 묶음을 HIV와 말라리아 통제 노력 또는 일반적인 보건 시스템 강화와 통합할 수 있어 더 높은 상승효과를 얻을 수 있다고 강조했다. 이에 빌과 멜린다 게이츠 재단을 비롯해 미국 국제개발처와 다른 기관이 재정 지원을 약속했지만, 방치된 열대병 통제에 10억 달러를 할당한 국제 계획은 아직 존재하지 않는다.

단, 방치된 열대병 중에는 빠르게 영향을 주는 약품 묶음으로도 질병 부담을 덜 수 없는 경우도 있다. 사망률이 높은 3대 질환인 샤가스병, 아프리카 수면병, 내장 리슈마니아증이 그것이다. 비록 이런 질병에 대해 매개체 통제 같은 약간의 예방법이 존재하지만, 새로운 의약품과 기술이 긴급하게 필요하다. 그런데 최근 약품 개발을 위한 새로운 공적·사적 협력 관계가 형성되어 그동안 방치되었던 열대병에 관한 약품의 파이프라인을 다시 살리기 시작했다. 가령 '방치된 질병을 위한 약품 계획'에서 나온 상품인 니푸르티목스-에플로니틴(nifurtimox-eflornithine) 조합 요법은 아프리카 수면병 치료에 효율적이고 안전한 결과를 낸다는 점이 증명되었다.[88] 그동안 방치된 열대병을 위한 약품 후보가

85) Hotez, Molyneux, et al., "Control of Neglected Tropical Disease."

86) 위의 글.

87) 예컨대 다음을 보라. François Nosten and Nicholas J. White, "Artemisinin-Based Combination Treatment of Falciparum Malaria," *American Journal of Tropical Medicine and Hygiene* 77. no. 6 suppl. (2007) : 181~192.

88) Gerardo Priotto, Serene Kasparian, et al., "Nifurtimox-Eflornithine Combination Therapy for Second-Stage African *Trypanosoma brucei gambiense* Trypanosomiasis : A Multicentre, Randomised, Phase III, Non-Inferiority Trial," *Lancet* 374, no. 9683 (2009) : 56~64.

다양하게 나타났지만, 안전하고 효과적인 의약품으로 개발되어 그것을 필요로 하는 사람들에게 전달되려면 오랜 시간이 필요하다. 이런 노력에서 핵심이 되는 것은 전 세계의 보건 시스템을 강화하려는 현재 진행형의 노력에 이러한 통제 수단을 통합하는 일이다.

마지막으로 열대의학의 유산 가운데 하나인 "방치된 열대병"이라는 별명이 어떤 의미에서는 잘못되었다는 점을 지적할 필요가 있다.[89] 이 책에서 계속 강조해 왔지만, 가난한 사람들이 앓는 모든 질병이 필연적으로 방치되었다는 것은 매우 중요한 진실이다. 그런 병원체 가운데 상당수가 부유한 국가들에서는 통제되었지만 가난한 국가에서는 방치되었다. 다음 절의 주제인 비전염성 질병들은 그에 대한 또 다른 사례를 제공한다.

비전염성 질병들

1970년대에 유행했던 전염병학 모델에 따르면 저소득 국가들이 마주하는 주요 보건적 위협은 폐렴, 백신으로 예방 가능한 질환들, 결핵 같은 전염성이거나 비전염성 질병이다. 이에 반해 고소득 국가에서는 심장병, 암, 당뇨병, 고혈압 같은 비전염성 질병이 주된 위협이다. 이 모델에 따르면 가난한 국가들은 경제적으로 발전함에 따라 전염성 질환이 감소하고 비전염성 질환이 늘어나는 "전염병학적 전이"를 겪는다. 이 모델에 내포된 논리는 다음과 같다. 가난한 국가들이 발전하면, 19세기 후반에 미국의 일부와 다른 선진국에서 시작되었던 것처럼 여러 전염성 질병을 퇴치하는 데 필요한 보건 시스템과 공중 보건 인프라(국가에서 운영하는 수도, 현대적 위생 시설, 충분한 식량 생산과 보건 관리 전달 메커니즘)를 구축할 것이다. 그때까지 가난한 국가에 거주하는 빈민들은 대부분 비전염성 질병에 걸리기 전에 전염성 질병으로 사망하는 경우가 많을 것이다.[90]

하지만 전염병학의 과거 모델 대부분이 그렇듯 이 모델 역시 문제점으로 가득하다. 첫째, 자궁경부암에서 특정 림프종 그리고 심장판막 질환에 이르기까지 많은 비전염성 질

---

89) Paul Farmer and Louise C. Ivers, "Cholera in Haiti : The Equity Agenda and the Future of Tropical Medicine," *American Journal of Tropical Medicine and Hygiene* 86, no. 2 (2012) : 7~8.

90) Abdel R. Omran, "The Epidemiological Transition : A Theory of the Population Change," *Milbank Memorial Fund Quarterly* 49, no. 4 (1971) : 509~538.

병의 발생 원인은 감염이다. 둘째, 최근의 연구 결과들은 저소득 국가와 중간 소득 국가의 이중적 질병 부담을 드러내는 데 이 모델을 적용한다.[91] 사실 비전염성 질병들은 전 세계적으로 전염성 질병들보다 더 많은 사망을 야기하는데, 그 수치가 60퍼센트에 달한다. 그리고 그중 80퍼센트가 개발도상국에서 일어난다.[92] 비전염성 질병 가운데서 사망률과 이환율이 높은 것은 뇌졸중과 심장병 같은 심혈관성 질환, 2형 당뇨병, 몇몇 암이다. 특히 심혈관성 질환은 개발도상국의 단독 사망 요인으로서 큰 부분을 차지한다.[93] 사망률과 이환율의 복합적인 측정 수단으로 장애보정수명을 사용한 연구들에 따르면, 정신 질환은 전 세계 질병 부담의 14퍼센트를 차지하는 것으로 추산된다. 그런데 정신 질환 질병 부담 가운데 4분의 3이 저소득과 중간 소득 국가들에 해당한다.[94] 또 비전염성 질병은 경제적 부담도 상당하다. 한 모델에 따르면 심혈관성 질환, 만성 호흡기 질환, 암, 당뇨병, 정신 질환은 앞으로 20년 넘게 전 세계의 생산력을 47조 달러(2010년 전 세계 국내총생산 총합의 약 75퍼센트) 떨어뜨릴 것이라고 예측된다.[95]

전 세계 하위 10억 명이 앓는 비전염성 질병에는 어떤 것이 있는가? 허혈성 심장병, 1형 당뇨병, 정신 질환, 자궁경부암[96] 같은 병들은 빈곤한 환경과 부유한 환경에서 모두 발생한다. 류머티즘성 심장 질환과 악성 고혈압은 고소득 국가에서 현대적 진단, 예방, 치료법의 도움을 받아 사실상 퇴치되었다.[97] 비록 습관과 생활 방식이 심장병·폐병·

91) Frenk, Bobadilla, et al., "Health Transition in Middle-Income Countries."

92) 세계보건기구, *Preventing Chronic Diseases : A Vital Investment*, 2006, www.who.int/chp/chronic_disease_report/en/ (접속일 : 2012년 11월 25일)

93) Abdallar S. Daar, Peter A. Singer, et al., "Grand Challenges in Chronic Non-Communicable Diseases," *Nature* 450, no. 7169 (November 22, 2007) : 494~496; Derek Yach, Corinna Hawkes, C. Linn Gould, and Karen J. Hofman, "The Global Burden of Chronic Diseases : Overcoming Impediments to Prevention and Control," *Journal of the American Medical Association* 291, no. 21 (2004) : 2616~2622.

94) 세계보건기구 정신 보건 틈새 행동 프로그램(mhGAP), *Scaling Up Care for Mental, Neurological, and Substance Use Disorders*, 2008, 4, www.who.int/mental_health/mhgap_final_english.pdf (접속일 : 2012년 11월 26일)

95) David E. Bloom, Elizabeth T. Cafiero, Eva Jan -Llopis, Shafika Abrahams-Gessel, Laksmi R. Bloom, Sana Fathima, Andrea B. Feigl, Tom Gaziano, Mona Mowafi, Ankur Pandrya, Klaus Prettner, Larry Rosenberg, Benjamin Seligman, Adam Z, Stein, and Cara Weinstein, *The Global Economic Burden of Non-Communicable Diseases* (Geneva: World Economic Forum, 2011), www3.weforum.org/docs/WEF_Harvard_HE_GlobalEconomicBurdenNonCommunicableDiseases_2011.pdf (접속일 : 2012년 11월 26일)

96) 비록 자궁경부암이 전염성 질환이어서 지금까지 발생한 사례 가운데 99퍼센트는 인유두종 바이러스(HPV)가 원인이지만, 이 병을 비전염성 질환으로 묶어야 한다고 보는 사람들도 많다. 왜냐하면 이 병의 의료적 개입에 대한 이론적 틀은 자궁경부암의 지위를 악성종양(암)으로 보는 경우가 대부분이기 때문이다. 이러한 기술적 모호함은 질병을 집단으로 분류하고 우선순위를 결정하는 데 따르는 정의상의 여러 문제점 가운데 하나다.

97) Gene Bukhman and Alice Kidder, "Cardiovascular Disease and Global Health Equity : Lessons from Tuberculosis Control Then and Now," *American Journal of Public Health* 98, no. 1 (2008) : 44~54.

암·2형 당뇨병의 원인인 경우가 많지만, 비전염성 질병의 부담은 특정 지역의 환경 조건·영양실조·관리 전달의 부재 등이 복합된 결과다.[98] 가난한 환경에서 생활하는 사람들은 이러한 구조적·환경적 위험 요인을 정면에서 그대로 맞고 있다. 예를 들어 숯, 목재, 동물의 똥 같은 생물자원 원료가 널린 실내에서 요리하다가는 만성 폐색성 폐 질환의 위험이 높아진다. 그런데도 전 세계적으로 40퍼센트가 넘는 가구가(특히 농촌의 가난한 지역에서) 고체 연료를 매일 사용한다. 인도에서는 약 70퍼센트가 이런 연료를 사용하고, 르완다에서는 거의 모든 가구가 그렇게 한다.[99] 그뿐만 아니라, 여러 비전염성 질환에 감염성 원인이 있다는 점도 특기할 만하다. 피터 호테스와 그의 동료들은 방치된 열대병과 비전염성 질병 사이의 연결 관계를 강조했다. 샤가스병은 심근증을 일으킬 수 있으며, 편충증은 염증성 장 질환을 촉발할 수 있다. 천식은 때때로 톡소카라증에서 비롯된다.[100] 이렇듯 전염성 질환과 비전염성 질환 사이의 경계는 불분명한 경우가 많다.

비전염성 질병을 앓는 사람들 가운데 하루에 1달러 미만으로 생계를 유지하는 사람들은 대개 특정 패턴을 따른다. 이들은 국제 보건 평등의 "긴 꼬리(long tail)"에 해당한다. 비전염성 질환 환자 개개인이 항상 저소득 국가의 사망률과 이환율의 주된 요인인 것은 아니지만, 이들을 모두 합하면 상당한 질병 부담을 차지한다. 예를 들어 르완다에서는 장애보정수명으로 측정했을 때, 비전염성 질환은 전체 질병 부담의 약 17퍼센트였다.(그림 11.3을 보라.)[101]

비록 많은 비전염성 질환들이 현존하는 의학 및 공중 보건상의 도구로 효과적인 관리가 가능하지만, 이러한 계획들 중 대부분은 이 질환을 대상으로 삼지 않았던 국제 보건의

98) Gene Bukhman and Alice Kidder, eds., *The Partners In Health Guide to Chronic Care Integration for Endemic Non-Communicable Diseases, Rwanda Edition : Cardiac, Renal, Diabetes, Pulmonary, and Palliative Care* (Boston : Partners In Health, 2011), http://act.pih.org/ncdguide (접속일 : 2012년 11월 15일)

99) Kirk R. Smith, Sumi Mehta, and Mirjam Maeusezahl-Feuz, "Indoor Air Pollution from Household Use of Solid Fuels," in *Comparative Quantification of Health Risks : Global and Regional Burden of Disease Attributable to Selected Major Risk Factors*, ed. Majid Ezzati, Alan D. Lopez, Anthony Rodgers, and Christopher J.L. Murray (Geneva : World Health Organization, 2004), 1:1435~1493. Gwénaëlle Legros, Ines Havet, Nigel Bruce, and Sophie Bonjour, *The Energy Access Situation in Developing Countries : A Review Focusing on the Least Developed Countries and Sub-Saharan Africa* (New York : United National Development Programme/World Health Organization, 2009), http://content.undp.org/go/cms-service/stream/asset/?asset_id=2205620 (접속일 : 2012년 11월 25일)

100) Peter J. Hotez and Abdallah S. Daar, "The CNCDs and the NTDs : Blurring the Lines Dividing Noncommunicable and Communicable Chronic Diseases," *PLoS Neglected Tropical Diseases* 2, no. 10 (2008) : e312.

101) 세계보건기구, *The Global Burden of Disease: 2004 Update* (Geneva : World Health Organization, 2008), www.who.int/healthinfo/global_burden_disease/GBD_report_2004update_full.pdf (접속일 : 2012년 11월 26일)

[그림 11.3] 2004년 르완다에서 나타난 국내 비전염성 질환의 긴 꼬리 분포

· 출처 : Gene Bukhman and Alice Kidder, eds., *The Partners In health Guide to Chronic Care Integration for Endemic Non-Communicable Diseases, Rwanda Edition* (Boston : Partners In Health, 2011), 4쪽, 그림 1.1. http://act.pih.org/ncguide.
· 수치는 다음 자료를 참고함. World Health Organization, *The Global Burden of Disease : 2004 Update* (Geneva : World Health Organization, 2008)

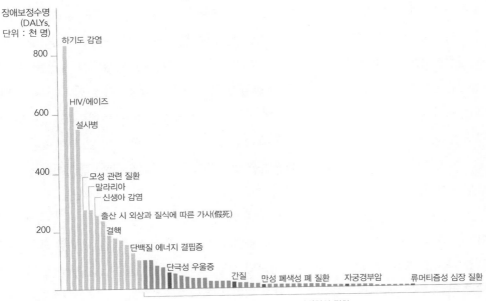

황금기에 시작된 것이다. 그런데도 물자가 부족한 환경에서 비전염성 질환들의 관리가 가능하다는 증거가 두드러지고 있다. 7장에서 설명했듯이, 보건 관리 시스템의 강화는(예컨대 1차 보건관리 서비스의 접근을 확대하고, 보건 전문가를 양성하고, 공급망을 지탱하는 것) 비전염성 질환을 포함한 다양한 질병에 더욱 효과적으로 대응하는 전달 토대를 만들어 낼 수 있다. 이제 WHO는 주요 비전염성 질환에 대한 개입이 보건 시스템 강화의 기둥 역할을 한다고 간주한다.[102]

---

102) Bukhman and Kidder, *The Partners In Health Guide to Chronic Care Integration for Endemic Non-Communicable Diseases*; 세계보건기구, *Package of Essential Noncommunicable (PEN) Disease Interventions for Primary Health Care in Low-Resource Settings*, 2010, http://whqlibdoc.who.int/publications/2010/9789241598996_eng.pdf (접속일 : 2013년 2월 1일) 세계보건기구, "Prevention and Control of NCDs : Priorities for Investment" (건강한 생활 방식과 비전염성 질환 통제에 관한 1차 세계각료협의회, 모스크바, 2011년 4월 28~29일), www.who.int/nmh/publications/who_bestbuys_to_prevent_ncds.pdf (접속일 : 2012년 11월 26일) 보건 시스템 강화의 한 기둥인 비전염성 질환 관리에 대한 더 많은 정보는 다음 글을 보라. Rosalind L. Coleman, Geoffrey V. Gill, and David Wilkinson, "Noncommunicable Disease Management in Resource-Poor Settings : A Primary Care Model from Rural South Africa," *Bulletin of the World Health Organization* 76, no. 6 (1998) : 633~640.

몇몇 저소득 국가의 정부는 이러한 통찰에 영향을 미쳤다. 르완다는 효과적인 에이즈 프로그램의 적용 범위를 극적으로 늘려 수행했을 뿐만 아니라 비전염성 질환들의 장기적 관리를 국가 보건 시스템의 강화 노력과 통합하는 야심 찬 프로그램을 도입했다.[103] 이에 따라 암 병동, 엑스선과를 비롯한 기타 의료 전문 분야와 수술 능력을 갖춘 위탁 센터를 특정 병원과 보건 센터에 연결할 수 있었다. 이 병원과 보건 센터는 에이즈와 결핵, 신경 정신병 장애에 대한 관리와 함께 비전염성 질환에 대한 통합된 장기적 관리를 제공할 수 있는 곳이다. 따라서 공동체 보건 노동자들은 당뇨병, 심부전, 악성종양 환자에 대한 후속 조치 같은 장기적 관리 서비스를 제공할 수 있게 되었다. 2011년에 르완다 보건부는 지역 수준의 비전염성 질환 진료소 3곳과 보건 센터에 있는 통합된 만성 관리 클리닉 4곳을 운영해 약 2,300명의 만성질환 환자들을 돌보았다.[104] 통합된 만성 관리에 대한 르완다의 모델을 다른 개발도상국으로 확대하면 수백만 명의 생명을 살릴 수 있을 것이다.

어떤 병리적 집단을 다른 집단에 직접 대응하는 실수는, 자원의 희소성에 익숙해져 벌어지는 환영받지 못할 결과다. 하지만 하나의 국제 보건 우선 과제를 달성하는 것이 다른 우선 과제를 해결하려는 노력을 강화했으면 했지 약화하지는 않는다. 비전염성 질환 역시 그런 경우다. 전염성 질환과 비전염성 질환은 전염병학적으로, 또 병인학적으로 연결될 수 있다. 그런 만큼 어느 한 가지의 사망률과 이환율을 줄이고 싶다면 만성과 급성 관리 양쪽의 전달 토대를 구축하는 것이 우선이다. 협조가 잘 이루어진다면 효과는 배가될 것이다. 줄리오 프렝크는 비전염성 질환(그리고 다른 주된 사망 원인들)에 대항하기 위해 대각선 접근을 제안했다.[105] 만약 심부전이나 심장병 같은 특정 질환을 위한 고품질 서비스의 공급이 1차 보건관리 전달과 통합된다면, 보건 시스템의 강화에 전반적으로 도움

103) Agnes Binagwaho, "Meeting the Challenge of NCD : We Cannot Wait," Global Heart 7, no. 1 (2012) : 1~2; Bukhman and Kidder, *The Partners In Health Guide to Chronic Care Integration for Endemic Non-Communicable Diseases*. 다음 글도 참고하라. Aaron D.A. Shakow, Gene Bukhman, Olumuyiwa Adebonam Jeremy Greene, Jean de Dieu Ngirabega, and Agnes Binagwaho, "Transforming South-South Technical Support to Fight Noncommunicable Diseases," *Global Heart* 7, no. 1 (2012) : 35~45.

104) Bukhman and Kidder, *The Partners In Health Guide to Chronic Care Integration for Endemic Non-Communicable Diseases,* 7.

105) Julio Frenk, 기조연설, "Framing the Diagonal Approach," "The Long Tail of Global Health Equity : Tackling the Endemic Non-Communicable Diseases of the Bottom Billion"을 주제로 한 회담, 하버드의과대학, 2011년 3월 2~3일; Amy Roeder, "Conference Calls for Global Focus on the Burden of Non-Communicable Diseases of the World's Poorest Billion," 하버드대학 공중보건학과, *HSPH News*, March 23, 2011, www.hsph.harvard.edu/news/features/long-tail-bottom-billion-conference/ (접속일 : 2013년 2월 20일)

을 줄 것이다.

비전염성 질환은 전 세계 정책 입안자들에게 주목을 받고 있다. 2011년 9월에 열린 '비전염성 질환에 대한 국제연합 정상급 회담'에서 각국 대표자들은 전 세계적으로 나타나는 비전염성 질환에 대한 예방과 통제의 기대치를 높이고, 환자들의 필요에 부응하고자 했다.[106] 이 회담은 비전염성 질환에 대항하여 합동에 기인한 노력의 중요성을 일깨웠다. 하지만 비전염성 질환을 네 가지 생활 방식의 위험 요인(흡연, 건강에 해로운 식사, 건강에 해로운 알코올 섭취, 운동 부족)과 네 가지 질환(심장 질환, 폐 질환, 암, 당뇨병)으로 규정했던 점은 전 세계 하위 10억 명에서 나타나는 비전염성 질환의 질병 부담을 잘못 파악한 것이었다. 회담 대표자들이 지지한 "최고의 방법" 중 상당수는 고소득 및 중간 소득 국가의 비전염성 질환에 맞춰져 있었다. 예컨대 그들은 심혈관 질환에 대해 만능 알약과 고정 용량 조합법을 추천했다.[107] 비전염성 질환에 대한 이러한 정의는 특히 전 세계 질병 부담에서 상당한 비중을 보이는 정신 질환을 배제했다.[108] 더구나 계획 수행을 위한 튼튼한 재정 기부가 없었다는 점도 문제였다. 이 회담은 국제연합에서 주최한 것 중, 질병에 초점을 맞춘 정상급 회담으로는 겨우 두 번째였다. 최초의 회담은 2001년에 열렸는데, 그때 주제는 전 세계적으로 유행했던 에이즈였고, 실제로 국제기금과 PEPFAR에 대한 추진력을 더하는 데 도움을 준 바 있다. 전 세계 비전염성 질환을 일으키는 수백만 명의 죽음과 막대한 장애를 예방하려면 이와 비슷하게 협력적이고 통합된 계획들이 필요했다.

106) Robert Beaglehole, Ruth Bonita, George Alleyne, Richard Horton, Liming Li, Paul Lincoln, Jean Claude Mbanya, Martin McKee, Rob Moodie, Sania Nishtar, Peter Piot, K. Srinath Reddy, and David Stuckler, *Lancet* 비전염성 질환 행동 그룹, "UN High-Level Meeting on Non-Communicable Diseases : Addressing Four Questions," *Lancet* 378, no. 9789 (2011) : 449~455.

107) 전 세계 하위 10억 명 대상의 비전염성 질환에 대항하는 노력에 대해서는 다음 글을 보라. "Boston Statement on Non-Communicable Diseases of Poorest Billion People," March 2~3, 2011, http://parthealth.3cdn.net/7612953957373a2e4b_pqm6ivpfn.pdf (접속일 : 2012년 3월 26일) 2012년 3월, 전 세계를 통틀어 7,200명 정도가 보스턴선언에 서명했다.

108) Christopher J.L. Murray and Alan D. Lopez, "Alternative Projections of Mortality and Disability by Cause, 1990-2020 : Global Burden of Disease Study," *Lancet* 349, no. 9064 (1997) : 1501~1502.

암

암 또한(비록 몇몇 예외를 빼면 비전염성 질병으로 분류될 때가 많지만) 자세히 살펴볼 필요가 있는 질병이다. 때로는 선진국에만 국한된 문제로 여겨지기도 하지만, 암은 저소득 및 중간 소득 국가들에서 장애와 질병의 주된 원인이기도 하다. 저소득 및 중간 소득 국가들은 암에 있어 전 세계적 질병 부담의 80퍼센트(장애보정수명으로 측정했을 때)를 차지하지만, 암 관리와 통제를 위한 국제적 자원의 5퍼센트밖에 가져오지 못한다.[109] 전 세계적으로 볼 때 암으로 사망하는 760만 명 가운데 거의 3분의 2가 이런 환경에 놓여 있다.[110] 더구나 인구 증가와 노화, 감염성 질환과 관련한 사망률 감소 때문에 전 세계적으로 가난한 사람들에게서 암의 질병 부담이 늘어나는 추세다. 1970년에는 새로 보고된 암 환자의 15퍼센트가 개발도상국 사람들이었다. 하지만 2008년에 이르러 이 수치는 56퍼센트로 늘었고, 2030년까지는 70퍼센트로 치솟을 전망이다.[111]

비록 암의 발생률과 사망률이 미국과 다른 부유한 국가들에서 감소세를 보이고 있지만(자각과 예방, 신속한 진단, 새로운 치료법 덕분에), 가난한 국가들은 암 관리와 통제 면에서 나아진 것이 거의 없다. 그런데 가난한 국가들의 암 치료에 대한 논의를 시작하자, 전 세계적으로 에이즈 정책을 다룰 때 처음 제기되었던 의심의 논란이 똑같이 나타났다. 가난한 국가에서 시행하기에는 암 치료가 너무 "복잡하고" "돈이 많이 든다"거나, "희소한 자원"을 "비용 대비 효율적"인 개입에 더 사용하는 것이 좋다는 논리였다. 진통제를 쓰지 않는 예방과 일시적 완화 같은 "안락 관리"가 화학 요법이나 방사선 요법 같은 "영웅적인 수단"보다 더 좋은 방식이라는 것이다. 1993년, 미국 국가 암 연구소 소속

109) Nancy Beaulieu, David E. Bloom, Lakshmi Reddy Bloom, and Richard M. Stein, *Breakaway : The Global Burden of Cancer-Challenges and Opportunities. A Report from the Economist Intelligence Unit*, 2009, http://livestrongblog. org/ (접속일 : 2012년 11월 25일); CanTreat International, "Scaling Up Cancer Diagnosis and Treatment in Developing Countries : What Can We Learn from the HIV/AIDS Epidemic?" *Annals of Oncology* 21, no. 4 (2010) : 680~682; Twalib Ngoma, "World Health Organization Cancer Priorities in Developing Countries," *Annals of Oncology* 17, suppl. 8 (2006) : viii9~viii14.

110) Beaulieu, Bloom, et al., *Breakaway*; Panos Kanavos, "The Rising Burden of Cander in the Developing World," *Annals of Oncology* 17, suppl. 8 (2006) : viii15~viii23.

111) Peter Boyle and Bernard Levin, eds., *World Cancer Report 2008* (Lyon : International Agency for Research on Cancer, 2008); Jacques Ferlay, Hai-Rim Shin, Freddie Bray, David Forman, Colin Mathers, and Donald Maxwell Parkin, *GLOBOCAN 2008, Estimated Cancer Incidence, Mortality, Prevalence, and Disability-Adjusted Life Years (DALYs) Worldwide* (Lyon : International Agency for Research on Cancer, 2010), http://globocan.iarc.fr (접속일 : 2012년 11월 25일)

의 연구자 두 명은 다음과 같이 기술했다. "개발도상국은 현재 비용이 많이 드는 암 치료를 지원하는 데 필요한 경제적 자원이 결여되어 있다. …… 따라서 개발도상국에서는 덜 복잡하고 덜 비싼 암 예방법에 초점을 맞추는 경제적 유인책을 적용하는 편이 더 설득력 있다."[112]

비슷한 논리가 오늘날까지도 계속되고 있다. 2006년에 발표된 WHO의 "암 통제에 대한 포괄적 접근"을 요약한 한 논문은 치료보다 일시적 완화와 예방이 더 중요하다고 강조했다. "일시적 완화 관리는 모든 국가의 최우선 과제지만, 가난한 국가들에서 특히 더 그렇다. 대부분의 암 환자들이 앞으로 다가올 수십 년 동안에도 치료받지 못할 것이기 때문이다."[113] 일시적 완화는 중요한 암 관리 무기 중 하나로 환자들 삶의 질을 상당히 개선할 수 있다.[114] 하지만 이용 가능한 치료를 배제한 채 일시적 완화만을 추구하다가는 암 관리와 통제 분야에서 최근에 이룬 뛰어난 성취 결과물들을 충분히 활용하지 못한 채 환자가 죽음을 맞게 된다.

물자가 부족한 환경에서도 특정 악성종양을 효과적으로 뒷받침할 수 있다는 증거는 지난 10여 년간 계속 쌓여 왔다.[115] 사실 개발도상국에서 흔한 여러 암은 특허 기간이 끝나, 제네릭 제약회사에서 저렴한 비용으로 생산할 수 있는 약제들의 화학 요법을 통해(몇몇은 WHO의 필수 약품 목록에 들어 있는) 치료 가능하다. 예를 들어 가나, 카메룬, 말라위에서는 버킷림프종에 대해 50퍼센트의 치료율을 보이는 제네릭 화학 요법 약품들을 사용해서 환자 1인당 50달러 미만으로 치료할 수 있었다.[116] 자궁경부암, 유방암, 고환암을 비롯해 소아 백혈병 또한 이렇게 저비용의 효과적인 치료를 선택할 수 있는 상태

---

112) I. Magrath and J. Litvak, "Cancer in Developing Countries : Opportunity and Challenge," *Journal of the National Cancer Institute* 85, no. 11 (1993) : 863.

113) Ngoma, "World Health Organization Cancer Priorities in Developing Countries," viii11.

114) 저소득 국가에서 암 관리의 도전 과제와 일시적 완화책에 대해서는 다음 글을 보라. Julie Livingston, *Improving Medicine : An African Oncology Ward in an Emerging Cancer Epidemic* (Durham, N.C. : Duke University Press, 2012)

115) 예컨대 다음을 보라. Joseph W. Carlson, Evan Lyon, David Walton, Wai-Chin Foo, Amy C. Sievers, Lawrence N. Shulman, Paul Farmer, Vania Nosé, and Danny A. Milner Jr., "Partners in Pathology : A Collaborative Model to Bring Pathology to Resource Poor Settings," *American Journal of Surgical Pathology* 34, no. 1 (2010) : 118~123.

116) Peter B. Hesseling, Elizabeth Molyneux, Francine Tchintseme, Jennifer Welbeck, Peter McCormick, Kathryn Pritchard-Jones, and Hans-Peter Wagner, "Treating Burkitt's Lymphoma in Malawi, Cameroon, and Ghana," *Lancet Oncology* 9, no. 6 (2008) : 512~513.

다.[117] 비록 특정 췌장암과 폐암을 포함한 몇몇 악성종양은 부유한 국가든 빈곤한 국가든 상관없이 치료가 어렵긴 하지만, 그래도 저소득 국가와 중간 소득 국가에서 입수 가능한(또한 많은 경우 저비용으로) 수단을 활용해 여러 형태의 암과 관련한 사망률과 이환율을 억제할 가능성이 상당히 높다.(표 11.2를 보라.)

가난한 국가에서 시험적으로 실시하는 다양한 치료 프로그램은 그동안 훈련받은 종양학자 없이도 좋은 성과를 보여 왔다. 건강의 동반자들과 데이나−파버 암 연구소, 하버드 의과대학, 브리검 여성병원에서 만든 한 프로그램은 아이티, 르완다, 말라위 농촌에서 자궁경부암, 유방암, 직장암, 편평 두경부종양, 카포시 육종, 호지킨 림프종과 비호지킨 림프종을 앓는 환자들에게 화학 요법을 제공했다. 이 지역은 암이 많이 발생하지만, 종양학자는 단 한 명도 없다.[118] 비록 몇몇 부정적인 사건이 일어나긴 했어도 성과는 좋았다. 이런 노력은 중간 소득 국가들에서 훨씬 더 흔하다. 멕시코에서는 정부의 대중적인 건강보험이 유방암과 자궁경부암을 비롯해 여러 소아과 악성종양에 대한 포괄적인 치료를 맡는다.[119] 컬럼비아의 보편적 사회건강보험은 1993년부터 암 치료를 포함시켰다[120]. 요르단의 킹 후세인 암센터는 서비스 비용을 지불할 수 없는 여러 환자에게 치료를 제공하

117) Lawrence N. Shulman, Walter Willett, Amy Sievers, and Felicia M. Knaul, "Breast Cancer in Developing Countries : Opportunities for Improved Survival," *Journal of Oncology* 2010 (2010) : doi:10.1155/2010/595167; Alex B. Haynes, Thomas G. Weiser, William R. Berry, Stuart R. Lipsitz, Abdel-Hadi S. Breizat, E. Patchen Dellinger, Teodoro Herbosa, Sudhir Joseph, Pascience L. Kibatala, Marie Carmela M. Lapitan, Alan F. Merry, Krishna Moorthy, Richard K. Reznick, Bryce Taylor, and Atul A. Gawande, 안전한 수술로 생명을 살리는 연구 그룹, "A Surgical Checklist to Reduce Morbidity and Mortality in a Global Population," *New England Journal of Medicine* 360, no. 5 (2009) : 491~499; Paul Farmer, Julio Frenk, Felicia M. Knaul, Lawrence N. Shulman, George Alleyne, Lance Armstrong, Rifat Atun, Douglas Blayney, Lincoln Chen, Richard Feachem, Mary Gospodarowicz, Julie Gralow, Sanjay Gupta, Ana Langer, Julian Lob-Levyt, Claire Neal, Anthony Mbewu, Dina Mered, Peter Piot, K. Srinath Reddy, Jeffrey D. Sachs, Mahmoud Sarhan, and John R. Seffrin, "Expansion of Cancer Care and Control in Countries of Low and Middle Income : A Call to Action," *Lancet* 376, no. 9747 (2010) : 1186~1193.

118) Farmer, Frenk, et al., "Expansion of Cancer Care and Control."

119) Felicia Marie Knaul, Gustavo Nigenda, Rarael Lozano, Hector Arreola-Ornelas, Ana Langer, and Julio Frenk, "Breast Cancer in Mexico : A Pressing Priority," *Reproductive Health Matters* 16, no. 32 (2008) : 113~123; Julio Frenk, Octavio Gómez-Dantés, and Felicia Marie Knaul, "The Democratization of Health in Mexico : Financial Innovations for Universal Coverage," *Bulletin of the World Health Organization* 87, no. 7 (2009) : 542-548; Eduardo González-Pier, Cristina Gutiérrez-Delgado, Gretchen Stevens, Mariana Barraza-Llorénx, Raúl Porras-Condey, Natalie Carvalho, Kristen Loncich, Rodrigo H. Dias, Sandeep Kulkarni, Anna Casey, Yuki Murakami, Majid Ezzati, and Joshua A. Salomon, "Priority Setting for Health Interventions in Mexico's System of Social Protection in Health, *Lancet* 368, no. 9547 (2006) : 1608~1618."

120) Ministerio de la Protección Social, República de Colombia, *Plan obligatorio de salud*, www.po.gov.co/Paginas/InicioPOS.aspx (접속일 : 2012년 11월 26일)

[표 11.2] 저소득 및 중간 소득 국가들에서 예방과 초기 진단, 치료가 가능한 암들

· 출처 : Paul Farmer, Julio Frenk, Felicia M. Knaul, Lawrence N. Shulman, George Alleyne, Lance Armstrong, Rifat Atun, Douglas Blayney, Lincoln Chen, Richard Feachem, Mary Gospodarowicz, Julie Gralow, Sanjay Gupta, Ana Langer, Julian Lob-Levyt, Claire Neal, Anthony Mbewu, Dina Mired, Peter Piot, K. Srinath Reddy, Jeffrey D. Sachs, Mahmoud Sarhan, and John R. Seffrin, "Expansion of Cancer Care and Control in Countries of Low and Middle Income : A Call to Action," *Lancet* 376, no. 9747 (2010) : 1187.

위험 요인을 제어해 예방 가능한 암들
· 담배 : 폐암, 두경부암, 방광암
· 인유두종 바이러스 : 자궁경부암, 두경부암
· 간염 : 간세포암
초기 진단과 수술을 포함한 치료를 통해 잠재적으로 치료 가능한 암들
· 자궁경부암
· 유방암
· 대장암
체계적인 치료를 통해 잠재적으로 치료 가능하지만 초기 진단이 결정적 역할을 하지 않는 암들
· 버킷림프종
· 대세포림프종
· 호지킨림프종
· 고환암
· 급성 림프구성 백혈병
· 연부조직육종
· 골육종
체계적인 치료를 통해 충분히 완화할 수 있는 암들
· 카포시 육종
· 진행성 유방암
· 난소암
· 만성 골수성 백혈병

는데, 여기에는 새로 생긴 유방암 환자의 60퍼센트가 포함되어 있다.[121] 이러한 몇몇 사례는 암 치료가 저소득 및 중간 소득 국가들에서도 실현 가능하다는 점을 증명한다. 하지만 이러한 프로그램들 모두 전 세계적인 질병 부담 앞에서는 무색해진다. 암 치료와 관리에 대한 접근을 확대하는 것은 21세기의 긴급한 우선 과제다.

---

121) Mahmoud M. Sarhan, "Cancer in Jordan : 2020 and Beyond" (요르단 암만에서 2010년 4월 14~17일에 열린 소아암과 혈액 질환에 대한 3차 지역회의 발표문); Salma Jaouni, "Tailoring Strategies to Available Resources. Jordan Breast Cancer Program : A Bottom-Up Model for Early Detection and Screening," http://isites.harvard.edu/fs/docs/icb.topic665673.files/Salma%20Jaouni.pdf (접속일 : 2013년 1월 31일)

지적재산권과 국제 보건 평등

가난한 국가들에서 현대 의료 기술에 대한 접근성을 높이는 것은 국제 보건 평등을 달성하는 데 결정적인 역할을 한다. 의학에 대한 접근성을 결정하는 주요 요인 가운데 하나는 지적재산권 체계다. 그렇기 때문에 시장과 특허 관련 기관에서 지적재산권의 역할을 살펴보는 것이 중요하다.

대부분의 국가에서 정부는 약품 같은 신기술에 특허를 준다. 특허 체계란 어떤 기술을 개발한 개인 또는 회사에 일정 기간 독점권을 보증하는 것으로, 혁신적이고 위험한 연구를 장려하기 위해 설계되었다. 이 제도는 특허 소지자에게 시장 경쟁 없이 연구비를 회수할 시간을 준다. 따라서 특허는 그 정의상 자유 시장에 대한 침해라고 볼 수 있다. 특허 체계는 일차적으로 국가 제도에 의해 규제받지만, 세계화가 가속화되는 시대를 맞아 여러 다국적 기업과 선진국 정부는 지적재산권의 국제적인 거버넌스를 성공적으로 추진했다.[122] 1994년에 세계무역기구(WHO)는 무역 관련 지적재산권에 관한 협정(TRIPS)을 채택해 구성국 전체에 대한 최소한의 저작권법 기준을 수립했다.

이 협정에서 가장 논란이 심했던 부분은 가난한 나라의 의료 기술에 대한 접근을 제한했다는 점이다. 국제적 특허 기준을 적용하는 데 윤리적 어려움이 따른다는 사실은 명백했다. 항레트로바이러스 약제들은 의약품에 대한 접근을 다루는 국제 지적재산권 규정의 영향력을 설명하는 데 유용한 사례다. 에이즈 유행은 풍요한 국가와 빈곤한 국가에 모두 영향을 미쳤기 때문에, 부유한 시장에 관심이 있는 제약회사들로서는 HIV에 대항할 새로운 약품을 개발할 만한 충분한 유인이 있었다. 하지만 이 병을 앓는 환자 대다수는 저소득 국가에 살고 있었기 때문에 선진국에 사는 환자들과 동일한 가격을 지불할 수 없었다. 즉, 상당수는 비용을 부담할 능력이 전혀 없었다. 이에 따라 1990년대 들어 몇몇 개발도상국에서는 약이 필요한 사

---

122) Amy Kapczynski, "The Access to Knowledge Mobilization and the New Politics of Intellectual Property," *Yale Law Journal* 117 (2008) : 804~885.

람들의 욕구에 부응하기 위해 값싼 제네릭 항레트로바이러스 약품을 수입하거나 생산하기 시작했다. 5장에서 자세히 다루었지만, 제약회사들은 이러한 제네릭 약품을 막으려고 자신들의 특허권이 침해되고 있다며 소송을 제기했다.

사실 저소득 국가에서 오는 약품 판매 수익은 무시할 만한 수준이었다.[123] 따라서 이런 국가들에 특허 요건을 부담하게 하는 것은 얼마 안 되는 수익을 위해 필수 의약품에 대한 접근성만 제한하는 꼴이었다. 이는 공중 보건 논리나 경제 논리로 봐도 설득력이 없었다. 더구나 저소득 국가들의 특허 체계는 혁신과 기술 개발을 위한 유인으로 기능하지 않았다. 방치된 열대병을 대상으로 하는 약품 연구가 부재하다는 점이 바로 그러한 논리의 오류를 드러냈다.

압박이 이어지자, 세계무역기구는 2001년에 도하선언을 채택했다. 저소득 국가의 정부가 새로운 의약품의 대량 생산이 공중 보건에 미치는 혜택이 특허를 유지해야 할 중요성보다 큰지 자율적으로 결정할 수 있음을 인정하는 내용이었다.[124](특허권은 미국이 그 자체의 중요성을 인정해 유지해 왔으며 수많은 상황에서 적용했던 권리였다.)[125] 도하선언은 여러 국가가 생명을 구하는 의약품을 수입하거나 생산하는 데 따르는 막중한 부담을 피하도록 도움을 주었다.

하지만 세계무역기구가 국제무역을 규제하는 유일한 기관은 아니다. 이 기관의 관할 밖에서도 무역 거래는 다양하게 일어난다. 더구나 저렴한 제네릭 약품에 대한 접근에는 (지역적일 뿐 아니라 초국가적인) 생물사회적 복잡성이 상당한 영향을 미친다.

도하선언이 발표된 후에도 여러 국가에서 채택한 쌍무적이거나 다자적 무역협정이 제네릭 약품 생산을 계속 제한했다. 최근 유럽연합과 인도 사이에서 교섭 중인

---

123) 예컨대 2004년에는 저소득 국가와 중간 소득 국가에서 온 브랜드 약품 판매 매출이 겨우 5~7퍼센트에 지나지 않았다. 이 국가 범주 안에는 브라질, 중국, 인도, 남아프리카공화국 같이 경제 규모가 거대한 나라들이 포함되었다. 만약 이 나라들을 제외하고 저소득 국가에 대해서만 살펴본다면, 위의 매출 비중은 더욱 줄어들 것이다. 다음 글을 참고하라. Amy Kapczynski, Samantha Chaifetz, Zachary Katz, and Yochai Benkler, "Addressing Global Health Inequities : An Open Licensing Approach for University Innovations," *Berkeley Technology Law Journal* 20, no. 2 (2005) : 1038 n. 33.

124) 세계무역기구, "Declaration on the TRIPS Agreement and Public Health", 조항 4, 2001년 11월 14일 채택, 도하 카타르에서 열린 4차 세계무역기구 각료회의, http://docsonline.wto.org/imrd/directdoc/asp?DDFDocuments/t/WT/Min01/DEC2.doc (접속일 : 2012년 11월 25일)

125) CPTech, "Compulsory Licensing. Chapter II : Government Use under 28 USC 1498," www.cptech.org/ip/health/cl/us-1498.html (접속일 : 2013년 1월 7일)

한 협정은 인도가 특허를 발급하는 방식과 인도 회사들이 다른 개발도상국에 감당 가능한 의약품을 실어 나르는 능력에 영향을 줄 수 있다.[126] 미국은 환태평양 경제동반자 협정을 제안하는 과정에서 제한적인 지적재산권 관련 내용을 제출했다. 이는 환태평양 국가들을 조인국으로 포함시켜 잠재적으로 다른 국가들이 특허를 발전시키지 못하고, 인도와 동등한 정도로 제네릭 약품을 생산하지도 못하게 막을 것이다.[127] 이러한 국제 지적재산권 정책의 불평등과 비효율성은 HIV, 암, 기타 질병들에 대항해 새로 나온 약품들의 접근성에 계속 영향을 준다.

지금까지 저소득 국가에서 제네릭 상품을 생산하거나 단계별 가격 책정에 대한 허가 전략을 구사하는 것은 필수 의약품에 대한 접근성을 높이는 동시에, 동일한 특허 의약품에 대한 고소득 국가 내부의 수익성에는 영향을 주지 않는다고 알려졌다.(따라서 새로운 약품을 개발하고 혁신하는 제약회사의 유인을 저해하지 않는다.)[128] 필수 약품을 위한 대학연합(대부분 학생들이 운영하는 국제조직이다.)을 포함한 광범위한 연합이 지난 몇 년 동안 이런 전략을 옹호해 왔다. 만약 전 세계 정책 입안자와 규제 기관, 제약회사(이들 중 일부는 접근성을 수익 모델에 포함시킨 혁신안을 이미 찾았다.[129])가 이러한 전략을 도입한다면, 오래되거나 새로운 보건 기술을 환자들(그 보건 기술에 그들의 건강을 의존하고 있는)에게 가져다 주는 데 중요한 장애물 하나를 제거할 수 있을 것이다.

또한 여러 암과 관련한 발병률과 사망률의 변화는 핵심적 위험 요인에 대한 통제에 달

126) Rama Lakshmi, "India-E.U. Trade Pact Could Boost AIDS Treatment Cost, Health Workers Say," *Washington Post*, February 10, 2012.

127) "AIDS Groups Criticise US/EU/Japan for Putting Profits of MNC Drug Makers before Patients," *Economic Times*, June 8, 2011.

128) Kapczynski, Chaifetz, et al., "Addressing Global Health Inequalities," 1031, 1069~1072.

129) Padmashree Gehl Sampath, Economic Aspects of Access to Medicines after 2005 : Product Protection and Emerging Firm Strategies in the Indian Pharmaceutical Industry, United Nations University-INTECH, May 2005, www.who.int/intellectualproperty/studies/PadmashreeGehlSampathFinal.pdf (접속일 : 2012년 11월 25일)

렸다. 흡연은 개발도상국 전반에 걸쳐 증가세를 보이고 있다.[130] 보통 개발도상국에서는 검사와 빠른 진단의 중요성에 대한 자각은 낮은 반면, 보건 관리에 대한 경제적인 장벽과 질병에 따르는 낙인은 심했다.[131] B형 간염과 인유두종 바이러스 백신, 금연 캠페인 등을 포함한 예방은 개발도상국에서 암 발생률의 증가세를 상당히 빠르게 둔화시켰다. 르완다는 자궁경부암과의 싸움에 앞장섰다. 검사를 적극적으로 진행했을 뿐만 아니라, 이미 여자 청소년들 전체를 대상으로 예방접종에 들어갔다.[132]

2009년에는 데이나-파버 암 연구소, 하버드대학 국제 평등 계획, 하버드의과대학, 하버드대학 공중보건학과의 국제 보건과 암 관리 전문가들이 '개발도상국의 암 관리와 통제에 대한 접근권 확대를 위한 국제대책위원회'를 발족했다. 개발도상국 협력자들과 함께 암 관리와 통제 접근권을 늘리는 전략을 평가하고 개발·수행하는 것이 대책위원회의 목적이었다.[133] 대책위원회는 프랭크가 제시한 대각선 접근을 수용했다. 이는 1차 보건관리, 예방, 완화, 기타 보건 서비스를 강화하는 방식들 안에서 특정 암을 효과적으로 치료할 수 있다는 내용이다. 각국 정부와 연구 및 수행의 핵심적 재정 기부자, 국제기관, 비정부기구들을 한데 모아 국제적 반응의 재측정을 실시하면, 전 세계의 물자가 부족한 환경에서 (이 장에서 논의한 다른 우선 과제들과 함께) 이 접근을 빠르게 확대할 수 있을 것이다.

수술

수술은 현대 의학에서 필수적인 도구지만 물자가 부족한 환경에서는 드물게 이루어진다. 하지만 여러 전염성 및 비전염성 질병, 악성종양, 산모와 아이에게 해를 끼치는 증상

---

130) Prabhat Jha, M. Kent Ranson, Son N. Nguyen, and Derek Yach, "Estimates of Global and Regional Smoking Prevalence in 1995, by Age and Sex," *American Journal of Public Health* 92, no. 6 (2002) : 1002~1006. 부유한 국가에서 가난한 국가로 전 세계적인 흡연율(그리고 이와 연관된 폐암)의 이행에 대한 더 자세한 정보는 다음을 보라. Allan M. Brandt, *The Cigarette Century : The Rise, Fall, and Deadly Persistence of the Product that Defined America* (New York : Basic Books, 2007) 설득력 있는 한 사례로 Brandt(위의 책, 454)는 중국 중앙정부 예산의 12퍼센트가 국가 소유의 담배회사 매출에서 비롯한다는 점을 지적했다.

131) Farmer, Frenk, et al. "Expansion of Cancer Care and Control," 1186.

132) 다음 글도 참고하라. Agnes Binagwaho, Claire M. Wagner, and Cameron T. Nutt, "HPV Vaccine in Rwanda : Different Disease, Same Double Standard," *Lancet* 378, no. 9807 (2011) : 1916; 그리고 David Holmes, "Rwanda: An Injection of Hope," *Lancet* 376, no. 9745 (2010) : 945~946.

133) 다음을 보라. Farmer, Frenk, et al. "Expansion of Cancer Care and Control," 1186.

처럼 수술로 치료할 수 있는 질환은 전 세계의 사망률과 이환율을 상당히 좌우한다. 매년 출산 도중에 사망하는 것으로 추정되는 35만 명에서 50만 명의 산모들은 대부분 수술적 분만이나 산후 출혈을 다루는 다른 수단이 있다면 목숨을 구할 수 있었다.[134] 전 세계적으로 볼 때 가난한 사람들은 농기구나 운송 수단으로 말미암은 사고, 복막염, 장골 골절, 농양, 그리고 실명 등을 치료받지 못하는 경우가 흔하다.[135] 저소득 지역에서 심각한 심장병에 걸린다는 것은 거의 사형선고나 마찬가지다.[136] 인도·중국 등 다른 지역의 도심에서 매년 수백만 명의 사람들이 죽어 가고 있지만, 이 가운데 목숨을 건질 수 있는 혈관 성형술이나 혈관 우회술을 받을 수 있는 사람은 극히 드물다. 그 결과 소위 수술적 질환들(전염성 질환과 비전염성 질환을 모두 포괄하는 범주)은 전 세계 총 장애보정수명 측정에서 약 11퍼센트를 차지한다.[137]

수술적 질환의 전 세계적 사망률이 이토록 높은데도 지구촌 대부분의 농촌 지역에서 수술에 접근할 수 있는 인구는 극히 적다. 그나마 가능한 수술 서비스는 가격이 높은 데다 또 도시에 집중되어 있다.[138] 수술이 이렇게 드물게 이루어지는 이유는 무엇일까? 첫째, 에이즈나 말라리아 그리고 천연두 같은 감염성 질환에 당연하다는 듯 초점을 맞추면서, 희귀한 자원을 분배하는 담당자들이 취약해진 현재의 전달 토대에서는 오직 병원성 질환들만 감당할 수 있다는 생각 때문이다. 둘째, 여러 가난한 국가에는 도심을 벗어난

---

134) 예컨대 다음을 보라. Blake C. Alkire, Jeffrey R. Vincent, Christy Turlington Burns, Ian S. Metzler, Paul E. Farmer, and John G. Meara, "Obstructed Labor and Caesarean Delivery : The Cost and Benefit of Surgical Intervention," *PLoS One* 7, no. 4 (2012) : e34595; 그리고 세계보건기구, *World Health Report 2005 : Making Every Mother and Child Count* (Geneva : World Health Organization, 2005), www.who.int/whr/2005/whr2005_en.pdf (접속일 : 2012년 11월 25일)

135) Massey Beveridge and Andrew Howard, "The Burden of Orthopaedic Disease in Developing Countries," *Journal of Bone and Joint Surgery* (American vol.) 86-A, no. 8 (2004) : 1819~1822; World Health Organization, *World Report on Road Traffic Injury Prevention* (Geneva : World Health Organization, 2004), www.who.int/violence_injury_prevention/publications/road_traffic/world_report/summary_en_rev.pdf (접속일 : 2012년 11월 25일); David Yorston, "High-Volume Surgery in Developing Countries," *Eye* 19, no. 10 (2005) : 1083~1089.

136) James L. Cox, "Presidential Address : Changing Boundaries," *Journal of Thoracic and Cardiovascular Surgery* 122, no. 3 (2001) : 413~418; Suresh G. Rao, "Pediatric Cardiac Surgery in Developing Countries," *Pediatric Cardiology* 28, no. 2 (2007) : 144~148.

137) Haile T. Debas, Richard Gosselin, Colin McCord, and Amardeep Thind, "Surgery," in *Disease Control Priorities in Developing Countries*, 2nd ed., ed. Dean T. Jamison, Joel G. Breman, Anthony R. Measham, George Alleyne, Muriam Claeson, David B. Evans, Prabhat Jha, Anne Mills, and Philip Musgrove (Washington, D.C. : World Bank, 2006), 1245~1259.

138) Farmer and Kim, "Surgery and Global Health."

지역에서 외과 의사를 거의 찾아볼 수 없다. 몇몇 추정치에 따르면 아프리카의 외과 의사 수는 미국의 1퍼센트 미만이다.[139] 셋째, 수술은 외과 의사, 수술실, 마취, 소독 장치, 봉합, 천 같은 많은 물자와 혈액은행 재고, 수술 후 관리까지 필요한 복잡한 개입 활동이 필요한 경우가 많다. 백내장 제거술 같은 간단한 수술도 있지만, 대부분은 인프라와 훈련 그리고 각종 물자들에 대한 상당한 투자가 필요하다. 물자가 부족한 환경에서 이러한 장벽을 뚫고 품질 좋은 수술적 관리를 전달하는 일이 가능할까? 하지만 여러 사례에 따르면 수술 서비스는 보건 시설에 통합이 가능할 뿐 아니라 사망률을 줄이고, 목숨을 구할 수 있다는 점에서 수익률도 높다. 아이티 농촌 지역인 캉주에서 수술 서비스를 제공한 건강의 동반자들과 잔미 라산트의 노력에 대한 한 연구에 따르면, 긍정적인 성과뿐 아니라 충족되지 않는 욕구 또한 매우 높았다. 2002년 1월부터 2005년 9월까지 캉주 소재 병원에서는 지불 능력이 없는 사람들에게 보건 서비스를 제공하는 수술이 2,900건 이루어졌다. 절반가량은 일반적 수술이었고, 3분의 1은 산부인과 수술이었다. 나머지는 비뇨기과, 성형외과, 신경과, 안과, 심장 관련 처치였다. 병원에 오려고 멀리서 찾아온 환자 수도 놀랄 만큼 많았다. 전체 환자의 절반이 50킬로미터 이상을 이동했는데, 환자의 3분의 1은 캉주에서 약 80킬로미터 떨어진 수도인 포르토프랭스에서 왔다. 포르토프랭스에는 아이티에 존재하는 수술실의 태반이 몰려 있는데도 이런 일이 일어난 이유는, 그곳의 사립·공립병원이 대개 치료비를 요구하기 때문이었다. 아이티의 극빈층은 수술에 대한 접근권이 과거에도 없었고, 또 지금도 없다.[140]

또한 보건 제공자들 다수가 빈곤한 환경에서 수술적 관리를 성공적으로 전달해 왔다. 대부분은 특정 수술이나 응급 관리에 초점을 맞춘다. 예를 들어 국제산부인과연맹은 우간다, 에티오피아, 과테말라에 지역 기반의 응급 산부인과 프로그램을 지원했다.[141] 국

139) Ambrose E. Wasunna, "Surgical Manpower in Africa," *Bulletin of the American College of Surgeons* 72, no. 6 (1987) : 18~19.

140) Louise C. ivers, Evan S. Garfein, Josué Augustin, Maxi Raymonville, Alice T. Yang, David S. Sugarbaker, and Paul E. Farmer, "Increasing Access to Surgical Services for the Poor in Rural Haiti : Surgery as a Public Good for Public Health," *World Journal of Surgery* 32, no. 4 (2008) : 537~542.

141) André B. Lalonde, Pius Okong, Alex Mugasa, and Liette Perron, "The FIGO Save the Mothers Initiative : The Uganda-Canada Collaboration," *International Journal of Gynecology and Obstetrics* 80, no. 2 (2003) : 204~212; L.B. Curet, A. Foster-Rosales, R. Hale, E. Kestler, C. Medina, L. Altamirano, C. Reyes, and D. Jarquin, "The FIGO Save the Mothers Initiative : The Central America and USA Collaboration," International Journal of Gynecology and Obstetrics 80, no. 2 (2003) : 213~221; T. Mekbib, E. Kassaye, A. Getachew, T. Tadesse, and A. Debebe, "The FIGO Save the Mothers Initiative : The Ethiopia-Sweden Collaboration," *International Journal of Gynecology and Obstetrics* 81, no. 1 (2003) : 93~102.

경없는 의사회, 적십자, 적신월사(Red Crescent) 같은 국제적인 구호 단체들은 자연재해나 폭력 소요가 벌어진 현장에 응급수술 관리를 빠르게 제공한다. 또한 이들은 제왕절개술과 기타 산과적 관리, 응급 복부 수술, 선천적 기형 치료 등도 실시한다.[142] 2010년의 한 연구에 따르면 개발도상국에서 일하는 46개의 국제기관은 매년 총 22만 5천 건에 가까운 수술을 실시했다.[143] 2010년 아이티 지진 이후에는 전 세계 응급 구조 팀이 수천 건의 수술을 포함한 중요한 응급 관리를 제공했다. 건강의 동반자들과 잔미 라산트는 약 3천 명의 환자를 돌보면서 상처 표면 절제술, 장골 골절의 고정, 절단 등 513건의 응급수술을 수행했다.[144]

이 예들과 다른 수많은 사례가 있는데도 오늘날 전 세계 절대다수의 사람들, 특히 수술이 필요한 질병에 대한 부담이 가장 큰 극빈층에게는 수술에 대한 접근성이 없는 상태다. 어떻게 해야 할까? 이에 대해 개발도상국 전반적으로, 수술적 관리를 보건 시스템 안에 통합하는 일이 시급하다는 합의가 이루어지고 있다.[145] 찰스 모크(Charles Mock)와 그의 동료들은 질병 부담, 절차의 유효성, 비용 대비 효율성에 기초한 3단계의 우선 과제 전략을 제안했다.[146] 첫 번째 우선 조건은 탈장 수술, 내반족 교정술, 남성 포경수술 같은 선택적 조치를 동반한 응급 상황의 흔한 수술적 질병들이다. 또 선진국의 성형외과 의사들은 정신적 외상·화상·선천적 기형을 포함한 여러 상태를 치료할 수 있지만, 개발도상국에서는 이런 전문가들이 부족하다.[147] 정신적 외상 반응에 대한 초심자용 훈련 프로그램

---

142) 국제적십자위원회, *Annual Report 2007*, www.icrc.org/eng/resources/documents/annual-report/icrc-annual-report-2007.htm (접속일 : 2012년 11월 26일)

143) K. A. Kelly McQueen, Joseph A. Hyder, Breena R. Taira, Nadine Semer, Frederick M. Burkle Jr., and Kathleen M. Casey, "The Provision of Surgical Care by International Organizations in Developing Countries : A Preliminary Report," *World Journal of Surgery* 34, no. 3 (2010) : 397~402.

144) Thomas McIntyre, Christopher D. Hughes, Thierry Pauyo, Stephen R. Sullivan, Selwyn O. Rogers Jr., Maxi Raymonville, and John G. Meara, "Emergency Surgical Care Delivery in Post-Earthquake Haiti : Partners In Health and Zanmi Lasante Experience," *World Journal of Surgery* 35, no. 4 (2011) : 745~750.

145) K. A. Kelly McQueen, Doruk Ozgediz, Robert Riviello, Renee Y. Hsia, Sudha Jayaraman, Stephen R. Sullivan, and John G. Meara, "Essential Surgery : Integral to the Right to Health," *Health and Human Rights* 12, no. 1 (2010) : 137~152; Farmer and Kim, "Surgery and Global Health."

146) Charles Mock, Meena Cherian, Catherine Juillard, Peter Donkor, Stephen Bickler, Dean Jamison, and Kelly McQueen, "Developing Priorities for Addressing Surgical Conditions Globally : Furthering the Link between Surgery and Public Health Policy," *World Journal of Surgery* 34, no. 3 (2010) : 381~385.

147) Nadine B. Semer, Stephen R. Sullivan, and John G. Meara, "Plastic Surgery and Global Health : How Plastic Surgery Impacts the Global Burden of Surgical Disease," *Journal of Plastic, Reconstructive, and Aesthetic Surgery* 63, no. 8 (2010) : 1244~1248.

또한 물자가 제한된 환경에서 저비용으로 유용하게 실시되었다.[148) 몇몇 연구자들은 특정 수술적 조치들이 다른 공중 보건 개입만큼이나 비용 대비 효율적이라고 강조했다.[149)

이러한 수직적인 수술적 개입에 더해, 선진국 병원들 중 상당수가 "쌍둥이 프로그램"에 의해 가난한 국가의 병원들과 연계되었다. 하지만 이렇게 해도 극빈층이 수술 서비스를 받는 경우는 드물었다. 가난한 국가에서는 항상 치료비를 지불해야 하기 때문이었다. 프로그램이 개선되려면 수술이 필요하지만 지불 능력이 없는 사람들이 수술을 받을 수 있게 바꾸어야 했다. 저소득 국가에서 새로운 수술 인프라에 투자하고 또 훈련 계획을 확대하는 것이 이런 전략의 일부였다. 지역 병원이라 해도 여러 곳의 수술실과(적어도 산과에서 쓰는 응급실 하나와 선택적으로 사용하는 수술실 하나) 혈액은행, 마취 기계(그리고 그것을 사용하고 수리할 줄 아는 직원), 실험실, 안정적으로 공급되는 전기가 필요하다. 수술 인프라를 보완하고, 보건 관리 전달 시스템을 개선하려는 노력을 하면서 동시에 훈련 프로그램도 확대할 수 있다.

물자가 제한적인 환경에서 수술 역량을 확대하고 개선하는 일은, 보건 시스템 전반을 강화할 뿐만 아니라 모자보건, 비전염성 질병, 암 같은 다른 여러 국제 보건의 우선 과제와 상승작용을 한다. 앞에서 언급한 대로 수술은 현대 산과학의 큰 기둥이다. 우리는 어떤 지역에서는 제왕절개술이 필요 이상으로 실시되고, 또 다른 지역에서는 전혀 실시되지 않는 세계에 살고 있다. 밀레니엄 개발 목표 5번인 모자보건은 빈곤층에 대한 수술적 서비스의 상당한 확대 없이는 실현하기 어렵다. 더구나 심장병과 특정 악성종양을 포함한 비전

---

148) Sudha Jayaraman, Jacqueline R. Mabweijano, Michael S. Lipnick, Nolan Caldwell, Justin Miyamoto, Robert Wangoda, Cephas Mijumbi, Renee Hsia, Rochelle Dicker, and Doruk Ozgediz, "First Things First : Effectiveness and Scalability of a Basic Prehospital Trauma Care Program for Lay First Responders in Kampala, Uganda," *PLoS One* 4, no. 9 (2009) : e6955; Hans Husum, Mads Gilbert, Torben Wisborg, Yang Van Heng, and Mudhafar Murad, "Rural Prehospital Trauma Systems Improve Trauma Outcome in Low-Income Countries : A Prospective Study from North Iraq and Cambodia," *Journal of Trauma* 54, no. 6 (2003) : 1188~1196.

149) Debas, Gosselin, et al., "Surgery"; Benjamin C. Warf, Blake C. Alkire, Salman Bhai, Christopher Hughes, Steven J. Schiff, Jeffrey R. Vincent, and John G. Meara, "Costs and Benefits of Neurosurgical Intervention for Infant Hydrocephalus in Sub-Saharan Africa," *Journal of Neurosurgery : Pediatrics* 8, no. 5 (2011) : 509~521; Blake Alkire, Christopher D. Hughes, Katherine Nash, Jeffrey R. Vincent, and John G. Meara, "Potential Economic Benefit of Cleft Lip and Palate Repair in Sub-Saharan Africa," *World Journal of Surgery* 35, no. 6 (2011) : 1194~1201; Colin McCord and Qumruzzaman Chowdhury, "A Cost Effective Small Hospital in Bangladesh : That It Can Mean For Emergency Obstetric Care," *International Journal of Gynecology and Obstetrics* 81, no. 1 (2003) : 83~92; "Conference on Increasing Access to Surgical Services in Resource-Constrained Settings in Sub-Saharan Africa : Final Report," June 4~8, 2007, Bellagio, Italy, www.dcp2.org/file/137/Bellagio%20Report%20-%20Increasing%20Access%20to%20Surgical%20Services.pdf (접속일 : 2012년 1월 31일)

염성 질병 중 상당수는 수술로 치료가 가능하다. 이러한 상승작용은 가난한 국가에 수술적 관리를 확대하는 대각선적 접근의 필요성을 강화한다. 수술 서비스를 보건 시스템 안으로 통합하는 작업을 통해 이런 국가들의 의사, 간호사, 기타 보건 노동자들이 사망률과 이환율의 여러 주요 원인에 대응할 수 있는 결정적인 도구들을 갖출 수 있게 될 것이다.

미국 내 1차 보건관리의 변화

"국제 보건"이라는 용어는 전 세계 개발도상국 인구 집단에 대해 사용하는 경우가 많다. 하지만 미국 역시 세계의 일부다. 지난 여러 해 동안 보건 관리 비용이 높아짐에 따라 보건 관리 개혁을 둘러싼 가시 돋친 논쟁이 벌어지면서 미국의 보건 시스템이 부딪힌 핵심 문제들이 속속 드러났다. 보험 없는 수백만 명의 자국 국민들, 여러 보건 지표로 나타나는 사회·경제학적이고 지리학적인 극명한 불평등, 보건 제공자가 불필요한 치료와 처치를 남용하도록 조장하는 유인들, 보건 관리 현장에서의 서비스 파편화, 높은 비율로 나타나는 예방 가능한 의료 과실, 여러 만성질환을 가진 환자들이 늘고 있는데도 그들의 복합적인 요구를 다룰 능력이 없다는 점 등이 미국 보건 시스템의 문제다.[150] 전체적인 영향을 주는 이러한 문제들의 한 가지 조짐으로, 50년 전에 미국은 신생아 사망률이 세계에

---

[150] 보험이 없는 미국인들에 대해서는 다음을 보라. Catherine G. McLaughlin, ed., *Health Policy and the Uninsured* (Washington, D.C. : Urban Institute Press, 2004)

불공평한 보건적 성과에 대해서는 다음을 보라. Institute of Medicine, *Unequal Treatment: Confronting Racial and Ethnic Disparities in Health Care*, ed. Brian D. Smedley, Adrienne Y. Stith, and Alan R. Nelson (Washington, D.C. : National Academies Press, 2002); 그리고 Elizabeth A. McQlynn, Steven M, Asch, John Adams, Joan Keesey, Jennifer Hicks, Alison DeCristofaro, and Eve A. Kerr, "The Quality of Health Care Delivered to Adults in the United States," *New England Journal of Medicine* 348, no. 26 (2003) : 2635~2645.

관리 제공자에 대한 유인과 불필요한 과정 문제에 대해서는 다음을 보라. Institute of Medicine, *Rewarding Provider Performance : Aligning Incentives in Medicare.* (Washington, D.C. : National Academies Press, 2007)

미국 보건 서비스의 파편화에 대한 논의는 다음을 보라. Thomas H. Lee and James J. Mongan, *Chaos and Organization in Health Care.* (Cambridge, Mass. : MIT Press, 2009)

예방 가능한 의료 실수에 대해서는 다음을 보라. Institute of Medicine, *To Err Is Human: Building a Safer Health System*, ed. Linda T. Kohn, Janet Corrigan, and Molla S. Donaldson. (Washington, D.C. : National Academies Press, 1999)

여러 만성질환을 가진 환자들을 다루는 문제에 대해서는 다음을 보라. Anand K. Parekh and Mary B. Barton, "The Challenge of Multiple Comorbidity for the U.S. Health Care System," *Journal of the American Medical Association* 303, no. 13 (2010) : 1303~1304.

서 12번째로 낮았지만 2008년에는 이 순위가 31위까지 낮아졌다.[151] 그런데도 보건 관리 비용은 지원이 불가능할 정도로 증가했다. 최근 미국은 1년에 1인당 보건 관리 비용으로 8천 달러 이상을 지출하는데, 이는 다른 어떤 고소득 국가보다도(이들 가운데 상당수가 미국보다 더 나은 보건 지표를 갖고 있다.) 훨씬 많은 액수이며, 이 수치는 계속 늘어나고 있다.[152] 이 책에서 다룬 여러 국제 보건 도전 과제들은 부분적으로 개발도상국의 지독한 가난과 보건 관리 전달에 대한 불충분한 재정 지원에서 기인한다. 하지만 미국의 보건 시스템은 다른 지역과 순서를 달리하며 여러 문제에 직면하고 있다. 그렇다면 미국의 문제와 다른 지역의 시스템 위기에 유사성이 있는가?

최근 미국 내에서 보건 관리를 개선하고자 이루어진 몇몇 노력은, 부유한 국가와 가난한 국가들이 품질 높은 보건 관리를 전달하는 방식에서 새로운 방향을 모색할 수 있음을 보여 준다. 미국에는 지난 100년 동안 일어난 의료과학의 엄청난 혁신을 바탕으로[153] 정신이 번쩍 들 정도의 많은 일이 실현되고 있다. 신기술 하나만으로는(새로운 약품, 강력한 영상 기기, 기적적인 수술 처치) 미국이라는 국가의 보건 관리에 대한 위기를 해결할 수 없다. 그보다는 6장과 7장에서 기술했던 계획들과 마찬가지로, 미국의 보건 관리를 변혁하고자 했던 여러 노력 중 유망한 것들은 다양한 특색을 공유하는데, 대부분 보건 전달과 밀접한 연관이 있다. 첫째, 이러한 노력들은 광범위한 권한이 있는 1차 관리가 전체 보건 시스템의 접근성, 품질, 효율성을 개선하기 위한 가장 비옥한 땅을 제공한다는 점을 인지하고 있다.[154] 둘째, 이러한 노력들은 보건 관리 시스템을 개조해 개인과 집단의 보

151) Elayne J. Heisler, "The U.S. Infant Mortality Rate : International Comparisons, Underlying Factors, and Federal Programs," Congressional Research Service, April 4, 2012, www.fas.org/sgp/crs/misc/R41378.pdf (접속일 : 2013년 2월 20일) 2012년 미국의 영아 사망률은 6.0으로 추산되었는데, 이 수치는 대략 동유럽 몇몇 국가들과 비슷했으며, 캐나다를 비롯한 대부분의 서유럽 국가들과 쿠바에는 한참 뒤떨어졌다. 다음을 보라. U.S. Central Intelligence Agency, "The World Factbook : Country Comparison : Infant Mortality Rate," 2012년 추정값, http://www.cia.gov/library/publications/the-world-factbook/rankorder/2091rank/html (접속일 : 2012년 11월 25일)

152) Meena Seshamani, "The Costs of Inaction : The Urgent Need for Health Reform," 미국 보건복지부, 2009년 3월, www.healthreform.gov/reports/inaction/inactionreportprintmarch2009.pdf (접속일 : 2012년 11월 25일)

153) Paul Starr, *The Social Transformation of American Medicine : The Rise of a Sovereign Profession and the Making of a Vast Industry* (New York : Basic Books, 1982)

154) 예컨대 다음을 보라. Barbara Starfield, *Primary Care : Balancing Health Needs, Services, and Technology* (New York : Oxford University Press, 1998); Barbara Starfield, Leiyu Shi, and James Macinko, "Contribution of Primary Care to Health Systems and Health," *Milbank Quarterly* 83, no. 3 (2005) : 457~502; Katherine Baicker and Amitabh Chandra, "Medicare Spending, the Physician Workforce, and Beneficiaries' Quality of Care," *Health Affairs* 23, (2004) : w4-1840w40197, http://content.healthaffairs.org/content/early/2004/04/07/hlthaff.w4.184/suppl/DC1 (접속일 : 2012년 11월 25일); Mark W. Friedberg, Peter S. Hussey, and Eric C. Schneider, "Primary Care : A Critical Review of the Evidence on Quality and Costs of Care," *Health Affairs* 29, no. 5 (2010) : 766~772.

건을 패턴화하고, 여러 개입의 성과를 결정하는 다양한 사회적 요인을 다룰 수 있도록 한다.[155] 마지막으로, 이 노력들은 의사를 비롯한 여러 전문 보건 노동자들뿐 아니라, 공동체 구성원들도 보건 관리의 공급과 예방 노력에 상당히 공헌할 수 있음을 인식한다. 미국 내의 이러한 보건 관리 전달의 새로운 모델들 중 일부는 아이티나 르완다 같은 곳에서 선구적으로 도입된 모델과 점점 닮아가고 있다. 비록 전염병학적·정치적·재정적 환경이 몹시 다르지만, 이 모든 게 고품질의 관리를 받기까지 거쳐야 할 길인 것만은 비슷하다.[156]

미국 보스턴의 '예방 및 관리와 치료에 대한 접근(PACT)' 프로그램은 아이티와 페루에서 사용하는 것과 비슷한 전달 모델을 활용하고 있다. 프로그램을 이끄는 하이디 베흐포러즈(Heidi Behforouz) 박사는 아이티를 방문해 그곳의 모델을 면밀히 살폈다. 병원 수는 많지만, 그중에 만성질환에 대한 공동체와 가정 기반의 관리라고 할 만한 것이 너무나 드문 미국의 여러 도시에 맞추어 공동체 보건 노동자 모델을 도입할 목적이었다. 1997년에 PACT는 보스턴의 일부 빈곤층을 위해 에이즈와 기타 만성질환에 대한 관리를 제공하는 동반 접근을 채택했다. 환자들의 집에서 직접 관찰 요법을 시행했을 뿐만 아니라, 보건 교육 및 주거와 식량 지원, 심리·사회적 지원 같은 랩어라운드 서비스를 제공하기 위해 공동체 보건 노동자를 훈련하고 또 그들에게 급여를 지불했다.[157] 그 결과, PACT는 아이티와 페루에서처럼 긍정적인 성과를 냈다. 에이즈 환자의 70퍼센트가 상당한 임상적인 진전을 보인 것이다. 35퍼센트는 병원에 머무는 기간이 짧아졌고, 그 결과 비용도 절감되었다. PACT 프로그램에 등록한 환자들의 의료 부조 기록을 살펴보면, 총 16퍼센트

155) Andrew Ellner, Christine Pace, Scott Lee, Jonathan L. Weigel, and Paul Farmer, "Embracing Complexity : Towards Platforms for Integrated Health and Social Service Delivery," in *Structural Approaches in Public Health*, ed. Marni Sommer and Richard Parker (New York : Routledge, 2013)

156) Ellner, Pace, et al., "Embracing Complexity"; Rebecca Onie, Paul Farmer, and Heidi Behforouz, "Realigning Health with Care," Stanford Social Innovation Review 10, no. 3 (Summer 2012), www.ssireview.org/articles/entry/realigning_health_with_care (접속일 : 2012년 11월 25일); Diane R. Rittenhouse and Stephen M. Shortell, "The Patient-Centered Medical Home : Will It Stand the Test of Health Reform?" *Journal of the American Medical Association* 301, no. 19 (2009) : 2038~2040.

157) Joia S. Mukherjee, Louise Ivers, Fernet L andre, Paul Farmer, and Heidi Behforouz, "Antiretroviral Theraph in Resource-Poor Settings : Decreasing Barriers to Access and Promoting Adherence," *Journal of Acquired Immune Deficiency Syndromes* 43, suppl. 1 (December 1, 2006) : S123~S126; Heidi L. Behforouz, Paul E. Farmer, and Joia S. Mukherjee, "From Directly Observed Therapy to *Accompagnateurs* : Enhancing AIDS Treatment Outcomes in Haiti and in Boston," *Clinical Infectious Diseases* 38, no. 5 suppl. (2004) : S429~S436; Heidi L, Behforouz, Audrey Kalmus, China S. Scherz, Jeffrey S. Kahn, Mitul Kadakia, and Paul E. Farmer, "Directly Observed Therapy for HIV Antiretroviral Therapy in an Urban U.S. Setting," *Journal of Acquired Immune Deficiency Syndromes* 36, no. 1 (2004) : 642~645.

를 절약했음이 드러난다. PACT 모델은 이제 마이애미나 뉴욕을 비롯해 나바호 인디언 보호구역까지 전파되었다.[158] 하지만 미국 보건 관리 시스템 안으로 유인을 재편성하는 것은 쉽지 않다. 그래서 공동체 보건 노동자들의 훈련과 보상에 필요한 재정 지원을 구하고자 다양한 노력이 이루어지고 있다.

만성질환의 경우, 공동체 또는 가정에 기초한 관리의 효율성뿐만 아니라 시험적 조치들에 대한 비용 대비 효율성도 증명된 바가 있다. 또 다른 사례는, 2002년에 제프리 브레너(Jeffrey Brenner) 박사가 시작한 보건 관리 제공자들의 캠던연합이다. 더 적은 비용으로 더 나은 관리를 제공하고자 노력하는 캠던연합은 보건 시스템에서 가장 높은 비용을 지불하는 환자가 누구인지 알아보는 데서 시작했다. 결과는 예상했던 대로였다. 응급실에서 대부분의 보건 관리를 받아야 하는, 여러 만성질환이 있는 가난한 환자들이었다. 이들이 받는 보건 관리 중 상당 부분이 보건 시스템에 통합되지 않아 많은 비용이 들었다. 이런 환자들의 보건 관리 비용은 놀랍게도 환자당 1년 평균 120만 달러였다. 캠던연합은 고비용 환자들로 이루어진 작은 집단의 가정을 기반으로 한 포괄적인 관리를 제공하는 한편, 악화된 건강에 대한 사회적 결정 요인을 해결함으로써 '현 상태'를 바꾸고자 노력했다. 예컨대 건강한 음식과 규칙적인 운동에 대한 접근성이 떨어지는 점, 약물과 알코올 중독, 곰팡이로 오염된 거주지 등이 그런 요인이었다. 결과는 극적이었다. 일반 병원이나 응급실 방문이 40퍼센트 급감했고, 치료비도 50퍼센트 이상 줄어들었다.[159] 상태가 가장 안 좋은 환자들에게 가정 기반의 관리를 제공하는 캠던연합의 모델은 보건 관리의 품질과 평등성을 개선했고, 전체 보건 지출액을 끌어내렸다.

보스턴에서 시작된 또 다른 관련 기관인 헬스 리드(Health Leads)는 여러 미국 도시에 사는 가난한 환자들에게 랩어라운드 서비스를 제공하는 약간 다른 접근을 선구적으로 실시했다. 병원 대기실에 자원봉사자 기반의 서비스 센터를 설립함으로써, 의사와 간호사들이 의료와 함께 식량 지원과 주거 개선 같은 사회 서비스를 "처방"하도록 한 것이

158) Onie, Farmer, and Behforouz, "Realigning Health with Care"; Tammy Yazzie, Alberta Long, Mae-Gilene Begay, Shirley Cisco, Hannah Sehn, Sonya Shin, and Catherine Harry, "Community Outreach and Patient Empowerment : Collaboration with Navajo Nation CHRs," *Journal of Ambulatory Care Management* 34, no. 3 (2011) : 288~289.

159) Jeffrey Brenner, "Building an Accountable Care Organization in Camden, N.J.," *Prescriptions for Excellence in Health Care Newsletter Supplement* 1, no. 9 (2010) : 1~4.

다. 처방이 나오면 상당수 대학생으로 이루어진 보건 자원봉사자들이 그러한 사회적 처방을 받게끔 환자들을 돕는다. 예컨대 할렘병원 센터에서는 체질량 지수가 높은 모든 환자들에게 헬스 리드를 소개해 건강한 음식과 체육관 회원권, 그리고 체중 감량에 필요한 기타 자원들을 얻게끔 도와주었다. 이러한 접근은, 그런 문제들에 도움을 주기에 더 적합한 자원봉사자와 공동체 구성원에게 환자들의 사회적 필요를 보살피는(의사들과 간호사들이 해당 훈련을 받지 못한) 부담을 안겨 주었다. 한 연구 결과에 따르면 헬스 리드는 그들이 협력하는 진료소에서 환자들의 치료를 가로막는 사회적 장벽과 맞섰고, 그 과정에서 1차 보건관리 의사들의 과중한 업무를 도와 사회적 업무에 대한 요구를 3배 이상으로 높였다.[160]

미국에서 행한 공동체 기반의 보건 관리 전달의 또 다른 예로, 루시카 페르난도풀레 (Rushika Fernandopulle) 박사가 2007년부터 운영한 애틀랜타 시티 특별 관리 센터를 들 수 있다. 특별 관리 센터는 환자들의 이웃 가운데 "건강 코치"를 모집해 만성질환을 앓고 있는 상당수의 가난한 환자들을 위한 가정 기반 관리를 제공했다. 1년이 지나자 인상적인 성과가 나타났다. 폐 질환이 있는 흡연자 중 63퍼센트가 담배를 끊었고, 고혈압이 있는 환자 집단이 거의 통제 아래 놓였으며, 많은 환자의 콜레스테롤 수치가 낮아졌다. 그뿐만 아니라 일반 병원과 응급실에 방문하는 횟수가 40퍼센트 줄었고, 수술 조치를 받는 경우도 25퍼센트 줄었다. 또 작년 치료비 상승률이 25퍼센트였던 데 비하면, 그해에는 4퍼센트 오르는 데 그쳤다.[161] 출간되지 않은 수치에 따르면 해를 거듭하면서 이 모델이 확대됨에 따라 치료비가 더욱 감소했음이 드러났다.[162]

"환자 중심의 가정 같은 의료 시설"[163]을 양성하고자 애쓴 이러한 사례들은 앞으로

160) Onie, Farmer, and Behforouz, "Realigning Health with Care"

161) Lisel Blash, Susan Chapman, and Catherine Dower, "The Special Care Center-A Joint Venture to Address Chronic Disease," 보건 전문가를 위한 센터, 캘리포니아대학교 샌프란시스코 캠퍼스, 2011년 11월, www.futurehealth.ucsf.edu/Content/29/2010-11_The_Special_Care_Center_A_Joint_Venture_to_Address_Chronic_Disease.pdf (접속일 : 2012년 11월 25일)

162) Atul Gawande, "The Hot Spotters : Can We Lower Medical Costs by Giving the Neediest Patients Better Care?" *New Yorker*, January 24, 2011, www.newyorker.com/reporting/2011/01/24/110124fa_fact_gawande#ixzz1UkUOcFbK (접속일 : 2012년 11월 25일)

163) Rittenhouse and Shortell, "The Patient-Centered Medical Home," 다음 글도 참고하라. Andrew Ellner, Amanda Hoey, and Lawrence E. Frisch, "Speak Up! Can Patients Get Better at Working with their Doctors?" *British Medical Journal* 327, no. 7410 (2003) : 303~304.

미국이 나아가야 할 길을 제시한다. 미국에서도 가장 주변화된(그리고 종종 상태가 가장 안 좋은) 사람들에게 심리·사회적 랩어라운드 서비스를 포함한 가정 기반의 관리를 제공하는 공동체 기반 프로그램은 보건 관리에 대한 접근을 높이고, 관리의 질을 개선하며, 점진적으로 총비용을 줄일 수 있다. 그리고 우리는 "가정 기반의 관리"라고 말할 때 그 의미에 유의해야 한다. 가정은 대부분의 보살핌이 이루어지는 장소인데, '가정 같은 의료 시설'이라 해도 상당수는 실제 가정이 아니기 때문이다. 즉, 아이티나 르완다를 비롯해 개발도상국의 다른 곳에서 선구적으로 시행했던 것과 비슷한 보건 관리 전달 전략은 미국 보건 관리의 위기를 완화하는 수단을 제공할 수 있다.[164]

정책 입안자들은 이러한 흐름을 따라 개혁의 첫 걸음을 시작했다. 우선 2010년에 제정된 적정부담보험법은 의료 부조와 노인 의료보험제도 혁신 센터를 만들었다. 그리고 보건 관리의 질을 개선할 뿐 아니라, 이 절에서 제시한 여러 사례에서 구현된 프로그램의 지지와 확장 그리고 강화에 드는 비용을 줄일 수 있는 새로운 정책에 10억 달러를 투자했다. 또한 적정부담보험법은 1차 보건관리 제공자들을 위한 새로운 유인을 제공했다. 보건 시스템에서 전문 관리를 제거한 뒤 다시 균형을 맞추도록 도와, 결과적으로 수천 명의 목숨을 구하고 수백만 달러를 절감했다. 하지만 아직도 미국에서는 1차 보건관리를 개혁할 수 있는, 효과적이고 부담 수준이 적절한 보건 관리 전달 모델을 확대하는 정책적 변화가 더 필요한 상황이다.

국제 보건 분야에서 미국과 다른 고소득 및 중간 소득 국가들의 보건적 도전 과제를 확실히 해결하도록 요구하는 것은(그리고 반대로, 이처럼 더 부유한 환경의 보건 개혁 논의에 국제 보건 분야에서 얻은 교훈을 포함시키는 것은) 전 세계적으로 평등을 진전시키는 데 필수적이다. 보건 불평등은 개발도상국 내부에만 있는 것이 아니라 어디든 존재하는 문제이기 때문이다. 만약 국제 보건이 가난한 나라를 돕고자 하는 일부 사람들의 관심사에 지나지 않는 "타인"의 문제라고 인식된다면, 우리가 직면한 여러 문제를 다루는 데 필요한 참여의 깊이와 폭을 얻기가 어려워질 것이다.

의학 연구, 서비스, 훈련 사이의 되먹임 고리 속으로 국제 보건을 완전히 통합하는 작

---

164) Neal Emery, "Rwanda's Historic Health Recovery : What the U.S. Might Learn," *Atlantic*, February 2013, http://www.theatlantic.com/health/archive/2013/02/rwandas-historic-health-recovery-what-the-us-might-learn/273226/ (접속일 : 2013년 5월 19일)

업은 미국에서 1차 보건관리 개혁을 부추길 것이다. 보건의 사회적 결정 요인들이 전 세계의 모든 공동체가 겪는 특정 질병 부담에 결정적인 영향을 준다는 점은 점점 더 명확해지고 있다.[165] 그럼에도 불구하고 전 세계 의료 관련 학생과 실무자 대다수는 환자 개인의 피상적인 "사회 생활력(social history, 환자 개인의 사회적 측면을 이해하는 데 필요한 성명, 연령, 성별, 국적, 직업, 가족, 수입원 등의 정보 -역주)"을 넘어, 이러한 강력한 과정을 고려하는 훈련을 받지 못한다. 의학 교육에 대한 재사회화는 21세기 초반 현대 의학에서 몹시 중요한 우선 과제이며, 국제 보건은 이런 노력에 결정적인 역할을 했다. 전세계의 물자가 부족한 환경에서 가져온 다양한 사례연구는 사회적 힘으로 인해 안 좋은 보건적 결과를 극명하게 드러낸 경우가 많았다. 학생과 의사들은 보건에 미치는 사회적 결정 요인의 병리생리학에 대한 이러한 교훈을 실무에서 마주칠 때마다 적용할 수 있다. 더구나 국제 보건을 "다른 사람의 일"로 여기면, 개발도상국에서 설계된 도구를 활용해 훨씬 풍요로운 곳에서 마주하는 문제를 해결하는 역혁신(reverse innovation)의 기회가 사라진다. 어느 곳에서든 보건을 개선하려면 모든 환경에서 개발된 최선의 실천 사례를 다양하게 수집해야 하고, 그것을 지역적 환경에 들어맞게 적용해야 한다. 국제 보건 분야의 연구와 실천은 전 세계 모든 곳에서 보건 관리 공급자들의 훈련 과정에 완전히 통합되어야 한다. 이것이야말로 질병과 치료에 대한 지식을 셀 수 없을 만큼 다양한 방식으로 향상시키기 때문이다.

자국민 중심주의를 초월해 파이를 키우기

만약 오늘날 국제 보건 분야의 핵심 도전 과제들의 개요를 서술하는 것보다 앞서야 할 주제가 있다면 그것은, 어떤 질병 또는 보건 우선 과제가 "방치"되었다는 선언이 잘못되었다는 점일 것이다. 사실 이러한 방치는 물자와 서비스를 불공평하고 불균등하게 분배

---

165) 예컨대 다음을 보라. Michael Marmot, "Health in an Unequal World," *Lancet* 368, no. 9552 (2006) : 2081~2094; René Dubos, "Environment and Disease," in *Mirage of Health : Utopias, Progress, and Biological Change*, by René Dubos (New Brunswick, N.J. : Rutgers University Press, 1987; 1959년 초판 발행), 95~128; Bruce G. Link and Jo Phelan, "Social Conditions as Fundamental Causes of Disease," *Journal of Health and Social Behavior* 35, 특별판 (1995) : 80~94.

하는 모든 시스템에 존재하는 중병이다. 국제 보건을 제로섬 게임으로 여긴다면(실무자와 정책 입안자들이 자원의 희소성에 익숙해졌다면), 어떤 우선 과제는 언제나 앞서고 어떤 과제는 언제나 밀릴 것이다. 저널리스트인 로리 개릿에 따르면, 공중 보건적 수단들이 주목을 덜 받는 이유는 서구의 기부자들이 단일 질병에 대한 프로그램을 홍보하면서 "일시적으로 조명을 받는 질병이나 건강 상태"를 선호하는 경우가 너무 많기 때문이다. 개릿은 그 예로 HIV/에이즈에 걸린 한 임산부가 태아에게 바이러스를 옮기지 않도록 항레트로바이러스제인 지도부딘을 제공받았지만, 기본적인 수술이나 혈액은행 혹은 지혈제 같은 대부분의 현대적인 산부인과 서비스에는 접근하지 못했던 사례를 인용한다.[166]

그렇다고 단순히 국제적인 우선 과제를 바꾸기만 하면(예컨대 에이즈 문제에서 모자보건으로) 핵심을 놓칠 수 있다. 깨끗한 물이나 영양실조는 말할 것도 없고 에이즈, 결핵, 말라리아, 모자보건, 유아 설사병과 폐 질환, 방치된 열대병, 비감염성 질환, 정신 보건, 암, 수술적 질환을 비롯한 여러 공중 보건의 우선 과제들은 모두 더 많은 재정 지원과 참여적인 헌신을 필요로 한다. 가장 좋은 접근법은 보건 시스템을 강화하는 방식으로, 사망률과 이환율의 주된 원인에 대응하는 것이다.

국제 보건의 황금시대가 우리에게 주는 교훈이 있다면, '한정된 재화(limited good)'라는 막연한 이론을 피해야 한다는 것이다.[167] 이 이론은 자원이 희소하다는 가정에 기대고 있는데, 이는 지난 세기에 에이즈와 전 세계에 걸친 여러 치명적 질환의 유행에 대한 만성적인 상상력의 부재를 촉발했던 것과 동일한 병리학이다. 하지만 자원의 파이는 고정된 것이 아니다. 우리가 옹호했던 접근들에는 비용이 너무 많이 든다거나, 손을 쓸 도리가 없다는 주장을 지지하는 설득력 있는 단일한 논증은 없다. 1998년, 서구 지도자들과 여론 주도자들 대다수는 개발도상국에서 에이즈를 치료하는 것이 지나치게 어렵고 비용도 많이 든다고 믿었다. 하지만 5장에서 기술했듯이 보건 실무자들, 지지 집단, 정책 입안자들의 연합은 전 세계적으로 퍼지는 에이즈와 싸우기 위해 가능한 일을 다시 상상했다. 2000년, 미국 대통령 빌 클린턴은 남아프리카와 기타 지역에서 항레트로바이러

166) Laurie Garrett, "The Challenge of Global Health," *Foreign Affairs* 86, no. 1 (February 2007) : 14~38, www.foreignaffairs.com/articles/62268/laurie-garrett/the-challenge-of-global-health (접속일 : 2012년 11월 25일)

167) Jum Yong Kim, Aaron Shakow, Kedar Mate, Chris Vanderwarker, Rajesh Gupta, and Paul Farmer, "Limited Good and Limited Vision : Multidrug Resistance Tuberculosis and Global Health Policy," *Social Science and Medicine* 61, no. 4 (2005) : 847~59.

스 약제에 대한 제네릭 상품들이 필수 라이선스를 사용할 수 있도록 뒷받침하는 실행안인 13144를 발포했다. 그로부터 3년 안에 국제기금과 PEPFAR도 발족되었다. 이후로 보건에 대한 개발 원조가 극적으로 늘어 1990년에 55억 9천 달러에서 2007년에는 217억 9천 달러가 되었다.[168]

우리는 얼마 안 되는 자원 파이를 쟁취하고자 애쓰기보다 파이를 늘리고 보건과 개발 계획의 상승작용과 낙수 효과를 포착하며, 모든 이를 위한 고품질 관리를 전달할 수 있을 때까지 보건 시스템을 튼튼하게 하는 데 힘을 기울여야 할 것이다. 자원은 제한되었을 수도 있지만, 세계적인 경기 침체에도 불구하고 지금은 과거의 어느 때보다 자원의 제한성이 덜하다. 사실 위기의 시대는 빈곤층의 취약성을 드러냄으로써 평등에 대한 고려를 더욱 크게 자극한다. 예컨대 미국 정부는 대공황 시기에 사회보장제도를 통과시켰다. 영국은 2차 세계대전 직후에 국가 보건 서비스를 수립했고, 멕시코는 1995년에 페소화 위기로 경제가 붕괴된 후에 획기적이고도 보편적인 건강보험 프로그램인 세구로 포풀라르(Seguro Popular)를 시작했다. 줄리오 프렝크는 이렇게 말한다. "역사는 우리에게, 대부분 계몽된 사회 보호 수단이 정교하게 수립된 시기가 정확히 경제적·정치적 위기의 순간이었다고 가르친다."[169] 21세기의 두 번째 10년은 국제 보건의 황금시대가 저무는 시기가 될 수도 있고, 오늘날 실무자들의 상상 이상으로 지난 10년의 진보를 이어가거나 심지어는 가속화하는 시기가 될 수도 있다. 이것은 부분적으로 국제 보건 평등을 위한 운동의 지속 가능성에 달렸다. 이게 바로 마지막 장에서 논의할 주제다.

더 읽을거리

Bukhman, Gene, and Alice Kidder, eds. *The Partners In Health Guide to Chronic Care*

---

168) 다음을 보라. Nirmala Ravishankar, Paul Gubbins, Rebecca J. Cooley, Katherine Leach-Kemon, Catherine M. Michaud, Dean T. Jamison, and Christopher J.L. Murray, "Financing of Global Health : Tracking Development Assistance for Health from 1990 to 2007," *Lancet* 373, no. 9681 (2009) : 2113~2124.

169) Julio Frenk, "Health Reform in an Age of Pandemics," 미국 샌프란시스코 코먼웰스 클럽 강연, 2009년 9월 30일, http://fora.tv/2009/09/30/Julio_Frenk_Health_Reform_in_an_Era_of_Pandemics#fullprogram (접속일 : 2012년 11월 25일)

Integration for Endemic Non-Communicable Diseases, Rewanda Edition : Cardiac, Renal, Diabetes, Pulmonary, and Palliative Care. Boston : Partners In Health, 2011.

°Abdallah S. Daar, Peter A. Singer, Deepa Leah Persad, Stig K. Pramming, David R. Matthews, Robert Beaglehole, Alan Bernstein, Leszek K. Borysiewicz, Stephen Colagiuri, Nirmal Ganguly, Roger I. Glass, Diane T. Finegood, Jeffrey Koplan, Elizabeth G. Nabel, George Sarna, Nizal Sarrafzadegan, Richard Smith, Derek Yach, and John Bell. "Grand Challenges in Chronic Non-Communicable Diseases." *Nature* 450, no. 7169 (November 22, 2007) : 494~496.

°Farmer, Paul, Julio Frenk, Felicia M. Knaul, Lawrence N. Shulman, George Alleyne, Lance Armstrong, Rifat Atun, Douglas Blayney, Lincoln Chen, Richard Feachem, Mary Gospodarowicz, Julie Gralow, Sanjay Gupta, Ana Langer, Julian Lob-Levyt, Claire Neal, Anthony Mbewu, Dina Mired, Peter Piot, K. Srinath Reddy, Jeffrey D. Sachs, Mahmoud Sarhan, and John R. Seffrin. "Expansion of Cancer Care and Control in Countries of Low and Middle Income : A Call to Action," *Lancet* 376, no. 9747 (2010) : 1186~1193.

°Frenk, Julio. "Bridging the Divide : Global Lessons from Evidence-Based Health Policy in Mexico." *Lancet* 368, no. 9539 (2006) : 954~961.

°Hotez, Peter J. Forgotten People, *Forgotten Diseases : The Neglected Tropical Diseases and Their Impact on Global Health and Development.* Washington, D.C. : ASM Press, 2008.

°Institute of Medicine. *Unequal Treatment : Confronting Racial and Ethnic Disparities in Health Care.* Edited by Brian D. Smedley, Adrienne Y. Stith, and Alan R. Nelson. Washington, D.C. : National Academies Press, 2002.

°Jamison, Dean T., Joel G. Breman, Anthony R. Measham, George Alleyne, Mariam Claeson, David B. Evans, Prabhat Jha, Anne Mills, and Philip Musgrove, eds. *Disease Control Priorities in Developing Countries.* 2nd ed. Washington, D.C. : World Bank, 2006.

°Kapczynski, Amy, Samantha Chaifetz, Zachary Katz, and Yochai Benkler. "Addressing

Global Health Inequities : An Open Licensing Approach for University Innovations."
Berkeley Technology Law Journal 20, no. 2 (2005): 1031~1114.

°Kremer, Michael, and Rachel Glennerster. *Strong Medicine : Creating Incentives for Pharmaceutical Research on Neglected Diseases*. Princeton, N.J. : Princeton University Press, 2004.

°Mock, Charles, Meena Cherian, Catherine Juillard, Peter Donkor, Stephen Bickler, Dean Jamison, and Kelly McQueen. "Developing Priorities for Addressing Surgical Conditions Globally : Furthering the Link between Surgery and Public health Policy." *World Journal of Surgery* 34, no. 3 (2010) : 381~385.

°Mukherjee, Joia S., Donna J. Barry, Hind Satti, Maxi Raymonville, Sarah Marsh, and Mary Kay Smith-Fawzi. "Structural Violence : A Barrier to Achieving the Millennium Development Goals for Women." *Journal of Women's Health* 20, no. 4 (2011) : 593~597.

°Ozgediz, Doruk, Peter Dunbar, Charles Mock, Meena Cherion, Selwyn O. Rogers Jr., Robert Riviello, John G. Meara, Dean Jamison, Sarah B. Macfarlane, Frederick Burkle Jr., and Kelly McQueen. "Bridging the Gap between Public Health and Surgery : Access to Surgical Care in Low- and Middle-Income Countries." *Bulletin of the American College of Surgeons*, 94, no. 5 (2009) : 14~20.

°Samb, Badara, Tim Evans, Mark Dybul, Rifat Atun, Jean-Paul Moatti, Sania Nishtar, Anna Wright, Francesca Celletti, Justine Hsu, Jim Yong Kim, Ruairi Brugha, Asia Russell, and Carissa Etienne (World Health Organization Maximizing Positive Synergies Collaborative Group). "An Assessment of Interactions between Global Health Initiatives and Country Health Systems." *Lancet* 373, no. 9681 (2009) : 2137~2169.

°World Health Organization Mental Health Gap Action Programme (mhGAP). *Scaling Up Care for Mental, Neurological, and Substance Use Disorders*. 2008. www.who.int/mental_health/mhgap_final_english.pdf.

A Movement for Global Health Equity? A Closing Reflection

우리는 평등한 국제 보건으로 나아가고 있는가? : 끝맺는 성찰

12

12장
우리는 평등한 국제 보건으로 나아가고 있는가? : 끝맺는 성찰

매슈 바실리코, 바네사 케리, 루크 메삭, 아르준 수리, 조너선 바이겔,
마거리트 소프 바실리코, 조이어 무케르지, 폴 파머

이 책은 현재 가능하다고 여겨지는 것에 대한 시각이 제한적이며, 권력의 전당에 있든 대단한 사생활의 한복판에 있든 크게 다르지 않고, 고정되어 있지 않음을 강조했다. 이는 자원이 언제나 "제한적"이거나 기술이 언제나 정적일 필요가 없는 것과 마찬가지다. 가능한 것에 대한 널리 퍼진 관념은 새로운 경험, 강한 협력 관계, 전략적인 지지에 의해 확장될 수 있다. 지금까지 우리는 국제 보건에서 가능한 것들을 다시 상상하려는 여러 노력을 하나씩 살펴보았다.

이 장에서는 몇 가지를 더 기술할 예정이다. 몇몇은 공상적인 정책 입안자들의 이야기이고, 몇몇은 에이즈를 갖고 살아가는 사람들을 비롯한 학생과 동료들의 이야기다. 이러한 이야기들 중 상당수는 다양한 개인과 기관들이 연관된다. 이것들은 이룰 수 없을 것처럼 보이는 도전에 용기 있게 맞선 이야기다. 단순한 열망에서 위험할 수도 있는 행동으로 (의도하지 않은 결과들) 옮겨 가는 동안, 의도된 수혜자들이 비판적인 자기반성의 습관을 함양하면서 장기적으로 그 행동을 취할 수 있다. 국제 보건 사업에 관여하는 행동의 강력한 한 가지 형태는, 지지 운동 및 행동주의와 증거를 연결하는 것이다.[1] 여기에 대해서는 5장에서 논의된 바 있지만, 심화 분석이 필요하다.

---

1) 행동주의의 여러 형식에 대한 통찰력 있는 분석(연방 행동주의의 역할과 "행동주의자 국가"로서의 미국)에 대해서는 다음 글을 보라. Paul Pierson and Theda Skocpol, eds., *The Transformation of American Politics : Activist Government and the Rise of Conservatism* (Princeton, N.J. : Princeton University Press, 2007)

지지 운동과 행동주의 : 풀뿌리 노력들

국제 보건 평등을 진전시키려면 광범위하고 초국가적인 운동이 필요하다. 국내의 의미 있는 개혁과 해외 정책은 지속적인 지지 운동이 없이는 거의 불가능하다. 1807년 대영제국의 노예무역 철폐 운동은, 그 뿌리를 더듬다 보면 작은 무리의 퀘이커 교도들과 한 명의 젊은 침례교 목사가 싹 틔운 수십 년에 걸친 풀뿌리 운동으로 이어진다.[2] 1980년대와 1990년대 초반 남아프리카공화국 정부를 목표로 한 아파르트헤이트 반대 운동은 요하네스버그(남아프리카공화국의 도시 -역주)의 빈민가에서 미국의 대학 캠퍼스까지, 아파르트헤이트를 우려하는 개인과 집단이 동참한 가운데 펼쳐졌다. 이러한 사례들을 포함한 여러 캠페인은, 역사의 방향을 정의로운 방향으로 약간 더 빠르게 돌리기 위해 노력한 학생들을 포함해, 정보를 가진 헌신적인 지지자들의 능력을 강조해 드러낸다.

또한 지난 수십 년 동안 현대 의학에 대한 접근성을 높이고 사회권과 경제권을 쟁취하려는 광범위한 운동을 진전시키는 데 초점을 맞춘 효과적인 국제 보건 행동주의의 사례들이 나타났다. 행동가들은 여러 보건 실무자, 연구자, 정책 입안자와 함께 국제적 에이즈 근절 노력을 다시 상상하는 연합에서 핵심적인 역할을 하며, 다른 이들도 이 일에 동참하도록 영향을 미쳤다.

이 장에서는 최근 국제 보건의 역사에서 주목할 만한 세 가지의 지지 캠페인을 간략하게 다시 살펴보겠다.

힘을 발휘하는 에이즈연합

미국 식품의약국은 1987년 3월, 최초의 에이즈 약에 대해 연방 승인을 내렸다. 오랫동안 대기하고 있던 아지도티미딘(AZT)은 레트로비르(Retrovir)라는 상품명으로 제약회사인 버로스웰컴사(社)에 의해 출시되었고, 환자 1인당 1년에 8천 달러의 가격이 책정되었다. 역사상 가장 비싼 약품인 레트로비르는 치료가 필요한 다수의 미국인에게 접근성이 없었는데, 가난하거나 취약한 계층에서는 특히 더했다. 미국에서도 이런 상황이니 외국

---

2) Adam Hochschild, *Bury the Chains : Prophets and Rebels in the Right to Free an Empire's Slaves* (New York : Houghton Mifflin, 2005)

의 빈곤층이나 취약층은 말할 것도 없었다. 버로스웰컴사(社)는 연구 개발비가 많이 든다는 점, 앞으로도 계속 연구를 이어 나갈 계획이 있다는 점을 들어 높은 가격을 고수했다. 하지만 1987년에 미국에서 새로 보고된 HIV/에이즈 환자만도 3만 3천 명이었고, 1991년까지 25만 명의 추가 환자가 예상되는 상황이었다. 그리하여 많은 이가 약이 더 폭넓게 이용될 수 있게끔 가격 인하를 촉구했다.[3]

HIV/에이즈 환자와 그들의 친구, 가족, 간호인, 지지자들은 1987년 초 뉴욕에 모여 "정부의 에이즈 위기관리 부실"에 대항하는 단체인 '힘을 발휘하는 에이즈연합(AIDS Coalition to Unleash Power, ACT-UP)'을 결성했다.[4] 설립 후 겨우 몇 주 뒤인 1987년 3월 24일, 활동가들은 최초의 시위를 벌였다. 시위의 목적은 버로스웰컴사(社)의 수익 모델과 식품의약국의 약품 승인 정책에 항의하는 것이었다. 활동가들의 주장에 따르면, 그 정책이야말로 레트로비르의 공급량을 제한하고 가격을 높인 원인이었다.

'남성 동성애자 보건 위기'의 공동 설립자이자 ACT-UP의 창립 멤버인 래리 크레이머(Larry Kramer)는 시위 바로 전날, 「뉴욕 타임스」 칼럼에 다음과 같은 글을 게재했다.

에이즈와 싸우는 편에 선 사람이라면 누구나, 식품의약국이 미국 관료제 역사상 가장 이해할 수 없는 병목 효과를 보이는 집단이라는 데 이의가 없을 것이다. 이곳은 죽음의 점호를 사실상 늘이고 있다. …… 더 이상 아무것도 잃을 것 없는 에이즈 환자들은 기꺼이 실험용 기니피그가 되려고 한다. …… 우리는 어째서 식품의약국이 우리의 삶을, 우리 상당수가 여전히 절박하게 매달리고 있는 삶을 주려 하지 않는지 이해할 수 없다. 특히 환자들이 그렇게나 실험 과정에 참여하려고 애쓰는데도 말이다.[5]

당시 HIV 환자 가운데 3분의 2가 5년 안에 죽음을 맞으리라 예상되는 상황에서,[6] 식

---

3) Irvin Molotsky, "U.S. Approves Drug to Prolong Lives of AIDS Patients," *New York Times*, March 21, 1987, www.nytimes.com/1987/03/21/us/us-approves-drug-to-prolong-lives-of-aids-patients.html (접속일 : 2012년 11월 25일)

4) ACT-UP New York, "Fight Back, Fight AIDS : 15 Years of ACT UP," www.actupny.org/divatv/synopsis75.html (접속일 : 2012년 11월 25일)

5) Larry Kramer, "The FDA's Callous Response to AIDS," *New York Times*, March 23, 1987, A 19.

6) 위의 글.

품의약국의 승인 과정을 밟고 있는 새로 나온 약에 대한 접근권을 미리 얻는 것은 말 그
대로 죽느냐 사느냐의 문제였다. 물론 약품 후보들 중 상당수는 독약에 지나지 않았다.
애초에 식품의약국이 그토록 조심스러운 정책을 추구하게 된 이유가, 효과 없고 안전하
지 않은 치료법으로 점철된 서양 의학의 긴 역사 때문이었다.[7] 그런데도 크레이머가 지
적했듯이, 환자들의 목숨을 구할 수 있는 몇몇의 효과 있는 약들이 승인을 기다리고 있
었다. ACT-UP이 최초로 시위를 하고 얼마 지나지 않아, 식품의약국은 HIV 약의(그리고
나중에는 다른 약들에 대해서도) 승인 과정을 2년으로 단축하겠다고 발표했다.[8] 그 후에
도 그림 12.1과 같은 대중 시위가 반복되며 압박이 계속되자, 식품의약국은 결국 에이즈
환자들이 임상 시험에 참여할 수 있도록 허가했다.[9]

　　버로스웰컴사(社)는 ACT-UP의 또 다른 목표물이었다. 병이 유행하고 2년이 흐른 뒤
인 1989년에도 AZT에 대한 연간 부담액은 8천 달러로 역사상 여전히 가장 비싼 약이었
다. 활동가들은 끊임없이 압박을 가했다. 1989년 9월 14일, ACT-UP 구성원들은 월스트
리트의 뉴욕증권거래소 앞에서 현수막을 들고 "웰컴사(社) 주식을 팔아라!" 하고 연호하
며 레트로비르의 높은 가격에 대해 항의했다. 며칠 안에 버로스웰컴사(社)는 레트로비르
의 가격을 8천 달러에서 6,400달러로 20퍼센트 인하했다.[10]

　　이러한 시위와 캠페인은 정책 변화 이상의 효과를 가져왔다. 가족계획에 대한 접근권
을 확대하려는 풀뿌리 운동을 기반으로 한 에이즈 치료 활동은 피임 기구 방식을 에이즈
예방 전략으로 삼아,[11] 소비자 보건 정책에 대한 대중의 참여도를 높이는 데 도움을 주었
다. 또한 에이즈 운동은 시민들로 하여금 제약회사와 식품의약국이 치료에 관한 다른 선
택지들을 개발하고 승인하는 과정에 압력을 가하도록 부추겼다. 정치학자인 패트리샤 시

---

7) 예컨대 다음을 보라. Walter Sneader, Drug Discovery : A History (Hoboken, N.J. : Wiley, 2005) 다음 글도
참고하라. Jeremy A. Greene, *Prescribing by Numbers : Drugs and the Definition of Disease* (Baltimore : Johns
Hopkins University Press, 2007)

8) ACT-UP New York, "Fight Back, Fight AIDS."

9) Kaiser Family Foundation, "The AIDS Epidemic at 20 Years : Selected Milestones," June 2001, www.pbs.org/
newshour/health/aids20_timeline.pdf (접속일 : 2012년 11월 25일) 자세한 정보는 다음을 보라. PBS, *Frontline*
다큐멘터리 시리즈 *The Age of AIDS*, William Cran, Greg Barker 감독, 2006. www.pbs.org/wgbh/pages/frontline/
aids/ (접속일 : 2012년 11월 25일)

10) PBS, *Frontline : The Age of AIDS*; Stephen J. Ceccoli, *Pill Politics : Drugs and the FDA* (Boulder, Colo. : Lynne
Rienner, 2003), 107~108.

11) 예컨대 이 풀뿌리 운동에 대한 Ellen Chesler의 논의를 참고하라. *Woman of Valor : Margaret Sanger and the Birth
Control Movement in America* (New York : Simon and Schuster, 1992)

502　국제 보건 실태의 재조명

[그림 12.1] 1993년 6월 뉴욕시에서 벌어졌던 ACT-UP 시위 모습. Andrew Holbrooke/Corbis의 허가를 받아 게재.

플론(Patricia Siplon)에 따르면, "에이즈 관련 활동은 시민 활동 자체를 바꾸었다. 부분적으로 에이즈 유행의 특별한 정황들 때문이다. …… 에이즈 활동가들이 거둔 성공은 직접적인 활동, 스스로의 역량 강화, 독학을 특징으로 하는 새로운 모델을 만들었다. 처음에는 이것이 다른 보건 관련 단체들에 도움을 주는 데 머물렀지만, 나중에는 보건 영역 밖의 활동가 집단에도 영향을 미쳤다."[12]

ACT-UP은 "광범위한 스펙트럼의 사람들을 모아 하나의 응집된 단체로 결속시킨" 최초의 에이즈 활동가 집단이었다. HIV 감염 상태는 말할 것도 없고 성별과 연령, 성적 지향, 교육과 사회·경제적 배경을 막론한 다양한 집단의 활동가들이 ACT-UP을 이끌었다. 그리고 그런 점이 견인력이 되어 "비폭력의, 당파를 초월한 정치적 지지 운동의 새로운 흐름을 촉발할" 수 있었다. 이 운동은 사람들의 주목을 끌기 위해 시민 불복종 전략을 활

---

12) Patricia D. Siplon, *AIDS and the Policy Struggle in the United States* (Washington, D.C. : Georgetown University Press, 2002), 5~6.

용했을 뿐 아니라, 젊은 고학력 활동가들의 덕을 보았다. 이들은 새로 나온 약과 치료 프로그램의 연구와 개발에 대해 더욱 확실히 알고자 HIV에 대한 최신 과학적 지식도 학습할 만큼 열성적이었다.[13]

치료 행동 캠페인

치료 행동 캠페인(Treatment Action Campaign, TAC)은 1998년 12월, 남아프리카공화국의 작은 정치 활동가 집단에서 시작되었다. 공동 설립자인 재키 애크마트(Jackie Achmat)와 마크 헤이우드(Mark Heywood)는 오랫동안 아파르트헤이트 반대 운동을 해온 베테랑이자 아프리카 민족회의의 구성원이었다. TAC의 헌장은 이 단체의 목적을 다음과 같이 기술한다. "소송, 로비, 지지 운동, 그리고 모든 형태의 적법한 동원을 통해 사적·공적부문에서 HIV/에이즈 치료에 대한 접근을 제한하는 불공평한 차별을 포함한 모든 장벽이나 장애물에 맞서는 것."[14] (9장에서 에이즈 환자들을 위한 치료를 확보하기 위한 투쟁 속에서 TAC가 펼친 법적 활동을 기술했다.)

TAC가 설립될 무렵, 남아프리카공화국의 HIV 유병률은 25퍼센트에 근접하고 있었다. 남아프리카공화국에서 에이즈 사망자는 매일 600명에 달했다. 그런데도 항레트로바이러스 치료에 대한 접근권은 부유층에만 한정되었고, 에이즈는 남아프리카공화국의 국내 정치적 논의에서 거의 주목을 받지 못했다. 에이즈 유행을 둘러싼 복잡한 소송과 맞소송의 순환 속에서(음모론, 경제적 몰락에 대한 우려, 백인들은 제외한 흑인들에게만 일어나는 대량 인명 손실, 바이러스 전파가 흑인들이 성적으로 난잡하기 때문이라는 책임론 등) 남아프리카공화국의 흑인 정치 지도자들 중 상당수는 HIV에 대해 공개적으로 논의하는 것을 꺼리게 되었다.[15]

이에 대해 TAC 구성원들은 에이즈로 고통받는 가난한 공동체들 속으로 들어가 감염된 남아프리카공화국 사람들에게 HIV에 대한 과학적 지식을 가르쳤다. 또한 사회권과

---

13) Thomas Morgan, "Mainstream Strategy for AIDS Group," *New York Times*, July 22, 1998, B1, B4, www.nytimes.com/1988/07/22/nyregion/mainstream-strategy-for-aids-group.html (접속일 : 2012년 11월 25일)

14) Mark Heywood, "South Africa's Treatment Action Campaign : Combining Law and Social Mobilization to Realize the Right to Health," *Journal of Human Rights Practice* 1, no. 1 (2009) : 15.

15) Steven Friedman and Shauna Mottiar, "A Rewarding Engagement? The Treatment Action Campaign and the Politics of HIV/AIDS," *Politics and Society* 33, no. 4 (2005) : 533.

경제권뿐만 아니라 그러한 권리를 실현하는 국가의 책임에 대해서도 논의했다. 1980년대에서 1990년대 초반, 남아프리카공화국의 에이즈 행동주의가 대부분 백인으로 구성된 소규모 집단에 의해 주도되는 동안, TAC는 폭넓은 기반을 형성한 인종적으로 통합된 조직을 구축하고자 했다. 구성원들은 젊은이, 신앙에 기반을 둔 단체, 보건 관리 전문가, 노동조합 등을 포함했다. 2005년에 애크마트는 집단 구성원들의 80퍼센트가 실업자들이고, 70퍼센트는 여성들이며, 또 70퍼센트가 14세 이상 24세 미만의 청소년들과 젊은이들이고, 90퍼센트가 아프리카인들이라는 것을 밝혔다.[16] 또 TAC는 고소득 국가의 에이즈 활동가들(특히 미국의 ACT-UP 지부)과 연계했다. 바이러스에 감염된 사람들에게 "치료에 대한 교육"을 하는 데 필요한 자료 수집에 대한 도움을 받기 위해서였다.

TAC는 공동체를 풀뿌리 수준에서 조직하는 동시에 그 구성원들이 더 큰 규모의 정치적인 지지를 이용하도록 했다. 시민 불복종, 거리 시위, 의회 소송, 수치에 기초한 팸플릿, 구성원들에게 한정된 항레트로바이러스 치료 등을 활용해 TAC는 구성원들의 건강을 지키고 보건 지식을 쌓게 했으며, 보건 관리의 품질에 대한 국민의 권리를 인식하도록 공공 부문을 압박했다.[17]

2000년에는 제약업체 연합이 남아프리카공화국의 의약법을 뒤집기 위해 소송을 제기하자, TAC는 법정 고문에게 사건 적요서를 제출했다. 그리고 재판 첫날에 5천 명을 모아 프리토리아(남아프리카공화국의 행정 수도 -역주) 대법원까지 행진했다. 그로부터 3년이 지나서도 대통령인 타보 음바키가 치료에 대한 접근권을 국가적 우선 과제로 삼지 않으려는 것이 확실해지자, TAC는 시위자 2만 명을 동원해 남아프리카공화국 의회에 국가적 치료 프로그램을 요청했다. 이러한 시위는 정부가 지적재산권을 제한하고 필수 의약품 접근권을 높일 대책을 세우지 않으면 어떤 영향을 미치게 될지 강조함으로써 국제적 언론의 주목을 받았다.

TAC는 개발도상국에 사는 에이즈 환자들로 구성된 활동가 기반을 가장 큰 규모로 조직하는 데 성공했다. TAC의 항의와 소송은 결국 공공 부문 프로그램을 이끌어 내 수십만 명의 남아프리카공화국 환자들에게 항레트로바이러스 요법을 제공했다. 또 가격 인하

---

16) 위의 글, 516, 524.
17) 위의 글, 515.

도 이루어졌다.[18] 그 후 TAC는 치료에 대한 접근권 확장을 넘어 남아프리카공화국에서 에이즈 환자로 산다는 것이 뜻하는 바를 다시 상상하고자 했다. 1998년, 구루 들라미니 (Guru Dlamini)라는 이름의 공개적인 HIV 양성 활동가가 콰줄루-나탈에서 이웃들이 던진 돌에 맞아 사망했던 사건이 계기가 되었다. 그로부터 2년도 되지 않아, 수천 명의 남아프리카공화국 사람들이 거리에서 "HIV 양성 지지(HIV POSITIVE)"라고 적힌 TAC의 티셔츠를 입고 거리를 활보하기 시작했다.[19]

2004년과 2008년의 에이즈 퇴치 캠페인

미국에서는 2004년과 2008년 대선 기간 동안, 학생들이 특히 중요한 역할을 맡은 지지 운동이 두 번 일어났다. 2004년에 보건 GAP, 국제에이즈연합, 학생 국제에이즈캠페인(그림 12.2에 모습이 담긴 시위를 후원했다.)을 포함한 에이즈 활동가 단체들의 연합은 주요 대통령 후보들에게 접근했다. 그들로부터 가난한 국가의 에이즈 퇴치를 위해 5년 동안 150억 달러를 출연한다는, 부시 행정부의 지원 예정액을 두 배로 늘리겠다는 약속을 받고자 힘을 모았다. 이들이 선택한 전략은 "새를 사냥해 물어 오는 방식"이었다. 이들 단체는 아이오와 주, 뉴햄프셔 주 등 초기 예비선거가 있는 주의 시민회관 행사 수백 곳에 질문자들을 파견했다. 그리고 앞으로 5년 동안 에이즈 지원 책정액을 기존의 두 배인 300억 달러로 높이도록 약속할 수 있는지에 대해 후보자들에게 반복적으로 질문했다. 학생들, 교회 단체들, 에이즈 환자들은 가능한 한 많은 행사에서 질의하고자 노력했다. 대선 후보자들은 처음에는 애매모호하게 말꼬리를 흐렸다. 그러다가 예비선거 초기에 이르자, 일곱 명의 민주당 후보자들은 '자기가 당선된다면 제안된 지원액 수준을 맞추겠다'는 약속에 서명했다. 하지만 2003년에 PEPFAR을 발표한 바 있었던 조지 W. 부시 대통령은 전 세계적인 에이즈를 위한 추가 재정 지원을 약속하지 않았다. 활동가들이 부시 대통령을 목표로 삼기 어려웠던 것은, 그가 재선 캠페인 동안 소규모 질의응답 행사를 적게 열었기 때문이었다.

4년 뒤, 활동가 단체들은 에이즈 퇴치 캠페인을 다시 시작해 5년 동안 재정 지원을 500

---

18) Heywood, "South Africa's Treatment Action Campaign," 14.

19) 이 에피소드에 대한 더 상세한 논의는 다음 글을 참고하라. Didier Fassin, *When Bodies Remember : Experiences and Politics of AIDS in Post-Apartheid South Africa.* (Berkeley : University of California Press, 2007)

[그림 12.2] 2005년 3월 워싱턴 D.C.에서 열린 학생 국제 에이즈 캠페인은 100곳 이상의 종합대학과 칼리지에서 학생들을 끌어모아 국제보건 프로그램에 더 많은 지원을 해 달라고 요구했다. 앤드루 코헌(Andrew Kohan)의 허가를 받아 게재.

억 달러로 늘릴 것을 요구했다. 2008년에 발표된 에이즈 퇴치 운동의 공약 또한 다음 사항을 포함했다. '가난한 국가에서 신규 보건 관리 노동자를 14만 명 훈련하고 유지하기, 주사기 교환에 대한 연방 재정 지원의 금지안 철폐하기, 미국에서 HIV에 감염된 사람들에 대한 의료부조 범위 확대하기, 에이즈를 넘어선 다른 중요 보건적 필요를 위한 제네릭 약품의 접근성을 높이는 무역정책 지원하기'가 그것이다. 이렇게 해서 대선 후보자들은 아침 팬케이크 판매대와 바비큐 파티 장소, 호텔 로비, 아이스크림 가게, 교회에서 다시 한번 유권자들을 만났다. 그중 민주당 후보들은 활동가들의 목표 지원액을 맞춰 주겠다고 다시 약속했다. 당시 상원의원이던 버락 오바마는 대중 행사와 자신의 대선 유세 웹사이트에서 이 약속을 되풀이했다. 비록 많은 공화당 후보들이 국제 보건과 대외 원조에 대한 공약을 발표했지만, 국제 에이즈 정책을 위해 500억 달러를 약속한 후보는 없었다.

이 캠페인은 각각 '무엇이 가능한지를 다시 상상하는' 재정 지원을 요구했다. 2008년 여름, 미국 의회가 PEPFAR에 대한 재인가를 고려할 즈음, 500억 달러 지원 약속에 서명했던 세 명의 후보자인 버락 오바마, 힐러리 클린턴(Hillary Clinton), 조지프 바이든(Joseph Biden) 가운데 앞의 두 사람은 미국 상원의원이 되어 있었고, 바이든은 상원에 재인가 법안을 제출하는 일을 맡은 국제관계위원회의 의장이 되어 있었다. 이 약속을 이행해야 할 민주당의 지도자격 인물들과 민주당의 통제를 받는 하원 그리고 상원은 앞으로 5년간 에이즈·결핵·말라리아 퇴치 노력과 살균제 개발, 물자가 부족한 환경의 보건 시스템 강화에 480억 달러를 지원하는 재인가 법안을 통과시켰다. 활동가들이 추진하는 또 다른 목표 가운데 하나인 주사기 교환 프로그램에 대한 연방 재정 폐지안의 철폐 등도 오바마 대통령의 취임 후 몇 달 안에 법안이 통과되었다.(주사기 교환에 대한 재정 지원 금지안은 공화당이 주도했던 하원에서 다시 회복되었으며, 이때 연간 연방 예산에 이러한 안이 포함되었다.)

물론 PEPFAR의 확장에 영향을 주는 다른 요인도 많았다. 항레트로바이러스 치료는 물자가 부족한 환경에서 전달 가능하며 또 효과적일 뿐 아니라, 보건 시스템과 1차 관리 서비스 예방 전반을 증진시킨다는 증거가 현장에서 속속 발견되었다. 보건과 경제 개발 사이에 연결 고리가 있다는 점도 점차 인정을 받았다. 또 질병의 유행이 취약한 국가들에 미치는 효과와 미국 국가 안보에 영향을 줄 결과에 대한 고려도 있었다. 이러한 흐름에서 활동가들은 핵심적인 역할을 했다. 그들은 앞으로도 국제 보건 평등을 위한 현재 진행형 운동을 지속해야만 한다.

지지 운동의 도구 상자 : 국제 보건 평등을 위한 행동주의 전략

이 장에서는 국제 보건 평등의 지지자들이, 중대한 영향력이 있는 권력의 공식적 위치에 올라갈 필요가 없다고 주장한다. 학생, 보건 노동자, 변호사, HIV 환자, 기타 풀뿌리 활동가들은 효과적인 지지 운동을 통해 국제 보건 정책을 변화시켜 왔다. 그들의 전략은 평등에 대한 열정을 가진 사람이라면 누구나 세울 수 있는 것들이다.

다음에 설명할 내용은 국제 보건 활동가들이 채택했던 전략 가운데 가장 유용하고 접근 가능한 것이다.

· 비판적인 자기반성
효과적인 지지 운동은 자신의 위치와 영감의 원천, 국제 보건 평등에 대한 그 운동의 잠재적 역할을 사려 깊게 고찰하는 데서 시작한다. 인생의 온갖 정류장에 있는 사람들은 제각기 의미 있는 역할을 찾을 수 있다. (가능하다면) 의도적·사회적 행위에 대한 의도치 않은 결과를 대비하고, 더 큰 운동의 맥락에서 지역적 도덕 세계의 범위를 식별하는 것이 도전 과제다.

· 좋은 협력자 찾기
이 책에 등장한 단체들을 포함한 여러 단체는 국제 보건 평등을 위한 지지 운동을 구축하는 작업에 이미 관여하고 있다. 예컨대 보건 GAP, 학생 국제에이즈캠페인, RESULTS, ACT-UP, ONE 캠페인, 옥스팜 아메리카, 치료행동캠페인, 건강의 동반자들을 비롯한 여러 단체가 그 주인공이다. 이러한 집단들은 정책 변화의 동역학을 어느 정도 이해한다. 그에 따라 미국 전역과 전 세계 지부에서 핵심 쟁점을 가시화하고, 정치적 동력을 얻고자 노력한다. 먼저 당신의 관심사에 맞는 단체를 찾거나 스스로 단체를 조직하고, 협력 관계 속에 깃든 권력에 대해 이해하라. 여러분이 다루고자 하는 활동 사안에 가장 많은 영향을 미치는 주체들의 협력을 얻어야 한다는 점을 기억하라.

· 쟁점 파악하기
효과적인 지지 운동을 위해서는 국제 보건의 핵심 쟁점뿐만 아니라 해당 지역의 정치적 분위기를 잘 알고 있어야 한다. 예를 들어 어떤 특정 지도자가 의회의 활동이나 입법 행위의 일부를 지원함으로써 지렛대 작용을 할 수 있을지 의문을 제기한 뒤 그 답을 찾아야 한다. 또 지지 운동을 지속해 나가려면 복잡한 생물사회적 문제들을 조심스럽고도 정확하게 분석하고, 이에 기초해 진행해야 한다는 점을 항상 기억해야 한다. 그러한 이해는 국제 보건의 평등을 증진하기 위한 핵심 도구다. 동시에 이러한 문제들은 본질적으로 인간을 다루는 것이므로, 운동에 참여할 자격 또한 고등교육 자격증을 지닌 이들에 한정되지 않는다는 점을 유념해야 한다.

· 정책 입안자와 대화 시작하기
여러분은 지역정부와 중앙정부의 대표자들에게 접근할 필요가 있다. 그들이 어떤 위치인지 살피고, 만약 당신의 관심사를 지원하지 않는다면 그 이유를 알아보라. 사안에 대해서든 정치적 변화의 역학에 대해서든, 어쩌면 그들에게 무언가를 배울 수도 있다. 그들의 관심사를 국제 보건 평등 운동으로 돌릴 방법을 생각해 보라. 그들이 지원을 약속한다면 평등 운동을 옹호하거나 법률을 제정해줄 수 있는지 부탁한다. 5장에서 설명한 PEPFAR에 대한 인가는 이러한 사안이 폭넓은 정치적 스펙트럼을 넘나들며 호소할 수 있음을 보여 준다.

· 핵심 쟁점 강조하기
만약 여러분이 저항에 부딪히거나 정책 공무원들과의 만남을 성사하지 못했다면, 국제 보건 사안의 중요성을 드러내고 그것의 가시성을 증진하는 창의적인 방식을 궁리해야 한다. 실제로 이러한 전략들이 의회, 주 의회, 지역 정치가들의 지지를 받는 데 효과적임이 드러났다.

  ◦ 전화를 걸거나 편지를 쓰면, 특히 이러한 방법을 가능한 한 많이 이용하면 담당 공무원들의 주의를 끌어 여러분이 해결하고자 하는 사안에 관심을 갖게 할 수 있다.
  ◦ "새를 사냥해 물어 오는 방식"으로 대중의 의견과 정치 지도자들의 약속을 끌어낼 수 있다.
  ◦ 탄원서 초안을 작성하고 유포함으로써 폭넓은 지지를 끌어내고, 새로운 동지들에게 여러분의 존재를 알릴 수 있다.
  ◦ 선출된 대표들과 회의를 마련하면 변화의 잠재력과 가능한 한 모든 장애물에 대한 건설적인 대화를 시작할 수 있다.
  ◦ 전통적 매체 또는 소셜미디어에 글을 올리는 것도 대중의 자각을 높이는 또 다른 핵심 수단이다. 칼럼, 편집부에 보내는 편지, 블로그, 페이스북과 트위터에 올리는 글은 많은 사람에게 닿을 수 있다. 행사가 있을 때 이러한 사항을 인쇄해 가져가라. 여러분이 그 사안에 관여하고 있다는 사실을 보여 줌으로써, 다른 이들에게 똑같은 일을 할 기회를 줄 수 있을 것이다.

· 대중 시위 조직하기

항의, 보이콧, 회의 참여, 단식투쟁이나 퍼포먼스 예술 같은 대중적 시위는 핵심 사안의 가시성을 높이는 가장 효과적인 방법이다. 이러한 활동은 담당 공무원들이 자신들의 대응을 설명할 수 있는 정치 행사에서 가장 잘 작용한다. 언론 보도와 소셜미디어는 이러한 행사의 영향력을 증폭시켜, 지역의 언론까지 연결할 수 있다.

· 연합 구축하기

사려 깊게 참여하는 개개인의 폭넓은 기반은 국제 보건 평등 운동을 구축하는 첫 번째 단계다. 종교, 공동체, 서비스 기반, 정치, 문화적인 지역 단체들뿐만 아니라 학생과 동료들, 그리고 기타 허물없는 연결망으로 뻗어 나감으로써 다양한 관심은 물론 쟁점을 지지하는 연합을 구성할 수 있다.

· 변화 그 자체가 되기

겸손해지려면 소리 내어 말하기 전에 먼저 귀 기울여 들어야 한다. 타인들, 특히 당신에게 동의하지 않는 사람들의 말을 주의해서 들어라. 여러분이 쟁점과 전략을 개선하고자 애쓸 때, 다른 모든 사람도 그 정도로 가치 있는 관점을 갖고 있다. 동료와의 일대일 대화를 과소평가하지 마라. 어떤 조직에서 결속을 일구어 내는 진실한 연결 고리의 힘에 비할 것은 아무것도 없다.

국제 보건 평등을 진전시키기

모든 폭풍우는 빗방울 하나에서 시작되기 마련이다. 가치 있는 모든 운동 또한 그렇다. …… 그것을 진지하게 다루기에는 무척 단순한 하나의 아이디어에서 시작한다. …… 모든 폭풍우는 처음에 그렇게 생긴다.

_마르코 카세레스(Marco Caceres)

미국의 전직 공중위생국장인 줄리어스 리치먼드는 정책 변화의 세 가지 요소를 기술해 우리에게 많은 교훈을 주었다. 바로 지식 기반, 정책 의지, 사회적 전략이 그것이다.[20] 이 모델은 다음의 이유로 국제 보건 평등을 위한 운동에 도입할 만한 가치가 있다. 첫째, 이 책에서 강조하듯 정책은 증거에 기반을 두어야만 한다. 국제 보건 실무자와 연구자들은 풍요로운 환경과 빈곤한 환경에서 지속 가능한 보건 시스템을 통해 효율적이고 평등한 관리 전달을 시행하는 지식 기반을 계속 쌓아 나가야 한다. 학생, 교수, 직원을 포함한 대학과 관련 업체는 그들의 지식과 행동의 틈새를 연결할 지식의 생성에 더 잘 기여할 수 있다. 둘째, 일단 무엇이 작동하는지 알고 나면 평등을 형성할 계획이 필요하다. 증거에 기반을 둔 보건 관리 전달 전략을 확장하는 일은 폭넓은 정치적 의지가 필요한 수준 높은 정책 변화를 요구하는 경우가 많다. 정치적 의지를 구축하는 한 가지 방법은(그리고 이것이 리치먼드 박사의 세 번째 요점으로 우리를 이끈다.) 사회적 전략이다. 어떤 사안에 대한 지지를 표명하는 풀뿌리 단체들은 정치가들과 다른 정책 입안자들이 거시적인 정책 변화를 입안하도록 박차를 가할 수 있다.

이 세 번째 구성 요소는 야심 찬 운동일수록 달성하기가 어렵다. 2장에서 논의한 피터 버거와 토머스 루크만의 저술로 되돌아가 보면, 불평등의 정상화와 제도화는 지배적인 정치·경제적 시스템 안에 '현 상태'를 영속화하는 구조들을 끼워 넣는다. 경제적인 이유로 발생한, 대서양을 넘나드는 인신매매라든지 인종주의적 정치 체제가 그러한 시스템의 사례다. 다시 말해, 이것들은 구조적 폭력이다. 이러한 구조로부터 자유로워질 수 있는지 여부가 거시적 사회운동의 독창성, 영속성, 탄력성에 달린 경우가 많다. 1940년대 인도의 독립 투쟁, 1960년대 미국 시민권 운동, 1990년대 인종 차별 정책의 몰락……. 이들 사건은 모두 활발한 사회적 동원에 의지한 20세기의 획기적인 이정표다.

국제 에이즈 운동은 리치먼드 박사의 모델을 입증한다. 일단 항레트로바이러스 요법이 물자가 부족한 환경에도 효과적으로 전달될 수 있음이 명확해지자(그리고 아주 일부에 지나지 않더라도 지식 기반이 확립되자), PEPFAR과 국제기금은 공적·사적 사업 시행자들에게 ART에 대한 접근성을 전 세계적으로 늘리도록 재정을 지원했다. 이로써 수백만 명이 목숨을 구했다. 또 이들은 평등성을 높이는 계획에 정부 재정이 지원되도록 돕

20) Julius B. Richmond and Milton Kotelchuck, "Political Influences : Rethinking National Health Policy," in *Handbook of Health Professions Education*, ed. Christine H. Mcguire et al. (San Francisco : Jossey-Bass, 1983), 386~404.

기도 했다. 역사상 가장 야심 찬 국제 보건 계획이었던 이 엄청난 프로그램을 시작하는 데 필요한 정치적 의지를 구축하기 위해서는 에이즈 활동가와 진보 및 보수 양측의 미국 정치가들, 저명한 과학자와 보건 실무자들, 국제정치 입안자들, 유명인, 사상적 지도자들을 한데 모을 수 있는 사회적 전략이 필요했다. 국제 보건의 역사는 이러한 사례들이 가득하다. 그라민은행과 BRAC, 마을 보건 사업, 잔미 라산트 같은 단체들은 전 세계 하위 10억 명의 목소리를 대변하고 증폭했다. 또한 정부 공무원과 국제 정책 입안자, 환자와 가족, 학생, 기부자들의 동맹을 구축해 증거에 기초한 실무를 확장했다. 이러한 협력 관계는 강력한 힘을 발휘한다.

이 책은 몇몇 핵심적 학제와 방법론에 의존해 학문 분야 안에서 국제 보건이 갖는 중요성에 초점을 맞추었다. 이 책의 제목 '국제 보건 실태의 재조명'은 독자들(독자들이 많았으면 좋겠지만)에게 지난 몇 세기에 걸쳐 빈곤층의 보건 문제를 개선하고자 시행되었던 수많은 선의의 시도를 다시 보여 준다. 하지만 그 대부분은 의도치 않은 결과를 보였다. 몇몇은 국제 보건이 추구하는 권리 기반 접근과 평등에 부합하지 않는 권력 구조와 야망에 힘을 보태기도 했다. 이런 학문적인 접근은 논쟁적인 정책과 수행 노력에 의해 보완될 수 있다. 이 책에서는 국제 보건 지지 의제에 대한 한 가지를 제안했다. 예컨대 원조의 효율성을 개선하고 보건 시스템을 강화하며, 새로운 보건 기술을 개발하고 발전시키면서 원조를 늘리는 것이다. 이제 WHO에서 세계은행, UNICEF에 이르는 주류 국제기관들은 이런 각각의 도전 과제를 숙고하는 중이다.

학계와 쌍무적이고 다자적인 개발 기구들을 넘어 국제 보건 평등 운동에 참여하는 다른 수단도 많다. 그러나 가난한 환자들에게 보건 관리를 제공하려는 사람들과 빈곤의 병리와 맞서 싸우려는 보건 실무자의 수는 지금도 매우 부족한 상태다. 다음 세대의 국제 보건 실무자를 양성하기 위해 숙련된 강사와 교육자도 필요하다. 연구자들은 분자생물학에서 약동학(pharmacokinetics), 전염병학에서 계량경제학, 민족지학에서 역사학에 이르기까지 다양한 방법론을 동원해 국제 보건 전달의 비판적인 되먹임 고리를 구축한다. 그리고 적용 가능한 수단과 기술의 질뿐만 아니라 효율성과 평등성을 끊임없이 개선한다. 일반적으로 실무자, 교육자, 연구자는 같은 사람이거나 또 긴밀하게 서로 협조하는 경우가 많다. 이러한 연구, 서비스, 훈련의 통합은 그저 달성해야 할 문제가 아니라 국제 보건을 제대로 작동시키기 위해 우리가 할 수 있는 최선의 전략이다. 숙련된 정책 입안자와 정보가 충분한 지지 운동가들이 긴급하게 필요하다. 이러한 활동가 단체는 선진국과 개발도상국에서 모두 결정적인 역할을 한다.

이 책에서 자세히 언급하지 못한 다양한 분야에서도 인력이 몹시 필요하다. 기술자들이나 25달러짜리 최신 신생아 인큐베이터 발명가들은 변두리 지역을 대상으로 특정한 관리 및 진단, 예방, 치료법을 수행하는 방법을 발견할 수 있다.[21] 인도 남부에 있는 저렴한 3차 안과 관리 병원인 아라빈드 안과의 창립자 같은 사업가들은, 물자가 부족한 환경에서 보건 관리 전달의 효율성과 규모 그리고 책임성을 개선할 수 있다. 또 태양 전지판, 풍력 터빈, 기타 청정에너지 관련 혁신적 발명품의 제작자들은 태양광과 바람은 풍부하지만, 에너지 예산이 부족한 가난한 환경의 병원에 전력을 공급해 줄 수 있다. 전 세계의 젠더 불평등과 여러 보건 과제를 생생하게 묘사한 니콜라스 크리스토프(Nicholas Kristof) 같은 저술가들은 국제 보건 평등 운동에 대한 대중의 관심을 끌고 우선순위를 높이는 데 도움을 준다.[22]

진료소와 병원을 세우는 데 도움을 줄 수 있는 건축가와 건설업자들은 감염 통제를 증진하는 것뿐 아니라 우아한 설계를 통해 환자들에게 품위를 전달할 수 있다.[23] 화가와 조각가를 비롯한 예술가들은 아름다움과 색채를 더해 주어 이러한 시설이 치유를 위한 전당에 그치지 않고 더 풍요로워지게 한다. 보노나 아케이드 파이어(캐나다의 록 그룹 – 역주) 같은 대중음악가 또한 자기 팬들에게 국제 보건 의제에 대한 지원을 실천해 이 분야의 사상적 선도자 역할을 하고 있다. 컴퓨터 과학자들은 효율적인 전자 의료 기록 시스템을 개발해 저소득 환경에 그것을 전달하는 데 도움을 준다. 학자들은 자기들이 훈련받은 다양한 분야에서, 아득한 옛날부터 인류에게 해를 끼쳤던 문제들에 대한 관심을 촉구할 수 있다. 이러한 목록은 계속 이어진다. 거의 모든 기술 또는 직업이 국제 보건 평등 운동에서 지렛대 역할을 할 수 있다.

---

21) George Kembel, "$25 Incubator Shows Good Design Can Save Lives Affordably," *Exponential Times*, 강연록, 2009, www.exponentialtimes.net/videos/25-incubator-shows-good-design-can-save-lives-afforcably (접속일 : 2012년 11월 25일)

22) 예컨대 다음 책을 참고하라. Nicholas D. Kristof and Sheryl WuDunn, *Half the sky: Turning Oppression into Opportunity for Women Worldwide.* (New York : Random House, 2009) (한국어판 : 「절망 너머 희망으로」, 방영호 옮김, 에이지21, 2010)

23) 예컨대 르완다와 아이티의 MASS 디자인 그룹이 설계한 병원들을 예로 들 수 있다. www.massdesigngroup.org/our-work/project-index.html (접속일 : 2012년 11월 25일)

우리는 젊은이들이(그리고 더 많은 경험이 있는 실무자들이) 이 책을 읽고 자신들의 교육이나 경험 수준과 상관없이 국제 보건 운동에 관여하는 방법을 찾아보기를 바란다. 학생들은 국제 보건의 불평등에 대해 배우고, 현 상태에서 기득권적 이해관계를 가진 기관에 소속되었다는 부담 없이 그곳에 관여할 수 있는 특권적 위치에 있다. 따라서 학생들은 현명하고 효율적인 국제 보건 사업에 필요한 비판적인 자기반성의 습관을 개발할 수 있다. 이 모든 게 강력한 힘을 발휘한다.

국제 보건 분야에서 지표들이 얼마나 평등 또는 불평등 쪽으로 기울어졌는지를 결정하는 것은 빈곤, 식량과 식수의 불안전성, 불충분한 교육, 안전하지 않은 주거, 높은 실업률을 영속화하는 거시적인 사회적 힘들이다. 국내총생산의 성장으로 대변되는 경제적 발전은 사람들이 빈곤과 취약성에서 벗어나게끔 돕는다. 대부분의 경우 가족의 수입이 늘어나면 영양, 교육, 보건 관리에 대한 접근성이 더 좋아진다. 하지만 우리가 힘들게 배웠듯이, 성장은 만병통치약이 아니다. 소득이 가장 높은 국가라고 해도 모든 시민에게 기본적인 보호를 제공하는 데 실패하며, 특히 극빈층이 취약하다.

국제 보건 평등 운동에 대한 동참은, 수십억 명의 사람들이 완전한 건강 상태에서 훌륭한 생활을 누리지 못하도록 가로막는 불평등을 인식하는 데서 시작한다. 이것은 평생 해야 할 일이지만, 이 책이 독자들에게 도움이 되었으면 한다. 이 운동에 참여한다는 것은 한 개인의 기술과 흥밋거리를 끌어올리고, 사회권과 경제권 향상에 대한 의제를 진전시키도록 여럿이 힘을 모을 수 있는 창의적인 수단을 찾는다는 것을 의미한다. 또한 이 운동에 참여한다는 것은 병든 사람 혹은 가난한 사람들과 함께하고, 공동체 보건 노동자가 아닌 도움을 받는 사람들이 목표가 달성되었다고 여길 때까지 계속 돕는 것을 의미하기도 한다. 분명히 국제 보건의 평등은 고결한 이상이다. 하지만 이것은 우리 아이들이 어디서 태어났든 상관없이 훌륭한 삶을 누릴 수 있는, 더욱 정의롭고 공정한 사회로 나아가는 시작점일 뿐이다.

1 **~주세요. ~ please.** 플리즈

영수증 주세요. Receipt, please. 뤼씨트, 플리즈.
닭고기 주세요. Chicken, please. 취킨, 플리즈.

2 **어디인가요? Where is ~?** 웨얼 이즈

화장실이 어디인가요? Where is the toilet? 웨얼 이즈 더 토일렛?
버스 정류장이 어디인가요? Where is the bus stop? 웨얼 이즈 더 버쓰 스탑?

3 **얼마예요? How much ~?** 하우 머취

이건 얼마예요? How much is this? 하우 머취 이즈 디스?
전부 얼마예요? How much is the total? 하우 머취 이즈 더 토털?

4 **~하고 싶어요. I want to ~.** 아이 원트 투

룸서비스를 주문하고 싶어요. I want to order room service. 아이 원트 투 오더 룸 썰비쓰.
택시 타고 싶어요. I want to take a taxi. 아이 원트 투 테이크 어 택시.

5 **~할 수 있나요? Can I/you ~?** 캔 아이/유

펜 좀 빌릴 수 있나요? Can I borrow a pen? 캔 아이 바로우 어 펜?
영어로 말할 수 있나요? Can you speak English? 캔 유 스피크 잉글리쉬?

6 **저는 ~ 할게요. I'll ~.** 아윌

저는 카드로 결제할게요. I'll pay by card. 아윌 페이 바이 카드.
저는 2박 묵을 거예요. I'll stay for two nights. 아윌 스테이 포 투 나잇츠.

7 **~은 무엇인가요? What is ~?** 왓 이즈

이것은 무엇인가요? What is it? 왓 이즈 잇?
다음 역 이름이 무엇인가요? What is the next station? 왓 이즈 더 넥스트 스테이션?

8 **~ 있나요? Do you have~?** 두유 해브

다른 거 있나요? Do you have another one? 두유 해브 어나덜 원?
자리 있나요? Do you have a table? 두유 해브 어 테이블?

9 **이건 ~인가요? Is ~?** 이즈 디스

이 길이 맞나요? Is this the right way? 이즈 디스 더 롸잇 웨이?
이것은 여성용/남성용인가요? Is this for women/men? 이즈 디스 포 위민/맨?

10 **이건 ~예요. It's ~.** 잇츠

이건 너무 비싸요. It's too expensive. 잇츠 투 익쓰펜시브.
이건 짜요. It's salty. 잇츠 썰티.

1 탑승 수속할 때

자주 쓰는 여행 단어

여권 passport 패쓰포트

탑승권 boarding pass 볼딩 패쓰

창가 좌석 window seat 윈도우 씻

복도 좌석 aisle seat 아일 씻

앞쪽 좌석 front row seat 프륀트 로우 씻

무게 weight 웨잇

추가 요금 extra charge 엑쓰트라 차알쥐

수하물 baggage/luggage 배기쥐/러기쥐

여행 회화

여기 제 여권이요. Here is my passport. 히얼 이즈 마이 패쓰포트.

창가 좌석을 받을 수 있나요? Can I have a window seat? 캔 아이 해브 어 윈도우 씻?

앞쪽 좌석을 받을 수 있나요? Can I have a front row seat? 캔 아이 해브 어 프륀트 로우 씻?

무게 제한이 얼마인가요? What is the weight limit? 왓 이즈 더 웨잇 리미트?

추가 요금이 얼마인가요? How much is the extra charge? 하우 머취 이즈 디 엑쓰트라 차알쥐?

13번 게이트가 어디인가요? Where is gate thirteen? 웨얼 이즈 게이트 떨틴?

2 보안 검색 받을 때

자주 쓰는 여행 단어

액체류 liquids 리퀴즈

주머니 pocket 포켓

전화기 phone 폰

노트북 laptop 랩탑

모자 hat 햇

벗다 take off 테이크 오프

임신한 pregnant 프레그넌트

가다 go 고우

여행 회화

저는 액체류 없어요. I don't have any liquids. 아이 돈 해브 애니 리퀴즈.

주머니에 아무것도 없어요. I have nothing in my pocket. 아이 해브 낫띵 인 마이 포켓.

제 백팩에 노트북이 있어요. I have a laptop in my backpack. 아이 해브 어 랩탑 인 마이 백팩.

모자를 벗어야 하나요? Should I take off my hat? 슈드 아이 테이크 오프 마이 햇?

저 임신했어요. I'm pregnant. 아임 프레그넌트.

이제 가도 되나요? Can I go now? 캔 아이 고우 나우?

3 면세점 이용할 때

자주 쓰는 여행 단어

면세점 duty-free shop 듀티프뤼 샵

화장품 cosmetics 코스메틱스

향수 perfume 퍼퓸

가방 bag 백

선글라스 sunglasses 썬글래씨스

담배 cigarette 씨가렛

주류 alcohol 알코홀

계산하다 pay 페이

여행 회화

얼마예요? How much is it? 하우 머치 이즈 잇?

이 가방 있나요? Do you have this bag? 두유 해브 디스 백?

이걸로 할게요. I'll take this one. 아일 테이크 디스 원.

이 쿠폰을 사용할 수 있나요? Can I use this coupon? 캔 아이 유즈 디스 쿠펀?

여기 있어요. Here you are. 히열 유 얼.

이걸 기내에 가지고 탈 수 있나요? Can I carry this on board? 캔 아이 캐뤼 디스 온 보드?

④ 비행기 탑승할 때

자주 쓰는 여행 단어

탑승권 boarding pass 볼딩 패스	일반석 economy class 이코노미 클래쓰
좌석 seat 씻	안전벨트 seatbelt 씻벨트
좌석 번호 seat number 씻 넘버	바꾸다 change 췌인쥐
일등석 first class 펄스트 클래쓰	마지막 탑승 안내 last call 라스트 콜

여행 회화

제 자리는 어디인가요? Where is my seat? 웨얼 이즈 마이 씻?

여긴 제 자리입니다. This is my seat. 디스 이즈 마이 씻.

좌석 번호가 몇 번이세요? What is your seat number? 왓 이즈 유어 씻 넘벌?

자리를 바꿀 수 있나요? Can I change my seat? 캔 아이 췌인지 마이 씻?

가방을 어디에 두어야 하나요? Where should I put my baggage? 웨얼 슈드 아이 풋 마이 배기쥐?

제 좌석을 젖혀도 될까요? Do you mind if I recline my seat? 두 유 마인드 이프 아이 뤼클라인 마이 씻?

⑤ 기내 서비스 요청할 때

자주 쓰는 여행 단어

간식 snacks 스낵쓰	식사 meal 미일
맥주 beer 비얼	닭고기 chicken 취킨
물 water 워럴/워터	생선 fish 퓌쉬
담요 blanket 블랭킷	비행기 멀미 airsick 에얼씩

여행 회화

간식 좀 먹을 수 있나요? Can I have some snacks? 캔 아이 해브 썸 스낵쓰?

물 좀 마실 수 있나요? Can I have some water? 캔 아이 해브 썸 워럴?

담요 좀 받을 수 있나요? Can I get a blanket? 캔 아이 겟 어 블랭킷?

식사는 언제인가요? When will the meal be served? 웬 윌 더 미일 비 설브드?

닭고기로 할게요. Chicken, please. 취킨, 플리즈.

비행기 멀미가 나요. I feel airsick. 아이 퓔 에얼씩.

⑥ 기내 기기/시설 문의할 때

자주 쓰는 여행 단어

등 light 라이트
작동하지 않는 not working 낫 월킹
화면 screen 스크린
음량 volume 볼륨

영화 movies 무비쓰
좌석 seat 씻
눕히다 recline 뤼클라인
화장실 toilet 토일렛

여행 회화

등을 어떻게 켜나요? How do I turn on the light? 하우 두 아이 턴온 더 라이트?
화면이 안 나와요. My screen is not working. 마이 스크린 이즈 낫 월킹
음량을 어떻게 높이나요? How can I turn up the volume? 하우 캔 아이 턴업 더 볼륨?
영화 보고 싶어요. I want to watch movies. 아이 원트 투 워치 무비쓰.
제 좌석을 어떻게 눕히나요? How do I recline my seat? 하우 두 아이 뤼클라인 마이 씻?
화장실이 어디인가요? Where is the toilet? 웨얼 이즈 더 토일렛?

⑦ 환승할 때

자주 쓰는 여행 단어

환승 transfer 트뤤스풔
탑승구 gate 게이트
탑승 boarding 볼딩
연착 delay 딜레이

편명 flight number 플라이트 넘벌
갈아탈 비행기 connecting flight 커넥팅 플라이트
쉬다 rest 뤠스트
기다리다 wait 웨이트

여행 회화

어디에서 환승할 수 있나요? Where can I transfer? 웨얼 캔 아이 트뤤스풔?
몇 번 탑승구로 가야 하나요? Which gate should I go to? 위취 게이트 슈드 아이 고우 투?
탑승은 몇 시에 시작하나요? What time does the boarding begin? 왓 타임 더즈 더 볼딩 비긴?
화장실은 어디에 있나요? Where is the toilet? 웨얼 이즈 더 토일렛?
제 비행기 편명은 ooo입니다. My flight number is ooo. 마이 플라이트 넘벌 이즈 ooo.
라운지는 어디에 있나요? Where is the lounge? 웨얼 이즈 더 라운지?

⑧ 입국 심사받을 때

자주 쓰는 여행 단어

방문하다 visit 비짓
여행 traveling 트뤠블링
관광 sightseeing 싸이트씨잉
출장 business trip 비즈니스 트립

왕복 티켓 return ticket 뤼턴 티켓
지내다, 머무르다 stay 스테이
일주일 a week 어 위크
입국 심사 immigration 이미그뤠이션

여행 회화

방문 목적이 무엇인가요? What is the purpose of your visit? 왓 이즈 더 펄포스 오브 유얼 비짓?

여행하러 왔어요. I'm here for traveling. 아임 히어 포 트레블링.

출장으로 왔어요. I'm here for a business trip. 아임 히어 포 비즈니스 트립.

왕복 티켓이 있나요? Do you have your return ticket? 두유 해브 유얼 뤼턴 티켓?

호텔에서 지낼 거예요. I'm going to stay at a hotel. 아임 고잉 투 스테이 앳 어 호텔.

일주일 동안 머무를 거예요. I'm staying for a week. 아임 스테잉 포 어 위크.

03 교통수단

① 승차권 구매할 때

자주 쓰는 여행 단어

표 ticket 티켓

사다 buy 바이

매표소 ticket office 티켓 오피스

발권기 ticket machine 티켓 머쉰

시간표 timetable 타임테이블

편도 티켓 single ticket 씽글 티켓

어른 adult 어덜트

어린이 child 차일드

여행 회화

표 어디에서 살 수 있나요? Where can I buy a ticket? 웨얼 캔 아이 바이 어 티켓?

발권기는 어떻게 사용하나요? How do I use the ticket machine? 하우 두 아이 유즈 더 티켓 머쉰?

왕복 표 두 장이요. Two return tickets, please. 투 뤼턴 티켓츠, 플리즈.

어른 세 장이요. Three adults, please. 쓰리 어덜츠, 플리즈.

어린이는 얼마인가요? How much is it for a child? 하우 머취 이즈 잇 포 어 차일드?

마지막 버스 몇 시인가요? What time is the last bus? 왓 타임 이즈 더 라스트 버스?

② 버스 이용할 때

자주 쓰는 여행 단어

버스를 타다 take a bus 테이크 어 버스

내리다 get off 겟 오프

버스표 ticket 티켓

버스 정류장 bus stop 버스 스탑

버스 요금 bus fare 버스 풰어

이번 정류장 this stop 디스 스탑

다음 정류장 next stop 넥스트 스탑

셔틀 버스 shuttle bus 셔틀 버스

여행 회화

버스 어디에서 탈 수 있나요? Where can I take the bus? 웨얼 캔 아이 테이크 더 버스?

버스 정류장이 어디에 있나요? Where is the bus stop? 웨얼 이즈 더 버스 스탑?

이 버스 ooo로 가나요? Is this a bus to ooo? 이즈 디스 어 버스 투 ooo?

버스 요금이 얼마인가요? How much is the bus fare? 하우 머취 이즈 더 버스 풰어?

다음 정류장 이름이 무엇인가요? What is the next stop? 왓 이즈 더 넥스트 스탑?

어디서 내려야 하나요? Where should I get off? 웨얼 슈드 아이 겟 오프?

❸ 지하철·기차 이용할 때

자주 쓰는 여행 단어

지하철 metro 메트로
타다 take 테이크
내리다 get off 겟 오프
노선도 line map 라인 맵

승강장 platform 플랫폼
역 station 스테이션
환승 transfer 트랜스펄

여행 회화

지하철 어디에서 탈 수 있나요? Where can I take the metro?
웨얼 캔 아이 테이크 더 메트로?
노선도 받을 수 있나요? Can I get the line map? 캔 아이 겟 더 라인 맵?
승강장을 못 찾겠어요. I can't find the platform. 아이 캔트 파인 더 플랫폼.
다음 역은 무엇인가요? What is the next station? 왓 이즈 더 넥쓰트 스테이션?
어디에서 환승하나요? Where should I transfer? 웨얼 슈드 아이 트랜스펄?

❹ 택시 이용할 때

자주 쓰는 여행 단어

택시를 타다 take a taxi 테이크 어 택씨
택시 정류장 taxi stand 택씨 스탠드
기본요금 minimum fare 미니멈 풰어
공항 airport 에어포트

트렁크 trunk 트렁크
더 빠르게 faster 풰스털
세우다 stop 스탑
잔돈 change 췌인쥐

여행 회화

택시 어디서 탈 수 있나요? Where can I take a taxi? 웨얼 캔 아이 테이크 어 택씨?
기본요금이 얼마인가요? What is the minimum fare? 왓 이즈 더 미니멈 풰어?
공항으로 가주세요. To the airport, please. 투 디 에어포트, 플리즈.
트렁크 열어줄 수 있나요? Can you open the trunk, please? 캔 유 오픈 더 트렁크, 플리즈?
저기서 세워줄 수 있나요? Can you stop over there? 캔 유 스탑 오버 데얼?
잔돈은 가지세요. You can keep the change. 유 캔 킵 더 췌인쥐.

❺ 거리에서 길 찾을 때

자주 쓰는 여행 단어

주소 address 어드레쓰
거리 street 스트뤼트
모퉁이 corner 코널
골목 alley 앨리

지도 map 맵
먼 far 퐈
가까운 close 클로쓰
길을 잃은 lost 로스트

여행 회화

박물관에 어떻게 가나요? How do I get to the museum? 하우 두 아이 겟 투 더 뮤지엄?

모퉁이에서 오른쪽으로 도세요. Turn right at the corner. 턴 롸잇 앳 더 코널.

여기서 멀어요? Is it far from here? 이즈 잇 퐈 프롬 히얼?

길을 잃었어요. I'm lost. 아임 로스트.

이 건물을 찾고 있어요. I'm looking for this building. 아임 룩킹 포 디스 빌딩.

이 길이 맞나요? Is this the right way? 이즈 디스 더 롸잇 웨이?

6 교통편 놓쳤을 때

자주 쓰는 여행 단어

비행기 flight 플라이트	기차, 열차 train 트레인
놓치다 miss 미쓰	변경하다 change 췌인쥐
연착되다 delay 딜레이	환불 refund 뤼펀드
다음 next 넥쓰트	기다리다 wait 웨이트

여행 회화

비행기를 놓쳤어요. I missed my flight. 아이 미쓰드 마이 플라이트.

제 비행기가 연착됐어요. My flight is delayed. 마이 플라이트 이즈 딜레이드.

다음 비행기는 언제예요? When is the next flight? 웬 이즈 더 넥쓰트 플라이트?

어떻게 해야 하나요? What should I do? 왓 슈드 아이 두?

변경할 수 있나요? Can I change it? 캔 아이 췌인쥐 잇?

환불받을 수 있나요? Can I get a refund? 캔 아이 겟 어 뤼펀드?

04 숙소에서

1 체크인할 때

자주 쓰는 여행 단어

체크인 check-in 췌크인	바우처 voucher 봐우처
일찍 early 얼리	추가 침대 extra bed 엑쓰트라 베드
예약 reservation 뤠저베이션	보증금 deposit 디파짓
여권 passport 패쓰포트	와이파이 비밀번호 Wi-Fi password 와이파이 패스월드

여행 회화

체크인할게요. Check in, please. 췌크인 플리즈.

일찍 체크인할 수 있나요? Can I check in early? 캔 아이 췌크인 얼리?

예약했어요. I have a reservation. 아이 해브 어 뤠저베이션

여기 제 여권이요. Here is my passport. 히얼 이즈 마이 패쓰포트.

더블 침대를 원해요. I want a double bed. 아이 원트 어 더블 베드.

와이파이 비밀번호가 무엇인가요? What is the Wi-Fi password? 왓 이즈 더 와이파이 패스월드?

❷ 체크아웃할 때

자주 쓰는 여행 단어

체크아웃 check-out 췌크아웃

늦게 late 레이트

보관하다 keep 킵

짐 baggage 배기쥐

청구서 invoice 인보이쓰

요금 charge 차알쥐

추가 요금 extra charge 엑스트라 차알쥐

택시 taxi 택시

여행 회화

체크아웃할게요. Check out, please. 췌크아웃 플리즈.

체크아웃 몇 시예요? What time is check-out? 왓 타임 이즈 췌크아웃?

늦게 체크아웃할 수 있나요? Can I check out late? 캔 아이 췌크아웃 레이트?

늦은 체크아웃은 얼마예요? How much is it for late check-out? 하우 머취 이즈 잇 포 레이트 췌크아웃?

짐을 맡길 수 있나요? Can you keep my baggage? 캔 유 킵 마이 배기쥐?

청구서를 받을 수 있나요? Can I have an invoice? 캔 아이 해브 언 인보이쓰?

❸ 부대시설 이용할 때

자주 쓰는 여행 단어

식당 restaurant 뤠스터런트

조식 breakfast 브뤡퍼스트

수영장 pool 풀

헬스장 gym 짐

스파 spa 스파

세탁실 laundry room 륀드리 룸

자판기 vending machine 벤딩 머쉰

24시간 twenty-four hours 트웬티포 아워쓰

여행 회화

식당 언제 여나요? When does the restaurant open? 웬 더즈 더 뤠스터런트 오픈?

조식 어디서 먹나요? Where can I have breakfast? 웨얼 캔 아이 햅 브뤡퍼스트?

조식 언제 끝나요? When does breakfast end? 웬 더즈 브뤡퍼스트 엔드?

수영장 언제 닫나요? When does the pool close? 웬 더즈 더 풀 클로즈?

헬스장이 어디에 있나요? Where is the gym? 웨얼 이즈 더 짐?

자판기 어디에 있나요? Where is the vending machine? 웨얼 이즈 더 벤딩 머쉰?

❹ 객실 용품 요청할 때

자주 쓰는 여행 단어

수건 towel 타월

비누 soap 쏩

칫솔 tooth brush 투쓰 브러쉬

화장지 tissue 티쓔

베개 pillow 필로우

드라이기 hair dryer 헤어 드라이어

침대 시트 bed sheet 베드 쉬이트

여행 회화

수건 받을 수 있나요? Can I get a towel? 캔 아이 겟 어 타월?
비누 받을 수 있나요? Can I get a soap? 캔 아이 겟 어 쏩?
칫솔 하나 더 주세요. One more toothbrush, please. 원 모어 투쓰 브러쉬, 플리즈.
베개 하나 더 받을 수 있나요? Can I get one more pillow? 캔 아이 겟 원 모어 필로우?
드라이기가 어디 있나요? Where is the hair dryer? 웨얼 이즈 더 헤어 드라이어?
침대 시트 바꿔줄 수 있나요? Can you change the bed sheet? 캔 유 췌인쥐 더 베드 쉬이트?

⑤ 기타 서비스 요청할 때

자주 쓰는 여행 단어

룸 서비스 room service 룸 썰비스
주문하다 order 오더
청소하다 clean 클린
모닝콜 wake-up call 웨이크업 콜

세탁 서비스 laundry service 뤈드리 썰비스
에어컨 air conditioner 에얼 컨디셔널
휴지 toilet paper 토일렛 페이퍼
냉장고 fridge 프리쥐

여행 회화

룸서비스 되나요? Do you have room service? 두 유 해브 룸 썰비스?
샌드위치를 주문하고 싶어요. I want to order some sandwiches. 아이 원트 투 오더 썸 쌘드위치스.
객실을 청소해 줄 수 있나요? Can you clean my room? 캔 유 클린 마이 룸?
7시에 모닝콜 해 줄 수 있나요? Can I get a wake-up call at 7? 캔 아이 겟 어 웨이크업 콜 앳 쎄븐?
세탁 서비스 되나요? Do you have laundry service? 두 유 해브 뤈드리 썰비스?
히터 좀 확인해 줄 수 있나요? Can you check the heater? 캔 유 췌크 더 히터?

⑥ 불편사항 말할 때

자주 쓰는 여행 단어

고장난 not working 낫 월킹
온수 hot water 핫 워터
수압 water pressure 워터 프레슈어
변기 toilet 토일렛

귀중품 valuables 밸류어블즈
더운 hot 핫
추운 cold 콜드
시끄러운 noisy 노이지

여행 회화

에어컨이 작동하지 않아요. The air conditioner is not working. 디 에얼 컨디셔널 이즈 낫 월킹.
온수가 안 나와요. There is no hot water. 데얼 이즈 노 핫 워터.
수압이 낮아요. The water pressure is low. 더 워터 프레슈어 이즈 로우.
변기 물이 안 내려가요. The toilet doesn't flush. 더 토일렛 더즌트 플러쉬.
귀중품을 잃어버렸어요. I lost my valuables. 아이 로스트 마이 밸류어블즈.
방이 너무 추워요. It's too cold in my room. 잇츠 투 콜드 인 마이 룸.

05 식당에서

① 예약할 때

자주 쓰는 여행 단어
예약하다 book 북
자리 table 테이블
아침 식사 breakfast 브뤡퍼스트
점심 식사 lunch 런취

저녁 식사 dinner 디너
예약하다 make a reservation 메이크 어 뤠저붸이션
예약을 취소하다 cancel a reservation 캔쓸 어 뤠저붸이션
주차장 parking lot/car park 파킹 랏/카 파크

여행 회화
자리 예약하고 싶어요. I want to book a table. 아이 원트 투 북 어 테이블.
저녁 식사 예약하고 싶어요. I want to book a table for dinner. 아이 원트 투 북 어 테이블 포 디너.
3명 자리 예약하고 싶어요. I want to book a table for three. 아이 원트 투 북 어 테이블 포 뜨리.
OOO 이름으로 예약했어요. I have a reservation under the name of OOO. 아이 해브 어 뤠저붸이션 언덜 더 네임 오브 OOO.
예약 취소하고 싶어요. I want to cancel my reservation. 아이 원트 투 캔쓸 마이 뤠저붸이션.
주차장이 있나요? Do you have a parking lot? 두 유 해브 어 파킹 랏?

② 주문할 때

자주 쓰는 여행 단어
메뉴판 menu 메뉴
주문하다 order 오더
추천 recommendation 뤠커멘데이션
스테이크 steak 스테이크

해산물 seafood 씨푸드
짠 salty 쏠티
매운 spicy 스파이씨
음료 drink 드링크

여행 회화
메뉴판 볼 수 있나요? Can I see the menu? 캔 아이 씨 더 메뉴?
지금 주문할게요. I want to order now. 아이 원트 투 오더 나우.
추천해줄 수 있나요? Do you have any recommendations? 두 유 해브 애니 뤠커멘데이션스?
이걸로 주세요. This one, please. 디스 원 플리즈.
스테이크 하나 주시겠어요? Can I have a steak? 캔 아이 해브 어 스테이크?
제 스테이크는 중간 정도로 익혀주세요. I want may steak medium, please. 아이 원트 마이 스테이크 미디엄, 플리즈.

③ 식당 서비스 요청할 때

자주 쓰는 여행 단어
닦다 wipe down 와이프 다운
접시 plate 플레이트
떨어뜨리다 drop 드롭
칼 knife 나이프

데우다 heat up 힛 업
잔 glass 글래쓰
휴지 napkin 냅킨
아기 의자 high chair 하이 췌어

여행 회화

이 테이블 좀 닦아줄 수 있나요? Can you wipe down this table? 캔 유 와이프 다운 디스 테이블?

접시 하나 더 받을 수 있나요? Can I get one more plate? 캔 아이 겟 원 모얼 플레이트?

나이프를 떨어뜨렸어요. I dropped my knife. 아이 드롭트 마이 나이프.

냅킨이 없어요. There is no napkin. 데얼 이즈 노우 냅킨.

아기 의자 있나요? Do yon have a high chair? 두 유 해브 어 하이 췌어?

이것 좀 데워줄 수 있나요? Can you heat this up? 캔 유 힛 디스 업?

❹ 불만사항 말할 때

자주 쓰는 여행 단어

너무 익은 overcooked 오버쿡트

덜 익은 undercooked 언더쿡트

잘못된 wrong 륑

음식 food 푸드

음료 drink 드링크

짠 salty 쏠티

싱거운 bland 블랜드

새 것 new one 뉴 원

여행 회화

실례합니다. Excuse me. 익스큐스 미.

이것은 덜 익었어요. It's undercooked. 잇츠 언더쿡트.

메뉴가 잘못 나왔어요. I got the wrong menu. 아이 갓 더 륑 메뉴.

제 음료를 못 받았어요. I didn't get my drink. 아이 디든트 겟 마이 드링크.

이것은 너무 짜요. It's too salty. 잇츠 투 쏠티.

새 것을 받을 수 있나요? Can I have a new one? 캔 아이 해브 어 뉴 원?

❺ 계산할 때

자주 쓰는 여행 단어

계산서 bill 빌

지불하다 pay 페이

현금 cash 캐쉬

신용카드 credit card 크레딧 카드

잔돈 change 췌인쥐

영수증 receipt 뤼씨트

팁 tip 팁

포함하다 include 인클루드

여행 회화

계산서 주세요. Bill, please. 빌, 플리즈.

따로 계산해 주세요. Separate bills, please. 쎄퍼뤠이트 빌즈, 플리즈.

계산서가 잘못 됐어요. Something is wrong with the bill. 썸띵 이즈 륑 위드 더 빌.

신용카드로 지불할 수 있나요? Can I pay by credit card? 캔 아이 바이 크레딧 카드?

영수증 주시겠어요? Can I get a receipt? 캔 아이 겟 어 뤼씨트?

팁이 포함되어 있나요? Is the tip included? 이즈 더 팁 인클루디드?

6 패스트푸드 주문할 때

자주 쓰는 여행 단어

세트 combo/meal 컴보/미일
햄버거 burger 벌거얼
감자튀김 chips/fries 칩스/프라이스
케첩 ketchup 켓첩

추가의 extra 엑쓰트라
콜라 coke 코크
리필 refill 뤼필
포장 takeaway/to go 테이크어웨이/투 고

여행 회화

2번 세트 주세요. I'll have meal number two. 아이윌 햅 미일 넘벌 투.
햄버거만 하나 주세요. Just a burger, please. 저스트 어 벌거얼, 플리즈.
치즈 추가해 주세요. Can I have extra cheese on it? 캔 아이 해브 엑쓰트라 치즈 언 잇?
리필할 수 있나요? Can I get a refill? 캔 아이 겟 어 뤼필?
여기서 먹을 거예요. It's for here. 잇츠 포 히얼.
포장해 주세요. Takeaway, please. 테이크어웨이 플리즈.

7 커피 주문할 때

자주 쓰는 여행 단어

아메리카노 americano 아메리카노
라떼 latte 라테이
차가운 iced 아이쓰드
작은 small 스몰

중간의 regular/medium 뤠귤러/미디엄
큰 large 라알쥐
샷 추가 extra shot 엑쓰트라 샷
두유 soy milk 쏘이 미일크

여행 회화

차가운 아메리카노 한 잔 주세요. One iced americano, please. 원 아이쓰드 아메리카노, 플리즈.
작은 사이즈 라떼 한 잔 주시겠어요? Can I have a small latte? 캔 아이 해브 어 스몰 라테이?
샷 추가해 주세요. Add an extra shot, please. 애드 언 엑쓰트라 샷, 플리즈.
두유 라떼 한 잔 주시겠어요? Can I have a soy latte? 캔 아이 해브 어 소이 라테이?
휘핑크림 추가해 주세요. I'll have extra whipped cream. 아일 해브 엑쓰트라 휩트 크림.
얼음 더 넣어 주시겠어요? Can you put extra ice in it? 캔 유 풋 엑쓰트라 아이쓰 인 잇?

06 관광할 때

1 관람권 구매할 때

자주 쓰는 여행 단어

표 ticket 티켓
입장료 admission fee 어드미션 퓌
공연 show 쑈
인기 있는 popular 파퓰러

뮤지컬 musical 뮤지컬
다음 공연 next show 넥쓰트 쑈
좌석 seat 씻
매진된 sold out 쏠드 아웃

여행 회화

표 얼마예요? How much is the ticket? 하우 머취 이즈 더 티켓?

표 2장 주세요. Two tickets, please. 투 티켓츠, 플리즈.

어른 3장, 어린이 1장 주세요. Three adults and one child, please. 뜨리 어덜츠 앤 원 촤일드, 플리즈.

가장 인기 있는 공연이 뭐예요? What is the most popular show? 왓 이즈 더 모스트 파퓰러 쑈?

공연 언제 시작하나요? When does the show start? 웬 더즈 더 쑈 스타트?

매진인가요? Is it sold out? 이즈 잇 솔드 아웃?

② 투어 예약 및 취소할 때

자주 쓰는 여행 단어

투어를 예약하다 book a tour 북 어 투어

시내 투어 city tour 씨티 투어

박물관 투어 museum tour 뮤지엄 투어

버스 투어 bus tour 버스 투어

취소하다 cancel 캔쓸

바꾸다 change 췌인쥐

환불 refund 뤼풘드

취소 수수료 cancellation fee 캔쓸레이션 퓌

여행 회화

시내 투어 예약하고 싶어요. I want to book a city tour. 아이 원트 투 북 어 씨티 투어.

이 투어 얼마예요? How much is this tour? 하우 머취 이즈 디스 투어?

투어 몇 시에 시작해요? What time does the tour start? 왓 타임 더즈 더 투어 스타트?

투어 몇 시에 끝나요? What time does the tour end? 왓 타임 더즈 더 투어 엔드?

투어 취소할 수 있나요? Can I cancel the tour 캔 아이 캔쓸 더 투어?

환불 받을 수 있나요? Can I get a refund? 캔 아이 겟 어 뤼풘드?

③ 관광 안내소 방문했을 때

자주 쓰는 여행 단어

추천하다 recommend 뤠커멘드

관광 sightseeing 싸이트씨잉

관광 정보 tour information 투어 인포메이션

시내 지도 city map 씨티 맵

관광 안내 책자 tourist brochure 투어뤼스트 브로슈얼

시간표 timetable 타임테이블

가까운 역 the nearest station 더 니어리스트 스테이션

예약하다 make a reservation 메이크 어 뤠저베이션

여행 회화

관광으로 무엇을 추천하시나요? What do you recommend for sightseeing? 왓 두유 뤠커멘드 포 싸이트씨잉?

시내 지도 받을 수 있나요? Can I get a city map? 캔 아이 겟 어 씨티 맵?

관광 안내 책자 받을 수 있나요? Where can I find a tourist brochure? 웨얼 캔 아이 파인드 어 투어리스트 브로슈얼?

버스 시간표 받을 수 있나요? Can I get a bus timetable? 캔 아이 겟 어 버스 타임테이블?

가장 가까운 역이 어디예요? Where is the nearest station? 웨얼 이즈 더 니어리스트 스테이션?

거기에 어떻게 가나요? How do I get there? 하우 두 아이 겟 데얼?

4 관광 명소 관람할 때

자주 쓰는 여행 단어

대여하다 rent 렌트

오디오 가이드 audio guide 오디오 가이드

가이드 투어 guided tour 가이디드 투어

입구 entrance 엔터뤈쓰

출구 exit 엑씨트

기념품 가게 gift shop 기프트 샵

기념품 souvenir 수브니어

여행 회화

오디오 가이드 빌릴 수 있나요? Can I borrow an audio guide? 캔 아이 보로우 언 오디오 가이드?

오늘 가이드 투어 있나요? Are there any guided tours today? 얼 데얼 애니 가이디드 투얼스 투데이?

안내 책자 받을 수 있나요? Can I get a brochure? 캔 아이 겟 어 브로슈얼?

출구는 어디인가요? Where is the exit? 웨얼 이즈 디 엑씨트?

기념품 가게는 어디인가요? Where is the gift shop? 웨얼 이즈 더 기프트 샵?

여기서 사진 찍어도 되나요? Can I take pictures here? 캔 아이 테익 픽쳐스 히얼?

5 사진 촬영 부탁할 때

자주 쓰는 여행 단어

사진을 찍다 take a picture 테이크 어 픽쳐

누르다 press 프레쓰

버튼 button 버튼

하나 더 one more 원 모얼

배경 background 백그라운드

플래시 flash 플래쉬

셀카 selfie 셀피

촬영 금지 no pictures 노 픽쳐스

여행 회화

사진 좀 찍어 주실 수 있나요? Can you take a picture? 캔 유 테이크 어 픽쳐?

이 버튼 누르시면 돼요. Just press this button, please. 저스트 프레쓰 디스 버튼, 플리즈.

한 장 더 부탁드려요. One more, please. 원 모얼, 플리즈.

배경이 나오게 찍어주세요. Can you take a picture with the background? 캔 유 테이크 어 픽쳐 윗 더 백그라운드?

제가 사진 찍어드릴까요? Do you want me to take a picture of you? 두 유 원트 미 투 테이크 어 픽쳐 옵 유?

플래시 사용할 수 있나요? Can I use the flash? 캔 아이 유즈 더 플래쉬?

07 쇼핑할 때

1 제품 문의할 때

자주 쓰는 여행 단어

제품 item 아이템

인기 있는 popular 파퓰러

얼마 how much 하우 머취

세일 sale 쎄일

이것·저것 this·that 디스·댓

선물 gift 기프트

지역 특산품 local product 로컬 프러덕트

추천 recommendation 뤠커멘데이션

여행 회화

가장 인기 있는 것이 뭐예요? What is the most popular one? 왓 이즈 더 모스트 파퓰러 원?

이 제품 있나요? Do you have this item? 두 유 해브 디스 아이템?

이거 얼마예요? How much is this? 하우 머취 이즈 디스?

이거 세일하나요? Is this on sale? 이즈 디스 언 쎄일?

스몰 사이즈 있나요? Do you have a small size? 두 유 해브 어 스몰 싸이즈?

선물로 뭐가 좋은가요? What's good for a gift? 왓츠 굿 포 어 기프트?

② 착용할 때

자주 쓰는 여행 단어

사용해보다 try 트라이	더 큰 것 bigger one 비걸 원
탈의실 fitting room 퓌팅 룸	더 작은 것 smaller one 스몰러 원
다른 것 another one 어나더 원	사이즈 size 싸이즈
다른 색상 another color 어나더 컬러	좋아하다 like 라이크

여행 회화

이거 입어볼 볼 수 있나요? Can I try this on? 캔 아이 트라이 디스 온?

이거 사용해 볼 수 있나요? Can I try this? 캔 아이 트라이 디스?

탈의실은 어디인가요? Where is the fitting room? 웨얼 이즈 더 퓌팅 룸?

다른 색상 착용해 볼 수 있나요? Can I try another color? 캔 아이 트라이 어나더 컬러?

더 큰 것 있나요? Do you have a bigger one? 두 유 해브 어 비걸 원?

이거 마음에 들어요. I like this one. 아이 라이크 디스 원.

③ 가격 문의 및 흥정할 때

자주 쓰는 여행 단어

얼마 how much 하우 머취	할인 discount 디스카운트
가방 bag 백	쿠폰 coupon 쿠펀
세금 환급 tax refund 택쓰 뤼펀드	더 저렴한 것 cheaper one 취퍼 원
비싼 expensive 익쓰펜씨브	더 저렴한 가격 lower price 로월 프라이쓰

여행 회화

이 가방 얼마예요? How much is this bag? 하우 머취 이즈 디스 백?

나중에 세금 환급 받을 수 있나요? Can I get a tax refund later? 캔 아이 겟 어 택쓰 뤼펀드 레이러?

너무 비싸요. It's too expensive. 잇츠 투 익쓰펜씨브.

할인 받을 수 있나요? Can I get a discount? 캔 아이 겟 어 디스카운트?

이 쿠폰 사용할 수 있나요? Can I use this coupon? 캔 아이 유즈 디스 쿠펀?

더 저렴한 거 있나요? Do you have a cheaper one? 두 유 해브 어 취퍼 원?

④ 계산할 때

자주 쓰는 여행 단어

총 total 토털

지불하다 pay 페이

신용 카드 credit card 크뤠딧 카드

체크 카드 debit card 데빗 카드

현금 cash 캐쉬

할부로 결제하다 pay in installments 페이 인 인스톨먼츠

일시불로 결제하다 pay in full 페이 인 풀

여행 회화

총 얼마예요? How much is the total? 하우 머취 이즈 더 토털?

신용 카드로 지불할 수 있나요? Can I pay by credit card? 캔 아이 페이 바이 크뤠딧 카드?

현금으로 지불할 수 있나요? Can I pay in cash? 캔 아이 페이 인 캐쉬?

영수증 주세요. Receipt, please. 뤼씨트, 플리즈.

할부로 결제할 수 있나요? Can I pay in installments? 캔 아이 페이 인 인스톨먼츠?

일시불로 결제할 수 있나요? Can I pay in full? 캔 아이 페이 인 풀?

⑤ 포장 요청할 때

자주 쓰는 여행 단어

포장하다 wrap 뤱

뽁뽁이로 포장하다 bubble wrap 버블 뤱

따로 separately 쎄퍼랫틀리

선물 포장하다 gift wrap 기프트 뤱

상자 box 박쓰

쇼핑백 shopping bag 샤핑 백

비닐봉지 plastic bag 플라스틱 백

깨지기 쉬운 fragile 프뤠질

여행 회화

포장은 얼마예요? How much is it for wrapping? 하우 머취 이즈 잇 포 뤱핑?

이거 포장해줄 수 있나요? Can you wrap this? 캔 유 뤱 디스?

뽁뽁이로 포장해줄 수 있나요? Can you bubble wrap it? 캔 유 버블 뤱 잇?

따로 포장해줄 수 있나요? Can you wrap them separately? 캔 유 뤱 뎀 쎄퍼랫틀리?

선물 포장해 줄 수 있나요? Can you gift wrap it? 캔 유 기프트 뤱 잇?

쇼핑백에 담아주세요. Please put it in a shopping bag. 플리즈 풋 잇 인 어 샤핑 백.

⑥ 교환·환불할 때

자주 쓰는 여행 단어

교환하다 exchange 익쓰췌인쥐

반품하다 return 뤼턴

환불 refund 뤼펀드

다른 것 another one 어나덜 원

영수증 receipt 뤼씨트

지불하다 pay 페이

사용하다 use 유즈

작동하지 않는 not working 낫 월킹

여행 회화

교환할 수 있나요? Can I exchange it? 캔 아이 익쓰췌인지 잇?

환불 받을 수 있나요? Can I get a refund? 캔 아이 겟 어 뤼펀드?

영수증을 잃어버렸어요. I lost my receipt. 아이 로스트 마이 뤼씨트.

현금으로 계산했어요. I paid in cash. 아이 페이드 인 캐쉬.

사용하지 않았어요. I didn't use it. 아이 디든트 유즈 잇.

이것은 작동하지 않아요. It's not working. 잇츠 낫 월킹.

08 위급 상황

① 아프거나 다쳤을 때

자주 쓰는 여행 단어

약국 pharmacy 파마씨	복통 stomachache 스토먹에이크
병원 hospital 하스피탈	인후염 sore throat 쏘어 뜨로트
아픈 sick 씩	열 fever 퓌버
다치다 hurt 헐트	어지러운 dizzy 디지
두통 headache 헤데이크	토하다 throw up 뜨로우 업

여행 회화

가까운 병원은 어디인가요? Where is the nearest hospital? 웨얼 이즈 더 니어뤼스트 하스피탈?

응급차를 불러줄 수 있나요? Can you call an ambulance? 캔 유 콜 언 앰뷸런쓰?

무릎을 다쳤어요. I hurt my knee. 아이 헐트 마이 니.

배가 아파요. I have a stomachache. 아이 해브 어 스토먹에이크.

어지러워요. I feel dizzy. 아이 퓔 디지.

토할 것 같아요. I feel like throwing up. 아이 퓔 라이크 뜨로잉 업.

② 분실·도난 신고할 때

자주 쓰는 여행 단어

경찰서 police station 폴리쓰 스테이션	신고하다 report 뤼포트
분실하다 lost 로스트	도난 theft 떼프트
전화기 phone 폰	훔친 stolen 스톨른
지갑 wallet 월렛	귀중품 valuables 밸류어블즈
여권 passport 패쓰포트	한국 대사관 Korean embassy 코뤼언 엠버씨

여행 회화

가장 가까운 경찰서가 어디인가요? Where is the nearest police station? 웨얼 이즈 더 니어뤼스트 폴리쓰 스테이션?

제 여권을 분실했어요. I lost my passport. 아이 로스트 마이 패쓰포트.

이걸 어디에 신고해야 하나요? Where should I report this? 웨얼 슈드 아이 뤼포트 디스?

제 가방을 도난당했어요. My bag is stolen. 마이 백 이즈 스톨른.

분실물 보관소는 어디인가요? Where is the lost-and-found? 웨얼 이즈 더 로스트앤파운드?

한국 대사관에 연락해 주세요. Please call the Korean embassy. 플리즈 콜 더 코뤼언 엠버씨.

INDEX
찾아보기

Appendix

알마—아타선언

1차 보건관리에 관한 국제협의회. 소비에트 연방.
1978년 9월 6~12일

1978년 9월 12일에 열린 1차 보건관리에 관한 국제협의회는 알마-아타에서 모임을 갖고 모든 정부, 보건과 개발 관련 노동자, 전 세계 모든 이의 건강을 보호하고 증진하기 위한 세계적 공동체의 긴급 행동을 위한 필요를 다음과 같이 표명한다.

선언 :

I
이 협의회는 단순히 질병이나 병약함의 부재가 아닌 완전한 신체적·정신적·사회적 참살이를 뜻하는 건강이 인간의 근본적인 권리이며, 건강을 가능한 한 높은 상태로 달성하는 것이 전 세계에 걸쳐 가장 중요한 사회적 목표이고, 그것의 실현을 위해 보건 부문뿐 아니라 다른 많은 사회적·경제적 부문의 행동이 필요하다는 점을 강력하게 재확인한다.

II
특히 선진국과 개발도상국 사이에서 뿐만 아니라 국가들 사이에서 현재 존재하는 보건 분야의 엄청난 불평등은 정치적·사회적·경제적으로 용납될 수 없으며, 따라서 이는 모든 국가의 공통된 관심사다.

III
새로운 국제경제 질서에 기초한 경제적·사회적 발전은 기본적으로 모든 사람을 위해 보건을 최대한으로 달성하고, 선진국과 개발도상국 사이의 보건적 격차를 줄이는 데 중요하다. 사람들의 건강을 보호·증진하는 것은 경제적·사회적 발전을 유지하는 데 필수적이며, 더 나은 삶의 질과 세계 평화에 공헌한다.

IV
사람은 그들의 보건 관리를 계획하고 수행하는 데 개인적·집단적으로 참여할 권리와 의무를 갖는다.

V

정부는 국민의 보건에 대한 책임이 있으며, 그것은 적절한 보건 및 사회적 수단을 제공함으로써 성취할 수 있다. 다음 수십 년 동안 정부와 국제기관, 전 세계 공동체의 주된 사회적 목표는 2000년까지 전 세계의 모든 사람이 사회적·경제적으로 생산적인 삶을 이끌 수 있는 보건 수준을 달성하는 것이 되어야 한다. 1차 보건관리는 사회 정의의 정신을 개발하는 일부분으로써, 이 목표를 달성하는 열쇠다.

VI

1차 보건관리는 공동체에 속한 개인과 가족이 그들의 완전한 참여 및 공동체와 국가에 대한 자기(신뢰와 자기) 결정의 정신을 통해, 그들이 이룬 발전의 모든 단계를 유지하고 또 그것을 사람들이 보편적으로 받아들일 수 있도록 하는 실용적·과학적으로 건전함은 물론 사회적으로 수용 가능한 방법과 기술에 기초한다. 1차 보건관리는 그것을 중심 기능이자 주된 초점으로 삼는 국가의 보건 시스템뿐만 아니라, 공동체의 사회·경제적 발전의 전반적으로 필요 불가결한 부분을 이룬다. 따라서 1차 보건관리는 가능한 한 보건 관리를 국민들의 생활과 일에 밀접하게 가져다 놓으려는 국가 보건 시스템과 개인 그리고 가족과 공동체의 최초 접촉 지점이자, 계속되는 보건 관리 과정의 첫 번째 구성 요소다.

VII

1차 보건관리 :

1. 한 국가와 그것을 이루는 공동체의 경제적 조건과 사회 문화 및 정치적 특색을 반영하며, 그것들로부터 진화해 나온 사회적·생물의학적 보건 서비스 연구와 공중 보건 경험 관련 결과들의 적용에 기반을 둔다.

2. 공동체의 주요 보건 문제를 다루며, 그에 따른 촉진·예방·치료·재활 서비스를 제공한다.

3. 적어도 다음과 같은 것을 포함한다. 널리 퍼진 다양한 보건 문제와 그것을 예방·통제하는 방법들을 다루는 교육, 식량과 적절한 영양 공급의 증진, 안전한 물과 기본적 위생의 적절한 공급, 가족계획과 주요 감염성 질환에 대한 예방접종을 포

함한 모자보건 관리, 지역 풍토성 질환에 대한 예방과 통제, 흔한 질환과 부상에 대한 적절한 치료, 필수 의약품 공급.

4. 1차 보건관리는 보건 부문뿐 아니라 특히 농업과 축산업, 식량, 산업, 교육, 주거, 공공사업, 통신을 비롯한 기타 부문 등 관련된 모든 분야와 국가 및 공동체의 개발 양상을 포함한다. 이런 모든 부문이 협조할 것을 요구한다.

5. 1차 보건관리의 계획, 조직, 실시와 통제에서 지역적·국가적 그리고 기타 가능한 자원들을 모두 활용해 공동체와 개인의 자기 신뢰와 참여를 최대한으로 높일 것을 촉진하고 또 요구한다. 그리고 그 목표를 위해 적절한 교육을 통한 공동체의 참여 능력을 개발한다.

6. 1차 보건관리는 모든 이를 위한 포괄적인 보건 관리의 점진적인 개선을 이끌며, 가장 필요한 사람에게 우선권을 주는 기능적이고도 상호 지지하는 통합된 위탁 시스템에 의해 유지되어야 한다.

7. 팀을 이루어 의료 업무를 하고, 공동체에서 표출된 보건적 필요에 대응하고자 사회적·기술적으로 적절하게 훈련받은 의사, 간호사, 조산사, 해당 보조원과 공동체 노동자뿐 아니라 필요하다면 전통 의술사들의 지역적인 위탁 수준에 의존한다.

VIII

모든 정부는 국가 정책과 전략 그리고 활동 계획을 정식화해 포괄적인 국가 보건 시스템의 일부로 1차 보건의료를 시작하고 유지해야 하며, 다른 부문과 협력하도록 해야한다. 이 목표를 위해서는 국가의 자원을 동원하고, 가용한 외부 자원을 합리적으로 사용하기 위해 정치적 의지를 행사하는 것이 필요하다.

IX

모든 국가는 모든 이를 위한 1차 보건관리를 확보하기 위해 협력과 봉사 정신으로 힘을 모아야만 한다. 어떤 국가에서든 국민의 건강을 달성하는 것은 다른 모든 국가에 혜택을 주고 직접적인 영향을 미치기 때문이다. 이런 맥락에서 1차 보건관리에 대한 WHO와 UNICEF의 합동 보고서는 전 세계에 걸친 1차 보건관리에 대한 심화된 발전과 운용의 굳건한 토대를 형성한다.

X

2000년까지 전 세계 모든 사람에게 수용할 만한 수준의 보건을 제공하려면 전 세계 자원을 더 충실히, 그리고 더 바람직하게 활용해야 한다. 오늘날 전 세계 자원의 상당 부분은 군사적 충돌과 무기에 활용되고 있다. 독립, 평화, 긴장 완화, 군비 축소를 위한 진정한 정책이라면 마땅히 이런 자원을 추가로 내놓을 수 있을 것이고 또 그래야만 한다. 자원은 평화적인 목적에도 충분히 기여할 수 있으며, 특히 1차 보건관리의 사회적·경제적 개발의 가속화에 기여할 수 있다. 단, 필수적인 일부를 적절하게 할당해야 한다.

1차 보건관리에 대한 국제협의회는 전 세계에 걸쳐, 그리고 특히 개발도상국들에서 기술 협력 정신과 새로운 국제경제 질서에 발맞추어 1차 보건관리의 개발과 수행을 위한 긴급하고도 효과적인 국내 및 국제적 행동을 요구한다. 이 국제협의회는 정부, WHO, UNICEF, 기타 국제단체들뿐만 아니라 다자적이고 쌍무적인 기관, 비정부기구, 재정 지원 기관, 모든 보건 노동자와 전 세계적 공동체들, 특히 개발도상국의 1차 보건관리에 대해 국내 및 국제적으로 지원하고 기술적·재정적 지원을 더 많이 보내도록 촉구한다. 1차 보건관리에 대한 국제협의회는 이 선언문의 내용과 정신에 따라 1차 보건관리를 도입·발전·유지하는 데 협력하도록 앞에서 언급한 모든 것을 요청한다.

Contributors

기여한 사람들

매들린 밸러드(Madeleine Ballard)

라이베리아 코노보의 티야티엔 보건에서 프로그램 매니저를 맡고 있다. 사회학 전공으로 하버드대학교를 우등으로 졸업한 뒤, 로즈 장학금과 하버드대학 여성 리더십상을 받았다. 피어 헬스 익스체인지, SPINAL피디아, 하버드대학교 국제보건과 에이즈연합 등의 다양한 국제 보건 계획에 참여해 왔다.

마거리트 소프 바실리코(Marguerite Thorp Basilico)

하버드대학교 의과대학 학생이자, 동 대학 국제보건과 에이즈연합 구성원이다. 사회학 전공으로 하버드 학부를 졸업한 뒤, 전국적인 규모의 학생 국제에이즈캠페인을 이끌었다. 말라위 건강의 동반자들에서 일했고, 2010년에는 콜로라도 주 트루먼 장학생으로 선정된 바 있다.

매슈 바실리코(Matthew Basilico)

하버드대학교 의과대학의 일반 박사(MD-PhD) 통합 과정 학생이다. 박사과정에서는 경제학을 전공하고 있다. 건강의 동반자들, 클린턴 보건 접근권 계획, 말라위의 빈곤 활동 혁신에서 일했고, 풀브라이트 장학금을 받기도 했다. 하버드대학교 사회학 프로그램을 졸업했으며, 국제 보건 평등을 위한 정치적 옹호에 적극적이다.

앤 베커(Anne Becker)

하버드대학교에서 국제 보건 및 사회 의학 과정의 모드 '앤드 릴리언 프레슬리 교수좌'를 맡고 있으며, 이 과의 부학장이기도 하다. 동 대학교 의과대학의 일반 박사(MD-PhD) 통합 과정에서 사회과학 분야 책임자다. 매사추세츠 종합병원 정신과의 식이 장애 임상 연구 프로그램 또한 맡고 있다. 하버드대학교 인문과학대학원 의과대학 공중보건학과를 졸업했다.

제이컵 보어(Jacob Bor)

하버드대학교 공중보건학과의 공중 보건과 인구 과정에서 보건경제학을 전공하는 박사과정 학생이다. 하버드대학교 공중보건연구소 소속의 인구와 개발 연구 센터의 학생 참여자였다. 사회학 전공으로 하버드학부를 졸업했다.

진 부크먼(Gene Bukhman)

심장병학자이자 의료 인류학자다. 하버드대학교의 국제 비전염성 질환과 사회적 변화 프로그램의 책임자이고, 의학과와 공중 보건, 사회의학 조교수다. 건강의 동반자들에서 심장병 분야를 맡기도 했다. 가난한 사람들의 비전염성 질환을 위한 서비스 전달과 정책, 계획을 집중해서 연구한다.

오펠리아 달(Ophelia Dahl)

1987년에 폴 파머, 김용, 토드 맥코맥, 톰 화이트와 함께 건강의 동반자들을 공동 설립했다. 2000년부터는 이 단체의 위원회 의장을 맡고 있으며, 2001년부터는 사무국장으로 일했다. 웰슬리대학교를 졸업했고, 유니언 신학교에서 유니언 메달을 받은 바 있다.

피터 드로백(Peter Drobac)

건강의 동반자들 르완다 지부의 책임자이며, 르완다 정부와 긴밀한 협조 아래 세 곳의 농촌 지역에 고품질 보건 관리와 사회 서비스를 제공하고 있다. 브리검 여성병원 공중 보건 평등 분과의 의사이며, 하버드 의과대학에서 의학을 가르치는 강사이자 일반 개업의, 소아과 의사, 감염성 질환 전문가다. 르완다 생물의학센터의 담당자 위원회 의장으로 임명되기도 했다.

앤디 엘너(Andy Ellner)

하버드 의과대학의 1차 관리와 사회적 변화 프로그램의 책임자이자, 1차 관리 센터의 공동 책임자다. 브리검 여성병원의 국제 보건 평등 분과의 보조 의사이자, 필리스 젠 센터에서 1차 관리 의료를 수행한다. 하버드 의과대학, 런던 위생 및 열대의학대학원, 런던 정경대학을 졸업했다.

폴 파머(Paul Farmer)

하버드대학교 콜로코트론스대학 교수이며, 건강의 동반자들을 공동 설립했고, 하버드 의과대학의 공중보건과 사회의학 과정 학과장이다. 최근에 저술한 책은 「세계를 교정하기 위해(To Repair the World)」, 「지진 이후의 아이티(Hairi after the Earthquake)」가 있다. 또 다음과 같은 책을 저술한 바 있다. 「권력의 병리학(보건, 인권, 빈곤층에 대한 새로운 전쟁(Pathologies of Power : Health, Human Rights, and the New War on the Poor)」, 「감염과 불평등 : 현대의 전염병(Infections and Inequalities : The Modern Plagues)」, 「에이즈와 비난 : 아이티와 질책의 지리학(AIDS and Accusation: Haiti and the Geography of Blame)」이 있다. 트레이시 키더의 뉴욕 타임스 베스트셀러인 「산 너머의 산 : 세상을 치료하려 한 사람 폴 파머 박사를 찾아(Mountains Beyond Mountains : The Quest of Dr. Paul Farmer, A Man Who Would Cure the World)」는 아이티와 다른 곳에서 파머 박사가 한 일을 그린 일대기다. 브리검 여성병원 국제 보건 평등 분과를 책임지고 있다.

제러미 그린(Jeremy Greene)

존스홉킨스 의과대학에서 의학사를 가르치는 엘리자베스 트레이드와 A. 맥게히 하비 교수좌를 맡고 있다. 2005년 하버드대학교에서 과학사 전공으로 의학박사와 박사 학위를 받았고, 2008년 브리검 여성병원에서 내과학 전문의 실습 과정을 마쳤다.

브리짓 해나(Bridget Hanna)

하버드대학교 사회 인류학 박사과정 학생이며, 「보팔 읽기 : 세계 최악의 산업재해 이후 20년 기억하기(Bhopal Reader : Remembering Twenty Years of the World's Worst Industrial Disaster)」를 공동 저술했다.

카시아 반 데르 후프 홀슈타인(Cassia Van Der Hoof Holstein)

건강의 동반자들의 국제보건 전달 협력관계 통합 사무관 대표이며, 폴 파머 박사의 참모총장 역할을 했다. 하버드 의과대학 국제보건 및 사회의학 과정에서 국제보건 전달 협력관계를 담당했으며, 부학과장을 지냈다. 하버드대학교에서 문학을 공부했고, 상원의원 고(故) 테드 케네디의 빈곤 문제 사무실에서 국제 보건 관련 업무를 시작했다.

루이스 C. 이버스(Louise C. Ivers)

하버드 의과대학 의학과 조교수이며, 브리검 여성병원의 국제 보건 평등 분과 의사이자, 지난 10년간 일해 온 아이티 건강의 동반자들에서 보건 정책 선임 고문이다. 런던 위생 및 열대의학대학원과 하버드대학교 공중보건학과를 졸업했고, 매사추세츠 종합병원에서 내과학 실습 과정을 마쳤으며, 매사추세츠 종합병원과 브리검 여성병원에서 감염병 펠로십을 거쳤다.

데이비드 존스(David Jones)

하버드대학교에서 의학 문화를 가르치는 A. 버나드 애커먼 교수좌를 맡고 있다. 2001년에 하버드 의과대학에서 의학박사를, 하버드대학교 과학사 과정에서 박사 학위를 받았다. 아동병원과 보스턴 의료센터에서 소아과 인턴을 마쳤고, 매사추세츠 종합병원과 매클린병원에서 소아과 전공의로 훈련받았다. 최근 관심사는 심장병 치료에서 의사 결정이 이루어진 역사다.

바네사 케리(Vanessa Kerry)

하버드 의과대학 국제보건 및 사회의학 과정 강사이며, 매사추세츠 종합병원 의학 강사이기도 하다. 매사추세츠 종합병원 국제보건센터에서 국제 계획과 협력 관계 부대표이며, 국제보건 및 사회의학 과정의 국제보건 정책 및 사회 변화 프로그램을 맡고 있다. 강의와 교육을 통해 보건 시스템 강화를 위해 일하는 비영리 단체인 시드 글로벌 헬스(전에는 국제 보건 서비스 단체)를 설립하고 운영했다.

샐먼 케샤브지(Salmaan Keshavjee)

하버드 의과대학 국제보건 및 사회의학 과정의 감염병 및 사회 변화 프로그램을 맡고 있으며, 건강의 동반자들에서 결핵 상임 전문가다. 내과 의사이자 사회 인류학자로 훈련받았으며, 하버드 의과대학과 브리검 여성병원의 국제 보건 평등 과정 조교수다. 세계보건기구의 약물내성 결핵을 위한 그린라이트 위원회 계획의 대표를 맡은 바 있다.

하이디 킴(Heidi Kim)

하버드 경영대학 학생이자 하버드대학교 국제보건과 에이즈연합에서 활동하기도 했다. 사회학 전공으로 하버드대학교를 졸업한 뒤 건강의 동반자들에서 개발 담당 보조로, 올리버 와이먼에서 컨설턴트로 일했다. 최근에는 혁신적인 면대면 대출 플랫폼인 Kiva

Zip의 Kiva.org에서 착수 팀으로 일했다.

김용(Jim Yong Kim)

건강의 동반자들을 공동 설립했고, 현재 세계은행그룹 총재다. 2009년에서 2012년까지 다트머스대학 총장을 역임했으며, 세계보건기구 HIV/에이즈 부서를 맡기도 했다.

아서 클레인먼(Arthur Kleinman)

하버드대학교 인류학 교수이며, 하버드 의과대학 사회의학 교수이기도 하다. 의료 인류학의 선구자이며, 「질병 내러티브(The Illness Narratives)」, 「문화적 맥락 속의 환자와 치유자(Patients and Healers in the Context of Culture)」, 「진정으로 중요한 것(What Really Matters)」 등 여러 권의 영향력 있는 책을 저술했다.

존 G. 미라(John G. Meara)

하버드 의과대학의 국제보건 및 사회의학 과정에서 국제적 수술과 사회 변화를 가르치며 의학박사, 치의학박사, 경영학석사다. 하버드대학 성형수술 훈련 프로그램 집행위원회의 의장이기도 하다. 보스턴 아동병원의 성형수술 및 구강수술 과장이며, 건강의 동반자들과 협력해 일하는 폴 파머 글로벌 수술 펠로십 프로그램을 맡고 있다.

루크 메삭(Luke Messac)

펜실베이니아대학교 의과대학−일반 박사(MD-PhD) 통합 과정 학생이다. 박사과정에서는 과학사와 과학사회학을 전공하고 있다. 르완다 건강의 동반자들과 클린턴 보건 접근권 계획에서 일했다. 하버드대학교 국제보건과 에이즈연합, ACT-UP 필라델피아, 미국 의과대학생연합 등 국제 보건 평등에 기여하는 정치적 옹호 단체에서 활동했다. 하버드대학교 학부를 졸업했고, 2007년에는 뉴욕 트루먼 장학금을 받았다.

안잘리 모트지(Anjali Motgi)

사회학 전공으로 하버드대학교를 우등으로 졸업했다. 뉴욕시 국제보건 전략 유한회사에서 일했다. 현재 예일대학교 로스쿨 법학박사 과정의 학생이며, 「예일 법학 저널」, 「예일대학교 보건 정책, 법, 윤리학 저널」의 편집인이다. 대법원 클리닉의 구성원이며, 미국 헌법학회 장학생이다.

조이어 무케르지(Joia Mukherjee)

브리검 여성병원 국제 보건 평등 분과와 하버드 의과대학 국제보건 및 사회의학 과정 조교수다. 건강의 동반자들에서 의료 관련 책임자였으며, 세계보건기구에서 보건 시스템 강화 및 개발도상국의 HIV와 다중약물내성 결핵 치료에 대한 고문으로 일했다. 미국 미니애폴리스 미네소타대학교와 하버드대학교 공중보건 과정을 졸업했다.

마이클 E. 포터(Michael E. Porter)

하버드 경영대학의 윌리엄 로렌스주교대학 교수다. 국가적·지역적 경쟁과 전략에 대한 권위자로 전 세계 정부, 기업, 비영리 단체, 학계에서 널리 인정받고 있다. 경제적으로 곤궁한 도시 공동체와 환경 정책, 사회에서 기업의 역할을 다시 정의하는 것이 주요 작업이다. 19권의 저서와 수많은 논문을 출간했다. 김용, 폴 파머와 함께 하버드대학교 국제 보건 전달 협력관계를 공동으로 설립했다.

크리슈나 프라부(Krishna Prabhu)

하버드 의과대학 학생이며, 하버드대학교 국제보건과 에이즈연합의 구성원이다. 사회학 전공으로 하버드대학교 학부를 졸업했다. 학생 국제 에이즈 캠페인과 ACT-UP 보스턴 지부 구성원으로 수많은 국제 보건 활동 캠페인을 이끌었다.

주세페 라비올라(Giuseppe Raviola)

하버드 의과대학 국제보건 및 사회의학 과정과 정신과 조교수다. 보스턴 아동병원 정신과에서 정신의학 품질 개선 프로그램을 맡고 있다. 하버드 의과대학의 국제보건 및 사회의학 과정에서 국제 정신 건강과 사회 변화 프로그램을 담당하며, 건강의 동반자들에서 정신 건강 담당자이기도 하다. 하버드 의과대학과 하버드대학교 공중보건 과정을 졸업했다.

조지프 래티건(Joseph Rhatigan)

의학박사이며, 브리검 여성병원의 국제보건 평등분과 부대표다. 히아트 국제보건 평등 체류 프로그램의 담당자이기도 하다. 하버드 의과대학과 하버드대학교 공중보건 과정 조교수다.

에이미 시버스(Amy Sievers)

내과학과 혈액학/종양학 전문의다. 2004년에 노스웨스턴대학교에서 공중보건학 석사와 의학박사 학위를 받았고, 브리검 여성병원에서 내과 의학과 국제보건 평등분야 레지던트를 마쳤으며, 감염 질환과 혈액학/종양학 펠로십 훈련을 받았다. 르완다 보건복지부에서 자궁경부암과 유방암 진단 및 관리 시행을 맡았으며, 물자가 제한된 환경에서 적용하는 암 관리와 화학 요법 관리 프로그램을 설계했다.

아르준 수리(Arjun Suri)

하버드 의과대학 학생이며, 하버드대학교 국제보건과 에이즈연합 구성원이다. 사회학 전공으로 하버드대학교 학부를 졸업했고, 이 책의 기반이 된 강의의 첫 해에 대학원 조교상을 받았다. 2009년에는 페루에서 풀브라이트 장학금을 받았고, 공중 보건 시스템의 품질 개선 과정에서 마주치는 장애물을 연구했다.

데이비드 월턴(David Walton)

아이티 미르발레스대학병원의 운영 책임자이자, 건강의 동반자들에서 보건 및 의학 인프라 선임 고문으로 일했다. 브리검 여성병원의 내과 의사이며, 하버드 의과대학 의학 강사이기도 하다. 2003년에 하버드 의과대학에서 의학박사를, 2007년에는 하버드대학교 공중보건 과정에서 공중보건학 석사를 받았다.

조너선 바이겔(Jonathan Weigel)

하버드대학교 정치경제학과 정부 전공 박사과정 학생이며, 하버드대학교 국제보건과 에이즈연합 구성원이다. 사회학 전공으로 하버드대학교 학부를 졸업한 뒤 하버드-케임

브리지 장학금을 받고 케임브리지대학교에서 정치 이론을 공부했다. 이후 폴 파머 박사의 연구 조교로 일했다.

레베카 웨인트롭(Rebecca Weintraub)

브리검 여성병원의 내과 의사이며, 하버드 의과대학 의학 강사이자 하버드대학교 국제 보건 전달 프로젝트 교수 책임자다. 예일대학교와 스탠퍼드 의과대학을 졸업했고, 브리검 여성병원에서 레지던트를 마쳤다. 미국에서 가장 큰 국가 봉사단 프로그램인 점프스타트를 설립했고, 현재 사회적 기업에 지원하는 기금인 아쇼카의 기술 고문이자, 수많은 비정부기구의 고문을 맡고 있다.

알리사 야마모토(Alyssa Yamamoto)

마을 보건 사업에서 일하면서 건강의 동반자들의 협력 프로젝트를 지원했다. 2012년에 비교종교학 전공으로 하버드대학교를 졸업한 뒤, 폴 파머 박사의 연구 조교로 일했다. 건강의 동반자들에 합류하기 전에는 수에리 문 박사의 연구 조교였다. 문 박사는 하버드대학교 국제보건연구소와 하버드대학교 공공보건 과정에 설치된 보건을 위한 전 세계적 거버넌스 포럼의 공동 의장이다.

감사의 말

이 책이 나오는 데 필요한 에너지와 영감을 준 학부의 연구 조교와 학생들에게 많은 빚을 지고 있다. 특히 마티 알렉산더, 숍 다스굽타, 브리짓 해나, 에밀리 해리슨, 이반 라이언, 에이프릴 오폴리너, 제시카 퍼킨스, 에이미 살츠먼, 마리아 스톨포드, 아르준 수리, 다카다 사에는 여러 해에 걸쳐 강의를 위해 귀중한 지도를 해 주었다. 낸시 도르신빌은 학생들뿐만 아니라 강의 교수들에게도 소중한 멘토였다. 월드 25 학회는 역사학, 사회이론, 인류학, 생물학 같은 다양한 학제를 가로지르는 열정적이고 대담한 연구 조교들의 도움을 받았다. 해를 거듭할수록 우리 연구 조교와 초빙 강사, 기타 지지자들은 강의가 성공하는 데 빼놓을 수 없는 존재가 되었다. 그들은 자신들의 통찰과 방향성에 깊이 영향을 받아 일했다.

이 책의 한 줄 한 줄을 정리하고 교열해 준 메리 레노드와 존 라이스는 훌륭한 기술로 원고의 품질과 가독성을 상당히 높였다. 제니퍼 푸세티의 변함없는 지원과 안내 덕에 이 프로젝트는 수많은 문턱(그리고 지진)을 넘을 수 있었다. 이 프로젝트가 끝맺을 수 있도록 국제보건 및 사회의학 과정에 이 강좌가 자리 잡는 것부터 첫 강의 준비까지 헤아릴 수도 없는 공헌을 해준 조이 에구스와 에밀리 밴센에게도 감사를 표한다. 매들린 밸러드, 마거릿 소프 바실리코, 루크 메삭, 조너선 바이겔, 알리사 야마모토는 이 책이 나오기까지 귀중한 지원을 해 주기 위해 수개월을 헌신했고 또 여러 날 밤을 새웠다. 베라 벨리츠키, 제니 블록, 카이틀린 부이스, 나자 두라코빅, 마릴린 굿리치, 맥켄지 힐드, 카시아 반데어 후프 홀슈타인, 스티브 카디시, 빅토리아 코스키-캐럴, 새러 멜피냐노, 존 니콘척, 하운 소시, 그레첸 윌리엄스, 지나 자놀리는 이 프로젝트가 계속된 5년 내내 중요하고도 창의적인 경영 지원을 해 주었다. 키스 조지프, 제나 르뮤, 조너스 리고든, 제시카 골드버그, 니얼 켈러허, 딘 양은 이 작업을 위해 말라위 농촌 한복판에서도 장소를 제공하고 안

내를 담당했다. 또한 "화이트 히트" 펠로십은 보스턴(그리고 멕시코)에서 관대한 지원을 받았다. 숀 박사와 주디 펠프리, 강사, 학생들, 애덤스 하우스 식당 직원들은 마침내 이 책이 완성될 수 있도록 장소를 빌려 주었다. 맥스웰 드워킨 팀 또한 작업 전반에 걸쳐 귀중한 지원과 함께 복지 손실이 최소화되도록 도와주었다. 디디 버트런드 파머, 지혜인 세드키, 애비 가드너에게도 언제나 그렇듯 깊은 감사를 전한다.

우리는 이 책을 저술하는 동안 많은 멘토와 초빙 강사들의 지적인 도움을 받았으며, 이에 감사한다. 지속적으로 변함없이 도와준 몇몇 사람들을 거론하자면 다음과 같다. 아라추 카스트로, 피터 드로백, 줄리오 프렝크, 제러미 그린, 데이비드 존스, 키스 조지프, 펠리시아 크놀, 아이라 매거지너, 조이어 무케르지, 마이클 포터, 조지프 래티건, 제임스 로빈슨. 특히 앤 베커는 강의를 거듭할수록 최신의 개선된 내용을 추가해 주었다. 하지만 실수와 불완전함 같은 이 책의 내용에 대한 책임은 우리 필자와 기여자들에게 있다.

이 책은 필자들의 실무 경험에 바탕을 두기 때문에, 우리에게 일할 특별한 기회를 준 여러 단체와 담당자들의 도움을 받았다. 건강의 동반자들을 비롯해 여러 공동체가 우리의 접근에 기초적 정보를 주고, 결코 제대로 기술할 수 없을 정도로 우리의 삶에 기틀을 마련해 주었다. 우리는 이 단체와 기관에서 일하는 모든 이에게 고마움을 표하며, 특히 우리를 매일 일깨워 준 건강의 동반자들 사무국장인 오펠리아 달의 노력에 감사한다. 또한 하버드 의과대학 국제보건 및 사회의학 과정, 브리검 여성병원의 국제 보건 평등 분과, 다트머스대학교 총장실, 하버드대학교 국제보건과 에이즈연합은 이 프로젝트에서 여러모로 고향 역할을 했다.

하버드대학교와 하버드 의과대학은 여러 해에 걸쳐 르완다 르윈콰부의 진료소든 케임브리지대학교 교실이든 가리지 않고 국제 보건 평등 분야의 도전 과제에 관여할 수 있도록 지원과 안내, 그리고 많은 격려를 해 주었다.

우리는 이 책의 머리말에서 국제 보건 분야의 실천이 연구와 교육만으로 이루어져서는 안 된다고 강조했다. 어떤 대학교가 이러한 임무를 수행하려면 시작점이 될 부속병원뿐 아니라 고품질의 서비스 전달도 필요하다. 우리는 국제 보건 평등에 대한 우리의 비전을 오랫동안 공유하고, 이 책에서 기술한 것과 같은 전달 프로젝트가 가능하도록 도와준 데 대해 하버드대학교 총장인 드루 길핀 파우스트와 학장인 제프리 플리어에게도 매우 감사하게 생각한다.

마지막으로 언어와 국적, 성별뿐 아니라 사다리 밑바닥의 상대적인 사회적 위치도 다들 제각각인 진정한 영웅과 스승들에게 이 책을 바친다. 보건 평등을 위한 그들의 현재진행형 투쟁에 이 책이 언젠가 기여하게 되는 것이 우리의 바람이다.

국제 보건 실태의 재조명
Reimagining Global Health : An Introduction

2014년 10월 23일 초판 1쇄

지은이	폴 파머 · 김용 · 아서 클레인먼 · 매슈 바실리코
옮긴이	김아림
펴낸이	오준석
교정교열	신동소
디자인	변영지 (youngji.b@daum.net)
기획자문	변형규
인쇄	예림인쇄
펴낸곳	도서출판 생각과 사람들
	경기도 용인시 수지구 신봉2로 72
	전화 031-272-8015 팩스 031-601-8015 이메일 inforead@naver.com

· ISBN 978-89-98739-25-6 03330